Schriften des Stadtarchivs Wiesbaden

Band 7

Schriften des Stadtarchivs Wiesbaden

Herausgegeben vom Magistrat
der Landeshauptstadt Wiesbaden – Stadtarchiv

Band 7

Wiesbaden 2000

Walter Czysz

Vom Römerbad zur Weltkurstadt

Geschichte der Wiesbadener heißen Quellen und Bäder

Wiesbaden 2000

ISSN 0940-8037
ISBN 3-9802906-7-0

Redaktion: Hedwig Brüchert
Umschlagbild: Blick auf den Kursaal und die Kolonnaden nach einer Zeichnung von Voddiggel (Mitte des 19. Jahrhunderts)
Druck und Herstellung: Druckerei Zeidler, Wiesbaden

Inhalt

Das Kurbad am Übergang zur Neuzeit

Versuche zur Hebung der Kur im 18. Jahrhundert

Das Kurbad Wiesbaden im Herzogtum Nassau

Goethe in Wiesbaden 1814 und 1815

Das Kurbad im Herzogtum Nassau II

Die Weltkurstadt im Königreich Preußen

Entwicklung der Badehotels und der Kur

Quellen, Brunnen und die Kur im 20. Jahrhundert

Quellen- und Literaturverzeichnis

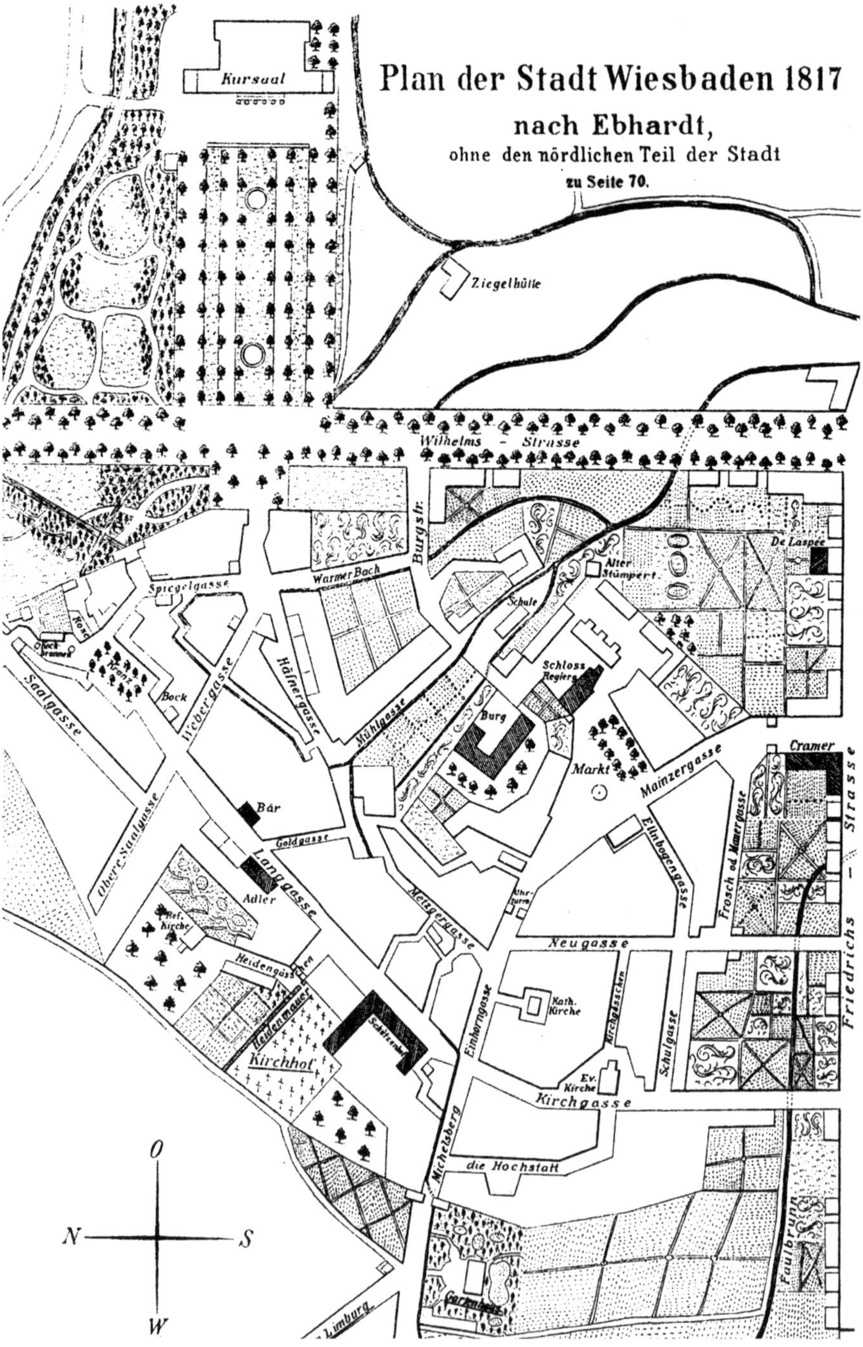
Plan der Stadt Wiesbaden 1817
nach Ebhardt,
ohne den nördlichen Teil der Stadt
zu Seite 70.
Kursaal
Ziegelhütte
Wilhelms - Strasse
Burgstr.
De Laspée
Alter Stümpert
Warmer Bach
Spiegelgasse
Schule
Schloss Regierg.
Hafnergasse
Webergasse
Bock
Saalgasse
Mühlgasse
Burg
Markt
Mainzergasse
Cramer
Bär
Goldgasse
Obere Saalgasse
Langgasse
Adler
Ellenbogengasse
Frosch od. Mauergasse
Friedrichs - Strasse
Ref. Kirche
Metzgergasse
Uhrturm
Neugasse
Heidengässchen
Heidenmauer
Kirchhof
Kath. Kirche
Kirchgässchen
Schulgasse
Einhorngasse
Ev. Kirche
Kirchgasse
Michelsberg
die Hochstatt
Faulbrunn
Limburg
O
N
S
W

Geologische und mineralogische Voraussetzungen

Primär- und Sekundärquellen

Die Zahl der Mineralquellen in Wiesbaden wird – nicht immer ganz einheitlich – mit 27 angegeben. Davon sind 26 heiße Quellen mit Temperaturen zwischen 67,5 und 40 °C. Der Faulbrunnen ist zwar eine Mineralquelle, mit einer Temperatur von 14 bis 17 °C zählt er jedoch nicht zu den Thermalquellen. Die Hydrogeologen unterscheiden zwei Arten von Quellen: Primär- oder Hauptquellen und Sekundär- oder Nebenquellen. Das Wasser der Primärquellen steigt in geologischen Spalten unmittelbar aus der Tiefe auf; die Nebenquellen werden vom Überlauf der Hauptquellen gespeist und daher Sekundärquellen genannt. Es sind flach gefaßte Quellen, von denen einige in den vergangenen Jahrhunderten zeitweilig versiegten, aufgegeben und vergessen wurden. Meistens wurden sie später wiederentdeckt. Es konnte auch vorkommen, daß ein Badewirt das Recht auf eine Quelle wieder geltend machte, die sein Vorgänger wegen Unergiebigkeit aufgegeben hatte.

Die Mehrzahl der Sekundärquellen ist in den letzten dreißig Jahren abgedeckt worden. Bessere technische Möglichkeiten haben eine Neuordnung ermöglicht, bei der weniger ergiebige oder hygienisch gefährdete Quellen außer Betrieb gesetzt wurden. Überhaupt darf man die Zahl der Wiesbadener Thermalquellen nicht als feststehende Größe betrachten. Im Laufe der Jahrhunderte hat es immer wieder Veränderungen gegeben. Alte Quellen versiegten, andere wurden neu gefaßt. Manchmal kam es auch zur Aufdeckung eines neuen Quellenaustritts.

Taunusrandstörung

Die Wiesbadener Quellen gehören zu einer Gruppe von Mineralquellen, die am Südrand des Taunus entlang einer geologischen Störung (Verwerfung), an der der Oberrheingraben gegen den Taunus abgesunken ist, aus der Tiefe aufsteigen. Diese Verwerfungszone verläuft als Hauptspaltensystem vom Rheinknie bei Bingen in südwest/nordöstlicher Richtung, Nord-60-65°-Ost, über Kiedrich – Wiesbaden – Kronthal – Bad Homburg – Bad Nauheim. Im Wiesbadener Raum ist sie von tertiären und jüngeren Sedimenten mit einer Mächtigkeit von ca. fünf bis acht Metern (örtlich schwankend) überlagert.

Nach der bisher vorherrschenden Meinung, die vom früheren Landesgeologen in Hessen, Professor Dr. Franz Michels, vertreten wurde,[1] fächert von diesem Hauptspaltensystem in Wiesbaden ein Thermalspaltensystem in 35° nordöstlicher Richtung ab. In diesem Spaltensystem, das knapp innerhalb des anstehenden Serizitgneis-Grundgebirges verläuft, steigen entlang einer geraden Linie die sogenannten Primärquellen auf, und zwar immer dort, wo örtliche Querspalten die Hauptquellenspalte kreuzen. Es sind dies der Kochbrunnen mit den Satelliten Spiegel- und Salmquelle, die große und die kleine Adlerquelle. Sie zeichnen sich durch hohe Schüttungen, hohe Mineralstoffgehalte und hohe Temperaturen (> 60 °C) aus.

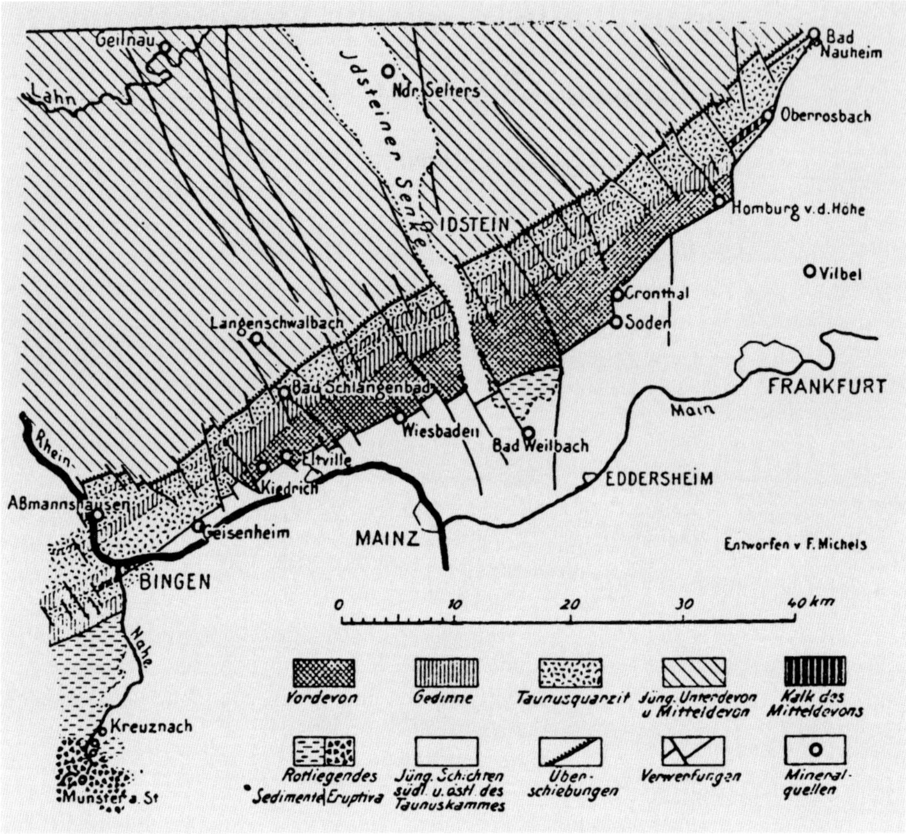

Geologische Übersichtskarte des Taunus mit den wichtigsten Mineralquellen

Die Schützenhofquelle mit dem überbauten Satelliten beim früheren Gemeindebad und der Faulbrunnen zählen nur bedingt zu den Primärquellen. Sie unterscheiden sich in Mineralgehalt und Temperatur deutlich von den beiden anderen Quellen. Bei ihnen führt seitlich eindringendes, von den Höhen der Taunusvorberge (Heidenberg, Schulberg) gespeistes kaltes Grundwasser zur Verdünnung des Salzgehalts und zum Absinken der Wassertemperatur. Beim Faulbrunnen sinkt die Temperatur unter die für Thermalwässer definierte Grenze von 20 °C. Sie bleibt daher bei der Beschreibung der Wiesbadener Thermalquellen außer Betracht. Ähnliches gilt für einen zweiten Faulbrunnen, der sich 200 m nordnordwestlich des Kochbrunnens an der Quer-, heute Jawlenskystraße befand. Er ging 1858 ein, als er bei der Anlage der Straße überbaut

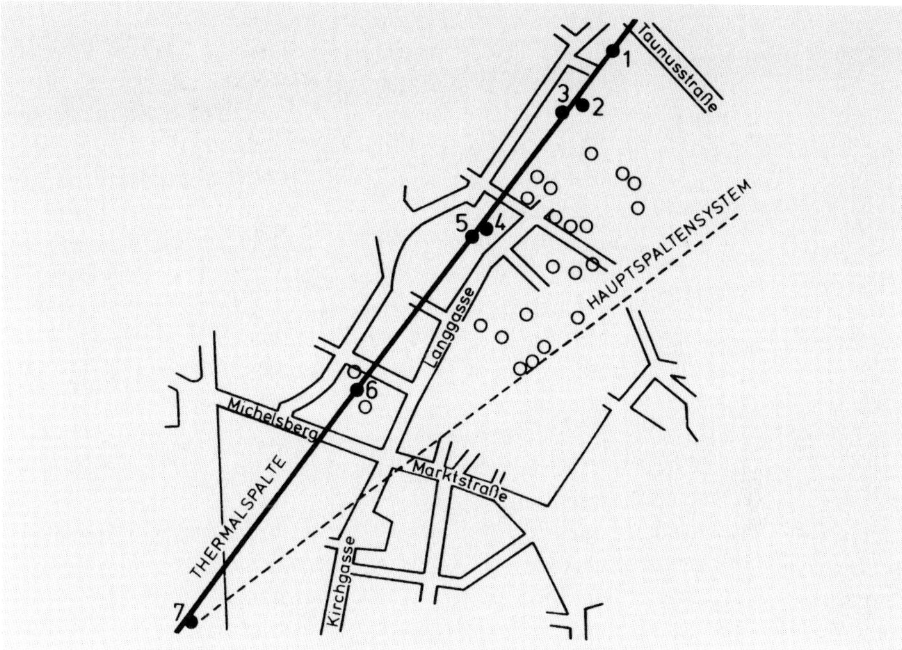

Die Thermalquellen von Wiesbaden.
Schwarze Punkte: Primärquellen. 1 Salmquelle; 2 Kochbrunnen; 3 Spiegelquelle; 4 Kleine Adlerquelle; 5 Große Adlerquelle; 6 Schützenhofquelle; 7 Faulbrunnen.
Kreise: Sekundärquellen

wurde. Und es gilt für eine Reihe weiterer kalter Mineralquellen in der Umgebung der Schützenhof- und Adlerquelle, die am Fuß der Ausläufer des Taunus austreten, heute aber überbaut sind.

Die „Thermalquellenspalte"

In einer neueren Untersuchung wird die bildhafte, auch dem Laien einleuchtende Beschreibung der Thermalquellenspalte, deren Klüfte als Hauptaufstiegswege des Thermalwassers anzusehen sind, aus geologischer Sicht modifiziert.[2] Danach handelt es sich bei der Aufreihung der unmittelbar aus Grundgebirgsspalten aufsteigenden Primärquellen entlang einer parallel der Langgasse verlaufenden geraden Linie nicht um einen durchgehenden tektonischen Spalt. Die „Thermalquellenspalte" (Hauptquellenspalte) im bisher angenommenen Sinne gibt es demnach nicht. Die lineare Anordnung der Hauptquellen („Quellenlinie") wird vielmehr so erklärt, daß sich die

Quellen, die vor einigen hunderttausend Jahren am Abhang des Heidenbergs, auf dem Schulberg und seiner nordöstlichen Fortsetzung zum Nerotal in ca. 160 bis 140 Metern über NN ausgetreten sind, mit dem durch eis- und zwischeneiszeitliche Abtragungen verursachten Absinken des Dendelbach- und Schwarzbachtals nach Süden oder Südosten zum Fuß des Geländerückens hin verlagert haben.

Die neue Theorie stützt sich auf die Auswertung zahlreicher Bohrungen, die in den letzten dreißig Jahren bei Sondierungen zur Ausschachtung von Hausfundamenten oder beim Ziehen von Kanalisationsgräben niedergebracht wurden. Danach sind die Risse und Spalten im Grundgebirge (Serizitgneis), in denen das Thermalwasser aus großer Tiefe aufsteigt, nicht parallel zur Verwerfungszone zwischen Oberrheingraben und Taunusgebirge, also von SSW nach NNO, wie es die alte Thermalspaltentheorie verlangt, sondern überwiegend in einem Winkel von ca. 60° dazu von SSO nach NNW orientiert.[3] Sie sind, über das gesamte nördliche Altstadtgebiet verteilt, unter dem gebirgsbildenden Druck entstanden, der das Gestein in Druckrichtung aufplatzen läßt. Aus diesen Rissen und Spalten der Verwerfungszone des Grundgebirges sprudeln die Wiesbadener Quellen hervor.

Für das Wiesbadener Thermalquellengebiet heißt das, die Primärquellengruppen liegen zwar auf einer parallel zur Langgasse bis zur Taunusstraße verlaufenden Linie, treten aber aus Spaltensystemen aus, die nicht parallel, sondern fast senkrecht zu dieser Linie verlaufen. Ihre Wasserspiegel liegen auf gleicher Höhe, ca. +119 Meter über dem Meeresspiegel (NN), was dafür spricht, daß es zwischen ihnen unterirdische Verbindungen (Querrisse und -spalten) gibt. Vor der zwischen 1953 und 1969 erfolgten Neubohrung und Verrohrung haben sie zusammen ca. 750 Liter 65 bis 67 °C heißes Wasser (Schützenhofquelle 49 °C) ausgeschüttet. Der schwach saure pH-Wert von 6,35 bis 6,6 ist auf geringe Mengen an gelöster Kohlensäure zurückzuführen.

Eine Schwachstelle der neuen Theorie ist, daß sie zwar die parallele Linie der Hauptquellen (von Michels als Quellenspalte bezeichnet) mit dem Absinken der Quellen an den Fuß des Schulbergs zu erklären versucht, aber nicht hinreichend die erheblich stärkere Schüttung der Hauptquellen erklärt. Das Absinken der früher höher am Hang des Heidenbergs/Schulbergs gelegenen Quellen bis an den heutigen Gebirgsfuß kann allein nicht für die im Vergleich zu allen übrigen Quellen Wiesbadens wesentlich größeren Thermalwassermengen verantwortlich sein. Es sei denn, man geht von einer massiven Grundgebirgssperre für den von Süden aus der Tiefe des Oberrheingrabens an den unterirdischen Sockel des Taunusmassivs herandriftenden Grundthermalwasserstrom aus, der entlang dieser Felsensperre nach oben geschoben wird, was man aber doch wieder als Thermal(haupt)spalte bezeichnen kann. Es handelt sich hier um eine Diskussion unter Geologen, die den an den Thermalquellen interessierten Leser nicht zu irritieren braucht. In jedem Fall sind Kochbrunnen, Adler- und Schützenhofquelle bevorzugte Austrittssysteme, die mit einer besonders stark wasserführenden Kluft- und Spaltenzone des Grundgebirges in Verbindung stehen.

Die Sekundärquellen
Die Sekundärquellen liegen südöstlich dieser Linie im sogenannten Quellenviertel zwischen Langgasse, Spiegelgasse, Häfnergasse und Goldgasse. Sie werden überwiegend aus dem Überlaufwasser von Salmquelle, Kochbrunnen und Adlerquelle gespeist, das in die zur Wilhelmstraße abwärts geneigten, fünf bis acht Meter dicken Schichten aus wasserdurchlässigen, spät- bis nacheiszeitlichen Sanden, Kiesen und Bachschottern eindringt. Sie sind mit ein bis drei Meter dicken, wasserundurchlässigen Lehm- und Lettenschichten durchsetzt. Wo sie durchbrochen oder zerstört werden, tritt Thermalwasser aus. Da es bei der Wanderung durch das Erdreich abkühlt, nimmt die Temperatur mit der Entfernung zu den Hauptquellen ab.

Ein Teil des Wassers der Sekundärquellen steigt auch aus feinen Rissen und Adern des Grundgebirges direkt in die darüberliegenden Geröll-, Kies- und Sandschichten auf. Das erklärt Abweichungen einiger dieser Quellen von der linearen Beziehung der Temperatur zur Entfernung von der zugehörigen Hauptquelle.

Physikalische und chemische Eigenschaften des Thermalwassers

Die Wiesbadener Thermalquellen zählen zu den heißesten Quellen Europas. Unter Berücksichtigung der geothermischen Tiefenstufe (in unserer Gegend nimmt die Temperatur zum Erdinnern hin je 30 bis 35 Meter um 1 °C zu) ist davon auszugehen, daß das 67 °C heiße Wasser aus einer Tiefe von mindestens 2.000 Metern aufsteigt. Wegen seiner starken Schüttung (300–350 Liter/min) gilt der Kochbrunnen seit jeher als Hauptquelle. Temperatur und Salzgehalt der Adlerquelle sind etwa gleich.

Besonderes Kennzeichen der Wiesbadener Thermalquellen ist der hohe Kochsalz-(Natriumchlorid-) Gehalt. Bei einer Gesamtmenge an gelösten Mineralsalzen von etwa 8,6 g/kg Mineralwasser beträgt der Natriumchloridanteil 6,7 bis 6,8 g/kg. Die Balneologen sprechen deshalb von einer Natriumchlorid-Therme. Die Abweichungen der Schützenhofquelle, die bei einer Temperatur von 49 °C eine Kochsalzkonzentration von 5,3 bis 5,5 g/kg (ca. 6,6 g/kg gelöste feste Bestandteile) aufweist, sind auf Verdünnung durch kaltes Süßwasser zurückzuführen, das sich im Bereich eines in 10 bis 50 Metern Tiefe die Quellenspalte kreuzenden Quarzgangs mit dem aus der Tiefe aufsteigenden Thermalwasser mischt.[4]

Außer Natrium- und Chlorid-Ionen (die Salze zerfallen in wäßriger Lösung in ihre positiv oder negativ elektrisch geladenen Ionen: Kationen bzw. Anionen) stellen Calcium-, Kalium- und Magnesium-Ionen einen bemerkenswerten Anteil. Nicht zu vernachlässigen sind Strontium-, Lithium- und Eisen(II)-Ionen. Die letzteren verursachen beim Zutritt von Luftsauerstoff die Trübung des Thermalwassers. Es bilden sich flockenartige Konglomerate, die nach dem Absetzen den ockerfarbenen „Sinter“ bilden. Der grau-braune „Carbonat-Sinter“, der sich an den Rändern der Quelltümpel

Tab. 1. Leistung und chemische Zusammensetzung des Quellenwassers

Lfd. Nr.	Name bzw. Bezeichnung	Lage bzw. Ursprungsort	Leistung in 1 Min. (Liter)	Temp. °C	g Chlor in 1 kg Thermw.	g Natrium in 1 kg Thermw.
1	Kochbrunnen	Kochbrunnenplatz/ Kranzplatz	346	66	4,6	2,67
2	Adlerquelle	Langgasse 40	167	67	4,6	2,67
3	Kleine Adlerquelle	Langgasse 40	10,7	67	4,6	2,67
4	Schützenhofquelle	Schützenhofstraße 4	146	49	3,6	2,09
5	Drei-Lilien-Quelle	A.d.Drei-Lilien-Quelle 6	165	59	4,6	2,65
6	Goldene Kette	Webergasse 29	15	47	4,6	2,65
7	Bäckerbrunnen	Quellen i. d. Goldg. 10	65	49	4,6	–
8	Spiegelquelle	Kochbrunnenplatz 2	86	66	4,6	2,67
9	Pariser-Hof-Quelle	Spiegelg. 17 (Parkpl.)	54,5	58	4,6	2,67
10	Gold.-Kreuz-Quelle	Spiegelgasse 17	20,7	46	4,6	2,65
11	Sonnenberg-Quelle	Spiegelgasse 9	38,7	52	4,5	2,59
12	Stern-Quelle	Webergasse 23	30,8	55	4,6	2,65
13	Köln.-Hof-Quelle	Kleine Webergasse 9	30	48,5	4,5	–
14	Quelle Hotel Bären	Bärenstraße 3	2,5	52	4,5	–
15	Zwei-Böcke-Quelle	Vor d. Haus Weberg. 19	9	49	4,5	–
16	Quelle	Vor d. Haus Goldg. 3	81	48	4,5	2,62
17	Wilh.-Heilanst.-Quelle	Goldgasse 4	15,4	44	4,6	2,69
18	Quelle	Häfnergasse 12	28	46	4,5	–
19	Gold.-Brun.-Quelle	Goldgasse 10	–	54	4,5	–
20	Gold.-Ross-Quelle	Goldgasse 9	–	48	4,5	–
21	Gemeindeb.-Quelle	Gemeindegäßchen 3	2,8	40	3,6	2,09
22	Brunnen	Im Badh. „Zum Kranz“	–	49	4,5	2,67
23	Quelle	Grabenstraße 9	14,3	47	4,6	–
24	Salmquelle	Kochbrunnenplatz	4,3	47	4,5	2,66
25	Römerquelle	Kranzplatz	27,3	65	4,6	2,68
26	Am Schützenhofbad	Schützenhofstraße 4	0,5	38	3,6	2,09
27	Faulbrunnen	Faulbrunnenplatz	26,7	14	2,7	1,51

absetzt und mit der Zeit harte Krusten bildet, besteht überwiegend aus Calciumcarbonat (vgl. dazu den Exkurs: „Zwei Arten von Kochbrunnensinter“; S. 31f.). Von anionischen Inhaltsstoffen haben außer dem vorherrschenden Chlorid auch Sulfat und Bromid sowie Spuren von Fluorid, Iodid, Hydrogenphosphat und -arsenat medizinisch-therapeutische und balneologische Bedeutung. Gasförmige Kohlensäure enthalten die Wiesbadener Thermalwässer weniger als die „Kohlensäuerlinge“ des benachbarten Taunusgebiets.

Herkunft des Salzes und Konstanz der Salzkonzentration

Über die Herkunft der riesigen Mengen Kochsalz, die von den Wiesbadener Quellen Tag für Tag ausgeschüttet werden (bei einer Schüttung von 2.000.000 Litern/Tag sind es 14.000 kg täglich), ist sich die Wissenschaft bis heute nicht vollständig im klaren. Einigkeit herrscht darüber, daß das Salz aus riesigen Salzlagerstätten herausgelöst und als unterirdischer Strom konzentrierter Salzsole oberhalb einer wasserundurchlässigen Gesteinsschicht an den Südrand des Taunus herangeführt wird. Ob die Salzlager des Zechsteinmeeres im Fulda-Werra-Raum oder die des Rheintalgrabens (Elsaß) als Hauptlieferanten anzusehen sind, ist eine bis heute nicht endgültig entschiedene Frage.[5]

Neuere Untersuchungen sprechen mehr für die Herkunft aus dem Rheintalgraben. Als Grenze für den aus Mitteldeutschland herangeführten Solestrom gilt eine Linie, die in nordsüdlicher Richtung etwa durch Bad Vilbel verläuft. Das Wasser, das die Salze aufnimmt, ist überwiegend Niederschlagswasser, das in eine Tiefe von über 2.000 Metern absinkt, sich dort entsprechend der geothermischen Tiefenstufe aufwärmt und im Grundwasserstrom im Laufe von vielen Jahrtausenden[6] an die Verwerfungszone des Taunusgrundgebirges herangeführt wird.

Als gesichert gilt, daß der hohe Salzgehalt der Quellen seit langer Zeit konstant ist. Für die letzten 150 Jahre, 1848 bis 1998, belegen das die Analysen des Chemischen Laboratoriums/Instituts Fresenius, Wiesbaden/Taunusstein.[7] Die dabei gemessene geringe Schwankungsbreite der Salzkonzentration macht es wahrscheinlich, daß ähnliche Verhältnisse für geologische Zeiträume anzunehmen sind.

Chloridgehalt und Gesamtmenge an festen gelösten Stoffen im Wasser des Kochbrunnens (Analysen des Chemischen Laboratoriums Fresenius bzw. Instituts Fresenius). Die Werte von 1847 bis 1950 wurden in Proben aus der alten Tümpelfassung gemessen, die Werte von 1965 und 1987 im Wasser der neuen Bohrung, die 15 m nordwestlich der alten Quelle niedergebracht ist. Die früher in Gramm/Liter bestimmten Konzentrationen wurden in g/kg umgerechnet

Jahr der Analyse	Chlorid-Gehalt (g/kg)	feste Bestandteile, gesamt (g/kg)
1847	4,6698	8,773
1885	4,6578	8,764
1904	4,656	8,903
1931	4,594	8,754
1950	4,362	(kein Wert veröffentlicht)
1965	4,605	8,756
1987	4,530	8,812

Im Thermalwasser gelöste Gase

Die im Wiesbadener Thermalwasser vorhandene freie Kohlensäure (bis 450 mg/Liter) steigt nach Ansicht der meisten Geologen aus noch nicht vollständig erstarrten unterirdischen Magmaherden auf, die tief unter dem Taunus vermutet werden. Sie wird vom überhitzten Wasserdampf mitgerissen, wie auch der Schwefelwasserstoff (H_2S), der beim Aufstieg an den Wänden der Austrittsspalten des Thermalwassers als Schwefelkies (Pyrit/Eisensulfid, Fe_2S) abgeschieden wird. Spuren von H_2S im Thermalwasser, die in den letzten 150 Jahren in einigen Analysen nachgewiesen, in anderen als nicht nachweisbar verzeichnet sind, werden auf Zersetzung von hydrothermal abgesetztem Schwefelkies zurückgeführt. Spuren von Radioaktivität (Radongas) sowie einige im Thermalwasser enthaltene Spurenelemente, die in der oberen Erdkruste nicht (oder in sehr geringen Konzentrationen) vorkommen, dürften ebenfalls magmatischen Ursprungs sein.

Die Wärme des Thermalwassers

Wenn Prof. Michels davon spricht, daß ein Anteil von magmatischer Erdwärme an der Aufheizung des Thermalwassers möglich ist, nähert er sich einer von dem Geologen Dr. Karl Fill, dem früheren Leiter der Naturwissenschaftlichen Abteilung des Museums Wiesbaden, ausgesprochenen Theorie. Nach Fill[8] reicht die Erwärmung in 2.000 Metern Tiefe auf 70 °C für eine Temperatur von 67,5 °C an der Quelle nicht aus. Durch die seitlich hinzutretende Salzsole kühle sich das Wasser auf dem Weg nach oben stark ab. Daß die Sole selbst nicht schon vom Ursprung her 60 bis 70 °C heiß ist, lasse sich daraus ableiten, daß die von der gleichen Sole gespeisten Quellen in Bad Soden und Nauheim nur 32 bis 34 °C heiß sind.

Fill vermutet, daß die in 30 bis 40 Kilometern Tiefe liegenden Gesteinszonen mit Temperaturen von etwa 1.000 °C einen nicht zu vernachlässigenden Anteil an der konstanten Wärme der Wiesbadener Thermalquellen haben. Aus diesen Tiefengesteinen steige ein Teil des von ihnen gebundenen Wassers als überhitzter Wasserdampf durch die zahlreichen kleinen und feinen Spalten, die mitunter auch von größeren Hohlräumen abgelöst werden, in den oberen Teil der Verwerfungszone des Taunussüdrands auf. Wenige hundert oder tausend Meter unter der Oberfläche kondensiere der Dampf zu Wasser, nehme die von Osten [oder Süden] kommende Sole auf und trete dann „mit der ans Wunderbare grenzenden Konstanz als Kochbrunnen aus“.

Obwohl moderne Geologen Zweifel an derartigen „unbeweisbaren“ Vorstellungen hegen, läßt sich eine definitive Entscheidung für die Herkunft des Thermalwassers allein aus einem in großen Tiefen heranziehenden Grundthermalwasserstrom und gegen einen Anteil an überhitztem Wasserdampf, der aus dem magmatischen Erdmantel aufsteigt, nach dem heutigen Wissensstand nicht eindeutig treffen. Niemand weiß, wie es in unserer Region in 500, 1.000, 2.000 oder 10.000 Metern Tiefe aussieht. Daher lassen sich definitive Aussagen immer nur mit einem großen Unsicherheitsfaktor treffen. Denkbar ist, daß beide (und noch andere) Faktoren eine Rolle spielen.

Geologische Zeiträume

Tektonische Überlegungen führen zu der Annahme, daß die Taunusrandquellen seit Beginn des stärkeren Heraushebens des Rheinischen Schiefergebirges nach der Mindel/Riß-Eiszeit, also seit mindestens 200.000–150.000 Jahren, bestehen.[9] Professor Michels schließt das aus Beobachtungen, die im Zuge der Neubautätigkeit nach dem Kriege im Wiesbadener Untergrund gemacht worden sind.[10] Damals wurden auf dem Cansteinsberg, zwischen Geisberg und Schöner Aussicht, in einer Höhe von +140 Metern über NN, etwa 20 Meter über dem Niveau der heutigen Thermalquellen, tertiäre Schichten freigelegt, die von verhältnismäßig weit klaffenden parallelen Spalten durchzogen sind. Auf diesen Spalten fanden sich Spuren von Quellsinter sowie Schwefelkies und Barytkristalle, die auf Thermalquellenaustritte in dieser Höhe schließen lassen. Aufgrund der Zugehörigkeit des oberen Cansteinsbergs zur Mittelterrasse des Urrheins ergibt sich ein Alter von ca. 200.000 Jahren.

Einen weiteren Beweis dafür, daß die Quellen damals in dieser Höhe ausgetreten sind, haben Archäologen schon im 19. Jahrhundert erbracht (ohne sich dabei mit den geologischen Voraussetzungen ihrer Beobachtungen zu befassen). Der damalige Konservator der Altertümer im Regierungsbezirk Wiesbaden, v. Cohausen, hat um 1870 bei Ausgrabungen auf der Höhe des Schulbergs bei +140 m über NN Sinterschichten angeschnitten, die auf Thermalwasserabscheidungen des Vorläufers der Schützenhofquelle zurückzuführen sind.[11]

Nach diesen Beobachtungen müssen die heißen Quellen in einer Zeit vor dem Abtragen der 20 bis 30 Meter dicken Erdschichten über der heutigen Tallage in 150 bis 140 Metern über NN ausgetreten sein. Die Erosion dieser Schichten begann in den regen- und schmelzwasserreichen Phasen der Eis- und Zwischeneiszeiten vor 200.000 Jahren. In der Riß/Würm-Zwischeneiszeit, vor etwa 120.000 Jahren, setzte mit dem letzten Herausheben des Gebirges zur Höhe des heutigen Taunuskamms eine verstärkte Erosionstätigkeit ein, die das Schwarzbachtal im Bereich der heutigen Taunusstraße, des Kranzplatzes und der Langgasse schließlich bis auf +120 Meter NN ausgeräumt hat.[12] Dabei sind die ursprünglich auf der Höhe von Cansteinsberg/Geisberg und Heidenberg/Schulberg austretenden Quellen in einem sich über Zehntausende von Jahren hinziehenden Vorgang an den Fuß der Höhenrücken abgesunken, wo sie den Eindruck erwecken, es gebe entlang dieser Linie eine Thermalquellenspalte, aus der das Wasser der Hauptquellen austritt.

Die ersten „Kurgäste“

Den ältesten historischen Beweis für die Anwesenheit von Menschen an den heißen Quellen Wiesbadens lieferten Steinwerkzeuge, die bei der Tiefenbohrung an der Adlerquelle nach dem Zweiten Weltkrieg zum Vorschein kamen.[13] Innerhalb der Bachschotterschichten des pleistozänen Eiszeitalters stießen die Arbeiter in 1,40 bis 1,70

Metern Tiefe unter der Quellensohle, 4,00 bis 4,30 Meter unter dem Wasserspiegel, auf 60 von Menschenhand bearbeitete Artefakte aus ortsfremdem Gestein: Klingen, Kratzer, Bohrer und Schlagsteine aus Quarz, devonischem Quarzit, Feuerstein und Kieselschiefer. Dazwischen fanden sich Zahnfragmente von Wildschwein, Pferd, Rind und Hirsch. Steine und Zähne waren, wie auch die begleitenden Bachgerölle, von einer dünnen goldgelben Pyritschicht (Schwefelkies) überzogen, die sich aus dem Thermalwasser abgeschieden hat. Nach einer archäologischen Formenanalyse[14] gehören die Steingeräte in das jüngere Paläolithikum, das sogenannte Gravettien. Es ist die Zeit, in der vor rund 25.000 Jahren in Südwestfrankreich die Höhlenmalereien von Lascaux entstanden sind.

Für Wiesbaden bedeuten die Funde den Nachweis, daß die Adlerquelle seit mindestens 25.000 Jahren an der heutigen Stelle aus der Erde kommt. Das Wasser bot den Menschen der Eiszeit günstige Lebensbedingungen: Mitten in der kalten Grassteppe war das Gebiet um die warmen Quellen mit einer Oase zu vergleichen, die für die

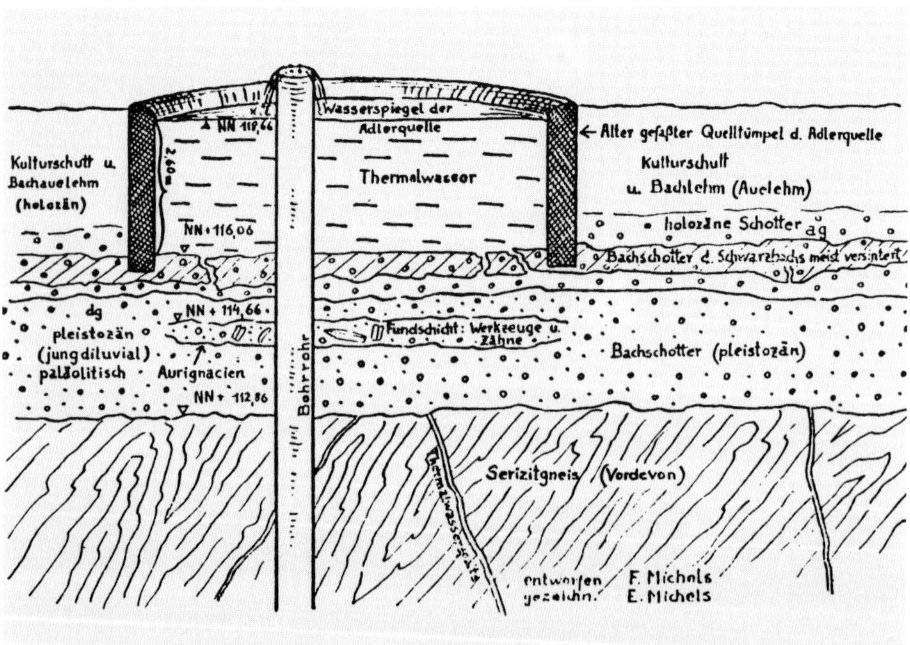

Profil durch den Quelltümpel der Großen Adlerquelle

Jungpaläolithische Steinwerkzeuge aus der Großen Adlerquelle

Menschen ein besonderer Anziehungspunkt gewesen sein muß. Hier haben sie ihre Hütten oder Zelte aus Tierfellen aufgeschlagen, Steinwerkzeuge hergestellt und die warme Salzlösung der Adlerquelle zum Würzen des Fleisches ihrer Jagdtiere benutzt. Salopp formuliert, könnte man sagen, daß die Menschen dieses Lagerplatzes die ältesten Kur- und Badegäste Wiesbadens gewesen sind.

1 Michels: Wiesbadener Mineralquellen, S. 18. – Czysz: Heiße Quellen, S. 6ff.; dort weitere Literatur zur Geologie der Wiesbadener Heilquellen.

2 Kirnbauer: Mineralisation, S. 72–73.

3 Kirnbauer (Mineralisation, S. 24–67) weist im Stadtbereich von der Emser und Schwalbacher Straße zum Schulberg/Hirschgraben bis zur Taunus- und Wilhelmstraße und vom Geisberg bis zum Dernschen Gelände/Dotzheimer und Friedrichstraße in Rissen und Spalten des Grundgebirges auftretende, rezente und fossile Thermalwasserausscheidungen (Schwefelkies, Schwerspat und karbonatischen Sinter) nach.

4 L. Fresenius/R. Fresenius: Neuere Untersuchungen einiger Wiesbadener Quellen, S. 28–35. – Michels/Thews: Thermalwasserbohrung Schützenhofquelle, 1971, S. 75–81.

5 Michels: Wiesbadener Mineralquellen, S. 22 u. 48. – Wagner: Wanderwege, S. 37. – Kussmaul: Isotopenuntersuchungen.

6 Lütkemeier (Grundwasserzirkulation, S. 103) bestimmte das Alter des Kochbrunnenwassers (Dauer der Wanderung des Niederschlagswassers vom Zeitpunkt des Eintritts in den Erdboden bis zum Austritt aus der Quelle) nach der Radiocarbonmethode mit ca. 25.400 Jahren.

7 Czysz: 140 Jahre Fresenius, 1. Teil, S. 88f.

8 Fill: Herkunft des Kochbrunnenwassers. – Dazu auch Florschütz: Fontes Mattiaci, S. 15ff.

9 Michels: Geologie d. Wiesbadener Raumes, S. 1215.

10 Michels: Wiesbadener Thermalquellenspalte, S. 37.

11 Czysz: Römerzeit, S. 73 u. Abb. 52. – Kirnbauer (Mineralisation, S. 40) verweist auf versinterte Thermalwasser-Mineralisationen in 160 m Höhe am jüdischen Friedhof Lisztstraße/Schöne Aussicht und bei 150 m auf dem Gelände des ehemaligen städtischen Krankenhauses zwischen Schwalbacher und Platter Straße.

12 Hess. Landesamt für Bodenforschung: Geolog. Karte v. Hessen 1:25.000, Wiesbaden 1971; vgl. Czysz: Heiße Quellen, S. 17.

13 Michels: Wiesbadener Mineralquellen, S. 12–14.

14 Floss: Adlerquelle, S. 187–191.

Die heißen Quellen in der Römerzeit

Das römische Heilbad „Aquae Mattiacorum“

Die Herkunft des Namens

Soweit wir das historisch belegen können, waren die Römer die ersten Menschen, die die heißen Quellen von Wiesbaden für Heilzwecke genutzt haben. Zwar lebten in dieser Gegend auch vor ihnen schon Bauern des Neolithikums, Hirten und Krieger der Bronzezeit, Menschen der Urnenfelder- und Hallstatt-Kultur und schließlich Kelten (Latènezeit). Wir haben aber keine gesicherten Kenntnisse darüber, ob sie schon in den Tümpeln und Teichen, die von den heißen Quellen gespeist wurden, gebadet haben.

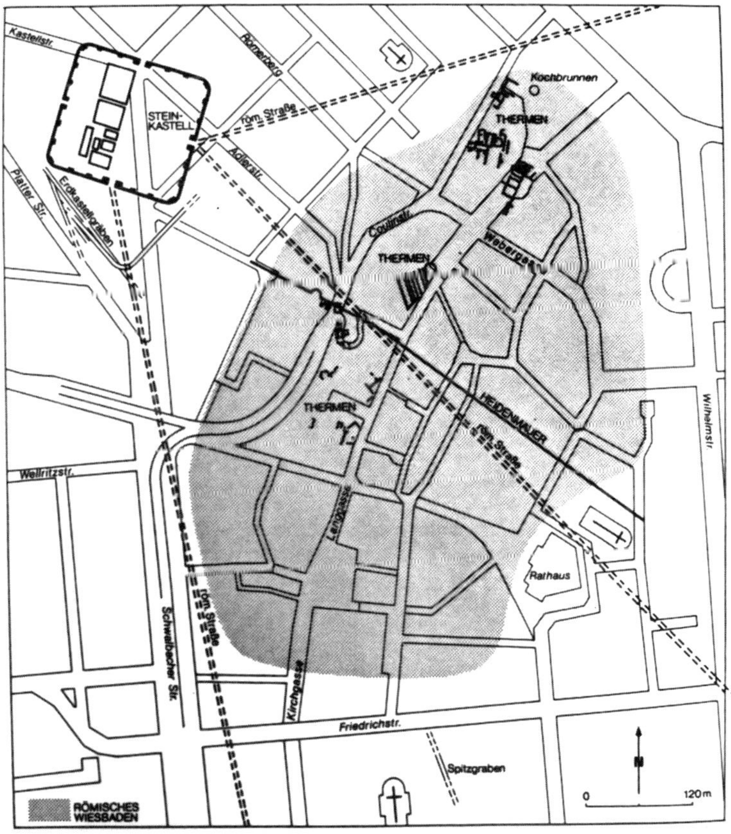

Plan des römischen Wiesbaden.
Schraffierung: Ausdehnung des vicus Aquae Mattiacorum im 2. Jahrhundert

Die Anfänge des römischen Wiesbaden reichen in die Jahre zwischen 6 und 16 n. Chr. zurück, als die heißen Quellen in der Etappe der Germanenkriege für die Genesung der in Mainz stationierten, in den kräftezehrenden Feldzügen ins Innere Germaniens erschöpften Soldaten des römischen Heeres genutzt wurden.[15] Die Gründung der zivilen Bürgergemeinde *vicus Aquae Mattiacorum* erfolgte gleichzeitig mit der Errichtung des Verwaltungsbezirks der *civitas Mattiacorum* in der römischen Provinz Obergermanien in den Jahren zwischen 100 und 110 n. Chr. Die erste schriftliche Erwähnung datiert in das Jahr 122 n. Chr., in dem der 1896 in Mainz-Kastel gefundene Meilenstein mit der Entfernungsangabe *„AB AQUIS MATTIACORUM M[ilia] P[assuum] VI"* („von Aquae Mattiacorum 6.000 Doppelschritte" = ca. 9 km) gesetzt wurde.

Das lateinische Wort *Aquae*, Mehrzahl von *Aqua*, Wasser, bedeutet in römischen Ortsnamen dasselbe wie im Deutschen die Bezeichnung „Bad", die wir von vielen Heilbädern kennen: Bad Homburg, Bad Schwalbach Bad Ems, usw. In dem Ortsnamen Wiesbaden ist der Begriff „Bad" gleichfalls enthalten, ähnlich wie in Baden-Baden, das in römischer Zeit als *Aquae Aureliae* das Heilbad für die Soldaten des Legionslagers Straßburg (*Argentorate*) gewesen ist.

Die Mattiaker waren ein Teilstamm der Chatten, die in der Umgebung ihrer Stammeshauptstadt Mattium in Oberhessen lebten. Sie wurden nach der Eroberung Mattiums durch den römischen Feldherrn Germanicus im Jahre 15 n. Chr. aus ihrer Heimat in unsere Gegend umgesiedelt.[16] Hier sollten sie als Verbündete (Foederaten) der Römer den Brückenkopf im Vorfeld von Mainz und das Gebiet der heißen Quellen gegen Überfälle feindlicher Germanen schützen.

Heiße Quellen in der antiken Literatur

Zum ersten Mal hören wir von den Wiesbadener warmen Heilquellen durch den römischen Naturforscher und Schriftsteller Plinius Secundus den Älteren, der auch dadurch bekannt ist, daß sein Wissensdrang ihn beim Ausbruch des Vesuv 79 n. Chr. das Leben gekostet hat.[17] Um 50 n. Chr. hat er von Mainz aus, wo er als Befehlshaber einer berittenen Einheit des römischen Heeres stationiert war, die „Mattiakischen Quellen" besucht und in einer enzyklopädischen Naturgeschichte, *„Naturalis historiae"*, beschrieben. Im 31. Buch dieses Werkes gibt er zuerst eine allgemeine, auch heute noch eindrucksvolle Beschreibung der Heilkraft des Wassers, die als Einleitung der noch zu schildernden Entwicklung unserer Kenntnisse von den heißen Quellen Wiesbadens hier kurz vorgestellt wird:

Gewässer „quellen wohltätig und überall in den meisten Ländern hervor, hier kalt, dort warm, bald beides zusammen (...), anderswo lau und etwas kühl; indem sie Hilfe gegen Krankheiten anbieten und als einzigen über allen Lebewesen nur dem Menschen zuliebe hervorbrechen, vermehren sie die Zahl der Götter durch verschiedenartige Namen und gründen Städte (...). Nirgends sind sie jedoch reichlicher als in der Bucht von Bajae und nirgends von so vielseitiger Heilkraft: die einen durch die Wirkung des Schwefels (*sulphur*), die anderen durch die des Alauns (*aluminis*), wieder andere durch die des Salzes (*salis*), des Natrons (*nitri*), des Erdpechs (*bituminis*), wobei einige auch eine Mischung aus saueren und salzigen Bestandteilen darstellen; manche nützen durch ihren Dampf, und ihre Kraft ist so groß, daß sie die Bäder erwärmen und sogar das kalte Wasser in den Badewannen zum Sieden bringen."[18]

Bei dieser Erklärung schließt sich Plinius unübersehbar den Erkenntnissen seines um ein Jahrhundert älteren Landsmannes Vitruvius an, der um 31 v. Chr. in seinem klassischen Werk „Über die Architektur", im Kapitel „Von den warmen Quellen und den Eigentümlichkeiten verschiedener Gewässer" schreibt:

„Diese warmen Quellen werden aber von der Natur in folgender Weise geschaffen. Wenn in der Erdtiefe durch Alaun oder Bitumen oder Schwefel (*alumen aut bitumen seu sulphur*) Feuer entfacht wird, dann macht dies durch seine Hitze die darüber liegende Erde heiß. Diese aber entsendet von sich in den weiter oben liegenden Erdboden heißen Dampf und, wenn an diesen Stellen, die oberhalb liegen, Quellen entspringen, werden diese von dem Dampf getroffen, innerhalb ihrer Adern erhitzt und quellen so, ohne daß ihr Geschmack beeinträchtigt ist, hervor. (...)

Alle Warmwasserquellen aber sind deswegen heilkräftig, weil ihr Wasser, in zersetzenden Stoffen durch und durch erhitzt, eine andre Eigenschaft für die Verwendung annimmt. Schwefelhaltige Quellen (*sulphurosi fontes*) nämlich stellen die Funktionen der Nerven dadurch wieder her, daß sie die gesundheitsschädigende Feuchtigkeit erhitzen und durch die Hitze aus dem Körper herausbrennen. Alaunhaltige Quellen (*aluminosi*) aber lösen, wenn sie in Körperteilen angewendet werden, die durch Lähmung der Nerven oder die Auswirkung irgendeiner Krankheit gelähmt sind, dadurch, daß sie in die offenstehenden Poren Wärme eindringen lassen, die kalte Erstarrung durch die gegensätzliche Einwirkung der Wärme wieder auf, und hierdurch werden die Glieder nach und nach wieder in ihren früheren gesunden Zustand versetzt. Erdharzartige Wasser (*bituminosi*) aber pflegen dadurch, daß sie, als Trinkkuren verwendet, abführen, innere Krankheiten zu heilen. Kaltes, natronhaltiges (*nitrosum*) Wasser, das durch Trinkkuren abführt, vermindert, durch den Unterleib gehend, auch skrofulöse Anschwellungen der Lymphdrüsen."[19]

Nachdem Vitruv einige Quellen, die wegen ihrer besonderen Eigenschaften bekannt waren, beschrieben hat, erklärt er die Gründe, die zu diesen Besonderheiten führen: „Das aber wird von der Eigenart des Erdbodens mit seinem verschiedenen Geschmack bewirkt, wie man das auch an Früchten sieht", deren Verschiedenartigkeit durch die „Mannigfaltigkeit des Erdsaftes" an verschiedenen Gegenden und Orten „in ihrem So-Sein bestimmt wird".

Mit dieser Vorstellung kommt er den tatsächlichen Verhältnissen erstaunlich nahe. Wie später noch zu zeigen sein wird, hat Vitruv mit dieser Darstellung das gesamte spätmittelalterliche und frühneuzeitliche naturgeschichtliche und naturheilkundliche Schrifttum bis zu den Anfängen der medizinischen Literatur über Ursprung und Heilkraft von heißen Quellen und Badekuren beeinflußt. Über Vitruv und Plinius den Älteren hinaus gelangt erst – und auch dann nur in kleinen Schritten – die Bäderkunde des 18. und, mit wissenschaftlichem Anspruch, des 19. Jahrhunderts.

Die heißen mattiakischen Quellen

Beobachtungen des Naturforschers Plinius Secundus d. Ä.

Die Wiesbadener heißen Quellen erwähnt Plinius im Kapitel *„Aquarum mirabilia"*, (Wunderbare Wässer) des 31. Buches *„Medicinae ex aquatilibus"* (Im Wasser enthaltene Heilmittel):

„Sunt et Mattiaci in Germania fontes calidi trans Rhenum, quorum haustus triduo fervet; circa margines vero pumicem faciunt aquae."

(In Germanien gibt es jenseits des Rheines die heißen mattiakischen Quellen; das aus ihnen geschöpfte Wasser bleibt drei Tage lang heiß. An den Rändern setzt es sogar Tuffstein [Sinter] ab.)[20]

Die Erwähnung des Sinters, der sich am Quellenrand absetzt, spricht dafür, daß Plinius die Quelle 50/51 n. Chr., während seiner Stationierung in Mainz als *praefectus alae,* Befehlshaber einer Reitereinheit, mit eigenen Augen gesehen hat. Die Benennung als Tuffstein (*pumex*) gibt eine Ähnlichkeit wieder zwischen dem zu einer Kruste verhärteten Sinter am Rand und auf der Sohle des Kochbrunnen-Quelltopfs und dem schwefelhaltigen Tuffstein im Umfeld italischer Schwefelquellen (Solfataren), die Plinius sicher bekannt waren.

Die „Beobachtung", daß das geschöpfte (haustus) Wasser drei Tage lang heiß geblieben sei, bedarf einer besonderen Erklärung.[21] Daß sie, im einfachen Wortsinn, nicht richtig ist, beweist jeder praktische Versuch. Die Beschreibung des Plinius ist nicht wörtlich zu verstehen. Seine „Naturgeschichte" enthält neben zuverlässigen Beobachtungen auch zahlreiche phantastische Geschichten, die unserer modernen naturwissenschaftlichen Betrachtungsweise nicht standhalten. Einer Erklärung dieser Textstelle kommt man näher, wenn man den Satz des Plinius dazunimmt, der dem über die mattiakischen Quellen unmittelbar vorausgeht: „Zu Krannon [in Thessalien] gibt es eine warme Quelle, die nahezu Siedehitze hat; gibt man Wein hinzu, behält das Getränk in den Gefäßen drei Tage lang seine Wärme." Diese Aussage ist ebenso unrealistisch wie die von den mattiakischen Wässern.

In dem Satz, der unmittelbar an die beiden „Quellenwunder" anschließt, läßt Plinius durchblicken, daß er selbst vom Wahrheitsgehalt der geschilderten Phänomene nicht ganz überzeugt ist: „Sollte jemand einiges von dem hier Mitgeteilten nicht für glaubwürdig halten, so mag er wissen, daß es in keinem Teile der Natur größere Wunder gibt [als bei dergleichen heißen Brunnen]."

Der Wiesbadener Geschichtsschreiber Gottfried Anton Schenck hat schon 1758 in seiner „Geschicht-Beschreibung der Stadt Wißbaden" zutreffend geurteilt: Wahrscheinlich werden, schreibt er, einige das Zeugnis des Plinius über die Wiesbadener heißen Quellen, „daß ihr haustus, oder geschöpftes Wasser, drey Tage lang warm bleibe", für falsch halten, da es „bey dem Wißbadischen warmen Wasser sich nicht also befindet". Man dürfe aber den Bericht des Plinius nicht in seiner wörtlichen Bedeutung nehmen, „weil Plinius, wie den Gelehrten bekannt ist, den Fehler hat, daß er, in seinen Beschreibungen der mancherley Seltenheiten der Natur, sich öfters allzu leichtgläubig bezeiget, und eine Sache mehrmalen grösser machet, als sie würcklich ist".[22]

Schenck hat noch eine andere Erklärung zur Hand. Er stützt sich dabei auf eine Nachricht des Dr. Philippus Weber (ca. 1570 bis ca. 1634), dem wir die älteste auf eigener Anschauung und Erfahrung als Badearzt beruhende Beschreibung der Wiesbadener heißen Quellen verdanken:

„Zweytens", schreibt Schenck, „so kommt es hierbey auch noch vornemlich darauf an, daß man wisse, wie man das Wort: *haustus,* oder geschöpftes Wasser, eigentlich verstehen solle? Verstehet man es also, daß man dieses heisse Wasser in ein kleines offenes Gefässe schöpfet, und an die freye Luft stellet, so wird wohl nicht allein das Wißbadische warme Wasser nicht, sondern auch kein anderes heisses Wasser auf der gantzen Erde, von solcher Hitze seyn, daß es nur *drey Stunden*, geschweige *drey Tage* lang, solche seine Hitze, auf diese Art, behalten könne.

Verstehet man es aber also, daß man dieses heisse Wasser behend aus seiner Quelle in ein grosses Gefässe, z.E. in ein zwey- oder drey-öhmigtes Spund-Faß füllet, und es wohl zuspündet und verwahret, so wird solches allerdings, zumal bey warmen Sommer-Tagen, seine Hitze zwey bis drey Tage lang würcklich behalten. Und erzehlet Weber in seiner Teutschen Beschreibung des Wißbads, p. 34, daß, wenn ehemals der Graf Ludwig von Nassau-Saarbrücken das Wißbadische warme Wasser, auf solche Art, habe nach Weilburg bringen lassen, solches annoch so heiß daselbst, ob dieser Ort gleich über 6 Meilen weit von Wißbaden entfernet ist, angekommen sey, daß gedachter Herr nicht eher darin habe baden können, bis man es erst vorher noch einige Zeit lang in etwas habe verkühlen lassen, und ist doch noch so hitzig gewesen."[23]

Die gleiche Erklärung gilt für die Wiesbadener Badhäuser und Badehotels, die seit dem Mittelalter ein zweites Badebecken (oder Reservoir) benutzten, um das Thermalwasser (etwa 24 Stunden lang) auf Badetemperatur abkühlen zu lassen. Ein Becken zum Baden, ein Becken zum Abkühlen. Daß die Römer nicht so verfuhren, wissen wir aus der Anlage des Warmwasserbeckens der Kranzplatzthermen, das eine hölzerne Rohrleitung für die Kaltwasserzufuhr (aus Quellen am Heidenberg) hatte. Offenbar nahmen sie noch keinen Anstoß an dem bei den späteren Badeärzten verpönten Verdünnen von mineralhaltigem Wasser mit Süßwasser.

Exkurs: Zwei Arten von Kochbrunnensinter

Die auf dem Ablaufstein des „Springers" am Kochbrunnen sich absetzende gelb- bis ockerfarbene Substanz, die auch die Trübung des Wiesbadener Thermalwassers hervorruft, gilt gemeinhin als „Kochbrunnensinter". Es sind aber zwei Arten von Sinter zu unterscheiden, der „oxidische" und der „karbonatische Sinter"[24] oder, wie ihn Remigius Fresenius vor 150 Jahren beschrieben hat, „abgeschlämmter" und „wirklicher Sinter"[25]. Oxidischer Sinter bildet sich bei der Einwirkung von Luftsauerstoff auf die im Thermalwasser gelöst enthaltenen Eisen(II)-ionen, die dabei zu wasserunlöslichem, rötlichgelbem Eisen(III)-oxidhydrat/-carbonat oxidiert werden. Der oxidische Sinter enthält über 60 % Eisen(III)-oxid[26] und ist für die Färbung des Sinters am Kochbrunnenspringer verantwortlich.

Der karbonatische oder „wirkliche" Sinter, der sich am Boden der Quellbecken und an deren Rändern als graubraune, schnell verhärtende Kruste absetzt, besteht zu etwa

90 % aus Calciumcarbonat, mit ca. 1 % Eisenoxid und 9 % Kieselsäure. Er entsteht, wenn sich das im Thermalwasser gelöste Calciumhydrogencarbonat beim Abkühlen des Wassers unter Verlust des im Wasser gelöst enthaltenen CO_2 (Kohlendioxid) als wasserunlösliches Calciumcarbonat ausscheidet. Diese „traubigen Massen von krystallinischer Struktur und grau-röthlich-brauner Farbe“ (Fresenius) haben früher die Quellenausläufe so stark verstopft, daß sie in regelmäßigen Abständen „mit stumpfen Aexten oder starken Keilhauen“ mühsam „ausgehauen“ werden mußten.[27] Ein Block aus diesem karbonatischen Sinter ist heute auf dem Kinderspielplatz am Kranzplatz aufgestellt.

Die „mattiakischen Kugeln“

Von einer speziellen Nutzung des frischen „oxidischen“ Sinters der mattiakischen Quellen berichtet der römische Dichter Marcus Valerius Martialis (ca. 40 bis 103/104 n. Chr.). Er schrieb mit Vorliebe satirische Verse (Epigramme), in denen er die Schwächen seiner römischen Mitbürger aufs Korn nahm. Zwei Epigramme aus den Jahren 85/86 lauten:[28]

> *„Chattica Teutonicas ascendit spuma capillos. Captivos poteris cultior esse comis.“*
> (Chattischer Sinter macht teutonische Haare glänzender. Benutzt du ihn, wirst du den Glanz der Haare der Gefangenen noch übertreffen.)
> *„Si mutare paras longaevos cana capillos, Accipe Mattiacas – quo tibi calva – pilas.“*
> (Willst du die Farbe deiner altersgrauen Haare ändern, nimm mattiakische Kugeln – was soll dir ein Kahlkopf.)

Im ersten Epigramm rät Martial den römischen Frauen, es wie die „Teutonen“ zu machen, die ihr Haar mit „chattischem Sinter“ hell färbten. Rötlich-blondes Haar, wie man es bei gefangenen Germanen (oder Kelten) sah, galt bei dunkelhaarigen Römern offenbar als besonders schön. Teutonen (und Kimbern) waren die ersten Germanenstämme, die die Römer an der Wende des zweiten zum ersten Jahrhundert v. Chr. in Oberitalien kennengelernt haben. Seitdem haben sie Teutonen häufig mit Germanen gleichgesetzt. Die Bezeichnung „chattisch“ bezieht sich auf den chattischen Teilstamm der Mattiaker, den die Römer nach den Feldzügen des Germanicus ins Innere Germaniens 16 n. Chr. in der Gegend des heutigen Wiesbaden angesiedelt haben.[29] Die Bezeichnung *spuma* (Schaum) trifft genau den „geschlämmten“ Zustand des oxidischen Sinters.

Das zweite Epigramm zielt auf die Eitelkeit römischer Männer. Wenn sie in die Jahre kamen, ließen sie sich die grauen Haare ausrupfen oder den Kopf kahl scheren, um ihr wahres Alter zu verschleiern. Martial empfiehlt ihnen mit epigrammatischer Kürze, sich stattdessen doch lieber die Haare mit dem zu Kugeln geformten, nach Rom importierten rötlichgelben Sinter der mattiakischen Quellen zu färben.

Die römischen Thermen

Schützenhofbad, Adlerquelle und Kranzplatz

Der entscheidende Grund, warum sich die Römer in Wiesbaden ansiedelten, waren die heißen Quellen. Ihre besondere Bedeutung für die Entwicklung des Genesungsbades erkennt man sehr gut an dem modernen Stadtplan, in dem die Ausdehnung der römischen Besiedlung im Bereich des heutigen Stadtzentrums von Wiesbaden eingezeichnet ist (S. 27). Die bei den drei Hauptquellen, Kochbrunnen, Adler- und Schützenhofquelle, im 19. und zu Beginn des 20. Jahrhunderts ausgegrabenen Ruinen römischer Badeeinrichtungen (Thermen) springen sofort ins Auge. Sie reihen sich entlang der *„via maxima"*, der römischen Hauptstraße, die bis heute eine zentrale Achse der Wiesbadener Innenstadt geblieben ist. Nach dem Abzug der militärischen Besatzung (117 n. Chr.) bildeten die Thermen das wirtschaftliche Rückgrat des unter ziviler Verwaltung stehenden *vicus Aquae Mattiacorum.*

Die ältesten Funde kamen auf dem Gelände des Schützenhofbades zum Vorschein.[30] Dort entdeckte man schon 1783 bei Bauarbeiten einen dem Heilgott *Apollo* mit dem Beinamen *Toutiorix* geweihten Stein, den ein römischer Hauptmann, der 232 n. Chr. am Rhein gegen die Alamannen gekämpft hatte, zum Dank für seine Genesung aufstellen ließ. Außer einem weiteren Weihestein für die ursprünglich keltische Quellgöttin *Sirona*, der ein kleiner Tempel geweiht war, und einer 53 x 48 x 11 cm großen steinernen Sonnenuhr sind die Reste einer Thermalwasserleitung aus Blei von besonderer Bedeutung. Die zusammen 6,60 m langen Teilstücke sind mit Stempeln der 14. Legion mit dem Ehrennamen *Martia Victrix* (die dem Mars geweihte Siegreiche) versehen. Durch sie läßt sich die Verlegung der Rohre in die Zeit zwischen 70 und 90 n. Chr. datieren.

Die Thermenanlage selbst, wahrscheinlich die älteste der Stadt, ließ sich nicht mehr rekonstruieren, da die am tiefsten gelegenen römischen Bäder durch mindestens drei Schichten jüngerer Badeanlagen überbaut waren. Die verschiedenen Bauhorizonte waren von späteren Störungen so häufig durchbrochen, daß römische Mauerreste nur

Weihestein der keltisch-römischen Quellgöttin Sirona. Fundort: Terrain des Schützenhofbades

noch an wenigen Stellen über mehrere Meter verfolgt und eindeutig zugeordnet werden konnten. Nur die in römischer Zeit genutzte Quelle konnte bei Ausgrabungen durch die zahlreichen auf ihrem Grund liegenden antiken Münzen identifiziert werden.

Als 1976 das Schützenhof-Hotel einer Tiefgarage weichen mußte, entdeckte man am Boden dieser Quelle mehr als 250 römische Münzen, die Besucher in den Quelltümpel geworfen hatten. Die ältesten Münzen stammen aus der Zeit des Kaisers Augustus (27 v. Chr. bis 14 n. Chr.), die jüngste wurde im Jahre 411 n. Chr. in Trier, damals Hauptstadt des weströmischen Reiches, geprägt.[31] Sie ist ein Beweis dafür, daß die Quelle nach dem endgültigen Zusammenbruch der römischen Verwaltung (406 n. Chr.) noch offen war und man den Brauch, den Quellgöttern Münzen zu opfern, noch nicht vergessen hatte.

1899 erwarb die Stadt Wiesbaden das Hotel „Adler" mit allen Gartenanlagen (einschließlich der Großen und Kleinen Adlerquelle), um Platz zu schaffen für ein städtisches Kurmittelhaus (das spätere Kaiser-Friedrich-Bad). Beim Niederlegen der alten Gebäude kamen auf dem Gelände eine unübersehbare Fülle von römischen Gebrauchsgegenständen aus Keramik und Bronze sowie Knochen, Schmuck, Münzen, Terrakottabüsten und Möbelbeschläge zum Vorschein. Einige medizinische Geräte haben wohl die in *Aquae Mattiacorum* praktizierenden Badeärzte hinterlassen.[32]

Zeugnisse des römischen Badebetriebs an der Adlerquelle sind der steinerne Unterbau eines Schwitzbades mit dem hervorragend erhaltenen Teilstück eines Abwasserkanals und Fundamente von Herbergsgebäuden (*mansiones*), in denen Badegäste wohnten.[33] Bemerkenswert sind Teile eines römische Laufbrunnens, der, da im Innern des Ausflußrohrs Sinterspuren fehlen, von Süßwasser gespeist wurde. Er stand an

Teile von römischen Bleirohrleitungen zum Einleiten des Thermalwassers in die Becken der Schützenhofthermen

einer Stelle nahe der Adlerquelle, wo nachrömisch bis in die Neuzeit kein Trinkwasser zur Verfügung stand. Mit Wasser versorgt wurde er durch eine ebenfalls nachgewiesene hölzerne Wasserleitung, die Quellwasser vom Heidenberg herabführte.

Die größte Thermenanlage Wiesbadens kam bei Ausgrabungen am Kranzplatz zum Vorschein. Der Bau wurde in domitianischer Zeit (81 bis 96 n. Chr.) begonnen. Unter Kaiser Hadrian (117 bis 138 n. Chr.) erhielt die Anlage größere Badebecken (*piscinen*), die, wie die Thermen in Baden-Baden und Badenweiler, in provinzialrömischer Zeit als öffentliches Heilbad dienten. Eine ihrer Bedeutung entsprechende Beschreibung würde den Rahmen des Buches sprengen. Es muß daher auf die vorhandene Literatur hingewiesen werden.[34] Einen Eindruck vom Ausmaß der im Jahre 1903 beim Abriß der Badehotels „Zum Engel" und „Zum Schwan" angetroffenen Reste des Bades vermittelt ein Modell, das im Maßstab 1:50 an der noch offenen Grabung angefertigt wurde. Der abgebildete Ausschnitt gibt ein Areal von ca. 50 x 30 Metern wieder. Er zeigt im oberen Bildteil Reste des ursprünglichen Soldatenbades (G, H, I, K), unten die vier großen Badebecken (C, D, E, F), von denen drei mit Thermalwasser, das Becken D mit kaltem Quellwasser gefüllt waren. Hier badeten Kurgäste aus allen Teilen des römischen Reiches.

Modell der römischen Haupttherme am Kranzplatz (unter dem ehemaligen Palast-Hotel, heute Weberhof)

A: apodyterium/Auskleideraum und frigidarium/Kaltraum; B: Becken zum Reinigen der Füße; C, F, E: piscinae/Thermalwasserbecken; D: Kaltwasserbecken; G: praefurnium/Heizraum; H: tepidarium/ Laubad mit Fußbodenheizung (Hypocausten); I, K: caldarium/Heißwasserbad; L: sudatorium/Schwitzbad mit rundem Abkühlbecken

Bei seiner Grabung machte Ritterling eine für die Geschichte der heißen Quellen interesante Entdeckung. Die römischen Wasserbauingenieure entnahmen das Thermalwasser für die Bäder am Kranzplatz nicht dem Kochbrunnen, von dem es keine erkennbare Ableitung zur Thermenanlage gibt, sondern aus einem Zufluß, der von der späteren Spiegelquelle ausging. Diese liegt wenige Meter südwestlich des Kochbrunnens, unmittelbar vor der Frontmauer des Palast-Hotels. Sie ist mit dem Kochbrunnen durch unterirdische Querspalten verbunden („Kochbrunnen-Satellit"), wird jedoch heute nicht mehr genutzt.

Römisches Badeleben

Das Vergnügen im Bade

Um einen Eindruck zu vermitteln, wie man sich das Badeleben in den römischen Thermen, auch in denen des Wiesbadener Kranzplatzes, vorzustellen hat, sei hier aus einem Brief des römischen Philosophen Lucius Annaeus Seneca, Erzieher und Berater Kaiser Neros, zitiert. Er schreibt an seinen Freund Lucilius aus den Thermen von Bajae (bei Neapel), in denen es nicht viel anders zugegangen sein wird als in den Bädern von Wiesbaden:

„Von allen Seiten umtönt mich wirrer Lärm, denn ich wohne über dem Bade. Stelle dir alle Arten von Tönen vor, die es einen bedauern lassen, daß man Ohren hat. Wenn die Kräftigeren ihre Leibesübungen treiben und dabei ihre Hanteln schwingen, wenn sie sich abarbeiten oder auch nur so tun, dann höre ich ihr Stöhnen und, sobald sie dem angehaltenen Atem wieder seinen Lauf lassen, ihr Zischen und heftiges Keuchen.

Wenn sich jemand salben läßt, so höre ich das Klatschen der Hand des Masseurs auf den Schultern, das einen verschiedenen Ton gibt, je nachdem, ob der Schlag mit der flachen Hand oder dem Handrücken gegeben wird. Kommt dann gar noch ein Ballspieler, der zählt, wie oft er den Ball abprallen läßt, dann ist es ganz aus. Nimm nun noch einen Streitsüchtigen hinzu, einen ertappten Dieb und einen Schwätzer, der seine Freude daran hat, sich selbst zu hören, nimm ferner noch die hinzu, die unter lautem Klatschen ins Schwimmbecken springen! Oder den Haarentfernungskünstler, der seine Dienste mit einer häßlichen Fistelstimme anbietet und nicht eher schweigt, bis er jemanden gefunden hat, dem er die Körperhaare entfernen kann; dann fängt aber der zu schreien an, den er unter den Händen hat. Endlich das Plärren der Straßenhändler, die Kuchen, andere, die Würste und Pasteten anpreisen, und der Kellner, die mit lauter Stimme ihre Getränke an den Mann zu bringen versuchen, dann hast du einen Eindruck davon, wie es im Bade zugeht."[35]

Die heilenden Kräfte des Wassers

Selbstverständlich gab es im römischen Wiesbaden auch seriöse Badekuren, wie sie der griechische Arzt Galenus von Pergamon (129 bis 199 n. Chr.) beschrieben hat. Einer der Schwerpunkte war die gesundheitliche Betreuung von Soldaten aus dem Bereich der in Mainz stationierten 22. Legion. Dabei standen die Rehabilitation und der, heute würden wir sagen, sportmedizinische Charakter im Vordergrund. Hierzu diente das Kaltwasserbecken D im Wechsel mit einem der Warmwasserbecken und der kleinen „Sauna". Galenus schreibt:

„Wenn wir nach dem Warmbad ins Kaltwasserbecken steigen, scheint mit uns das gleiche vorzugehen wie bei der Stählung des Eisens; denn auch wir werden abgekühlt und spannkräftig gemacht, wie jenes, wenn es im glühenden Zustand in kaltes Wasser getaucht wird. Etwas Ähnliches bewirken auch die, die ohne Benutzung des Warmwasserbeckens nach vorhergehender gymnastischer Übung ins kalte Wasser springen. Was nämlich für die einen das Warmbad ist, ist für jene die gymnastische Übung, die sie nicht nur erwärmt, sondern auch die Bewegung der dem Körper inne wohnenden Wärme von innen nach außen hervorruft, so daß sie der andringenden Kälte entgegenzutreten vermag und sie abwehren und hindern kann, gewaltsam in die Tiefe des Körpers zu dringen und eines der inneren Organe zu treffen."[36]

Blütezeit und Ende des Heilbads *Aquae Mattiacorum*

Im zweiten Jahrhundert n. Chr. erlebt das römische Wiesbaden seine beste Zeit. Einen Höhepunkt markiert ein Weihestein, der in besonderer Weise den kultischen Charakter der heilenden Quellen erkennen läßt. Bei Ausgrabungen in den Fundamenten der Heidenmauer wurde der Sockel eines ursprünglich wohl von einer Statue gekrönten Weihedenkmals gefunden. Es ist der Schutzgöttin der mattiakischen Quellen DIANA MATTIACA geweiht. Gestiftet hatte es die Gattin eines Legaten der (Mainzer) 22. Legion zum Dank für die Heilung ihrer Tochter durch das Wasser der mattiakischen Quellen.[37]

In römischer Zeit herrscht auf der *Via maxima*, deren Verlauf der heutigen Langgasse entspricht, ein lebhaftes Treiben. Sie ist die Hauptachse des innerstädtischen Verkehrs, ihr entlang gruppieren sich neben den großen Thermen langgestreckte Gast und Logierhäuser, dazu eine Reihe von privaten Badhäusern mit intimeren Badeeinrichtungen. Hier verkehren die vornehmen Badegäste. Sie lassen sich von Dienern in einer Sänfte zum Bade tragen. Von einem Sklaven, der sein Handwerk als Kunst versteht, lassen sie sich salben, massieren, striegeln und parfümieren. Sie verwenden teuerste Laken aus Wolle und unterscheiden sich durch kostbare Kleidung und bessere Manieren deutlich von den einfachen Leuten, denen wir in der Beschreibung des Seneca in den großen Thermen begegnet sind.

In der *Via maxima* bieten Kaufleute, Handwerker und Gewerbetreibende ihre Waren und Dienstleistungen an. Gegenstände des täglichen Bedarfs, Brot, Fleisch, Fisch und Südfrüchte, Wein und Gewürze, wechseln ab mit Manufakturen aller Art. Fliegende Händler bieten modischen Tand aus allen Gegenden des römischen Imperiums. Die Läden der Goldschmiede sind voll von kostbarem Schmuck aus Gold, Silber und Bronze, besetzt mit funkelnden Edelsteinen. Feine Tücher, kostbare Gläser, irdene Krüge und Becher, nichts, was es nicht gibt. Vieles davon kaufen die Badegäste zur Erinnerung an ihre Kur, als Mitbringsel für Verwandte und Freunde, nicht anders, als es zu allen Zeiten der Fall war und bis heute üblich ist. Auch die Verkaufsstände in den Kolonnaden des 19. Jahrhunderts dienten diesem Zweck. Heute beschränken sich die Läden (Boutiquen) auf die Theaterkolonnade.

Diese Blütezeit dauert bis ins frühe dritte Jahrhundert. In der Badesaison herrscht ein lebhaftes Kommen und Gehen. Kurgäste, Soldaten und Händler, Bürger, Beamte und Sklaven, Römer, Gallier und germanische Söldner, Leute aus Spanien, Nordafrika und vom Balkan geben sich ein Stelldichein. Das Sprachengewirr ist groß. Unvorstellbar, wie sich die Menschen mit ihrem „Esperanto-Latein“ damals verständigt haben.

Erste Anzeichen einer Krise zeigen sich, als die germanischen Alamannen aus dem Innern Germaniens in immer größeren Scharen an der Limesgrenze auftauchen und nicht mehr vor ausgedehnten Beutezügen ins römische Hinterland zurückschrecken. Um die Mitte des Jahrhunderts nehmen die Überfälle so sehr zu, daß sich Magistratsbeamte und wohlhabende Einwohner aus dem grenznahen Vicus zurückziehen und ins sichere linksrheinische Gebiet abwandern. Auch zahlungskräftige Badegäste bleiben aus.

Als die Römer 260 n. Chr. die geschlossene Limesgrenze im Taunus aufgeben, bleiben in Wiesbaden nur noch romanisierte Alteinwohner, ausgediente Soldaten und deren Nachkommen und in zunehmendem Maße germanische Zuwanderer zurück. Der Bevölkerungsrückgang führt dazu, daß immer mehr Häuser leerstehen, die von ihren früheren Besitzern verlassen wurden.

Über die weitere Nutzung der Bäder schreibt der Ausgräber, Professor Emil Ritterling, auf Grund der Befunde, „daß die Anlage unter stetiger Erweiterung und theilweisem Umbau noch drei Menschenalter nach der Aufgabe des übrigen rechtsrheinischen Gebietes ihrer Bestimmung diente. Eine Anzahl Münzen aus der Zeit Konstantins des Großen und seiner Söhne, welche sich im Schutte der verschiedenen Räume fanden, lehren, daß die endgültige Zerstörung der prächtigen Bäder nicht vor der Mitte des vierten nachchristlichen Jahrhunderts erfolgt sein kann.“[38] (Konstantin d. Gr. regierte von 306 bis 337; Constantius, der letzte seiner Söhne, starb 361 n. Chr.)

Mit dem Bau der Heidenmauer um 370 n. Chr., dem letzten Versuch der Römer, die Lage in *Aquae Mattiacorum* zu stabilisieren, geben sie das Gebiet nördlich der Mauer auf. Sie siedeln die dort ansässigen Einwohner in leerstehende Häuser im Südteil des Vicus um und legen alle Gebäude außerhalb des verkleinerten Ortes, einschließlich der Badeanlagen bei der Adlerquelle und am Kranzplatz, nieder. Das dabei gewonnene Steinmaterial verwenden sie zum Bau der Mauer. Der gesamte Bäderbezirk (mit Ausnahme der Schützenhofthermen) bleibt als Trümmerfeld außerhalb der bewohnten Siedlung liegen. Vieles spricht dafür, daß dieser Zustand bis zur Jahrtausendwende unverändert geblieben ist.

Das letzte Zeugnis aus der Antike ist ein Bericht des römischen Schriftstellers Ammianus Marcellinus.[39] Aus ihm geht hervor, daß sich der alamannische Teilstamm der Bukinobanten im letzten Drittel des vierten Jahrhunderts mit römischer Duldung unter ihrem Gaukönig Macrianus, den die Römer als Verbündeten (Foederaten) gegen weitere nachdrängende Germanenstämme auf ihre Seite gezogen hatten, im Gebiet des südlichen Taunusvorlandes und in der Umgebung von Wiesbaden niederließ. Ob und wie die neuen Bewohner die heißen Quellen nutzten, ist unbekannt.

---

15 Czysz: Römerzeit, S. 52.

16 Czysz: Römerzeit, S. 21.

17 Plinius (d. J.): Briefe, Buch VI, Nr. XVI.

18 C. Plinius Sec. (d. Ä.): Naturgeschichte, Kap. XVII, Kap. I u. II, S. 10–13.

19 Vitruv: Architektur, Achtes Buch, III/1, 4, 12.

20 C. Plinius Sec. (d. Ä.): Naturgeschichte, Kap. XVII/XVIII, S. 20–21.

21 Czysz: Römerzeit, S. 14. Der dort vom Verf. unternommene Versuch, das *triduo* als „Dittographie“ zu erklären, d.h., als Fehler, der sich beim Abschreiben einer alten Handschrift im Mittelalter durch „Abirren“ des Schreibers in eine darüberliegende Zeile eingeschlichen habe, wird nach nochmaliger Prüfung des Textzusammenhangs nicht mehr aufrechterhalten.

22 Schenck: Geschicht-Beschreibung, S. 20.

23 Weber: Thermae Wisbadenses, S. 34. – Sucht man nach allem Gesagten noch nach einer realistischen Erklärung der Beobachtung des Plinius, könnte sie am ehesten hier zu finden sein. Wenn die Römer Wasser der mattiakischen Quellen für hohe Offiziere oder Heeresbeamte der Mainzer Garnison in großen Fässern über den Rhein transportiert hätten, wäre es dort noch heiß angekommen und über einen größeren Zeitraum warm geblieben.

24 Kirnbauer: Mineralisation, S. 17–20.

25 R. Fresenius: Chemische Untersuchung Kochbrunnen, S. 40–41.

26 W. Fresenius/Schneider: Zusammensetzung Sinter d. Kochbrunnens, S. 166.

27 C. Thomä: Physikalische und geognostische Bemerkungen, S. 211.

28 Martialis: Epigrammata, S. 591.

29 Czysz: Römerzeit, S. 21.

30 Czysz: Römerzeit, S. 62–76.

31 Czysz: Römerzeit, S. 75.

32 Czysz: Römerzeit, S. 172–175.

33 Czysz: Römerzeit, S. 77–80.

34 Czysz: Römerzeit, S. 96–115.

35 Brödner: Römische Thermen, S. 167.

36 Brödner: Römische Thermen, S. 177.

37 Czysz: Römerzeit, S. 114–115.

38 Ritterling, F.: Handschriftliche Notizen zu den Ausgrabungen am Kranzplatz, Sammlung Nassauischer Altertümer, Museum Wiesbaden. – Czysz: Römerzeit, S. 109.

39 Ammian, Buch 29, Kap. 4, S. 2ff.

Das Badeleben im Mittelalter

Alamannen und Franken

Die Neubesiedlung des Stadtkerns von Wiesbaden

Nach dem endgültigen Abzug der Römer nehmen zunächst die Alamannen das südliche Taunusvorland an Rhein und Main in Besitz. Sie entwickeln allem Anschein nach kein organisiertes Staatsgebilde. Nachdem der Merowingerkönig Chlodwig das Heer der Alamannen 496 n. Chr. bei Zülpich besiegt hat, ziehen diese sich dann allmählich nach Süddeutschland zurück. Neuere archäologische Befunde weisen jedoch darauf hin, daß sie unser Gebiet nicht in geschlossenen Verbänden verlassen haben. Es sieht so aus, als ob Teile der alamannischen Bevölkerung, die längst die Vorzüge romanisierter Lebensformen schätzen gelernt hatten, in ihren Wohnsitzen geblieben sind, als sich ab der Mitte des fünften Jahrhunderts im Rhein-Main-Gebiet fränkische Siedler festzusetzen begannen. Von da an bestimmten fränkische Lebensformen mehr und mehr die weitere Entwicklung unseres Raums.

In Wiesbaden beginnt gegen Ende des fünften Jahrhunderts die Belegung des großen fränkischen Reihengräberfriedhofs im Bereich der unteren Dotzheimer Straße. Die Bestattungen der Merowingerzeit in diesem Gebiet dauern bis ans Ende des siebenten Jahrhunderts. Die dazugehörige Siedlung, evtl. ein merowingischer Königshof, dürfte, anders als die bisherige Forschung vermutet hat, am ehesten im Bereich der römischen Siedlung, zwischen Michelsberg, Langgasse und Faulbrunnenstraße, zu suchen sein.[40] Namen wie Michelsberg, Hochstätte und die ganz in der Nähe gelegene Georgskapelle können für eine solche frühfränkische Besiedlung in Anspruch genommen werden.

Das Gebiet der heißen Quellen liegt zu diesem Zeitpunkt immer noch brach. Im Bereich der Schützenhofquelle dürften die Bäder (Becken) sehr bald wieder benutzt worden sein. Denkbar ist, daß die zurückgebliebenen romanisierten Alamannen sich der alten Badeanlagen bedient haben. Eine Sitte, die die Franken von ihnen übernommen haben, wenn auch der typisch römische Charakter der Thermenanlagen dabei verlorengegangen ist.

Nach 750 n. Chr. beginnen die nunmehr herrschenden Karolinger, der bisher eher ländlichen Siedlung neue Impulse zu geben. Wir schließen das aus der Verschiebung des Siedlungsschwerpunkts, die in der um 780 n. Chr. datierbaren Erbauung der Kirche auf dem Mauritiusplatz[41] und der damit verbundenen Verlegung des fränkischen Friedhofs von der unteren Dotzheimer Straße an diese Kirche zum Ausdruck kommt. Die erweiterte Siedlung entwickelt sich rings um das neue Kirchspiel.

Einhards „castrum quod moderno tempore Wisibada vocatur“

Die Lücke in der schriftlichen Überlieferung wird erst durch einen Bericht Einhards, des Beraters und Biographen Karls des Großen, über die „Überführung und Wunder der Heiligen Marzellinus und Petrus“ geschlossen.[42] Einhard schildert darin eine Reise von Seligenstadt am Main, wo er ein Kloster gegründet hat, nach Aachen im

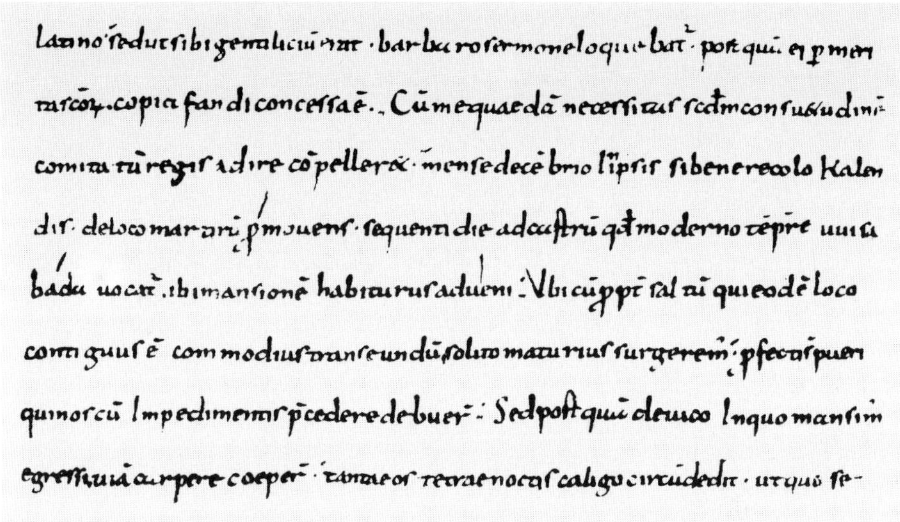

Früheste erhaltene Überlieferung des Namens Wiesbaden (uuisa-bada; 4. und 5. Zeile von oben) in einer Handschrift des 9. Jahrhunderts

Jahre 829. Er verläßt Seligenstadt am 1. Dezember, übernachtet in Frankfurt am Main und erreicht am zweiten Tag ein „castrum, quod moderno tempore Wisibada vocatur" (einen festen Platz, der in neuerer Zeit Wisibada genannt wird). Dort verbringt er die zweite Nacht seiner Reise. Dieser Bericht ist das älteste Zeugnis für die deutschsprachige Benennung der befestigten fränkischen Siedlung. (Bei den beiden erhaltenen Manuskripten heißt es in dem älteren „Wisabada", im jüngeren „Wisibada".)

Das „Bad in den Wiesen"?

Die Deutung des Namens „Wisibada" scheint auf den ersten Blick einfach: „Bad in den Wiesen". Das gilt jedoch nur für die Interpretation der Nachsilbe „bada" (althochdeutsch bada, badun = Bad, baden). Sie zeigt, daß die Erinnerung an den römischen Badeort (aquae) in den Wirren der Völkerwanderungszeit nicht verlorengegangen ist.

Die Ableitung der ersten Silbe „wisi" (in einer zweiten Handschrift „wisa") ist indessen nicht so eindeutig, wie sie auf den ersten Blick erscheint. Meistens setzt man sie mit dem althochdeutschen „wisa" = Wiese gleich. G. A. Schenck gibt 1758 folgende Erklärung: „...und es also zu vermuthen sey, daß einige Teutsche Völcker ehemals die Wißbadische warme Brunnen in einer Wiesen-Gegend angetroffen, und sich daselbst angebauet, auch daher der Ort Wisebaden, sie selbst aber Wisebäder (...) benennet worden."[43]

Mit den Wiesen scheint damit alles klar zu sein. Bei genauer Überlegung bleibt ein Zweifel. Ein Einwand ergibt sich daraus, daß es rund um die Kochbrunnen-, Adler- und Schützenhofquelle und im römisch besiedelten Bereich der Sekundärquellen keine Wiesen gab. Bei ihrem Abzug haben die Römer nördlich der Heidenmauer ein Trümmerfeld aus Mauern, steinernen Fundamentresten und Teilen der unterirdischen Kanalisation hinterlassen. Dort wucherten Unkraut, Sträucher und wilde Gehölze. Wiesen entstehen nur, wo regelmäßig gemäht wird. Welcher der halbbarbarischen Stämme, die sich in den Jahrhunderten der Völkerwanderungszeit in Wiesbaden niedergelassen haben, sollte in dem unwirtlichen Ruinenfeld, aus dem an vielen Stellen heißes Wasser an die Oberfläche kam, Wiesen angelegt haben? Zumal dieses Gebiet, das spätere „Sauerland", durch die acht bis zehn Meter hohe, im Fundament über drei Meter breite, wegen ihres massiven Gußmauerwerks nur schwer zu durchbrechende Heidenmauer vom eigentlichen „Flecken" abgeschnitten war.

Manche Sprachforscher machen die Sache noch komplizierter. Sie halten zwar am Bad in den Wiesen fest, aber auf Umwegen.[44] Nach ihnen verbirgt sich im Stammesnamen der Mattiaker das germanische Wort „matha" , Mahdland, die abgemähte, abgeerntete Feldflur. In fränkischer Zeit sei das „matha" zur „mähbaren Wiese" eingeengt worden (ein sprachlicher Übergang, der heute noch im Gebirge als „Matte" für Bergwiese erhalten ist). Die Franken hätten „mahta" durch das gleichbedeutende althochdeutsche Wort „wisa", Mehrzahl „wisi" ersetzt und zum Ortsnamen „Wisibada" zusammengefügt.

Dem Verfasser erscheint dieser Umweg weder nötig noch gerechtfertigt, da er am Ende doch nur auf die gleiche Deutung als Wiesenland zurückführt, auf dessen Problematik schon hingewiesen wurde. Wilhelm Streitberg hat Ende des vorigen Jahrhunderts eine dritte Erklärungsmöglichkeit vorgeschlagen.[45] Er bringt das „wisi" mit dem indogermanischen und althochdeutschen Begriff „vis/visi" in Verbindung, der soviel wie „wissend, weise", um geheimnisvolle Kräfte wissend, bedeutet. In diesem Sinne kommt er in der nordischen Edda als „vis kona", im Nibelungenlied als „wisiu Wib" vor, eine weise, wissende, mit heilenden Kräften begabte Frau. Hier liegt eine Kette von verwandten Begriffen vor, die von „wisi" = heilend zu „Wisibada" = heilendes Bad, Heilbad führen könnten.

Keine dieser Deutungen ist voll befriedigend. Solange jedoch keine überzeugendere gefunden ist, wird man die volkstümliche und bildhafte Ableitung als Bad in den Wiesen beibehalten, wissend, daß bei dieser scheinbar einfachen Erklärung ein kleines Fragezeichen bleibt.

Badeten die heidnischen Germanen?

Der römische Historiker Tacitus schreibt im 22. Kapitel der Germania, daß die Germanen „sich gewöhnlich gleich nach dem Schlaf, den sie meistens bis in den Tag hinein ausdehnen, in warmem Wasser baden, weil bei ihnen die meiste Zeit Winter herrscht". Einhard schreibt 750 Jahre später in seiner Biographie Karls des Großen (Vita Karoli Magni): „Karl liebte die Dämpfe heißer Naturquellen und schwamm sehr viel und so gut, daß niemand es mit ihm aufnehmen konnte. (....) Er lud nicht nur seine Söhne, sondern auch Adelige und Freunde, manchmal sogar sein Gefolge und seine Leibwache zum Baden ein. Oft badeten mehr als hundert Leute zusammen mit ihm."[46] Dieser Sachverhalt könnte dafür sprechen, daß auch in „Wisibada" vornehme Franken die Badebecken der römischen Thermenanlage an der Schützenhofquelle benutzt haben. Was fehlt, sind eindeutige archäologische Beweise.

In der Übergangszeit zwischen Heidentum und Christentum gab es an manchen Orten den Brauch der Mai- und Johannisbäder. Das Volk wanderte Anfang Mai und auf der Höhe des Jahres in eine der zahlreichen Badstuben oder zu „Piscinen" (Wasserbecken), die außerhalb der Stadt hergerichtet wurden, und verbrachte dort viele Stunden mit Schmausen und Trinken im Bade.[47] Obrigkeit wie Kirche, in der heidnische Bräuche verpönt waren, haben immer wieder versucht, dagegen einzuschreiten oder sie in Feste mit christlichem Hintergrund umzudeuten.

Daß es in Wiesbaden ein solches Brauchtum gab und daß die jenseits der Heidenmauer, also außerhalb der damaligen Stadt gelegenen Reste der römischen Piscinen, die nach dem 1903 angetroffenen Erhaltungszustand vor der Jahrtausendwende noch benutzbar gewesen sein müssen, einem solchen Zweck dienten, ist denkbar, aber nicht zu beweisen. Die Badeorgien des 14. Jahrhunderts, die Heinrich von Langenstein (Henricus de Hassia) überliefert hat (s.u.), lassen durchaus an solche halbrituellen Vorläufer denken.

Elisabeth von Thüringen und die Wiesbadener Badekultur

Das Wunder

Die ersten Nachrichten über das Wiederaufleben der Badetradition in Wiesbaden in nachrömischer Zeit sind mit der Landgräfin Elisabeth von Thüringen verbunden. Wegen ihrer Mildtätigkeit und aufopferungsvollen Fürsorge für Arme und Kranke stand sie schon zu Lebzeiten in heiligmäßigem Ruf. Sie starb 1231 in Marburg an der Lahn. Für ihre Heiligsprechung war nach den Regeln der römischen Kirche der Nachweis von Wundern erforderlich. Entsprechende Berichte wurden gesammelt, protokolliert und von einer päpstlichen Kommission auf ihren Wahrheitsgehalt oder das, was man damals darunter verstand, überprüft.

Ein solches „Wunder“ ereignete sich am 26. Juni 1232 in Wiesbaden. Das lateinisch abgefaßte Protokoll[48] war überschrieben: *„De viro submerso vivificato“* (Über einen ertrunkenen und wieder ins Leben zurückgerufenen Mann). Es berichtet von dem 26-jährigen Friedrich Flasche aus Wisebaden, der „in dem von Natur warmen Bade“ untergegangen und, wie man zunächst glaubte, ertrunken sei. Später, als er wieder zum Leben zurückgebracht war, sagte er vor der Kommission aus: Er habe im Bade einem ehemals Blinden, der durch das Verdienst der Landgräfin Elisabeth wieder sehen konnte, in verächtlicher Absicht Wasser ins Gesicht gespritzt. Der aber habe ihm nachgerufen: Jene Heilige, die Landgräfin, wird mich an dir rächen, daß du aus dem Bade nur tot fortkommen wirst. Er, Flasche, habe sich danach übermütig ins Wasser gestürzt, mit einem Mal sich aber so gefühlt, als ob ihn ein Schwert durchbohrt hätte. Die Kräfte hätten ihn plötzlich verlassen, und er sei bis zum Grunde des Beckens gesunken.

Ein Augenzeuge, Markolfus de Wisebaden, sagte aus, man habe erst nach einer Weile nach ihm gesucht, weil er eigentlich ein geübter Schwimmer war und öfter unter Wasser zu tauchen pflegte. Er, Markolfus, habe im Wasser mit den Füßen nach ihm fühlend, ihn endlich leblos aus dem Wasser gezogen und auf die Erde gelegt. Nachdem ein großes Wehgeschrei entstanden sei, hätten er und Flasches Schwestermänner der heiligmäßigen Landgräfin Elisabeth gelobt, wenn er wieder lebendig würde, werde er eine Wallfahrt zu ihrem Grab nach Marburg machen. Man trug den Toten nachhause, wo seine Frau das Gelübde wiederholte. Und siehe da, der Geist kehrte in den Leib zurück, der Tote lebte wieder auf. Am Ende des Protokolls heißt es: Der Bademeister Hartmut (*Hartmudus balneator*) stimmt in allem mit dem Zeugen Markolf überein.

Die Folgerungen

Das Protokoll läßt einige wichtige Schlüsse zu: 1. Wir erfahren, daß es damals schon ein öffentliches Gemeinschaftsbad gab, das offenbar so groß war, daß wir es uns als Bad unter freiem Himmel vorzustellen haben. 2. Das Becken muß tief genug gewesen sein, daß man darin schwimmen und tauchen konnte. 3. Es muß Thermalwasser gewesen sein, weil man den Körper des Untergetauchten nicht schneller am Boden des Beckens sah. 4. Es gab einen offenbar angestellten Bademeister, der den Badebetrieb zu überwachen hatte. Da nur Männer genannt sind, erfahren wir nicht, ob das Bad von beiden Geschlechtern gemeinsam benutzt wurde.

Es bleibt die Frage, ob 1232 noch ein Becken der römischen Thermenanlagen benutzbar war. Dafür in Frage kommen konnte einmal das von W. Dorow beschriebene Becken bei der Schützenhofquelle, das 28 Meter lang gewesen sein soll,[49] oder eines der damals noch außerhalb der Wohnstadt liegenden römischen Thermalbecken am Kranzplatz. Es könnte aber auch ein Becken gewesen sein, dessen Reste man in den achtziger Jahren des 19. Jahrhunderts bei Tiefbauarbeiten zur Errichtung der Trinkhalle am Kochbrunnen anschnitt. Leider wurden sie nicht sachgemäß ausgegraben, so daß eindeutige Aussagen nicht möglich sind. Nach Meinung des Archäologen August von Cohausen war die Konstruktion des Beckens aus groben Hausteinen und Holz nicht römisch; sie habe eher ins Mittelalter gepaßt.[50]

Badherbergen im 13. und 14. Jahrhundert

Die Erschließung des „Sauerlands"

Sieht man von der Schützenhofquelle ab, liegt das Wiesbadener Quellengebiet außerhalb der bis ins hohe Mittelalter bestehenden, durch die Heidenmauer markierten Stadtgrenze. Das von römischen Gebäudetrümmern bedeckte, von Dornen und Disteln überwucherte Gelände nördlich der Mauer war für die Menschen jener Zeit von geringem Interesse. Die massive Mauer konnte mit den damals zur Verfügung stehenden Geräten nur mit einem großen Aufwand an Arbeitskraft durchbrochen werden, wozu eine wirtschaftliche Notwendigkeit nicht bestand.

Dieser Zustand scheint sich jedoch spätestens im 13. Jahrhundert geändert zu haben. Denkbar ist, daß nach der weitgehenden Zerstörung Wiesbadens im Jahre 1242 durch den Verlust aller Rechte der Nassauer Grafen eine gewisse Rechtsunsicherheit bestand.[51] Diesen Zustand könnte die Bürgerschaft genutzt haben, das bis dahin außerhalb der städtischen Verfügungsgewalt liegende „Sauerland" (so genannt wegen der durch die salzhaltigen Quellen verursachten sauren Böden) in eigene Regie zu übernehmen und in Ackerlose aufzuteilen. Vielleicht ist damals der erste größere Durchbruch der Heidenmauer bei der Langgasse entstanden. Ohne ihn wäre eine wirtschaftliche Nutzung der neuen Flur kaum möglich gewesen.

Die Einrichtung der ersten Bäder

Nicht sehr viel später, zu einer Zeit, als an vielen Orten Mitteleuropas das Baden in heilkräftigen Wässern in Mode kam, gingen die Besitzer der landwirtschaftlichen Anwesen südlich und östlich von Kochbrunnen und Adlerquelle daran, auf ihren Äckern, auf denen das heiße Wasser ohne eigenes Zutun aus der Erde hervortrat, in hölzernen Schuppen einfache Bäder einzurichten. Anfangs badeten dort vielleicht nur die Einwohner der Stadt, später, als der Ruf der Heilkraft der Quellen sich verbreitete, auch auswärtige Gäste.

Die Quellen, die auf den Grundstücken der Eigentümer lagen, ebenso die bei den Quellen angelegten Bäder und einfachen Badherbergen, waren von Anfang an in Privatbesitz. Schwierigkeiten gab es, da das Wiesbadener Thermalwasser für Badezwecke zu heiß war. Die Römer hatten das Problem auf einfache Weise gelöst. Sie besaßen hervorragende Wasserbauingenieure, die in allen Teilen der alten Welt Meisterwerke von Wasserleitungsbauten schufen. In Wiesbaden verlegten sie vom Heidenberg herab mehrere hölzerne Quellwasserleitungen, von denen eine z.B. den Laufbrunnen bei der Adlerquelle, eine andere das Warmwasserbecken der Kranzplatzthermen mit kaltem Wasser versorgte. Sie erhielten so ein Mischwasser, das unmittelbar zum Baden geeignet war.

Eine solche Wasserbautechnik stand im Mittelalter nicht mehr zur Verfügung. Die römischen Wasserleitungen waren im Laufe der Jahrhunderte verrottet. Die Technik, sie zu unterhalten, war verlorengegangen. Andere Kaltwasserzuflüsse hatte man nicht. Ableitungen aus Bächen hätten außer ingenieurmäßigen auch erhebliche organisatorische Probleme aufgeworfen, die bei den damaligen kommunalen Verhältnissen kaum zu bewältigen gewesen wären.

Aus dieser Situation heraus entwickelte sich die Eigentümlichkeit, daß die Betreiber der Badhäuser, die Badwirte, jeweils zwei Becken anlegten. Im ersten kühlte das Thermalwasser einen Tag lang ab, in dem zweiten wurde gebadet. Es waren Gemeinschaftsbäder, in denen die Geschlechter im allgemeinen nicht getrennnt waren.

Badstuben und Badkästen

Offene Badebecken waren nicht die Regel. Sie entstanden nur dort, wo natürliches Thermalwasser zur Verfügung stand. Überall sonst, auch in der Stadt Wiesbaden, gab es Badstuben mit hölzernen Zubern und Badkästen, in die man das über dem Herd erhitzte Wasser hineingoß. Sie dienten der täglichen (oder wöchentlichen) Körperpflege (Reinigungsbad, Scheren und Barbieren), häufig verbunden mit medizinischen Anwendungen (Schröpfen, Aderlassen). Wohlhabendere Bürger suchten die Badstuben zur Entspannung und zum „Zeitvertreib" auf.

Die Beschreibungen der mittelalterlichen und frühneuzeitlichen Badeliteratur beziehen sich überwiegend auf das Baden in Badstuben mit hölzernen Zubern. Viele Holzschnitte und Gemälde zeigen, daß es darin besonders lustig zuging. Selbst in den recht engen Bottichen mußte man nicht alleine baden. Wer es sich leisten konnte, speiste dabei, trank und ließ sich von meist recht freizügig gekleideten Frauenzimmern bedienen.

Der Schrader schröpft und läßt zur Ader.
Holzschnitt aus einem Augsburger Kalender 1481

Heinrich von Langensteins Abhandlung „Über den Lauf der Welt“

Auch in den neu in Mode kommenden Thermalbädern ging es nicht mönchisch zu. Aus Wiesbaden erfahren wir von einem solchen aufsehenerregenden Ereignis, das der gelehrte Scholastiker Heinrich Heinbuch von Langenstein, genannt Henricus de Hassia (1325–1397), beschrieben hat.[52] Von Hessen nannte man ihn, weil er im Dorf Langenstein bei Marburg geboren wurde. Er war ein bedeutender Theologe, Naturforscher und Astronom, der lange Zeit als Professor an der Sorbonne in Paris gewirkt hatte. 1383 verließ er Paris, um sich eine Zeitlang bei dem mit ihm befreundeten Abt des Klosters Eberbach, Jakob von Eltville, niederzulassen.

Von Eberbach aus unternahm er Ausflüge, u.a. nach Wiesbaden und Mainz. Bei einem Besuch im Hause des für seine weltliche Gesinnung bekannten Mainzer Domherrn und Stadtkämmerers Graf Johann von Eberstein sah er eine Reihe von Wandgemälden, auf denen neben Szenen aus dem Landleben, von Turnieren und Schlachten auch ein Wiesbadener Badefest dargestellt war. Was er dort sah, veranlaßte ihn zur Abfassung eines *„Tractatus de cursu mundi“*, eine Abhandlung über den Lauf der Welt. Darin beschreibt er (in lateinischer Sprache) anhand der einzelnen Bilder die Sitten und Laster seiner Zeit. Das fünfte Kapitel handelt „Von der Fleischeslust“ und beschreibt die Auswüchse des Wiesbadener Badelebens, „wie er sie auch durch eigene Besuche an Ort und Stelle kennengelernt haben mag“.[53]

Wie könne man, schreibt Langenstein, die fleischliche Wollust treffender schildern als auf dem Bilde des Wiesbadener Festes, das in jede Sündhaftigkeit ausschweife und vom Abschaum aller Sinnenlust strotze? „Man kommt in ausgelassenster Stimmung mit Trompeten und Pfeifen, mit vollen Kasten und Flaschen, bringt die feinsten Speisen und Getränke mit, Geld in Menge und seltsame Kleider; und schon auf der Straße wird gespielt, gesungen und getollt, als ob man am Ziel die Freude der Glückseligkeit zu erwarten habe. Ist man dann angelangt, werden gemeinschaftliche Gelage veranstaltet, wobei man die Gesellschaft der Weiber sucht; denn wohl wäscht man im Bad den Leib, befleckt aber die Seele. Hat man das Bad verlassen, schmettern die Trompeten, erklingen die Pfeifen, und es beginnen die Tänze. Da bieten sich dem keuschen Auge der Zuschauer die Schauspiele der Verderbtheit, nämlich die wollüstigen Gebärden, der schamlose Aufzuge beider Geschlechter: barbusig die Frauen, unverhüllt um die Lenden die Männer – überall Ausschweifung, verletzend den reinen Sinn. (...) Vergessen ist Gott, verbannt jede Tugend; es herrscht nur Genußsucht, und es rast die Wollust.“

Man sehe „sonderbare Ungeheuer: Ein Mönch verkleidet sich als Ritter, ein Ritter als Frau, eine Frau als Mann; oder ein Ritter erscheint in der Mönchskutte, eine Nonne im Aufzug der öffentlichen Dirne, ein Geistlicher in Frauenkleidern. Bei der Maskierung küssen sich Männer und Frauen. Im Bad sitzen sie nackt beieinander, und nackt wird getanzt.“

Otto Renkhoff weist darauf hin, daß man die geschilderten Ausschweifungen in Zusammenhang mit den Pestepidemien des 14. Jahrhunderts sehen muß. Sie führten in ganz Europa zur Verrohung der Sitten und zu vorher nie gekannten Ausschweifungen. Auch ist zu bedenken, daß der Zweck der Schilderung Heinrich von Langensteins ein moralisierender war: Er wollte die Laster und Torheiten der Welt geißeln. Da kam ihm das Wiesbadener Badfest gerade recht. Zum Schluß stellt er fest: „Der eine ist traurig über solche Verirrung, der andere klagt, daß er scheiden muß von der Lust, ein dritter denkt betrübt, wie kurz und sinnlos die Freuden der Welt sind. Und so erfahren sie alle die Wahrheit des Satzes, daß das Ende solch fleischlicher Freuden beherrscht wird von Trauer."

Trotz dieses moralisierenden Hintergrundes, der vielleicht ein Nachleuchten des oben erwähnten Kampfes der Kirche gegen Mai- und Johannisbäder war, bleibt das von Langenstein beobachtete Geschehen ein realistisches Abbild des Wiesbadener Badelebens am Ende des 14. Jahrhunderts. Sieht man von den noch typisch mittelalterlichen derben Späßen und den zur Schau gestellten geschlechtlichen Freizügigkeiten ab, erscheint das Badespektakel wie eine Vorwegnahme der Entwicklung des Wiesbadener Kurlebens in späteren Jahrhunderten: Amüsement als Ergänzung, wenn nicht als wesentlicher Bestandteil der Badekur, bei dem Geld zu haben immer wichtig war. Allerdings frönte man später den Lustbarkeiten nicht mehr so plump und direkt in aller Öffentlichkeit, wie es Heinrich von Hessen geschildert hat. Man bevorzugte Theateraufführungen, Musik- und Tanzvergnügen, Glücksspiele in Hinterzimmern der Wirtshäuser, die später durch das Spielcasino im Kurhaus monopolisiert wurden. Was sonst noch geschah, blieb hinter verschlossenen Türen.

Das Heilbad zur Zeit der Grafen von Nassau

Die Wurzeln des mittelalterlichen Badebetriebs

Karolingische Gaugrafen und nachfolgende Territorialherren haben den Auf- und Ausbau des zwar traditionsreichen, abseits der großen Heer- und Handelsstraßen jedoch wenig bedeutenden Ortes nicht sonderlich gefördert. Wir wissen aber, daß Kaiser Otto I. sich im Jahr 965 einige Tage hier aufgehalten hat.[54] 1236 verbringt Kaiser Friedrich II. das Pfingstfest in Wiesbaden.[55] Fünf Jahre später, 1241, erscheint die Stadt in einer Steuerliste des Reiches,[56] nach der sie in diesem Jahr dem königlichen Fiskus steuerpflichtig ist. Hieraus die Zugehörigkeit Wiesbadens zum Kreis der reichsunmittelbaren Städte („Reichsstadt") abzuleiten, ist freilich zu hoch gegriffen. Zumal dieser Status bald wieder verloren war. Wenige Jahrzehnte später, um 1270, nehmen die Grafen von Nassau Stadt und Herrschaft Wiesbaden endgültig als Reichslehen in Besitz.

Wir haben gesehen, daß die Anfänge des Badebetriebs in Wiesbaden durch bürgerliche Initiativen getragen wurden. Im 13./14. Jahrhundert ist das Interesse des Adels weitgehend durch andere Aktivitäten gebunden. In dem Maße aber, in dem sich die Territorialherrschaften festigen, wandelt sich auch beim Adel der Lebensstil. Man sucht nach Annehmlichkeiten, für die es auf den Burgen des Mittelalters kaum Mög-

Fröhliches Baden im Wildbad.
Holzschnitt von Laurentius Fries, 1519

lichkeiten gibt. „Badefahrten" ins „Wildbad" kommen in Mode. Das Baden in warmen Quellen inmitten der freien Natur, das man in großer Gesellschaft unternimmt, ist eine der Wurzeln des mittelalterlichen Badewesens.

Liest man die Schilderung des Wiesbadener Badelebens des Heinrich von Hessen unter diesem Gesichtspunkt, erkennt man, daß das Spectaculum außerhalb der Stadt, jenseits der Heidenmauer und jenseits des bürgerlichen Lebensraums, also unter den Bedingungen eines Wildbades stattgefunden hat. Vielleicht haben solche Ereignisse die Eigentümer benachbarter Grundstücke, auf denen ebenfalls heiße Quellen aus der Erde traten, angeregt, eigene Bäder und Badkästen einzurichten. Die Sache ließ sich gut an, es mangelte nicht an Zuspruch, wie die beachtliche Anzahl der in den folgenden Jahrzehnten nachweisbaren Badherbergen zeigt.

Neben bürgerlichen Gründungen entstanden an einigen Orten „*Adelsbäder*", in denen die vornehme Gesellschaft nicht zusammen mit dem einfachen Volk baden mußte. In Baden-Baden hören wir von einem Fürstenbad, von dem es heißt: „Auff dem Markt ist erstlich unsers Gnädigsten Herrn/deß Markgrafen Hauß/welches vier Badkästen hat (...). Das Wasser/so in dieses gefreyte Hauß wie sie es nennen/fleußt/wird durch Hölzerne Wasserröhrlein auß der Hauptquellen her geführet und geleitet."[57] Der Adel schuf sich „gefreyte" Häuser, die mit bestimmten Vorrechten ausgestattet waren.

Auch in Wiesbaden, wo die *bürgerliche* Badekultur jedoch immer den ersten Platz einnahm, hören wir im 15. Jahrhundert von zwei Badhäusern, die in erster Linie adligen Besuchern vorbehalten waren: das spätere Schützenhofbad, im 14. Jahrhundert im Besitz des Erzbischofs von Mainz, und das Schloßbad der Grafen von Nassau. Beide haben aber nie den Charakter fürstlicher „Sommerresidenzen" angenommen, wie es sie in einigen süddeutschen Herrschaftsgebieten gab. Vom Schloßbad hören wir nur, wenn einer der Grafen oder Angehörige seiner und befreundeter Adelsfamilien es aufsuchten; sie taten dies nicht zum Vergnügen, sondern nur, wenn sie Heilung durch das Thermalwasser suchten.

Die heißen Quellen

Kochbrunnen, Adler- und Schützenhofbadquelle werden seit dem Mittelalter zum Baden genutzt. Die früheste Nennung des Kochbrunnens als „Bryeburn" in einer Urkunde aus dem Jahre 1366[58] ist nicht ganz eindeutig, da die Bezeichnung Brühborn auch noch für den am späteren Brühborngäßchen (An der Drei-Lilien-Quelle) fließenden „gemeinen" Brunnen und wohl auch für den späteren Bäckerbrunnen verwendet wurde. (Adler- und Schützenhofquelle, die auf privatem Gelände lagen, werden, wie die Sekundär- oder Nebenquellen, im Zusammenhang mit den betreffenden Badhäusern vorgestellt.)

Zweifellos auf den Kochbrunnen bezieht sich die Eintragung im Zinsregister des Mainzer Altmünsterklosters von 1536, wonach der Konvent einen Jahreszins „von dem hauß stossent an den roden Löwen bey dem Syedenborn" erhält. Auch ohne die Nachbarschaft zum „Roten Löwen" weist die Identität von Sieden = Kochen auf den späteren Namen Kochbrunnen. Als „Siedenborn" und „Sydensborn" erscheint er auch in den herrschaftlichen Kellereirechnungen von 1540/43. Daß beide Bezeichnungen, Brüeborn und Siedenborn, für den Kochbrunnen gebraucht wurden, beweisen zwei aufeinanderfolgende Eintragungen im Zinsregister des Kloster Tiefenthal von 1563. Sie dienen dort der Kennzeichnung des Ortes, neben dem das (zinspflichtige) Haus zum Salmen liegt. Eine Entscheidung über die Lage eines Hauses „bej dem Brüeborn" im Stadtbehältnißbuch von 1566 ist nicht möglich.[59]

Ob Georg Agricola 1543 mit dem „*fons in platea*" (Brunnen in einer Gasse) den Kochbrunnen gemeint hat, läßt sich nicht entscheiden. Dafür spricht seine Aussage, daß er zum Kochen von Eiern tauge. Genaue Beschreibungen der Hauptquellen finden sich zuerst 1617/36 bei Philipp Weber und 1637/62 bei Ludwig von Hörnigk.

Badhäuser und ihre Besitzer im 14. Jahrhundert

Die ältesten Badherbergen sind unter dem Namen ihrer Besitzer bekannt. Eine der frühesten, wenn nicht die früheste Nennung findet sich in einer Urkunde des Klosters Klarenthal aus dem Jahr 1326, wo uns ein Schöffe Hartman zum Bade und der auch im „Merkerbuch der Stadt Wiesbaden" genannte *Peter zum Fleckenbade* begegnen.[60] Während näheres über das Bad des Hartman nicht bekannt ist, erfahren wir aus dem Merkerbuch, daß des „Peter zu Fleckinbade huss und bad" 1376 ein Wilhelm Neusser bewohnt. Die Lage des Bades wird auf Grund der Ortsbestimmung eines Wingerts und Gartens „zum Fleckenbad" von 1440 im Winkel zwischen Adlerquelle, Lang- und Webergasse vermutet.[61] Die spätere „Krone" gilt als Nachfolger dieses Bades.

1329 besitzt der Schöffe *Hartmud zum Bade* ein Badhaus beim Kochbrunnen, das mit Haus und Hofstatt auf seinen Sohn, den von 1346 bis 1373 als Schöffe benannten langen Hartmud, übergeht.[62] 1358 wird außer des langen Hartmud „huss, bade und hoffstat, bei des keysers bade gelegen", auch des *„Cles Feszirs (Fischers) Haus*, Bad und Hofstette uf dem Sande" genannt.[63] Auf dem Sand hieß die Gegend bei der Häfner-, Ecke Mühlgasse, wo es später eine Marienkapelle „auf dem Sande" gab.

Der *„Henne of dem Bade"* des Merkerbuchs von 1376 ist wahrscheinlich mit Johann Scheffer (1366) identisch, dessen Anwesen beim „Bryeborn" lag.[64] Ohne Möglichkeit einer Lagebestimmung bleiben die Häuser und Bäder der Else Webschenkel, der Grumpen zu dem Bade, beide um 1376, und des Elchin zum Bade (1395).[65] Renkhoff nennt noch einige Namen, die mit Badern und Bartscherern in Verbindung gebracht werden können: Ernst Balneator (Bader), 1366, Franck Scherer, 1370, Heintz Barberer, 1373, und Antze Barber, 1376.[66] Der Hensel zu dem Bade des Merkerbuchs von 1385 dürfte mit dem „hoffman Ensel uff dem gemeinde bade" von 1471 identisch sein.[67] Nimmt man das Hospitalbad und „des keysers bad" hinzu, gibt es im 14. Jahrhundert schon achtzehn Badhäuser.

Ein *Hospitalbad* gehörte von Anfang an zu dem 1353 vom Grafen Gerlach von Nassau für Arme und Sieche gegründeten Hospital zwischen Kochbrunnen und Stadtgraben (Hospitalweiher). Wasser erhielt es von der Hospitalquelle, einem Satelliten des Kochbrunnens „stracks obig dem Badhauß",[68] wahrscheinlich unter dem späteren „Römerbad"[69]. Daneben läßt sich schon für das 15. Jahrhundert ein Aussätzigenbad erschließen, das nach 1542 neu errichtet und außer Einheimischen „auch fremden auslendigen" offen stand. 1584 wurde es als Armenbad dem Hospital angegliedert.[70]

Keine Einigkeit besteht in der Heimatgeschichtsforschung über die Zuordnung von *„des keysers bad"*, das zwischen 1358 und 1457 in verschiedenen Zusammenhängen wiederholt genannt wird. Laut Urkunde von 1428 ist ein Henchin Snyder (Schneider) Pächter von „Bad und Hofstatt, gelegen an dem Bad, „genannd des keysers bad". Aus dieser Urkunde geht außerdem hervor, daß ein Badhaus neben „des keysers Bad", von dem kein Hausname genannt wird, dem Altmünsterkloster zu Mainz gehört. An dieses Kloster wird noch 1536 Zins gezahlt.[71]

Nach Friedrich Otto ist „des keysers bad" nach dem Eigentümer, einem Wiesbadener Bürger namens Keyser, benannt, den er für das Jahr 1388, wenn auch in einem anderen Zusammenhang, nachweist.[72] Renkhoff, der sich der schon von Schenck vorgetragenen Meinung anschließt,[73] versteht darunter eine alte Bezeichnung für ein Bad, das Kaisern und Königen des Reiches vorbehalten war. Diese Zuordnung schließt an die vermutete Lage des fränkischen Königshofs nahe der Saalgasse an, die jedoch nach den Befunden der Grabung von 1980/81 am Weberhof[74] an Wahrscheinlichkeit verloren hat. Renkhoff hält „des keysers bad" für einen Vorläufer des „Roten Löwen" (später „Römerbad"), Roth vermutet es am Platz des späteren Badhauses „Zum Salmen" nordöstlich des Kochbrunnens. Er stützt sich dabei auf die Urkunde von 1457, nach der es beim „spittale zum heiligengeiste" lag.

Die Häufung der Nennungen von Badwirten und -häusern in der Nähe von „des keysers bad" zeigen, daß im 14. Jahrhundert mehrere Badhäuser in der Nähe des Kochbrunnens angesiedelt waren. Schon damals haben sich anscheinend die Anlieger die Nutzungsrechte am Wasser der Quelle gesichert, was die Entwicklung des öffentlichen Badewesens am Kochbrunnen später so nachhaltig behindert hat. Eine ähnliche Situation entwickelte sich, wenn auch in geringerem Maße, an der Adlerquelle, während der Vorläufer des Schützenhofbades als herrschaftliches Bad im Besitz des Mainzer Erzstifts keine Teilhaber zuließ.

Badherbergen im 15. und 16. Jahrhundert

Seit der Mitte des 15. Jahrhunderts tritt eine auffallende Änderung in der Bezeichnung der Badherbergen ein. Man gibt jetzt Häusern Namen, häufig nach Pflanzen und Tieren, aber auch nach anderen Symbolen, die auf bunte Schilder mit den entsprechenden Emblemen aufgemalt werden (Städtenamen für Badherbergen kommen erst im 18. Jahrhundert auf, Namen von Ländern, z.B. Europäischer und Englischer Hof, noch später). In Rentei- und Kellereirechnungen werden von nun an die Besitzer gewöhnlich mit den Namen ihrer Badhäuser genannt, z.B. Ludwig zum Salmen, Philipp und Fritz zum Spiegel und Hans Caspar zur Blumen.

Vermutlich übernahm man die Sitte der Hausnamen von den Städten Mainz und Frankfurt, wo solche Bezeichnungen wegen der viel größeren Zahl der Häuser damals bereits üblich waren. Anfangs ragten die Schilder an Stangen weit in die Straße hinein, so daß sie von hochbeladenen Wagen gestreift werden konnten. Diesen Mißstand beseitigte später eine Verordnung, die das Überhängen der Schilder untersagte. Erst im 19. Jahrhundert, als breitere Bürgersteige angelegt wurden, kamen die aus der Hausfront herausragenden Schilder dann wieder auf. Mit den Genehmigungen erschloß sich die Stadt eine neue Einnahmequelle.

Badhäuser im Kochbrunnengebiet

Als älteste Badherberge, die einen Hausnamen führt, gilt das 1437 bezeugte Badhaus *„Zum Mann"* auf dem Platz zwischen Quellentempel und Springer des Kochbrunnens. Der Name ist wahrscheinlich schon älter, da bereits 1312/16 ein Konrad Mannebeder als Anlieger eines Grundstückes und 1366–1373 Emmerich Mannebeder als Schöffe vorkommen,[75] beide vermutlich Eigentümer des Badhauses. Zwischen Badhaus „Zum Mann" und Hospitalbad liegt das Badhaus *„Zum Salmen"*, das erstmals 1528 in einer Renteirechnung und 1593 erneut im Zinsregister des Klosters Tiefenthal erwähnt wird.[76] Es wird spätestens 1637, im Dreißigjährigen Krieg, zerstört und 1690 ganz abgerissen. 1709 wird der Salmenplatz unter den wüstliegenden Hausplätzen der Langen Gasse und des Sauerlandes aufgeführt. 1714 zieht ihn Fürst Georg August Samuel ein und überweist ihn dem angrenzenden Hospital, das ihn als Garten und Hofplatz nutzt.[77]

Unmittelbar neben dem Kochbrunnen liegt das seit 1532 bekannte Badhaus *„Zur Blume"*.[78] Der Besitzer kauft nach dem Stadtbrand von 1561, der vor allem die Umgebung des Kochbrunnens, den Kranzplatz und die obere Warme Gasse (Spiegelgasse) in Mitleidenschaft gezogen hat, die benachbarten Badhäuser „Zum Mann", „Zum Horn", „Zum roten Schild" und einen Anteil des Grundstücks, auf dem spätestens seit 1511 die nun niedergebrannte „Linde" stand, hinzu (in der Abb. unten: Gebäude am linken Bildrand).[79] 1843 entsteht an ihrer Stelle das Badehotel „Europäischer Hof", das die Stadt 1899 kauft und 1901/02 zur Erweiterung der Grünanlagen am Kochbrunnen niederlegt.

Die Reihe der Badhäuser an der Westseite des Kochbrunnens beginnt mit dem seit 1524 bezeugten *„Roten Löwen"*.[80] Seit dem frühen 18. Jahrhundert trägt es den

Älteste Darstellung der Badhäuser am Kochbrunnen von M. Merian (1646): 7 Kochbrunnen; 10 Badhaus zur Blume; 12 zur Glocke; 13 zum roten Löwen; 14 zum Salmen; das unbezeichnete Haus links daneben: Badhaus zum Spiegel (Ausschnitt aus Merians Ansicht von Wiesbaden)

Namen „Zum Weißen Löwen“. Als man beim Neubau 1812 auf Reste eines römischen Bades stößt, wird es 1817 in „Römerbad“ umbenannt. In Richtung Innenstadt schließen sich die 1500 erwähnten Badherbergen *„Zur Glocke“* (seit dem späten 18. Jahrhundert „Weißes Ross“), *„Zum Schwan“* (erstmals erwähnt 1471), *„Zum Engel“* und *„Zum Roten Schild“* an.[81]

Der „Schwan“ besitzt eine eigene Quelle, die er später jedoch nicht mehr nutzt. Es ist ein Annex der Spiegelquelle, der schon den Römern zur Füllung der Becken der Thermen am Kranzplatz gedient hat. Der „Engel“ besitzt das Schankrecht und ist eines der besten Häuser, in dem Graf Philipp der Altherr bei Festlichkeiten hohe Gäste unterzubringen pflegt. Schwan und Engel stehen an der Stelle, an der später, 1903, das Palasthotel (heute Teil des Weberhofs) errichtet wird.

Die bisher genannten Badhäuser beziehen ihr Thermalwasser aus dem Kochbrunnen. Ebenso die Badhäuser an der Ostseite des Kranzplatzes. Grundeigentümer der 1500 erstmals erwähnten *„Rose“* ist zu diesem Zeitpunkt der Wiesbadener Amtmann Wilhelm Judde von Eltville, dessen Schwiegersohn Amtmann Hans Mauchenheimer 1523 im Streit mit der Badewirtin Margarethe zur Rosen begegnet.[82] Die Badwirtin ist Mauchenheimer nicht nur den Jahreszins von elf Gulden schuldig, Mauchenheimer verlangt auch, daß sie das Anwesen „von Stund an wieder in gebührlichen Bau“ bringe, wie sie es drei Jahre vorher vor dem Schöffengericht versprochen habe.

Die Auseinandersetzung deutet darauf hin, daß die „Rosenwirtin“ (und sicher die Badwirte im allgemeinen) damals nicht auf Rosen gebettet war. Das weitere Schicksal des Hauses während des 16. Jahrhunderts bleibt im Dunkeln. Im 17. Jahrhundert kehren jedoch wieder geordnete Verhältnisse ein, so daß von Hörnigk 1637 schreiben kann, es sei der „fürnembsten Badherbergen eine“ (s.u.). Auf dem Kupferstich von Merian aus dem Jahre 1646 ragt der Renaissancebau als das stattlichste Gebäude des Kochbrunnenviertels heraus (s. S. 74, Nr. 9).

Die zwischen „Rose“ und „Blume“ gelegene *„Linde“* ist schon im Zusammenhang mit der „Blume“ genannt worden. Als sie nach dem Stadtbrand von 1561 nicht wieder aufgebaut wird, erwerben die Badhäuser „Blume“ und „Spiegel“ den Platz je zur Hälfte.

1423 liegt gegenüber der „Linde“, durch die Warme Gasse (Spiegelgasse) getrennt, die Badherberge des Bartscherers Lauberheintz. Sie hat eine lange Geschichte, zu der im Abschnitt „Badeleben“ noch zu berichten sein wird. Von 1505 bis 1521 gehört sie dem Konvent des Klosters Eberbach, der ihr den Namen *„Zum Rindsfuß“* gibt. 1524 wird ein neuer Besitzer, „Hans zum Rintzfuß“, erwähnt.[83] Die Eberbacher Mönche dürfen bei ihm unentgeltlich baden, müssen ihre Schlafstätte aber wie jeder andere Gast bezahlen. Nach dem Badhaus erhält der damals noch aus Gärten bestehende Platz (der heutige Kranzplatz) den Namen Rindsfußplatz. Im Dreißigjährigen Krieg zur Ruine geworden, wird das Haus erst 1715 auf Druck des Fürsten Georg August Samuel wieder aufgebaut.

Der an den Rindsfuß angrenzende *„Bock“*, der erst seit dem 17. Jahrhundert „Schwarzer Bock“ genannt wird, befindet sich von 1486 bis 1514 im Besitz eines Philipp zum Bocke. Er bekleidet 1486 das Bürgermeisteramt, ist aber auch als Schreiner und Glaser bei der Instandsetzung des Wiesbadener Schlosses tätig.[84] 1537 verkauft der Nachkomme Fritz zum Bock das Haus an die Grafen von Nassau-Idstein, die es von da an in Erbpacht verleihen.[85] 1561 wird es durch Feuer vernichtet. Der um 1580 errichtete Neubau wird von durchziehenden Soldaten schon in den ersten Jahren des Dreißigjährigen Krieges erneut verwüstet.[86]

Die Badhäuser der Adlerquelle

Zu dieser Gruppe gehören vier Badhäuser, von v. Hörnigk zum „ander Brunnen" gehörig benannt,[87] und das Schloßbad. Der Brunnen, die Adlerquelle, „ist gantz zu gewölbet/hat vier unterschiedliche Außgäng oder Canäl, deren erste im Adler/der ander (...) in den Beeren, der dritte in den Hirsch/der vierdte in die Cron geleytet ist". Er liegt im Hof der Badherberge „Zum Hirsch". Das 1448 erstmals erwähnte Badhaus *„Zur Krone"* des Cron Henn ist das erste (so weit wir wissen), das einen Schildnamen trägt.[88] Wahrscheinlich führt es die Badhaustradition des benachbarten Fleckenbades fort. Nach v. Hörnigk ist es im Dreißigjährigen Krieg zerstört, danach wieder aufgebaut worden.

Zwischen „Krone" und „Adler", beim Zugang zum (heutigen) Kaiser-Friedrich-Bad, befindet sich das 1521 erstmals erwähnte Badhaus *„Zum Hirschen"*.[89] Auch bei ihm hilft uns v. Hörnigk als Chronist der Kriegsjahre weiter. 1637 steht es „gantz leer/und ist verwüstet", 1662 besitzt es bereits wieder unten zwei „Logiamenter", oben vier. „Sonsten hat der Ort auch eine eigene kleine Quelle/so aber zu einem Bad nicht sufficient oder genugsam" (die Kleine Adlerquelle).

Vorläufer des Badhauses *„Zum Adler"* ist die Herberge „Zur Kanne", in den Rechnungsbüchern seit 1533 „Zur Kante/Kande". 1505 wird sie „neben dem Hirsch" lokalisiert. Der Nachfolger der „Grede zur kann" (1517), „Hans zu der Kannen" (1528), ist ein vielseitig tätiger Mann. Mehrfach überträgt ihm die Herrschaft amtliche Missionen und läßt hohe Gäste des gräflichen Hauses bei ihm (und auch im Bären) logieren.[90] 1547/48 ist er Bürgermeister. 1617 wird das alte Badhaus niedergelegt und durch einen Neubau ersetzt, der nun den Namen „Zum roten Adler" führt.

1471 hören wir zum ersten Mal von Gelen Hen, dem Wirt *„Zum Bären"*. Doch schon 1455 läßt sich das Besitzerehepaar mit „hus, hof, bade, garten, gelegen (...) gen Cron Hen uber den wegk"[91], gegenüber der „Krone" an der Langgasse nachweisen. 1503 begegnet der „Bär" als Erblehen von Nassau. In dieser Zeit steigen zahlreiche Grafen aus der Verwandtschaft des Nassauer Grafen im Bären ab.[92] Der große Stadtbrand von 1547 scheint das Anwesen zerstört zu haben. Jedenfalls zieht der Graf 1558 die wüstliegende Hofreite ein und verkauft sie. Der darauf errichtete Neubau erstreckt sich rückwärts bis an den damals parallel zur Häfnergasse verlaufenden Mühlgraben, also damals schon bis zur heutigen Front des Bären am Drei-Lilien-Platz. Daneben liegt das Badhaus *„Zum Riesen"*, das durch den gleichen Besitzer mit dem „Bären" verbunden ist. Dieser großen Ausdehnung ist es wohl zu verdanken, daß v. Hörnigk 1662 schreiben kann: „(...) und ist daher wie auch wegen vieler guter zum Winter und Sommer accommodirter Logiamenter (...) wohl der fürnembsten Badherbergen eine zu nennen."

Das seit 1448 bezeugte *Schloßbad*[93] ist an dieser Stelle zu erwähnen, da es (bis 1629) mit einem Fünftel am Wasser der Adlerquelle beteiligt ist. Es entspricht in seiner Funktion am ehesten dem Typ eines herrschaftlichen Bades, wenn es auch nicht in der Tradition der großzügigen Anlagen der späteren Fürstenbäder steht.[94] Es wird von Angehörigen und Gästen der Grafenfamilie benutzt oder wenn hohe und höchste Persönlichkeiten im „Wiesbade" Heilung suchen.

Kaiser Friedrich III. ist ein solcher heilungsuchender Gast. Er schätzt Wiesbadens Bäder besonders.[95] Als er 1442 nach dem Krönungszeremoniell aus Aachen nach Frankfurt reist, besucht er am 4. Juli „mit seinen Bischöfen und geistlichen Prälaten und auch mit weltlichen Fürsten, Herzögen, Grafen, Freiherren, Rittern und Knechten" die Stadt. Er hält sich vier Tage hier auf, um die warmen Bäder zu benutzen. Nach 1471 ist sein Aufenthalt in Wiesbaden noch fünfmal bezeugt.[96] Es sind Belege vorhanden, daß das Hauptgebäude der Burg 1485 eigens zu diesem Zweck von Grund auf restauriert wurde. Sein Sohn Maximilian I. hält sich 1512 und 1517 hier auf. Neben anderen Geschäften nutzt er das Schloßbad für eine Badekur.[97]

Das Schloßbad liegt an der Westseite der alten Burg, im Bereich der heutigen Front des Sitzungssaals des Hessischen Landtags. 1538 wird es nach Auskunft der Kellereirechnungen gründlich instandgesetzt.[98] Das Thermalwasser aus der Adlerquelle läuft durch einen Kanal in ein Bassin beim Bären und von da (nach Abzweigung des Anteils des Bären) zum Schloßbad. Graf Ludwig von Nassau-Saarbrücken, dem nach dem Aussterben der Idsteiner Linie des Hauses Nassau 1605 Wiesbaden zugefallen ist, überläßt 1609 seinen Anteil „bis auf weiteres" dem Inhaber des Bären. Sein Sohn, Graf Johannes, der bei der Teilung von 1629 die Herrschaft Wiesbaden erhält, verkauft schließlich dem Bärenwirt Hans Georg Nassau, dem damaligen Schultheißen der Stadt, seinen Anteil an der Adlerquelle für 500 Reichsthaler. Dieser läßt zwei weitere Bassins errichten, deren Benutzung dem Grafen und seiner Familie jederzeit möglich sein muß. Zwei Jahre später steht dann das neu erworbene Schützenhofbad als „Grafenbad" zur Verfügung. Das Schloßbad wird nun ganz aufgegeben.[99]

Badhäuser mit eigenen Quellen

In dem später als Quellenviertel bezeichneten engen Quartier zwischen Langgasse, Häfnergasse, Webergasse und Goldgasse liegen die Badhäuser, die großenteils über eigene „Sekundärquellen" verfügen. Es sind meist einfache Schürfungen, die in Holz oder Backstein gefaßt, zuweilen auch als Pumpbrunnen eingerichtet sind. Einige Schürfbrunnen liegen unmittelbar über den Badehäusern, die zugehörigen Herbergen daneben. Einige liegen nicht unmittelbar beim Eignerbadhaus. Das Wasser wird durch hölzerne oder aus Bruchsteinen und Ziegeln gesetzte Kanälchen (Kandel) zugeführt. Die dicht beieinander liegenden Quellen haben zur Folge, daß auch die Badhäuser auf engem Raum zusammengedrängt sind. Der Charme dieses alten Quellenviertels ist leider in der Bombennacht des 2. Februar 1945 fast völlig untergegangen.

Freilich führt diese Anordnung dazu, daß die Badhäuser meist klein und schlicht eingerichtet sind. Oftmals sind es einfache Hofreiten mit Ställen und Scheunen. Die ältesten Badhausanbauten, in denen die Bäder untergebracht sind, gleichen eher solchen Scheunen. Die Badwirte sind in erster Linie Landwirte, die sich mit dem auf ihrem Grund und Boden austretenden Thermalwasser einen Nebenerwerb verschaffen.

Der *„Spiegel"* liegt anfangs an der Warmen Gasse (Spiegelgasse), unterhalb des Kranzplatzes. 1532 lernen wir aus den Akten Philipp zum Spiegel als Besitzer kennen. Es wird ihm erlaubt, als Heckenwirt von St. Andreas bis Lichtmeß seinen eigenen Wein zu verzapfen.[100] 1543 erwirbt Fritz zum Spiegel, sein Nachfolger, einen Teil des Grundstücks der abgebrannten „Linde". Dieser Kauf ist insofern wichtig, als damit das Badhaus an die Front des Kranzplatzes vorrückt. Thermalwasser bezieht es aus der Spiegelquelle, die als Annex des nur zehn Meter entfernten Kochbrunnens im strengen Sinn keine Sekundärquelle ist.

Bis in den Dreißigjährigen Krieg hinein bleibt das Haus in Familienbesitz. Beim Tod des jeweiligen Besitzers übernimmt die Witwe die Geschäfte. Die einheiratenden Schwiegersöhne haben verschiedene Berufe: Metzger, Bäcker, Amtsschreiber, was wiederum zeigt, daß eine Badherberge allein eine Familie noch nicht ernährt.[101]

Südostwärts des „Spiegel" schließt sich das Badhaus *„Zum Rebhuhn"* an, über das später in einem anderen Zusammenhang noch berichtet wird. Neben dem „Bock" liegt an der Langgasse das Badhaus *„Helm"* mit eigener Quelle. 1564 wird es noch das Haus des „Scherers Fritz" genannt.[102] Ludwig v. Hörnigk widmet ihm 1637 relativ viel Aufmerksamkeit, wenn er schreibt: „stehet jetzo ebenmässig gantz leer/und ist für Badgäst noch unbequem/hat sonsten seinen eygenen Brunnen/stracks am Badkasten/auff der Rechten Hand/wie man die Stiegen hinunter gehet". Der Brunnen liegt an der Hauswand zur Straße und ist von dort zugänglich, denn 1662 setzt v. Hörnigk die vorstehende Beschreibung fort: „... also daß daraus die nechstangelegene Becker das Wasser zu ihrem Brodteig schöpffen" (der „Brühborn", s. S. 50). Das Haus besitzt „sieben Gemächer, vier oben und drei unten". Ein Supplikant nennt es 1714 „Badhauß zum Helm oder sogenannten Weißen Adler".[103] Seit 1780 wird es unter dem Namen „Zur goldenen Kette" fortgeführt und 1899 einschließlich seiner Thermalquelle in den „Schwarzen Bock" einbezogen.

Im Gebiet der Sekundärquellen findet sich seit etwa 1485 der *„Stern"* in der unteren Webergasse, Ecke Häfnergasse, der *„Wilde Mann"*, später *„Weißes* bzw. *Goldenes Kreuz"* hinter dem „Rindsfuß" sowie die Badhäuser *„Zur Stegen"* und *„Zwei Böcke"* in der Häfnergasse. Entlang der unteren Spiegelgasse reihen sich mehrere Badhäuser aneinander: 1558 ist das *„Weiße Ross"* bezeugt, das an den inneren Turm des Sonnenberger Tores stößt. Aus diesem Grund führt es seit der Mitte des 18. Jahrhunderts den Namen *„Haus Sonnenberg"*. Gegenüber befindet sich das Badhaus *„Vogel(ge)sang"*, als dessen Besitzer 1532 bis 1559 der Schöffe Cles Scherer bekannt ist. Im Bereich von Häfner-, Ecke Webergasse und Drei-Lilien-Platz/Schellenberg-Passage sind in Nachbarschaft zum „Stern" der 1517 erstmals genannte *„Schlüssel"* und die seit 1520 erwähnte *„Lilie"* angesiedelt. Die meisten frühen Belege für die Existenz dieser Badherbergen finden sich in den Eintragungen der Rechnungsbücher (Rentei- und Kellereirechnungen) der Stadt.[104]

Bis zum Ende des 14. Jahrhunderts lassen sich fünfzehn Badhäuser feststellen, von denen zwölf bereits berufsmäßigen Badewirten gehören, während mindestens drei von Badern, Schröpfern und Aderlassern geführt werden. Bis zum Stadtbrand von 1561 hat Renkhoff (unter Einschluß von Schützenhof- und Gemeindebad) die Existenz von 36 Badhäusern nachgewiesen (bei etwa 1.000 bis 1.100 Einwohnern im Jahr 1555), von denen heute nur noch das Hotel zum Bären (nicht mehr an der alten Stelle), der Schwarze Bock, das Hotel Rose (ebenfalls an einem anderen Platz als die ursprüngliche „Rose") und der Pariser Hof (ehemals „Zum Rebhuhn") erhalten sind.

Schützenhof und Schützenhofquelle

Der Schützenhof mit angegliedertem Schützenhofbad hat eine eigene Geschichte, die sich von der Geschichte aller anderen Badherbergen und Badhäuser unterscheidet. Er ist das einzige Badhaus südlich der Heidenmauer, also innerhalb des Fleckens. An seiner Stelle lagen römische Thermen, die nach dem Bau der Heidenmauer (370 n. Chr.) und der endgültigen Aufgabe des rechtsrheinischen Gebietes durch die Römer (406 n. Chr.) noch benutzt worden sind.[105]

Die Schützenhofquelle nimmt unter den Wiesbadener Thermalquellen eine geologisch bedingte Sonderstellung ein. Sie zählt nach der neuen Definition, die nicht mehr von der Existenz einer durchlaufenden Quellenspalte ausgeht, nur wegen ihrer vergleichsweise hohen Schüttung von 150 Litern/Minute (alte Tümpelfassung) bzw. 360 Litern/Minute (neue Bohrung) zu den Hauptquellen. Ihre abweichende Beschaffenheit liegt darin, daß die Temperatur des Wassers nur 49 °C beträgt. Die Kochsalzkonzentration liegt bei ca. 5,3 g/kg gegenüber ca. 6,7 g/kg des Kochbrunnens und der Adlerquelle. Das führte dazu, daß sie bei den frühen Badeärzten als die am besten heilende Quelle galt. Ihr Wasser galt als mild und heilkräftiger als das des Kochbrunnens, das als zu aggressiv empfunden wurde; wir werden später darauf noch zurückkommen. Die Quelle des Gemeindebades tritt mit 40 °C aus und hat die gleiche Salzkonzentration wie die Schützenhofquelle, von der sie nur ein seitlicher Ableger ist.

Das Hofgut

Die Schützenhofquelle gehört im Mittelalter zu einem Hofgut, das sich in der Mitte des 15. Jahrhunderts im Besitz des Erzstiftes Mainz befindet. Eine Hubkornabgabe von jährlich 41/4 Maltern, die an das Kloster Tiefenthal fällig ist, läßt auf alte grundherrliche Rechte dieses Klosters schließen.[106]

Daß der Mainzer Erzstuhl sich mit dem Besitz des Hofguts mit zugehöriger Quelle das Vorrecht auf die Nutzung des Bades (als „Fürstenbad") sichern will, wissen wir von Erzbischof Dietrich von Erbach (1434–59), der das Bad 1445 dem Schöffen Emmerich Scherer mit der Auflage verleiht, ihm in einem dort zu errichtenden Haus eine heizbare Stube und eine Kammer freizuhalten.[107] (Noch 1637 überläßt der Mainzer Kurfürst dem von ihm eingesetzten Stadtphysicus Dr. Jäger den Schützenhof nur unter der Bedingung, daß er die beiden Bäder desselben in einen brauchbaren Stand setzt und einige Zimmer zur Aufnahme des Kurfürsten bereithält.)[108]

Noch vor 1459 überträgt das Erzstift Gut und Bad als mainzisches Erblehen an die Vorfahren des Wiesbadener Amtmanns Hans Mauchenheimer von Zweibrücken.

Dieser verkauft es 1531 an die Junker von Dienheim, die es „Dienheimer Hof" nennen. Als die letzte Dienheimerin um 1560 Gottfried Schütz von Holzhausen ehelicht, geht das Hofgut 1572 an diese Familie über. Es ist nun ein freiadeliger Hof. Seine Feldgüter umfassen 220 Morgen Acker- und 30 Morgen Wiesenland sowie drei Morgen Weingärten am Schulberg und in der „Eisgrub", dem Hang hinter dem Hof. Das Gelände erstreckt sich hangaufwärts von der Langgasse bis auf den Schulberg.[109]

Wohnhaus und Nebengebäude bilden einen ansehnlichen Häuserkomplex. Das Hauptgebäude ist das beherrschende Bauwerk nicht nur der Langgasse, es bleibt lange Zeit das größte Gebäude der Stadt. Es zeigt über dem Eingang das Familienwappen der Schütz von Holzhausen. Durch das an einer der Hauptstraßen der Stadt jedem Vorübergehenden sichtbare Wappen hat sich der Name „Schützenhof" allgemein eingebürgert.[110]

Der letzte Besitzer aus der Familie von Schütz ist 1602 bis 1626 der Junker Wolf Dietrich Schütz von Holzhausen. Nach seinem Tod muß die Witwe wegen starker Verschuldung (es ist die Zeit des Dreißigjährigen Krieges) den Hof verkaufen. Er wird 1630 in der Mauritiuskirche ausgeboten. Mit dem Besitz sind u.a. freie Beholzung und Schweinemast im Wald, Hetzen und Jagen, freier Weinschank und Badegerechtigkeit verbunden.[111] Da sich bei einem Schätzpreis von 18.000 Gulden kein privater Käufer findet, erwirbt 1631 Graf Johannes von Nassau-Idstein den Hof mit allen zugehörigen Rechten für seine Gemahlin Sybille Magdalena. Er vereinigt die Ländereien mit denen des Schloßgutes und ersetzt nach dem Krieg das Hofhaus mit Bad durch einen Neubau. Jetzt heißt das Bad vorübergehend „Herrschaftliches Bad zum Borgo" oder auch „Grafenbad". Es soll eine der Herrschaft und ihren Gästen vorbehaltene Kopie der Fürstenbäder sein. Name und Anspruch setzen sich aber nicht durch.

Das Gemeindebad

Das Gemeindebad liegt bis 1884 auf der Südseite des Gemeindebadgäßchens.[112] Es hat eine eigene, 30 Meter südöstlich der Schützenhofquelle entspringende Thermalquelle (40 °C), die aber im 16. Jahrhundert verschüttet wird. Seitdem versorgt die Schützenhofquelle das Bad und den davor angelegten Laufbrunnen. Seine Entstehung im 13. Jahrhundert führt Urban auf die Zeit nach den Kreuzzügen zurück.[113] Damals stiften fromme Personen an vielen Orten öffentliche Badhäuser für arme Leute, die vom Aussatz befallen sind. Es ist die Zeit, als diese Krankheit aus dem Orient nach Deutschland eingeschleppt und verbreitet worden ist. Da solche Stiftungen nicht zuletzt als ein gottgefälliges Werk zum Seelenheil der Stifter erfolgen, nennt man solche Bäder auch „Seelenbäder", nicht anders als die Seelgerätstiftungen an Klöster. (Aus ähnlichen Beweggründen errichtet Graf Gerlach von Nassau das Hospital mit Bad am Kochbrunnen.)

Da das Badewesen im Mittelalter zu den herrschaftlichen Regalien gehört, wird das Recht zum Betreiben eines Badhauses durch den nassauischen Grafen verliehen. Im 15./16. Jahrhundert ist das Gemeindebad an verschiedene namentlich bekannte Betreiber verpachtet, darunter den 1471 bezeugten Ensel zu dem Bade.[114] Es wird vor allem von minderbemittelten Einwohnern der Stadt benutzt. Es gibt eine Badeordnung, die vom Grafen erlassen worden ist. 1502 wird der Besitzer an ihre Einhaltung erinnert.[115] Insbesondere soll er das Bad morgens erst nach der Frühmesse öffnen und abends um 9 Uhr wieder schließen. Zum Inventar gehören drei Eimer, 25 Schröpfköpfe aus Messing und zwei „kobelgin“ (Kübelchen); so nennt man Fässer, die an der Decke hängen, mit hinaufgepumptem Wasser gefüllt sind und als Dusche dienen.

Das Bad, das noch vor der Mitte des 16. Jahrhunderts in den Besitz der Stadt übergeht, hat nur ein Becken für beide Geschlechter. Nach einer Akte um 1500 sind dort die Sitten zeitweilig recht „gemein“.[116] Aber erst die reformatorischen Pfarrer des späten 16. Jahrhunderts nehmen daran Anstoß. Der Pfarrer der Mauritiuskirche entrüstet sich darüber, „wie groß Schand, Laster und Unzucht ... in dem verdammten gemeinen Bad täglich vielen zum Ärgernis geschehen“. 1686 verfügt Graf Georg August (seit 1688 Fürst) die Anbringung eines Holzgitters nebst Bretterwand von oben bis unten im Badkasten, da durch das gemeinsame Baden eine „sittliche Anstößigkeit“ erregt werde.

Badeleben

Gemeinschaftsbäder

Wir dürfen davon ausgehen, daß das Badeleben in Wiesbaden schon im 13. Jahrhundert recht entwickelt war, wenn uns auch die urkundlichen Belege dafür weitgehend fehlen. Einzige Ausnahme ist das Protokoll über das „Wunder“, das 1232 durch Elisabeth von Thüringen bewirkt worden sein soll. Für das 14. Jahrhundert kennen wir die Beschreibung des Heinrich von Langenstein aus dem Jahre 1383. Nach beiden Berichten hat es sich um Gemeinschaftsbäder mit offenen Bassins gehandelt.

Im 14. Jahrhundert gibt es auch Badherbergen, deren Becken als Gemeinschaftsbäder dienen. In ihnen baden Alte und Junge, Arme und Reiche, Männer und Frauen, Kranke und Gesunde. Dabei darf nicht übersehen werden, daß anfangs wohl mehr die Annehmlichkeit des warmen Bades im Vordergrund steht. Gewiß wird den Bädern auch eine die Gesundheit erhaltende und fördernde Wirkung zugeschrieben, eine echte Bäderheilkunde setzt sich jedoch erst ganz allmählich durch. Erst als das antike Wissen durch arabische Ärzte (z.B. Avicenna) aus dem Orient über Italien nach Mitteleuropa gelangt (nicht vor dem 15. Jahrhundert), kommen erste medizinisch begründete Anwendungen auf.

Es ist davon auszugehen, daß es von Anfang an eine Badeordnung gab. Aus Wiesbaden ist eine solche aus dieser frühen Zeit jedoch nicht bekannt. Beim Baden pflegte man ein Kleidungsstück zu tragen, wenn auch nacktes Baden vorkommt. Bei allen Berichten muß man aber bedenken: Pikante Szenerien sind interessanter und werden eher überliefert als das Alltagsleben, in dem der Badegast mindestens mit einem hemdartigen Überwurf bekleidet in den Badkasten steigt.

Aus dem Kochbrunnen beziehen die um ihn herum gelegenen Badhäuser ihr Wasser durch eigene Zuleitungen. Im „unteren“ Quellenviertel besitzen die meisten

Badherbergen eigene Quellen. Die Becken liegen in meist aus Holz oder Fachwerk errichteten Badhäusern, die an die Herbergen angebaut sind. Durch Öffnungen im Dach zieht der Wasserdampf ab. Jede Badherberge besitzt zwei Becken, von denen immer eins zum Abkühlen des Thermalwassers auf Badetemperatur dient. Im 16. Jahrhundert beginnt man damit, die größeren Becken in mehrere, durch Türen verbundene, nach oben offene Badkästen zu unterteilen.[117]

Die Bezeichnung Badherberge weist darauf hin, daß die Badwirte den Badegästen nur Räume zum Wohnen während der Kur anbieten. Es ist ihnen ausdrücklich untersagt, ihre Gäste zu bewirten oder ihnen Wein auszuschenken.[118] Entweder bereitet sich der Gast seine Mahlzeit selbst zu, oder er geht zum Essen in eines der konzessionierten Wirtshäuser, die dafür an die Stadtkasse bzw. die Kammerverwaltung des Grafen Abgaben zu zahlen haben. Für den mitgebrachten Wein der Badegäste muß der Wirt eine Steuer, das sogenannte „Ungeld" bezahlen. Von dieser Vorschrift gibt es nur wenige Ausnahmen, die der Graf meistens für besondere Dienste gewährt. So ist es nicht zu verwundern, daß sich unter den Begünstigten häufig Bürgermeister und Schöffen finden.

Daß die Beköstigung gelegentlich in der Form stattfindet, daß Speisen und Getränke auf schwimmenden Tafeln serviert werden, ist von Holzschnitten aus dieser Zeit bekannt, für Wiesbaden jedoch nicht konkret belegt. Außer dem Hang zum puren Wohlleben mögen praktische Gründe eine Rolle gespielt haben. So galt es in dieser Zeit als besonders gesundheitsfördernd, viele Stunden im Bad zu bleiben. Medizinische Erkenntnisse über die Zuträglichkeit einer über den ganzen Tag ausgedehnten Badekur werden erst seit dem 17. Jahrhundert diskutiert. Und so bringt man den Gästen die Speisen der Einfachheit halber auf einem Brett an den Rand des Badkastens oder läßt das Brett auf dem Wasser schwimmen.

Vornehme Gäste

Wie eine Badekur standesgemäß verläuft, schildert Otto Renkhoff an einigen Beispielen.[119] Wir erfahren von einem nassau-weilburgischen Beamten, der 1531 in der „Stege" kurt. Für Baden und Logis hat er täglich 11 Albus zu zahlen (1 Gulden Mainzer Währung = 24 Albus), seine Mahlzeiten nimmt er im Weilburger Hof ein, der den Grafen von Nassau-Weilburg gehört. Der Hof liegt in der Nordwestecke des Burgbezirks, im Winkel zwischen Graben- und Marktstraße. Dort genießt der weilburgische Beamte das Privileg, daß er kostenlos mit Fleisch, Brot und Wein versorgt wird.

Als sein Herr, Graf Philipp III. von Nassau-Weilburg, der 1526 die Reformation in seiner Grafschaft eingeführt hat, sich mit seiner Gemahlin 1544 vier Wochen in Wiesbaden zur Kur aufhält, benutzt er zwar das Bad im Dienheimer Hof, logiert aber im Weilburger Hof. Aus den Kellereirechnungen wissen wir, daß er Fische aus Schierstein, Pasteten und „Schmandfladen", Krammetsvögel, holländischen Käse, Pfeffer, Zimt und gestoßenen Safran sowie größere Mengen an Weißbrot aus Wiesbaden bezieht. Der Wein wird aus den nassauischen Besitzungen in der Pfalz geliefert.

1448 weilt die Gemahlin des Grafen Adolph II. von Nassau-Idstein, Maria von Dillenburg (beide sind im Reiterchörlein der Idsteiner Unionskirche begraben), mit einigen ihrer Hofdamen für eine Woche in Wiesbaden zur Kur. Dabei werden drei Viertel eines Ochsen, Hühner, Eier, Stockfische und Weißbrot, freitags allerdings nur Heringe und Weißbrot verzehrt. Das geht ebenso aus alten Rechnungen hervor wie die Ausgaben, die Landgraf Heinrich III. von Hessen 1476 während einer dreiwöchigen Kur tätigt. Er bringt aus Marburg zwar sein eigenes Bier (und einen Hofnarren) mit, läßt aber in Wiesbaden für seine Mahlzeiten Rehe und Hasen kaufen, bei den hiesigen Wirten 83 Maß (166 Liter) Wein, aus Mainz Schollen, Krebse und (die damals sehr teuren) Lebkuchen holen. Insgesamt gibt er 140 Gulden aus, eine Summe, die heute mit etwa 40.000 DM gleichzusetzen ist. Davon gehen allerdings beim Abschied 20 Gulden an den Wirt und die Wirtin; Trinkgeld erhalten alle, die ihn bedient haben.

Kaiser Maximilian I., der sich in der ersten Märzhälfte 1512 in Wiesbaden aufhält und diesen Aufenthalt für eine Badekur im Wasser des Schloßbades nutzt, versorgt sich samt seinem Hofstaat und „1.000 Pferden“ selbst. In der Stadt läßt er für seine Küche verschiedene Gerätschaften, wie Zuber, Töpfe und Holzlöffel, beschaffen. Bei einer Mainzer Kerzenmacherin werden für die Hofhaltung des Kaisers Fackeln und Tischlichter gekauft. Zur Ankunft des hohen Gastes werden im Badhaus die Schornsteine gefegt und die Öfen in Ordnung gebracht. Da sein Besuch in die Fastenzeit fällt, läßt man noch in der Nacht, in der er eintrifft, von Mainz sieben Fässer Heringe, auch Belchen und Rheinfische herbeischaffen. An Frischfisch wird eine solche Menge gekauft, daß 200 Hechte und 115 Karpfen übrigbleiben, die am 16. März nach dem Aufbruch des Kaisers für 16 1/2 Gulden wieder verkauft werden.

In seinem Gefolge befinden sich ein Hofnarr, für den man in Wiesbaden einen neuen roten Hut besorgt, sowie ein Falkner mit zwei Pferden. Dem kaiserlichen „Trumter“, einem Lautenschläger, der die Gesellschaft mit Musik zu erfreuen hat, schenkt Graf Philipp der Altherr, der Gastgeber, zehn Gulden, ein fürstliches Geschenk, das wohl mit einem Seitenblick auf den Kaiser gegeben worden sein dürfte. Als Maximilian 1517 erneut nach Wiesbaden kommt, werden Fische und andere Lebensmittel, wie Grünkraut, Rüben, Rettiche, Zwiebeln, Eier und Schmant (Rahm) besorgt. Bei diesem Besuch wird er von seinem Hofstaat und seinen Herolden sowie von vierzehn „Trommetern“ begleitet.

Geistliche Herren

Geistliche Herren haben sich gern das Nutzungsrecht an Badhäusern oder wenigstens an bestimmten Appartements darin gesichert. Vom Mainzer Zisterzienserinnenkloster Altmünster ist bekannt, daß es schon in der zweiten Hälfte des 14. Jahrhunderts ein beim Kochbrunnen gelegenes Badhaus erworben hat. Dabei ist allerdings nicht klar, ob es sich um eine Erwerbung zum Zwecke der eigenen Nutzung oder lediglich um eine Geldanlage gehandelt hat. Für das Letztere spricht, daß der gleiche Nonnenkonvent nach erhaltenen Belegen aus den Jahren 1358 und 1536 Renten auf ein Bad „auf dem Sande“ und Zinseinkünfte vom „Stern“ und vom „Wilden Mann“ erhält.

Für ein Bad zur eigenen Nutzung sorgen die Mönche des Prämonstratenserklosters Münsterdreisen (Dreisen/Pfalz). Sie erwerben 1423 durch Mitfinanzierung eines Badhauses am Kranzplatz, des späteren „Rindsfuß", ein Baderecht, das Anfang des 16. Jahrhunderts vom Kloster Eberbach übernommen wird. Zwei im Jahr 1423 mit dem Badewirt Heintz Bartscherer, genannt Lauberhentz, und seiner Frau Kathrein geschlossene Verträge[120] unterrichten uns über die Bedingungen: Das Ehepaar errichtet auf ihrer Hofstatt einen neuen Bau mit zwei Bädern. Gegen einen vom Abt des Klosters gewährten Bauzuschuß von fünfzehn Gulden verpflichtet es sich, in den Neubau eine Unterkunft für Angehörige des Klosters einzubeziehen. Bedingung ist, daß das Haus ohne Einverständnis des Abtes mit keinen weiteren Hypotheken belastet werden darf. Brennt das Haus ab, wird der Abt erneut fünfzehn Gulden zahlen; das Haus muß dann in spätestens zwei Jahren wieder aufgebaut sein.

Die den Mönchen vorbehaltene Einrichtung besteht aus einer Kammer mit vier Betten, einer heizbaren Stube, einer Speisekammer unter der zum Haus führenden Stiege und einem Stall für zwei oder drei Pferde. Diese Räumlichkeiten sowie eines der beiden Bäder sollen dem Abt und den Angehörigen seines Konvents, sooft sie „um Bades willen" nach Wiesbaden kommen, zur Verfügung stehen. Holz und Feuerung sollen ihnen unentgeltlich geliefert werden, damit sie ihre Mahlzeiten sieden und braten sowie ihre Stube wärmen können. In ihrer Abwesenheit dürfen die Räumlichkeiten auch anderen Kurgästen überlassen werden, außer dem Bettzeug, das die Mönche unter Verschluß halten können. Wollen sie im Mai oder Oktober zum Baden kommen, sollen sie das acht Tage vorher ankündigen.

Das Bedürfnis der Mönche, sich im Thermalbad einen festen Platz zu sichern, ist bei den Bedingungen, unter denen sie besonders im Winter in den weitgehend ungeheizten Räumen der Klöster leben, gut zu verstehen. Aus heutiger Sicht entspricht die Indikation der Wiesbadener Heilquellen für rheumatische Erkrankungen und Katharre der Atemwege genau den gesundheitlichen Schwachstellen des Klosterlebens.

40 Schoppa: Aquae Mattiacae, S. 114–116. – Buchinger: Grabfunde, S. 279.

41 Renkhoff: Mittelalter, S. 14 mit Anm. 59 u. 60.

42 Einhard: Übertragung und Wunder, in: Codex Vaticanus reginae Christianae Nr. 318, Teil 4 (9. Jahrhundert). Ein Repro der betr. Seite befindet sich in HHStA: Abt. 1103, Nr. 9.

43 Schenck: Geschicht-Beschreibung, S. 15.

44 Renkhoff: Mittelalter, S. 8.

45 Streitberg: Wiesbaden, S. 131–134. – Jacobi, H.: Pers. Mittlg.: isld.: vis kona, weise Frau; Nibelungenlied, 25. Av., Z. 1533: wisiu wib.

46 Einhard: Vita Karoli Magni, S. 44–45.

47 Martin: Deutsches Badewesen, S. 10–25. – Steudel: Bäder und Klimaheilkunde, S. 2. – Bitz: Badewesen, S. 59.

48 Huyskens: Hl. Elisabeth, S. 188 (Nr. 49). – Plath: Geschichte Wiesbadens, S. 52–58.

49 Czysz: Römerzeit, S. 62.

50 Cohausen: Topographie, S. 9–13 u. Taf. II.

51 Renkhoff: Mittelalter, S. 74–75.

52 Will: Henricus de Hassia, S. 344–349.

53 Renkhoff: Mittelalter, S. 229.

54 Regesta Imperii II, Nr. 372a–376. – Renkhoff: Mittelalter, S. 50 u. Anm. 231.

55 Regesta Imperii V, Nr. 2164. – Renkhoff: Mittelalter, S. 71 u. Anm. 340.

56 Steuerliste von 1241, in: Deutsche Geschichte, Bd. 1, Nr. 99.

57 Bitz: Badewesen, S. 39.

58 HHStA: Abt. 137, Urk. 51 (1366); Abt. 87, 182a (1593), Bl. 25 („Brüebornen").

59 HHStA: Abt. 47, 44 (1536), Bl. 25v; Abt. 137, 4008, Bl. 461 (1540) („Item hat Cleß Zymerman iij Tag an dem kendell zu der kan gemacht an den Siedenborn") und Bl. 574 (1543) „des Syden borns halben"), Abt. 87, 652 (1563), Bl. 1, 1v („Brüeborn", „Siedender bronnen"). – StadtAWi: WI/1, Nr. 488 (Kaufvertrag Zum Salmen von 1642, „sampt dem Wasser aus dem Siedenden bronnen"). – StadtAWi: Stadtbehältnisbuch, Bl. 59 (1566).

60 HHStA: Abt. 18, Urk. 22 (1326). – StadtAWi: Merkerbuch, Fol. 10a. – Otto: Merkerbuch, S. 28 (Nr. 41) u. Anhang S. 70. – Im folgenden werden nur die frühesten Nachweise der Badhäuser nach den Archivalien des HHStA und StadtAWi (Urkunden, Akten, Rentei-, Kammer-, Kellerei-, Kirchen- und Bürgermeisterrechnungen, Zinsregister, Merkerbuch und Stadtbehältnisbuch) vollständig angegeben. Auf den gleichen Archivalien basieren: Roth: Geschichte und historische Topographie, S. 504–526, und Renkhoff, Mittelalter, S. 238–251.

61 HHStA: Abt. 87, 396, Bl. 7 (1440). – Otto: Zinsregister, Nr. 8 (ca. 1485).

62 HHStA: Abt. 87, 25 (1329), 59 (1346) – Abt. 137, Urk. 39 (1358), – StadtAWi: Merkerbuch, Fol. 6a (Otto: Zinsregister, Nr. 8, 9, 10, 11). – Renkhoff: Mittelalter, S. 141 u. 238.

63 HHStA: Abt. 137, Urk. 39 (1358).

64 StadtAWi: Merkerbuch, Fol. 10a (Otto: Nr. 39, 40, 50, 61) – HHStA: Abt. 87, 69 (1352); Abt. 137, 51 (1366). – Renkhoff: Mittelalter, S. 238.

65 StadtAWi: Merkerbuch, Fol. 10a, 12a, 12b (Otto: Zinsregister, Nr. 42, 57, 59).

66 Renkhoff: Mittelalter, S. 239–240.

67 HHStA: Abt. 137, Urk. 167 (1471). – Otto: Merkerbuch, Nr. 50, S. 72.

68 v. Hörnigk: Wißbad, 1. Aufl., S. 11.

69 Renkhoff: Mittelalter, S. 242. – Das 1457 genannte Spital zum Heiligen Geist (s. Anm. 71) kann sich eigentlich nur auf das Hospital beziehen, wenn eine solche Benennung auch später nicht mehr auftaucht.

70 HHStA: Abt. 121, 121, Bl. 132v (Man(n)buch d. Grafen Philipp Altherr). – Renkhoff: Mittelalter, S. 314–316.

71 HHStA: Abt. 137, Urk. 39 (1358), 109 (1428), 151 (1457), Zitat 1457: ein Haus „gelegen uff des keysers bad uff eyner syten (...), und uff der andern syten geyn den spittale zum heiligengeiste". Zu 1428 auch: Abt. 137, Wsb. 64; zu 1536: Abt. 47, 44, Bl. 25 „an dem Bad das man nennet des keysers bad".

72 Otto: Merkerbuch, S. 71. – Roth: Geschichte und historische Topographie, S. 504.

73 Schenck: Geschicht-Beschreibung, S. 451–454. – Renkhoff: Mittelalter, S. 238.

74 Czysz: Römerzeit, S. 104 u. Plan, Abb. 85. Die abschließende wissenschaftliche Auswertung steht noch aus.

75 HHStA: Abt. 137, Urk. 68: „Emmerchen Mannebeder" (1373). – StadtAWi: Merkerbuch, Fol. 9a (Otto: Nr. 32): Emrich Manbeder" (1373). – HHStA: Abt. 137, 4000 (KellR 1477), Bl. 1v: „Wigel uff dem manbade". – Roth: Geschichte und historische Topographie, S. 509. – Renkhoff: Mittelalter, S. 238 u. 242.

76 HHStA: Abt. 137, 4246 (1528), Bl. 8. – Abt. 87, 182a, Bl. 25 (1593).

77 v. Hörnigk: Wißbad, 1. Aufl., S. 10. – StadtAWi: WI/1, Nr. 488. Hier Kaufvertrag „Eine Badtbehausung sampt dem Wasser aus den Siedendten bronnen“. – Schenck: Geschicht-Beschreibung, S. 444. – Th. Schüler: Geschichte der älteren Badhäuser. Die Blume, der rote Schild, der Salm, in: Wiesbadener Tagblatt v. 23.3. u. 13.4.1913.

78 HHStA: Abt. 137, Urk. 283 (1532) „Caßpar zur blumen“; 137 Wsb. 31 (1547) „Wilhelm zur Blumen“; Abt. 137 VIII c 3 (1576). – Th. Schüler: Geschichte der älteren Badhäuser. Die Blume, der rote Schild, der Salm, in: Wiesbadener Tagblatt v. 23.3. u. 13.4.1913.

79 „Zum Mann“: HHStA: Abt. 137, 4000 (KellR 1477). – „Zum Horn“: Abt. 137, 4011 (KellR. 1545); 4830 (KirR 1553), Bl. 7v „Junker Conrad Schütz vom hauß zum horn“. – „Zum roten Schild“: Boos: Worms, Bd. III, S. 368. – „Zur Linde“: HHStA, Abt. 137, 4244 (1512), Bl. 28v, 56 „Hänßgen zur linden“; Abt. 137 Wsb. 31 (1547) „Hans zur Linden“.

80 StadtAWi: BgmR 1524, Bl. 19; 1546, Bl. 11. – HHStA: Abt. 47, 44 (Zinsregister des Mainzer Altmünsterklosters von 1536), Bl. 25v.

81 Boos: Worms, Bd. III, S. 368. Hier schreibt ein „P. P.“, er sei „in den osterfiertagen“ (d. J. 1500) „zu Wiszbaden in eim bade, das heist zum Schwan“ gewesen, „und lyt zwuschen dem Engel und der Glocken und gegen dem Roten schild uber“. – „Engel“: HHStA: Abt. 22, Urk. 1818 (Nachlaß der Elle zum Engel). Abt. 137 Wsb. 31 (Zinsregister 1547) „Anna zum Engel“. – „Glocke“: HHStA: Abt. 137, 4005 (1519), Bl. 100v „Cleßgen zur glocken“; Abt. 137, Urk. 283 „Cleß zur glocken“. – „Roter Schild“: StadtAWi: BgmR 1546, Bl. 22v. – „Schwan“: HHStA, Abt. 137, Urk. 167 (1471) „Andreas zum Schwan“; Abt. 137, 4000 (1477), Bl. 1v ; Abt. 137 Wsb. 31 (1547) „Steffan zum Schwan“.

82 HHStA: Abt. 137, 4245 (1500), Bl. 144 „dem wirt zur rosen“. – Abt. 137, Urk. 275 (1523): „Margarethen zu der Rosen“. – Abt. 137, Urk. 391 (16. Jh.) – Th. Schüler: Geschichte der älteren Badhäuser. Die Rose, in: Wiesbadener Tagblatt v. 7.2.1913. – Renkhoff: Mittelalter, S. 244.

83 HHStA: Abt. 137, 4006 (1524), Bl. 250; Abt. 137, 4830 (KirR 1561), Bl. 7 („Adam zum Rindsfuß“); Abt. 137 Wsb. 63. – Th. Schüler: Geschichte der älteren Badhäuser. Der Rindsfuss, jetzt Englischer Hof, Wiesb. Tagblatt v. 10.1., 25.1., 1.2. u. 8.2.1914.

84 HHStA: Abt. 137, 4240 (1486), Bl. 106v; 4006 (1524), Bl. 197v, 198. – Th. Schüler: Geschichte der älteren Badhäuser. Der schwarze Bock, Wiesb. Tagblatt v. 15.3.1914.

85 Renkhoff: Mittelalter, S. 245. – Th. Schüler (Geschichte der älteren Badhäuser, Der schwarze Bock, Wiesb. Tagblatt v. 15.3.1914) interpretiert die Geschichte der Erbpacht anders. Danach scheine die Baustelle erst nach dem Brand von 1561 von der gräflichen Regierung als herrenloses Gut eingezogen und 1578 vom Vormund des minderjahrigen Grafen Johann Ludwig von Nassau-Idstein in Erbleihe vergeben worden zu sein.

86 v. Hörnigk: Wißbad, 1. Aufl., S. 9.

87 v. Hörnigk: Wißbad, 1. Aufl., S. 7.

88 HHStA: Abt. 18, Urk. 71 (1448) „under Cron hen“; Abt. 137, 3001, 7, Bl. 21 (1478). – Otto: Merkerbuch, Nr. 70 (1455). HHStA: Abt. 137 Wsb. 31 (1547).

89 HHStA: Abt. 137 X c 15 Bl. 15 (1521); Abt. 137, 4006 (1526), Bl. 349; 4008 (1532), Bl. 71v „Jörge zum hirsch“ ; Abt. 137, Wsb. 31 (1547).

90 HHStA: Abt. 137, 4006 (1505), 4006, Bl. 52v; 4246 (1517), Bl. 73v „Grede zur kann“, (1528), Bl. 26, 39v „Hans zur kannen“; (1533), Bl. 7v, 35v, 36; 4008 (1533), Bl. 242; – 1545/48 bewirtet er im Auftrag des Grafen Philipp u.a. die Grafen Wolff von Solms, von Aldenburg und Johann von Beilstein (Abt. 137, 4011, Bl. 26v, 383, 418v).

91 Otto: Merkerbuch, S. 47–48, Aufzeichnung vom 25. Jan. 1455: Geln Hen und seine Frau Else geben „zu underphande gelacht solich hus, hoff, bade, garten, gelegen neben Cron Hen und gen Cron Hen uber den wegk...“. – HHStA: Abt. 137, Urk. 167 (1471) „Gelen hen wirt zum bern“.

92 HHStA: Abt. 137, 4245 (1511), Bl. 498 „hat der Graf den Pfalzgrafen zu gast im bern“; 4005 (1519), Bl. 212 „Marggraf Jörge [von Württemberg] im bern übernachtet“; desgl. Graf zu Solms u.a.

93 HHStA: Abt. 137, 4611 (1448), Bl. 7v; 4240 (1458), Bl. 81; 4000 (1477), Bl. 3v; 4005 (1519), Bl. 170 „Usgift vor ysen, bly und nägel vor Wendelstege um badhuß".

94 Bitz: Badewesen, S. 75, 165ff.

95 Renkhoff: Mittelalter, S. 106, 110.

96 Roth: Geschichte und historische Topographie, S. 78–79.

97 Renkhoff: Mittelalter, S. 112. Zahlreiche Eintragungen in den Renteirechnungen der Jahre 1512 und 1517 ergeben ein lebendiges Bild der Hofhaltung des Kaisers in Wiesbaden.

98 Reparaturarbeiten werden bezahlt u.a. in den Jahren 1486, 1491 und besonders 1538.

99 HHStA: Abt. 137, Urk. 461 (14.9.1629); Renkhoff: Mittelalter, S. 247.

100 HHStA: Abt. 137, 4246 (1530), Bl. 8; (1532) Bl. 9v; Abt. 137 Wsb. 31 (1547) „Fritz zum Spiegel". StadtAWi: WI/1, Nr. 488 (1611). – Th. Schüler: Geschichte der älteren Badhäuser. Der Spiegel, Wiesb. Tagblatt v. 3.5., 10.5., 17.5. u. 24.5.1914.

101 Th. Schüler: Geschichte der älteren Badhäuser. Der Spiegel, Wiesb. Tagblatt v. 3.5., 10.5., 17.5. u. 24.5.1914.

102 HHStA: Abt. 137 Wsb. 166 (1627), Nr. 4. – Otto: Merkerbuch, S. 75. – Roth: Geschichte und historische Topographie, S. 522.

103 v. Hörnigk: Wißbad, 1. Aufl., S. 9. – StadtAWi: WI/1, Nr. 488 (1699). – HHStA: Abt. 137 Wsb. 73b (1714).

104 „Stern": HHStA: Abt. 137, 4246 (1517), Bl. 100; (1532), Bl. 39 („Conrat zum stern"); HHStA: Abt. 137, 4246, Abt. 47, 46 (Zinsreg. Altenmünster, 1536, „der wirth zum stern"). – „Zum wilden Mann": HHStA: Abt. 137, 4246 (1539), Bl. 8v „Hans zum wildenman". – „Zur Stegen": Abt. 137, 4245 (1503), Bl. 302; StadtAWi: WI/1, Nr. 488 (1520). – „Zwei Böcke": HHStA: Abt. 137, Wsb. 70 (1651) „zu den zweyen Böcken". – „Weißes Roß": Hörnigk (1637), S. 10 – „Vogel(ge)sang": Abt. 137, 4246 (1532), Bl. 10 („Cleßgen zum fogelgesang"); 4830 (KirR 1561), Bl. 3v „Cleß scherer zum fogelgesang". – „Zum Schlüsel": Abt. 137, Wsb. 31 (1521); Abt. 137, 4006 (1524), Bl. 230 („Cuntz zum Schlüssel"). – „Zur Lilien": StadtAWi: WI/1, Nr. 488 (1520). – Weber: Thermarum Wisbadensium descriptio, S. 15 (lilii) u. Weber: Thermae Wisbadenses, S. 24.

105 Czysz: Römerzeit, S. 75.

106 Renkhoff: Mittelalter, S. 171, 248.

107 HHStA: Abt. 137, Urk. 125 (1444); 4611 (1448), Bl. 20v, 26v, 30. – Merkerbuch, fol. 32b (Otto: Nr. 70, 1455).

108 Th. Schüler: Zur Geschichte der älteren Badhäuser Wiesbadens. Der Schützenhof, in: Alt-Nassau 22, 1918, Nr. 12, S. 45–47 u. Nr. 13, S. 49–50. – Renkhoff: Mittelalter, S. 233.

109 HHStA: Abt. 137 Wsb. Nr. 60/1. – Urban: Schützenhof.

110 Weber: Thermae Wisbadenses, S. 24.

111 HHStA: Abt. 137 Wsb. Nr. 60/1. – Th. Schüler: Zur Geschichte der älteren Badhäuser Wiesbadens. Der Schützenhof, in: Alt-Nassau 22, 1918, Nr. 12, S. 45–47 u. Nr. 13, S. 49–50.

112 Urban: Schützenhof. – Roth: Geschichte und historische Topographie, S. 479–484. – Renkhoff: Mittelalter, S. 231, 248.

113 Renkhoff: Mittelalter, S. 89.

114 HHStA: Abt. 137, Urk. 167. – HHStA: Abt. 137 XII c 8, Bl. 9 (1531). – Nach Schenck (Geschicht-Beschreibung, S. 447) wird es in „ganz alte Wißbadischen Schriften (z. E. im Gerichtsbuch) gemeiniglich das Mane- oder Manne-Bad, das ist so viel, als Gmane oder Gemeine Bad genennet". – Roth (Geschichte und historische Topographie, S. 479) vermutet zeitweilig zwei Gemeindebäder. Von diesem zweiten, dem „gemeinen Bad zum Creutz", das im Zinsregister 1521 (HHStA: Abt. 137, Wsb. 47) und in den Kirchenrechnungen von 1553, Bl. 3, und 1561, Bl. 32v (137, 4830), genannt wird, ist nichts näheres bekannt.

115 HHStA: Abt. 137 X a 1 Bl. 146, 150, 155. – Renkhoff: Mittelalter, S. 131.

116 Baumgart-Buttersack: Badekultur, S. 4.

117 Weber: Thermae Wisbadenses, S. 50.

118 Otto: Merkerbuch, S. 80; Bitz: Badewesen, S. 76. – Diese Regel galt noch bis in die Neuzeit. Sie wurde 1748 in den Regeln des Kurbetriebs (Spielmann: Nassau, Bd. 3, S. 198) ausdrücklich wiederholt. Sie wurde erst in der Zeit des Herzogtums aufgehoben.

119 Renkhoff: Mittelalter, S. 232–236 (mit Angaben der Originalquellen).

120 HHStA: Abt. 22, Urk. 1419 u. 1423. – Abt. 137, Wsb. 63 (Eberbacher Abschriften aus dem Jahr 1714). – Renkhoff: Mittelalter, S. 234.

Die heilende Kraft der Quellen in der Literatur

Die Anfänge

Im 15. Jahrhundert begann das städtische Bürgertum, Heilbäder als Ort der Erholung, der Geselligkeit und des derben Sinnengenusses zu entdecken. Der therapeutische Effekt kam erst in zweiter Linie. Bäder und Trinkkuren wurden nach Gutdünken gebraucht. Es regierte das Prinzip Viel-hilft-viel. Eine Badekur von drei Wochen und dabei bis zu 100 Stunden Aufenthalt „im Bade" waren durchaus üblich. Auch die Trinkkuren folgten dem Prinzip, durch die Menge eine Wirkung zu erzielen. Schon früh ging man dazu über, Trink- und Badekuren zu verbinden, wobei Trink- und Badetage abwechselten.

Anfang des 16. Jahrhunderts begannen die Ärzte, sich über den therapeutischen Gebrauch der Heilquellen Gedanken zu machen. Die Ratschläge zum richtigen Verhalten im Bade schlossen stets das Einhalten bestimmter Regeln beim Essen und Trinken ein. Bald danach begann eine regelrechte Flut von monographischen Schriften über einzelne Badeorte und ihre Brunnen, wie man die Heilquellen meist nannte. Offenbar war die Zahl der wohlhabenden Bürger, die eine „Badefahrt" unternehmen und sich über das Bäderangebot informieren wollten, so groß, daß die Abfassung von Bad-Traktaten ein einträgliches Geschäft war. Die meisten dieser Schriften wurden von Ärzten verfaßt, die nie den Ratschlag vergaßen, wer ins Bad wolle, müsse sich vorher mit einem Medicus beraten; bei der Verschiedenheit der menschlichen Konstitutionen sei es unmöglich, allgemeingültige Regeln für eine Kur aufzustellen.

Die Bäder von „Wißbaden" in Literatur und Dichtung

Bartholomäus Anglicus

Zu den Schriften, die sich mit der Heilkraft der Wiesbadener Quellen befassen, gehören nicht die Geschichte des Friedrich Flasche, des „ertrunkenen und wieder ins Leben zurückgerufenen Mannes", und auch nicht der Bericht des Heinrich von Langenstein „von der Fleischeslust" (s. S. 43f. u. S. 47f.). Der früheste Hinweis auf die heilende Wirkung der Wiesbadener Quellen findet sich bei einem Franziskaner aus England, Bartholomäus Anglicus, der etwa um die gleiche Zeit, in der das Wunder der Elisabeth von Thüringen niedergeschrieben wird, den Rheingau und seine Umgebung bereist und dabei Wiesbadens Bäder besucht. In seiner gegen 1240 erschienenen Enzyklopädie „Von den besonderen Eigenschaften der Dinge" (De proprietatibus rerum) erwähnt er „die warmen und zur Heilung des Körpers dienlichen Quellen, die dort dem Innern der Erde entspringen".[121] Die Frage nach der Wirkungsweise dieser Quellen wird noch nicht gestellt.

Hans Foltz und sein „Puchlin von allen Paden"

Gegen 1480 veröffentlicht der Nürnberger Meistersinger Hans Foltz, Barbier und Wundarzt, das erste deutsche Bäderbuch, das in Reimpaaren verfaßte „Puchlin von allen Paden, die von Natur heiß sein". Unter dem Titel „Ein gut Lehre von allen Wiltbaden" erschien 1504 ein Neudruck, in dem er den Wiesbadener Quellen eine appetitzügelnde und durstfördernde Wirkung zuschreibt:[122]

Ein bad bey mentz genant wissbaden
Dut den colerici bald schaden:
Den(n) lust es ij(nen) zuo essen we(h)rt,
Dar mit den turst gar se(h)r me(h)rt.
Kalt bös flüs und übrige feucht
Es schnel verze(h)rt und gantz uss zücht.
Wer sich nit ordnirn do kann
Dursts halben der lass bald dar fa(hr)n.

Im Mineralbad. Titelholzschnitt zu Hans Foltz „Puchlin von allen Paden, die von Natur heiß sein", Nürnberg, um 1480

Diese Verse muß man eher als Ausdruck „dichterischer Freiheit“ denn als ernsthafte Aussage über die Heilwirkung der Wiesbadener Quellen einordnen. Dennoch ist das Bemühen des Hans Foltz erstaunlich. Sein Büchlein gibt vernünftige Ratschläge wie den, daß niemand ohne ärztliche Beratung in ein Bad reisen solle, oder den, das Baden von Tag zu Tag langsam zu steigern und wie man sich verhält, wenn man aus dem Bad kommt.

Conrad Celtis und Dietrich Gresemund

Eine weitere poetische Interpretation findet sich in einer antikes Versmaß verwendenden Ode des Humanisten und ersten nach italienischem Vorbild in Deutschland gekrönten Dichters Conrad Celtis (1459–1508), der um 1490 seine von einer pestartigen Seuche befallene Geliebte Ursula nach Wiesbaden begleitet.[123] Dort heißt es (aus dem Lateinischen übersetzt):

An Ursula!
Morgen ziehn wir nach dem Sprudel hin, der so heiß,
fröstelndem Leib zur Heilung, nahe der Stadt aufdampfet.
Dorten erquickt den Körper heil'gen Wassers Kraft,
die erhob schwefligen Schlundes Atem,
Wo es die Quellenhöhle – weitberühmt – gebiert
und der Schoß dunkel geheimer Strudel.

Ganz im Zeichen eines die Antike nachempfindenden mythologischen Denkens steht ein Gedicht des Mainzer Humanisten Dietrich Gresemund des Jüngeren (1477–1512), eines Freundes von Celtis, das er während einer Badekur in Wiesbaden verfaßt hat.[124] Darin preist er die hiesigen Thermen, deren Heilkraft den antiken Gottheiten zu verdanken sei. Er spricht von den Wiesbadener Thermen, „die die verwelkte Haut zu verjüngen und das Schwarz der häßlichen Mäler hinwegzuspülen vermögen, wie die Schlange von sich streift ihre Haut“, und fährt fort:

Fülle schenkt Zeus und gemehrte Stärke
Diesem Wasser, Kraft um zu heilen Phoebus,
Wärme Pluto und das Besondere Nereus, salzig zu sprudeln.
Reiche Gnade lieh ihm die hehre Venus,
Glück und Segensgunst ein gewogener Genius (...)

In diesen Gedichten wird zum ersten Mal auch die Art der Erkrankung, für die das Wiesbadener Thermalwasser mit Aussicht auf Heilung benutzt werden kann, erwähnt, wenn auch nur als vager Hinweis auf die Rettung von den schwarzen Pestmälern. Es wird ein medizinischer und balneologischer Aspekt angesprochen, ein Thema, das seit der Antike zum ersten Mal wieder und von nun an ständig die gesamte bäderkundliche Literatur beherrscht, nachdem bis dahin überwiegend von sinnlichen Badefreuden die Rede war.

Nach 1500 setzt eine neue Denkweise ein, die, ausgehend von den Heilwirkungen der Wässer, der Frage nachgeht, in welcher Weise sie von deren Zusammensetzung abhängen. Damit kommt zugleich die nächste Frage auf, die nach der Herkunft der heißen und bald auch der kalten mineralischen Wässer und ihrer Inhaltsstoffe. Eigenständige Forschung (im heutigen Sinne) gibt es zunächst noch nicht. Man orientiert sich an der Antike bzw. an dem, was die frühesten Autoritäten im aristotelisch-scholastischen Sinne vom Wissen der antiken Ärzte und Naturforscher aufgenommen und interpretiert haben. Es dauert noch mehr als zwei Jahrhunderte, bis sich die Naturforscher von dieser absoluten Autoritätsgläubigkeit des Mittelalters lösen.

Ansätze einer naturbezogenen Betrachtungsweise

Der Ursprung in Griechenland

Wie schon in der Einleitung skizziert, haben die Menschen lange am Urmythos vom Wasser als dem Ursprung allen Lebens festgehalten. Der Gebrauch von Bädern und Trinkkuren war schon bei den frühorientalischen Kulturvölkern bekannt. Die Griechen waren jedoch die ersten, die, ausgehend von der kosmischen Naturlehre, wissenschaftliche Deutungen versuchten. Sie beobachteten, daß die Wässer, die aus der Erde kamen, verschieden waren.

Der griechische Arzt Hippokrates (460–377 v. Chr.) und später Plinius der Ältere (23–79 n. Chr.) unterschieden bereits salzige, zusammenziehende (adstringierende), bituminöse, nitrose und Alaunwässer, eine Einteilung, die jedoch nur auf der Beurteilung des Geschmacks, des Geruchs und des Aussehens beruhte.[125] Der Philosoph und Naturforscher Artistoteles (384–322 v. Chr.) machte den Schritt von der empirischen Erfahrung zur naturwissenschaftlichen Erkenntnis. Er traf die Feststellung, daß die Wässer „so beschaffen sind, wie die Erde, die sie durchfließen".[126] Diese Aussage steht am Anfang aller Forschung über die Natur der Wässer.

Das 1553 in Venedig erschienene Bäderbuch *„De Balneis"* war ein in Europa weit verbreitetes Werk über den gesundheitsfördernden Gebrauch der Bäder.[127] In dem Kapitel *„De Aquis et de Balneis ex Hippocratis et Galeni libris"* (Über Wässer und Bäder aus den Büchern des Hippokrates und Galenus) wird der Satz des griechischen Arztes Galenus (129–199 n. Chr.) überliefert: „Die meisten Krankheiten werden durch Bäder günstig beeinflußt". Er zählt die Beschwerden auf, gegen die Bäder nützlich sind, und es fehlt nicht der Hinweis, daß Essen und Trinken vor und nach dem Bade schädlich sei.

Über das Wissen der Römer über die Heilkraft von Bädern, das diese allerdings im wesentlichen von den Griechen übernommen hatten, wurde bereits in dem Kapitel über „Die heißen Quellen in der Römerzeit" berichtet. Hier waren es vor allem Vitruv und Plinius d. Ä., die über die Natur der kalten und heißen Quellen und die daraus abzuleitenden Wirkungen auf den kranken Menschen nachdachten. Nach Aristoteles wurde das Wasser der Thermen von einem unterirdischen Feuer erwärmt. Plinius schrieb die Kraft der heißen Quellen dem Schwefel zu, denn „nichts brannte so schnell wie Schwefel“, der deshalb viel Feuer enthalte. Wie diese These die Vorstellungen der Schriftsteller und Ärzte über die heißen Quellen von Wiesbaden bis ins 18. Jahrhundert geprägt hat, wird zu zeigen sein.

Geo-, Topo- und Historiographen

Die deutschsprachige Badeliteratur setzt mit dem Beginn der Neuzeit (um 1500) ein. Die Wiesbadener Heilquellen finden dort schnell ihren Platz. So zitiert der Arzt Leonhard Fuchs (1501–1566) um 1540 in seinem *Compendium medicinae*[128] aus der Naturgeschichte des Plinius, daß das Wiesbadener Wasser drei Tage lang heiß bleibe, und fügt hinzu, daß es Schwefel, Alaun und in geringem Maße Nitrum (d. i.: Natron) enthalte (*„harum balnearum ex sulfure, alumine et exiguo nitro existit“*).

Eine besondere Variante stellen die gleichzeitig einsetzenden geographisch-historiographischen Kompendien dar, deren bekannteste Verfasser, Sebastian Münster, Dilich und Matthäus Merian, Wiesbaden nicht unerwähnt lassen. Sebastian Münster (1489–1552) beschreibt die Stadt und ihre Quellen in seinem umfassenden Sammelwerk „Cosmographey, das ist Beschreibung Aller Länder, Herrschafften und fürnemesten Stetten des gantzen Erdbodens“, dessen erste Auflage 1544 erscheint.[129] Er fügt den Ort in die schon damals als lieblich und weinfreudig bekannte Landschaft des Rheingaus ein:

„Das Rheingöw hat gegen Mittnacht ein Gebirg, deshalben die Mittags Sonn mit gewalt dareyn fallt/und das Landt so fruchtbar macht/daß seines gleichen zu so einem kleinen Ländtlein in Teutschlandt nicht gefunden wird/besonders des guten Weins halben der darinnen wechßt. Diß Gebirg geußt auß ein siedend heiß Wasser zu Wißbaden/das ein Meil von Mentz ligt/und zeucht sich der Berg und das Landt den Rhein hinab/vier oder fünff Meilen fern/unnd wird je lenger je fruchtbarer/besonder zu Rüdeßheim gegen Bingen uber/da der Wein am allerbesten ist/unnd wird geführt biß hineyn in Engellandt.“

Seine Beschreibung der Wiesbadener Quellen übernimmt die seit dem Mittelalter üblichen Interpretationen der Wirkung von Heilwässern nach antikem Vorbild: „Die Artzet schreiben von dem Wasser des Wißbades/daß es Schwäbel/Alaun mit wenig Nitrum halt/dienet den gestarreten Nerven oder Adern/erwermbt die erkalten unnd verschwechten Glieder/und nimbt hinweg allen Wust der sich an die Haut setzt von Geschwer und Raude.“

Den Text Sebastian Münsters über das Wiesbadener warme Bad übernimmt einige Jahrzehnte später der Mathematiker und Geograph Mercator (1512–1594), nach dem die „Mercator-Projektion“ zur maßstabgerechten Darstellung von Landkarten benannt ist. Auch der wegen seiner zuverlässigen Stiche der Landschaften Hessens bekannte Wilhelm Scheffer, „genandt Dilich“, kopiert Münster, wenn er 1605 in der „Hessischen Chronica“ schreibt, das Wiesbadener Wasser enthalte „schweffel/alaun/unnd ein wenig Nitri“; es diene „den erstarreten nerven unnd adern“ (und wörtlich weiter wie bei Sebastian Münster).[130] Auf Grund persönlicher Ortskenntnis weiß Dilich, daß

Sebastian Münster: Cosmographey. Ausgabe 1598, Basel, Titelblatt

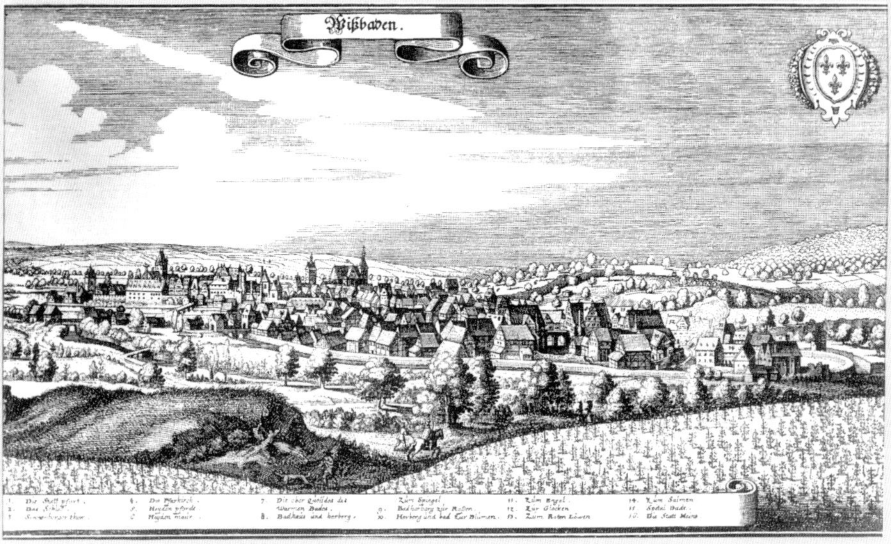

Matthäus Merian: Ansicht von Wiesbaden, 1646, Blick vom Leberberg

das „vorneme warme bahd“ „vier bronnen/unnd 18 bahde“ hat, „in welche die bronne durch Canalen geleitet werden“. Allerdings werde das warme Bad zu Ems „seiner fürtrefflichen kreffte unnd güte halber dem Wisbahde weit fürgezogen“.

Matthäus Merian (1593–1650) nennt Wiesbaden in seiner „Topographia Hassiae“ „ein alte/zwar nicht grosse/aber ihrer herrlichen/und heylsamen Bäder halber ein berühmbde Statt“.[131] Der bekannte Stich „Wißbaden“ zeigt 1646 die erste naturgetreue Darstellung des Kochbrunnens.

Von den früheren Autoren unterscheidet sich Merian dadurch, daß sich sein Text auf die inzwischen erschienenen ausführlichen Monographien der beiden Badeärzte Dr. Philipp Weber (1636) und Dr. Ludwig von Hörnigk (1637) stützen kann, die im folgenden Kapitel ausführlich dargestellt werden. In der Entwicklung der Kenntnisse über die Natur der heißen Quellen geht er über sie nicht hinaus. Er schreibt, heiß und wirksam mache „die Bäder/oder Brunnen allhie“ die Natur „vermittelst des Fewers/welches in den Erdklüfften erhalten wird/oder der warmen Lufft in den Gängen der Erden. (...) Es führet das Wißbad viererley Mineralien/nemblich/Schweffel-Saltz/Alaun/und Salpeter/unnd zwar führet es deß Schweffels am meisten/und deß Salpeters am wenigsten. Wer ihre Vermischung recht consideriret/der wird für genehm halten/daß etliche dieses Bad für das hitzigste/oder doch eins von den 3 hitzigsten (als Carlsbad/Baden am Schwartzwald/und Wißbaden) (ge)halten.“

Ärzte und Naturforscher

Einen Schritt weiter als die rein beschreibenden Geo-/Historiographen gehen einige Ärzte und Naturforscher. Sie beginnen langsam, den an der Antike orientierten mittelalterlichen Autoritätsglauben hinter sich zu lassen, sowohl im Hinblick auf den Ursprung der heißen Quellen als auch auf ihre heilende Wirkung.

Der in Einsiedeln in der Schweiz geborene Philippus Aureolus Theophrastus Bombastus von Hohenheim, genannt Paracelsus (1493–1541), begnügt sich als Arzt damit, aus der Wirkung eines Heilwassers auf die Inhaltsstoffe zu schließen.[132] Die umgekehrte Frage, wer die Wirksamkeit einer Quelle erkennen wolle, müsse vorher wissen, welche Mineralien sie enthalte, stellt er noch nicht. Er hält die Heilquellen für die „natürlichen Composita Gottes, die seyndt vollkommener an Craft und Tugend als alles andere".

Paracelsus bleibt einem bildhaften und wenig analytischen Denken verhaftet: „In den Wässern sind alle Tugenden, die Kräuter und Steine liefern, enthalten. Jedes Ding in der Natur kann an seinen Früchten erkannt werden. So sind die Wirkungen der Bäder Früchte der Natur, und wie die Bäume ihre Äste gegen den Himmel treiben, dringt das Wasser aus dem Inneren der Erde an die Oberfläche." Das Vorkommen süßer und mineralischer Quellen ist für ihn eine Folge göttlicher Fügung. Seine Auffassung von einer „spirituellen Kraft", die in den heilenden Wässern wirksam wird, pervertiert später zum Glauben an einen „Brunnengeist", der uns auch in der Wiesbadener Bäderliteratur des 18. Jahrhunderts begegnet. An ihr wird deutlich, wie sehr sich Paracelsus noch in einer vorwissenschaftlichen Welt bewegt und sich allenfalls an der Schwelle zu naturwissenschaftlichem Denken befindet.

Ebenfalls im 16. Jahrhundert lehrt der „Artzeney Doctor" Gallus Etschenreuter aus Straßburg, eher auf Grund von logischen Schlüssen als von experimentellen Analysen, daß die Wässer „nemmend ihr krafft" im Erdreich außer von Mineralien auch „von Metallen/gold/silber/kupffer/bley/etc.",[133] was, wie wir heute wissen, falsch ist. Tabernaemontanus (s.u.) schreibt demgegenüber 1581, daß das Wasser „der Metallen Krafft und Tugend" nicht vom „durch- oder überfliessen der Metallen" empfängt, sondern von „der Metallen ersten Mineren" (Mineralien), die „der Anfang/Wurtzel/Ursprung unnd Mutter der Metallen" sind.

Johan Dryander (spätes 15. Jh.–1560), Medizinprofessor in Marburg, ist einer der ersten, der in seinem Büchlein „Vom Eymsser Bade" (1535) Versuche beschreibt, durch chemische Analyse die Zusammensetzung der Inhaltsstoffe des Wassers zu bestimmen.[134] Erstaunlich ist, wie er die Theorie der Erwärmung heißer Quellen durch Feuer mit einer einfachen Logik abtut. Es seien zwar „viel einfeltiger leudt", die glaubten, daß die Wärme „nit anders sein kündt dann vom fewer", das vom Fegefeuer durch ein Loch zu diesen Quellen komme. Sie beachteten aber nicht, „das kein fewer sich halten kann/es habe den(n) lufft". Ohne Luft „muß es balde außgehen". Eine fortschrittliche Anschauung, die an der Entdeckung des Sauerstoffs nur knapp vorbeistreift. „Wo wolte nu solch ſew(e)r/das so viel wiltpäder und bronne auff dem erdboden warm macht/sein lufft löcher haben? oder wer hat ye dieser löcher eins gesehen?"

Was die Inhaltsstoffe betreffe, so nenne Aristoteles unter allen Metallen und Erzen, die dazu beitragen, den Schwefel als ein erstes „gruntfundament", und könne kein warmes Bad ohne den Schwefel bestehen. „Nu ist gar selten ein wiltpad von einerley metall allein sonder von vilen/das ein mehr dan das ander zusammen gesetzt." Es liege nun die meiste Kunst der geschicktesten und erfahrensten Künstler darin, zu untersuchen, „von wie vil metallen/und welches metal vor den andern oberhandt habe".

Dryander beschreibt nun, „wie (er) dann dis badt probirt" habe. Man müsse das Untersuchungsmaterial unmittelbar am Ausgang der Quelle entnehmen, damit sich nichts abgesetzt habe oder in die Luft entwichen sei. Die Probe werde dann in einem Glaskolben im Wasserbad erwärmt und das Wasser abdestilliert. Den Rückstand lasse er in der Sonne trocknen, zerteile ihn dann und sortiere die einzelnen Körnchen der Farbe nach. Körnchen jeder Farbe würden mit der Zunge probiert und danach entschieden, was Salz, Alaun, Salpeter, Gips oder Metall sei. Einige Körner würden auf glühende Kohlen geworfen, um am Geruch den Schwefel, am hörbaren Platzen Salpeter oder Salz zu erkennen. Im Emser Bad, das „gegen das Wyßbadt und andere der gleichen zu rechnen", also ähnlich zusammengesetzt sei, finde er Schwefel, Alaun und Salz, „mag woll auch andere ertz inn sich haben".

Der damals noch als Arzt in Koblenz tätige Dryander hält das Emser Bad für gesünder als das Wiesbadener, „dann es nit so gar uberschwencklich hitz in jm hat" und weniger Schwefel enthalte, eine Auffassung, die bei den Autoren des 17. und 18. Jahrhunderts immer wieder begegnet. Sie führt sogar dazu, daß man lange an dem Vorurteil festhält, Kochbrunnenwasser sei zu „hitzig" zum Baden. Die Adlerquelle nehme eine mittlere Stellung ein, weil sie zwar so heiß wie der Kochbrunnen sei, aber weniger Schwefel enthalte. Als ideales Bad könne das Schützenhofbad gelten, weil es dem Emser Wasser am nächsten komme. Vielleicht ist das der Grund, warum sowohl das Mainzer Domkapitel als später auch die Grafen von Nassau ihr besonderes Augenmerk immer auf das Schützenhofbad richten.

Der Alchimist Leonhard Thurneisser (1530–1596) aus Basel stellt in seinem 1572 verfaßten Werk „Zehen Bücher von kalten und warmen, minerischen und metallischen Wassern" eine Anzahl von Quellenanalysen nach einheitlicher Methode vor.[135] Eine acht Unzen (ca. 250 g) fassende Mensur wird mit dem zu untersuchenden Wasser gefüllt und gewogen. Das gegenüber reinem Wasser erhöhte Gewicht gibt den Anhaltspunkt für die Menge der gelösten Bestandteile. Er destilliert dann das Wasser ab, wiegt den Rückstand, löst ihn wieder auf und läßt ihn an kleinen Hölzchen oder Strohhalmen kristallisieren. Die Kristalle werden durch Glühen und Lösen identifiziert.

Der naturwissenschaftlich orientierte Begründer der Bergbauwissenschaft, Georg Agricola (1490–1555), erklärt 1546 („Über die Natur der Dinge, die aus der Erde fließen") die Entstehung von Quellen damit, „daß das unterirdische Wasser (...) sich theils primitiv in der Erde durch chemische Zersetzung erzeugt, theils schon praeexistierend auf anderem Wege in die Erde gelangt". Der Wärmestoff werde dem Wasser von der Erdwärme mitgeteilt, die ihre Ursache nach Empedokles in Schwefel und Erdpech (*bitumen*) habe.[136]

Im Sinne der modernen chemischen Analyse schreibt er (aus dem Lateinischen übersetzt): „Der aufmerksame Mensch beobachte zuerst die Steine, welche vom Wasser durchflossen werden. Dann sehe er, ob das Wasser warm sei und ob es einen Geruch habe. Wenn nichts zurückbleibt, koche er es ein, zerstöre das Gefäß, und betrachte, was auf dem Boden zurückgeblieben sei. Er probiere den Rückstand, verbrenne ihn, rieche und spüre alles scharfsinnig auf." Über die heißen Quellen von Wiesbaden äußert er sich eher beiläufig, es gebe dort „in einer Gasse" einen Brunnen, in dessen Wasser nicht nur Eier gekocht, sondern auch Geflügel entfedert und Schweine gebrüht (enthaart) würden.[137]

Der Arzt und Naturforscher Jakob Theodor (1525–1590), der sich nach der Sitte jener Zeit nach seinem Heimatort Bergzabern „Tabernaemontanus" nennt, fördert wie kein anderer den innerlichen Gebrauch von „Säuerlingen", vor allem der Langenschwalbacher Brunnen. Er lehrt in seinem 1581 erschienenen Werk „New Wasserschatz", je klarer und durchsichtiger ein solches Wasser sei, je größere „geistliche Subtilitet und spiritualische Kraft" in ihm wohnten, um so kräftiger wirke es beim inneren Gebrauch.[138] Je dicker und trüber es sei, „je mehr es der Minerischen Materien und je weniger der spiritualischen oder geistlichen Subtiliteten in seiner Vermischung hält und mit sich führet", desto weniger sei es innerlich zum Trinken zu gebrauchen. Umgekehrt „haben die dicken trüben Wasser auch vor den klaren und hellen diese Eygenschafft, daß sie in eusserlichen Gebrechen des Leibs und Schäden kräfftiger seyn und mehr wircken als die hellen und durchsichtigen".

Mit dieser These behindert er lange Zeit das Aufkommen von Trinkkuren in Wiesbaden. Auf dessen Wasser trifft nämlich zu, daß es mehr „Minerische Materie" (Salze), aber weniger „spiritualische Subtilitet" (Kohlensäure) enthält. Noch Johann Wolfgang v. Goethe trinkt, wie er an seine Frau Christiane schreibt, bei seinem Kuraufenthalt in Wiesbaden ausschließlich Schwalbacher Wasser und badet im Wiesbadener Thermalwasser.[139]

Die wahre Natur der Kohlensäure kennt Tabernaemontanus noch nicht. Erst der brabantische Edelmann Johann Baptist von Helmont (1577–1644) entdeckt, um den kurzen Exkurs in die Anfänge der Heilwasseranalyse abzuschließen, um 1620 in den Quellen zu Spa in Belgien das „gas silvestre" (Waldgas), die Kohlensäure, als chemische Substanz[140] und erkennt, daß dieses Gas für die Säuerlinge unter den Mineralquellen verantwortlich ist. Er erkennt auch den Einfluß dieses Gases auf die Löslichkeit des Eisens.

---

121 Renkhoff: Mittelalter, S. 92

122 Otto: Geschichte Wiesbaden, S. 98

123 K. Celtis: Libri odarum quattuor, 1513, zit. nach Fritze/Otto: Zwei Gedichte, S. 143.

124 D. Gresemund: Oratio ad sanctam synodum Moguntinam elegantissima, zit. nach Fritze/Otto: Zwei Gedichte, S. 144. – Renkhoff: Mittelalter, S. 237.

125 Gübeli-Litscher: Mineralwässer, S. 8.

126 Steudel: Bäder und Klimaheilkunde, S. 8.

127 De Balneis (ein Sammelwerk, das antikes balneologisches Wissen, arabisches Schrifttum und die wichtigste Bäderliteratur des 15. und 16. Jahrhunderts in Auszügen, einschließl. der Nennung Wiesbadens, enthält).

128 L. Fuchsii Institutionum Medicinae, S. 473. – Otto: Merkerbuch, S. 80. – Renkhoff: Mittelalter, S. 237.

129 Münster: Cosmographey, S. 1992. – Mercator: Atlas minor, pag. 238.

130 Dilich: Hess. Chronica, S. 49, 75.

131 Merian: Topographia Hassiae, S. 142.

132 Paracelsus: Von den warmen oder Wildbäderen, S. 7ff. – Gübeli-Litscher: Mineralwässer, S. 12. – Steudel: Bäder und Klimaheilkunde, S. 8. – Bitz: Badewesen, S. 66.

133 Etschenreuter: Bäder und Brunnen, S. 149.

134 Dryander, J.: Vom Eymsser Bade.

135 Zit. nach Gübeli-Litscher: Mineralwässer, S. 20.

136 Agricola: De ortu, S. 40–45. – Bitz: Badewesen, S. 65. – Gübeli-Litscher: Mineralwässer, S. 18.

137 Agricola: De natura, S. 102.

138 Tabernaemontanus: New Wasserschatz, S. 7–10.

139 Gräf: Goethes Briefwechsel m. seiner Frau, Bd. 1, S. 316 (Brief vom 1. August 1814).

140 Gübeli-Litscher: Mineralwässer, S. 22.

Badbeschreibungen des Wißbades im 17. Jahrhundert

Dr. Philippus Webers „Eigentliche Beschreibung deß Wißbades"

Die Person und das Werk

Das neuzeitliche Wiesbadener Kur- und Badeleben entwickelt sich aus Wurzeln, die bis ins frühe 17. Jahrhundert zurückreichen. Am Anfang der Badeliteratur, die sich ausschließlich mit der Bäderstadt Wiesbaden und ihren Badekuren befaßt, steht die in lateinischer Sprache verfaßte „*Thermarum Wisbadensium descriptio*" des Dr. Philippus Weber.[141] Es ist kein Zufall, daß sich der um 1570 in Idstein geborene, spätere Gräflich-Nassauische Hof-Medicus zu Saarbrücken umfassend mit der Wiesbadener Badekultur beschäftigt. Ist doch sein Landesherr, Graf Ludwig II. von Nassau-Saarbrücken, seit 1605 auch Herr der Grafschaft Idstein einschließlich Stadt und Herrschaft Wiesbaden. Ihm liegt daran, die Kur in dem damals schon bedeutendsten Heilbad seines Landes zu fördern.

Als im Jahre 1608 in Wiesbaden die Pest ausbricht, bleiben die Badegäste aus. Als dann die Seuche im nächsten Frühjahr abebbt, äußert der damalige Amtmann von der Leyen die Hoffnung, daß die Badegäste bald zurückkehren mögen. Aus Frankfurt, Mainz und anderen Orten seien schon etliche Kurgäste wieder eingetroffen.[142] Um das Heilbad in ganz Deutschland noch mehr bekannt zu machen, kommt der Gedanke auf, eine mit arztlicher Autorität ausgestattete Werbeschrift über die Heilkraft seiner heißen Quellen zu verfassen, wie dies für andere Badeorte schon früher mit Erfolg gemacht wurde (z.B. Dryander für Ems und Tabernaemontanus für Langenschwalbach).

Nach eingehender Beschäftigung mit den heißen Quellen beschreibt Dr. Weber deren Beschaffenheit und Heilkraft ausführlich. Besondere Erfahrungen hat er kurz zuvor, im Jahr 1615, bei der Behandlung des Grafen Ludwig machen können, als dieser in Ottweiler beim Einsturz einer Brücke einen Schenkelbruch erlitt. Weber berichtet, daß der Bruch gut verheilt sei, daß aber „die Geschwulst und die Verhärttung der Nerven (...) nicht vergehen wolten".[143] Er habe daraufhin dem Grafen vorgeschlagen, im Wiesbadener Thermalwasser „die Füß täglich zu wäschen und zu baden". Es sei in Fässern nach Weilburg gebracht worden, wo der Graf zur Genesung weilte, dort aber „noch so hitzig" angekommen, daß der Graf „die Füß nicht wohl anfänglich darin haben leiden können", bis man es ein wenig habe abkühlen lassen.

Weber vergißt nicht, werbewirksam anzufügen, der seinerzeit weit berühmte Johann Günther von Andernach (1487–1574), Professor der Medizin in Paris und Leibarzt des Königs von Frankreich, zähle „dieses Bad under die drey hitzigsten Brunnen, so in Teutschland sind, under welcher der erste ist das Carols Bad in Böhmen [Karlsbad], hat von Carolo quarto den Namen. Der ander ist Baden[-Baden] an dem Schwartzwald. Der dritte ist dieses Wißbad davon wir itzund handeln."[144]

Offenbar wendet Weber sich zunächst an die gelehrte Welt, sonst hätte er die 1617 erschienene erste Fassung nicht in lateinischer Sprache geschrieben. Um ihr eine größere Breitenwirkung zu verschaffen, wird sie 1636, nach Webers Tod, in deutscher Übersetzung neu aufgelegt unter dem Titel: „*Thermae Wisbadenses*, Das ist: Eygentliche Beschreibung deß Wißbades/darinnen erzehlet werden/dieses Bades Antiquite-

THERMÆ WISBADENSES,
Das ist:
Eygentliche Beschreibung deß
Wißbades/darinnen erzehlet werden/die-
ses Bades Antiquiteten, Nutzbarkeiten/Ordnung zu
baden/der Gebrauch deß Schwalbacher Sauerbrun-
nens/die Zufäll deß Bades/unnd wie sie
wiederumb zu heilen/
Und endlich/
Was vor Schwachheiten durch dieses
Bad zu curieren seyen/ da dann zu gleich kürtzlich
vermeldet wird; wie man deß Bades Kräfften/durch Zusätz
natürlicher Kräuter vermehren/den Schwachheiten neben
dem Bad/durch ordentliche Mittel der Artzney zu hülff
kommen/und was man in einer jeden Kranck-
heit vor ein Ordnung im Essen/und Trin-
cken/halten unnd gebrau-
chen solle.
Alles in gewisse Sectiones und richtige
Ordnung der Capitel abgetheilet/
Erstlich/in Latein beschrieben/nunmehr aber auff vieler
Fürnehmer Leut begehren in die Teutsche Spraach
ubersetzet und in Truck verfertiget
Durch
Dem Edlen/Ehrnvesten und Hochgelehrten Herrn
PHILIPPUM Webern/der Medicin Docto-
rem und Gräffl. Nassawischen Hof-Me-
dicum zu Saarbrücken.
Franckfurt/
Bey Hanß-Friederich Weiß/
M.DC. XXXVI.

Philipp Weber: Thermae Wisbadenses, 1636. Titelblatt

ten, Nutzbarkeiten/Ordnungen zu baden/der Gebrauch deß Schwalbacher Sauerbrunnens/die Zufäll des Bades/unnd wie sie wiederumb zu heilen/Und endlich/Was vor Schwachheiten durch dieses Bad zu curieren seyen“.

Der Übersetzer hat sich eng an die lateinische Fassung gehalten, denn im historisch-topographischen Teil der Neuauflage fehlt jeder Hinweis auf die schweren Schäden, welche die Badhäuser vornehmlich seit dem Überfall des kaiserlichen Obristen von Görzenich seit 1627 erlitten haben. Die Drucklegung verzögert sich durch die Wirrnisse des Krieges bis 1636. Den Druck besorgt ein Johann Friedrich Weiß, der im Vorwort erklärt, er habe ein ins Deutsche übersetztes Exemplar „vor zwei Jahren von einer vornehmen Person aus der Herrschaft Wiesbaden erhalten“ mit der Bitte, es drucken zu lassen. Zeitgeschichtlich interessant ist, daß Weiß die deutsche Ausgabe nicht dem Grafen Johannes, der zu diesem Zeitpunkt schon in Metz im Exil lebt, sondern dem Wiesbadener Schultheißen Hans Georg Nassau widmet.

Weiß gibt im Vorwort eine gute Beschreibung davon, wie man sich die Heilkraft der warmen Quellen vorstellte: „Es haben die alten Philosophen recht und weißlich gelehret: *in Aqua & Igne esse mysteria summa* [im Wasser und Feuer liegt das höchste Geheimnis]. Solches bezeuget vor allen andern Dingen in der Warheit das weitberümbde Wißbad“, das „in wunderbarlicher Vermischung dieser beyder Elementen, deß Wassers und Feuers bestehet“. Nachdem, schreibt Weiß, einige Gelehrte sich zwar damit beschäftigt haben, „aber, weil sie wenig oder zum theil gar nit dahero gewesen, so ist es nur oben hin oder mit gar wenigen Worten unvollkömmlich geschehen“. Aus diesem Grund habe Dr. Weber „dieses warmen Bades Geheimnisse und Natur“ auf Grund eigener langer Erfahrung und „tiefsinnigem Nachdenken“ durchdrungen und erforscht.

Der Arzt muß einige Zeit in Wiesbaden praktiziert oder seine Patienten dorthin ins Bad geschickt haben. Denn er besitzt so genaue Kenntnisse der örtlichen Verhältnisse des „Wißbades“, daß er sie nur aus eigener Anschauung erworben haben kann. Sein unmittelbares Vorbild bei der Abfassung des Buches ist die 1606 in Ettlingen erschienene Schrift: „*Thermarum Marchicarum Badensium Descriptio*“ (Beschreibung der Bäder der Markgrafschaft Baden) von Dr. Joh. Matthaeus, Markgräflich badischer Hofmedicus, der seit 1607 als Professor der Medizin an der Hohen Schule in Herborn lehrt und den Weber seinen Freund und Gönner nennt.[145] Die medizinischen Anschauungen beider Ärzte zeigen große Übereinstimmung, die Anlehnung Webers an den älteren Kollegen wird schon aus der Analogie der Titel beider Werke deutlich.

Webers Darstellung ist aufgeteilt in drei Bücher (Liber I, II u. III), von denen das erste die Beschreibung „des Wißbades“, das zweite die allgemeinen Baderegeln, das dritte Vorschriften zur Behandlung einzelner Krankheiten enthält. Seiner Gelehrsamkeit läßt der Verfasser im Stile der damaligen Zeit freien Lauf, das Buch ist angefüllt mit Zitaten antiker, mittelalterlicher und frühneuzeitlicher Ärzte und Naturforscher. Die Namen von 102 Autoritäten, die er zitiert hat, stellt er seinem Buch voran. Sie sollen die Belesenheit des Autors und die Wissenschaftlichkeit seines Werkes unter Beweis stellen, ein damals weit verbreitetes Verfahren.

Badhäuser und Quellen

Die ersten Kapitel des ersten Buches befassen sich mit dem Alter und dem Namen der Stadt, den er (nach einem damals verbreiteten Irrtum) mit dem germanischen Stamm der Usipeter oder Visipeter („Wisibader“) in Verbindung bringt, sowie mit der Vorstellung einiger römischer „antiquiteten“. Die Badhäuser werden nur namentlich aufgezählt.

Im ursprünglichen, mit Schrägstrichen gegliederten Text liest sich die Liste der Badhäuser so:[146] „Es sind aber etliche Badhäuser mit/etliche ohne Schild/Ohne Schild/ist das Dienheimer/oder Schützen Bad/wird von einem vom Adel/Schütz von Holtzhausen genannt/bewohnet/unnd das Bürger/oder gemeine Bad: Die andere Bäder haben Schild/und werden genennet/zum Güldenen Adler/zum Hirsch/zur Cronen/zum Bern/zum Helm/zum Bock/zum Rindsfuß/zum Spiegel/zur Rosen/zur Blumen/zum Salmen/zum rohten Löwen/zum Schwanen/zur Glocken/zum Engel/zum Vogelsgesang/zur Stegen/zu den Böcken/zur Lilien/zum Stern/zum wilden Mann/und weissen Roß. Es sind auch noch zwey Oerter/da warme Bäder sind/welche in das Spital gehören/eines vor die Armen/das ander vor die Außsätzige/welche diese Bäder täglichs gebrauchen.“[147]

Die Thermalwässer unterscheidet Weber „nach dem Brunnen und Quellen in drey Gattung“.[148] Denn die Brunnen stimmten nicht überein in ihrer Wärme, woraus man schließen könne, die Mineralien seien „nicht in gleicher Maß und Quantitet“ in diesen Brunnen, „dahero sie auch allen Krancken in gleicher Weiß zu gebrauchen nicht dienlich sind“.

Er beginnt mit dem „ersten Brunnen“. Er „entspringet in dem Garten an der Adelichen Wohnung der Schützen von Holtzhausen unnd machet das Dienheimer oder Schützen- und das Bürger- oder gemeine Bad. Dieser Brunnen ist nicht so hitzig als die andere Zween, welches wir mit Paracelso zuschreiben der Vermengung der Mineren und dem langen Gang oder Lauff durch die Poros, oder Gäng und kalte Oerter der Erden, welche deß Wassers Natur umb etwas endern können (...).“ Weber erkennt damit, soweit in der frühen Badliteratur zu sehen ist, als erster, daß sich Temperatur und „Natur“ (Konzentration der Mineralstoffe) der Schützenhofquelle von den beiden anderen Primärquellen unterscheiden. Er gibt dafür eine Erklärung, die nicht sehr weit vom heutigen Wissen entfernt ist, daß nämlich (beim „längeren Lauff dieses Wassers durch kalte Oerter in den Klüfften der Erden“) kaltes Wasser von der Seite her die Quelle abkühlt und den Salzgehalt verdünnt.

An die zweite Stelle setzt er den Brunnen, der hinter dem „güldenen Adler“ entspringt, weil in ihm „deß Schweffels/Saltzes und Alauns“ gleich viel ist, während der „grosse Brunnen bey der Glocken“ (der Kochbrunnen) mehr an Schwefel als die andere „Mineren“ (Saltz und Alaun) enthalte, was leicht an der Farbe der Salze erkannt werde, die in dem „Lätt“ (Sinter) des Brunnens gefunden würden. Er habe mehr eine gelbgrüne Farbe als die anderen Brunnen, „und diese Farb ist eygentlich deß Schwefels“.

Dieser dritte „grosse“ Brunnen, „welcher am allerhitzigsten ist“, unterscheide sich außerdem von den beiden anderen dadurch, daß sein Wasser viel mehr dampfe als das der anderen. Die größere Hitze und das starke Dampfen komme mehr vom Schwefel als vom Salz oder vom Alaun, „dann der Schweffel ist von Natur leichtlich anzuzünden“. Wer im Wasser des Kochbrunnens lange bade, bekomme Kopfweh, „welches von nichts anders herkompt als von dem überflüssigen Schweffel, welcher das Haupt leichtlich angreiffen kan, wie solches Tabernaemontanus fleissig in acht genommen hat.“ Deshalb sagt Weber: „Wir geben diesem Brunnen den dritten Ort, und ziehen die anderen diesem vor, sofern sie wegen der Wärme gelinder und temperierter sind.“ In der Wärme sei er den andern vorzuziehen.

Die Nebenquellen, „welche zur Stegen/zur Lilien/unnd andere Bäder lauffen“, behandelt Weber nur kurz. Weil ihre „Ursprünge“, d.h. die Quellfassungen, nicht zu sehen seien und ohne hohe Unkosten nicht aufgegraben werden könnten, müsse man sie „auß ihren Ausflüssen“ beurteilen. Näher betrachtet er den Brunnen des Badhauses „Zur Stegen“. Es ist der gleiche Brunnen, den Ludwig v. Hörnigk den „vierdten Brunnen“ nennt.[149] Sein Wasser gleiche dem des ersten Brunnens, also dem der Schützenhofquelle, an Wärme, der abgeschiedene Sinter stimme in Farbe, Geruch und Geschmack mit ihm überein, und so hätten beide Brunnen wohl auch gleiche Kraft und Wirkung.

Diese Beurteilung ist Weber möglich, weil das Badhaus „Zur Stege“, das bei dem großen Stadtbrand von 1547 abgebrannt war, 1625 wieder neu aufgebaut wird. Bei diesen Arbeiten legt man den Brunnen frei, faßt ihn mit einem Kranz von Steinen neu ein und deckt ihn, da er unter der Scheuer liegt, wieder zu. Weber kann ihn so am „Ursprung“ prüfen. – Bei diesem Brunnen muß jedoch auf einen Widerspruch aufmerksam gemacht werden: Weber setzt das „newe Bad“ mit dem Badhaus „Zur Stegen“ gleich, das als Vorläufer des Badhauses „Zum halben Mond“ an der Häfnergasse, beim heutigen Ausgang der Schellenbergpassage, liegt. Die spätere Literatur identifiziert das „Neu Bad“ überwiegend mit dem Badhaus „Zum Rebhuhn“, den Brunnen mit der im Hof des „Spiegels“ gelegenen Quelle. Dieser Widerspruch ist nicht aufzulösen.

In einem anderen Kapitel beschreibt Weber Bauweise und Pflege der neben den Herbergen liegenden oder angebauten Badegebäude: Damit der Wind die Luft „voller schweffelischer, gesaltzener, alaunischer und salpetrischer Dünst“, also von den aus dem Badwasser aufsteigenden Dämpfen, reinige, aus dieser Ursache sind die Gebäude über den Bädern „oben gegen den vier HauptWinden und vier Orten der Welt nicht zugebawet“, sondern offen.[150]

Die Bäder werden „stetig“ durch Baddiener „zu rechter Zeit“ abgelassen, gereinigt und mit frischem Badwasser gefüllt. Auch die Wohnhäuser und Kammern werden gereinigt „und mit weissen Betten geziehret gefunden“. Die Badherren und Wirte sind „nie mürrische sondern diensthaffte, demütige ehrliche und gute Leut“. Sollte aber unter ihnen bisweilen auch ein „Schalck oder böser Bub“ gefunden werden, ist es kein Wunder, weil „alzeit das böse sich unter das gute mischet, bey süß wil alzeit bitter seyn“, oder „Ein Blümlein so süß nicht ist/Darunter sich nicht bitter mischt“.

Wärme und Heilkraft des Wiesbadener Thermalwassers

Das Wiesbadener Thermalwasser beschreibt Weber als ein „natürlich/warmes und artzeneyisch Bad/so von sich selbst auß der Erden entspringet".[151] Ein „artzeneyisch bad/zum theil wegen der Mineren [Minerale]/welche dem Wasser diese Krafft mittheilen (..). Zum theil aber/wegen der sonderlichen Würckung/so auß der Eygenschafft dieses Wassers Substantz fleusset/unnd von Gott diesem Wasser gegeben ist/welche allein die Erfahrung offenbaret/unnd deßwegen nennet Plinius diese Würckung ein Wunder unnd Miracul der Natur."

Als Ursache der Wärme werde von vielen vermutet, „es sey ein warme Lufft in Poris, oder Gängen unter der Erden/welche dieses Wasser unter der Erden also erwärme". Andere „statuiren", es sei das Feuer in den Erdenklüften, durch die das Wasser hindurchdringe, so daß es erwärmt werde und dabei von den Mineralen „Krafft und Eigenschafft abwischet und an sich nimpt/wie Paracelsus lehret". Daß aber das in der Erde verborgene Feuer „die Ursach seye dieser Anzündung/probiret und beweiset Paracelsus, mit dem Exempel deß brennenden Bergs Aethnae [Ätna]".

Das Wasser fließe durch unterirdische, metallische oder mit Mineralien angefüllte Gänge und werde an Orten, wo das Vorhandensein von Schwefel ein ständiges Feuer unterhalte, erhitzt. Auf diese Weise mit Dämpfen beladen, quille es durch Ritzen und Gänge hervor. Eindeutig ist hier Vitruv das Vorbild, der ja geschrieben hatte: „Diese warmen Quellen werden aber von der Natur in folgender Weise geschaffen. Wenn in der Erdtiefe durch Alaun oder Erdpech oder Schwefel Feuer entfacht wird, dann macht dies durch seine Hitze die darüber liegende Erde heiß. Diese aber entsendet von sich in den weiter oben liegenden Erdboden heißen Dampf und, wenn an diesen Stellen, die oberhalb liegen, Süßwasserquellen entspringen, werden diese von dem Dampf getroffen, innerhalb ihrer Adern erhitzt und quellen so, ohne daß ihr Geschmack beeinträchtigt ist, hervor."

Inhaltsstoffe

Auf Vitruv und Plinius geht auch die Aussage zurück, das „Badwasser" enthalte „Schweffel/Saltz/Alaun und wenig Salpeter, auß welchen ingredientien man leichtlich mercken kan, daß dieses Bad brennend heiß seyn muß".[152] Die Hitze des Wassers komme vom (fälschlich angenommenen) Gehalt an Schwefel, der seit Empedokles für das Feuer in der Erde, also auch die Erdwärme, als verantwortlich galt.

Weber beschreibt nun die einzelnen Inhaltsstoffe. Der Schwefel werde „von den Philosophis" als eine metallische Materie beschrieben. Sie bestehe und komme her „auß einem subtilen, feisten und schmirichten Dampff oder exhalation, welche in der Erden verschlossen ist". Sie werde „durch die Hitz auß den reinesten, lüfftigen und schmirichten oder feisten Erden gekochet, zusammengesetzt und coaguliret". Mercatus meine, alle Schwefelbäder hätten die Eigenschaft, daß sie erwärmen, an sich ziehen, öffnen, trocknen und auflösen. Daß Schwefel im Wiesbadener Badwasser sei, sagt Weber, werde durch den Tuffstein (*tophus*) bewiesen, der an den Enden dieses Wassers wachse und sich an den Kanälen ansetze, durch die das Wasser geleitet werde.

Gemeint ist der ockerfarbene Sinter, der aber, wie wir heute wissen, nicht auf Schwefel zurückzuführen ist.

„Saltz“ sei „ein Metallisches corpus“ , das sich leicht zerreiben lasse. Es komme her „auß einem vermischten und gekochten, feuchten, wässerigen und dicken irdischen Saft oder, wie einer der zitierten Autoren meint, „ist das Saltz ein zusammen gewachsener Safft weiser Farb, welcher durch die ausdruckende und brennende Hitz auß einer dicken und irdischen materi generiret [entsteht]“. Es werde „Sal“ genannt nach dem lateinischen *saliendo* „von dem Springen, weil es in dem Fewer auffspringet“. Die Natur des Salzes sei sehr nützlich, es ziehe zusammen, mache sauber, reinige, zerteile, treibe zurück und mache dünn und glatt etc.

Daß „Saltz“ im Wiesbadener Wasser enthalten sei, bezeuge der salzige Geschmack und die weiße Materie in den Ritzen der Kanäle, die nach Geruch und Geschmack mit dem „zusammen gewachsenen reinen Saltz sich vergleichet“. Destilliere man das Badwasser über einen Kolben, erhalte man aus einem Maß (2 Liter) „beynahe ein Untz oder 2 Loth Saltz“ (1 Unze = 2 Loth = ca. 30 g), eine nach heutigem Wissen ungenaue Angabe, da zwei Liter Kochbrunnenwasser nur etwa 17,5 g gelöste Stoffe enthalten. „Und wenn solches Saltz auff glüende Kohlen oder Eysen gelegt wird, krachet es hart und laut, welches (...) eine gewiesse Anzeigung des Saltzes ist.“

Den Alaun beschreibe Plinius, „daß er seye ein Saltzwasser der Erden“, oder, wie ein späterer Autor melde, ein „gesaltzener Schweiß der Erden/welcher auß Wasser unnd Leth zusamen wachse“ (Leth = Lette, Sinter). Nach Galenus habe er die Kraft, „Wunden zu heilen und zusammen zu fügen, indem er allerlei Blutgänge und -flüsse“ stille. Nach Etschenreuter heile Alaun „die Mängel des Mundts, so von Fäule herkommen und verhüte und praeservire vor solchen Mangeln diejenigen, welche ihn gebrauchen“.[153] Daher sage Galenus, „das Wasser so Alaun in sich halte, seye sehr dienlich den faulen Geschweren“.

Heute wissen wir, daß das Wiesbadener Thermalwasser keinen Alaun (chemisch Kaliumaluminiumsulfat) enthält. Weber hält sich an die antike Lehre, nach der man Wasser, das die Haut runzelig macht, als alaunhaltig ansah. Er schreibt, daß Alaun im Wiesbadener Badwasser enthalten sei, bezeugten die Bäder, „dieweil sie die Haut zusammen runtzelen und zusammen ziehen/wann man darin badet“. Lege man den Eindampfrückstand des Wassers auf ein glühendes Eisen, so hinterlasse er neben „schweffelischen Rauch eine materi, welche gleich wie Milch zerschmiltzet, und die Zung zusammen ziehet und adstringiret. Welche des Alauns gewisse Anzeigungen sind“.

Während Sebastian Münster für den dritten Inhaltsstoff noch den antiken Begriff „nitrum“ (= Natron; entspricht unserem, damals noch nicht als Substanz definierten kohlensauren Natrium) verwendet, spricht Weber von *Salpeter*, den er von *Saltz* im Sinne von Koch- oder Meersalz unterscheidet. In der lateinischen Fassung hatte er noch *nitrum* geschrieben. Hätte Weber (oder sein Übersetzer) das mit „*Natron*“ übersetzt, wäre der (falsche) Begriff „*Salpeter*“ vielleicht gar nicht in der Wiesbadener Badeliteratur aufgetaucht.

Die Bezeichnung *Salpeter* als *„sal petrosum“*, „Stein“-Salz, kam erst in spätantiker Zeit auf. Wie sehr Philipp Weber noch der vorwissenschaftlichen Zeit verhaftet war, zeigt seine freilich von älteren Autoren übernommene Definition: „Die Physici beschreiben den Salpeter, daß er seye ein zusammen gewachsener Safft, welcher habe die Farb des Saltzes, von welchem er doch durch den Geschmack underschieden werde (...); und dieser zusammen gewachsene Safft (...) hencket an feuchten Orten under der Erden, gleich wie ein gesaltzener Eyßzapf, oder glitzert an den Wenden, als wann es gefrorner Dufft were.“ Der Salpeter habe „eynerlei krafft mit dem saltz“, sie bestehe in „zusammen ziehen, seubern, reinigen, zertheilen, zurück dreiben, dün machen unnd Wunden heylen“. In der Farbe kämen Salz und Salpeter zwar überein; lege man den Salpeter jedoch auf ein glühendes Eisen, werde er zwar weiß, er zerschmilze, krache aber nicht wie das Salz.

Webers Liste der Inhaltsstoffe, Schwefel, Salz, Alaun und Salpeter, zeigt, daß er sich ganz auf die Schriften der antiken und mittelalterlichen Naturforscher stützt, die diese Stoffe als die wesentlichen Bestandteile heißer Quellen ansahen. Heute wissen wir, daß das Wiesbadener Thermalwasser weder Schwefel (in substantieller Form) noch Alaun noch Salpeter enthält. Beim „Saltz“ liegt Weber zwar richtig, doch hat er (wie alle „Alchimisten“ seiner Zeit) noch keine Vorstellung von der wahren Natur dieses Stoffes, was man ihm nicht als Fehler anrechnen kann: Die Naturwissenschaften waren noch nicht so weit. Um so mehr muß man bewundern, wie er sich mit dieser Materie befaßt und daß er über den begrenzten Auftrag als Arzt hinaus sich um eine möglichst sachgerechte Charakterisierung der Wiesbadener heißen Quellen bemüht hat.

Heilwirkungen (Indikationen) der Badekur

Nachdem Philipp Weber die Inhaltsstoffe des Wiesbadener Thermalwassers und ihre Eigenschaften beschrieben hat, wendet er sich der Frage zu, welche Krankheiten durch eine Kur in Wiesbaden geheilt oder doch günstig beeinflußt werden. Im folgenden Abschnitt werden noch einmal einige Originaltextauszüge zitiert, die einen lebendigen Eindruck von der Diktion Dr. Webers und den altdeutschen Krankheitsbezeichnungen vermitteln, die bei moderner Schreibung verlorengegangen sind:

„Expertentz“ [Sachkunde] und Erfahrung lehrten, neben anderer vornehmer Leute Zeugnis, daß dieses Bad, „wann es nach rechter Art/Weiß und Regul gebrauchet wird,“ vornehmlich diene „gegen die Flüß/Schnupffen/Catharren/Schwindel/Schwere Noth oder fallende Siechtagen/gantzen und halben Schlag/gegen die Lämbde [Lähmung]/paralysis genand/Krampff/contractur/Zittern der Glieder/gegen der Ohren Schmertzen klingen und sausen/gegen schwere Gehör und Taubheit“. Es heile auch „die Schwind und Lungensucht/den schweren Athem und Keichen/das Blutspeyen/den Huste/das Hertzbochen/es hilfft dem Magen und Därmen in unlust und widerwillen zu dem Essen/in Blehung/oder Auffblasung deß Magens/wie auch Schwäche und Mattigkeit desselben/in passionibus colicis oder krimmen der Därmen und durchlauff. Es bringet zurecht den außgang des Afters“.

Wiesbadener Wasser heile die Wassersucht, wenn sie von einer durch Unmäßigkeit geschädigten Leber komme, „melancholische Schwachheiten unnd Geschwulst deß Miltzes", es helfe gegen den Stein, gegen „geschworne Nieren, Blutharnen, kalte Piß oder Tröpfflung deß Harns", gegen „gäntzliche Verstopffung deß Harns, *ischuria* genennet, gegen unnatürlichen Samenfluß, verlohrne Manheit, gegen der Mutter kelte intemperie und Schmertzer".

„Es curiret auch dieses Bad den monatlichen Weiberfluß/welcher nit durch gebürnde natürliche Ort gehet/Item dasselbe verstopffung/bringet die Zeit oder den Fluß wiederumb/stillet den uberflüssigen Gang desselben/und heilet den weissen Fluß/Item die geminderte Monatzeit oder die schmertzliche Tropfflung des monatlichen Flusses/die Blehung der Mutter/die Mutter Schwachheit *mola* genannt/den Außgang oder vorschiessen der Mutter/deroselben Wassersucht". In Summa, „es dienet dieses Bad zu Sterckung der Mutter/welche mit vielen Feuchtigkeiten beladen ist/es stercket die schwache/lahme und geschwollene Glieder in dem Gleichwehe *arthritis* genant/in dem *podagra, ischiade, gonagrachiragra* etc. Es heilet glücklich allerley Grind/jucken unnd schwären der Hautt/welche sonsten schwerlich zu heilen sind."[154]

Wer jedoch erwartet hat, daß der Badearzt Weber eine genaue Beschreibung der Gebrechen gibt, deren Besserung oder Heilung er bei seinen eigenen Patienten erzielt und beobachtet hat, wird enttäuscht. Seine lexikalische Aufzählung der (angeblich) in Wiesbaden heilbaren Erkrankungen umfaßt sämtliche körperlichen und seelischen Leiden, die seit den Zeiten des Hippokrates und Galenos als für eine Badekur geeignet angesehen wurden und in den meisten „Badbeschreibungen" des 16. und 17. Jahrhunderts für viele Badeorte in Deutschland, also ganz unspezifisch, genannt werden.

Über das richtige Verhalten im Bade

Weber warnt, die guten Wirkungen „empfinden die nur allein, welche dieses Bad auff rechte Weiß und nach Gebür gebrauchen. Welche aber ohne Regul daß Bad besuchen und das Gegentheil thun, befinden dasselbe in allem ihnen zuwider und schädlich." Was unter der rechten Weise und dem Gebrauch „nach Gebür" zu verstehen ist, wird im nächsten Kapitel „Von der Ordnung deß Bades" erläutert.[155] Dort heißt es: „Der Krancke so dieses Bad gebrauchen will, soll nicht gleichsam mit ungewaschenen Händen stracks und also bald in der ersten Stund nach seiner Ankunfft naher Wißbaden in dieses Bad sitzen."

Es sei wichtig, einen bestimmten Plan einzuhalten, nach dem er seine Bäder nehme. Er solle „in das Bad gehen, nach dem der Magen von Speiß und Tranck erlediget, und der Bauch und die Blaß von ihren excrementen erleichtert sind zwo oder drey Stund nach auffgang der Sonnen, wann die Lufft von den Dämpffen der Nacht recht wohl gereiniget worden". Vorher könne er auf dem Platz bei dem Bad, „mit kleidern wohl versehen, ein wenig auff und abspatziren, darmit die Dämpffe deß Bades, wann er also bald in das Bad gienge, ihme das Haubt nicht verderben oder anfechten." Danach solle er „algemach, mit wohl bedecktem Haupte", in das Badwasser hinabsteigen, und beim ersten Mal bis an den Nabel darin sitzen, wenn die Krankheit „unden in dem Leibe ist“. Befinde sie sich aber im mittleren oder oberen Teil des Leibes, „kan man biß an den halß sich darinn baden“.

Man dürfe im Wasser weder schlafen noch zechen, trinken oder essen, auch nicht singen oder mit heller Stimme schreien oder rufen. Man solle auch nicht den ganzen Tag über „wie die Wassertaucher“ im Bad sitzen bleiben. Wer von schwacher Natur sei, dem sei es erlaubt, im Bade „eingemachte Sachen und stärckende Artzneyen zu gebrauchen, als da sind kleine Rosinle, ein par löffel vol in Wein gewäschen oder mit Zucker candirte Sachen, Citronenschehln[-schalen], Pomerantzenschehln oder andere Magensterckungen, als da sind Paffenfuder [vielleicht eine Art Studentenfutter], *pulv. stomach. grossus*, Magen Tefflin [Täfelchen] und dergleichen.“ Beim Gebrauch dieses Bades „zum höchsten zu vermeiden seyen: Erfüllung des Leibes, Fressen, Sauffen, Hunger, Sorg, Veneris Spiel [Liebesspiele] und länger sitzen in dem Bad als die Kräffte ertragen können.“

Wenn man aus dem Bad steigt, solle man den Kopf und die Brust mit warmen Tüchern und einem trockenen Schwamm gut abwischen und abtrocknen, sich dann mit einem Pelz oder anderen Kleidern warm bedecken. Danach solle der Badegast „sich in das Gemach so vor Wind und Lufft verwahret seye, verfügen, in ein warm Beth legen und wann die Natur darzu geneiget, und es ohne viel und schwere Decken geschehen kan, schwitzen und nach dem Schweiß und nicht zuvor, wann es ihme gefellt, ein wenig schlaffen“. Danach ziehe er sich an, gehe an die Luft oder „durch einen Rauch, der von angezündetem Wacholterholtz oder von Wacholderbern, Mastix, Weihrauch und dergleichen, auf glüende Kohlen geworffen, gemacht und gereiniget“ sei. Er könne aber auch in seinem Gemach „sanfft“ spazieren gehen, „bis die Glieder und der gantze Leib algemach erkület, und die Dämpfe und Winde, so von der Hitz deß Bades kommen sind, zertheilet werden“. Danach kann er sich „algemach zum Mittag oder Nachtessen fertig machen“.

Während der Kur empfiehlt Weber leicht verdauliche Speisen. Von „Fleischwerck“ seien nützlich „Capaunen, Hüner, junge Hahnen, junge Tauben, Zicken, Kälber, Rehe etc.“ Schädlich sind hart gesottene Eier, Lammfleisch, Hasen und das Fleisch von großem Vieh, vor allem, wenn es gesalzen, geräuchert und gedörrt ist. „Von Vögelen sind dienlich Phasanen, Feldhüner, Haselhüner, Rephüner, Krametsvögel, Holtztauben, Turteltauben und alle Vögel, so in den Gebirgen sich halten“, von Fischen solche, die „an steinigten Orten sich halten und harter Natur sind, als da sind Hechte, Forellen, Grundelen, Kressen, Göben, Sithling, Bersing, Salmen, Krebse und dergleichen“. Nicht zu empfehlen sind „Kohl oder Kappeskraut, allerley Hülsengemüß, Aepffel, Birnen, Kirschen, Pflaumen und allerley rohe Früchte“, auch nicht „bittere und gesaltzene und mit Milch zubereytete Speysen, allerley Gebackenes, Brey von Mehl gemacht, Brodgebackenes, Käß und dergleichen.“ Zum Trinken nimmt Wein die erste Stelle ein, am besten verdünnt mit Schwalbacher Brunnen, der seit Tabernaemontanus in Wiesbaden bevorzugt getrunken wird.

Trinkkuren

Das Trinken des Wiesbadener Thermalwassers wurde, besonders nach der Lehre des Tabernaemontanus, nur zögernd angenommen. Philipp Weber setzt sich jedoch dafür ein: „Wer wolte dann darwider seyn, daß dieses warme Badwasser nicht auch solte können getruncken werden? Dann der Schweffel, das Saltz und der Salpeter wäschen ab und detergiren die Unreinigkeit des Magens und der Därme."[156] Sein von ihm schon mehrfach zitierter Gewährsautor Johann Günther von Andernach habe vom Wiesbadener Wasser geschrieben, es helfe bei „kalten Feuchtigkeiten deß gantzen Leibes, zu dem Ke[u]chen, asthma genennet, zu schwerem Atem, beschwerlichem Harnen und Wassersucht".[157]

Weber empfiehlt, der Kranke solle „morgens früe nach dem auffgang der Sonnen, oder drey Stunden vor dem Morgenessen oder Mittagmahl, nachdem er von sich selbst erwachet und das gestrige Abendmahl wohl verdawet", das Wasser aus dem Brunnenquell schöpfen und von demselben, wenn es die Kräfte zulassen, beim Brunnenquell trinken, oder aber, „wann große Mattigkeit vorhanden, in dem Bett oder auff einem Sessel oder Stul, so viel als der Magen auff einmahl leyden und ertragen kan, ruhig drincken...". (Diese Empfehlungen setzen voraus, daß es einen öffentlichen Laufbrunnen [Brühborn] gab oder daß das Wasser an einem Auslauf im jeweiligen Badhaus auch zum Trinken angeboten wurde.)

Nach dem Trunk solle er nichts essen, bis das getrunkene Wasser ganz oder meistenteils durch Stuhlgang oder Schwitzen „wiederum fortgangen". Sollte aber das Wasser „sitzen bleiben, und den Leib blehen oder aufftreiben", muß man es „forttreiben mit einem Clistier von diesem warmen Wasser, mit Honig, Zucker und Saltz zubereittet, oder von Butter, Milch und Zucker gemacht". Nach dem Trinken wie auch nach dem Essen solle der Kranke nicht schlafen, sondern die Zeit „mit lieblichem und ehrlichen Gesprech vertreiben" oder, „wann die Lufft nicht darwider ist, die Schwachheit es leidet und die Kräffte es ertragen können, mäßig spatziren gehen, darmit die Speiß desto leichter auß dem Magen fortgehe...".

Andere Badanwendungen

Außer Baden und Trinken könne man, so Weber, das Bad noch auf eine andere Art äußerlich anwenden. Die Ärzte pflegten es „gemeiniglich *Laconicum* oder drucken Schweißbad" zu nennen.[158] Im besonderen werde dieses Bad gebraucht „entweder in oder ausser dem Bad 1. mit Tröpfflen auff das Haupt oder andere Glieder, 2. mit dem Rauch [d.i. ein Dampfbad], 3. mit dem Lett", d.h., mit einer Packung des lehmigen Niederschlags des Thermalwassers, der sich beim Auslaufen der Quelle und auf dem Grunde des Brunnens findet. Diesen Lett (Sinter) könne man wie ein Pflaster auf die lahmen, geschwollenen oder schmerzenden Glieder legen. Man müsse aber dafür sorgen, daß er warm bleibe. Auf Kopf und Brust dürfe er nicht gelegt werden.

Im Grunde ist bei Philipp Weber bereits die gesamte Palette an balneologischen Anwendungen der Heilbader angesprochen, die heute noch genutzt werden. Er weiß, daß sich die Bäder nicht für akute, zumal für fieberhafte Erkrankungen eignen, sondern nur für chronische. Die beste Zeit ist Mai oder Juni und nach den Hundstagen bis in den Oktober. Von den Lebensaltern sind alle vom 10. bis zum 70. Jahre für das Bad geeignet, darüber hinaus solle man sich lieber an den warmen Ofen und den firnen Wein halten. Frauen halten das Bad ebenso gut oder noch besser aus als die Männer, sie könnten im allgemeinen auch die heißeren Brunnen ohne Schaden gebrauchen.

Die Fülle von Beobachtungen, die zahlreich eingestreuten Kuriosa, die dem Verständnis der Zeit entsprechen, machen die Lektüre des Buches zu einer lehrreichen, teilweise auch amüsanten Reise in die Vergangenheit. Philipp Weber hat wie kein anderer „Badbeschreiber“ vor ihm ein authentisches Bild von Wiesbaden, seinen Heilquellen und ihren Anwendungen überliefert, wobei die vielen „artzneyischen“ Rezepturen, Pulver, Kräuter, ätherischen Pflanzenöle usw., die er in den Text einstreut, über den balneologischen Gebrauch hinaus von hohem medizingeschichtlichem Interesse sind. Sein Werk markiert bei aller zeitbedingten Unvollkommenheit einen Meilenstein auf dem Weg von der antiken Naturphilosophie über die empirische Bäderkunde des Mittelalters zu den Erkenntnissen der modernen Balneologie. Es ist ein unverzichtbares Dokument der Wiesbadener Stadtgeschichte.

Bad-Poetik vor dem Großen Krieg

Michael Caspar Lundorfs „Wißbadisches Wiesen-Brünnlein“

Bevor wir uns dem zweiten wichtigen Badbeschreiber Wiesbadens, Ludwig von Hörnigk, zuwenden, sei kurz ein Autor vorgestellt, der, noch vor Weber, 1610 eine poetische Anweisung zum Gebrauch der Badekur geschrieben hat. Sie enthält in Kürze die Würze dessen, was Weber in akademischer Breite darstellt. Michael Caspar Lundorf war Einwohner von Frankfurt am Main und „scheinet“, wie G. A. Schenck in seinen Vorreden zur Geschicht-Beschreibung der Stadt Wißbaden schreibt, „zwar kein sonderlicher Gelehrter, doch aber ein Liebhaber der Bücher gewesen zu seyn“.[159]

Lundorf hat in seinem „Wißbadischen Wiesenbrünnlein“ etliche hundert schöne Historien, „allen zum Wißbad reisenden lieblich zu lesen“, festgehalten. Wegen ihres zum Teil recht pikanten Inhalts schreibt Schenck (er war von Beruf Pfarrer), daß sie „ein wohlgesitteter Bad-Gast gar füglich entrathen kan“. Er druckt daraus ein Gedicht ab,[160] mit Ratschlägen, wie man das Bad recht gebrauchen solle, von denen er allerdings meint, „daß man, bey Beachtung derselben, viel eher seine Gesundheit im Bad verlieren, als die verlorne dadurch wieder erlangen kan“. Sie seien wohl für Leute geschrieben, die, 150 Jahre vor seiner Zeit, „eine gantz andere Lebens-Art, als jetzo gewöhnlich ist, gehabt haben“.

Höer Gast, der du brauchst dieses Bad, Diß Regel halt, ist dir ohn Schad:
Früh, wann du aufgestanden bist, Verricht dein Gebät zu jeder Frist.
Dann folgends, wann sechs schlägt die Glock, Zieh aus dein Wambs, das Hembd und Rock,
Geh in das Bad, es thut dir wohl, Jedoch merck drauf, dann es nicht soll
Zu heyß seyn anfangs überaus, Du wirst sonst matt und schlägst bald aus.

Bleib drin nicht länger, dann ein Stund, Bis sieben schlägt, ist gar gesund.
Geh raus, und zieh an deine Jupp, Den Koch frag, ob gar sey die Supp?
Wann selbig dir ist angericht, Ein guten Trunck vergiß dann nicht.
Ferners geh vor das Thor spatzirn, Zum Wiesen-Brunn, dich zu lustirn.

Um halber zehen merck mich eben, Thue dich wieder ins Bad begeben,
Ein Stund sollstu dann bleiben drein, Mittler Zeit wird es Mittag seyn.
Alsdann schmeckt der Trunck dan grausam wohl, Jedoch seh zu, sauf dich nicht voll.

Auch mäßiglich sonst halte dich, Mit einem Fräwlein züchtiglich,
Dan dieses Bad nicht leyden kan Solchs Spiel hefftig zugreiffen an.
Weiter merck ohn allen Schertz, Mit guter Luft erfrisch das Hertz,
Treib sonsten kurzweil viel Mit Würffeln oder Kartenspiel,
Bis es wird umb die Vesper-Zeit, Ein Bettlein wird dir seyn bereit,
Darein du sollest schlafen gahn, Bis fünf schlägt, dann solltu aufstahn,
Ins Bad dich wiedrumb fügen bald, Der Wein in dem wird eben kalt.

Um siebne mach dich aus dem Bad, Erfrisch das Hertz mit ein Salat.
Nach diesem thu dann dein Gebät, Und füg dich wiedrumb zu deim Bett,
Schlaf ruhig ein die gantze Nacht. Doch letzlichen noch eins betracht,
Dann so du gantz gebadet aus, Und willst wiedrumb fahren nach Haus,
So zahl den Wirth, danck Gott dem Herrn, So wird Er zum Bad dir Glück beschehrn.

Ludwig von Hörnigks „Wißbades beschreibung"

Die Person und das Werk

Liest man das Werk, erkennt man sehr schnell, daß Ludwig von Hörnigk ein Mann von anderem Schlage war als Philipp Weber. Der drei Jahrzehnte ältere Weber war ein dem Denken der antikenbegeisterten Renaissance verbundener Arzt und Naturforscher, während Hörnigk dem aufkommenden barocken Manierismus nahestand. Zeitgenosse des Dreißigjährigen Krieges, verraten die im Vorwort der „Beschreibung des Wißbades" von 1637 enthaltenen rüden Angriffe auf ein seiner Meinung nach unverständiges Lesepublikum einen streitsüchtigen Zeitgenossen. Er war „Medicus und Physicus, wie auch Rechts-Gelehrter zu Franckfurt am Mayn", leitete seine persönliche Reputation aber gern aus den Titeln eines „Kayserlichen und Churfürstlich-Maintzischen Rathes" ab.[161]

1600 in Darmstadt geboren, studierte er in Gießen Rechtswissenschaften und Medizin. 1628 promovierte er in Straßburg zum Doktor der Medizin, 1639 in Marburg zum Doktor der Rechte. Zum Zeitpunkt der Veröffentlichung der ersten Auflage von des „Wißbades beschreibung", 1637, war er Stadtphysicus und Hospitalarzt in Frankfurt.[162] Er verließ die Stadt im Streit und ließ sich 1643 als Fürstlich Pfalz-Veldentzscher Rat und Arzt im nicht zur Freien Reichsstadt Frankfurt gehörenden Dorf Rödelheim nieder. Hier verwickelte er sich erneut in Händel, dieses Mal mit der örtlichen Geistlichkeit, weshalb er 1647 nach Mainz und noch im gleichen Jahr nach Wien übersiedelte. In Wien trat er zum römisch-katholischen Glauben über (worüber er 1649 eine Rechtfertigungsschrift verfaßte) und erhielt den Titel eines kaiserlicher Rats und kurmainzischen Hofrats. Gleichzeitig wurde er in den Reichsadelsstand erhoben; den Adelstitel „von“ führte er seit 1629.[163] Von 1651 bis zu seinem Tode im Jahr 1667 lebte er in Mainz.

Hörnigk ist ein fleißiger Schreiber. Außer seiner juristischen Dissertation über das Postrecht schreibt er über verschiedene philosophische Themen, veröffentlicht eine Schrift „Würg-Engel oder Tractat von der Pestilenz“ und tritt ab 1628 als Verfasser evangelischer Kirchenlieder in Erscheinung. Das bekannteste Lied, „Mein Wallfahrt ich vollendet hab“, wurde 1633 bei dem „Ehrengedächtnis Gustaf Adolphs, Königs von Schweden“ zu Frankfurt am Main vorgestellt. Bei all diesen Aktivitäten, von denen hier nur einige genannt werden, veröffentlicht er 1632 einen Traktat über die „Langen-Schwalbacher Saurbrunnen und Bäder“,[164] der ein ähnliches Konzept verfolgt wie die Schrift von Philipp Weber. Fünf Jahre später erscheint die erste Auflage von „Wißbad/Sampt Seiner wunderlichen Eygenschafft, herrlichen Krafft unnd rechtem Gebrauch“.

Seine naturwissenschaftliche und bäderkundliche Reputation wird allerdings hundert Jahre später vom Herausgeber der vierten Auflage des zu seiner Zeit weit verbreiteten Rauch/Spethschen Wiesbadener Bäderbuchs von 1761, Dr. Wernborner, in Zweifel gezogen.[165] Dieser schreibt: „Dasjenige, das Er [Hörnigk] von der Ursache der Wärme, von dem Gehalt des Wassers und dem Unterschied derer Brunnen anführet, zeiget zur Genüge, daß er nicht nur keine Versuche damit angestellet, sondern auch der nöthigen Einsicht in die Chymie ermangelet, mithin blose Grillen zu Marckte gebracht“ habe. Trotzdem hat Hörnigks Schrift, hauptsächlich wohl wegen der Beschreibung des Zustandes der Badhäuser nach den Zerstörungen des Dreißigjährigen Krieges, ihren Platz in der Wiesbadener Heimatgeschichtsschreibung behauptet.

Die erste Auflage von 1637

Das Büchlein ist dem „Hochwürdigsten Fürsten und Herrn, Herrn Anßhelm Casimiren, Ertzbischoffen zu Maintz“ gewidmet, der nach der Niederlage der Evangelischen in der Schlacht bei Nördlingen (1634) vom Kaiser zum Verwalter der unter Sequester gestellten Herrschaft Wiesbaden eingesetzt worden ist. Graf Johannes von Nassau-Idstein ist in Reichsacht gefallen und hat sich Schlimmerem durch die Flucht nach Metz entzogen. Wenn man das weiß, wird man den Verdacht nicht los, daß Ludwig v. Hörnigk die Gunst der Stunde nutzte und unter dem neuen Regime die Badbeschreibung Philipp Webers mit seinem Büchlein ausstechen wollte.

In Hörnigks Text fallen die zahlreichen, zum Teil wörtlichen Übernahmen von ganzen Sätzen und Abschnitten aus Webers Badbeschreibung auf. Sie signalisieren eine völlig andere Auffassung von Urheberrechten, als wir sie heute gewohnt sind. Hörnigk unternimmt nicht den geringsten Versuch zu verbergen, daß die Teile, die sich mit der Beschreibung der Thermalquellen, ihrer Inhaltsstoffe, der Indikationen, für welche

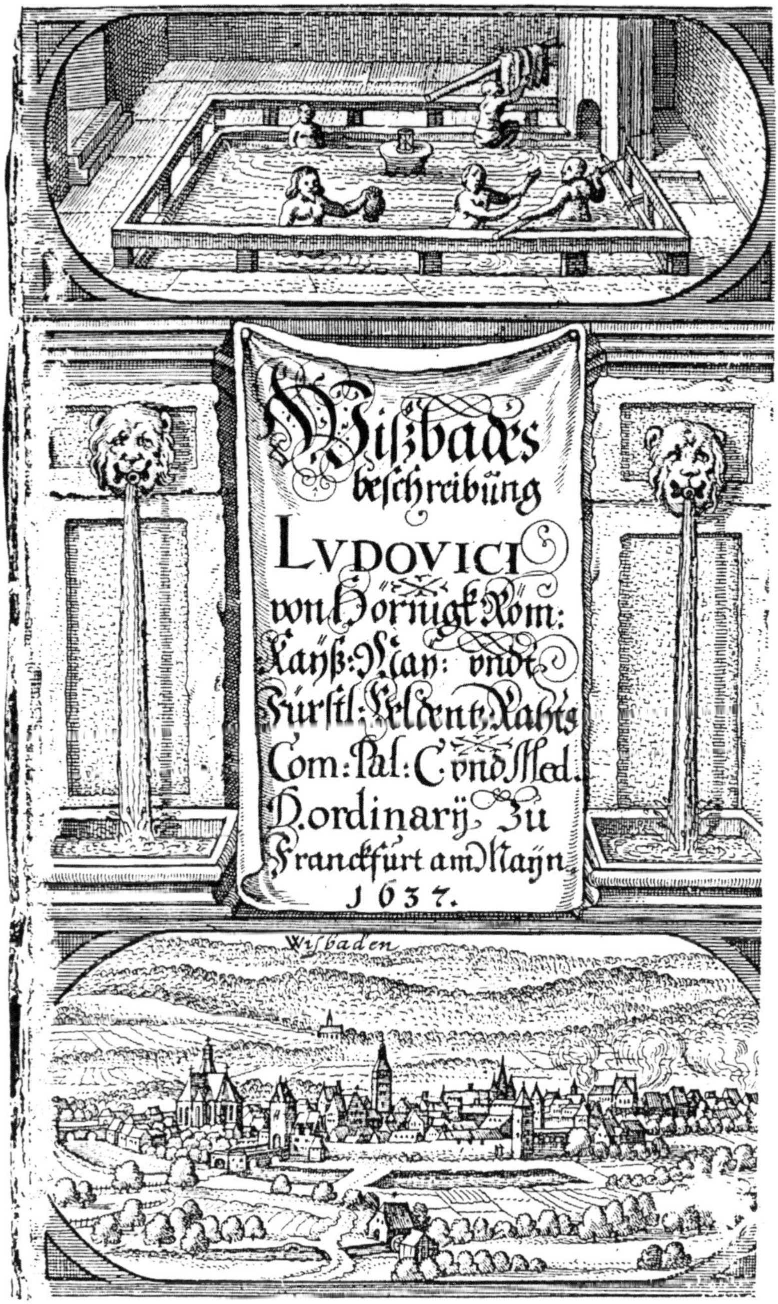

Ludwig von Hörnigk: Wißbades beschreibung, 1. Aufl. 1637, Titelblatt

Krankheiten die Quellen geeignet sind, und der Ratschläge zum Verhalten im Bade befassen, in allen wesentlichen Punkten von Weber übernommen worden sind, ohne daß er mit einem Wort darauf hinweist. Der einzige auffallende Unterschied zu Weber ist, daß er auf das Zitieren antiker oder mittelalterlicher Autoritäten weitgehend verzichtet.

Wundern muß man sich auch über Hörnigks Vorwort „An den Leser". An ihm läßt sich einiges über den Charakter des Edelmannes ablesen. Während er sich in der Widmung an den Mainzer Erzbischof mit gestelzten Floskeln unterwürfiger Ergebenheit nicht genugtun kann, verwahrt er sich im Leservorwort mit schroffen Worten gegen „etliche Wurmbrändte", die ihn gescholten hätten, weil er in seiner Schrift über die Langenschwalbacher Sauerbrunnen, in der er über weite Teile den Thesen des Tabernaemontanus folgt, „das Wißbad in einigerley Weise verachtet" und die Schwalbacher „Prodel-Brunnen" dem Wißbad vorgezogen habe.[166] Dort hatte er im 71. Kapitel „Ob das Wißbad den Prodelbrunnen/oder diese jenem vorzuziehen?" u.a. geschrieben, es hätten „bißher viel Patienten welche vermittelst deß Wißbads Gebrauch ihrer Schwachheiten nicht haben loß werden können/ihr refugium unnd Zuflucht zu den Schwalbacher Prodelbädern genommen/da dann die Cur allererst glücklich abgangen".

Diese Aussage versucht er in dem Buch über Wiesbaden zwar zu entkräften, doch bleibt sein verbaler Ausbruch ziemlich überzogen: „Gleich wie nun zu wündschen, daß gemeldte Auffschneider eine Zeit lang in eine Trivial-Schul oder Paedagogium gingen und under der Ruthen Commando lerneten, ehe sie mit ihren gruntzenden Seumäulern andere Leuth außtrügen," so wolle er nun dartun, was er von diesem „Edlen Wißbad" halte. Die „leichtsinnigen Calumnianten" (Verleumder) will er indessen „sampt ihrem Wurmstichigten Schreiben und Reden" nach Italien ins Eselsbad schicken, damit sie sich dort „von ihrem neydischen Grind, gifftigen Zungen-Blattern und alten Schäden der Ignorantz und Händelsucht curiren (...) lassen".

Ludwig v. Hörnigk gliedert den Text in 25 Fragen, für die er die entsprechenden Antworten gibt, z.B.: „Wie es umb die Statt Wißbaden, dero Einwohner etc. beschaffen?" – „Was es umb die Brunnen und Bäder daselbst insgemein für eine Beschaffenheit habe?" – „Was es umb ein jede Brunnenquell und Baadhauß für eine Gelegenheit habe?" – „Was diese Bäder für Mineralien führen, und wie sie darvon ihre herrliche Tugend und Krafft empfangen?" – „Was diese Bäder für eine heylsame Krafft, Tugend, Würckung und Nutzbarkeit haben?" – „Wie ein Badgast oder Patient seinen Leib zum Gebrauch deß Wißbads prepariren und sich darzu schicken soll?" – „Wie man sich vor, in und nach dem Baden zu verhalten?" – „Ob man das warme Badwasser auch trincken dörffe und wie es zu trincken (sei)?" – „Was für ein Diaet ein Badgast in seiner Bad-Cur insgemein zu halten?" – „Ob und wie der Laimen oder Letten deß Bads nützlich anzuwenden?" – „Ob und wie der Dampff oder Rauch deß Bads fruchtbarlich zu gebrauchen?"

Man erkennt sofort die Anlehnung an Philipp Weber, über den Hörnigk in der ersten Auflage nicht hinausgeht. Auch er schreibt, daß „das Wißbad vielerley Mineralien" führe, „nemblich Schweffel, Saltz, Alaun unnd Salpeter, und zwar führet es deß Schweffels am meysten und deß Salpeters am wenigsten". Er übernimmt von Philipp Weber die Beschreibung der drei Hauptquellen, auch was deren physikalische, chemische (mineralische) und therapeutische Eigenschaften betrifft. Auffällig ist, daß er bei der (im übrigen mit Weber identischen) Beschreibung des „Newen Bades" bei dem 1625 neu gefaßten („vierdten") Brunnen nicht erwähnt, daß es das Bad „zur Stegen" sei. Bei der Nennung des Badhauses „zur Stegen" sagt er vielmehr 1637, daß es „gantz ruiniret" sei und „laufft das Wasser weder ab noch zu". Die 1625 erneuerte Quelle kann somit nicht die des Badhauses „Zur Stegen" sein, ein schwer aufzuklärender Widerspruch.

Die Badhäuser im Dreißigjährigen Krieg

In einem Punkt ist Hörnigk aktueller als Philipp Weber. Er gibt eine Beschreibung der Badhäuser vom Stand des Jahres 1637. Wir erfahren, daß zu diesem Zeitpunkt, als Wiesbaden unter kaiserlichem Sequester an Kurmainz gefallen war, das Dienheimer oder Schützenbad sich im Besitz „Ihrer Churfürstl. Gnaden zu Mayntz" befindet. Das Haus „Zum Gülden Adler", das den bürgerlichen Namen „Zur Kanne" abgelegt hat, überträgt der Kurfürst dem kaiserlichen Rat und Ober-Commissarius Bertram von Sturm zu Vöhlingen, der es „zu aller erwündschten Commodität" für Badgäste zurichten läßt. Es wird als „Frey Adelich Hauß" privilegiert, mit dem Recht, daß „für Frembde gekochet und Wein außgezepffet werden mag". Von da an gehört der „Adler" zu den führenden Häusern der Stadt.

Die „Rose", „der fürnembsten Badherbergen eine", ist „mit guter Commodität versehen". Die Badhäuser „Hirsch", „Crone" und „Helm" stehen leer und verwüstet. In gutem Zustand ist offenbar der „Beer". Er habe die größten Badkästen, das meiste Wasser „unnd an den Einwohnern gute diensthaffte Leuthe". Der „Bock" sei „ziemlich verwüstet und hat jetzo keine Einwohner". „Ledig, wüst und ruiniret" stehen außerdem das Badhaus „Zum Rindsfuß", der „Schwan", der „Salmen" („in Abgang kommen"), das Badhaus „Zur Stegen", und der „Wilde Mann". Das „Weiße Roß" ist von den Soldaten zu Roß und Fuß „an Badquellen und Kasten (leider) also ruiniret, daß sie annoch ehe einem Roßstall als einem bequemlichen Bad zu vergleichen. Hat sonsten ihren eygenen Brunnen, welcher in Martin Bündings Hauß under dem Fewer-Herdstein entspringet."

Die übrigen Badhäuser sind nach Hörnigks Beobachtung noch in einem leidlichen Zustand, das eine mehr, das andere weniger. Am Ende gibt er noch einen tröstlichen Ausblick: Obwohl er die meisten Badherbergen „verderbt und verwüstet" genannt habe, hätten die meisten „ihre Badkasten noch, nur daß sie nicht gereyniget oder genugsame und nothwendige Commodität für die Badgäst darinnen zu finden". Aber es würden doch wohl, dem Befehl Ihrer Kurfürstlichen Gnaden gemäß, auch durch den Eifer und die Vorsorge des Herrn Amtmanns „alle solche Badwirth möglichst dahin trachten, wie ihre Herbergen auffs bäldest widerumb nach und nach in vorigen Standt gebracht werden mögen, (...) dann was heut mangelhafft ist, kan morgen wol widrumb ergäntzt werden – Gott verleyhe nur den lieben, erwündschten und nun so lange Zeit geseufftzten Frieden!“

Der Dreißigjährige Krieg hat also die Badekur in Wiesbaden weit zurückgeworfen. Den ersten schweren Einbruch bedeutete der Überfall des Kaiserlichen Obersten von Görzenich im Juni 1627, der nicht nur die Bürger, sondern auch die Bad-Gäste mit schweren Geld-Schatzungen belegte. Bis dahin hatten zwar die Bürger unter Abgaben und sonstigen Kriegskontributionen zu leiden gehabt, den Badwirten war es jedoch noch recht gut gegangen.[167]

Nach dem im Kapitel über Philipp Weber bereits erwähnten Memoriale vom Mai 1627[168] hatten die neunzehn aufgeführten Badhäuser „zimlich Badtgäst“ und „ihre Häuser gar voll“. Mit dem Überfall durch den Obristen von Görzenich deutete sich eine entscheidende Wende an. Zwar hielt sich danach noch der kaiserliche Feldherr Graf Tilly in Wiesbaden zur Kur auf (für deren Kosten die Stadt aufzukommen hatte). Von 1629 an häuften sich jedoch die Einquartierungen, von denen auch die Badhäuser nicht verschont blieben. In den Häusern Adler, Krone, Rose, Hirsch, Spiegel, Glocke, Bock, Rindsfuß, Salm, Schwan und Bär wohnten nun die Offiziere. Kaiserliche, Ligisten und Schweden wechselten einander ab. 1634 füllten Kroaten aus Bosheit den Kochbrunnen mit Steinen und Unrat, „welches denn, hernachmals wieder herauszuschaffen, viele Mühe gekostet hat“.

Am Ende des Dreißigjährigen Krieges sieht es schlimm aus in Wiesbaden. So berichtet das in Frankfurt am Main, also nahe am Geschehen geschriebene „*theatrum europaeum*“ von einem Überfall bayrischer Reiter im Oktober 1646: „Inmittelst haben sich des Obrist Wolffen und Sporcken Regimenter nach Wißbaden, drey Meyl von dar gewendet, selbiges Städtlein unversehens überstiegen, viel Bürger niedergemacht, alles rein ausgeplündert, mit Weibern und minderjährigen Töchtern unerhörte Schand getrieben und also gehauset, daß es nicht zu beschreiben.“[169] Ein Teil der Stadt, namentlich Langgasse und Michelsberg, ist abgebrannt. 1648 ist der Markplatz vor dem Rathaus mit Hecken und Unkraut so bewachsen, daß Hasen und Feldhühner darin nisten. In den Straßen liegt mit Sträuchern und Hecken bewachsener Schutt, die Badhäuser sind vielfach ohne Einrichtung; sie hatten teilweise als Pferdeställe gedient und sind ihrer Öfen, Türen und Fenster beraubt.

Ein besonderes Schicksal hat der Schützenhof. Nach der Sequestrierung der Herrschaft Wiesbaden ist dort als Resident des Mainzer Kurfürsten ein neuer Stadtphysicus Dr. J. G. Jäger eingezogen.[170] Aus dessen Beschwerde aus dem Jahr 1637 wissen wir, daß die Badebassins seit vier Jahren nicht mehr abgelassen worden und die Thermalwasser schmutzig und übelriechend sind. Die Zu- und Abläufe hätten sich verstopft, das Wasser sei in die Wohnräume eingedrungen und habe sich hier und auf der Straße mit ungesunden Ausdünstungen angesammelt.

1642, Dr. Jäger hat den Schützenhof längst wieder verlassen, gibt es Streit zwischen dem Bierstadter Pfarrer Marsilius Sebastiani und dem Schulmeister Silberhans, der Räume des Schützenhofs als Schule benutzt. Sebastiani, der mit dem Einverständnis sowohl des Mainzer Domkapitels als auch des Grafen Johannes von Nassau-Idstein sich anschickt, den Hof zu kaufen, beschwert sich, Silberhans nehme, um Geld zu seinem Unterhalt aufzubringen, Juden wie Christen als Badegäste auf (die es also offenbar um 1640 noch gab), lasse aber das Gebäude und auch „den runden Erker am Haus“ verkommen. Der Kauf kommt nicht zustande.

1646 kehrt Graf Johannes wieder in sein Land zurück (unter Umständen, die hier nicht zu erörtern sind). Als er am 10. Dezember im Schützenhof logiert, kommt es zu einem Zwischenfall, bei dem der Graf beinahe gefangengenommen worden wäre, der aber am Ende glimpflich abläuft. Daß der Landesherr, bevor er in seine Residenz Idstein zieht, im Schützenhof absteigt, zeigt, daß er das Badhaus, das er ja 1631 durch Kauf erworben hat, nach wie vor in Anspruch zu nehmen gedenkt. Seine Gemahlin läßt die Räumlichkeiten 1650 so weit renovieren, daß sie sich zur Aufnahme angesehener Gäste eignen. 1651 finden wir den Grafen selbst dort zur Kur.[171] Er kuriert einen Fuß- und Schulterbruch, Schäden, die er sich schon vor Jahren zugezogen, aber damals nicht richtig behandelt hat.

Die zweite Auflage von Hörnigks „Wißbades beschreibung“ von 1662

Nach dem Ende des Krieges versucht Graf Johannes von Nassau-Idstein, die für die Hebung der Landeskultur wichtige Badekur in der größten Stadt seiner Grafschaft wieder zu beleben. Auf seine Anregung hin erscheint v. Hörnigks Buch in zweiter Auflage, um dem Badewesen neuen Auftrieb zu geben.[172] Mit dieser Auflage von 1662 befinden wir uns in einer neuen Epoche, in der der Brandgeruch des großen Krieges zwar noch nicht vollständig abgezogen ist, in der aber erste Zeichen eines neuen Aufbruchs sichtbar werden.

Das Schützenhofbad

Ludwig v. Hörnigk schreibt über das Schützenhofbad, jetzt „das Graven-Bad“, es stehe nunmehr dem „Graven und Herren Johansen Graven zu Nassau etc. [dem die neue Auflage des Buches gewidmet ist] eigenthümlich zu“.[173] Von 1658 bis 1660 bewohnt es der vormalige Pfarrer der Mauritiuskirche, Marsilius Sebastiani, der „in Artzneysachen, bevorab Chymicis distillationibus und praeparationibus“ nicht wenig erfahren sei. Wer in dem Badhaus „zu baden und logiren belieben möchte“, werde einen guten Hausvater in ihm finden, auch „saubere gantze Bettungen und andere Nothdurfft, (von) des lustens und kurtzweilens mit kögeln und sonsten“ in den dazu gehörigen großen Gärten ganz zu schweigen.

Von eben diesem Marsilius Sebastiani erfahren wir achtzig Jahre später, in den 1732/39 erschienenen „Merckwürdigkeiten der Stadt Wißbaden“ von G. A. Schenck,[174] weitere Einzelheiten. Er habe seine Alchimisten-Kunst „zuerst in seinem Wohnhauß zum Spiegel, nachher aber in dem Schützen-Hof fleißig practiciret“. Er sei „würcklich ein sehr erfahrener Chymicus gewesen“, der sein „laboriren“ nicht nur auf Arzneisachen, sondern auch „auf Erfindung des *Lapis Philosophorum* [Stein der Weisen] gerichtet“ habe. Es seien noch vor wenigen Jahren alte glaubwürdige Leute in Wißbaden gewesen, die versichert hätten, daß sie ihm nicht nur beim Laborieren assistiert, sondern auch mehrmals gesehen hätten, daß das im Tiegel vorhanden gewesene Gold und Silber „auf einmahl seye im Rauch aufgegangen und durch die Rauch-Löcher in die Lufft geflogen, und im vorbeyfliegen etwas davon dem bemeldten Pfarrer in seinen grauen Haaren hängen geblieben" sei.

Bemerkenswert ist ein Hinweis Hörnigks, daß es im Garten des Schützenhofs einen Brunnen gebe, „unter einem Stein, daran eine alte Schrifft zu finden". Wir haben hier offensichtlich den erst 1783 als solchen erkannten römischen Weihestein für Apollo Toutiorix vor uns, der als Abdeckplatte für die Quelle diente. Das ausfließende Wasser floß in einen „steinernen Sarck" mit zwei Löchern. „Aus dem Loch zur rechten Hand fliesset das Wasser in das Bürgerbad, auß dem zur lincken aber in das Gravenbad". Das Badhaus besitze drei Bäder oder Badkästen, der „Logiamentern" seien es neun „von lustigem prospect oder Aussehen und guter Lufft", doch könnten, „wann der liebe Gott Frieden läßt", künftig auch 15 oder 16 „bequemliche Bettungen" hergerichtet werden.

Die übrigen Badhäuser

Der „Gülden Adler" hat nach Hörnigks Beschreibung 1662 „unten eine Stub und 2 Cammern, oben auff eine grosse Stub und 7 Cammern, alle lustig (sic!) und sauber. Hinden zu unten 2 Bäder oder Bad-Kasten sampt zwey Logiamentern oder Cammern nechst darbey, darinnen man sich entweder zum baden nur auß- und anziehen, oder aber Sommerszeit gar darinnen logiren und wohnen kan". Der Brunnen entspringt hinter den Badhäusern „zum gülden Adler und Hirsch, ist gantz zugewölbet und hat vier unterschiedliche Außgänge oder Canäl, deren der erste in den Adler, gegenüber in die Behausung zum Beeren, der dritte zum Hirsch, der vierte zur Cron geleytet ist".

Der weitere Bericht über den Zustand der Badhäuser zeigt, daß die Zerstörungen des Dreißigjährigen Krieges 1662 weitgehend überwunden sind. Der „Hirsch" besitzt unten zwei „Logiamenter", oben vier. Die „Crone" verfügt über zwei Bäder, das vordere größer und schöner als das hintere; es waren wahrscheinlich Gemeinschaftsbäder, eines diente jeweils als Abkühlbecken. Zum Logieren gab es unten drei Stuben und oben vier Kammern. Der „Beer" besitzt gar vier unterschiedliche, sehr bequeme Bäder, „Gimbel oder Badkasten", deren jedes gesondert abgeschlossen werden kann. Der „Helm" hat sieben Stuben mit bequemen Bettungen, dazu den „eigenen klaren Quell oder Brunnen", zu dem man die Stiegen hinuntergeht, „also daß darauß die nechst angelegenen Becker das Wasser zu ihrem Brodteig schöpffen".

„Zum Bock: ist Herrn Johan Hoffmans Pfarrers zu Sonneburg [Sonnenberg] und der Lateinischen Schul zu Wißbaden *Rectoris*" (dessen Frau 1676 in Idstein als Hexe hingerichtet und verbrannt wird) „mit zweyen Bädern, neun Gemächern und zehen Betten wohl accommodiret". Der von den Schweden verwüstete „Rindsfuß" wird durch den Badherrn des Grafenbads, Marsilius Sebastiani, der das im Krieg nicht zerstörte „Badhaus zum Spiegel" gekauft hat, gleichfalls erworben „und zu einem Garten gemacht", damit dem „Spiegel" „das hell oder der Tag nicht etwan verbauet würde". Dieses „uff allen vier Seiten freystehende" Badhaus mit zwei großen und zwei kleinen Bädern „eigener Quell“ kauft 1659 der Besitzer des „Bären“, Hans Georg von Nassau. Es hat fünf Wohngemächer unten, sieben oben, „alle sehr wohl zugerüstet und versehen“.

In den folgenden Jahrzehnten, um das hier vorwegzunehmen, erleidet der „Spiegel“ einen deutlichen Rückschlag. 1680 schätzt man ihn mit Scheune und Stallung noch auf 1.200 Gulden. Sechs Jahre später findet sich bei einer Versteigerung „vor der ganzen Gemeinde“ für 1.000 Gulden kein Käufer.[175] Der Amtmann berichtet nach Idstein, das Haus sei längere Zeit unbewohnt gewesen und dadurch sehr verfallen; er befürchte, daß es schwerlich auf 500 bis 600 Gulden gebracht werden könne, da es nur mit hohen Kosten wieder herzustellen sei. Erst im 18. Jahrhundert geht es mit dem „Spiegel“ wieder aufwärts.

Die „Rose“ hat nach Hörnigk „zwölff hübsche lufftige Logiamenter/nemlich unten fünff und oben sieben/in rechter höhe und weite“. Sie scheint im Dreißigjährigen Krieg nicht sonderlich gelitten zu haben. Die „Blume“ besitzt sieben Bäder samt „Kinderbädlein“ und hatte ehemals Platz für 24 Betten, von denen „nach der von den Bayerischen Kriegsvölckern geschehenen erbärmlichen Plünderung“ nur 14 bereitet werden können.

Vom „Schwan“ erfahren wir, daß seine beiden Badkästen vom Kochbrunnen versorgt und daß im Wohnhaus „Christen und Juden geherberget“ werden. Es gibt sechs Betten in drei „Gemachen“. Die beiden Badkästen seien „etwas ruinös oder zerfallen“. Das Bad werde „für lahme Leute sehr gut geachtet“, wiewohl er nicht sehe, schreibt Hörnigk, wieso es mehr als andere Bäder, die von der gleichen Quelle versorgt werden, für die „Lähme“ nutzen sollte. Die „Glocke“ hat 15 Gemächer, acht bereitete Betten und zwei saubere Bäder, der „Engel“ acht Gemächer, 12 oder 13 Betten und zwei Bader, der „Rote Löwe“ elf Gemache, ebensoviel oder auch mehr Betten und zwei Bäder, der „Salmen“, „gegen dem rothen Löwen über“, ist schon seit vielen Jahren „ein wüster verheerter Platz“.

1629 hat der Badwirt des „Bären“ die Wasserrechte des Schloßbades erworben, so daß ihm zwei Fünftel Anteile an der Adlerquelle gehören. Hörnigk schreibt 1662: Die „zwey Badrecht [die beiden Anteile an der Adlerquelle] machen im Hauß vier unterschiedliche sehr bequeme Bäder, Gimbel oder Badkasten, deren jeder absonderlich verschlossen werden kan“. Zum Schluß folgen noch Angaben zu den Badherbergen „Vogelsang“, „Stege“, „Zu den zwei Böcken“, „Lilie“, „Stern“, „Wilder Mann“ und „Zum weißen Roß“, jedoch ohne weitere Besonderheiten.

„Schwefel“ im Kochbrunnenwasser?

Die Beschreibung der Indikationen für den Gebrauch der Wiesbadener Bäder und deren Anwendungen geht, wie schon gesagt, nicht über Philipp Weber hinaus. Eine Anzahl von Verweisen auf bestimmte Personen und aktuelle Heilungen zeigt, daß Hörnigk mit den örtlichen Verhältnissen in Wiesbaden recht gut vertraut ist. Von einigem Interesse sind seine Bemerkungen hinsichtlich des Kochbrunnens, weil er hier eine Neubewertung des Schwefels als angeblichem Inhaltsstoff des Wassers mindestens andeutet.[176]

Zuerst heißt es noch, daß etliche Medici „die grössere Hitz der mehrern Quantität Schweffels“ zuschrieben, der leicht anzuzünden sei. Er werde erkannt „erstlich an der gelbgrünen Farb der mineren in dem Letten [Sinter], zum andern an den grossen Dämpffen dieses Wassers“. Zum dritten erkenne man seine Anwesenheit daran, daß diejenigen, die lange darin baden, „leichtlich (wie die Art des überflüssigen Schweffels allein unter allen mineralien mit sich führet) ein Hauptweh [Kopfweh] empfinden“. Es ist also noch (fast wörtlich) der Standpunkt Webers von 1617/36.

Nun aber fährt Hörnigk fort, und das ist neu: „Andere aber antworten und seynd der Meinung, gedachte gelb-grüne Farb hab mit einigem Schweffel nichts zu schaffen, sondern sey eine mucilago oder Schleim, der sich bevorab in den Ecken dieses grossen Brunnens setze und endlich zu einer gelbgrünen Farb werde; so sey auch unter den mineralien nicht allein der Schweffel grosse Bad-Dämpff und Haupt-Schmertzen zu erregen mächtig, sondern andere mehr.“ Wer genaueres darüber wissen wolle, möge lesen, was „Gelehrte so *ex professo* und vollkömlich hiervon geschrieben“, da eine „weitläufige Meldung davon zu tun“ sein Vorhaben „laut Tituls dieses Büchleins“ nicht sei.

Hier wird zum erstenmal der bis dahin alle Badbeschreibungen begleitende Irrtum angesprochen, die gelbgrüne Farbe des Sinters und die Trübung des Wassers gehe auf den darin enthaltenen Schwefel zurück. Damit entfällt aber auch die seit der Antike geläufige Einschätzung des Schwefels, der als inneres Erdfeuer auch für die große Hitze der Thermalquellen und deren Dämpfe verantwortlich gemacht wird. Leider schreibt Hörnigk nicht, von welchen Gelehrten er dieses neue Wissen hat. Wir wissen aber, daß schon der Züricher Gelehrte Conrad Geßner (1516–1565), der als Begründer der Balneologie in der Schweiz gilt, die These bestritten hat, daß alle heißen Quellen Schwefel enthalten müßten.[177]

Ein auffallender Unterschied zwischen v. Hörnigks und Webers Beschreibung ist, daß Hörnigk die Zitate antiker und späterer Autoritäten ausläßt. Dafür schaltet er mehrere Gebete ein, die die Badgäste morgens vor dem Baden sowie am Ende der Kur als Danksagung an den „Barmherzigen, sanfftmütigen Gott“, den „lieben Himmlichen Vater“ richten sollen. Sie erinnern an die süßlichen Texte seiner Kirchenlieder und sind in ihren Formulierungen von ähnlich überschwenglichem Stil, wie wir ihn siebzig Jahre später in den Schriften des Kircheninspektors Egidius Günther Hellmund wiederfinden.

Joh. Daniel Horstius und Joh. Helffrich Jüngken

Im Anschluß an Hörnigk sind einige Bemerkungen über Joh. Daniel Horstius zu machen. Hörnigk nennt ihn seinen „im jahr 1620 und 1621 gewesene(n) trewe(n) hochgeehrte(n) Praeceptor bey der Universität Gissen“. Horstius' „Kurtze Beschreibung des Wißbades“ (1659) enthält wenig Neues. Gegen den immer noch herrschenden Trend nimmt er jedoch die Trinkkur in Wiesbaden als etwas Selbstverständliches: „Das Badwasser kann man entweder allein zur Cur/wie den [Schwalbacher] Sauerbrunn/ trincken/oder aber in werendem Bad/wie das Brünnlein zu Embs/doch in geringerer Quantität gebrauchen.“[178]

Ludwig v. Hörnigk hatte in der zweiten Auflage seines Buches schon den Hinweis gegeben, daß im Kochbrunnenwasser kein „manifester“ (heute sagen wir „elementarer“) Schwefel anzutreffen sei. Bei Horstius, ein nach Schenck „berühmter Medicus zu Marburg, Giessen und Franckfurt“, führt „das Wißbad“ jedoch immer noch „Schwefel/Saltz/Alaun/Salpeter mit sich/umb deß willen es hitziger und truckner Natur ist“. Vom Kochbrunnen schreibt er: „Der grose heisse Brunn ist am allerhitzigsten/und so heiß/daß man Hüner drin brühen und Eyer drin sieden kan.“

Gegenüber Horstius macht die chemische Analyse mit Joh. Helffrich Jüngken, „Garnison- und Hospital-Medicus zu Franckfurt am Mayn“, in der Beschreibung der „von uhralten Zeiten her weitberühmten warme Bädern zu Wißbaden und Embs“ von 1702 einen erheblichen Fortschritt: Es hätten zwar „unsere Vorfahren“ geglaubt, das „*Sal*“ sei „mit Schweffel und Alaun/wie auch mit Salpeter vermischt“, was sie „mehr auß deren effect und Würckung“ geschlossen hätten, zum Beispiel daraus, daß „der Schweffel die Bade-Hembder gelb“ färbe. Er meint, daß die Vorfahren „als mehrentheils schlechte *Chymici*“ solches nicht besser gewußt hätten.[179] In einer zweiten Schrift über die Bäder Wiesbadens gibt er 1715 die Antwort, er, Jüngken, halte aber dafür, daß das Gelbfärben des „Bad-Geräths“ dem Eisen-Vitriol zuzuschreiben sei. Zum Beweis führt er an, man lasse nur etliche Tropfen Eisenvitriollösung auf ein weißes Schnupftuch fallen, „so wird sich zeigen, woher das Gelbe kommt“.[180]

Und auch dem Alaun, den Horstius noch für das Kochbrunnenwasser in Anspruch nimmt, entzieht Jüngken den Boden. „Auch haben sie [die früheren „*Chymici*“] davor gehalten/weilen man in dem Bad Runtzeln in den Händen bekommt“, das müsse „von Alaun herrühren“. Allein, „weilen dieses auch den Wasch-Weibern von der Laugen zu geschehen pfleget“, unter „Laugen Saltz“ und „Alaun“ aber ein „sonderlicher Unterschied“ sei, werde auch das nicht erwiesen. Jüngken faßt zusammen: „Wir finden also in unserm Wißbad weder manifesten [elementaren] Schweffel noch Alaun“.

Daß Jüngken die „Alchymie“ noch nicht vollständig hinter sich gelassen hat, zeigt seine Erklärung des „Salpeters“, der sich in den Wiesbadener Bädern häufig finde, jedoch unter einer anderen Gestalt. „Dann das volatile sauere spirituose Wesen des Schweffel-Kieses“, den Jüngken unter der Wiesbadener Erde als Ursache der Erhitzung des Wasser vermutet, „hat sich mit dem in der Erden befindlichen nitrosischen Saltz vereiniget, und hat aus diesem und jenem ein vermischtes Saltz formiret/welches einem *Nitro vitriolato* oder *Arcano duplicato* gleich kommt, an Geschmack und Vermögen". Jüngken weiß schon mehr als Horstius, bewegt sich aber noch auf sehr unsicherem Boden.

Eberhard Melchior, Leibarzt des Fürsten Georg August Samuel

Nachlassender Zuspruch der Kurgäste

Nach des Grafen Johannes Tod tritt sein Sohn Georg August Samuel 1677 die Regierung an.[181] Von Anfang an bemüht er sich, die Stadt Wiesbaden von den noch vorhandenen Kriegsschäden zu befreien, zumal der Wiederaufbau 1672 beim Durchzug Brandenburgischer Truppen einen schweren Rückschlag erlitten hat. An vorderer Stelle steht sein Bemühen, das Badewesen als eine der wichtigsten Erwerbsquellen der Stadt zu fördern.

Georg August, seit 1688 im Fürstenstand, kümmert sich auch um den baulichen Zustand der Badhäuser. 1709 läßt er noch wüst liegende Hausplätze registrieren (in der Langgasse sind es 18, am Rindsfußplatz der „Rindsfuß" und der „Salmen"). Er verlangt die baldige Wiederbebauung.[182] Einige dieser Plätze, deren Besitzer dieser Aufforderung nicht nachkommen, läßt er durch den Fiskus einziehen und an Bauwillige versteigern. Außer der Begradigung der Fluchtlinien in der Langgasse werden neue Straßen angelegt. Die Saal-, Spiegel- und Webergasse dienen der Auflockerung des Bäderviertels.

Eine weitere Maßnahme ist der Auftrag an seinen Leibarzt Eberhard Melchior, eine Badschrift zu verfassen, die die heilsamen Kräfte der Wiesbadener Quellen vorteilhaft herausstellen soll. 1697 erscheint die dem Fürsten gewidmete Schrift: „*Anatomia hydrologica Thermarum Wisbadensium*, Das ist: ein Ausführlicher, genauer Ursprünglicher Bericht und Chur-Buch von Krafft und Würckung der Welt-bekandten und von Gott gesegneten heylsamen Bäder von Wißbaden".[183]

Melchior beklagt in seinem Vorwort, daß der Andrang der Kurgäste in der zweiten Hälfte des 17. Jahrhunderts zurückgegangen sei. Die Bäder in Langenschwalbach und in dem durch die Kriegsereignisse kaum beeinträchtigten Schlangenbad machten Wiesbaden Konkurrenz. Außerdem rücke der Nutzen der Trinkkuren mit mineralhaltigen Säuerlingen immer mehr in den Vordergrund. Bäderstatistiken und Schriften aus dieser Zeit zeigen denn auch, daß der Zuspruch in den renommierten Warmbädern, Wiesbaden, Baden bei Wien, Baden im Aargau und Baden-Baden, abnimmt, während Kurorte mit natürlichen, meistens kalten Säuerlingen, wie Pyrmont, Spa, Vichy und Schwalbach, immer mehr in Mode kommen.

Vor diesem Hintergrund ist Melchiors Klage zu verstehen, daß bestimmte Leute „überall" das Gerücht ausstreuten, „Wißbaden seye ein hitziges Bad, jungen Leuten und zugleich hitzigen Complexionen [körperlichen Zuständen] höchst schädlich", so daß, wer eine „beglückete Cuhr" verlange, „andere in der Nähe liegende, viel temperirtere Bäder erwehlen und an statt dieser [der Wiesbadener Bäder] zum Gebrauch ziehen" solle. Melchiors Büchlein soll den Nachweis führen, daß das alles „gantz irrig und falsch" sei.

Die Badhäuser und ihre Quellen

Melchior beginnt mit der Anpreisung der Kurmöglichkeiten im „Schützen- oder Nassauischen Bad", dessen Wasser nicht so heiß hervorquelle wie das der anderen Bäder.[184] Es halte sich vielmehr in der Wärme gleich dem Nassauischen Bad zu Ems. Das Schützenbad, von dem wir wissen, daß es 1671 aus Eichenholz neu errichtet wurde, 56 m lang, 12 m breit, aber nur 3,60 m hoch war,[185] habe zwei besondere Bäder. Das kleinere, für Standes- oder andere Personen, „so gern allein sein wolten", sei „sehr commod" eingerichtet. Das größere sei durch hölzerne Trennwände in „6 kleine Badstüblein unterschieden, so daß in selbigem Bade 6 Personen baden, auch, ohne sich zu sehen, miteinander reden können". Und er fährt fort: „Gefällt es ihnen aber, daß sie nicht nur einander das Gehör, sondern auch das Gesicht gönnen wollen, so kan solches durch ein in dem Wasser eröffnetes Thürlein gar leicht geschehen."

Beide Bäder sind „ganz zu und gewölbt", oben mit weiten, Schornsteinen gleichenden Luftlöchern versehen, durch die der Dampf des Bades abzieht, so daß die Badenden, auch „wann sie im Bade frey sitzen", kein Lüftlein anweht, „welches warlich zur Erlangung der Gesundheit ein sehr vortheilhafftiges Werck ist".

1692 überträgt Fürst Georg August den Schützenhof, dessen große Ländereien er vorher abgetrennt und mit dem Grundbesitz des Wiesbadener Schlosses vereinigt hat, dem ehemaligen Landbereiter Georg Egidius Sartorius für seine Verdienste in Erbpacht. Dieser errichtet 1696 an der Stelle des alten Logierhauses einen Neubau mit zwölf Fremdenzimmern.[186] Zur Badekur wohnt der Fürst dort des öfteren mit seinem ganzen Hofstaat. Diese Kuren, die nicht ohne größeres Aufsehen vonstatten gehen, gehören wohl zu seinem ausdrücklichen Bemühen, die Wiesbadener Kur zu fördern, passen aber auch zu seinem patriarchalischen Lebensstil, verbunden mit häufigen Auftritten in der Öffentlichkeit, wie zum Beispiel bei der Entgegennahme der Huldigung und bei der Teilnahme am Gottesdienst.[187]

Beim Bad „Zum güldenen Adler" weist Melchior darauf hin, daß dessen Quelle zwar etwas heißer als die des Schützenbades sei. Sie gleiche ihr aber in dem die heilende Qualität ausmachenden Gehalt. Die Vorzüge des Adlerbades seien unterschiedliche, wohl erbaute und mit Marmorstein kostbar eingefaßte Bäder, „so daß sie wohl mit Fug und Recht Fürstliche Bäder zu nennen" seien. Auch die Zimmer seien mit aller Bequemlichkeit versehen, „daß so wohl Hohe Fürstliche und Gräfliche Standes-Persohnen, als auch andere ihre Vergnügung und Bequemlichkeit darinnen gehabt und noch haben" könnten. Die Bäder zum „Bären" samt Logierhaus seien zwar „zu dieser Zeit etwas verfallen", doch werde es nicht lange anstehen, „daß Bäder und Haus wieder aufgebaut und mit allen Bequemlichkeiten versehen" würden.

Die dritte Badquelle (der Kochbrunnen) sei die allerhitzigste. Sie „entspringet mitten in der Gassen", ist mit einer Mauer eingefaßt, „damit nichts Unreines hinein komme", und versorgt die schon mehrfach genannten benachbarten Badhäuser. Interessant ist Melchiors Vermutung, daß der „Spiegel" „seine eigene verborgene Quelle habe", es könne aber auch sein, „daß durch einen verborgenen Canal das Wasser auß der Haupt-Quelle [Kochbrunnen] sich hinein stürtze". Heute wissen wir, daß in der Tat die Spiegelquelle beim Badhaus Schwan lag und ein „Satellit" des Kochbrunnens war.

1699 zählt man in Wiesbaden 160 Haushalte mit etwa 730 Einwohnern.[188] 1697 gibt es nach Melchior 17 Bad-Häuser, „mehrentheils noch im Stande, darinnen baden zu können", wiewohl es früher mehr gewesen, „nun aber verfallen seien, aber leicht, wann an Bäder etwan Mangel erscheinen solte, wieder auffzubauen" seien. Da jedoch sämtliche Wiesbadener Badhäuser und Thermalquellen, deren Nutzung sich mehrere Familien teilen, in Privatbesitz sind, hat der Fürst nur geringe Möglichkeiten, darauf Einfluß zu nehmen. Er ist auf die Mitwirkung der Bürger angewiesen.[189]

Ursprung, Eigenschaften und Anwendung des Thermalwassers

Im dritten Kapitel fragt Melchior nach dem Ursprung der heißen Quellen. Die von ihm vorgetragene Meinung stellt einen Rückschritt gegenüber dem inzwischen erreichten Wissen dar. Die Nähe zur Lehre des Paracelsus, in der der göttliche Wille noch eine Rolle spielt,[190] ist unverkennbar. Am Ende kommt er dahin, daß er die Wirkungen der Bäder nicht auf das im Wasser enthaltene Salzgemisch zurückführt, sondern auf ein ihm beigemischtes „*sal centrale*", das jedoch dem Wasser „so subtil" vermischt sei, „daß keine Scheide-Kunst es zeigen noch darlegen" könne.[191] Auch hier ist der Einfluß der auf Paracelsus zurückgehenden Lehre vom „Genius" und dem den Heilwässern innewohnenden „Spiritus" nicht zu übersehen.

Im folgenden Kapitel stellt Melchior fest, „daß unser Wißbad Saltz, Salpeter und Alaun" mit sich führe (er ist in Puncto Chemie also nicht auf der Höhe seiner Zeit). Daß aber „der Schwefel *corporaliter* [elementar] sich in dem Bade befinde, ein solches habe durch Chymiam biß dato nicht können belehret werden".[192]

Bei der Beschreibung des Sinters, er nennt ihn „Adamische Erde", macht er eine interessante Beobachtung: daß nämlich dieser „Lett" zwar „beständig in und mit dem Wasser, ja mit solchem so genau verknüpffet und verbunden ist, daß des Wassers *diaphanitaet* [Durchsichtigkeit] dadurch nicht einmahl, wann es herausspringet, getrübet wird, sondern erst dann, wann es durch die Kanäle ablaufft, sich sowohl in solche als auch an deß Bades Wercke anhenckt".[193] Mit anderen Worten, Melchior erkennt, daß der spätere Sinter im ursprünglichen Thermalwasser in einer Form vorliegt, durch die das Wasser durchscheinend bleibt. Heute wissen wir, daß die im Wasser gelösten Eisensalze erst bei Luftzutritt in eine wasserunlösliche Form umgewandelt werden und sich dann an den Rändern der Quelle und in den Abflußrohren absetzen.

Damit ist ein weiterer Schritt zur Erkenntnis der wahren Natur des Wiesbadener Thermalwassers erreicht. Doch wird diese sachliche Beobachtung noch auf der gleichen Seite des Büchleins durch Melchiors religiös-mystische Weltschau wieder auf ein falsches Gleis gebracht, wenn er schreibt, „daß der wunder-gütige Gott im Anfang der Erschaffung aller Dinge einen sonderbahren heylsamen Samen in eine reine Virginische [jungfräuliche] Erde, dem armen bresthafften Menschen zu gut, geleget, wodurch das darüber lauffende Wasser geschwängert und mit solchen heylsamen Kräfften imbibiret [vollgesaugt] wird, und zwar solcher Gestalt, daß wir biß an das Ende der Welt (es seye dann, daß durch ein Erdbeben oder andere unterirdische Zufälle, wofür uns der gütige Gott gnädiglich behüten wolle, der Bäder Canäl verstopffet wurden) an solchen keinen Mangel haben werden“.[194]

Damit schließt der „naturwissenschaftliche“ Abschnitt von Melchiors Beschreibung der heißen Quellen Wiesbadens. Es handelt sich um ein Gemisch von teils abstrusen, teils naiven, teils aber auch recht gut durchdachten Erklärungen. Daraus wird deutlich, wie schwer es zu seiner Zeit noch war, vom „Aristotelismus“ und dessen Weltbild Abschied zu nehmen, ohne sich in ein neues Dogma der Wirkkraft Gottes zu begeben, die immer dann herhalten mußte, wenn andere Erklärungen nicht zur Hand waren. Es ist aber nicht zu verkennen, daß ab dem 17. Jahrhundert immer häufiger zutreffende Beobachtungen gemacht werden, die zunächst noch unzureichend, dann aber zunehmend richtig gedeutet werden, wenn es auch 1697, bei Melchior, zu einem echten Durchbruch noch nicht gekommen ist.

In der zweiten Hälfte des Büchleins spricht der Arzt. Er geht nicht wesentlich über die Ratschläge und Vorschriften von Weber und Hörnigk hinaus. Auffallend sind die zahlreichen Rezepturen an Kräutermischungen, die dem Badwasser zugesetzt werden sollen, Salben, Pflaster und Magenmixturen. Sie zeigen den erfahrenen Arzt, dessen Krankheitsbezeichnungen häufig schon mit den heute noch gebräuchlichen übereinstimmen. Auch Melchior empfiehlt – die Kur des 19. Jahrhunderts deutet sich an –, nach dem Bade und „eingenommener mässiger Mahlzeit“ solle man sich nicht auf ein „Faul-Bett“ niederwerfen und schlafen, sondern sich „ein stündlein mit gehen und stehen und sonsten ehrlichen anmuthigen discursen erlustiren. Wann ein solches geschehen, so ist das Brett- (und) Karten-Spiel und dergleichen, doch daß der Einsatz nicht zu hoch seye (sonstens an statt eines Lustens Unlust erfolget), ohnverbotten.“

Nicolaus Persons
„Symbolica in Thermas et Acidulas Reflexio“

Bevor wir uns dem Übergang zur neueren Zeit zuwenden, muß noch eines wenig beachteten Autors und Illustrators gedacht werden. Sieht man von Merians Stadtansicht von 1646 ab, in der der Kochbrunnen neben der „Glocke“ mit weißer Dampffahne deutlich zu sehen ist, gilt Nicolaus Person aus Mainz als der erste Künstler, der eine realistische Darstellung des Kochbrunnens geschaffen hat.[195] Person stammte aus Longwy in Lothringen, wurde von Kurfürst Johann Philipp (gest. 1673) als Kupferstecher nach Mainz geholt, betätigte sich dort auch über seinen eigentlichen Beruf hinaus sehr vielseitig und starb im Jahre 1710.

Der Stich ist in einem um 1700 erschienenen Werk enthalten, dessen lateinischer Titel mit „Symbolische Erörterung über Warmbäder und Sauerbrunnen“ übersetzt werden kann. Eine Beschreibung der Örtlichkeit liefert Person nicht. Nach Schenck hatte die Mauer die Maße 24 x 17 Schuh (7,20 x 5,10 m), sie war 5 Schuh (1,50 m) hoch, die Beckentiefe betrug etwa einen Meter (3 Schuh).[196]

Der Kochbrunnen.
Kupferstich aus Nikolaus Person: Symbolica in Thermis, 1690/1700

Persons Werk enthält in der Hauptsache fünfzig Blätter mit jeweils einem Kupferstich und Versen in deutscher, lateinischer und französischer Sprache.[197] Die Gestaltung eines Blattes der Symbolica folgt streng der von dem Italiener Alciati im ersten Drittel des 16. Jahrhunderts geprägten formalen Struktur eines „Emblems" (Sinnbildes). Das „*Lemma*" (der Leitspruch der Betrachtung, der eine sittliche Wahrheit in verschlüsselter Form enthält) befindet sich über dem Bild: „EFFECTUS IMA(GINEM) REVELANT": Die Wirkung macht das Abbild (oder den Gedanken) verständlich. Der zweite Bestandteil des Emblems ist das „*Icon*", das Bild, das dem Gegenbild gleicht. Es gibt gleichfalls ein Rätsel auf:

Fons fervet, bullit, promitque vapore calorem
Non tegit effectus passio nempe suos.
(Der Brunnen wallt, siedet und stößt heißen Dampf aus:
Nicht schützt Leidenschaft nämlich die Seinen.)

Die Funktion des epigrammatischen Textes darunter ist es, das durch Lemma und Icon gestellte Rätsel zu lösen:

Gleich wie der große dampff en(t)deckt der quellen hitz,
So weiset der verstandt sein klein und grosse witz:
Der mensch, so zornig ist, thut sein gesicht verstellen,
Der geitzhals zu dem gold sein affect gesellen;
Der neid frist selbs sein hertz, der hoffarth tringt auff ehren.
Mans raffet mitt gewalt was er nicht soll begehren,
Die neigung offenbahrt was sie nit sagen mag,
Was man nit wissen soll das gibt sie selbst an tag.

Die „Symbolischen Reflexionen" enthalten auch eine Darstellung des Wiesenbrunnens, der vor dem Sonnenberger Tor an der Stelle des heutigen Säulenportikus des Kurhauses lag. Er war für die Wiesbadener Kur insofern von Bedeutung, als er seit dem Mittelalter das Ziel der beliebtesten Promenade nicht nur der Einwohner, sondern auch der Kurgäste war. Er war die einzige, vom Bäderviertel über eine Akazienallee erreichbare Süßwasserquelle, dessen Wasser sehr geschätzt wurde. Die hundert Geschichten des „Wißbadischen Wiesenbrünnleins" des Michael Caspar Lundorf[198] beziehen sich auf diesen Brunnen. Auch hier formuliert Person eine (heute noch aktuelle) politische Quintessenz:

Aus diesem berg kan man zwey quellen genüssen:
In dem diese kalt, Jene hitzig thut flüssen. [Wiesenbrunnen und Kochbrunnen]
Das ist den Politicis zimlich gemein,
Weil ihnen kalt, warm, wie eines, thut sein.
Sie spühlen [spielen] mitt beeden ein sonderlich leben,
Undt thun offt das ein vor das andere geben;
Doch fielen all beede nit allzeit so schweer,
Wan drittens auch entlich das Herz dabey wär.

141 Weber: Thermarum Wisbadensium descriptio, erschienen 1617.

142 Roth: Geschichte und historische Topographie, S. 137.

143 Weber: Thermae Wisbadenses, S. 34.

144 Andernach: De balneis, 1, S. 63, 66.

145 Henrici: Wiesbadener Badekur, S. 84.

146 Weber: Thermae Wisbadenses, S. 24. Im Folgenden wird ausschließlich die deutsche Ausgabe zitiert. Die altertümliche Schreibweise wurde, wo sie das Verständnis erschwert, der heutigen Schreibweise angepaßt.

147 HHStA: Abt. 137 Wsb. 166. Ein hier enthaltenes „Memoriale“ vom 26. Mai 1627 enthält eine ähnliche Aufstellung: „Ettliche wochen her haben die Badewirtt zimlich Badegäst, als zum Bären, zum Hirsch, zur Cronen, zum Salm, zum Bock, zum Rindtsfuß, zum Engel, zum Schwanen, zur Glocken, zum Rodten Löwen, zum Salmen, zur Blumen, zur Rosen, zum Spiegell, zum Wildenman, zum Horn, zum weißen Roß, zur Lilien, zue zweyen Böcken. Einstheils haben wohl Ihre Häußer gar voll.“ Bis 1627 waren demnach noch keine größere Schäden an den Badhäusern aufgetreten. Gegenüber der Aufstellung von Weber fehlen außer dem Dienheimer Hof/Schützenhof der Güldene Adler, Vogelgesang, zur Stegen und Stern.

148 Weber: Thermae Wisbadenses, S. 25ff.

149 v. Hörnigk: Wißbad, 1. Aufl., S. 8.

150 Weber: Thermae Wisbadenses, S. 51.

151 Weber: Thermae Wisbadenses, S. 19.

152 Weber: Thermae Wisbadenses, S. 33ff.

153 Etschenreuter: Bäder und Brunnen, S. 163.

154 Weber: Thermae Wisbadenses, S. 46.

155 Weber: Thermae Wisbadenses, S. 83ff.

156 Weber: Thermae Wisbadenses, S. 112.

157 Andernach: De balneis, S. 66.

158 Weber: Thermae Wisbadenses, S. 123ff.

159 Schenck: Geschicht-Beschreibung, Vorrede, Nr. 1.

160 Lundorff: Wißbadisches Wiesenbrünnlein, Teil 1, S. 19–20.

161 Schenck: Geschicht-Beschreibung, Vorrede, Nr. 3. – Laut „Neue Deutsche Biographie“ war er „vermutlich ein illegitimer Sohn des Landgrafen Ludwig V. von Hessen-Darmstadt“.

162 NDB, Bd. 9, „L. v. Hörnigk“.

163 Klötzer: Frankfurter Biographie, Bd. 1, „L. v. Hörnigk“.

164 v. Hörnigk: Langen-Schwalbacher Saurbrunnen, 1. Aufl.

165 Rauch/Speth: Neue Beschreibung d. uralten Brunnen, 4. Aufl., S. 5, Anm. 5.

166 v. Hörnigk: Langen-Schwalbacher Saurbrunnen, 1. Aufl., LXXI. Frag, S. 173–179.

167 Schenck: Geschicht-Beschreibung, S. 280, 284. Allgemeines zu dieser Zeit bei Roth: Geschichte und historische Topographie, S. 148–174.

168 HHStA: Abt. 137 Wsb. 166 „Memoriale vom 26. Mai 1627“ (Aufzählung der Badhäuser: s. Anm. 147).

169 Roth: Geschichte und historische Topographie, S. 168, 177.

170 Th. Schüler: Zur Geschichte der älteren Badhäuser Wiesbadens. Der Schützenhof, in: Alt-Nassau, Jg. 22 (1918), Nr. 12, S. 45

171 Roth: Geschichte und historische Topographie, S. 173. – Schenck: Memorabilia, S. 3.

172 v. Hörnigk: Wißbad, 2. Aufl.

173 v. Hörnigk: Wißbad, 2. Aufl., S. 8ff.

174 Schenck: Memorabilia, S. 3–4. – Schenck: Geschicht-Beschreibung, S. 300.

175 Th. Schüler: Geschichte der älteren Badhäuser, Der Rindsfuss, jetzt Englischer Hof, in: Wiesbadener Tagblatt v. 7.2.1913.

176 v. Hörnigk: Wißbad, 2. Aufl., S. 13–14.

177 Gübeli-Litscher: Mineralwässer, S. 14.

178 Horstius: Sauer-Brunnen zu Langen-Schwalbach, S. 183–184. – v. Hörnigk: wie 164), 2. Auflage, Mayntz 1658, S. 95. – Schenck, G.A.: wie 23) wie 19), Vorrede Nr. 4.

179 Jüngken: Kurtzgefaste Beschreibung d. Uhralten weit-berühmten Bäder, S. 6–8.

180 Jüngcken: Kurtzgefaste Neue Beschreibung d. Uhralten Hoch-gepriesenen Warmen Bäder, S. 7–8 [Im Unterschied zu den Auflagen 1702 und 1703 („Jüngken“) schreibt der Autor sich 1715 „Jüngcken“].

181 Spielmann: Georg August, S. 25ff.

182 StadtAWi: WI/1, Nr. 229. – Roth: Geschichte und historische Topographie, S. 197.

183 Melchior: Anatomia Hydrologica Thermarum Wisbadensium.

184 Melchior: Anatomia Hydrologica Thermarum Wisbadensium, S. 2.

185 Th. Schüler: Zur Geschichte der älteren Badhäuser Wiesbadens. Der Schützenhof, in: Alt-Nassau, Jg. 22 (1918), Nr. 12, S. 46.

186 Urban: Schützenhof, Nr. 111 v. 13.5.1939 (Bl. 144).

187 Bleymehl-Eiler: Wiesbaden 1690–1866, S. 403.

188 Bleymehl-Eiler: Wiesbaden 1690–1866, S. 421.

189 Bleymehl-Eiler: Wiesbaden 1690–1866, S. 413.

190 Bitz: Badewesen, S. 66.

191 Melchior: Anatomia Hydrologica Thermarum Wisbadensium, S. 23, 28, 34.

192 Melchior: Anatomia Hydrologica Thermarum Wisbadensium, S. 29.

193 Melchior: Anatomia Hydrologica Thermarum Wisbadensium, S. 34.

194 Melchior: Anatomia Hydrologica Thermarum Wisbadensium, S. 35–39.

195 Kleineberg: Nicolaus Person, S. 7–10.

196 Schenck: Geschicht-Beschreibung, S. 441.

197 Person: Symbolica in Thermas.

198 Lundorff: Wißbadisches Wiesenbrünnlein. – Schenck: Geschicht-Beschreibung, Vorrede, Nr. 1.

Das Kurbad am Übergang zur Neuzeit

Aegidius Günther Hellmund und Gottfried Anton Schenck, ein Vergleich

Biographien

Am Übergang zur Neuzeit stehen drei Bücher, die, jedes auf seine Weise, für unsere Kenntnisse über das Wiesbadener Badeleben exemplarisch sind: die „*Thermographia paraenetica*: Oder nützliches Baad-Buch" des Pfarrers und Kircheninspektors Aegidius Günther Hellmund von 1731/33,[199] die „Neue Beschreibung der uralten Warmen Brunnen und Bäder zu Wißbaden" der Autoren Johann Gerhard Rauch und Johann Speth aus dem Jahr 1737[200] sowie die „Geschicht-Beschreibung der Stadt Wißbaden" von Gottfried Anton Schenck von 1758. Unter diesen drei Titeln hebt sich das Werk von Rauch und Speth insofern von den beiden anderen ab (und wird deshalb in einem eigenen Kapitel behandelt), als es sich bei den Verfassern um Ärzte handelt und Speth obendrein „ein ungemein gelehrter und erfahrenen Chymicus" (Schenck) war. Sie konnten aus eigenen Kenntnissen und Erfahrungen berichten und haben die warmen Brunnen und Bäder Wiesbadens im Hinblick auf ihre heilenden Qualitäten zum zentralen Thema gemacht. Demgegenüber haben Hellmund als Pfarrer und Schenck als Stadthistoriker andere Schwerpunkte gesetzt. Sie haben ihr Wissen über die Bäder eher aus zweiter Hand.

In den Kurzbiographien früherer Autoren, die G. A. Schenck (1699–1779) an den Anfang seiner „Geschicht-Beschreibung" gestellt hat, schreibt er über den 1678 in Nordhausen geborenen, dem Pietismus zugewandten und 1749 in Wiesbaden gestorbenen E. G. Hellmund: „In seiner gedachten Thermographie hat er einige geistliche Bad-Betrachtungen angestellet, auch verschiedene Bad-Lieder mit angefüget, so denn aber eine kurtze Historische Beschreibung der Stadt Wißbaden hinzugethan, welche er hernach, in der ersten Fortsetzung des Buches, durch allerley aus dem Behältniß-Buch der Stadt genommene nützliche Nachrichten erweitert hat. Er hat auch noch besondere Schriften von dem Waysenhause zu Wißbaden, in Oktav [Buchformat], 1723; item, Nachrichten von dem Armen-Bade daselbst, in Oktav und Quart, 1732-3; item, *Balneographiam sacram*, oder Geistliche Bad-Andachten, in Oktav, 1749; item, *Acta Wisbadensia singularia*, oder, Wißbadische besondere Kirchen- und Glaubensgeschichte (...) herausgegeben, welche allesamt von den Liebhabern der Wißbadischen Geschichten nicht ohne Nutzen können gelesen werden."

Sich selbst porträtiert Schenck (1699–1779) als in Wiesbaden geborenen Autor der 1732/39 erschienenen „*Memorabilia Urbis Wisbadenae*, oder Merckwürdigkeiten der Stadt Wiesbaden", die er als Pfarrer in Rödelheim geschrieben hat. Er ist der Sohn des Besitzers der Badhauses „Zum Spiegel", Johannes Schenck, der von 1714 bis 1722 das Amt des Stadtoberschultheißen bekleidet hat.[201] Gustav Anton Schenck lebt ab 1749 als Pastor emeritus die meiste Zeit in Wiesbaden. In dieser Zeit schreibt er die „Geschicht-Beschreibung der Stadt Wißbaden" als erweiterte Fassung der „Memorabilia". 1799 stirbt er hochbetagt „in dieser Stadt, welche er, als seine Geburts-Stadt, liebet".[202]

Der „Baad-Ursprung" bei Aegidius Günther Hellmund

Vergleicht man Hellmunds und Schencks Beiträge über die Wiesbadener Thermalquellen und Bäder, fallen Parallelen auf, mehr aber Verschiedenheiten, die auf einen unterschiedlichen Anspruch hinweisen, mit dem jeder auf seine Weise das Thema behandelt hat. Obwohl Hellmund kein Naturgelehrter ist und vieles wiederholt, was die früheren Autoren beschrieben haben, leistet das „Baad-Buch" doch einen eigenständigen Beitrag zur Badgeschichte Wiesbadens, die der Autor unter einem besonderen Blickwinkel erfaßt. Originell ist schon, nach den einleitenden Paragraphen über Namen, Alter und Ort der Bäder und über die Quellen, der Abschnitt über den „Baad-Ursprung" (§ 5), in dem es heißt:

„Gehöret ohne Zweiffel *ad ignorantiam doctam*, oder zur gelehrten Unwissenheit, in welcher der Schöpffer, wie in anderen Geheimnissen der Natur, seine Ehre und unsere Demüthigung suchet. Indessen kann doch wohl ohne Verletzung der Ehre Gottes aus vernünfftigen Gründen und Ursachen geschlossen werden: (1) daß das Wasser (2) in großer Menge unter der Erde vorhanden seyn müsse; (3) dieses nicht aus kleinen Bächen und vom Regen, sondern entweder aus grossen Flüssen oder gar aus dem Meer herkommen müsse, wie aus dem beständigen reichen Ausfluß auch in dürren Zeiten abzunehmen; (4) daß unter der Erde ein grosser Kessel oder Hö(h)le seyn müsse, in welcher das Wasser gekochet oder zubereitet wird;

(5) muß ein grosses proportionirtes Feuer vorhanden seyn, ohne welches das Wasser sonst ohnmöglich so heiß seyn, oder so lange bleiben könnte; (6) muß dieses unterirdische Feuer allezeit und ohne Unterlaß brennen, wie aus der beständigen Hitze des Wassers abzunehmen ist; (7) muß dieses ohne Zweiffel aus seinem großen Kessel in die Höhe schwitzen, und durch seinen eigenen Dampff in die Höhe steigen, wie etwan der Brandewein aus der Blase in den Huth steiget, und hernach aus demselben durch eine Röhre heraus läufft. Weil das Wasser sonst nicht von sich selbst empor steigen, noch so warm bleiben könnte, wann es durch einen eben so tieffen Fall in engen Quellen in die Höhe getrieben würde. Zumahlen auch ehender ein unterirdisches grosses Feuer, wie in denen Feuer speyenden Bergen (als dem Aetna in Sizilien und Vesuvio in Italien) als enge Feuer-Gänge zu vermuthen sind.

(8) Müssen diejenigen Mineralien oder Metallen ohne Zweiffel unter der Erde, und sonderlich in dem Kessel seyn, da das Wasser gekochet wird, welche es mit sich führet, oder es müste dieselbigen unterweges in seinen Quell-Röhren finden, und wegen der grossen Hitze an sich ziehen. (9) Muß der feurige Wasser-Kessel sehr tieff unter der Erde seyn, weil derselbe sonst schwehrlich so lange halten dürffte; sondern endlich oben durchbrennen, einbrechen, oder doch zum wenigsten die Gegend wegen des allzugrossen und beständigen Feuers endlich durch und durch erhitzet und auswendig im Lichte gantz heiß werden; welches aber nirgends zu spüren ist.

(10) Kan wohl der Ursprung dieses Baades umb deßwillen keines weges gleich unter der Stadt seyn, weil es unter dem so-genannten heydnischen Berge herquillet, welcher also gleichsam der Gran ist, durch welchen es aus einem andern Orte hergeleitet wird."

Hellmund erzählt sachlich, ohne jede vorgebliche, bei früheren Autoren oft wortreich und eitel herausgestellte Gelehrsamkeit. Dabei kommt er in einigen Punkten dem Kern der Sache, wie ihn die moderne Wissenschaft beschreibt, recht nahe, wenn er ihn auch mit den zu seiner Zeit verfügbaren Begriffen noch nicht exakt erfassen kann. Die gleiche Sachlichkeit verrät auch die Beschreibung des „Baad-Wassers" (§ 6), das „Mineralisch" ist und „Krafft und Saltz" mit sich führt, in einigen Quellen etwas trüber, in anderen aber klarer und heller ist und „fast wie versaltzene Fleisch-Brühe schmäcket". Allerdings bemüht er immer noch die alte Theorie, daß die Adlerquelle wegen des höheren Gehalts an „Alaun" nicht so hitzig sei wie der Kochbrunnen, der aber „wegen des vielen Schweffels der allerhitzigste" sei.[203]

Der Ursprung des Wassers bei Gottfried Anton Schenck

Ganz anders stellt Schenck das Thema im Anhang seiner „Geschicht-Beschreibung" mit deutlicher Tendenz zu gelehrter Phrasierung dar: „Fragt man nun, woher es komme, daß, da das Wasser des Erdbodens ordentlicher Weise kalt ist, dennoch einiges desselben, und insbesondere auch dieses Wißbadische Wasser, so sehr heiß sey, und auch beständig in einem Grade heiß bleibe? so ist zwar der kürtzeste Weg, auf diese Frage zu antworten, Gott habe diese heisse Wasser gleich Anfangs der Schöpfung heiß, gleich wie die andere kalte Wasser kalt, erschaffen."[204]

Wenn dem so wäre, sagt Schenck, müßten diese heißen Wässer „beständig, und so lange sie in ihrer natürlichen Ordnung gelassen werden, heiß bleiben". Lasse man sie vorsätzlich erkalten, müßten sie doch wieder von selbst heiß werden; „gleichwie ebenfalls die kalte Wasser beständig, und so lange man sie in ihrer natürlichen Ordnung lässet, kalt bleiben, und wenn man sie durch vorsetzliche Mittel erhitzet, doch von selbsten wieder kalt werden." Da aber heißes Wasser, wenn es einmal erkaltet, nicht wieder von selbst heiß würde, so müsse das heiße Wasser wie auch das kalte „seinem ersten Ursprung wesentlich kalt, durch diese und jene, darzwischen gekommene, zufällige Ursachen aber heiß gemachet worden seyn."

Frage man nach diesen Ursachen, so ließen sich diese, schreibt Schenck, „unmöglich mit einer völligen Gewißheit benennen. (...) Denn wer kann die Tiefen der Erden, wo dieses Wasser erhitzet wird, durchforschen, und alle Umstände, darin sich dasselbe allda befindet, untersuchen und beurtheilen? Es lässet sich aber (...) durch einige von der Vernunft und Natur-Wissenschaft an Hand gegebene Gründe muthmaßlich errathen. (...)

1. Sind einige und sonderlich die Natur-Lehrer der alten Zeiten, welche meynen, die Hitze dieses Wassers komme von einem unterirdischen stäts fort-brennenden Feuer her. Sie (...) beweisen solches mit den Feuer-speyenden Bergen, welche hier und dar auf dem Erdboden angetroffen werden. Sie setzen ferner fest, daß, wenn

Geschicht-Beschreibung der Stadt Wißbaden,

aus bewährten Schriften
und
zuverläßigen Nachrichten
verfasset
von
Gottfried Anton Schenck.

Franckfurt am Mayn,
bey Johann Benjamin Andreä,
1758.

Gottfried Anton Schenck: „Geschicht-Beschreibung der Stadt Wißbaden“, 1758. Titelblatt

etwan einiges Wasser in der Erde nahe bey einem solchen Feuer vorbey liefe, solches nothwendiger weise erhitzet werden müste. Und daher komme es (führen sie zur Bestärckung dessen an), daß in denen Gegenden, wo Feuer-speyende Berge sind, z.E. in Italien, in Ißland etc. auch viele heisse Wasser-Quellen befindlich wären."

Schenck kommt zu dem gleichen Ergebnis wie Hellmund, nur auf einem viel umständlicheren Wege. Es ist eine wortreiche Beredsamkeit, von der sich der Stil Hellmunds wohltuend unterscheidet. Im folgenden erörtert Schenck, nachdem er die einfache Lösung, die Hitze des Wiesbadener Wassers mit der Nähe feuerspeiender Berge zu erklären, durch eine Reihe von Einwänden in Frage gestellt hat, noch fünf weitere Möglichkeiten:

2. Sie „komme bloß allein von der Vereinigung des Wassers mit denen in der Erde befindlichen Mineralien her". Gegen diese Lösung wendet er ein, warum dann die mineralischen Wasser zu Schwalbach, Selters, Pyrmont etc. sich nicht auch erhitzten? Außerdem seien die Mineralien in der Erde, welche die Hitze des Wassers verursachen sollen, einem „fortwährenden Abgang unterworffen". Sie könnten „schwerlich in solcher Geschwindigkeit und Gleichheit immerfort anwachsen, als sie abgingen", während „die Hitze dieses Wassers aber, wenigstens des Wißbadischen, beständig, Jahr aus, Jahr ein, in einem und eben demselben Grade unverändert bliebe";

3. meinten einige, so Schenck, die große Hitze entstehe durch starke Bewegung im Innern der Erde und die dabei entstehende Reibung;

4. glaubten andere, sie komme „gantz vermuthlich von einer Gährung der mancherley Erd-Säften über- und untereinander her";

5. gebe es endlich auch einige, welche vorgeben, die Hitze der heissen Quell-Wasser des Erd-Bodens „komme nicht von einerley Ursache, an allen Orten derselben, her, sondern es sey dabey ein Unterschied vorhanden. In einigen Gegenden komme sie von einem unterirdischen Feuer, in andern von den Mineralien der Erde, in noch andern von einer starcken Bewegung, und in noch andern von was anders her." Durch diese letzte Meinung würden aber die bei jeder einzelnen Meinung erwähnten Schwierigkeiten nicht behoben, sondern „eine jede derselben vor sich in ihrem Gewichte gelassen".

Wie kann das auch anders sein, fragt Schenck, „ist doch der Ort, wo dieses Wasser seine Hitze ursprünglich überkommt, von unseren Augen gantz entfernet, und der Weg dahin verschlossen. Am Ende ist Schenck so klug, wie er am Anfang war: „Ey! was ist es denn Wunder, wenn solches auch bey einem solchen Wercke der Natur geschieht, welches in der Tiefe der Erden, und also ausser unsern Augen, zu Stande gerichtet wird, und welches überhaupt ein tiefes Geheimnüß der Natur, ja ein sonderbar-grosses Wunder der Allmacht Gottes ist."

„Denn alle menschliche Wissenschaften", hier spricht ganz und gar der Pfarrer, der Schenck ja auch war, „und also auch die Natur-Wissenschaft, haben ihre gewisse und gehörige Gräntzen. Und Gott lässet uns von seinen grossen Natur-Wercken nicht alles, sondern nur so viel einsehen, als wir zur Erkänntnüß seiner herrlichen Eigenschaften vonnöthen haben. Das übrige hat er vor sich behalten, damit zwischen dem

Schöpfer und dem Geschöpfe ein billiger und nöthiger Unterschied bleiben möge. Wie Er denn überhaupt in allen seinen Wercken nicht sowohl begriffen und ausgelernet, als vielmehr ehrerbietig bewundert und angebetet seyn will."[205]

Badhäuser und Brunnen

Was die Inhaltsstoffe und deren heilende Wirkung anbetrifft, halten sich Hellmund und Schenck deutlich zurück. Ihre Aussagen offenbaren, daß sie von den naturwissenschaftlichen und medizinischen Dingen kein auf eigenem Studium oder eigener Berufserfahrung beruhendes Wissen besitzen. Schenck greift wiederum auf Gott zurück, „der grösseste und bewundernswürdigste Chymicus", der darein „eine gantz besondere grosse Kraft geleget, und ihnen eine sehr mannichfaltige heilende Würckung (...) anvertrauet".

In bezug auf die Badhäuser ist Hellmund unergiebig. In der Fortsetzung von 1733 trägt er lediglich nach, daß der „Salmen", der seit Alters „gleich beym grossen heissen Brunn gestanden", nach dem letzten Wiederaufbau auf „obrigkeitliche Verordnung" wieder habe abgebrochen werden müssen, „weil dadurch dem steten Dampff aus dem heissen Brunn die Lufft benommen gewesen," und in der Nachbarschafft „beständige Ungesundheit entstanden" sei. Sie habe nach dem Abbruch des Hauses „ohngefähr vor 40 Jahren", also um 1693, gleich nachgelassen. Seitdem hatte man den Salmenplatz dem Hospital überlassen, woraus Hellmund den Anspruch des zum Hospital gehörenden Armenbades an der ehemaligen Salmquelle bestätigt sieht. 1733 gibt es auch schon beim Badhaus „Zum schwarzen Bock" das „Roß-Baad", in dem „die Rosse und Pferde, so es nöthig haben, mit Nutzen gebadet werden".[206]

Wir erfahren, daß zum Zeitpunkt des Erscheinens der „Geschicht-Beschreibung" das Badhaus „Rebhuhn", Vorläufer des „Pariser Hofs", „dermalen ein Juden-Badhaus ist".[207] Der vormalige „Wilde Mann" heißt nun „Goldenes Kreuz" und hat ebenso eine eigene Quelle wie die „Sonne" (Sonnenberg), vormals „Weißes Roß", die „Krähe", vormals „Helm", die „Lilie", der „Halbe Mond", vormals „Stege", und die „Zwey Böcke".

Schenck bespricht die drei Hauptbrunnen in Anlehnung an Weber und Hörnigk.[208] Er verweist speziell auf das „Neue Bad", das uns bei v. Hörnigk als „der vierdte Brunnen" begegnet ist. Schenck schreibt: „Wo aber solches gestanden habe, und ob es noch, unter einem anderen Nahmen, vorhanden, oder aber gantz und gar abgängig worden sey? das lässet sich nicht entscheiden." Es gibt ganz offensichtlich unter den Sekundär- oder auch Kiesquellen solche, deren frühere Lage unbestimmt bleibt. Man könnte auch an einen Zusammenhang mit der im 19. Jahrhundert von Zais entdeckten Quelle im Erkelschen Garten unterhalb der „Goldenen Kette" denken, von der in Verbindung mit dem Bau des Badhauses „Zu den vier Jahreszeiten" (1818–1822) noch berichtet wird. Von ihr schreibt Winter, der die Wiesbadener Heilquellen 1880 „in technischer Beziehung" untersucht hat, sie „mag früher ein Badhaus versorgt haben, welches, wie so viele andere im 30jährigen Kriege zu Grunde gegangen ist".[209] Es ist die Quelle „m" im Plan von E. Winter (s. S. 116; unterhalb des Kranzplatzes).

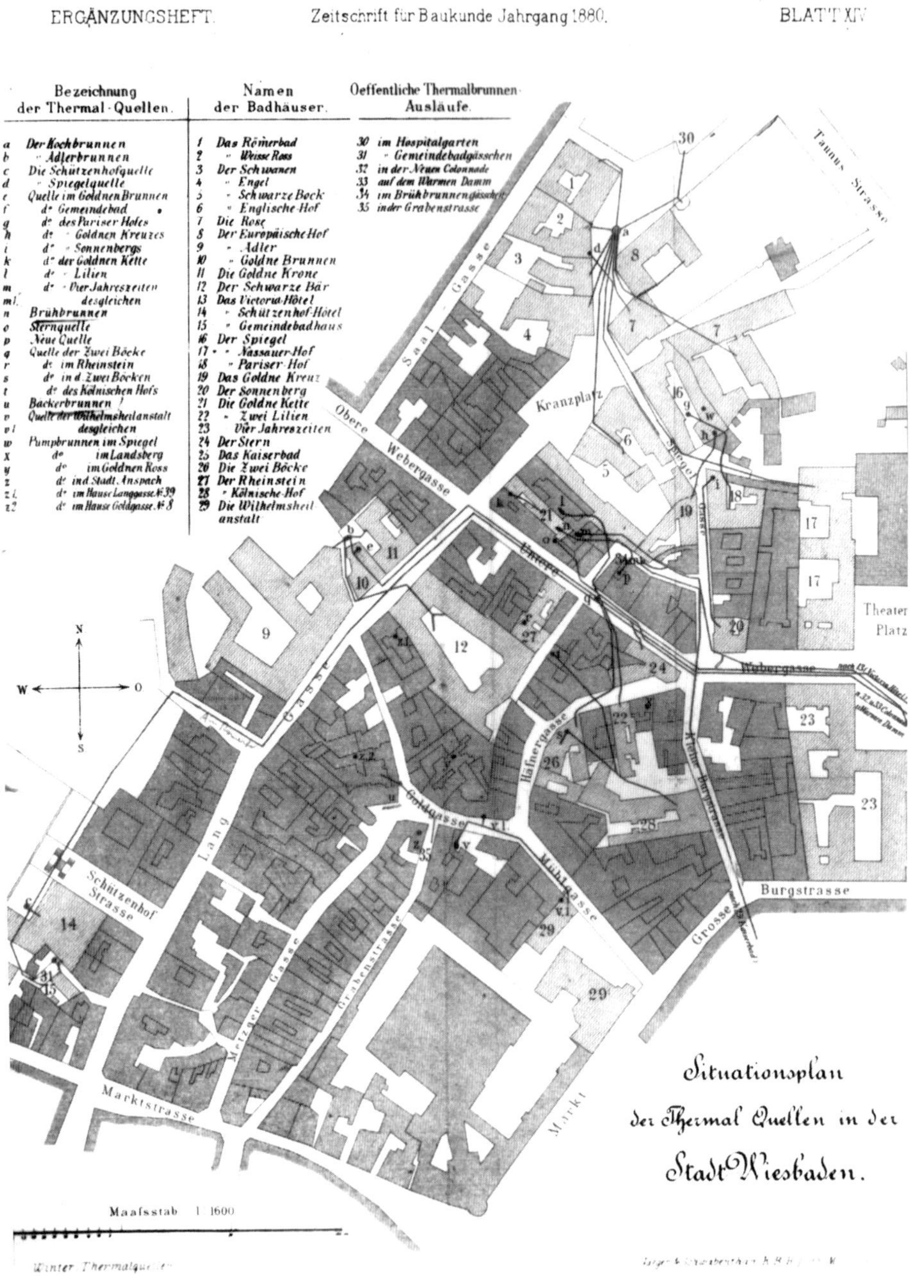

„Situationsplan der Thermal Quellen in der Stadt Wiesbaden". Aus E. Winter: Die Thermalquellen Wiesbadens in technischer Beziehung, 1880

Unter den Warmbrunnen, lesen wir bei Schenck, gibt es auch einige, welche zum gemeinen Gebrauch auf den öffentlichen Straßen stehen. So den „so genannten Brüh-Born“ beim alten Schlachthaus (an der Goldgasse, Ecke Grabenstraße; „v“ bei E. Winter), „darin das geschlachtete Vieh abgebrühet wird“. Zwei Brunnen fänden sich außerdem im „so genannten Graben“ (Grabenstraße, Ecke Goldgasse; „u/z“ bei E. Winter). Auch habe bis vor kurzem ein solcher Brunnen vor dem Badhaus „zum Rebhuhn“ auf der offenen Straße gestanden, „welcher der Rebhünleins-Brunn genennet worden“. Er sei aber bei Veränderungen der Gebäude und Straße zugeschüttet und verbaut worden. Es gebe außerdem noch eine Reihe von solchen warmen Brunnen in den Höfen des Sauerlandes. Sie seien verdeckt oder vorsätzlich, weil sie den benachbarten Gebäuden „einige Ungelegenheiten zugezogen“ und, weil ja doch keine neuen Bad-Häuser mehr errichtet werden dürften, „mit Erde zugeschüttet“ worden.

Nachlese aus Hellmunds „Baad-Buch“

Auch heute noch interessierende Nachrichten aus Hellmunds Badbuch sind: Man badet, sonderlich in der Gegenwart anderer Leute, nicht nackend, sondern in einem „Baad-Habit“, und auch, wenn man will, in besonderen, kleinen und verschlossenen „Baad-Häußlein“ oder in größeren, besonders eingerichteten „Baad-Cammern“, was zwar „nicht zur Gesundheit, aber doch zur Christlichen Zucht und Ehrbarkeit dienet“. Badzeiten sind Frühjahr, Sommer und Herbst, wiewohl auch der Winter nicht schadet, „wann man sich beym Baade vor der Kälte wohl verwahret“. Als Kurdauer werden drei Wochen empfohlen, Baden täglich ein- oder zweimal, morgens und abends, „wann der Magen leer ist“; dabei ist jedesmal, nach Rat des Arztes, eine ganze oder halbe Stunde im Bad zu bleiben. Getrunken wird das Badwasser nur morgens nüchtern.

Die „Baad-Aertzte“ des Orts könne man in ihrem Hause consultieren. Sie pflegen aber auch zu den Kurgästen in ihren Badhäusern zu kommen, je nach Begehren und Befinden, „und, nach dem Exempel jenes barmherzigen Samariters, sich sowohl des Armen und Geringen, als der Grossen und Fürnehmen anzunehmen“. Abgesehen davon, daß „um Behuff der armen Cur-Gäste im Armen-Baade eine eigene obrigkeitliche Verordnung gemacht ist“.

Zur „Baad-Arbeit“ und „Baad-Ordnung“ bemerkt Hellmund, daß die Badwirte oder ihre Hausgenossen die Bäder zur rechten Zeit an- und ablassen. Kein Wirt dürfe dem andern die Gäste mutwillig „abspannen“. Die Gäste ihrerseits müssen sich an die Badregeln halten, zur rechten Zeit in ihre Herberge gehen und nicht des Nachts auf der Gasse herumschwärmen, vielmehr jeder seine ihm angewiesene Stube oder Kammer aufsuchen und in guter Ordnung halten.

An „Baad-Freuden“ nennt Hellmund unter anderen eine „angenehme Tisch- oder Tafel-Musique“; hingegen würden keine „liederlichen Zech-Fiedler“, Taschenspieler, Gaukler „und dergleichen Lumpen-Gesinde“ gelitten, die den Badgästen mit allerhand unchristlichen Possen, Narreteien oder üppigen und ärgerlichen „Sauff- und Schand-Liedern“ aufwarten. Das klingt nach gemäßigten Badesitten, die Verbote zeigen aber, daß es, wie immer und überall, derlei Unarten gibt, wenn man auch versucht, sie in Grenzen zu halten.

Ähnliches verraten die „Baad-Regeln", die Hellmund, wie Moses mit den Gesetzestafeln seinem Volk die zehn Gebote, verkündet: „Wie dann das warme Baad weder ein Götzen-Baad ist, wie diejenigen meynen, denen der Bauch ihr Gott ist," noch ein „Läster-Baad" oder ein „Baad der Sabbats-Schänder", weder ein „Trutz-Baad", ein „Zanck-Baad" noch ein „Mord-Baad, in welchem Schlägereyen geduldet würden", auch nicht ein „Sauff-Baad", ein „Huren-Baad" oder ein „Zotten-Baad, bey welchem allerley Zotten gerissen werden mögen". Es sei auch kein „Diebes-Baad", kein „Jauner-Baad, in welchem das Jaunern, Doppeln und Spielen herrschen dürffte", weder ein „Lügen-Baad" noch ein „Narren-Baad", sondern ein „Gottes-Baad, welcher es erschaffen hat und noch erhält, auch deßwegen über alles zu fürchten und zu preisen ist".

Nachrichten aus dem Bade („Baad-Nachrichten")

Nach Art von Zeitungsmeldungen haben Hellmund[210] und nach ihm auch Schenck[211] einige Vorfälle festgehalten, die sich vor allem auf Unfälle am offenen, auf der freien Gasse liegenden, nur durch eine Mauer geschützten Kochbrunnen beziehen. Sein inwendiger Boden liege 3 Werckschuh (ca. 1 m) unter der Wasseroberfläche und sei „Felsen-fest". Daher könne man große Leitern sicher auf ihn setzen und die Quelle, wenn es nötig sei, ohne Gefahr von ihren Auswürfen (Sinter) reinigen. Das Kochbrunnenwasser, das öfter in große Fässer gefaßt und an andere Orte gebracht werde, habe man früher durch Einsetzen einer Leiter aus dem Brunnen geschöpft. Neuerdings würde es aber mit einem Eimer über eine am Brunnen festgemachte Rolle heraufgezogen. Auf der Mauer gebe es einige eingehauene Schriften mit den Namen der Badwirte, die an dem Brunnen einen Anteil haben.

Von der Adlerquelle berichten beide Autoren gleichlautend, daß sie 1710 ganz unvermutet versiegt sei. Nachforschungen hätten ergeben, daß der Bewohner eines nahegelegenen Hauses eine tiefe Grube in seiner Behausung gegraben habe. Dabei sei die Grube und das ganze Haus von heißem Wasser vollgelaufen, die Adlerquelle aber ganz leer gelaufen (eine Erscheinung, die es heute noch gibt, wenn zum Beispiel im Quellenviertel eine Baugrube ausgehoben wird, ohne daß man spezielle Sicherungsvorkehrungen trifft). Die städtischen Gremien sind dadurch offenbar so geschockt, daß man sogar „öffentliche Fürbitten in der Kirche thun lassen". Als man den Zusammenhang erkennt, wird der Schaden durch seitliches Abmauern der Quelle wieder behoben.

Anno 1722 ereignen sich gleich zwei tödliche Unfälle. In die Adlerquelle ist eine „frembde Weibs-Person", als sie einer Nonne, die auch zur Kur weilte, einen Krug Badwasser schöpfen wollte, unversehens hineingefallen „und so verbrandt worden, daß sie daran sterben müssen". Im gleichen Jahr ist „ein hiesiger Bürger" während einer hitzigen Krankheit im „delirio" aufgestanden, aus dem Haus gegangen, „in den heissen Baad-Brunnen auff der Gasse gesprungen, und zwar von denen Nachbarn gleich wieder heraus gezogen, indessen aber doch also verbrandt worden, daß er daran gestorben."

1730 ist eine „gewisse schwehrmüthige Frau von Hanau" im Badhaus „Zur Crone" mehrmals entgegen der Warnung der Hausleute „des Nachts ins Baad gegangen". Eines Morgens ist sie dann „in demselben todt gefunden worden". Im gleichen Jahr fällt ein „Kayserlicher Commissarius" aus Mainz während der Kur abends in der Allee vor der Stadt in Gegenwart vieler Badgäste an einem Schlagfluß nieder und stirbt „noch auf der Stelle".

Das Armen-Bad

Abschließend sei noch auf eine Besonderheit des mittelalterlichen und, in dieser Tradition stehend, auch noch des neueren Badewesens hingewiesen. Das Armenbad geht in seinen Ursprüngen, dies wurde bereits erwähnt, auf eine Stiftung des Grafen Gerlach von Nassau von 1353 zur Gründung eines Armenhospitals zurück. Es lag im Winkel von Saalgasse und Taunusstraße, nach damaliger Topographie innerhalb des nördlichen Wendepunkts der Stadtmauer und des Stadtgrabens, der an dieser Stelle vom 1559 erwähnten Spitalweiher gebildet wurde.

Die verwickelte Baugeschichte dieser immer etwas im Abseits liegenden Einrichtung soll hier nicht ausgebreitet werden. Zu Philipp Webers Zeiten gab es „zwey Oerter, da warme Bäder sind, welche in das Spital gehören, eines vor die Armen, das andere vor die Aussätzigen".

Das Hospitalbad war im Dreißigjährigen Krieg zerstört worden. 1687 wird ein Neubau errichtet, der nur über drei Betten verfügt. 1690 wird daneben, zur Stadt hin vorgelagert, ein neues Siechenbad „vor diejenigen gebauet, welche wegen ihrer offenen Schäden, Grätze, Aussatzes, oder dergleichen nicht mit den andern baden dürffen".[212] Gleichzeitig schenkt der um den Wiederaufbau der Stadt bemühte Fürst Georg August den seit der Zerstörung wüst liegenden Platz des „Salmen" dem städtischen Hospital als Garten und Lagerplatz. Das 1732 errichtete neue Armen-Bad ist ein Herzensanliegen Hellmunds.

Der Steinbau des Armenbades ist 80 Werckschuh lang, 50 breit und 14 hoch (24, 15 und 4,20 m), mit einem gebrochenen Dach. Im Obergeschoß befinden sich sechs Räume, unten neben vier „grossen Bädern" der Speisesaal, Küche, Speisekammer und fünf Schlafkammern „vor die armen Cur-Gäste". Ein heftiger, noch Jahrzehnte nachhallender Streit mit den Anlieger-Badwirten entzündet sich an den Wasserrechten für das Hospital- und Armenbad.[213] Hellmund geht in seinen Schriften an verschiedenen Stellen näher darauf ein. Auch darauf, daß der damalige Hospitalverwalter Daniel Freinsheim auf dem Gelände des Hospitalgartens ein Zuchthaus errichten will, was aber dank des Einsatzes von Hellmund verhindert wird.[214]

Der Zufluß zu den vier neuangelegten Becken (je eins für 25 männliche und 25 weibliche Arme; zwei Becken zum Abkühlen) aus der alten Hospitalquelle im Hof des Badhauses „Zum weißen Löwen" ist nicht ausreichend, angeblich, weil die Becken zu hoch gelegt worden sind. Man entsinnt sich des früher zum Salmen gehörenden

Kurtze

SPECIES FACTI:

In Sachen

Des Armen-Baad-Hausses zu Wißbaden,

Gegen

Einige widerstrebende Baad-Wirthe daselbst (a);

So wie es Noth, Recht, Wahrheit, Beruff, Leymund, Gewissen, milde Sachen, der Stadt Beßtes, der hohe Landes-Fürstl. *Respect* und *Autorit*ät, in dem allen aber die Ehre GOttes erfordert, und so wohl aus dem gerichtlichen *Protocoll* und offenbaren Zeugnissen der Stadt, als auch aus dem klaren Augenschein selbst erhellet.

(a) Namentlich im Schwanen, im Bock, im Rindsfuß, im rothen Löwen, in der Blume, in der Rose, in der Glocke und im Engel, als welche ihre abgemessene Theile an dem warmen Wasser in dem grossen gemeinen Brunnen haben.

Streitschrift des Kircheninspektors Hellmund gegen die Badhausbesitzer am Kochbrunnen, 1733

Kochbrunnen-Ablaufs, der noch offenliege und rechtlich ein Bestandteil des (dem Hospital überlassenen) Salmenplatzes sei. Der darüber ausbrechende Streit zwischen den Badhausbesitzern und Hellmund wird erst nach Eingreifen der Landesfürstin Charlotte Amalie von Nassau-Usingen beigelegt, das Armenbad erhält den jahrzehntelang stillgelegten Zulauf zum „Salmen“ als neunten Abfluß aus dem Kochbrunnen.

Den „armen Cur-Gästen“ widmet Hellmund ein eigenes Kapitel.[215] Es sind alte und junge, zuweilen auch kleine Kinder beiderlei Geschlechts. Sie kommen teils von sich aus, teils werden sie geschickt. Sie „sind entweder aus hiesigem oder meistentheils aus auswärtigen Landen, bißweilen sind sie wohl gar nirgends zu Hausse, sondern vagiren wie das Wild von Kindheit an in der Irre herum“. Dazu gehören auch „Soldaten-Kinder und dergleichen, derer sich niemand annimmt“. Manche der armen „Cur-Gäste“ sind etliche Wochen unterwegs, „wie sie dann wohl aus Ungarn, Böhmen und noch weiter her diß Baad besuchen“. Die meisten kommen zu Fuß, „einige auff den Knien und Gricken gekrochen, einige auff Pferdten oder Eseln geritten, einige auff der gemeinen Armen-Fuhre, und einige werden gar auff Hand- oder Stoß- oder Schüb-Karnen herzugeführet“.

Es gibt solche, die ein ordentliches Attest mit sich führen. Bei andern „muß die offenbare Noth als ein Zeugniß angesehen werden“. Einige haben „was von gelde“ bei sich, wie die Mainzer, Hanauer und Frankfurter, die „durch löbliche Vorsorge ihrer Obrigkeit ihr Zehrgeld ordentlich mitbringen“. Andere haben kaum auf etliche Tage zum Leben. Denen wird „mit einem nöthigen Almosen aus hiesiger Armen-Büchse an Hand gegangen“.

Es gibt aber auch Bettler, die das Armenbad zu umgehen und in einer der Bad-Herbergen aufgenommen zu werden versuchen. Dabei ist zu beobachten, daß manche Badwirte sie nicht, wie man meinen könnte, vertreiben. Im Gegenteil, weil diese Bettelleute außerhalb der Spital-Aufsicht unter dem Schein, gewöhnliche Kurgäste zu sein, „in den Alleen als auch in fürnehmen Baad-Häusern“ mehr erbetteln, als Bad und Herberge kosten, sei solchen Wirten „gar die löbliche Bettel Ordnung zuwider“. Mit anderen Worten, die Wirte sind gegen das Verbot des Bettelns; sie nehmen jede Art von Kundschaft, wenn sie nur zahlt, und seien es Straßenbettler.

Eine Vorstellung vom Ausmaß des Armen-Badewesens in Wiesbaden erhält man aus zwei statistischen Nachrichten: 1687/88 werden 78, 1737 unter Hellmunds Leitung 418 Personen ins Armenbad aufgenommen.[216] Erstaunlich ist, wie dort im Zeichen der christlichen Nächstenliebe den Ärmsten der Armen, den Aussätzigen und Obdachlosen geholfen wird. Freilich gibt es unter ihnen auch Spitzbuben und Vagabunden, die man jedoch seit 1685 durch eine neue Ordnung fernzuhalten versucht. Ab 1726 ist für die Aufnahme die Vorlage eines „Armutszeugnisses“ notwendig, das von der Herkunftsgemeinde ausgestellt sein muß. Es soll sicherstellen, daß nur solche Personen aufgenommen werden, die wirklich krank und bedürftig sind.

Johann Gerhard Rauch und Johannes Speth: „Beschreibung der uralten Brunnen zu Wißbaden"

Editionsgeschichte

Mit Dr. Johann Gerhard Rauch (1671–1748) und Dr. Johannes Speth (1690–1737) beginnt die systematische experimentelle Untersuchung der Wiesbadener Heilquellen. Die Ergebnisse sind in der „Beschreibung der uralten Brunnen zu Wißbaden" (1737) niedergelegt. Speth gilt als eigentlicher Verfasser. Der als Mitautor genannte Arzt Dr. Johann Gerhard Rauch hatte 1701 eine Schrift: „Erinnerungen einiger sonst unheilbarer, doch glücklich kurierter Zustände durch den Gebrauch des Wißbads" vorgelegt. Schenck nennt es ein „kurtz verfassetes Büchlein", das nichts weiter enthalte, „als eine kleine Anweisung, wie das Wißbad im Winter zu gebrauchen sey, nebst Meldung einiger nahmhaften Krancken, denen es würcklich auf solche Art geholfen".[217]

Die Editionsgeschichte des dem Fürsten Karl von Nassau-Usingen gewidmeten Rauch/Spethschen Buches ist ungewöhnlich. Speth stirbt bereits im Erscheinungsjahr 1737, nach Schenck wegen vorzeitiger Schwächung seiner Leibeskraft, die er sich durch zu eifriges Experimentieren zugezogen habe.[218] Dr. Johann Christian Wernborner, der Herausgeber der vierten Auflage, schreibt, Speth sei nicht nur „ein geschickter Medicus, sondern auch noch dabey ein ungemein gelehrter und erfahrener Chymicus" gewesen, der „in der sowohl beschauenden als ausübenden Chymie und Metallurgie eine seltene Stärcke besessen; also beydes, viele vortreffliche Artzeneyen ausgearbeitet und mit ohnermüdlichem Fleiß chymische Versuche angestellet" habe. „Er ist der erste, welcher das Eiß gebrochen und eines Theils eine sichere, auf hinlängliche Erfahrung und Versuche gegründete Bestimmung derer Bestand-Theile und Eygenschafften des warmen Wassers gelieffert" habe.[219]

Die zweite und dritte Auflage erscheinen 1740 und 1746. Da die Nachfrage groß ist, der Bedarf vielleicht auch dadurch zunimmt, daß Fürst Karl seine Residenz im Jahre 1744 von Usingen nach Biebrich verlegt und Wiesbaden zum Regierungssitz macht, übernimmt 1761 der Kurarzt Dr. Johann Christian Wernborner die Aufgabe, eine vierte Auflage herauszugeben. Es handelt sich fast um zwei Bücher: der Rauch/Spethsche Text und zahlreiche Fußnoten Wernborners, die oft mehr als Dreiviertel einer Seite einnehmen, zuweilen sogar über mehrere Seiten den ursprünglichen Text völlig verdrängen.

In den Fußnoten hat Dr. Wernborner das Buch durch die in der Zwischenzeit fortgeschrittenen chemischen Kenntnisse erheblich verbessert. Mit diesen Ergänzungen ist es das erste Buch über die Wiesbadener Thermalquellen, das einem wissenschaftlichen Anspruch im heutigen Sinne annähernd genügt. Erkenntnisse werden nicht mehr auf der Grundlage überkommener Lehrmeinungen oder geistreicher Kombinationen konstruiert, sondern aus den Ergebnissen praktischer Versuche abgeleitet. Wernborner vollzieht für die Wiesbadener Quellen, was Jahrzehnte vorher der englische Naturforscher Robert Boyle (1627–1691), einer der Begründer der modernen Chemie, hinsichtlich der Untersuchung von Heilwässern gefordert hat: eine mehrfach abgesicherte, kritische Prüfung aller experimentellen Ergebnisse.[220] Die älteren alchimistischen Prüfungsmethoden, die mit den Namen Paracelsus, Thurneißer, Dryander, Gessner u.a. verbunden sind, werden durch physikalische und chemische Untersuchungen abgelöst. Letztere werden freilich nur langsam zum Allgemeingut der Heilwasseranalyse.

Ursprung der warmen Quellen

Speth meint im Text der ersten Auflage, es sei „gantz glaublich, daß die Wiesbadener warmen Brunen von Anfang der Welt gewesen sind", da sie nicht „Tag-Wasser, so ihren Ursprung von Regen und Schnee und dergleichen haben", seien, sondern für „Grund-Wasser" zu halten seien, „so aus der Tieffe und Innerstem des Erdbodens herkommen" und „im kältesten Winter ebenso heiß wie im Sommer" seien.[221]

Die „Bad- und Cur-Brunnen" nennt er *„fontes perennes"*, unversiegliche Quellen. Außer Kochbrunnen, Adler- und Schützenhofquelle zählt er die Brunnen einiger Badhäuser dazu, die aber „mehrentheils, weil sie bedeckt, nicht eher, als beym jährlichen Aufgraben und Aufräumen der Canäle gesehen werden können". Sie erlitten weder durch nasse noch durch trockene Witterung, auch wenn diese noch so lang anhielten, Veränderungen. Die Wassermenge sei so groß, daß täglich in den 26 Badhäusern die Bäder, sogar für einzelne oder wenige Personen, immer frisch eingelassen werden könnten.

Untersuchung des Thermalwassers

Die Untersuchung, die nun weitgehend die Handschrift Dr. Wernborners trägt, beginnt mit der Sinnenprüfung.[222] Der Farbe nach sei das Wasser „gantz hell, klar und durchsichtig" (Speth), was Wernborner in den umfangreichen Fußnoten korrigiert: „Wir können dieses eben nicht von allen Brunnen, oder vielmehr von allem Wasser behaupten; in einigen Badhäußern ist es gantz helle, in denen mehresten aber etwas trüblich, wie Fleischbrühe, maßen dann auch, dem Geschmack nach, gesaltzener Fleisch-Brühe am nächsten kommt. (...) Das in groser Menge sich anlegende rothe Sediment", der Sinter, werde deshalb ausgeschieden, da er „zum Wesen des Wassers nicht gehöret".

Der wertvollste Teil des Buches ist die Beschreibung der „Experimenta, so wir gemacht, unsere Hypotheses oder Sätze zu beweisen". Eine kurze Probe mag andeuten, wie Wernborner vorgegangen ist.[223] Zuerst wird in einem offenen Kolben aus dem Sandbad gelinde destilliert. Das Wasser schäumt nicht, sondern geht „gantz stille fort", es fällt auch nichts aus bis zur völligen Verdampfung. Dann erst erscheint das *coagulum salinum*, das zwar weißlich, doch etwas braungelb ist, „als wann das von der gelben Eisen-Erde gefärbt und durchdrungen wäre". Das Destillat ist ohne Geruch und Geschmack, schäumt weder nach Zugabe von *acidis* noch *alcalicis*, „zum Beweiß, daß nichts dergleichen mit übergegangen".

Die Destillation des Salzes „per se" aus der Retorte bis zum Glühen ergibt weder *Flores sulphuris* (Schwefelblüte) noch einen salinischen Anflug eines Sublimats, wie man es sieht, wenn Alaun dabei ist; „woraus also darzuthun, daß weder wesentlicher

Sulphur, noch etwas alaunhafftes dabey sey". Das Salz habe seinen eigenen *Spiritum*, der „nur durch Zugabe einer starken „Scheidungssäure" (*Oleum Vitri*, konz. Schwefelsäure) zu separieren ist. Dabei „steigen weisse Dämpfe in die Höhe, welche sauer riechen und ein untriegliches Zeichen abgeben, daß diese Dämpfe ein *Spiritus Salis communis* seyen".

Heute wissen wir, daß beim Versetzen des Kochsalzes, dem Hauptbestandteil des Wiesbadener Thermalwassers, mit konzentrierter Schwefelsäure Chlorwasserstoff (HCl-Gas) aufsteigt, der mit der Feuchtigkeit der Luft weiße Salzsäuredämpfe ergibt. Dieses kurze „Analysenprotokoll" zeigt, wie fachmännisch Wernborner den chemischen Geheimnissen des Wassers auf den Grund geht, wenn er auch noch nicht bis zur letzten Erkenntnis durchdringt, da die Zeit dafür noch nicht reif ist. So kann er Chlor bzw. Chlorid als den prägenden Bestandteil des Wiesbadener Wassers (unter diesem chemischen Namen) noch nicht nennen. Chlorwasserstoff wird erst 1772 rein dargestellt, Chlorgas zwei Jahre später (J. Priestley, C. W. Scheele). Der Schritt vom „Küchensalz" zum Natriumchlorid des Chemikers konnte noch gar nicht vollzogen werden. Doch ist nach dem bis jetzt kurz Gesagten der Unterschied der Arbeiten von Rauch, Speth und Wernborner zu dem, was die Vorgänger Weber, v. Hörnigk und Melchior zu Papier gebracht haben, schon mehr als deutlich.

Die zahllosen Versuche, die vor allem Dr. Wernborner unternommen und beschrieben hat, können nicht weiter erörtert werden. Er stellt fest, daß es außer einem „alcalinischen" und einem „sauren" Salz (Na^+ und Cl^-), die er zu einem „Mittel- oder Küchen-Salz" (NaCl) vereinigt, keine anderen „*Principia constitutiva*" (Hauptbestandteile), weder Alaun noch Nitrum (hier im Sinne eines Stickstoffsalzes) und auch keinen (elementaren) Schwefel im Wiesbadener Thermalwasser gibt.

Das sind die entscheidenden Aussagen, die endgültig mit der „Alchymie" der früheren Zeiten Schluß gemacht haben. Speth und Wernborner stehen an der Schwelle zur chemischen Aufklärung des wahren Sachverhalts. Sie geben die verschiedensten damals bekannten Reagentien (z.B. Quecksilbersublimat, Weinsteinsäure, Ammoniakspiritus, pulverisierte Galläpfel etc.) zu dem in Wasser gelösten Destillationsrückstand und registrieren sorgfältig die dabei zu beobachtenden Reaktionen, ob Gasbildung, Niederschlag oder Färbung erfolgt, ganz so, wie der moderne Chemiker vorgeht, wenn er eine naßchemische Analyse macht. Aus dem Beobachteten ziehen sie Schlüsse, die zu realitätsnahen Ergebnissen führen.

Im zweiten Teil des Buches (Cap. 5–11) beschreibt Speth als Arzt, welche Wirkungen der innerliche und der äußerliche Gebrauch des warmen „Wißbader Wassers" hat und welche Krankheiten damit zu kurieren sind, für welche Krankheiten es schädlich ist, wie man sich vor einer Kur vorbereiten muß, wie man sich kurmäßig beim Baden zu verhalten hat und „was wegen Speis und Tranck in der Bad- und Brunnen-Cur und sonst in Acht zu nehmen". Da es sich mehr oder weniger um medizinische Ratschläge des Badearztes handelt, können sie hier ausgelassen werden, da auf diesem Gebiet gegenüber früheren Zeiten keine entscheidenden neuen Erkenntnisse hinzugekommen sind.

199 Hellmund: Thermographia paraenetica/Nützliches Baad-Buch.

200 Rauch/Speth: Neue Beschreibung d. uralten Brunnen.

201 HHStA: Abt. 131, III b 5, 2. Nr. 171. – Th. Schüler: Geschichte der älteren Badhäuser. Der Spiegel, Wiesb. Tagblatt v. 3.5., 10.5., 17.5. u. 24.5.1914.

202 Schenck: Geschicht-Beschreibung, Vorrede Nr. 12.

203 Hellmund: Thermographia paraenetica/Nützliches Baad-Buch, 2. Teil, VI. Kapitel „Vom Baad-Wasser", S. 175.

204 Schenck: Geschicht-Beschreibung, S. 417ff.

205 Schenck: Geschicht-Beschreibung, S. 425ff.

206 Hellmund: Nützl. Baad-Buch, S. 171.

207 Schenck: Geschicht-Beschreibung, S. 446.

208 Weber: Thermae Wisbadenses, S. 30; v. Hörnigk: Wißbad, 1. Aufl., S. 8.

209 Winter: Thermalquellen, Kartenbeilage.

210 Hellmund: Nützl. Baad-Buch, S. 29.

211 Schenck: Geschicht-Beschreibung, S. 445.

212 Hellmund: Nützl. Baad-Buch, S. 188.

213 Hellmund: Kurtze Species Facti In Sachen des Armen-BaadHausses. – Th. Schüler: Geschichte der älteren Badhäuser. In: Wiesbadener Tagblatt v. 23.3. u. 13.4.1913.

214 Hellmund: Nützl. Baad-Buch, S. 185. – Ders.: Nachricht von dem neuen Armenbade. – Ders.: Kurtze Nachricht und Ordnung von dem neu erbauten Armenbade.

215 Hellmund: Nützl. Baad-Buch, S. 192ff.

216 Bitz: Badewesen, S. 238ff.

217 Schenck: Geschicht-Beschreibung, Vorrede, Nr. 9. – ADB, Bd. 27 „J. G. Rauch".

218 Schenck: Geschicht-Beschreibung, Vorrede Nr. 13.

219 Rauch/Speth: Neue Beschreibung d. uralten Brunnen, 4. Aufl., S. 12.

220 Gübeli-Litscher: Mineralwässer, S. 23ff.

221 Rauch/Speth: Neue Beschreibung d. uralten Brunnen, 4. Aufl., S. 16.

222 Rauch/Speth: Neue Beschreibung d. uralten Brunnen, 4. Aufl., S. 24–26.

223 Rauch/Speth: Neue Beschreibung d. uralten Brunnen, 4. Aufl., S. 27ff.

Versuche zur Hebung der Kur im 18. Jahrhundert

Ausbau der Badhäuser

Häuser der Ersten Kategorie
In dem Maße, in dem die Bäder zu Stätten vornehmer Geselligkeit wurden, verlangten die Gäste nach neuen Formen, einem veränderten architektonischen Rahmen. Der seit dem Dreißigjährigen Krieg sich vollziehende Wandel zur größeren Beliebtheit von Trinkkuren forderte alleengesäumte Promenaden und gedeckte Bogengänge, die es erlaubten, andere zu sehen und selbst gesehen zu werden.

In Wiesbaden stand die Kur mit warmen Bädern an erster Stelle. Trinkkuren, vor allem im täglichen Wechsel mit Bädern, wurden zwar angeboten, spielten jedoch eine untergeordnete Rolle. Warum sollte man nicht mit den Pfunden wuchern, die man gegenüber reinen Trinkkurbädern mit kalten Mineralquellen von Natur aus voraushatte? Die tatsächliche Entwicklung hielt dieser traditionellen Einstellung jedoch nicht stand.

Im Laufe des 18. Jahrhunderts entwickelte sich eine Form von gemischten Kuren, bei denen man im Wiesbadener Thermalwasser badete und Schwalbacher Mineralwasser trank. Bevor die Kurverwaltung im 19. Jahrhundert damit begann, besondere Trink- und Wandelhallen zu errichten, versuchten die Badwirte, die eine eigene Quelle besaßen, solche Kombinationskuren im eigenen Haus durchzuführen. Dafür mußten sie dem anspuchsvollen Gast vor allem durch verbesserten Wohn- und Badekomfort besondere Anreize bieten.

Für zahlungskräftige Kurgäste baut man nun komfortable Badhäuser, die mit den Badherbergen der alten Zeiten nicht mehr zu vergleichen sind. Das Raum- und Kurangebot des 1696 errichteten Schützenhof-Neubaus ist so beschaffen, daß es den Ansprüchen selbst fürstlicher Gäste genügen kann. Allerdings zeigt das Schicksal des Schützenhofes auch, mit welchen Schwierigkeiten die Wiesbadener Kur zu kämpfen hat, als der eigentliche Initiator dieser Entwicklung, Fürst Georg August Samuel von Nassau-Idstein, 1721 stirbt. Es dauert mehr als sechzig Jahre, bis die Kur sich von diesem Rückschlag erholt.

Beim Schützenhof zeigen die häufigen Wechsel der Wirte, daß die Wirtschaftlichkeit des Hauses wohl zu wünschen übrig läßt. Der Erbpächter Georg Egidius Sartorius verkauft im Jahr 1711 noch zu Lebzeiten des Fürsten mit dessen Zustimmung sein Erbbestandsrecht für 5.000 Reichsthaler (7.500 Gulden) an den fürstlichen Hofverwalter Bernhard Rohr, der seinerseits die Erbleihe 1723 an seinen Schwager Otto Wilhelm Maaß abtritt.[224] Aus der Zeit des Badwirts Rohr besitzen wir von dem Frankfurter Arzt J. Helffrich Jüngcken eine Beschreibung der vier Bäder des Schützenhofs, „worunter das eine ziemlich groß ist, mit kleinen Apartementen versehen, um sich nicht nur darin aus- und anzukleiden, sondern auch darin allein zu baden".[225] Außerdem gibt es noch drei kleinere, zwei davon einige Jahre zuvor neu gebaut, „mit bequemen Anti-Chambern und Caminen versehen, wann Herrschaften oder andere vornehme Patienten allein baden, und sich nach dem Bad bey dem Camin-Feuer warm abtrucknen, und darin ausdampffen und ausruhen wollen".

Als Maaß 1761 stirbt, führt seine Witwe den Betrieb weiter, bis er 1766 an ihren Sohn in Gemeinschaft mit dem Gastwirt Johann Georg Bosch aus Augsburg übergeht. 1767 verkauft Bosch seinen Anteil an den Perückenmacher Daniel Körner. Dessen Erbbestandsvertrag erlaubt die Aufnahme von Badegästen und deren Bewirtung, berechtigt aber nicht zur Beherbergung von Gästen, die ohne eine Kur dort absteigen wollen. Außerdem behält die fürstliche Familie das Recht, den Schützenhof jährlich drei Wochen unentgeltlich zu einer Badekur zu nutzen.

Bei derart eingeengten Konditionen verwundert es nicht, daß das Badhaus 1771 wegen Zahlungsschwierigkeiten zur Versteigerung kommt. Den Zuschlag erhält ein Bäckermeister Johann Jonas Götz für 7.000 Gulden (ohne Inventar). Unter ihm werden im Schützenhof eine Zeitlang Hazardspiele durchgeführt, und im gleichen Raum, in dem sich während der Woche morgens zwischen 6 und 7 Uhr die Gäste zur Trinkkur versammeln, wird sonntags der im lutherischen Nassau-Idstein nur geduldete katholische Gottesdienst für Kurgäste abgehalten.[226]

Echte Rentabilität stellt sich dennoch nicht ein. So verkauft Götz 1783 an den Bauunternehmer und Wirt der Gasthäuser „Einhorn" und „Rappen", Johann Reinhard Kesseberger (Käßberger), zum Preis von 6.500 Gulden. Kesseberger erwirbt noch einen angrenzenden Kleeacker dazu, läßt die baufälligen Gebäude (vier Häuser) an der Langgasse niederlegen und errichtet in den Jahren 1783 bis 1800 einen komfortablen Neubau. Der dreistöckige Hoteltrakt mit Badhaus weist in Konzeption und Ausführung schon in die Zeit nach 1800 und wird deshalb später vorgestellt.

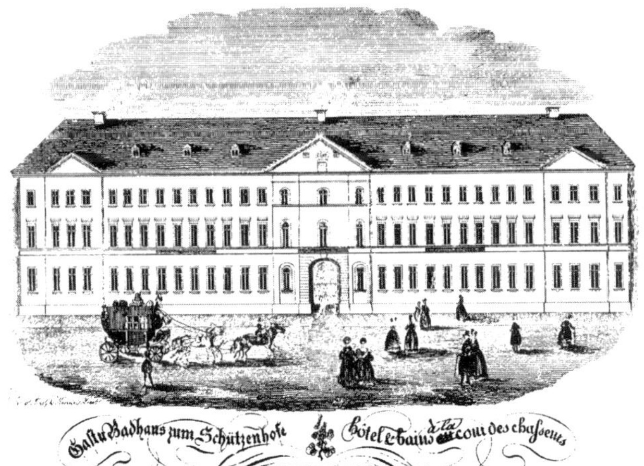

Badhaus zum Schützenhof, Neubau von 1783–1800

Im Badhaus „Zum gulden Adler" vollzieht sich bis zum Ende des 17. Jahrhunderts gleichfalls ein deutlicher Wandel. Das alte Gebäude war 1644 beim Überfall bayrischer Truppen größtenteils abgebrannt. Nach Hörnigk ist es 1662 wieder so weit aufgebaut, „daß darinnen gantz kein Mangel zu spüren".[227] Waren die Bad-Kästen zuerst noch als Gemeinschaftsbäder („zwei Badkasten") ausgelegt, erfahren wir 1696 von Dr. Eberhard Melchior, daß der Adler „wohlgebaute, mit Marmelstein kostbar eingefaßte Bäder" habe, die wohl „mit Fug und Recht fürstliche Bäder zu nennen sind". Genauer beschreibt 1715 der Frankfurter Arzt Johann Helffrich Jüngcken die „4 Bäder, worunter die zwey grössere auch mit à parten Häußgern versehen sind, um sich darin aus- und anzukleiden, oder auch darin zu baden". Es herrschen offenbar ähnliche Verhältnisse wie im Schützenhof. „Eines unter den zweyen kleineren Bädern ist zwischen zweyen Logimentern gelegen, aus welchen man in das Bad, und daraus wieder in das Logiment, und in das Bett, um darin auszuruhen, gehen kan."[228]

Jüngcken berichtet auch von einem „bekannten Obristen", der wegen „lahmer Hände" sich sogar im Januar aus Katalonien in den „Adler" zur Winterkur habe bringen lassen. Das Wasser der Adlerquelle werde auch „weit und breit" nach auswärts geschickt, so vergangenen Sommer (1714), „da Ihro Königl. Majestät von Engelland durch einen Bedienten bey 1000 Krüge theils nach Hanover, mehrentheils aber nach Engelland bringen lassen". Im 18. Jahrhundert ist der „Adler" wieder ein führendes

Badhaus zum Adler, Neubau um 1800

Haus, in dem auch für Fremde gekocht und Wein ausgeschenkt werden darf. Völlig in den Hintergrund getreten ist die Nachricht Jüngckens, daß es bei der Adlerquelle („beneben der heißen starcken Quelle") auch „eine dergleichen kalte Quelle mit eben dem heilsamen Minerali angefüllet, als das heisse" gebe, „welches aber biß daher wenig geachtet worden".

1770 erwirbt der aus Bayern zugewanderte Johann Peter Schlichter, der in Wiesbaden die Tochter Johanette Elisabetha des vormaligen Badwirts Johann (Georg) Christoph Öhring heiratet, den „Adler". Das Haus bleibt von nun an über hundert Jahre im Besitz dieser Familie. Um 1800 legt die Witwe des 1795 verstorbenen Peter Schlichter den alten Badhausbau nieder und errichtet ein neues Hotel- und Badhaus mit drei Stockwerken und etwa sechzig Metern Frontlänge an der Langgasse. Mit den beiden Neubauten des „Schützenhofbades" und des Badhauses „Zum Adler" beginnt in der Kurstadt Wiesbaden eine neue Zeit.

Der Renaissancebau der „Rose", der schon in dem Merian-Stich von 1646 als das stattlichste Gebäude des Bäderviertels hervorragt, wird um 1722 um die „Hintere Rose" erweitert (s. Plan S. 189). Sie erhält einen Garten mit Gartenhaus, der sich nordostwärts bis zur heutigen Taunusstraße erstreckt. Neben „Schützenhof" und „Adler" besitzt nur noch die „Rose" die eigene Wirtsgerechtigkeit.

Hier sei kurz eine Episode erwähnt, in der das Badhaus „Zur Rose" im Mittelpunkt steht und die ein Licht darauf wirft, wie die Einheimischen es mit den „fürnembsten Badherbergen" hielten. Am 18. Februar 1662 erstattet der Besitzer des Badhauses „Zur Rose", Capitain Zigeler, Anzeige gegen den Lehrbuben Hanß Michel Ritzel. Er sei „zu verschiedenen mahlen" an seinem Badhaus die Wandt hinauf gestiegen und habe Zigelers Mägden beim Baden zugeschaut. Ritzel habe sich „selbsten berühmet", er habe sie dabei auch „zu verschiedenen mahlen Nacket gesehen". Der Vater, Georg Ritzel (zur Zeit der Taufe des Sohns Hanß Michel Bürgermeister der Stadt; siehe Taufbuch der Stadt Wiesbaden, 1542), „der auch dabey gewesen", habe dabei „mit dem Schurzfell gerasselt, daß nicht allein die Mägde", sondern auch er selbst und seine Frau „in den gedanken gestanden, es wehre [wäre] ein Gespenst...". Im Verlaufe des amtlichen Verhörs gesteht der junge Ritzel, er habe, als er am Badhaus vorübergegangen sei, zwar die Mägde „singen hören". Er habe sich mit dem Fuß auf einen Vorsprung am Gartenzaun gestellt „und ihrem lustigen Gesang zugehört"; er habe aber wegen der Wand „nimands Nacket" und auch nicht in Kleidern gesehen. Nachdem auch der Vater im Verhör alles abstreitet, verläuft die Klage im Sande.[229]

Der Wirt des „Bären" errichtet 1725 bis 1728 einen Neubau, der sich rückwärts bis zum Mühlgraben (beim heutigen Dreililien-Platz) ausdehnt. Hier logiert Johann Wolfgang von Goethe während seiner Kur in den Jahren 1814 und 1815. Schließlich wird auch der „Schwarze Bock" 1712 durch einen Neubau ersetzt. Der Garten wird durch den Ankauf eines Teils des ehemaligen „Rindsfuß"-Geländes erweitert. Durch die Anlage eines Pferdebades erhält der „Bock" eine besondere Attraktion. Gäste, die mit eigener Kutsche anreisen, können nun ihren in Wind und Wetter strapazierten Tieren eine ähnliche Erholung bieten, wie sie selbst sie in Anspruch nehmen.

Die stark vergrößerten Gärten von „Schützenhof", „Adler", „Rose" und „Bock" sind eine Antwort der Eigentümer auf den Mangel an geeigneten Promenadenwegen, auf denen sich die erholungsuchenden Kurgäste die Bewegung verschaffen können, die ihnen die Badeärzte als Teil der Kur verordnen. Die Badhäuser, die sich im engen Bäderviertel dicht aneinanderdrängen, haben diese Möglichkeiten nicht. Am Kochbrunnenplatz machen sich einige Badhausbesitzer die Tatsache zunutze, daß hier im Laufe des 16. und 17. Jahrhunderts fünf Badhäuser („Salmen", „Mann", „Schild", „Horn" und „Linde") aufgegeben werden, so daß sie ihre eigenen Häuser durch Kauf oder Tausch von Teilen des freigewordenen Geländes vergrößern können. Hierdurch bleibt ihnen erspart, sich mit der Rolle als Häuser zweiter Kategorie abzufinden.

Häuser minderen Ranges

1736 teilt das Oberamt die Badhäuser der Stadt offiziell in zwei Klassen ein.[230] Zur ersten Klasse zählen: „Schützenhof", „Adler", „Bär/Riese", „Schwarzer Bock", der 1715 neuerbaute „Rindsfuß", „Spiegel", „Engel", „Schwan", „Weißer (ehemals Roter) Löwe", „Rose", „Lilie" und „Zwei Böcke" in der Häfnergasse. In die zweite Kategorie werden eingestuft der „Stern", „Vogelgesang" (nach der Bürgerliste von 1724 „derbey ein Kramladen"), „Sonnenberg", der 1714 an Stelle des „Badhauses zur Stegen" errichtete „Halbe Mond" (der Besitzer ist Schröpfer und „hat etwas Feldtgüther ohne Fuhr"), das „Kreuz", die „Glocke" und das „Badhaus Krone" („derbey ein Kramladen"). In den Häusern der ersten Kategorie zahlt man für das Bett wöchentlich einen

Badhaus zum schwarzen Bock, um 1800

Badhaus zu den zwei Böcken, um 1800

Thaler, in den Häusern zweiter Klasse einen Gulden, also etwas weniger als die Hälfte. Brennholz wird extra berechnet. Das Bad kostet in allen Badhäusern einheitlich pro Woche einen Reichsthaler.

Das in der Aufzählung nicht genannte Badhaus „Blume" wird 1702 von Dr. Jüngcken aufgesucht. Es hat zu diesem Zeitpunkt „sieben der bequemsten Bäder, jedes von dem andern gantz abgesondert und verschlossen".[231] Er habe übrigens bei seinen Bädern den gleichen „effect" erhalten „als zu Embs". Er scheue sich nicht zu sagen, daß er unter beiden Bädern keinen Unterschied gefunden. „Außer daß man in dem Embser Bad (...) seines warmen Dampffes halben/viel eher schwitzet/als in diesen Bädern zu Wißbaden". Schwitzen könne man aber auch in den Wiesbadener Bädern, „wan man nemlich die kleine Häußger oder apartimenten oben/wo sie sonsten offen sind/vest machen oder zudecken läßt; wie ich dann dieses selbsten practiciret und so trefflich geschwitzt/als zu Embs".

Was das Essen und Trinken anbelangt, so pflegen, schreibt Jüngcken, ganze Familien anzureisen und sich in ihren Bad-Häusern „selber zu verköstigen, und durch die Ihrige(n) kochen zu lassen". Das „Schützen-Bad" habe „einen grossen Marstall/wo viele Pferde zu logiren/wann Standts-Personen sich der Cur bedienen wollen/wie wohlen auch bei der Rose/der Blume/dem Adler etc. dergleichen Gelegenheit zu haben".[232]

Gäste der Badhäuser ohne eigene Gartenanlagen sind auf die Promenaden jenseits der Stadtmauer angewiesen (s. Stadtplan S. 211). Der Spaziergang durch die seit 1730 von Silberpappeln gebildete Allee zum kastanienumstandenen Wiesenbrunnen findet bei den Kurgästen regen Zuspruch. Auf der anderen Seite, jenseits der Saalgasse, gibt es einen solchen Auslauf nicht. Hier läßt der baulustige Fürst Georg August vom Jahre 1691 an den bis dahin unvollendeten Mauerring der Stadtmauer um das nördliche Quellenviertel schließen, ohne Rücksicht darauf, daß er damit den angrenzenden Badhäusern die Anlage größerer Gärten unmöglich macht. Zusätzlich eingeengt wird der private Grund und Boden durch die Anlage der Saalgasse. Der 1749 durch einen Kranz von Kastanien als Promenade angelegte Kranzplatz bietet keinen ausreichenden Ersatz, auch wenn dort der Stadttürmer mit seinen Leuten an einigen Tagen der Woche zur Abendmusik aufspielt.

Die Kur in der Natur

Der Mangel an Promenadenwegen und Parkanlagen

Hält man sich vor Augen, wie eng die Häuser und Anwesen der Einwohner sich in dem Viertel rings um die Mauritiuskirche drängen und wie sich die an die heißen Quellen gebundenen Badhäuser im sogenannten Sauerland nicht weniger dicht aneinanderreihen, ist der mißliche Zustand eines von einer hohen Mauer eingeschnürten Ackerbürgerstädtchens, das gleichzeitig Kurort sein will, nicht zu übersehen.

Im Laufe des 18. Jahrhunderts beginnen Badwirte und städtische Gremien, sich ernsthaft darüber Gedanken zu machen. Die Konkurrenz durch die nahegelegenen, von unberührter Natur umgebenen Kurorte Langenschwalbach (für Trink-) und Schlangenbad (für Badekuren) ist an den statistischen Zahlen der Kurlisten abzulesen. Sie drückt sich auch im Vergleich des sozialen Standes der Kurgäste aus. Zwischen 1707 und 1720 sondert sich das Schlangenbad als „Eremitage" des Adels ab, in der man praktisch unter sich ist. Langenschwalbach hat zwar ein gemischteres Publikum, doch mit einem Übergewicht der oberen Stände. Zwischen den benachbarten Kureinrichtungen entwickelt sich sogar ein gewisser Synergismus: „Personen, die weder eine starcke Gesellschaft noch gar zu lebhaffte Ergötzlichkeit lieben, lassen sich das [Schwalbacher] Wasser nach Schlangenbad bringen", Kurgäste, die sich in Schwalbach amüsieren, gleichzeitig aber auch baden wollen, genießen, da es in Schwalbach keine repräsentativen Bäder gibt (nur Zuber, die von „Badweibern" eimerweise mit angewärmtem Brunnenwasser gefüllt werden), in Schlangenbad „Extrabäder", zu denen sie sich aus Schwalbach hinkutschieren und wieder zurückbringen lassen.[233]

Es ist nicht zu übersehen, daß Badekuren überall in Europa einen mächtigen Aufschwung nehmen. Fortschritte auf den Gebieten der Medizin und der Naturwissen-

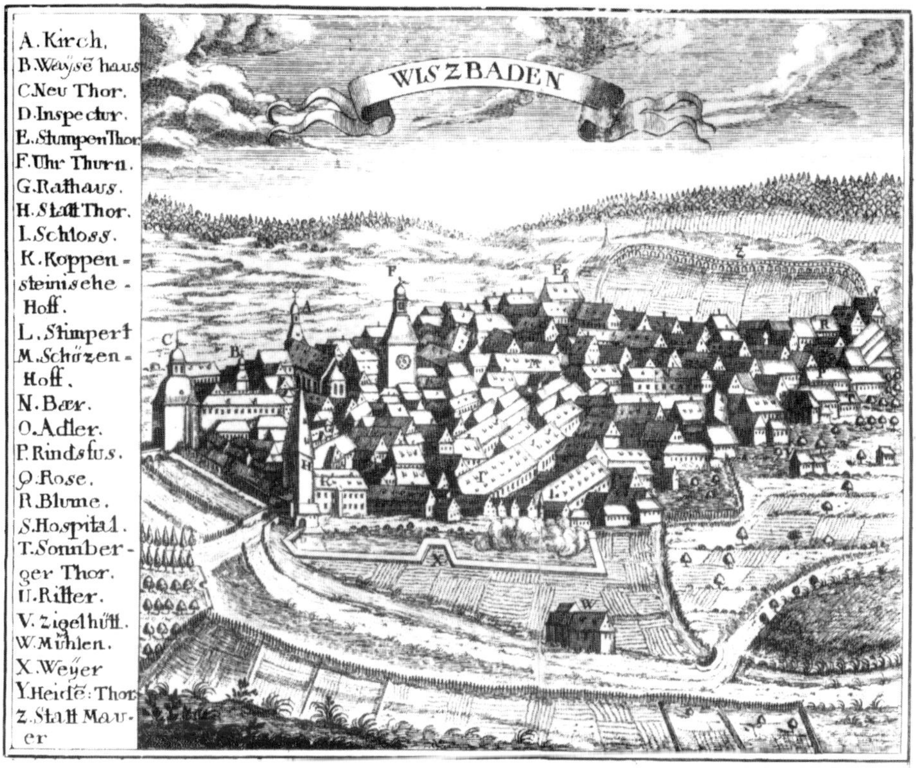

„Ansicht von Wisbaden", 1731.
Kupferstich von H. Ostertag und B. Cöntgen nach einer Zeichnung von J. P. Bager
(Frontispiz aus E. G. Hellmund: Nützliches Baad-Buch, 1731)

schaften und die in immer größerer Zahl praktizierenden Kurärzte fördern den Erfolg der Kuren. Die luxuriöse Unterbringung der Kurgäste ist nicht länger ein Privileg des Adels und der höheren Geistlichkeit. Auch das emanzipierte und zu Geld gekommene Bürgertum stellt Ansprüche, die im alten Schlendrian des Wiesbadener Bäderangebotes nicht mehr zu erfüllen sind.

Das Hauptübel bleibt der Mangel an stadtnahen Spazierwegen und Gärten, in denen man der Forderung nach körperlicher Bewegung nachkommen kann. Mit der Promenade zum Wiesenbrunnen war ein Anfang gemacht. Eine weitere Möglichkeit ist ein Spaziergang, den man auf dem Stadtplan vom Ende des 18. Jahrhunderts (s. S. 211) sehr gut verfolgen kann. Er führt vom Sonnenberger Tor, vorbei an Ziegelhütten, durch Felder und Gärten zum Warmen Damm und von dort über den Frankfurter Weg zum Mainzer Tor an der Einmündung der Mauergasse in die Marktstraße. Angesichts der Tatsache, daß im 18. Jahrhundert an vielen anderen Orten sorgfältig gestaltete Landschaftsparks entstanden sind, ist diese Feldwegpromenade wenig mehr als ein Notbehelf.

Waisenhausgarten und Herrngarten

1733 läßt Fürst Karl von Nassau-Usingen in dem vor der Stadtmauer beim Neuen Tor (an der „Neu[en]gasse") angelegten Waisenhausgarten eine Kastanienallee pflanzen und mit zwei Gartenpavillons und mehreren Bänken herrichten. Hier könnten die Kurgäste, nach der wohlwollenden Meinung des Kircheninspektors Hellmund, „nach ihrem Belieben spazieren gehen und sonderlich nach dem Abend-Essen zu ihrer geistlichen Ermunterung die Christlichen Lieder mit anhören", die von den Waisenkindern „auff dem Altan des Waysen-Hausses gesungen werden".[234] Daß diese Art von „erbaulichem Amusement" vom Badepublikum geschätzt würde, konnte nur ein von seinem Sendungsbewußtsein erfüllter Pfarrer annehmen.

Später wird die Allee als „Promenade" nach links und rechts weiter- und um die ganze Stadt herumgeführt. Über den damals noch als echter Damm quer über das Salzbachtal führenden „Warmen Damm" verläuft sie entlang der heutigen oberen Wilhelmstraße zur Taunusstraße, deren Anfang damals „Neuer Sonnenberger Weg" heißt, biegt bei der heutigen Jawlenskystraße zur Höhe der noch nicht existierenden Lehrstraße ab und erreicht über den Hirschgraben das Stumpfe Tor am oberen Michelsberg. In einigem Abstand zur Stadtmauer gelangen die Spaziergänger dann über Schwalbacher und Faulbrunnenstraße zum Waisenhausgarten zurück.[235] An zwei Plätzen, an der heutigen Jawlensky- und an der Faulbrunnenstraße, können sie sich an einem kühlen Mineralbrunnen (Faulbrunnen) erfrischen und dabei gleichzeitig etwas für ihre Gesundheit tun.

Bereits 1688 hatte Fürst Georg August auf herrschaftlichem Ackerland vor dem unteren Stadttor (zwischen dem heutigen Schillerplatz und der damals noch nicht existierenden Rheinstraße) einen Herrengarten anlegen lassen (an den noch die Herrngartenstraße erinnert). Er wird jedoch von den Fremden nicht gern besucht. Zum einen stört, daß er nach 1700 von der neu angelegten Straße nach Mosbach durchschnitten wird, zum andern leidet er unter Versumpfung durch Wasseradern des Wellritzbachs, der als Faulbach auch das Wasser des Faulbrunnens abführt und besonders im Sommer von wenig angenehmen „Düften" begleitet ist.

1776 verkauft Fürst Karl Wilhelm das Gelände und legt stattdessen vor dem Sonnenberger Tor, nordwärts bis zum „Neuen Sonnenberger Weg", einen gepflegteren Herrengarten (Herrschaftliches Bosket) mit Alleen, Grünanlagen, teils in französischer, teils in englischer Manier, und mit einem Gartenhaus an. Diese Anlage entwickelt sich in den folgenden Jahren, nicht zuletzt wegen der Nähe zu den Badhäusern und dem mit einem Pavillon und Sitzbänken ausgestatteten Wiesenbrunnen, zum eigentlichen Kurplatz, in dessen Umgebung Kramläden (Vorläufer der Verkaufsstände in den

Kolonnaden) Gelegenheit bieten, Souvenirs und kleine Geschenke einzukaufen. Vom Sonnenberger Tor zum Wiesenbrunnen wird eine schnurgerade Pappelallee gepflanzt.

Einheimische sind im neuen Herrngarten nicht gern gesehen, „gleichwohl man auch den hiesigen Einwohnern“, so eine polizeiliche Bekanntmachung von 1778, den Spaziergang dort „nicht gänzlich versagen mögte“. Der Eintritt ist „Bürgern, ihren Weibern und erwachsenen vernünftigen Söhnen und Töchtern“ erlaubt, aber nur dann, wenn der Betrieb nicht zu groß ist. Einheimische „junge Bürgersöhne und Töchter, deren Kinder, Lehrjungen und Gesinde, Soldaten und Handwerkspursche“ haben dem Garten grundsätzlich fernzubleiben.[236]

Das bürgerliche Modebad

In Wiesbaden ist man noch mit der Erschließung von Lustgärten und erholsamen Flanierwegen beschäftigt, als man andernorts bereits einen Schritt weiter geht. Den Anstoß geben Fürstenbäder, in denen die Landesherrschaft in eigenen festen Häusern logiert, daneben aber ihr Amusement in besonderen, auch den übrigen Kurgästen zugänglichen Einrichtungen organisiert. Hier tun sich die Architekten mit Entwürfen für sogenannte Gesellschaftshäuser mit Musik-, Tanz- und Lesesälen hervor, auch von Bühnen, auf denen in der Hauptsaison Komödien und andere unterhaltsame Spektakel aufgeführt werden, von Billardsälen und Räumen für das konzessionierte Hazardspiel, das man auf diese Weise besser unter Kontrolle halten kann.

In dem Maße, in dem das zahlungskräftige Bürgertum es den adeligen Hofgesellschaften gleichzutun versucht, greift diese Entwicklung auch auf die übrigen Bäder über, von denen einige zu Modebädern für die „besseren Kreise“ avancieren: Die große Zeit dieser Bäder, zu denen Pyrmont, Aachen, Spa, Bath in England und die böhmischen Bäder zu zählen sind, kommt nach 1760. Sie zeichnen sich durch hohe Besucherzahlen aus und sind fast immer mit einer Trinkkur verknüpft, weil diese relativ preisgünstig eine standesgemäße Kur ermöglicht.

Die Kur in Wiesbaden folgt dem Trend mit einiger Verzögerung. Während hier der einzige öffentlich zugängliche Brunnen, der Kochbrunnen, in einer engen Gasse ohne Kur und Wandelhalle vor sich hin dampft (noch Goethe hat den Brunnen nur ganz am Rande erwähnt), gibt es in Langenschwalbach, dessen Entwicklung allerdings unter ganz anderen, hier nicht zu erörternden landesherrschaftlichen Voraussetzungen verläuft, schon vor 1700 beim Weinbrunnen „einen feinen Bau“, mit einer Steinbalustrade versehen, wo man „unter dem Obdach vor Sonn und Regen gesichert ist“.[237] Auf einem Erker „hält sich ein Trupp Juden-Musikanten auf, die ohne Aufhören allerhand Täntze aufspielen“. Der Raum hinter dem Musikantenstand ist ein Spielsaal. Vorläufer einer Brunnenkolonnade ist eine langgestreckte Laube. 1727 kommen Krämerstände dazu, 1728 ein Komödienhaus, 1740 gibt es „ohnweit der Quelle gemeine Abtritte für Leute von gewissem Rang; sie sind sauber, gemächlich und sehr weit, daß eine Dame mit ihrem Fischbeinrock gantz gemächlich darinn Raum hat...“.

In Schlangenbad beginnt ebenfalls schon vor der Jahrhundertmitte eine rege Bautätigkeit, wobei die Rivalität zwischen den hessischen und den mainzischen Kureinrichtungen zu einem interessanten Wettstreit führt. Darauf kann hier nicht näher eingegangen werden. Der Bau des „Publiquen Saales",[238] also eines Gesellschaftshauses mit Saal, hat aber sicher dazu beigetragen, daß man nun auch in Wiesbaden anfängt, über bauliche Verbesserungen zur Förderung der Kur nachzudenken.

Pläne für ein Brunnenhaus (?)

An dieser Stelle ist für Wiesbaden der Entwurf eines Brunnenhauses zu erwähnen, der nie zur Ausführung gekommen ist und wohl auch nie eine Chance dazu hatte. Obwohl an der Überlieferung dieser Idee manches zweifelhaft erscheint, soll kurz darauf hingewiesen werden, weil sie wenig bekannt ist und wenigstens als Kuriosum interessiert. Friedrich Otto erwähnt den Plan in seiner Abhandlung „Goethe in Nassau".[239] Er zitiert den bedeutenden Gartenarchitekten C. C. L. Hirschfeld, einen scharfen Kritiker Wiesbadens aus dem Jahre 1785, der die Bäderstadt „ein elendes Städtlein mit engen Gassen" nennt, dem es „an schattigen Spaziergängen und an merkwürdigen Anstalten zu anständigen öffentlichen Vergnügungen" mangele. Dann beschreibt er den Entwurf eines nicht ausgeführten, für Wiesbaden bestimmten „sehr großen Brunnenhauses", das dem Ort das nötige Flair geben sollte.

Das Gebäude „hat eine vortreffliche, seiner Bestimmung gemässe Anordnung, indem um beide Stockwerke in der Runde zwei große Arkadengänge laufen, die durch sechs grade bedeckte Gallerien mit dem eigentlichen Brunnenhause, das in der Mitte liegt, verbunden sind. Auch das geräumige flache Dach dieser Arkaden und Gallerien dient bey kühlem Wetter zum Spazieren und hat in seiner Mitte eine Kuppel in Form eines antiken Tempels. An den Arkaden, die im ersten und zweiten Stockwerk rund um das Brunnenhaus sich winden (...), sind als Wohnungen für die Brunnengäste zwei lange Flügel ebenfalls mit einer flachen Decke angehängt. Diese endigen mit zwei Pavillons, die ein gebrochenes Dach haben. (....). Man wird nicht leicht einen Entwurf zu einem grossen Brunnenhaus finden, der mit der Schönheit des äusseren Ansehens zugleich soviel gute Anordnung zu seinem Zwecke, soviel Bequemlichkeit, soviel Anmut und Heiterkeit der inneren Einrichtung vereinigte."

Der Plan habe sich im „Modellhause zu Kassel" befunden, das in der „westphälischen Zeit" von den Franzosen geräumt und zerstört wurde. Dabei gingen wertvolle Entwürfe und Modelle zugrunde, darunter wahrscheinlich auch die Darstellung des Brunnenhauses. Die Geschichte erscheint abenteuerlich, auch Otto schränkt ein, an der Beschreibung bleibe manches dunkel, vor allem der Ort, wo das Gebäude hätte errichtet werden sollen, und ob der Plan von einer „maßgebenden Stelle" ausgegangen sei. Wenn sich in die Überlieferung nicht ein Fehler eingeschlichen hat (daß das Brunnenhaus für einen ganz anderen Ort als Wiesbaden geplant war), kann das Ganze nur eine geistreiche Etüde gewesen sein, die im Umfeld eines Fürstenbades ausgedacht und in einer spielerischen Laune auf Wiesbaden übertragen wurde. Seriösen Architekten mit Ortskenntnis wäre bekannt gewesen, daß die Umgebung des Kochbrunnens sich nahezu vollständig in Privatbesitz mehrerer Eigentümer befand, die sich auf ein solches Projekt nie eingelassen hätten.

Erste Pläne für ein Gesellschaftshaus

Tanz- und Spielsäle

Am stärksten spüren alle Beteiligten den Mangel eines zentralen Kur- und Gesellschaftshauses. Da es in Wiesbaden keinen staatlichen Badebetrieb gibt, kommen die ersten Anregungen von privater Seite. 1747 ersucht der Geschäftsmann Philipp Heinrich Ratz um die Erlaubnis zur Errichtung eines öffentlichen Gesellschaftssaales „mit Gelegenheit zu Billard, als anderer Spiele, auch dabey Thee, Caffee, Chocolade oder eine Pfeife Toback [anbieten zu dürfen]“.[240] Vorbild könne der Saal in Schwalbach sein.

Das Gesuch wird abgelehnt. Nicht besser ergeht es dem Bärenwirt Johann Peter Hierstein. Er ersucht 1751 um die Erlaubnis, in einem schon vorhandenen Saal in seinem Gartenhaus einen „Assemblee- und Conferenz Saal“ einzurichten und dort zwölf Tische für Karten-, Würfel- und Damenbrettspiel und zwei Billards aufzustellen. Der Saal sei 41 x 21 Schuh groß (etwa 14 x 7 m), mit zwei Doppeltüren und „allerschönsten, neuen Tapeten geziert“. Unglücklicherweise offeriert er noch ein, von ihm wohl als besondere Attraktion gedachtes, vom Saal aus zugängliches „apartes Gemach, worinnen sich ein schön tapeziertes Bette befindet“.[241]

Die Reaktion der anderen Badwirte ist, wie zu erwarten: Das „Spiel- und Jammer Project“ diene zu nichts besserem, als „allerhand Creti und Pleti (...) anzulocken“. Wer sich vergnügen wolle, könne nach Schwalbach gehen. Der „Stadtrath nebst den übrigen Wirthen“ kommt zu dem Ergebnis, Hierstein sei ein „desparater, gewissenloser Badwirt und notorischer Mameluck“. Er wolle nur seine zwei erwachsenen Töchter unter die Haube bringen, ziehe „deshalb liederliches Gesindel aus Mayntz an und mache aus dem Assemblee-Saal ein formales Lupanar“ [Bordell]. An Sonn- und Feiertagen halte er Tanzvergnügungen ab, schaffe Unordnung und verderbe die Jugend „durch liederliches Wesen“. Als auch noch das Stadtgericht befindet, ein solcher Saal ziehe nur „Jauner und Spieler“ an, verwundert es nicht, daß das Gesuch in Ansehung „des personellen“ abgelehnt wird.[242]

1764 kommt der Biebricher Hofküfermeister Johann Köppe um die Erlaubnis ein, einen Trinksaal hinter dem Wiesenbrunnen (dem Standort des späteren Kursaals) zu errichten.[243] Zwar wird auch dieses Gesuch abgelehnt, doch kommt von nun an Bewegung in die Sache. 1776 greift Regierungspräsident von Kruse die Idee eines öffentlichen Saales auf.[244] Das Haus müsse in einem Garten liegen, da frische Luft unabdingbar sei.

Aus dieser Idee geht der Herrngarten vor dem Sonnenberger Tor hervor. Bei gutem Wetter findet dort täglich eine Table d'hôte statt, die der Wirt des beim Sonnenberger Tor liegenden Gasthauses „Ritter" besorgt. In zeitgenössischen Nachrichten ist von fahrenden Musikanten, Tanz und gelegentlichem Feuerwerk die Rede.[245] Es gibt aber auch kritische Stimmen. So schreibt Charlotte von Stein, die Weimarer Freundin Goethes, die sich 1789 in Wiesbaden zur Kur aufhält und dabei wenig glücklich zu sein scheint, an Karl Ludwig von Knebel, Prinzenerzieher am Hof zu Weimar: Kaum drei Leute treffe man dort, und jeder spaziere mit seinen eigenen Gedanken.[246] Von Amusement und Badetrubel wie in Langenschwalbach zeugen diese Zeilen nicht.

Geändert hätte sich das, wenn sich das Projekt durchgesetzt hätte, das 1789 der Hofkammerrath Habel zusammen mit dem Adlerwirt Johann Peter Schlichter und zwei weiteren Gesellschaftern ausgearbeitet hat.[247] Sie schlagen vor, „einen oder mehrere Säle" zwischen Idsteiner Weg und Nersbach, am nördlichen Ende des „Herschaftl. Boskets" beim heutigen Kureck, zu erbauen. Tanz, Unterhaltung und Hazardspiel für die Kurgäste sollen dort stattfinden, auch beantragen sie die damals nur in Ausnahmefällen an Badwirte erteilte Speisegerechtigkeit nebst Weinschank. Umgehend erfolgt eine kritische Stellungnahme der Wiesbadener Gastwirte, die alle Nachteile für die Stadt und ihr Gewerbe anführen, falls es zum Bau des neuen Etablissements käme. An ihrem Widerspruch und wohl auch daran, daß der Regierung die von Habel und Schlichter verlangten Privilegien zu weit gehen, diese ihr Unternehmen aber nur unter den genannten Bedingungen riskieren wollen, scheitert der Plan.

Das Glücksspiel

Ein Problem besonderer Art bedeutet das Glücksspiel (Hazard), das in den Modebädern, in denen man weniger eine therapeutische Behandlung sucht, als Zerstreuung und Entspannung, wachsenden Zuspruch findet. In Schwalbach gibt es um die Mitte des 18. Jahrhunderts bis zu dreißig Spieltische. Um zahlungskräftige Kurgäste, die sich beim Glücksspiel amüsieren wollen, nicht von vornherein zu verlieren, muß Wiesbaden nachziehen.

Bis dahin ist Billard der einzige Zeitvertreib für die Kurgäste. Heimliches Glücksspiel gibt es in den Hinterzimmern der Gasthäuser. Angebote für kontrollierbares Spielen enthalten die Gesuche des Kaufmanns Ratz und des Bärenwirts, die aber an der Mißgunst der anderen Badwirte scheitern. Sie argumentieren, die in Wiesbaden weilenden Kranken hätten gar nicht die Zeit, sich solchen Vergnügungen hinzugeben. Sie müßten „dreiviertel des Tages mit Baden, Wassertrinken, Schwitzen und Essen zubringen und die übrige Zeit unbedingt promenieren". Viele zögen außerdem die Bequemlichkeit vor, sich „eneglige" anzuziehen [im Hausrock umherzugehen], da sie auch nachmittags „sich des Bads zu bedienen pflegen" und deshalb niemand Verlangen haben werde, zu einem Spielsaal, „wie in Schwalbach mode ist", zu spazieren.[248]

Unterdrücken läßt sich das heimliche Glücksspiel nicht. Um es unter Kontrolle zu halten und um bis zu einem gewissen Grade selbst davon zu profitieren, erteilt Fürst Karl von Nassau-Usingen am 15. Februar 1771 dem Bürger Joseph Negrell für 200

Gulden Jahrespacht ein jährlich zu erneuerndes Spielprivileg „auf das Pharao- und Bassettespiel".[249] Saison ist vom 15. April bis 15. Oktober, sonntags darf erst ab 4 Uhr nachmittags gespielt werden. Die Pachtsumme erhalten anfangs das Hospital, das Waisenhaus, das Kriminalgericht und die Polizeikasse. Später, als die Einnahmen zunehmen, zweigt man bestimmte Beträge zur Verschönerung der öffentlichen Promenaden und für ähnliche, die Kur fördernde Maßnahmen ab. Den Bürgern und Beamten der Stadt ist die Teilnahme verboten. Anfangs findet das Spiel im „Schützenhof", im „Einhorn" und „Rappen" in der Krämergasse (Marktstraße) statt, ab 1782 auch im Kaffeehaus „Zur Stadt Frankfurt"; später konzentriert es sich auf den „Schützenhof" und die „Stadt Frankfurt" (in der Weber-/Ecke Saalgasse).

1783 erwirbt der Adlerwirt Johann Peter Schlichter die Spielkonzession mit der Erlaubnis, auch „Trente et Quarante" zu spielen. Roulette, das 1782 zugelassen worden war, nachdem die kurfürstliche Regierung in Mainz ihren sämtlichen Untertanen das Kartenspiel verboten hatte, kommt zunächst nicht recht in Schwung. Erst ab 1795, als nach dem Tode Schlichters der Mainzer Kaufmann Johann Wilhelm Hyenlein die Konzession, auch für das Roulette-Spiel, erwirbt, drängt dieses die anderen Spiele bald in den Hintergrund. Das Große Spiel (Einsatz: 1 Taler) findet im Grünen Saal des „Adler" statt, ab 1806 im neu erbauten Blauen Saal, in dem auch Konzerte und Bälle gegeben werden, das Kleine Spiel mit geringerem Einsatz (1/4 Kronthaler) in der „Stadt Frankfurt".[250] Wenig später wird auch „Biribi" erlaubt, ein aus Italien importiertes lottoähnliches Glücksspiel mit Kugeln.

Wiesbaden im Urteil von Kurgästen des 18. Jahrhunderts

Ein Kuraufenthalt im Jahr 1765

Seit kurzem besitzen wir die in der Schriftenreihe des Stadtarchivs Wiesbaden herausgegebenen tagebuchartigen Erinnerungen des ansbachischen Beamten Ludwig Friedrich Christoph Schmid an einen Kuraufenthalt in Wiesbaden im Sommer 1765.[251] Sie sind ohne schriftstellerische Ambitionen in der Art eines täglichen Kurzprotokolls niedergeschrieben und haben gerade deshalb einen besonderen Wert. Obwohl die gedruckte Edition leicht zugänglich ist, sollen hier einige von Schmids Aussagen wiedergegeben werden. Sie schildern manche der vorstehend beschriebenen Zustände im damaligen Wiesbaden aus der Sicht eines sachlich beobachtenden Kurgastes. Man erhält einen Eindruck davon, wie damals ein Durchschnittsbürger mit Gattin eine Kur in Wiesbaden durchgeführt und erlebt hat.

Schmid beginnt mit dem das damalige Badewesen trefflich charakterisierenden Satz: „Wer an seinem Schöpfer sündiget, fällt dem Arzt in die Hände und muß ins Bad gehen." Am 25. Juni verläßt das Ehepaar mit der Postkutsche ihr Heimatstädtchen Uffenheim in Franken, wechselt in Ochsenfurt am Main aufs Schiff, kommt am 28. Juni in Kostheim an und erreicht am folgenden Tag mit einer Mietkutsche sein Ziel. Man logiert im Schützenhof, zusammen mit zehn anderen Badgästen, darunter drei „Fräuleins".

Wiesbaden ist 1765 ein verschlafenes Städtchen mit knapp 2.000 Einwohnern. Schmid erscheint es „hübsch gebauet, ziemlich groß und volkreich".[252] (Ein anderer Besucher nennt es dagegen 20 Jahre später „ein elendes Städtchen mit engen Gassen".[253]) Bei Schmids Ankunft „wimmelt" es in der Stadt von Fremden. Wir erfahren, daß sein Kurarzt eben jener „Doktor Werrenborner" ist, den wir als den sachkundigen Herausgeber der vierten Auflage von Dr. Rauchs und Dr. Speths Brunnenbuch von 1761 kennengelernt haben. Nach der ersten Untersuchung stellt der ihm „völlige Genesung" in Aussicht. Am nächsten Tag beginnt er „mit 4 Schoppen Badwasser" zum „laxieren" (abführen), einen Tag später geht es los mit „Schwalbacher Bronnen zu trinken" und „dabey täglich frühe um 9 Uhr zu baden".

Wie schlecht der Kochbrunnen (wegen der noch fehlenden wissenschaftlichen Untersuchung) beleumundet ist, bestätigt auch Schmid: Er besucht ihn am ersten Abend und bezeichnet ihn als „diejenige Badquelle, welche wegen ihrer allzu großen Stärke nicht gebraucht werden kann. (...) Sie hat einen hochgelben dicken Satz, der nach Eisen und Schwefel stark riechet (...). Die Bürger brauchen ihn zum Zahn-Pulver."

Am 1. Juli beginnt er mit der eigentlichen Kur. „Das Badwasser, welches theewarm fließet, wird mit 1 Loth [1/32 Pfund] Selzer bitter Salz vermischt bis auf 1 Maas [2 Liter], im Auf- und Abgehen getrunken und purgiert stark, doch ohne Leibreißen." Gebadet wird am ersten Tag noch nicht. Er inspiziert die Umgebung und stellt fest: „Die Spaziergänge sind schlecht." Der Chausseeweg nach Biebrich, „auf beeden seiten mit Obstbäumen besetzt", ist „der einzige halb erträgliche Gang". Im Wiesengrund vor dem Sonnenberger Tor müsse man gar „ohne Schatten herumlaufen".[254] Im Schützenhof selbst gebe es eine 200 Schritt lange und 15 Schritt breite helle Galerie, „wo man bedeckt gehen und immer Gesellschaft finden (könne). Man gehet im Schlafrock und Pantoffeln herum (...), weil jeder seiner Gesundheit und seiner Bequemlichkeit pflegen will, es mag in der Peruque oder in der Schlafhaube seyn."

Die Eßgewohnheiten sind ihm nicht ganz recht. Die sechs angebotenen Gerichte seien zwar alle „der Bad-Diät gemäß". Unangenehm sei aber, „daß abends vor 9 oder halb 10 Uhr nicht zu Tische gegangen" werde. Da man aber um 5 Uhr früh schon „Curwasser" trinken müsse, „wird die Nacht sehr verkürzt, weil man vor Mitternacht nicht zu Bette gehen kann".

Den „2ten Juli, um 5 Uhr fingen wir das Schwalbacher Wasser zu trinken an". Um 9 Uhr „gingen wir zum erstenmahl ins Bad. Je kühler das Wasser ist, je besser ist es, und man muß beym Eintritt etwas schauern, wenn es recht seyn soll. Man setzt sich nur bis zum Nabel ins Wasser und bleibet das erstemahl nur 1/2 Stunde darinnen." Das Wasser „laufet so heiß in die Bäder, daß man schon ein Bad 12 Stunden eher einlassen muß, als man es gebrauchet".[255] Da man nur bis zum Nabel im Wasser sitzt, ist es wichtig, daß Kopf und Brust nicht kalt werden. Dafür wird der Kopf mit einer Kappe, die Brust mit einem Bad-Mantel, aber auch der untere Leib noch mit einer Bad-Schürze versehen.[256] Denn „vor nichts muß man sich mehr in Acht nehmen und nach dem Bade hüten als vor Erkältung. (...) Nach dem Bade pflegt man sich eine kleine Zeit ins Bette zu legen, um allenfalls einen Schweiß abzuwarten". Beamtentypisch mag es sein, daß ihm das Thermalwasser „wie Dinte" schmeckt.

Am 19. Juli besuchen Schmid und seine Frau Kurgäste aus Iserlohn, die sie einige Tage vorher kennengelernt haben, im „Adler". So erfahren wir auch einiges über dieses Haus: „Man wohnt allda weit bequemlicher als im Schützenhof, wird aber nicht gespeist, doch kann man aus dem nächsten Gasthofe sich soviel Essen ganz bequeme kommen lassen als man will, wodurch man vieles erspahren kann. Es sind auch 26 Bäder im Hause, von einer eignen – jedoch fast allzu starken Quelle. Das Haus hat 56 Zimmer vor Fremde und einen niedlichen Garten."[257] Die Iserloheschen Kurgäste sind einfacherer Herkunft. Vergleicht man sie mit den adeligen Kurgästen hohen Standes, die Schmid als Gäste im Schützenhof aufzuzählen nicht müde wird (unter ihnen auch die Herzogin von Weimar, Anna Amalia, wenn auch nur als Übernachtungsgast vom 14. zum 15. Juli), gewinnt man den Eindruck, daß der Schützenhof eher dem Adelsbad Schlangenbader Art entsprach, während der Adler sich mehr auf Modebad-Gäste eingerichtet hatte.

Ein besonderes Erlebnis ist eine Spazierfahrt zum Biebricher Schloß, die zusammen mit anderen Kurgästen unternommen wird.[258] Der nassauische Hofstaat ist, wegen der Anwesenheit des Kurfürsten von Mainz, in großer Gala. Man gibt eine Tragödie, „die wir mit ansahen". Schmid schildert den Fürsten Karl von Nassau-Usingen, „mittlerer Größe, dick, roth und unfreundlich im Gesicht. (...) Als ein guter Hauswirth stunde er öfters unter dem Trauerspiel auf, ging selbst an den Schenktisch, bestellte alles, sahe nach der Tafel etc. Er ließ nach unserem Nahmen und Standt fragen und machte darauf ein ganz freundliches Compliment."

Bescheidener geht es bei der Aufführung (an einem nicht genannten Platz) einer Komödie durch fahrende Schauspieler zu. Schmid nennt die Aufführung eine „elende Action".[259] Ein Scheibenschießen bei der „Wiesenbronner Allée" wird zusammen mit der Iserloher Gesellschaft besucht. Die übrigen Tage gehen bei pedantisch eingehaltener Trink- und Badekur mit viel Muße und Ruhe dahin. Eine nicht näher beschriebene Krankheit seiner Frau veranlaßt ihn gelegentlich dazu, den Tag auf dem Zimmer zu verbringen.[260] Das Tagebuch bricht am 23. Juli ab, ohne daß von einem Ende der Kur die Rede ist. So erfahren wir leider nichts über den Erfolg der Kur oder darüber, wie Schmid mit seinem Aufenthalt in Wiesbaden zufrieden gewesen ist.

Merveilleux, Charlotte von Stein und Bernoulli in Wiesbaden

Gäste, die kritischer urteilen, gibt es auch. Bekanntgeworden sind die „*Amusements des Eaux de Schwalbach, des Bains de Wisbaden et de Schlangenbad*" eines lange unbekannten Verfassers, die unter dem Pseudonym David François de Merveilleux erschienen. Inzwischen glaubt man zu wissen, daß es sich um den im Dienste des kurpfälzischen Oberhofmarschalls Freiherr zu Bevern stehenden Chirurgen David Franz Wunderlich handelt, dessen in französischer Sprache verfaßtes Buch 1739 gleichzeitig im Original und in einer deutschen Ausgabe in Lüttich erschien.[261]

Von den Wiesbadener Quellen sagt er, es seien „die heißesten von der Welt". Man schreibe ihnen viele Tugenden zu, die er ihnen jedoch nicht zugestehen könne. Er wisse keine, als daß sie „wohl und gehöriger massen reinigen". Von den „deutschen Damen" hat er eine eigene Meinung. Sie „gehen nicht gern zum Spatzier-Gang". Die „Wirthshäuser", worunter er die Badhäuser versteht, seien „häßlich" und kämen „denen Schwalbachern nicht im geringsten bey". Auch die Betten seien nicht die besten. „Denn die Wirthe wissen den Gebrauch nicht, gute Stroh-Säcke zu machen." Sie ließen das Federbett auf das bloße Stroh legen, „welches Flöhe und Wandläuse zuwege bringet, von denen man viel ausstehen muß".

Was die „Amusements" betrifft, ist er von Schwalbach besseres gewohnt. Dort gebe es „alle zwei Tage Concert, Ball und Opera". Ball und Koncert kosteten die Wasser-Gäste nichts, der Fürst von Nassau-Weilburg nehme sie allein auf seine Rechnung. Nach Schwalbach gingen die fröhlichen Gäste, nach Wiesbaden die Kranken.

Doch auch hierbei gibt es erhebliche Defizite. Wunderlich alias Merveilleux klagt, daß man in den Wiesbadener Bädern das Wasser wegen der großen Hitze, die 24 Stunden zum Abkühlen benötige, „nicht öfter als einmal am Tag" wechsle. Man könne es daher auch nicht während des Tages austauschen. „Das geht so weit, daß man in dem verschmutzten Wasser baden muß, das andere am Morgen hinterlassen haben, verschmutzt vom Körperschweiß als auch von Urin, den alle Personen in den Bädern herauslassen, den sie sogar vor dem Verlassen des Bades herauslassen sollen", damit das Bad seine rechte Wirkung entfalten könne. (Eine Anekdote über den achtzig Jahre später zur Kur weilenden Johann Wolfgang von Goethe erzählt, ihn hätte der Kuraufenthalt zum Frühaufsteher gemacht, weil er auf jeden Fall morgens als erster im Bad sein wollte.)

Was Merveilleux von den Badhäusern berichtet, drückt fünfzig Jahre später die schon zitierte Charlotte von Stein, die sich 1789 zur Kur im Badhaus „Adler" einquartiert hat, auf ihre Weise aus: „Gestern Abend kam ich in der Kühlung an und ließ Mainz nebst dem schönen Rhein (...) hinter mir, um in einem abscheulichen Nest zu wohnen. Die Wanzen verfolgten mich die Nacht, so dass ich mich endlich auf die Erde gelegt habe. Heute bin ich nun anders logiert, aber ich sehe schon: hier sind meine zwei Hauptfeinde, die Spinnen und Wanzen, zu Hause (...)." Am nächsten Tag fährt sie fort: „Heute habe ich die Bekanntschaft mit der Quelle gemacht. Sie ist in dem Haus, wo wir wohnen, steckt in einem Winkel und präsentiert sich sehr unappetitlich. In den anderen Häusern muß sie hingeleitet werden. Die Bäder sind recht ekelhaft; das Beste aber ist, dass man sein Bad immer behält. Das Wasser ist heiß und schmeckt ziemlich salzig."

Der Schriftsteller Johann Bernoulli berichtet 1784 in seiner „Sammlung kurzer Reisebeschreibungen", Wiesbaden habe „in Ansehung des Äußerlichen wenig empfehlendes".[262] Nur ihre warmen Bäder machten die Stadt berühmt. Sie verschafften ihr Nahrung und Wohlstand. Bernoulli hält die Bäder im Schützenhof für die „schönsten und bequemsten". Als erster beschreibt er den „Kranz": „ein länglichter viereckigter, umschränkter und mit zwo Reihen von Akazienbäumen besetzter Spatzierplatz" unweit

Der „Kranz" mit Badhaus zur Rose im Jahre 1801.
Der den Platz umgebende Kranz von Bäumen war in den Revolutionskriegen abgeholzt worden, wurde 1802 aber wieder neu gepflanzt

des Kochbrunnens. Beim „Schall einer lieblichen Musik findet man hier von 8 bis 10 Uhr eine Menge von Menschen, die dieser Platz kaum zu fassen vermag"(!). Im übrigen hätten „Leute, die nicht Gesundheit, sondern Vergnügen suchen", hier Langeweile.

An Sonn- und Feiertagen kenne man die Stadt jedoch nicht wieder. „In den Sälen des Schützenhofes und der Stadt Frankfurt wird dann die ganze Nacht hindurch getanzt, wobey es oft ausgelassen lustig hergeht (...)." Jedermann habe freien Eintritt, „es (sei) ein Gedränge zum Ersticken". An den Spieltischen biete sich „ein weites Feld zu Beobachtungen dar", wenn man „Domherren, Juden, Hofleute, Studenten, Handwerksbursche etc. im seltsamsten Gemische zusammengedrängt" sehe. Man „speiset des Abends an langen und unabsehbaren Tafeln, von denen man oft vor Unordnung, Lerm und Getöse hungrig wieder aufsteht". Vom Theater hat er eine erschreckende Meinung: Es sei in einem unansehnlichen Saal „zusammengeflickt". Einmal habe er es besucht, doch „nie wurde vielleicht Thaliens Heiligthum so entweiht, und nie die Sprache so gemißhandelt". Auch die Musik sei schlecht gewesen und die Beleuchtung so erbärmlich, daß man kaum die „übel conditionirten Decorationen und Kleidungen" habe erkennen können.

Aus diesen Urteilen von Kurgästen wird deutlich, daß es in Wiesbaden so nicht weitergehen konnte, wollte man den Anschluß an Bäder wie Langenschwalbach, Ems, Aachen, Pyrmont und Spa nicht verpassen. Vor diesem Hintergrund sind die Anstrengungen zu verstehen, die mit dem Beginn des 19. Jahrhunderts einsetzen, um das Ansehen Wiesbadens als konkurrenzfähiges Modebad zu heben.

Das Gemeindebad

Abschließend zur Kur im 18. Jahrhundert sei noch ein Blick auf das Gemeindebad erlaubt. Es ist zwar mehr ein Reinigungsbad, wird aber wegen des Thermalwassers von den Bürgern auch als Heilbad benutzt. Aus der Zeit nach der Wende zum 19. Jahrhundert gibt es darüber einen Bericht, der keinen vorteilhaften Eindruck vermittelt: „Das gemane Bad liegt in seinem Winkel am Schützenhof, und sieht eher einem schlechten Schoppen als einer Badeanstalt ähnlich. Es ist im Grunde nur Ein Bad, welches durch eine hölzerne Wand in zwei Theile für die beiden Geschlechter abgesondert ist. Die Bürger können sich dieses Bades unentgeltlich bedienen, fremde Dienstbothen und Taglöhner zahlen aber für jedes Bad einen Kreutzer. Seine Quelle hat es mit dem Schützenhof gemeinschaftlich, und die Aufsicht darüber ist einem Manne überlassen, der dieses gemeine Bad in Pacht hat." Der Autor schließt: „Es wäre zu wünschen, daß diese Anstalt etwas anständiger ausgeführt würde."[263]

---

224 Urban: Schützenhof. In: Wiesbadener Tagblatt Nr. 111 v. 13.5.1939.

225 Jüngcken: Kurtzgefaste Neue Beschreibung d. Uhralten Hoch-gepriesenen Warmen Bädern, S. 12.

226 Roth: Geschichte und historische Topographie, S. 214.

227 v. Hörnigk: Wißbad, 2. Aufl., S. 16.

228 Jüngcken: Kurtzgefaste Neue Beschreibung d. Uhralten Hoch-gepriesenen Warmen Bädern, S. 13. – Vgl. auch Rullmann: Wiesbaden u. s. Heilquellen, S. 146.

229 StadtAWi WI/1, Nr. 488.

230 Roth: Geschichte und historische Topographie, S. 628. – Die Bürgerliste von 1724 (HHStA: Abt. 131, III b 5,2) gibt interessante Aufschlüsse über Nebentätigkeiten der Badwirte, die meist von ihren Badgästen allein nicht leben konnten.

231 Jüngken: Kurtzgefaste Beschreibung d. Uhralten weit-berühmten Bädern, 2. Aufl., S. 385–386.

232 Jüngcken: Kurtzgefaste Neue Beschreibung d. Uhralten Hoch-gepriesenen Warmen Bädern, S. 14–15. – Ders.: Kurtzgefaste Beschreibung d. Uhralten weit-berühmten Bädern, 1. Aufl., S. 16 [zur Schreibweise Jüngken/Jüngcken s. S. 109].

233 Bitz: Badewesen, S. 151–153 u. 163–164.

234 Hellmund: Nützl. Baad-Buch, S. 133. – Spielmann: Kurhaus, S. 2.

235 Spielmann: Kurhaus, S. 1.

236 Roth: Geschichte und historische Topographie, S. 627–628. – Otto: Geschichte Wiesbaden, S. 137. – Dollwet/Weichel: Tagebuch Friedrich Ludwig Burk, S. 19 u. Anm. 22.

237 Bitz: Badewesen, S. 149 u. 163.

238 Bitz: Badewesen, S. 166ff. u. 207ff.

239 Otto: Goethe in Nassau, S. 66. Dort zit.: C. C. L. Hirschfeld: Theorie der Gartenkunst. Leipzig 1785, V, S. 111. Kleineberg geht im Ausstellungskatalog „Wiesbaden im Bild 1600 bis 1840", S. 2–3, näher auf die Gedankenwelt des Natur- und Kunstphilosophen Hirschfeld und seinen Brunnenhausvorschlag ein (vgl. auch Kleineberg: Museumsschätze, S. 7).

240 Roth: Geschichte und historische Topographie, S. 629. – Bitz: Badewesen, S. 246.

241 Roth: Geschichte und historische Topographie, S. 629. – Bitz: Badewesen, S. 246.

242 Th. Schüler: Kur und Spiel. In: Wiesbadener Tagblatt v. 8. u. 15.6.1913.

243 Sebald: Das Kurhaus, ein Bautyp des 19. Jahrhunderts, S. 124. – Bitz: Badewesen, S. 247.

244 Struck: Goethezeit, S. 108.

245 Roth: Geschichte und historische Topographie, S. 628.

246 Heymach: Charlotte von Stein, S. 22.

247 HHStA: Abt. 137 Wsb. 83.

248 Th. Schüler: Kur und Spiel: In: Wiesbadener Tagblatt v. 8. u. 15.6.1913.

249 Urkunde vom 15.2.1771, HHStA, W 137, XIVa 16. – Struck: Goethezeit, S. 182, erwähnt auch die seit 1769 den Wiesbadener Bürgern (hauptsächlich aus fiskalischen Gründen) erlaubte Zahlenlotterie, die aber schon 1790 wegen der allgemeinen Verurteilung als „Lottoseuche" wieder verboten wurde.

250 Roth: Geschichte und historische Topographie, S. 633. – Th. Schüler: Kur und Spiel. In: Wiesbadener Tagblatt v. 29.6.1913.

251 Dollwet: „Wer an seinem Schöpfer sündiget...".

252 Dollwet: „Wer an seinem Schöpfer sündiget...", S. 33.

253 Dollwet: „Wer an seinem Schöpfer sündiget...", S. 14 (dort zit.: C. C. L. Hirschfeld: Theorie der Gartenkunst, nach Russ: Kulturdenkmäler in Hessen, Wiesbaden II, S. 12).

254 Dollwet: „Wer an seinem Schöpfer sündiget...", S. 37.

255 Dollwet: „Wer an seinem Schöpfer sündiget...", S. 39.

256 Rauch/Speth: Neue Beschreibung d. uralten Brunnen, 4. Aufl., S. 165–166, haben diese Art zu baden (bis zur „Schos-Hüfft") sowie die gleiche Art, sich dabei zu kleiden, beschrieben.

257 Dollwet: „Wer an seinem Schöpfer sündiget...", S. 69–70.

258 Dollwet: „Wer an seinem Schöpfer sündiget...", S. 49–51.

259 Dollwet: „Wer an seinem Schöpfer sündiget...", S. 43.

260 Dollwet: „Wer an seinem Schöpfer sündiget...", S. 69.

261 Merveilleux: Amusements des Eaux de Schwalbach. Im folgenden werden zitiert: S. 3, 12, 140, 145 der deutschen Ausgabe.

262 J. Bernoulli: Sammlung kurzer Reisebeschreibungen und anderer zur Erweiterung der Länder- und Menschenkenntniß dienender Nachrichten, Leipzig 1784, Bd. 14, S. 382; zit. nach Roth: Geschichte und historische Topographie, S. 642ff.

263 Ebhardt: Wiesbaden, S. 167. – Struck: Goethezeit, S. 87.

Das Kurbad Wiesbaden im Herzogtum Nassau

Der Umbruch nach der Französischen Revolution

Geschichtliche Voraussetzungen

Die Epoche der Französischen Revolution hat die Geschichte des deutschen Reiches und seiner Territorialstaaten von Grund auf verändert. Betroffen sind auch die Gebiete der nassauischen Fürsten. Aus ihren rechtsrheinischen Territorien entsteht 1806 das souveräne Herzogtum Nassau von Napoleons Gnaden.[264] Erster Herzog ist Friedrich August von Nassau-Usingen, der das Land gemeinsam mit dem Fürsten Friedrich Wilhelm von Nassau-Weilburg regiert. Da der Herzog keine männlichen Erben hat, wird vereinbart, daß der Weilburger Fürst nach Friedrich Augusts Tod dessen Nachfolge als Herzog von Nassau antritt.[265]

Seine endgültige Gestalt erhält das Herzogtum auf dem Wiener Kongreß und in einem 1816 wirksam werdenden Tauschvertrag mit Preußen.[266] Dabei fallen, was für die künftige Entwicklung des Kurbades Wiesbaden von Bedeutung ist, die Bäder Schwalbach und Schlangenbad, die vorher hessisch bzw. hessisch und kurmainzisch waren, und das hessisch/Nassau-dillenburgische Ems an das Herzogtum. Der Konkurrenz zu Wiesbaden ist von nun an wenigstens der Stachel genommen, daß diese Kurorte von verschiedenen Landesherren regiert wurden.

Für die Stadt Wiesbaden hat die politische Entwicklung erhebliche Folgen. Aus einem Ackerbürgerstädtchen von weniger als 3.000 Einwohnern wird die Hauptstadt des souveränen Herzogtums mit 884 Ortschaften und fast 300.000 Einwohnern.[267] Regierungsbeamte, Juristen und Behördenbedienstete, in ihrem Gefolge Kaufleute, Handwerker und Gewerbetreibende, drängen in die Stadt. Baufieber bricht aus. Für die Kur, die bis dahin ein gesellschaftlicher Faktor ersten Ranges für die Stadt war, müssen gewaltige Anstrengungen unternommen werden, soll sie hinter der neuen Entwicklung nicht zurückbleiben.

Von Anfang an haben der Herzog und sein Weilburger Vetter den wirtschaftlichen Wert des Quellenreichtums und des damit verbundenen Kur- und Badewesens in ihrem Land richtig eingeschätzt. Die Konzentration so vieler Mineralbrunnen und Badeorte unter einer gemeinsamen staatlichen Oberhoheit verlangt nach einer effektiven staatlichen Förderung. Sie wird zu einem wesentlichen Bestandteil der Wirtschaftspolitik des außer den Mineralquellen (und einigen Eisenerzvorkommen) rohstoffarmen Landes.[268]

Die Kur in Wiesbaden an der Wende vom 18. zum 19. Jahrhundert

Wie im vorigen Kapitel gezeigt, haben erste Ansätze einer Modernisierung des Wiesbadener Kurbetriebs in den siebziger Jahren des 18. Jahrhunderts begonnen. Der neue „Schützenhof" entspricht hinsichtlich Räumlichkeiten und Ausstattung der Bäder schon weitgehend den Ansprüchen des folgenden Jahrhunderts. Die klassizistische Architektur mit 31achsiger Fensterfront zur Langgasse gibt einem der wichtigsten Bäder

der Stadt ein völlig neues Gepräge. Das gleiche gilt für den um 1800 errichteten Neubau des Badhauses „Adler“ mit einer fast gleich langen Straßenfront, seinem schon die Casinogesellschaft im späteren Kursaal vorwegnehmenden Spielbetrieb[269] und entsprechend großzügig ausgelegten Bädern. Der Bau ist die Antwort auf einen vom Badwirt Schlichter 1789 gemachten Vorschlag für ein neues Gesellschaftshaus am Ende des Herrngartens zwischen Neres-/Schwarzbach und Idsteiner Weg, der damals von der Regierung nicht aufgegriffen worden ist.[270]

Auch im Hinblick auf die Ausgestaltung der Bäder vollzieht sich nun ein Wandel. Mit wenigen Ausnahmen werden „Einzelbäder in allen übrigen Badehäusern eingeführt“.[271] Sie „befinden sich überall in besonderen Gebäuden, die aber mit dem Wohnhause des Badewirths ganz zusammenhängen, so daß die Curgäste aus diesem gerade in jene treten können, ohne über den Hof oder die Straße gehen zu müssen. Sie liegen in einer oder zwei Reihen neben einander, jedes ist ohngefähr acht Schuh lang, sechs Schuh breit und vier Fuß tief“ (2,40 x 1,60 x 1,20 m). Die Bäder sind durch hölzerne Wände voneinander getrennt, „so daß ein jeder sich unbemerkt von den anderen des Bads bedienen kann“. Nach oben sind die Einzelkabinen offen, im Innern werden sie wegen des aggressiven Thermalwassers mit Backsteinen oder Traß ausgemauert, in einigen Häusern gibt es aber auch, wie wir schon gehört haben, mit Marmor ausgelegte Luxuskabinette. Die Zahl der Bäder in einem Badhaus gibt der Badearzt und Buchautor Dr. Friedrich Lehr 1799 mit „fünfzehn, zwanzig und darüber“ an.[272]

Darüber hinaus besitzen die meisten Badhäuser Abteilungen für örtliche Anwendungen, insbesondere für „Touchebäder“, die so funktionieren, daß das Wasser in ein an der Decke befestigtes Faß oder in einen entsprechenden Behälter gepumpt wird, „woraus es durch Röhren auf den leidenden Theil [des Körpers] herabstürzt“. In jedem besser geführten Badehaus gibt es auch Bäder, die unmittelbar mit einem heizbaren Liegezimmer verbunden sind. Hier können Kranke baden, die das Bett nur kurzfristig verlassen dürfen und die während ihrer Kur ständig von einem Badearzt überwacht werden müssen. Dr. Lehr berichtet, daß jedes Badhaus mit einem „zum Trinken besonders bestimmten reinlichen Brunnen“ für die Anwendung von Trinkkuren versehen sei. Andere Ärzte beklagen später, daß es um die Sauberkeit dieser Trinkbrunnen nicht immer zum besten bestellt sei.

Immer wieder kommt es vor, daß „Schlepper“ der Badhausbesitzer ankommende Gäste am Stadttor abzufangen und in das Badhaus ihrer Auftraggeber zu ziehen versuchen. Dieser verbotswidrigen Praxis setzen die ansässigen Badeärzte in ihren Schriften den Rat entgegen, Badegäste sollten sich, wenn sie in Wiesbaden ankämen, nicht gleich in ein Badhaus, sondern zuerst in ein gewöhnliches Gasthaus einlogieren. Am folgenden Tag sollten sie dann einen Badearzt konsultieren; der werde nach gehöriger Untersuchung des Patienten das richtige Badhaus für ihn aussuchen. Es sei eine notwendige Voraussetzung für das Gelingen der Kur.[273]

Die Bemühungen um die Errichtung öffentlicher Kureinrichtungen waren durch die kriegerischen Ereignisse nach 1792 völlig ins Stocken geraten. Immer noch gibt es nur die Promenade um den „Kranz"-platz, den Herrngarten vor dem Sonnenberger Tor, „ein zwar kleines aber niedliches Bosquet nach englischer Manier, mit einem Gartensaal und gewundenen Gängen, in deren Schatten die Curgäste sich zu verschiedenen Stunden des Tags gesellig vereinen", und die Allee zum Wiesenbrunnen, hinter dem man einen von Bäumen gesäumten Weg durch ein „anmutiges Wiesenthal" bis zur „Veste Sonnenberg" angelegt hat.[274]

Nachteilig ist, daß in der Stadt noch immer die Landwirtschaft eine dominierende Rolle spielt. Das Übel wird gefördert durch die Gemengelage zwischen Badhäusern und landwirtschaftlich betriebenen Höfen. Selbst in der Spiegelgasse, im Zentrum des Quellengebiets, gibt es z.B., wie wir aus einer Verkaufsanzeige im „Wiesbader Wochenblatt" vom 10. April 1798 wissen, ein Wohnhaus (des Johann Anton May) mit fünf geräumigen Stuben, zwei Kammern, zwei Küchen, Speicher, Torfahrt, Waschküche, „welche zu Stallung für Zugvieh eingerichtet werden kann, einer Scheuer, einem Kuhstall für 3 Kühe und 2 Schweineställe, einen geräumigen Hof mit Miststätte" etc.

Ständig kommt es zu Belästigungen der Kurgäste durch Viehtreiben und Mistfahren. Die Viehzählung von 1804 ergibt einen Bestand von 168 Pferden, 65 Ochsen, 470 Kühen, 559 Schafen und 353 Schweinen. Die Schweine werden von den städtischen Schweinehirten morgens durch die Stadt zur Eichelmast an der Platter Straße getrieben. Abends kehren sie zurück. Erst 1812 wird verboten, daß die Hirten in der Kirchgasse und Saalgasse so lange warten, bis alle Schweine, die säumige Einwohner noch nachzutreiben haben, beisammen sind. Das Bemühen, die Gänse von den Gassen fernzuhalten, ist Gegenstand endloser Streitigkeiten. Erst ab 1816, und das auch nur zwischen dem 15. April und dem 15. Oktober, darf bei zwei Reichstalern Strafe „kein Mist aus dem Sonnenberger Thor hinaus gefahren und das Vieh nicht über die Allee beim Kursaal getrieben werden".[275]

Schlangenbad und Langenschwalbach

Bevor wir uns den Fortschritten des Badewesens in Wiesbaden zur Zeit des Herzogtums zuwenden, ist es nützlich, einen kurzen Blick auf die benachbarten Kurorte zu werfen. Dr. Georg H. Ritter, Nassau-Usingischer Hofrat und (seit 1796) erster Stadt- und Landphysikus zu Wiesbaden, gibt in den „Denkwürdigkeiten der Stadt Wiesbaden und der benachbarten Gegend" eine kurze Charakteristik der Konkurrenzbäder Schlangenbad und Schwalbach, wie sie sich um die Jahrhundertwende dem Beobachter darbieten.[276] Sie bilden den Hintergrund für die Entwicklungen, die seit der Gründung des Herzogtums in Wiesbaden zu beobachten sind.

Schlangenbad, abseits des großen Stroms der stürmischen Ereignisse jener Zeit, sei „übrigens ganz dazu gemacht, Gesellschaften der feinern und höhern Stände mit Anstand aufzunehmen und Alles zu bieten, was diese, fern vom Geräusch groser Städte und steifer Zirkel, erwarten mögen, um sich selbst, entweder in stiller Abgeschiedenheit zu leben, oder in zwanglosem vertraulichem Umgang für die Langeweile des guten Ton's zu entschädigen, ohne vom gewöhnlichen Badepöbel belästigt zu werden".

Der Vergleich Wiesbadens mit Schwalbach für die Zeit um 1800 ist besonders aufschlußreich: Hier zeigt sich am deutlichsten der Unterschied der Ausgangslage: hier heiße Quellen, dort kalte Mineralbrunnen, der im Verlauf des 18. Jahrhunderts zu jeweils eigenen Prägungen geführt hat. Der Autor der „Denkwürdigkeiten" beginnt die Beschreibung Schwalbachs mit der wenig schmeichelhaften Feststellung, der Ort sei „ermüdend lang, darmförmig gebaut, hat eigentlich nur eine Stras(s)e (...)". Das Klima sei „merklich kälter und rauher" als in Wiesbaden, die Zufahrt über die Platte „ist durch den Krieg herzlich holprich geworden".

Wenn man gleich „keine Meisterstücke der Baukunst, keine gesuchte Eleganz der Gebäude" finde, so fehle es nicht an artigen und bequemen Zimmern, welche jeden, der nicht überspannte Erwartungen hege und nur Reinlichkeit und Mäßigkeit liebe, befriedigen müßten. Den Mangel üppiger Prunkzimmer fühle man weniger, da man, wegen der Trinkkur, nur wenige Stunden zu Hause zubringe. Nach dem Ankleiden „sputet jeder Kurgast sich, bald an die heilspendenden Quellen zu eilen und sich zu den bunten Reihen der Trinkenden zu mischen". Mancher nehme sogar das Frühstück im Freien oder sonst auswärts und komme, wann er sich nicht vor Tisch umkleidet, selten vor dem späten Abend nach Hause.

Ritter klagt über die „Fülle der Wirthstische, ihre nicht karge Kochkunst, die kräftigen Bereitungsarten", wo doch „Kranke, Wassertrinker sollen diät, das heist mager leben". Bedenke man aber, daß ein beträchtlicher Teil der Gesellschaft Gesunde, ein andrer Teil Halbkranke, an geringen Beschwerden Leidende sind, daß es den meisten von ihnen gar kein voller Ernst sei, um den Preis einer Magerdiät gesund zu werden, sondern „lieber sich ferner mit den noch erträglichen Gebrechen hinleiern, als ihren Abgott, den Bauch kasteien", so lasse man ihnen „ihre sechs oder zehn Schüsseln zur täglichen Azzung (...), allgemeine diätetische Predigt hilft da nun einmal nicht".

Die herzogliche Verwaltung: die Sanitätskommission

Die Veränderung der politischen Lage, die für Nassau mit einer deutlichen Vergrößerung seines Territoriums verbunden ist, verlangt eine Straffung der Verwaltungsstrukturen.[277] Die 1769 für das ganze Land eingerichtete Polizeideputation wird 1806 in ihrer Zuständigkeit auf die Stadt und das Oberamt Wiesbaden beschränkt. 1803 werden eine Bau- und Chauseekommission und eine Sanitätskommission gegründet. Alle diese der Regierung direkt verantwortlichen Institutionen sind für die Entwicklung des Kurwesens in Wiesbaden von ausschlaggebender Bedeutung.

Zur Sanitätskommission gehören Geheimrat Dr. med. Gerhard Thilenius, seit 1803 fürstlich-nassauischer Leibarzt und Badearzt in Wiesbaden, der zweite Stadt- und Landphysikus und Brunnenarzt Dr. August Friedrich Lehr und der nassauische Medizinalrat Dr. Johann Crève. Auf ihre Eingabe hin fordert die Staatsregierung die Bau-

und Chausseekommission, die Sanitätskommission und die Polizeideputation zu Vorschlägen auf, was zur Beseitigung der Mängel und zur Hebung der Kurverhältnisse geschehen könne.

Den Beanstandungen der Sanitätskommission sind kritische Äußerungen des ersten Stadt- und Landphysikus Dr. Georg Ritter vorausgegangen. Er hatte nach seiner im Mai 1803 in Ungnaden erfolgten Entlassung vorgebracht, seit fast fünfzig Jahren sei an den Badeanstalten Wiesbadens wenig verändert, nicht ein Schritt sei im Geist des Zeitalters getan worden.[278] Sicher war diese Behauptung übertrieben. Es bleibt aber ein wahrer Kern: In Zukunft mußte vieles verändert werden, wenn die Badekur eine Zukunft haben sollte.

In einer gemeinsamen Sitzung mit den Badhausbesitzern berichtet Geheimrat Thilenius namens der Sanitätskommission, die Kurgäste klagten über das Straßenpflaster, es sei schlecht und löcherig und werde von den Fußkranken „nur mit Zittern und Jammern" betreten.[279] Bei nassem Wetter wateten die Fremden im Kot, ohne daß sich eine Hand zur Reinigung der Straßen hebe. Der Mangel an süßem Trinkwasser mache sich doppelt fühlbar, weil die Leitung zum Stadtbrunnen (dem heutigen Marktbrunnen) verschmutztes Wasser durchlasse. In der Nacht werde nicht auf Ruhe und Ordnung gehalten. Wenn die Vornehmen ihre Lustbarkeiten und Bälle im „Adler" nach Mitternacht beendeten, setze das Dienstpersonal den „Unfug" bis zum frühen Morgen fort. Hunde trieben sich rudelweise auf den Straßen herum und störten durch Bellen und Beißen die Menschen in der Nachtruhe.

Am meisten zu beklagen sei die Nachlässigkeit der Badhausbesitzer, die seit den kriegerischen Ereignissen im Gefolge der Revolutionskriege noch mehr als früher zu beobachten sei. Außer an Touche-(Dusch)- und Dunstbädern (Schwitzbädern) mangele es sogar an Thermometern, so daß das Wasser in den Bädern bald zu warm, bald zu kalt sei. Die Badebassins machten mit ihrer Backstein-Ausmauerung einen widerlichen Eindruck. In den Quellen und Zuläufen der Bäder finde sich nicht selten ekelhafter Unrat. Selbst Zimmer und Gänge ließen Reinlichkeit vermissen; die Wanzen, namentlich in tapezierten Räumen, vermehrten sich zu einer lästigen Plage.

Ein Mißstand sei auch das Fehlen von Reservoirs zum Abkühlen der heißen Bäder, für das einige Badwirte Bachwasser verwendeten, das vom Gesinde in Eimern herbeigeholt werde. Da die Klosetts oft noch außerhalb der Häuser liegen, regt die Kommission an, für leidende Badgäste, „die sich des Nachts der Kälte nicht aussetzen dürften, Nachtsessel anzuschaffen" oder wenigstens auf den Fluren der Stockwerke „Abtritte und für die Männer Rinnen zum Urinieren" herzustellen. Geklagt werde auch über mangelnden Service mancher Badhausbesitzer und über die schlechte Zubereitung der Speisen in den Gasthäusern. Das Fleisch sei oft minderwertig, geringe Weinsorten verkauften die Wirte zu hohen Preisen.

Die Badhausbesitzer erklären die vorhandenen Mängel mit den hohen Kriegslasten, die es ihnen unmöglich machten, den Badebetrieb in gewohnter Weise aufrechtzuerhalten. Die Kommission läßt solche Argumente nicht gelten. Sie bemängelt die grundsätzliche Einstellung vieler Badwirte, die davon ausgingen, die Kranken kämen so oder so, weil sie das Wasser für ihre Gesundheit nötig hätten. Das aber sei ein Irrtum. Viele Kurgäste reisten jetzt lieber nach Teplitz oder Karlsbad, wo man mehr mit der Zeit gehe.

Es wird gefordert, eine badepolizeiliche Einrichtung zu schaffen, deren Vertreter im Beisein eines Brunnenarztes und eines Bausachverständigen die Badhäuser zu revidieren und die Badwirte zur Beseitigung von Mängeln anzuhalten hätten. Ohne gründliche bauliche Veränderungen der Badhäuser sei eine Besserung kaum zu erhoffen. An den schmalen steilen Treppen, den engen lichtlosen Gängen lasse sich wenig ändern, doch könne für Luft und Licht, bequemere Einrichtungen und gefälligeres Aussehen in den Baderäumen gesorgt werden. „Schmutzigen Ruinen" gleichende Badebehälter seien mit Fayenceplatten zu belegen und die Risse in Türen und Seitenwänden abzudichten. Über die Gewohnheit, als Dusche Fäßchen über der Badkammer zu postieren, machten sich Fremde, die in anderen Badeorten wirksame Tropfbäder gesehen hätten, nur lustig.

Die Meinung der Sanitätskommission ist nicht ganz einhellig. So urteilt Hofrat Dr. Lehr, so richtig es sei, daß noch manches zur Vervollkommnung des hiesigen Kurwesens zu tun sei, so wahr sei es aber auch, daß viele Fremde übertrieben reagierten. Mancher verlange „die sybaritiose Kostbarkeit eines morgenländischen Kaiserbades" für wenige Gulden und die „Feinheit einer Königstafel um ein Geringes".[280] Seit zwanzig Jahren hätten sich die Badwirte befleißigt, die Badeanstalten zu verbessern, obwohl sie die Last des Krieges schwer gedrückt habe und noch drücke. Sie hätten nur den Fehler gemacht, zu viel für die Verschönerung der Wohnräume zu tun und die Bäder dabei zu vergessen. Man solle ihnen Prämien aussetzen, etwa durch zeitweilige Befreiung von Abgaben, wenn sie die Zustände positiv veränderten.

In der Tat haben es die Badwirte in diesen wirren Zeiten nicht leicht. Die Truppendurchzüge seit dem Beginn der Revolutionskriege, verbunden mit Einquartierungen und hohen Naturalabgaben, belasten sie nicht nur direkt, auch die Kurgäste bleiben wegen der unruhigen Zeiten aus. Symptomatisch für die Hilflosigkeit, mit der Badhausbesitzer dem kruden Auftreten besonders von Offizieren und Soldaten gegenüberstehen, ist die Schließung des Pferdebads im „Schwarzen Bock" mit seiner fast hundertjährigen Tradition.[281] Der Wirt begründet sie damit, daß sich „in diesen Kriegszeiten jedermann desselben unentgeltlich bedienen" wolle und er keine Lust habe, es von den vielen durch Wiesbaden hindurchflutenden Truppen immer wieder ruinieren und es dann auf seine Kosten wieder herrichten zu lassen.[282]

Immerhin, fährt Dr. Lehr in seiner Stellungnahme fort, sei an den Verordnungen der letzten Zeit zu erkennen, daß die Polizei sich bemühe, Wandel zu schaffen und die Reinlichkeit und Ordnung in den Straßen zu verbessern. Dem Adlerwirt habe sie verboten, die Lustbarkeiten über Mitternacht auszudehnen. Er meine aber, wenn Schützenhof und Adler für nächtliche Belustigungen nicht mehr in Frage kämen, müsse für die Erbauung eines Saales an einem weniger lärmempfindlichen Ort, etwa beim Gasthaus Ritter am Sonnenberger Tor, gesorgt werden. Überhaupt bemühe man sich zu wenig um Kurzweil. Das Theater im Schützenhof sei und bleibe schlecht, so lange man nur herumziehende Schauspielertruppen engagiere und kein besseres Komödienhaus baue. Auch fehle es an ordentlichen Promenaden.

Der Kursaal

Die neue Stadtplanung

Zur Bewältigung der gewachsenen Aufgaben, die nach 1803 auf die Stadt zukommen, berufen Fürst und Landesregierung Fachleute, auch von auswärts, um ein völlig neues Konzept der Stadtplanung auszuarbeiten. Benötigt werden neue Wohnviertel und großzügige Straßen. Eine grundlegende Umgestaltung des Kurviertels wird diskutiert.

Am Anfang stehen Pläne zur Erweiterung der Stadt über den alten Mauerring hinaus. Leiter der 1803 gegründeten Bau- und Chausseekommission ist Baudirektor Carl Florian Goetz (1763–1829). Er beginnt mit der Verlängerung der Mainzer Gasse (untere Marktstraße) über das Stadttor hinaus und errichtet jenseits des Tores vier herrschaftliche Häuser, die für Landesbeamte bestimmt sind. Zwischen 1804 und 1817 wird die Stadtmauer mit ihren Toren abschnittsweise abgerissen und der Warme Weiher als letzter noch Wasser führender Teil der alten Stadtbefestigung zwischen August 1806 und Januar 1807 trockengelegt.

Nach dem Bau der vier Häuser vor dem Mainzer Tor ändert man die Pläne in einem entscheidenden Punkt. Statt der Verlängerung der Baulinie entlang der Biebrich-Mosbacher Chaussee (Bahnhofstraße)[283] schlägt Goetz nun vor, eine im rechten Winkel zur Pletzmühle im Salzbachtal abzweigende Straße anzulegen. Ein Jahr später taucht der Gedanke auf, rechtwinklig zu dieser neuen Straße (der unteren Friedrichstraße) in

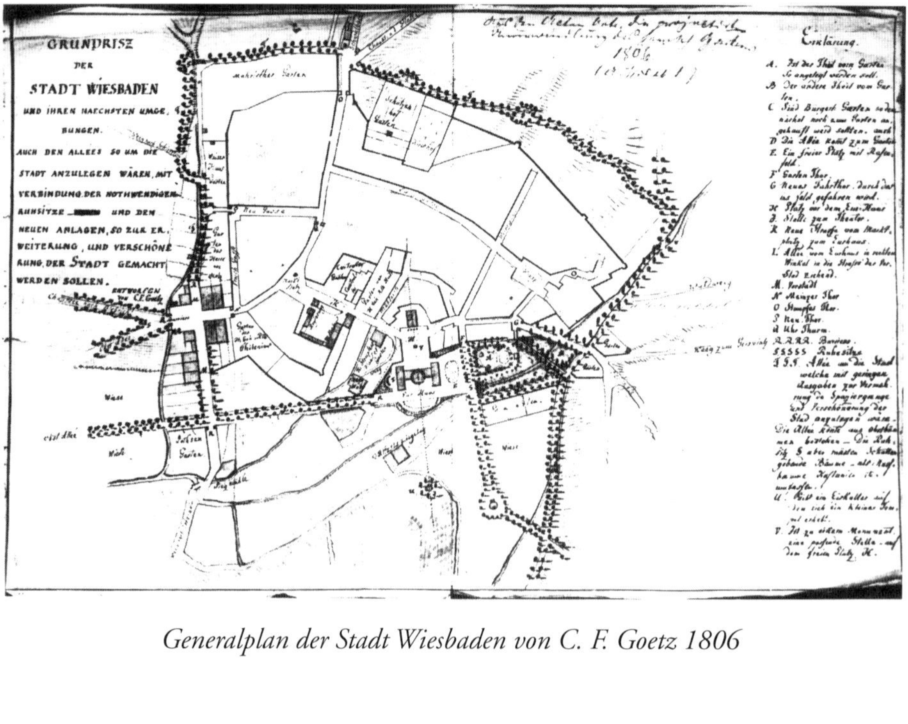

Generalplan der Stadt Wiesbaden von C. F. Goetz 1806

Christian Zais (1770–1820), Zeichnung von J. L. Metzger, um 1810

nördlicher Richtung eine Verbindung zum Herrngarten vor dem Sonnenberger Tor herzustellen.

1806 legt Goetz einen von der Regierung in Auftrag gegebenen Generalplan vor (s. Abb. S. 152). In ihm ist erstmals eine Allee über den Warmen Damm (die spätere Wilhelmstraße) eingezeichnet.[284] Die Grundidee, das Gassengewirr der Altstadt durch zwei im rechten Winkel aufeinanderstoßende Straßen geradlinig zu begrenzen, sticht deutlich hervor. Der neue Kurbezirk weist jedoch eine von der späteren Realisierung durch Christian Zais noch deutlich abweichende Fassung auf.

Die Berufung von Christian Zais

Mit dem großen Umfang der Stadterweiterung und den Anforderungen, die die Stadtplanung und die gleichzeitige Betreuung der Pläne für die öffentlichen Neubauten an die fachliche Leitung stellen, sind die Grenzen der Leistungsfähigkeit des Baudirektors Goetz, besonders in künstlerischer Beziehung erreicht. Zu seiner Unterstützung wird 1805 der aus Cannstatt in Württemberg gebürtige Architekt Christian Zais (1770–1820) berufen.

Mit Goetz und Zais treffen zwei grundverschiedene Temperamente aufeinander, die jedoch sehr schnell zu einer optimalen Zusammenarbeit finden. Während Goetz sich um die Organisation des gesamten Bauwesens kümmert, beschäftigt sich Zais in erster Linie mit der Entwicklung eines Konzepts für den neuen Kurbezirk. Zwei Jahre nach seiner Berufung erhält er den Auftrag zum Bau des Gesellschaftshauses, das zum bedeutendsten Bauwerk der klassizistischen Bauperiode Wiesbadens werden soll. Dieser Auftrag ist eine der folgenreichsten Entscheidungen in der Geschichte Wiesbadens. Ohne seine Umsetzung durch Christian Zais wäre der Stadt kaum der unvergleichliche Aufschwung zu einer der führenden Kurmetropolen Europas gelungen. Das Zaissche Kurhaus und die mit ihm in Zusammenhang stehenden Folgebauten geben der Stadt eine völlig neue Identität.

Zur Vorgeschichte: In den Kriegswirren ab 1795 hatte die staatliche Aufsicht über das Glücksspiel immer mehr nachgelassen. Man spielte, wann und wo sich Spiellustige zusammenfanden. Um wieder geordnete Verhältnisse zu schaffen, schließt die Regierung im April 1800 mit dem Mainzer Kaufmann Johann Michael Hyenlein einen Vertrag über eine dreijährige Spielkonzession, die sie am 14. August 1802 um sechs Jahre verlängert, und zwar mit dem Zusatz, daß der Pächter „darauf bedacht sein wird, seinem mündlichen Erbieten gemäß einen anständigen öffentlichen Versammlungsort für die fremde Curgäste (...) während der Pachtzeit einzurichten“.[285] Von der auf 770 Gulden festgesetzten jährlichen Pacht sollen 100 Gulden für die Beleuchtung der Straßen abgezweigt, 299 Gulden für das Hospital und 106 Gulden für das Waisenhaus verwendet werden, der Rest soll an die „Criminal Casse“ und an die „Policey Casse“ fallen.

Der Bau eines neuen Kursaals ist auch in diesem Zusammenhang zu sehen. Nur in einem zentralen Gesellschaftshaus kann das Glücksspiel kontrolliert werden. Um im Geschäft zu bleiben, legen der Spielkonzessionär Hyenlein und der als Vertreter eines Aktienkonsortiums mitbeteiligte Oberstleutnant von Fechenbach 1805 ein Angebot zum Bau eines neuen Gesellschaftshauses vor, das in finanzieller Hinsicht von der Bau- und Chausseekommission jedoch ungünstig beurteilt wird. Die Kommission macht der Regierung ihrerseits den Vorschlag, man solle das Unternehmen lieber selbst in die Hand nehmen. Die Zinsen für das durch Aktien aufzubringende Kapital könnten aus den Pachteinnahmen der Spielbank und den Erträgen des in dem neuen Haus zu betreibenden Speiserestaurants erwirtschaftet werden. Die Regierung schließt sich in einem Gutachten vom 28. Dezember 1805 dieser Ansicht an. Der Fürst ist nicht abgeneigt, auf die Anregung der Regierung einzugehen, und verlangt genaue Angaben über die Kosten des Baus ohne Komödiensaal.[286]

Die Planungen von Goetz und Zais

Vermutlich haben die Pläne zum Bau eines Gesellschaftshauses schon bei der Berufung von Christian Zais eine Rolle gespielt. Er wurde, wahrscheinlich durch Staatsminister E. F. L. Marschall von Bieberstein, als „großer Liebhaber in der Literatur der Baukunst“ und Anhänger der klassizistischen Bauideen des Karlsruher Architekten

Friedrich Weinbrenner empfohlen. Marschall war, wie Zais, ehemaliger Stuttgarter Karlsschüler. Für Zais sprach auch, daß er an der Karlsschule bei dem renommierten Professor und Genieoffizier Duttenhofer die Theorie des Wasserbaus erlernt und sich beim Bau des Residenzschlosses in Stuttgart als Steinhauer ausgebildet hatte.[287] In ihm glaubte man den geeigneten Architekten gefunden zu haben, dem die Lösung einer derartigen Aufgabe zuzutrauen war.

Die erste städtebauliche Konzeption, die den Bau eines Gesellschaftshauses vorsieht, der Plan von 1806, geht noch auf Florian Goetz zurück. Er hält sich ganz im Rahmen der Vorstellungen, die von den Badhausbesitzern vertreten werden. Sie stellen sich gegen alle Neuerungen, die ihre alten Besitzstände beeinträchtigen könnten. So bleibt die von Goetz vorgeschlagene Lösung auf halbem Weg stehen. Er plant für das neue „Cur-Haus" einen Bauplatz auf der Stadtseite der „Allee über den Warmen Damm", im Bereich der Einmündung der späteren Burgstraße in die Wilhelmstraße.[288] Die Hauptfront soll sich als Dreiflügelanlage mit Mittelrotunde zur Stadt hin öffnen, was eine unmittelbare Verbindung zum alten Bäderviertel bedeutet hätte. Davor weist der Plan einen rechteckigen Platz auf, an dessen Ende ein Theater vorgesehen ist. Diese Lösung kommt den Wünschen der Badhausbesitzer nach möglichst enger Einbindung der Neubauten in das alte Quellenviertel entgegen.

Christian Zais geht mit einem völlig neuen Konzept an die Aufgabe heran. Seine Vorstellungen arbeitet er im Sommer und Herbst des Jahres 1806 aus. Sigrid Russ beschreibt in ihrem Standardwerk über die Wiesbadener Villengebiete die zugrundeliegende Idee: „Für Zais stand fest, daß Wiesbaden nur durch eine durchgreifende städtebauliche Neuplanung als Badeort aufzuwerten war. Schon die Wahl des Bauplatzes für das neue Kurhaus zeigt sicheres Gespür für die Zeichen der Zeit: Nicht 'treuherzige Anbiederung' war gefragt; sondern eine im Kurort ein 'Reservat des Heils' suchende Gesellschaft forderte Abgeschlossenheit und Distanz."[289] So siedelt er den Neubau, „die als unschön empfundene Altstadt und damit alles Alltägliche und Banale (...) hinter sich lassend", weit außerhalb der alten Stadtgrenze, beim Wiesenbrunnen vor dem Sonnenberger Tor, an.

Das Projekt gerät wegen der kriegerischen Ereignisse des Jahres 1806 in Verzug. Im folgenden Jahr steht dann die Entscheidung an, ob die Goetzschen Pläne oder die inzwischen konkretisierten Vorstellungen von Zais realisiert werden sollen. In einem „Immediatbericht" des Geh. Hofkammerrats von Motz vom 4. November 1807 an den Landesherrn wird schließlich dem von Zais verfertigten Plan der Vorzug gegeben. Die Wahl des Platzes sei „nach langem Hin- und Herschwanken" auf den Wiesengrund hinter dem Wiesenbrunnen gefallen. Zwar stehe dem Platz entgegen, „daß er fern von aller passage, in einem abgelegenen Winkel hinter der Stadt" liege, jedoch „am Ende der beliebtesten und Hauptpromenade der Kurgäste und an der einzigen kühlen klaren Quelle. Durch eine „bedeckte Colonade und Arcade" könne das neue Gesellschaftshaus „ohne große Schwierigkeit" mit der Stadt bis an das (zu diesem Zeitpunkt noch vorhandene) Sonnenberger Tor verbunden werden. Zais veranschlage die Kosten für das Kurhaus, massiv in Stein erbaut, mit Mobiliar und Dekorationen, auf ca. 100.000 Gulden.[290]

Der Bericht findet die Zustimmung der Regierung. Die Ausführung wird Zais übertragen. Vom 20./22.November 1807 datiert die amtliche Veröffentlichung („Publicandum") über das Vorhaben.[291] Beigefügt sind zwei Kupferstiche (Grundriß und Frontalansicht des Gebäudes) nach Zeichnungen von Christian Zais. Das Gebäude werde Tanz-, Konversations-, Spiel-, und Speiseräume sowie Wohnungen für den Pächter der Hazardspiele und den Restaurateur enthalten. Die Gesamtaufsicht und Kontrolle beim Bau wird dem Hof-Kammerrat G. Steinberger übertragen.

Da die öffentlichen Mittel knapp sind, verfällt man auf die Idee, das Kurhaus durch privates Kapital zu finanzieren. Es sollen 200 Aktien zu je 500 Gulden ausgegeben werden. Der Staat garantiert eine Verzinsung von 5%. Im „Publicandum" heißt es dazu: „Sobald die erforderlichen 200 Actien, wovon Wir [die beiden Unterzeichner Herzog Friedrich August und Fürst Wilhelm von Nassau] einen beträchtlichen Theil zu übernehmen Uns entschlossen haben, grösstentheils abgegeben seyn werden", solle mit dem Bau begonnen werden. Trotz dieser klaren Vorgabe, die eigentlich eine hohe Sicherheit der Geldanlage bedeutet, verläuft der Verkauf der Aktien nur schleppend. Die Wiesbadener Bürger beteiligen sich überhaupt nicht, auch nicht die Badwirte, was zeigt, mit welchen Vorbehalten sie den neuen Plänen gegenüberstehen. Noch 1809 heißt es in einem Schreiben des Geheimen Staatsreferendars Motz: „Bekanntlich findet diese ganze Anlage unter dem hiesigen publico wenig Gönner, im Gegentheil Widersacher die Menge."[292] Am Ende verbleiben die meisten Anteile beim Herrscherhaus.

Die Bauausführung

Am 21. April 1808 wird in Gegenwart des Herzogs der Grundstein gelegt. Auffallend ist, daß die Ausführung nicht mit der Skizze übereinstimmt, die dem Publicandum vom November 1807 beigefügt war. Sie hatte einen Portikus mit sechs ionischen Säulen und halbkreisförmig weit nach vorn ausschwingende Kolonnaden und zweistöckigen Eckbauten vorgesehen.[293] Der Grund für die Änderung mag in einem allem Anschein nach von der herzoglichen Regierung erbetenen Gutachten vom 12. August 1808 („Über die Baade-Saalanlage in Wiesbaden") liegen, das die krumme Linie der Kolonnaden des ursprünglichen Plans bemängelt.[294]

Obwohl das Gutachten nur in einer namentlich nicht gekennzeichneten Kopie vorliegt, spricht vieles dafür, daß es aus der Feder des Weimarer Geheimrats Wilhelm von Wolzogen, Schwager des Dichters Friedrich von Schiller, stammt. Er war ein an der Karlsschule in Stuttgart ausgebildeter Architekt und mehrfach Kurgast in Wiesbaden, wo er 1809 starb und auf dem Friedhof am Schulberg begraben ist. Der Schreiber will seinen Rat auf rein künstlerische Gesichtspunkte beschränkt wissen, da „ein mit dem Local unbekannter Fremder nur in so weit urtheilen kann, als die Anlagen in das Gebiet der Kunst eingreifen". Die Überlegungen zur Gestaltung von Grünanlagen geben einen weiteren Anhaltspunkt für die Autorschaft Wolzogens. Der Schreiber besitzt eine Vorliebe für französische Gärten und bezeichnet die Pariser „Thuilerien" als „das Ideal aller Anlagen dieser Art", was dazu paßt, daß Wolzogen sich lange in Paris fortgebildet hat und 1793–94 dort als Gesandter tätig war. Auch die Anregung zur Errichtung eines Hof-Theaters – als Beispiel für die Rentabilität einer solchen Einrichtung führt er ein kleines Bad an, „das durch die Nähe einer Universität" leben könne – weist deutlich auf Weimar/Jena und den Umkreis Goethes hin.

In dem „Gutachten" heißt es: „Die Säulen Ordnungen in einem großen Styl sind das, was ewig schön und einfach bleiben wird, und dort in Wiesbaden erlaubt es der Platz (...), diese Ordnungen in gerader Linie zu einem großen Ganzen zu verbinden. Die krummere Linie der Colonnade, so in dem Plan beschrieben ist, hat nicht das majestätische Ansehen, so eine schlichte Wiederholung einfacher, schöner Formen in geraden Linien gewährt."

Auch der Hinweis, daß eine krumme Kolonnaden-Linie „schwieriger und kostbarer [mit größeren Kosten verbunden] auszuführen" sei und „das Terrein dort manche Schwierigkeiten machen [werde], da es fällt und steigt", könnte zwar weniger den Baumeister Zais als die Finanzbehörde bewogen haben, den Rat des Gutachters zu berücksichtigen. Jedenfalls werden die Kolonnaden (mit je 13 dorischen Säulen) geradlinig auf die Front des großen Saals zurückgenommen und außen durch Eckpavillons abgeschlossen. Das ursprünglich in Holz vorgesehene Gesims am Hauptbau wird in Sandstein ausgeführt, der ionische Porticus erhält einen Dreiecksgiebel, der dem antiken Ideal des frühen Klassizismus entspricht.

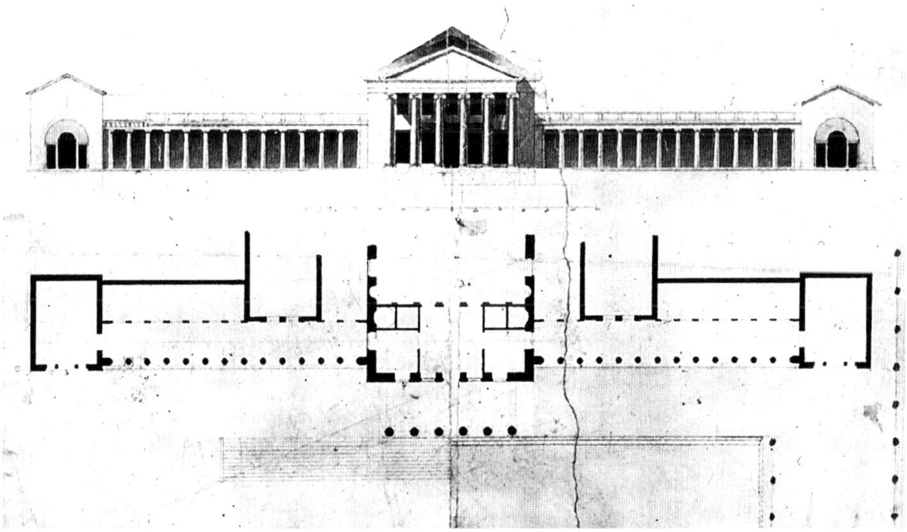

Kurhaus Wiesbaden mit gestreckten Kolonnaden, wie es 1808–1810 ausgeführt worden ist. Entwurf von Christian Zais 1808, Karton, Tusche

Ob es nun Ideen Wolzogens waren, die in die Gestaltung des Kurhauses eingeflossen sind oder nicht, Ähnlichkeiten mit Weimarer Bauten und persönliche Beziehungen der Ausführenden nach Weimar sind nicht zu übersehen, vor allem auch bei der Innengestaltung des großen Saals. Durch den Freiherrn von Wolzogen hergestellte Kontakte führen dazu, daß der an den Dekorationsarbeiten des Festsaals des Weimarer Schlosses maßgeblich beteiligte Hofmaler Karl Heideloff mit der Ausführung der Deckengemälde im großen Saal und in anderen Räumen des Wiesbadener Kurhauses beauftragt wird. Der Weimarer Hofbaumeister Johann Friedrich Steiner liefert Stuckdekorationen mit Darstellungen der vier Jahreszeiten, die für den Konversationssaal bestimmt sind. Steiner steht in enger Beziehung zu Goethe. Er hat die „chromatischen Tafeln" für dessen Farbenlehre gefertigt.

Die Verbindungen nach Weimar sind wohl auch der Grund, daß Goethe schon am ersten Tag seines Wiesbadener Kuraufenthaltes von 1814, am 30. Juli, den Kursaal besucht. Er schreibt darüber: „Dem Freunde der Baukunst wird der große Cursaal sowie die neu angelegten Straßen Vergnügen und Muster gewähren", und: „Die Anlage davor und überhaupt das Ganze ist imposant, für jeden, der nicht mit allzureinen architektonischen Forderungen einhertritt."[295] Am 1. August 1814 schreibt er an seine Frau Christiane, hier sei „ein Saal gebaut, welcher den Weimarschen Schloss- und Schießhaussaal vereint darstellt und grösser ist als jene beyde zusammen".[296]

Mit dem Fortschreiten der Bauarbeiten wird immer klarer, daß das Gebäude nur dann seinen Zweck ganz wird erfüllen können, wenn auch die innere Einrichtung dem bedeutenden Geschmack des äußeren Ansehens entspricht. An Stelle der ursprünglich in Holz geplanten 28 freistehenden und acht Wandsäulen des Saals wählt man Säulen aus nassauischem Marmor (aus den Marmorbrüchen des Lahntals bei Villmar). Der Auftrag dazu wird am 11. September 1808 erteilt.[297] Die Leuchter werden fast ausnahmslos in Paris gekauft. Durch diese und andere verbessernde Maßnahmen erhöhen sich die Kosten am Ende um die Hälfte gegenüber dem veranschlagten Plan (Abb. des Saals: S. 268).

Der mit sechs ionischen Säulen versehene Portikus ist 60 Schuh (18 Meter) breit. Im Giebelfeld verweist die Inschrift FONTIBUS MATTIACIS MDCCCX (Den Mattiakischen Quellen, 1810) in bronzenen, im Feuer vergoldeten Buchstaben auf die römische Tradition Wiesbadens. An die Seiten der Vorderfront schließen Säulengänge von je 33 Metern Länge mit 13 Säulen und je sieben „Krambuden" an, die in späteren Berichten zu „Läden" oder „Boutiquen" aufgewertet werden. Sie stehen zwar mit der ästhetischen Wirkung eines „Hellas würdigen Bauwerks" (v. Gerning) nicht so recht in Einklang, die angebotenen Souvenirartikel sind jedoch bei den Kurgästen sehr beliebt. Die äußeren Enden der Kolonnaden werden durch Pavillons abgeschlossen, von denen jeder sechs weitere Läden beherbergt. Die Mieteinnahmen werden an die Generaldomänenverwaltung abgeführt. Die Gesamtfront des Kurhauses hat eine Breite von 330 Schuh (etwa 110 Meter).

Im Frühjahr 1810 wird der bis dahin noch unmittelbar vor dem Portikus hervortretende Wiesenbrunnen in Röhren 300 Fuß seitwärts abgeleitet und an die Stelle des späteren Ostpavillons der heutigen Theaterkolonnade verlegt. Zitate in den Bauakten, in denen noch 1809 vom „Bau am Wiesenbrunnen" die Rede ist, zeigen, wie schwer sich die Wiesbadener vom liebgewonnenen Wiesenbrunnen trennen und daß man ihn am liebsten am alten Platz belassen hätte. So erklärt es sich, daß er erst wenige Wochen vor der Einweihung des Gesellschaftshauses verlegt wird.[298] Die Sandsteinfassung des neuen Brunnens hat statt der vier Ausläufe des alten Wiesenbrunnens nur noch einen Auslauf. Der Kursaal ist termingerecht zur Saison 1810 fertig. Am 31. Mai werden die Spiel- und Speisesäle eröffnet, am 1. Juli der große Saal.

Zur Arbeitsweise des Bauinspektors Zais

Die mehrfachen Änderungen der Ausführungspläne für das neue Gesellschaftshaus sind eine Besonderheit, die vor allem auf den Arbeitsstil von Christian Zais zurückzuführen ist. Sie bereitet dem mit der Oberaufsicht und Kontrolle der Bauarbeiten beauftragten Hofkammerrat G. Steinberger viel Kopfzerbrechen. Sein Bericht an das Herzogliche Staatsministerium vom 4. Juni 1809, einem Zeitpunkt, an dem der Bau schon weit fortgeschritten ist, beginnt mit der Beschwerde, er habe „gleich anfangs", als er die Oberaufsicht übernommen habe, den Bauinspektor gebeten, „eine umfassende Beschreibung von dem auszuführenden Gebäude, sowohl seiner äußeren Form nach, mit Angabe der Höhe, Tiefe und Länge als auch nach seiner inneren Einrichtung und Abtheilung aufzusetzen". Zais sei der Aufforderung nicht nachgekommen.[299]

Wohlgemerkt, Mitte 1809, etwa zur „Halbzeit" des Bauunternehmens, klagt Steinberger, er habe schon öfters seitdem die Bitte an Zais wiederholt, „ohne daß ich solche gewährt sehe", obwohl fur ihn diese Arbeit, „da er bei der Ausführung des Bau es „sich doch wahrscheinlich einen bestimmten Plan gezeichnet hat", leicht sein müßte. Es wäre seine Pflicht gewesen, „daß er, noch ehe der Grundstein des Baues gelegt wurde, eine genaue Beschreibung von dessen äußerer Form und inneren Einrichthung aufgesetzt" und – ein Punkt, der für Steinberger mehr noch als der künstlerische Bauplan von Interesse ist – „detaillierte Kosten Überschläge mit Bemerkung der benöthigten Materialien gefertigt hätte". Er, Steinberger, hüte sich, einem Dritten, der „von der äußeren Form, Umfang und inneren Abtheilung dieses Baues unterrichtet zu seyn wünscht", Rede und Antwort zu stehen, „um mich nicht blos zu stellen, daß dieses noch ein Geheimniß des Baumeisters" sei.

Er bittet daher das Herzogliche Staatsministerium, dem Bauinspektor Zais „ernst gemessenst anzubefehlen", endlich eine „umfassende Beschreibung von dem aufzuführenden Gebäude, sowohl seiner äußeren Form nach, mit Angabe der Höhe, Tiefe und Länge, als auch nach seiner inneren Einrichtung und Abtheilung aufzusetzen".

Auch die Vorbereitung des Terrains zur Anlage der neuen Allee und der weiteren Umgebung des Gesellschaftshauses leidet unter der Nachlässigkeit des Bauinspektors, der sich bei der ordnungsgemäßen Abwicklung des Projekts mehr als gleichgültig verhält. Das Terrain müsse, schreibt Steinberger, „geometrisch aufgenommen" und auf dem Riß dessen Vertiefungen und Erhöhungen genau bezeichnet werden, damit man berechnen könne, „wie viel Cubic Fuß Grund zur Planierung der Vertiefungen auf- und von den Erhöhungen abgetragen werden“ müßten. Steinberger fährt in seiner Beschwerde über Zais fort: „Allein derselbe schreitet bey allen seinen Unternehmungen dem Schein nach unbekümmert, wie er die mit deren Ausführung verbundenen Kosten zu rechtfertigen gedenkt.“ Zais habe ihm auf seine Aufforderung hin geantwortet: „Der Baumeister giebt nur die Anlagen an, was die Ausführung kostet und wo die Gelder dazu herkommen?, das sind seiner Sorgen keine.“

Die Inneneinrichtung

Durch den Haupteingang gelangt man über steinerne Stufen in eine Vorhalle und von dieser in den großen Saal. Er mißt 127 x 67 Schuh nach Länge und Breite und ist 50 Schuh hoch (39 x 20 x 15 Meter).[300] An beiden Seiten verlaufen von Marmorsäulen getragene Galerien, auf denen Musikanten und (für geringeres Eintrittsgeld bei Bällen zugelassene) Zuschauer Platz finden. Die Marmorsäulen sind „im Schaft 14 Schuh hoch“ und mit vergoldeten korinthischen Kapitellen versehen. Sechs der Säulen bestehen aus einem Stück, sind also besonders kostbar.

Die über den Galerien aufsteigenden kassettierten Halbtonnengewölbe schaffen eine eindrucksvolle Raumwirkung. Verstärkt wird der Eindruck durch zehn nach antikem Vorbild geschaffenen Statuen und Büsten aus carrarischem Marmor, die allerdings erst einige Jahre nach der Eröffnung des Kursaals in den Nischen der Seitenwände aufgestellt werden, „deren bisherige Leere“, schreibt Georg Heinrich Ebhardt 1817, „eine unangenehme Empfindung erweckte.“ Und er fährt in seiner Schilderung fort: „Viele Spiegel von seltener Größe empfangen diese Schönheiten und geben sie, bis ins Unendliche vervielfältigt, zurück.“ Zimmermann und Peez beschreiben beide die Anordnung der Skulpturen im großen Saal. Danach sind rechts nacheinander eine schreitende Diana, eine Büste der Diana, eine badende Venus, eine Büste des Menelaos und Hebe mit der Nektarschale zu sehen; links folgen eine Kopie des Apoll von Belvedere, eine Büste des Apoll, die medizeische Venus, eine Büste des Achill und ein Bacchus mit der Weintraube aufeinander.[301]

Die übrigen von insgesamt 21 Statuen und Büsten stehen in den anderen Sälen. Alle Skulpturen, außer der Kopie des Apoll von Belvedere, stammen aus der Werkstatt des Bartolomeo Franzoni aus Carrara, den Rullmann „einen der besten Schüler Canova's“ nennt.[302] Napoleon hatte sie seiner Mutter Lätitia Bonaparte zum Geschenk machen wollen. Nach dem verunglückten Rußlandfeldzug von 1812/13 blieb der Vorsatz unausgeführt. So kommen sie nicht in den Besitz von „Madame Mère“, sondern über den Kunsthandel ins Wiesbadener Kurhaus.[303]

Das Standbild des Apollo von Belvedere gilt seit der durch Winckelmann (1717–1768) ausgelösten Griechenbegeisterung als das vollkommenste Kunstwerk der Antike. Die im Kursaal aufgestellte Marmorkopie hatte 1787 der französische Bildhauer Chinard geschaffen. Sie war ursprünglich für den französischen Minister Vergennes bestimmt und ist unter den gleichen Umständen wie die übrigen Skulpturen nach Wiesbaden gelangt.[304] Sie findet die besondere Aufmerksamkeit Goethes, als er an

Cursaal mit Palais der Herzoginwitwe Pauline, um 1850,
Stahlstich nach Zeichnung von J. Poppel

Ansicht von Wiesbaden mit Cursaal und Weiher,
Stich von Tanner nach einer Tuschezeichnung von J. J. Siegmund, 1836

seinem 65. Geburtstag an einem Frühstück teilnimmt, das einige Damen der Kurgesellschaft ihm zu Ehren im Kursaal arrrangiert haben. In seinem Tagebuch erwähnt er ihn als „Apollo, Copie des Belvederischen, von C. P. Chinard 1787".

Unter den Galerien befinden sich Kanapees und Stühle für nichttanzende Besucher, an der hinteren Schmalseite „Schenk- und Ausgebetische nebst mehreren marmornen Tafeln, an welchen man die gewählten Erfrischungen zu sich nehmen kann". Aus der Vorhalle gelangt man über eine Treppe in die darüberliegende herzogliche Loge, die aus Zimmer, Kabinett und Vorraum besteht und besonders herrschaftlich ausgestattet ist. Für die Nutzung wird dem Herzog jährlich ein Mietzins von 300 Gulden in Rechnung gestellt, zuzüglich 330 Gulden für 26 Bälle und 13 Konzerte pro Saison, an denen die Herzogliche Familie „mit Höchst Ihrem Hofstaat" teilnimmt.[305]

Eindrucksvoll ist auch die von dem Weimarer Dekorationsmaler Heideloff ausgeführte Ausmalung des Saals. Zeitgenössischen Stichen zufolge sind Wände und Decken rötlich getönt, die Kassettenzone grau; die Decke ist mit geometrischen und die Zwickel mit Akanthusmotiven geschmückt. Die Wände der Längsseiten sind mit blauen Draperien bemalt, auf den Schmalseiten gehen sie in echte Stoffbehänge über, die blau und mit goldenen Fransen, des Herzogs Farben, besetzt sind. Auch die herzogliche Loge ist mit orange-gelber und dunkelblauer Seide ausgeschlagen.

Tageslicht erhält der Saal von der hinteren, den Kuranlagen zugewandten Giebelseite. Abends sorgen vier große, von der Decke herabhängende Ringleuchter und kleinere, zwischen jedem Säulenpaar angebrachte „Quinqetts" sowie zahlreiche „Argandsche Lampen" für festliche Beleuchtung. Bei Bällen und „großen Veranlassungen" werden zusätzliche Quinqetts und Argandsche Lampen angezündet. Quinqetts sind fünfarmige Lampen zwischen den Säulen; die Argandschen Lampen an den Seitenwänden geben durch eine nach ihrem Erfinder benannte technische Neuerung – sie verfügen durch hohle Runddochte in Verbindung mit speziell geformten Zuggläsern über eine verbesserte Luftzufuhr – besonders helles und rußfreies Licht.[306]

Der Saal und die angrenzenden Räume „stehen jedem ehrbar gekleideten Fremden, der sich den wenigen, durch Anstand und Achtung gegen die übrige Gesellschaft erforderten Gesetzen unterwirft, während der Curzeit von Morgens frühe bis Abends spät unentgeltlich offen".[307] Mittags speist man an der „Wirthstafel" (Table d'hôte), an Sonn- und Feiertagen, „wo ein starker Zufluß von Fremden zu erwarten ist", auch im großen Saal, abends „portionsweise einzeln oder in kleinen Gesellschaften zu jeder beliebigen Stunde". Alle Sonntage ist ab 9 Uhr abends großer Ball. Männliche Tänzer oder Zuschauer zahlen einen Gulden Eintritt, „Frauenzimmer gehen frei durch".

Die Anordnung der Räume hat Bernhard Hundeshagen in einem Grundriß von 1814 aufgezeichnet.[308] Rechts vom großen Saal liegt der nur von außen zugängliche Billard- und Kaffee-Saal, dahinter eine Kaffee-Küche und einige kleinere Spielzimmer. Auf der linken Seite gelangt man von außen in das Weinzimmer mit danebenliegendem kleinem Speiseraum. Dahinter befinden sich Konditorei und Küche. Vom hinteren Teil des großen Saals führt nach rechts eine Tür in den eigentlichen Hazard-Saal, nach links in den Speise-Saal, der durch ein Büffet von der Küche getrennt ist. Der

„Hühner-Hof" mit Schuppen und (nicht eingezeichnetem) Pumpbrunnen weist darauf hin, daß man sich noch nicht im Zeitalter des fließenden Wassers, dafür aber der Selbstversorgung mit legefrischen Eiern befindet.

Zur Außenwirkung des Gebäudes trägt auch seine farbliche Gestaltung bei. Über sie hat Christian Zais 1810 anläßlich der Übergabe des Kurhauses an den Pächter Oberst Fechenbach berichtet. Danach sind Decke und Wände des „mit hiesigen Wackensteinen gepflasterten" Portikus und alle Außenwände mit reinem Verputz überzogen und mit rötlichgrauer Kalkfarbe gestrichen. Die Wände des Vestibüls sind in bläulichem Ton gehalten. Die Fenster tragen einen silbergrauen Anstrich.[309]

Die kürzeste Beschreibung des Zweckes, den das neue Kurhaus erfüllen soll, enthält der Pachtvertrag vom 14. Februar 1834: „§ 1. Der allgemeine Zweck des Cursaal-Etablissements ist: Vereinigungsort der im Bade von einander getrennt wohnenden gebildeten Fremden. Der Einzelne findet hier Zerstreuung und Erholung, Gelegenheit, Bekanntschaften anzuknüpfen, ausgezeichnete gute Bewirthung, gefällig und geschmackvoll möblirte Appartements, eine freundliche Umgebung. Um diesen Zweck des Kurhauses zu erreichen, ist dasselbe mit dem Monopole des Hazard-Spieles und mit der vollständigsten Wirthschaft, Weinschank, Billard, Café- und Conditorei-Gerechtigkeit verliehen worden (...)."[310]

Der Kursaal im Urteil von Zeitgenossen

Ein Unbekannter gibt 1810 folgende Schilderung: „Neunundzwanzig (sic!) schwarzgraue marmorne feinpolierte Säulen tragen die geschmackvolle, sehr reichlich verzierte herzogliche Loge und Gallerie. Glänzende marmorne Tische, elastische Sopha und Stühle stehen an den Wänden in diesem Saale und den Nebenzimmern und laden zur Ruhe ein. Kristallene Lüster prangen an dem schön gewölbten Plafond des Saals und zwischen der majestätischen hohen Säulenreihe. Man glaubet in einem der Gottheit gewidmeten Tempel zu sein."[311]

1818 schreibt Anton Kirchner aus Frankfurt am Main: „Ein Saal wie dieser würde die Zierde jeder Hauptstadt sein. (...) Kein Fremder tritt hinein, ohne vom Imposanten und doch gefälligen des ersten Eindrucks ergriffen zu werden."[312] J. Philipp Zimmermann, Sekretär der Landesbibliothek Wiesbaden und des Vereins für Nassauische Altertumskunde, erspürt das Wesen des Bauwerkes: „Beim Anblicke dieses Prachtgebäudes glaubt man sich in irgend ein Land der klassischen Vorwelt versetzt, wo die Baukunst, im Streben nach dem Einfachen, dem Schönen und Edlen, den höchsten Sieg errang."[313] Der Reiseschriftsteller Christian Schaller meint 1825, der Kursaal verdiene wegen seiner reichen und äußerst geschmackvollen Dekorationen im Innern und seiner edlen Bauart wegen „in einer kaiserlichen Residenzstadt, wie St. Petersburg, zu stehen".[314]

Diesen überschwenglichen Bekundungen stehen freilich auch kritische Stimmen gegenüber. Ludwig Boclo, der 1813 die Bäder im Taunus durchwandert, bemerkt: „Die architektonische Kunst, die sich nach dem Geiste und dem unübertroffenen Muster der Griechen bildet, wird nie solche Säulen anwenden, ohne ihnen zugleich eine Last anzuvertrauen, die ihrer Kraft (...) entspricht. – Was tragen sie aber? eine unbedeutende, leichte Gallerie für das Orchester. Man fühlt zu bestimmt, daß sie nicht des Saales wegen da sind, sondern der Saal um ihretwegen erbaut wurde."[315] Der Kölner Kunstsammler Sulpiz Boisserée notiert anläßlich eines Aufenthalts in Wiesbaden in seinem Tagebuch: „Mittagessen im Kursaal – an allen Enden Schnitzer in diesem Bauwesen – aber es kündigt sich doch ein guter Sinn für das Gediegene und Echte im einzelnen an (...)."[316] Und auch der sonst nur hymnisch von Wiesbaden dichtende Johann Isaac von Gerning findet ein kritisches Wort zum Innern des Kursaals, in dem „wohl Einiges verfehlt" sei, aber, so fügt er hinzu, „leichter ist Tadeln als Bessermachen".[317]

Das Urteil des einfachen Volkes stimmt sicher nicht in allen Punkten mit den an Winckelmann geschulten ästhetischen Kriterien überein. Wohl ist jeder Wiesbadener im Innern seines Herzens stolz auf die neue Pracht. Doch Spötter gibt es überall. Dem hat der Mainzer Dialektdichter Lennig in einem Poem „Bauer nach der Kur in Wiesbaden" Ausdruck gegeben, wenn er ihn von den nackten „Statewa" (Statuen) im großen Saal reden läßt („nassauisch angepaßt"):[318]

Noch ebbes! Denkt emool, uf beide Seide –
Eich hun mich drum befroht, sein Getze vun de Heide –
Stiehn der so Statewa vun weissem Marmelstaa –
Nix um hun die, fui Deiwel, un nix aa!"

Die Grünanlagen

Noch bevor die Pläne zum Kursaalbau entschieden waren, hatte Baudirektor Goetz in Zusammenarbeit mit dem Hofgärtner Schweizer vorgeschlagen, den Herrngarten mit der Promenade zum Wiesenbrunnen zu verbinden, um so die einzelnen Teile zu einem „harmonischen Ganzen" zu vereinen.[319] Der Vorschlag kommt jedoch nicht mehr zur Ausführung. 1808 beginnt man damit, „die Dentelbach", also den Rambach, aufzustauen und Anpflanzungen in seiner Umgebung anzulegen. An der Südseite des Kurhauses erhält der Pächter einen Gemüsegarten. Dahinter hat man schon 1807 unter einem künstlich aufgeschütteten Hügel einen Eiskeller eingerichtet, der auch den Metzgern der Stadt als Kühlraum zur Verfügung steht.[320] Den Hügel krönt eine Mooshütte, die später durch einen Pavillon ersetzt wird, Blumenrabatten zieren den Abhang.

Der Park wird vom Hofgärtner Schweizer zwischen 1810 und 1812 im englischen Geschmack angelegt. Zum Abschluß der Arbeiten pflanzt man eine Akazienallee. Sie beginnt am nördlichen Ende der Wilhelmstraße und führt den Mühlgraben unterhalb der Sonnenberger Chaussee entlang bis zum Ende des Weihers. Auf der anderen Seite läuft der Weg mit nur einer Baumreihe zum Kurhaus zurück, wo er in Höhe des Eiskellers endet. Den Platz zwischen Weiher und südlichem Eckpavillon bepflanzt man mit Trompetenbäumen. Das Wegenetz erhält eine Kiesdecke, die jährlich erneuert wird, den hinteren Teil des Weihers belebt eine kleine, leicht geschwungene Brücke. Der Mühlbach ist eine Ableitung des Rambachs, der die Wilhelmstraße unterhalb des Kurecks kreuzt und die Firnselmühle in der Spiegelgasse mit Wasser versorgt.

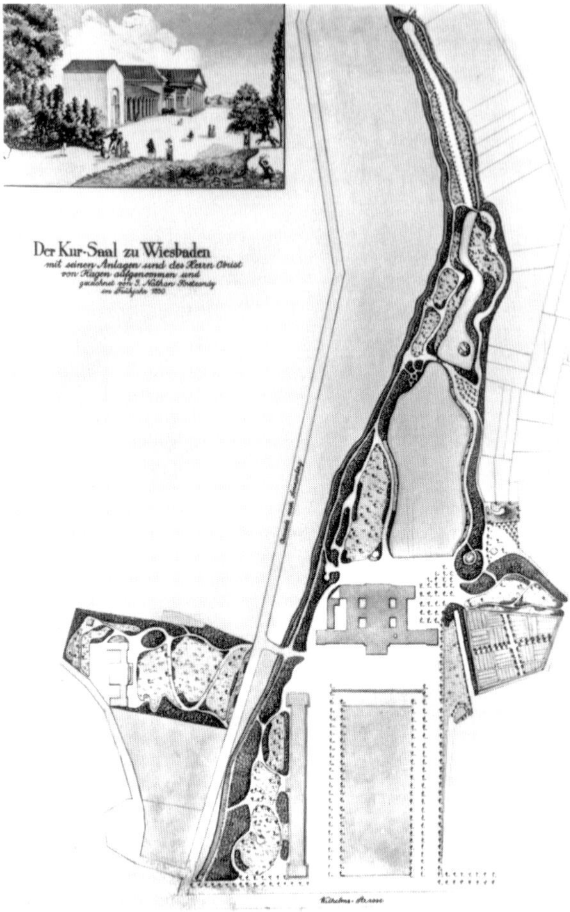

Der Kur-Saal zu Wiesbaden mit seinen Anlagen und des Herrn Obrist von Hagen Landhaus (l.u.), aufgenommen und gezeichnet von J. Nathan Forstcandy, um 1830

An der Stelle des Ostpavillons der heutigen Brunnenkolonnade wird 1811 ein Wachhaus für eine Militärwache erbaut. Sie war den Aktionären in Punkt 4 des „Publicandums" zugesagt worden, wonach der ganze Kurbezirk die Rechte eines Burgfriedens erhält, „zu dessen Handhabung die nöthige Militär- und Polizeiwachen von Unseren Behörden zu Wiesbaden angeordnet werden sollen".

Auf dem freien Platz vor dem Kursaal plant Christian Zais die Errichtung einer mächtigen Wasserfontäne. Das Wasser will er aus dem Kisselborn unweit der Platte gewinnen. Da die Regierung schon seit 1805 mit Plänen für eine bessere Trinkwasserversorgung aus Quellen der Umgebung der Stadt beschäftigt ist, denkt Zais, man könne beides kombinieren. 1812 erhält er den Auftrag, die Kisselbornquellen zu fassen. 1813/14 werden die Arbeiten ausgeführt. 1815 kommt die Verlegung der Wasserleitung jedoch durch den erneuten Feldzug gegen Napoleon ins Stocken. Als die Planungen 1817 wieder aufgegriffen werden, ergeben neue Berechnungen (angeregt durch anonyme Beamte, die das ganze Fontäneprojekt für überzogen halten), daß der Druck der geplanten Leitung nicht ausreicht, eine Fontäne von imponierender Höhe vor dem Kurhaus zum Springen zu bringen. [321] Der Plan wird fallengelassen (und erst vierzig Jahre später mit der Errichtung der Kaskadenbrunnen umgesetzt).

Die Umgebung des Kursaals hat einen erheblichen Einfluß auf die Wirkung der ganzen Anlage. Der Herzogliche Rechnungskammerdirektor Georg Heinrich Ebhardt, gleichzeitig Buchautor, schreibt 1817: Vom ehemaligen Sonnenberger Tor her führten vier Alleen zum Cursaal, von denen „die beiden äußersten, zum Fahren und Reiten bestimmt und mit Pappeln und Linden besetzt, gegen denselben etwas in die Höhe ziehen. Die beiden mittleren, blos für Fußgänger offen, sind mit Akazien bepflanzt, mit Ruhebänken versehen.“ Sie liefen „wagrecht gegen den Vorplatz des Cursaals, auf welchen man mittelst einer steinernen Treppe von sechs Stufen steigt. Alle Anlagen um den Cursaal, die Gebüsche und Spaziergänge, wozu auch die den Häusern in der Wilhelmsstraße gegenüber liegende und mit eisernen Gußketten eingefaßte Allee gehört, werden auf das beste unterhalten und sind mit Kies beschüttet.“[322]

„Zu den angenehmsten Parthieen gehört“, schreibt Ebhardt, „der über 10 Morgen Land große Weiher“ hinter dem Kursaal, und zwar „nicht nur darum, weil der allgemeinen Empfindung nach jede Anlage dieser Art ohne Wasser todt bleibt, sondern auch, weil man sich auf demselben belustigen kann. Ein schönes Segelboot, zwei Ruderboote und ein Nachen liegen auf ihm bereit, um die dazu Lusttragenden spazieren zu fahren, welches einige dazu bestellte Matrosen besorgen.“ Der Weiher sei „mit mehreren Schwanen und einem Heer von wilden Enten besetzt, welche, des täglichen Anblicks von so vielen Menschen gewohnt, ein angebothenes Stückchen Brod gerne aus der Hand nehmen“.

Den Badearzt Dr. Peez beeindrucken die „vielfach geschlungenen Wege und kleinen überraschenden Ansichten“, die „durch Jasmin und Rosenfelder und reiche exotische Pflanzungen längs dem Ufer eines Baches zu einer vielbesuchten Mühle und von da zu der malerisch-schönen Ruine Sonnenberg“ führen.[323] Geradezu schwärmerisch äußert sich der aus Frankfurt am Main gebürtige Schriftsteller Ludwig Börne (1786–1837): „Der Park (...) ist so labend und frisch, als Durstige wie wir ihn nur wünschen können. Ganz überquellend von Blumendüften, Nachtigallengesängen und kühlen Schatten. Da schlängelt sich der Weg längs einem meistenteils unsichtbaren, hinter dichten Bäumen und Gebüschen murmelnden Bache wohl eine halbe Stunde weit. (...). Im Teiche des Parks ist ein allerliebstes Entendörfchen aufgebaut; jede Ente hat ihr eigenes Häuschen (...).“[324]

Nicht ganz zu dieser Naturidylle passen (nach heutigem Geschmack) die Kramläden unter den Säulengängen vor dem Kursaal. Viele Zeitgenossen von damals sehen

Ein Nachmittag am Kurparkweiher, Stahlstich, anonym nach einer Vorlage von E. Grünewald, um 1830

das jedoch anders. Der schon zitierte Georg Heinrich Ebhardt stößt sich nicht an dem Nebeneinander von Gartenkunst und Kramläden. Man finde dort „vieles und mancherlei, was entweder zu den wirklichen, oder zu den eingebildeten Bedürfnissen des Lebens gehört; wohlfeile und theure Artikel, wie sie verlangt werden; alle Sorten von Stoffen zu Frauenzimmer- und Herrnkleidungen, Putzarbeiten, feine Glas- und Porzellanwaaren, laquirte Sachen, kostbare Uhren, Arbeiten in Gold, Silber und Juwelen, Kupferstiche und meteorologische Instrumente, allerlei wohlriechende Essenzen, Seifen, Oehle, Pommade, gebrannte Wasser, Liqueurs und fremde Weine, ganze Magazine von Schuhen und Stiefeln, Nürnberger Waaren, Confect und Eingemachtes, Stahlarbeiten, alle Nähereierfordernisse u.s.w.“.

Die Jahre zwischen 1810 und 1820

Das Kurviertel als exklusives Nobelviertel

Christian Zais hat den Kursaal und seine Grünanlagen außerhalb der neuen, stadtbegrenzenden Allee als isolierte „schöne Welt“ konzipiert. Er geht von dem Gedanken aus, die Kureinrichtungen mit dem Schwerpunkt des neuen Gesellschaftshauses – gegen alle Widerstände des Wiesbadener Bürgertums – vollständig vom städtischen Alltagsleben zu trennen. Ihm schwebt vor, nach der Errichtung des Kursaals um

Bowlinggreen und Wilhelmsplatz ein Kurzentrum zu errichten, in dem der vornehme Kurgast sich völlig „entrückt" fühlen und erholen kann. Zur Abgrenzung gegen die Stadt hat er ursprünglich sogar „palastartige Baublöcke"[325] vorgesehen, die den Wilhelmsplatz vor dem Sonnenberger Tor an drei Seiten vollständig gegen die Altstadt abschirmen sollten. Dort wollte er ein Kurmittelhaus mit Bädern und ein Theater unterbringen. Säulengänge hätten den Übergang trockenen Fußes von einer Einrichtung zur anderen ermöglicht.

Diese sehr frühen Entwürfe hat er wohl schon bald aufgegeben, nachdem er die zurückhaltende Mentalität der Beamtenschaft kennengelernt hatte und sich der nur begrenzt vorhandenen Mittel bewußt geworden war. Auf dem Plan von 1812 hatte er neben dem Kursaal, entlang der heutigen Paulinenstraße, sogar das Stadtschloß des Herzogs mit einer geometrisch angeordneten, bis zur Wilhelmstraße reichenden Gartenanlage vorgesehen (s. Plan S. 174), alles im Sinne eines von der bürgerlichen Stadt isolierten Nobelviertels. Doch auch hier führen Geldmangel und die zunehmende Tendenz zur „Demokratisierung" sämtlicher Lebensbereiche, die auch vor der Kur und ihren Gästen nicht haltmacht, dazu, daß der Plan nicht umgesetzt wird.

Ganz im Gegenteil hat der Ausbau der Wilhelmstraße die Kuranlagen an das Gefüge der Wohnstadt herangeführt und später, nach der Gestaltung der Anlagen am „Warmen Damm", vollends zu einer Einheit verschmolzen. Auf der Ansicht von Heinrich Schütz aus dem Jahre 1810[326] springt die völlige Isoliertheit des Kursaals ins Auge. Sie ist auf einem Stich von 1857[327] noch immer erkennbar. Erst die Geschäftigkeit der preußischen Gründerjahre nach 1870 hat die Trennung der beiden Bereiche endgültig aufgehoben.

Ansicht von Wiesbaden um 1810. Kupferstich (Aquatinta) von Heinrich Schütz nach einer Zeichnung von Chr. G. Schütz d. J. Rechts: Der Kursaal

Die Spielbank

Das neue Gesellschaftshaus entwickelt sich schnell zum bedeutendsten Wirtschaftsfaktor der Stadt. Betreiber sind die Spielbankpächter, mit denen die Staatsregierung zeitlich begrenzte Pachtverträge abschießt. In ihnen sind alle Einzelheiten geregelt. Während für den ersten Vertrag von 1800, in dem es bereits um die Spielkonzession, aber noch nicht im neuen Kursaal, geht, sieben Paragraphen ausreichen, umfaßt der Vertrag vom 14. März 1810 bereits 24 und der Vertrag vom 14. Februar 1834 nicht weniger als 54 Paragraphen.

Der am 14. März 1810 erneuerte Aktionärsvertrag deklariert als Eigentümerin des Kurhauses die Kurhausaktiengesellschaft, die Geschäfte führt ein herzoglicher Spezialkommissar. Obervormundschaftliche Behörde ist das Hofgericht zu Wiesbaden, die Spielgesellschaft pachtet das Kurhaus und dessen Betrieb von der Kurhausaktiengesellschaft. Pächter sind wiederum der inzwischen zum Kommerzienrat ernannte Johann Michael Hyenlein und Baron von Fechenbach. Der Vertrag wird auf zwölf Jahre abgeschlossen. Das ganze Gebäude wird auf Kosten der Aktionäre in einen vollkommenen fertigen Stand, „und zwar jedes einzelne appartement seiner besonderen Bestimmung anpassend, anständig tapeziert, gemahlt oder ausgeweisst, und resp. gehörig decorirt hergestellt, und nach einem vollständigen Bau-Inventario den Pächtern überliefert". Die verschiedenen Wirtschafts-Abteilungen durften an Unterpächter vergeben werden. [328]

Im einzelnen enthält der Vertrag weitere Regelungen. Für die Mittagstafel sind „Reinlichkeit und Nettigkeit in Servirung der Tafel mit Leinen und Porcellain die ersten Grundgesetze". Die erste Tafel muß mit Silberbesteck serviert werden, „wie sich dieses schon von selbst versteht". Auch haben die Pächter „für ein gutes Weinlager und dafür zu sorgen, dass stets alle Sorten rheinische, französische und andere gute ausländische und feine Weine, in bester Qualität vorhanden sind". Im ganzen Gesellschaftshaus, mit Ausnahme des großen Billard-Saals und seiner Nebenräume, darf nicht geraucht werden.

Die Vorschriften des Spielbetriebes sind streng gefaßt. Die Spiele dürfen nur in öffentlichen Sälen, keinesfalls „in geschlossenen Nebenräumen" stattfinden. Sowohl an der großen als an der kleinen Bank müssen „wenigstens drey Taillen trente et quarante, zu deren jeder 6 Spiele Karten gehören, und sechs Taillen Pharao" gegeben werden. Dazu müssen Roulette und Biribi in steter Bereitschaft gehalten werden. Für die große Bank („Goldbank") sind von Seiten der Pächter „täglich zweytausend Louis d'or" aufzulegen, für die kleine Bank („Silberbank") wenigstens 500 bis 1.000 Louis d'or in Gold und Silber. Gespielt wird vom 1. Mai bis einschließlich 1. November. Die Pacht beträgt bis 1815 jährlich 7.000, von 1816 bis 1821 jährlich 7.500 Gulden.

Für den Besuch gelten folgende Regeln: Der Eintritt in alle öffentlichen Säle und Zimmer ist allen wohlgekleideten Personen gestattet. Die Herren haben die Hüte abzunehmen. Tabakrauchen ist, außer in den oben genannten, besonders gekennzeichneten Räumen, untersagt. Hunde werden nicht geduldet. Bei Bällen, die Sonntags und Mittwochs stattfinden und in der Regel um 6 Uhr nachmittags beginnen, haben die Damen freien Eintritt, während die Herren einen Gulden, auf der Galerie 24 Kreuzer zu zahlen haben. An Balltagen müssen alle Stöcke und Seitengewehre beim Portier im Vestibül abgegeben werden. Mit unbedeckten Sporen darf nicht getanzt werden.

Kriegs- und Krisenzeiten

Das erste offizielle Fest im neuen Gesellschaftshaus findet am 26. Mai 1811 zu Ehren der Geburt des Sohnes von Napoleon, des „Königs vom Rom“, statt.[329] Der Kaiser von Frankreich hat dem Herzog von Nassau, wie allen Rheinbundfürsten, durch seinen Geschäftsträger die Geburt des „Roi de Rome“ angezeigt. Während der Festtafel, die im Anschluß an die Überreichung der kaiserlichen Note im Schloß zu Biebrich stattfindet, wird ein Ehrensalut von 101 Kanonenschüssen abgefeuert. Nach einem Prolog im Theatersaal des Schützenhofes wohnen die anwesenden Gäste, mehr als 2.000 Personen, dem festlichen Freiball bei.

Das Jahr 1812 verläuft noch einigermaßen ruhig. In der Saison gibt es insgesamt 14 Bälle, einen Kinderball und einen Maskenball in der Art eines venezianischen Festes. Ein Jahr später erfolgt der große Einbruch. Hat man im Oktober 1812 nach Napoleons Einzug in Moskau noch ein Dankfest „für das fortdauernde Waffenglück des Kaisers von Frankreich und seiner Verbündeten“ gefeiert, so ändert sich die Stimmung bald darauf schnell, als Napoleon nach seiner verheerenden Niederlage am 12. Dezember 1812 den Rhein bei Kastel überquert, um von Frankreich aus zu versuchen, das Kriegsglück noch einmal auf seine Seite zu bringen.

Im Frühjahr 1813 beginnen Schanzarbeiten im Bereich der Festung Mainz, keine guten Voraussetzungen für eine erfolgreiche Kursaison. Ende Juli besucht Kaiserin Marie Louise, die Gemahlin Napoleons, den herzoglichen Hof in Biebrich. Dabei stattet sie auch dem Kursaal einen kurzen Besuch ab („sehr nett und wert, in einer großen Hauptstadt zu liegen“), doch werden die Kurgäste von Flüchtlingen aus Sachsen, Polen und Frankreich verscheucht, die die Wirts- und Badhäuser füllen.[330] Zwar bleibt Wiesbaden während des Rückzugs der *Grande Armée* nach der Völkerschlacht bei Leipzig vom Durchzug französischer Truppen verschont, statt ihrer kommen aber die Sieger, überwiegend Russen und Preußen. Sie behandeln das Herzogtum, immer noch ein mit Napoleon verbündetes Mitglied der Rheinbundallianz, wie ein erobertes Land.

„Den 5ten kamen bey 5000 Kosaken, lagerten sich vor der Stadt auf dem Michelsberg oder vor dem Heidenberg. Es wurde ihnen Brod und Branntwein, Holz und Futrasch hinausgebracht. Sie (sammelten) allerley Gehölz, Bohnenstangen, Baumpfähl, Stitzel in und vor der Stadt, bauten sich Strohhütten (...).“ Am 11. November „kam das ganze Kosaken-Cor hier her, die ganze Stadt lag voll“.[331] Auch auf der Kurhauswiese schlagen sie ihre Zelte und Strohhütten auf. Sie dringen ins Kurhaus ein und können nur mit Mühe von preußischen Offizieren wieder hinausgeworfen werden.[332] Bei ihrem Abzug brennen sie ihr ganzes Lager nieder. Erst am 14. November 1813 rückt General Yorck mit seinem preußischen Korps in Wiesbaden ein.

Festbälle und hohe Politik

Die Lage ist mehr als brisant. Hätten die Preußen damals die Macht an sich gezogen, hätte es, bei ihrer bekannten Abneigung gegen Glücksspiele jeder Art, für die Zukunft der Spielbank nicht gut ausgesehen. Wie man in Berlin insgesamt über die süddeutschen Kleinstaaten denkt, macht eine mündliche Überlieferung deutlich.[333] General Yorck, darüber aufgebracht, daß er nicht offiziell empfangen wird (Anfang November hat sich die herzogliche Familie sicherheitshalber nach Usingen zurückgezogen), läßt die nassauischen Wachen am Biebricher Schloß durch preußische Soldaten ablösen mit den Worten: „Wo ich bin, besetzen meine Truppen die Posten, und unter unseren Verbündeten kennt niemand einen Herzog von Nassau und seine Truppen." Der Vorstellung eines Kammerherrn, Yorck werde den gnädigsten Herrn, den durchlauchtigsten Herzog, doch nicht entthronen wollen, habe er erwidert: „Noch habe ich keinen Befehl dazu".

Die Gefahr läßt sich nur durch den Austritt Nassaus aus dem Rheinbund abwenden. Am 23. November 1813 unterzeichnen nassauische Unterhändler die Abmachung zum Übertritt Nassaus auf die Seite der preußisch-österreichisch-russischen Allianz. Noch am 30. November, als König Friedrich Wilhelm III. von Preußen auf Einladung des Yorckschen Offizierskorps an einem Festball des Offizierskorps im Kurhaus teilnimmt, läßt er den Herzog seine Abneigung spüren.

Der Kursaal steht nun im Mittelpunkt weltgeschichtlicher Ereignisse. Am 12. Dezember veranstaltet die Regierung zu Ehren Feldmarschall Blüchers einen festlichen Ball in den prächtig geschmückten und glänzend erleuchteten Räumen.[334] Außer den Scharen preußischer und russischer Offiziere ist alles geladen, was in den Amtsbezirken des Landes an Beamten und Geistlichen mit ihren Familien als gesellschafts- und ballfähig gilt, aus Wiesbaden auch die angesehensten Bürger und eine Anzahl verheirateter Schauspieler. Das Souper ist auf 300 Gedecke gerichtet. Zum Tanz spielt Stadtmusikus Röder mit seiner 36 Mann starken Kapelle. Blücher, Prinz Wilhelm von Preußen (der Bruder des Königs und spätere Kaiser Wilhelm I.), General Yorck und Reiterführer Katzeler tanzen eine Quadrille. Fast 2.000 Flaschen Wein werden geleert, darunter ausgesuchte Rheingauer Lagen und Bordeaux, außerdem Champagner und Cognac.

Am 30. Dezember bricht das Yorcksche Korps auf, um mit der Schlesischen Armee des Feldmarschalls Blücher in der Neujahrsnacht 1813/14 den Rhein bei Kaub zu überqueren. Mit ihm verlassen auch die übrigen in Wiesbaden einquartierten Generäle die Stadt. Zur Mittagszeit speist Blücher noch mit Stab und Gefolge im „Adler" (ein Ablenkungsmanöver für die Franzosen, die bezüglich Ort und Zeitpunkt des Rheinübergangs getäuscht werden sollen), bevor er sich zu seinen Truppen begibt. 1815 wohnt er auf dem Rückmarsch aus Frankreich vom 15. bis 17. Dezember im „Einhorn". Hier feiert er seinen Geburtstag und nimmt auch an einer Gesellschaft im „Adler" teil.

Die Einquartierungen halten im ersten Halbjahr 1814 an. Die Kursaison ist total verdorben. Die Einnahmen der Spielbank gehen stark zurück.[335] Die Kriegswirren werfen jede Ordnung über den Haufen. An vielen Orten entstehen heimliche Spielsalons. Abenteurer, Glücksritter und andere Gauner, aber auch verabschiedete Offiziere, Militär- und Zivilbeamte nehmen die Gelegenheit wahr, der Spielsucht zu frönen. Die Regierung versucht dem mit einem Erlaß vom 22. November 1814 entgegenzutreten, in dem alle Arten von Hazardspiel für die nassauischen Untertanen im Herzogtum verboten werden. Nur an den mit einer besonderen Spielkonzession versehenen Bade- und Brunnenanstalten bleiben sie erlaubt. Die gesamte Hof- und Zivildienerschaft, Militärpersonen und die Ortsansässigen der privilegierten Badeorte sind davon jedoch ausgeschlossen.[336]

Die Lage beruhigt sich

Nach der Rückkehr Napoleons von Elba ist der Süden des Herzogtums erneut Aufmarschgebiet der verbündeten Heere. Wiederum stehen das Kurhaus und seine Umgebung im Mittelpunkt des Geschehens. Vor dem Abmarsch des 1. nassauischen Infanterieregiments findet hier am 17. Mai 1815 ein feierlicher Gottesdienst statt, und hier werden später auch die Sieger von Waterloo festlich empfangen. Für die Offiziere wird im festlich geschmückten Kursaal ein Freiball gegeben, bei dem Herzog Friedrich August und Fürst Friedrich Wilhelm von Nassau-Weilburg anwesend sind.

Aus der Sicht des Kur- und Badebetriebes ist aber auch die Saison 1815 verdorben. Goethe, der sich vom 27. Mai bis 11. August zur Kur in Wiesbaden aufhält, schreibt am 17. Juni an seine Frau, es sei „hier so stille wie im tiefsten Frieden. Sähe ich Sonntags in Biebrich nicht Östreicher und Preußen [Offiziere an der Tafel des Herzogs], so wüßte ich gar nicht, daß Krieg bevorsteht". Zu diesem Zeitpunkt weiß man noch nichts vom Ausgang der Schlacht bei Waterloo; hätte Napoleon gewonnen, wäre der Krieg mit allem Elend für das Rheingebiet weitergegangen.

Doch alles bleibt ruhig. Auf Grund einer Abmachung der kriegführenden Allianz bleiben die Kurorte Wiesbaden, Ems, Langenschwalbach und Schlangenbad während der Badesaison von Einquartierungen verschont. Allerdings ist das Kurhaus nach dem Ende der Saison noch bis Anfang 1816 mit Truppen belegt. Nach deren Abzug beginnt man mit einer gründlichen Instandsetzung der Anlagen vor und hinter dem Kurhaus. Die Läden in den Kolonnaden werden neu vermietet, die Spielbank erholt sich schnell von den Rückschlägen der vorangegangenen Jahre.

Die städtebaulichen Anstrengungen der „Ära Zais" (1807–1820)

Die Alleestraße

Trotz der Kriegszeiten zeigt sich, daß mit der Vollendung des Kursaals ein entscheidender Schritt für die Entwicklung Wiesbadens zur führenden Kur- und Bäderstadt getan ist. Ereignisse von überörtlicher Bedeutung finden dort statt. Die übrigen Räumlichkeiten der Stadt treten ganz in den Hintergrund. Fast gewinnt man den Eindruck, es gebe sie nicht, sieht man von den Badhäusern „Adler“ und „Schützenhof“ ab, wo die Herrschaften absteigen, die bei Soupers und Bällen im Kursaal die hohe Politik betreiben. Auch das zeigt nur, daß die Kureinrichtungen inzwischen ein wesentlicher Bestandteil der ganzen Stadt geworden sind.

Der städtebauliche Neuanfang, dessen Betrachtung durch den Abschnitt über den Bau des Kursaals unterbrochen wurde, hatte die Weichen für die Anlage neuer Straßen, den Bau öffentlicher Gebäude und von Wohnvierteln für die Neubürger, die mit der Hauptstadtfunktion und den erweiterten Kureinrichtungen nach Wiesbaden kamen, gestellt. Ausgangspunkt war die geänderte Planung von Baudirektor Goetz aus den Jahren 1805/06,[337] in der die Erweiterung der Stadt vorläufig nicht mehr nach Süden (über den heutigen Schillerplatz hinaus) fortgesetzt werden sollte, sondern in Richtung auf die Pletzmühle, um von dort, rechtwinkelig abbiegend, eine Verbindung über den Warmen Damm zum Herrngarten herzustellen (Abb. S. 152). Dieser Vorschlag hatte zur Anlage der Alleestraße geführt. Es war nach dem Bau des Kursaals die folgenreichste Baumaßnahme der Stadt.

Die Lage des Kursaals erfordert als ansprechendes Gegenüber die Umgestaltung des Geländes vor dem Sonnenberger Tor. Ein Anfang ist mit der Pflanzung der neuen Alleereihen vor dem Kursaal gemacht. 1810 entscheidet der Herzog, daß eine doppelte Allee (vier Baumreihen) vom Herrngarten über den Warmen Damm angelegt werden soll, die in gerader Richtung auf die zur Pletzmühle führende Straße (Friedrichstraße) stößt. Sobald diese Straße ganz bebaut sein würde, sollte auch die doppelte Allee (die spätere Wilhelmstraße) als Straße ausgebaut und zur Stadt hin einseitig mit Gebäuden besetzt werden.[338]

Der Ausbau der Allee beginnt 1811, nachdem die Bäche und Kanäle, die das Gelände durchziehen, überwölbt und der schon 1806/07 trockengelegte Warme Weiher mit Erde aufgefüllt und planiert sind. Erhebliche Mühe macht die Verlegung von zwei Backsteinbrennereien und drei Häfnerhütten, die sich vor dem Sonnenberger Tor befinden. Die Ziegler werden in die hintere Nerostraße umgesetzt, die Häfner dürfen ihre Brennöfen unter Beachtung besonderer feuerpolizeilicher Verordnungen bei ihren Wohnungen in der Stadt (entlang der Häfnergasse) errichten.[339] Eine weitere Ziegelhütte (beim heutigen Schillerdenkmal) kann vorläufig bleiben, da sie außerhalb der Baulinie der neuen Allee liegt.

Die bis September 1812 fertiggestellte Alleestraße erhält „zur Steigerung ihrer Bedeutung und unter Berücksichtigung ihrer später zu erwartenden Entwicklung“ eine Breite von 120 Fuß (36 Meter). Davon entfallen je 20 Fuß (6 Meter) auf die 4 Zoll (ca. 10 Zentimeter) hohen Bürgersteige. Das ist das Vierfache der innerstädtischen Mindestbreite von 30 Fuß (9 Meter) und das Doppelte (60 Fuß, 18 Meter) der anderen neu angelegten Straßen des historischen Fünfecks.[340] Zur Ausgestaltung als Promenadenstraße werden 416 Akazien, eine doppelte Baumreihe auf der Ost- und, da inzwischen die stadtseitige Bebauung der Allee beschlossen ist, nur noch eine Baumreihe auf der Westseite angepflanzt. Ebhardt schreibt aber schon 1817, daß die „den Häusern zunächst stehende Reihe, da sie denselben in mancher Rücksicht hinderlich ist, jetzt wieder weggeschafft wird“.[341]

Die Entwürfe für die fünf- oder siebenachsigen, zweistöckigen Wohnbauten „in aufgelockerter Stellung", d.h. mit einer Einfahrt in der Breite einer Wagenspur, stammen meist von Zais und Hundeshagen. Da jedoch die Maße für Sockel- und Stockwerkshöhe und für Fenster durch genaue Modellvorschriften[342] wenig Raum für architektonische Besonderheiten lassen, kann selbst ein erstklassiger Architekt keine große Phantasie entwickeln. In die Straßenfront vorspringende Bauteile sind unerwünscht, Erker und Balkone fehlen. Die erste Häusergeneration der Wilhelmstraße mit flach abgewalmten Dächern hat ein eher provinzielles Aussehen. Sie wird erst nach der 1828 ausgebauten unteren Luisenstraße, für die Herzog Wilhelm, um ein lebendigeres Straßenbild zu erreichen, eine siebenachsige und dreistöckige Bebauung mit Staffelung der Fronthöhen wünscht, nach und nach an den neuen Trend angepaßt.

1813 erhält Christian Zais vom Staatministerium den Auftrag, an der Ecke Allee- und Friedrichstraße ein Palais für den herzoglichen Bedarf zu errichten. Noch im gleichen Jahr wird mit dem Bau des zu den Meisterwerken des Wiesbadener Klassizismus zählenden Gebäudes begonnen. Es erhält den Namen „Erbprinzenpalais", weil es Fürst Friedrich Wilhelm von Nassau-Weilburg, der designierte Nachfolger des regierenden Herzogs, als Residenz für seinen 23jährigen Sohn, Erbprinz Wilhelm, vorgesehen hat. Da Friedrich Wilhelm jedoch (durch einen Unglücksfall) zehn Wochen vor dem alten Herzog Friedrich August stirbt, tritt an seiner Stelle Erbprinz Wilhelm am 24. März 1816 die Regierung an. Das im Rohbau fertige Palais verliert damit seine eigentliche Bestimmung. Es gelangt in den Verfügungsfonds der Herzoglichen Regierung. 1821 finden hier die 1813 gegründete „Herzoglich Nassauische Öffentliche Bibliothek" (später Nassauische Landesbibliothek) und die Sammlungen des Vereins für Nassauische Altertumskunde und Geschichtsforschung, 1825 die Gerningsche Bildersammlung und 1829 die Sammlungen des Naturhistorischen Vereins (Nassauischer Verein für Naturkunde) ihren Platz. Am Nordende der Straße entstehen 1818 das Hotel „Block" (nach seinem Besitzer Adolf Alexander v. Block) sowie, unmittelbar am Kureck, ein stattliches, von Hundeshagen entworfenes Wohnhaus (später „Berliner Hof").

Der Platz am Sonnenberger Tor

Ursprünglich hatte Zais für diesen Platz eine zur Wilhelmstraße offene und nach den drei übrigen Seiten hin durch zusammenhängende dreigeschossige Gebäude geschlossene Bebauung vorgesehen.[343] An Stelle des alten Sonnenberger Tores hatte er den Platz durch eine giebelbekrönte Durchfahrt mit der Altstadt verbinden wollen. Zwei sich ergänzende Baukörper hatten nach seinem Plan einander gegenüberstehen, fortlaufende Arkaden sich unter allen Gebäuden rund um den ganzen Platz hinziehen sollen. Das Projekt war, wohl wegen der schwierigen wirtschaftlichen Lage des Landes, nicht zur Ausführung gekommen.

Zais möchte jedoch seine Lieblingsidee einer großzügigen Ausgestaltung des Platzes nicht einfach aufgeben. In einem Gutachten vom 28. August 1810 schlägt er daher unter Beibehaltung wesentlicher Teile der ursprünglichen Raumaufteilung die Errichtung eines exklusiven Badhauses an der Südecke des Platzes sowie von zwei „zweistöckigen ganz ordinairen Häusern“ vor, die den Zugang zur Stadt durch die Webergasse, mit Front zum Kursaal, flankieren sollen.[344]

Den Abschluß dieser Überlegungen bildet ein von ihm 1812 vorgelegter Plan (s. unten). Er zeigt den an zwei Seiten von repräsentativen Gebäuden flankierten Platz, der streng axial auf den Kursaal ausgerichtet ist. Dieser Plan wird nicht vorbehaltlos akzeptiert. Eifersüchteleien der Ämter, an denen Zais später noch schwer zu tragen haben wird, werden hier schon sichtbar. So klagt Polizeidirektor Langsdorff am 7. November 1812 beim Staatsministerium, daß „die Herrn Assessoren“ sich oft „beliebige Änderungen und Zeichnungen“ gestatteten, „deren Grund sehr häufig in ihren pri-

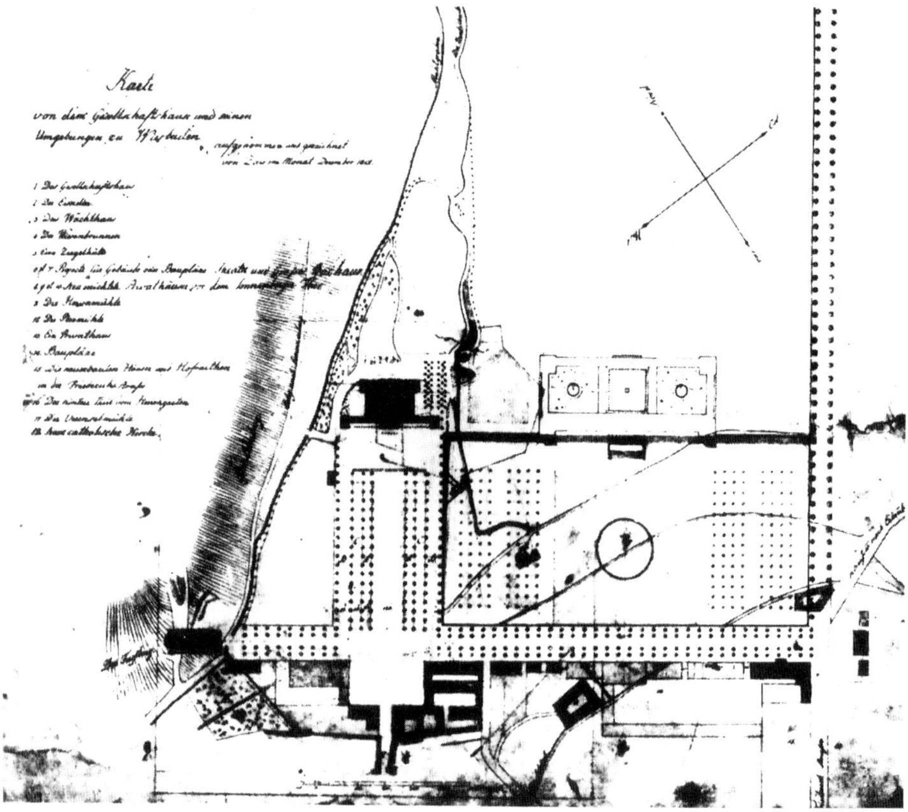

„Karte von dem Gesellschaftshaus und seinen Umgebungen zu Wiesbaden“. Christian Zais, Dezember 1812 (Karton, Tusche)

vaten Ideen gegründet" sei. So habe Bauinspektor Zais auf dem „beygehenden General-Plan allerhand Ideen niedergelegt, von deren Realisierung noch keineswegs die Rede ist", wie „vor dem Sonnenberger Thor die Zeichnung eines Badehauses und gegenüber die Zeichnung eines Theaters". Solche Freiheiten nähmen den Rissen *„die fides"* (amtliche Zuverlässigkeit), und es sei sehr zweckmäßig, wenn das Ministerium hiergegen eine Ermahnung ausspreche.[345]

Da infolge der Belastungen durch den Krieg die öffentlichen Kassen leer sind, ist an die Realisierung eines neuen Theaters in der Tat vorläufig nicht zu denken. Der Plan zeigt den Grundriß deshalb nur in grauer Schattierung. Bei der Planung für das Badhaus stimmen, entgegen der Kritik des Polizeidirektors, die städtebaulichen Überlegungen von Christian Zais mit den Vorstellungen der Sanitätskommission überein, die sich schon mehrfach für die Verbesserung des Angebots an modernen Kureinrichtungen eingesetzt hat. Beschlüsse zur Genehmigung dieser Pläne werden jedoch zu Lebzeiten des alten Herzogs Friedrich August nicht gefaßt.

Bewilligt werden nur die beiden parallel zur Alleestraße, etwa 40 Meter hinter der Straßenflucht angeordneten Bauplätze vor dem Sonnenberger Tor: an der Südseite das 1812/13 fertiggestellte zweistöckige Wohnhaus von Christian Zais mit breit vorgelagerter Freitreppe, ein Jahr später das Gasthaus „Nassauer Hof" von Jonas Freinsheim an der Nordseite des Platzes, das bei der Eröffnung als Weinwirtschaft mit „Fremden Logis" zunächst unter dem Namen „Zum Deutschen Haus" geführt wird.[346] Alle übrigen Pläne bleiben vorerst unausgeführt.

Das Badhaus „Zu den vier Jahreszeiten"

Pläne

Nach dem Tod des alten Herzogs Friedrich August (24. März 1816) kommt Bewegung in die Angelegenheit. Zais sieht wohl, daß die Herzogliche Finanzkasse auf absehbare Zeit nicht willens ist, seine Pläne zu finanzieren Als Stadtplaner will er aber von der konzipierten Gesamtlösung des Platzes so viel retten wie möglich. Nach seiner Auffassung wäre ohne den Bau eines Badehauses der Extraklasse der Kurbezirk nicht vollständig. Eine solche Einrichtung sei notwendig, um „Gäste von hohem und höchstem Rang" angemessen unterbringen zu können. Daher erklärt er sich im April 1816 bereit, bei Gewährung der herzoglichen Bauprivilegien auf eigene Kosten ein modernes Badehaus nach seinen Entwürfen zu errichten.

Die in seinem Antrag genannte Summe von annähernd 250.000 Gulden für den Bau des Hauses übersteigt die Gesamtkosten des Kursaals. Das Badhaus soll 200 Zimmer mit den erforderlichen Bädern und Reservoirs erhalten, einen architektonisch gestalteten Hof mit Arkaden und Gartenanlagen, „die den Gästen beim Trinken und Promenieren dienlich sind", sowie ein zum Platz vor dem (1812 niedergelegten) Sonnenberger Tor hin ausgerichtetes Säulenportal zum Ein- und Aussteigen der Gäste.[347] Herzog Wilhelm, erst wenige Wochen im Amt, äußert sich zustimmend. Ihm gefällt ein derart prächtiges Gebäude, das auch als Herberge für die erlauchtesten Fürsten geeignet wäre und hervorragend in das Konzept einer repräsentativen Landeshauptstadt paßt.

Wegen des großen Umfangs der Unternehmung verlangt das Ministerium vor Baubeginn den Nachweis, daß die benötigten Mittel zur Verfügung stehen. Dieser Nachweis wird von Zais zwar erbracht, dadurch verzögert sich aber der Baubeginn, eine Verzögerung mit Folgen: Da die Landstände beim Beschluß des Haushalts im März 1818 die Mittel für die Stadterweiterung, insbesondere die Fortzahlung der darin enthaltenen Bauprämien, verweigern, muß Zais umdisponieren. Am 8. Juni 1818 legt er einen neuen, weniger aufwendigen Plan vor, nach dem die „Badeanstalt für vornehmere Gäste" mit Kosten von höchstens 100.000 Gulden veranschlagt ist. Ihm fällt die symmetrisch geplante Dreiflügelanlage mit einem auf drei Seiten von Arkaden umstellten Hof zum Opfer und ergibt die wenig befriedigende Isolierung des Speisesaals im Innentrakt sowie die Anordnung der Badekabinen an der Front zur Wilhelmstraße. Ursprünglich sollten sie um den Innenhof bzw. entlang der neuen Verbindungsstraße (Große Burgstraße) angelegt werden. Am 25. Juni 1818 gibt das Ministerium seine Einwilligung.

Schon am 3. März 1818 hatte Zais als Mitglied der Baukommission im Zusammenhang mit Arbeiten für einen Gesamtbebauungsplan dem Amtmann Bergmann ein umfangreiches Gutachten vorgelegt, in dem er außer einem ersten Konzept für das spätere „historische Fünfeck"[348] noch weitere Ideen zur Verschönerung des freien Platzes vor dem Sonnenberger Tor entwickelt. Für das Bowlinggreen, das in seinem jetzigen Zustand als Kleeacker seinen Namen nicht verdiene, denkt er an einen kreisrunden Weiher mit einer großen Fontäne. An der inzwischen in Wilhelmstraße umbenannten Alleestraße sollen zwei Monumente zu Ehren der beiden 1816 verstorbenen Souveräne des Herzogtums, Herzog Friedrich August und Fürst Friedrich Wilhelm, errichtet werden.

Die Hauptsache zur Verschönerung des Platzes sollen jedoch das Theater und das Badhaus beitragen, von denen er Aufrisse beifügt. Zur Stadt hin bildet sein eigenes Wohnhaus und auf der Nordseite der „Nassauer Hof" den Abschluß. Für den freien Raum zwischen Theater und Nassauer Hof schlägt er ein Wachhaus mit Säulenfront vor. Ihm entspreche auf der gegenüberliegenden Seite der zum Badhaus gehörige Saal. Der Platz soll nach seinen Vorstellungen durch einen 85 bis 90 Fuß (15 Meter) breiten Mittelweg geteilt und je zur Hälfte dem Theater und dem Badhaus als Vorhof zugewiesen werden. Die Vorhöfe sollen längs des Mittelwegs mit je sechs Postamenten aus Hausteinen gefaßt werden. Auf den mittleren sollen „kolossalische allegorische Bilder" (Statuen) aufgestellt werden, auf den übrigen antike Leuchter mit Laternen.

Baubeginn

Während die großzügigen Pläne zur Platzgestaltung in dieser Form nie ausgeführt werden, beginnt Zais im August 1818 mit dem Bau des Badhauses. Gleichzeitig stellt er Überlegungen an, aus welcher Thermalquelle er das benötigte Wasser für seine Bäder

Kochbrunnen mit Wandelhalle um 1856,
Stahlstich nach Zeichnung von L.W. Bayerer

Tafel IV

Kochbrunnenpromenade, Lithographie nach Zeichnung von G. Barnard um 1843

herleiten könne, denn das Badhaus liegt nicht im Quellengebiet. Doch schon bei den Vorarbeiten hierzu macht ihm die von den Badhausbesitzern aufgestachelte Bürgerschaft große Schwierigkeiten.

Zum einen ist es der Konkurrenzneid, der die Badwirte dem neuen luxuriösen Kurhotel grundsätzlich ablehnend gegenüberstehen läßt. Zum andern ist das Zaissche Projekt für die Bürgerschaft ein von der Obrigkeit protegiertes Unternehmen, das sie nur zu gern verhindern würden. Denn der in napoleonischen Zeiten in den Rheinbundstaaten nach französischem Vorbild gewachsenen Tendenz, immer stärker von oben in städtische Angelegenheiten einzugreifen, begegnen sie mit großem Mißtrauen.[349]

Zais beabsichtigt zuerst, das benötigte Thermalwasser aus der Quelle beim alten Schlachthaus an der Goldgasse zu gewinnen, deren Überlauf in den Bäckerbrunnen beim Graben abfließt. Sie wird nur noch zum Reinigen von Geschirr der umliegenden Gast- und Badhäuser benutzt. Er erhält von der Regierung die Erlaubnis, die Kanäle, die die Quelle speisen („u“ und „v“ bei E. Winter, s. Plan S. 116[350]), aufzubrechen, um die genaue Stelle, an der sie hervorsprudeln, zu untersuchen und zu prüfen, ob sie für sein Badhaus benutzt werden könnte.

Der Aufstand der Badwirte

Kaum beginnt er mit den Arbeiten, erhebt der Gemeinderat, auf den die (nicht institutionalisierte) Gilde der Badwirte seit jeher einen erheblichen Einfluß ausübt, Widerspruch. Um die Zaissche Untersuchung zu verhindern, leiten einige Bürger, aufgestachelt von den Badwirten und unterstützt von den Vorstehern der Stadt, in der Nacht vom 13. zum 14. August 1818 bei Mond- und Laternenschein das Wasser aus dem in der Goldgasse bloßgelegten Kanal zum Bäckerbrunnen um, also in eine Senke, aus der es nicht mehr mit natürlichem Gefälle zum Zais'schen Badhaus abfließen kann.

Zais ersucht daraufhin um eine förmliche Konzessionsurkunde über die Quelle, die ihm am 9. Oktober 1818 ausgestellt wird, ohne daß er zu diesem Zeitpunkt die Untersuchungen fortführt. Erst nachdem der Bau des Badhauses am 2. Februar 1820 abgeschlossen ist, teilt er der Regierung mit, daß die Zuleitung von Thermalwasser jetzt unverzüglich erfolgen müsse. Inzwischen hat er allerdings den Gedanken der Ableitung aus den nur 44 °C heißen Quellen an der Goldgasse aufgegeben. Er bittet um die Erlaubnis, das benötigte Badwasser aus der 12 °C heißeren Quelle des Brühbrunnens an der Kleinen Webergasse (Verbindungsgäßchen zwischen unterer Webergasse und Spiegelgasse, heute „An der Drei-Lilien-Quelle“, „n“ auf der Karte von E. Winter) entnehmen zu dürfen. Sie tritt unterhalb der „Goldenen Kette“ aus einem gemauerten Gewölbe am Erkelschen Garten als kleiner, bereits gefaßter Bach hervor. Es ist eine recht ergiebige Quelle, die, in einem Becken gefaßt, zum Brühen von Schweinen und Geflügel und zu häuslichem Gebrauch benutzt wird. Den größten Teil des Tages und bei Nacht fließt sie jedoch ungenutzt in den Warmen Bach (in der Spiegelgasse) ab.[351]

Das Ministerium ist einverstanden. Es wird Zais aber bedeutet, er solle vorher den Hauptzufluß zum Brühbrunnen genauer untersuchen. Dabei zeigt sich, daß er einen

Teil des Ablaufwassers aus der „Goldenen Kette“ aufnimmt, aber auch zahlreiche aus seiner Sohle entspringende Quellen führt. Bei den unter der Aufsicht von Oberbergrat Stifft und Bergrat Schapper stattfindenden Arbeiten entdeckt Zais dicht neben dem Abflußkanal einen weiteren, bisher unbekannten Kanal, aus dessen Sohle ebenfalls mehrere Thermalwasserquellen austreten („m“). Mit Erlaubnis der Regierung wird der Kanal durch eine benachbarte Hofreite bis an den Punkt verfolgt, wo er, schadhaft und mit Schutt gefüllt, seine Richtung unter die Ökonomiegebäude der „Goldenen Kette“ nimmt.[352] Bevor Zais die Arbeit zu Ende bringen kann, protestiert der Besitzer der „Goldenen Kette“ dagegen, daß Zais die Kanäle unter den Gebäuden seines Badhauses verfolgen will. Es kommt zu einer Klage der Badwirte beim Hofgericht zu Dillenburg.

Der Widerstand der Badwirte, der vom Gemeinderat unterstützt wird, ist nicht ganz unberechtigt. Es ist eine auch damals schon bekannte Tatsache, daß zwischen den Ausflüssen der Einzelquellen in der darunterliegenden, sich über das ganze Quellengebiet erstreckenden Kiesschicht Kommunikationen stattfinden, die dazu führen können, daß beim Aufgraben des Bodens an einer Stelle der Wasserspiegel einer benachbarten Quelle tatsächlich absinkt. Der wirtschaftliche Schaden, der in einem solchen Fall an einer sich in Privatbesitz befindlichen Quelle entstünde, könnte beträchtlich sein.

Mitten in diese Auseinandersetzungen platzen Gerüchte, daß tatsächlich der Wasserspiegel mehrerer Quellen zurückgegangen sei. Am 17. April 1820 wird das Abnehmen der Adlerquelle, am 19. das der Quellen der Badhäuser Reichsapfel („o“), Sonnenberg (i“) und Lilie („l“) angezeigt, am 22. April folgt die alarmierende Meldung über ein Absinken des Kochbrunnens. Die Bürgerschaft fordert das sofortige Zuwerfen der Gräben, die Kommissionsmitglieder sind unschlüssig. Obwohl die Regierung das Zaissche Unternehmen wegen der großen Bedeutung des neuen Badhauses für die hiesige Kur unterstützt, bleibt ihr unter den gegebenen Umständen nichts anderes übrig, als anzuordnen, daß alle Vertiefungen, die Zais zur Aufgrabung von Thermalwasser gemacht hat, unverzüglich zuzumauern und zu verfüllen sind.

Die Aufregung über diese Ereignisse, deren heimtückisch herbeigeführte Ursachen er wohl ahnen mochte, erschüttern die Gesundheit von Christian Zais. Plötzlich und unerwartet stirbt er am Abend des 26. April 1820 im 51. Lebensjahr. Wie sein letzter Brief an seinen Sohn Wilhelm vom 3. März 1820 anzeigt,[353] ist er zu diesem Zeitpunkt noch voller Tatendrang. Deshalb möchte man sich statt der geläufigen Auffassung, er sei einem Gemütsleiden erlegen, eher der Vermutung anschließen, nach der ein Herzinfarkt die Ursache seines schnellen Todes gewesen ist.[354]

Er wird zunächst auf dem Friedhof an der Heidenmauer beigesetzt. Einem zeitgenössischen Zeitungsbericht zufolge muß „eine Polizeybedeckung (...) das Leichenbegängniß sichern“.[355] Seine letzte Ruhestätte findet er schließlich auf dem 1832 neu eröffneten Friedhof an der Platter Straße, wohin sein Leichnam überführt wird. Heute erinnert nur noch die Grabplatte des zerstörten Grabes am Eingang des Friedhofs an den bedeutenden Baumeister, der das Stadtbild Wiesbadens zu Beginn des 19. Jahrhunderts nachhaltig geprägt hat.

Das Ende des Dramas

Das Ende des Dramas führt zur vollständigen Rehabilitation des Architekten. Als sich das Gerücht um das „plötzliche Versiegen" der heißen Quellen auf der gerade stattfindenden Frankfurter Frühjahrsmesse und von da über die Presse schnell verbreitet, erkennen die Badhausbesitzer, daß sie sich selbst am meisten geschadet haben. Das drohende Ausbleiben von Badegästen, die lieber einen „wassersicheren" Kurort aufsuchen, veranlaßt die Regierung schon am 15. Mai 1820 zu einer an die wichtigsten Tageszeitungen in Deutschland verschickten Richtigstellung: Alle Thermalquellen, heißt es dort, lieferten Thermalwasser in ausreichender Menge. Es gebe nicht den geringsten Mangel für die Badegäste.

Mittlerweile stellen die Behörden zu ihrem Erstaunen fest, daß niemand, auch nicht die dazu eingesetzte Kommission, die angezeigte Abnahme einer Quelle wirklich feststellen kann, da deren ursprüngliche Stärke gar nicht bekannt ist. Eine Nachprüfung ist somit gar nicht möglich. Zwar sind zu diesem Zeitpunkt die Hintergründe noch nicht aufgeklärt, doch zweifelt niemand mehr daran, daß die Badwirte das „Absinken" der Quellenspiegel durch Manipulationen selbst herbeigeführt haben. Mitte Juni 1820 tritt die Witwe des Baumeisters, unterstützt durch seinen Bruder Wilhelm Zais aus Cannstatt, an den Herzog mit der Bitte heran, die Arbeiten nach dem Ende der Saison wieder aufnehmen und zum Abschluß bringen zu dürfen und die notwendige Thermalwasserzufuhr zu genehmigen.

In ihrem Bericht an das Ministerium von 28. Juni 1820 stellt sich die Regierung voll hinter das Ersuchen. Minister Marschall verfaßt persönlich die Verfügung vom 18. August. Gleichzeitig nimmt er die erkannten Mängel an Wissen über den genauen Zustand der Thermalquellen in Wiesbaden zum Anlaß, auf deren genauere Erforschung zu dringen. Durch den „Anstieg des Kulturzustandes" und die Zunahme der Bevölkerung in Europa und Deutschland habe die Nachfrage nach Bädern und Badeanstalten im Herzogtum und insbesondere in Wiesbaden derart zugenommen, daß vom obersten landespolizeilichen Standpunkt aus nähere Informationen über die Menge des Wassers der verschiedenen Quellen, über den Bedarf der einzelnen Badhäuser und über die Verteilung des Wassers unter sie, auch über die Aufräumung bestehender und Eröffnung neuer Quellen nötig seien. Der Herzog habe daher verordnet, daß sich nach Ablauf der Saison unter Leitung der Regierung eine Kommission aus den Geologen Oberbergrat C. E. Stifft und Bergrat C. A. Schapper dieser Aufgabe unterziehen solle.[356] Um Übergriffen vorzubeugen, werden die Quellen und die Quellenaustritte mit Militärposten besetzt und die Ausmündungen versiegelt.

Stifft und Schapper beginnen am 24. Oktober mit der Arbeit. In ihrem Gutachten vom 27. November weisen sie nach, daß unlautere Operationen der Badwirte auf Grund ihrer alleinigen Kenntnisse von den Ab- und Zuflüssen der Bäder die Täuschung einer angeblichen Wasserabnahme der warmen Quellen im vergangenen April verursacht haben. Sie untersuchen vor allem den von Zais bei seinen Schürfungen neu entdeckten, von der Quelle „m" ausgehenden verschlammten Kanal im Erkelschen Garten, der neben dem Quellkanal des Brühborns verläuft.[357] Es zeigt sich, daß er von den anderen Kanälen völlig unabhängig ist und daß kein Badwirt auf ihn Anspruch erheben kann. Nach Meinung von Stifft und Schapper gehörte er vielleicht sogar zur Quelle des zum Untersuchungszeitpunkt nicht mehr existierenden „Neuen Bades“, die Ludwig v. Hörnigk 1637 und 1662 als „vierdten Brunnen“ beschrieben hatte.[358] Sein Wasser, vier Kubikfuß in der Minute, wird den „Vier Jahreszeiten“ zugeteilt. Im März 1821 ist die Leitung dorthin fertiggestellt.

Bevor es so weit ist, machen die Badwirte des Quellenviertels wiederholt Eingaben, um das Unausweichliche doch noch abzuwenden. Sie richten im November 1820 sogar eine Eingabe „An den durchlauchtigsten Fürsten und Herrn Wilhelm souveränen Herzog zu Nassau“ persönlich, den sie mit beschwörenden Worten und der (für sich sprechenden) Unterschrift: „Wir ersterben in tiefster Erniedrigung Ew. Herzoglicher Durchlaucht unterthänigst gehorsamste Supplicanten“ umzustimmen versuchen. Der Herzog folgt jedoch dem Gutachten der Landesregierung, in dem es heißt, „nach dem Urtheile von Sachkennern des Inn- und Auslandes“ sei in dem neuen Badhaus „auf die Bedürfnisse und Einrichtungen Rücksicht genommen, welche der jetzige Stand der Heilkunde (...) fordert“, und „welchen in den dermal bestehenden Bade-Häusern so wenig entsprochen wird, daß dieser Mangel selbst in öffentlichen Schriften bewährter Männer bitter gerügt worden ist“. Es sei damit zu rechnen, daß mit der Eröffnung dieses Badhauses „eine wichtige Epoche für die hiesigen Heilquellen“ eintrete.[359]

Am 12. Februar 1821 erscheint nochmals ein für die Presse bestimmter amtlicher Regierungsbericht. Er soll den Schaden, den die falschen Meldungen über die Wiesbadener Quellen in ganz Deutschland anzurichten drohten, wiedergutmachen. Darin wird klargestellt, daß genügend Wasser für alle Badewilligen vorhanden sei. Sämtliche Wiesbadener Thermalquellen lieferten in einer Minute eine Wassermenge von 58 Kubikfuß 397 2/3 Kubikzoll, mithin in 24 Stunden über 84.092 Kubikfuß. Der Wasserbedarf für die derzeit bestehenden Badeanstalten und die vielerlei ökonomischen und häuslichen Bedürfnisse betrage in 24 Stunden insgesamt nur 32.720 Kubikfuß, so daß über 50.000 Kubikfuß größtenteils ungenutzt abliefen. Selbst wenn man die vorhandenen 530 Bäder um weitere 300 vermehre, bleibe noch ein Überfluß von ca. 45.000 Kubikfuß Wasser.[360]

In der Bemühung, das Thermalwasser für das Badhaus „Zu den vier Jahreszeiten“ sicherzustellen, läßt sich die Regierung nun nicht mehr beirren. Die Experten bestätigen, daß die vier Kubikfuß Wasser, die der von Zais wiederentdeckte Kanal je Minute liefert, für die neue Badeanstalt ausreichen. Er wird unter dem Badhaus „Goldene Kette“ durch eine Traßvermauerung wasserdicht gesichert. Dem Brühbrunnen bleiben 6 Kubikfuß 212 Kubikzoll in der Minute. Der wegen seiner Nachrichten zur Stadtgeschichte wichtige Tagebuchschreiber Burk verzeichnet im Januar 1821: „Es wird das warme Wasser aus den Erkel seinem Garten an dem Brühbrunnen hin durch die Spiegelgaß durch einen großen Kanal nach den Vierjahreszeiten geleitet.“[361]

Eröffnung 1821 - Baubeschreibung

Das Badhaus, das die Witwe Zais inzwischen an den Franzosen Carl Joseph Tavel verpachtet hat, wird mit Beginn der Saison 1821 eröffnet. Der äußerlich schlichte klassizistische Bau (s. Abb. S. 252) weckt, besonders wegen der Schönheit seiner Inneneinrichtung, die Bewunderung der Zeitgenossen. Mit 140 Zimmern, „die meisten mit Oefen", und 42 Bädern, zu denen eine Treppe von 21 Stufen hinabführt, ist es das größte und luxuriöseste Badhaus am Platze.[362]

Zur Wilhelmstraße hin liegen im Erdgeschoß die Bäder. Es sind nicht, wie in den andern Badhäusern, oben offene Kabinette, sondern hohe und geräumige Zimmer. Der Wannenbereich ist marmorgefaßt. Sie sind mit Fußteppichen, Tischen, Stühlen, die größeren auch mit Ruhebetten versehen, mit gewärmten Handtüchern und großen Laken zum Abtrocknen. Abgekühltes und heißes Wasser wird durch hölzerne Röhren zugeführt (metallene würden vom Thermalwasser zerstört). In vier der hinteren Badekabinen sind Duschbäder eingerichtet. Außerdem gibt es eine tragbare Duschmaschine in Gestalt einer Feuerspritze. Es gibt auch Schwefel- und Wasserdampfbäder. Zur Abkühlung des Thermalwassers dienen zwei Reservoire von 180 bzw. 140 Fuß Länge. Die Gästezimmer befinden sich in den Obergeschossen. Aus einigen Appartements der ersten Etage (Beletage), die in der Regel aus zwei Räumen bestehen, kann man durch besondere Treppen unmittelbar zu den Bädern gelangen.

Der prachtvoll ausgestattete große Saal liegt längs hinter dem Hauptgebäude. Er ist wegen der kostbaren Wand- und Deckenmalereien im pompeijanischen Stil berühmt. Demian gibt seine Größe mit „130 Fuß in der Länge, 35 in der Breite und 27 in der Höhe" (ca. 40 x 12 x 8 Meter) an. Die Decke ist „gewölbt und von milchblauer Farbe", die Wände „orangenfarbig", der Fußboden „Eichenholz und getafelt". Da der Saal nur vom Hof her Licht erhält, sind „der Symmetrie wegen" auf der gegenüberliegenden Seite „Fenster" aus Spiegelglas angebracht, „die einen überraschenden Anblick gewähren". An den Schmalseiten befinden sich Galerien, eine für die Musik, die andere für die Gäste des Hauses. Sie werden von je vier Säulen aus nassauischem Marmor getragen; unter jeder Galerie befindet sich „ein französisches Camin von Marmor mit einem großen Spiegel".

In dem Flügel entlang der Kommunikationsstraße (seit 1821 Burgstraße) liegen Gesellschaftszimmer und Appartements für Wintergäste. Aus der Einrichtung dieser Appartements, die zu allen Jahreszeiten bewohnbar sind, erklärt sich der Name des Badhauses. Hinter dem Saalgebäude liegt der Wirtschaftshof mit Küchenbau, Ställen für 50 Pferde, Remisen und Kutscherstuben. Der Plan verzeichnet auch ein Pferdebad (links vom Hinterhof). Durch Stufen ist ein „mit exotischen Gewächsen besetzter offener Platz" abgetrennt, „mit einem Denkmal für den zu früh verstorbenen Stifter der Anstalt" (Hausprospekt 1820), geschaffen von dem Bildhauer H. F. Dannecker. Es wurde 1945 durch Fliegerbomben zerstört.

Die gedeckte Einfahrt für die Gäste befindet sich am Wilhelmsplatz, zwischen den zwei Torbögen ist eine Schlaguhr angebracht. Von der Einfahrt gelangt man nach links ins Entrée. Die Trinkwasserversorgung ist durch die 1821 in Betrieb genommene städtische Wasserleitung vom Kisselborn in die Stadt sichergestellt.

Eine lebendige Schilderung der Speisetafel in den „Vier Jahreszeiten", die selbst Herzog Wilhelm gern in Anspruch nimmt, gibt der Reiseschriftsteller Carl Schaller für das Jahr 1825: „Ich habe an einem Sonntag an der Wirthstafel im großen Saale, in einer Gesellschaft von 124 Fremden zu Mittag gegessen (...). Die Speisen waren vortrefflich und die Bedienung einzig. Acht Kellner waren stets beschäftigt, die Schüsseln aufzutragen. Wenn sie solche auf die Tafel niedergesezt hatten, ging ihr Diensteifer in eine Art von Wuth über. Drei bis vier dieser Subjekte stürzten, mit leeren Händen, immer zu gleicher Zeit zum Sale hinaus, um frische Speisen aus der Küche, oder Getränke aus dem Magazin zu holen, oder Teller zu wechseln. Ich habe noch bei keiner ähnlichen Gelegenheit (selbst bei Verry in Paris nicht) eine so rasche Bedienung gesehen."[363]

Der Gästeempfang ist ebenso pompös. „Als die beiden Herren von Rothschild, die ebenfalls hier einlogirt waren, um 12 Uhr in den Wagen stiegen", um sich vor Tisch noch etwas Bewegung zu verschaffen „und dadurch die Verdauungswerkzeuge zur Aufnahme der Speisen und geistigen Getränke empfänglicher zu machen", schreibt Schaller, „stand ein Heer dienstbarer Geister, die man auch für Kellner halten konnte, an deren Spi(t)ze der Direktor des Gasthofes zu den vier Jahreszeiten, sonst Wirth genannt, um denselben herum und harrten in ehrerbietiger Stille der Befehle". Als „Hochwohldieselben geruhten, dießmal nichts zu befehlen," sprang der bedreßte Bediente auf die „Estrade seines Belvederes, der bärtige Kutscher lüftete die Zügel und prasselnd entschwand der Wagen unseren staunenden Blicken". Kein Wunder, daß ein anderer Besucher Wiesbadens, Medizinalrat Wetzler, schon 1822 schreiben kann: „Es dürfte in Deutschland schwerlich ein Badehaus geben, das diesem an die Seite zu stellen wäre."[364]

Die übrigen Badehäuser um 1820

Im Bild der Statistik

Nach den „Vier Jahreszeiten" ist das Gast- und Badehaus „Zur Rose" am bequemsten und zweckmäßigsten eingerichtet.[365] Das 1722 errichtete „alte Badehaus" ist zwar „niedrig, eng und finster", desto vorzüglicher ist aber das neue, 1807 von Grund auf renovierte Gebäude. Die Bemerkung, es habe „an beiden Seiten Fenster", weist auf den Umstand, daß im Bäderquartier mit seinen engen Gassen viele Badhäuser bis ins 20. Jahrhundert so gebaut waren, daß der Zugang zu den Zimmern über fensterlose Flure erfolgte, die entlang einer rückwärtigen Brandmauer verliefen. „Die Rose hat 50 schön eingerichtete Zimmer, 12 Bäder im alten und 24 besonders geräumige Bäder, deren Zwischenwände marmorartig übertüncht sind, im neuen Gebäude, sowie einen großen Saal, im welchem während der Kurzeit öffentlicher Tisch gehalten wird."

Zu den Häusern der ersten Klasse gehört nach der hier zitierten Statistik des Herzogtums Nassau (1823) auch das 1815/16 errichtete „Römerbad" (früher „Weißer" und davor „Roter Löwe") mit 52 Zimmern und 28 Badekabinetten. Besonders hervorgehoben wird ein „Touche-Apparat, durch welchen für 5 Personen Touchebäder

(Duschbäder) veranstaltet und entweder als Regen-, Tropf- oder Spritzbäder gebraucht werden“, sowie ein neu eingerichtetes Dampfbad, durch dessen äußerst zweckmäßige Einrichtung „jeder einzelne Theil, ja fast jedes einzelne Glied des Körpers besonders Dämpfe erhält“. Das beim Bau des Hauses entdeckte römische Schwitzbad, dem das Badehaus seinen Namen verdankt, dient nun als Wasserreservoir. Wie die Rose, erhält es sein Thermalwasser aus dem Kochbrunnen.

Den eine eigene Quelle besitzenden „Güldenen Adler“ hatte 1770 Johann Peter Schlichter erworben. 1783 übernimmt er in der Kurzeit die Konzession für das Hazardspiel. Als er 1795 stirbt, tritt seine Witwe die Nachfolge an. Um 1800 errichtet sie einen Neubau, ein „ansehnliches dreistöckiges Gebäude“, in dessen Seitenbau sie nach dem Tod des Spiegelwirts und Thurn und Taxisschen Posthalters Philipp Christian Bergmann 1796 die Poststation unterbringt.[366] Der neue „Adler“ besitzt „60 gut eingerichtete Zimmer und 36 Bäder“. Im Grünen Saal findet vor der Eröffnung des Kursaals das „Große Spiel“ statt.

Der Ausdehnung nach, einschließlich Gartenanlagen, ist der „Adler“ das größte Haus am Platz (s. Abb. S. 128). Die geschäftstüchtige Johannette Elisabeth Schlichter, 1803 mit 72.000 Gulden als reichste Frau in Wiesbaden taxiert[367], erwirbt 1802 die Gastwirtschaft „Zum goldenen Wolf“ in der Langasse, gegenüber dem „Adler“, vielleicht deshalb, weil seit den Zeiten des Vorbesitzers, des Gastwirts Wolf, dort das einträgliche Kleine Spiel betrieben wird. 1813 verkauft ihr Sohn Gottfried Schlichter den „Wolf“ an den Apotheker Otto, der dort die zweite Wiesbadener Apotheke (nach der Hofapotheke, s.u.) errichtet. 1806 erbaut die Adlerwirtin den Blauen Saal, damals der größte Saal in Wiesbaden, der in der Folgezeit wegen der Reinheit des Baustils und der Pracht seiner Innenausstattung oft gerühmt wird. Konzerte, Theatervorführungen und Bälle finden dort statt. Vor der Eröffnung des Kursaals spielt sich hier ein Großteil des gesellschaftlichen Lebens der Stadt ab. Später dient er als Speisesaal für die Gäste.

Der „Schützenhof“ reicht mit seinen 31 Fensterachsen und breitem Mitteltor (s. Abb. S. 127) vom Gemeindebadgäßchen bis fast zum Römertor. Der in die Enge der Altstadt eingezwängte klassizistische Baukörper wird jedoch nicht von allen als gelungene Architektur empfunden, jedenfalls nicht an dieser Stelle. 1799 qualifiziert ihn der Wiesbadener Arzt Dr. Handel als „kasernenförmige Steinmassen“.[368] Nach hinten schließen sich zwei Seitenflügel an. Im Südflügel liegen die 34 „reinlichen und gut eingerichteten“ Bäder, davon „zwei in heizbaren Zimmern“, im nördlichen zwei Säle, die im Laufe von Jahrzehnten verschiedenen Zwecken gedient haben. Bis 1800 findet in dem kleineren Saal der Sonntags-Gottesdienst für die katholischen Kurgäste statt. Seit 1772 dürfen auch einheimische Katholiken, zuerst still geduldet, ab 1787 mit offizieller Genehmigung, teilnehmen. Der große Saal dient als Komödienhaus (mit Parkett, zwei Rängen und einer Hofloge). Er faßt nach dem sich von 1800 bis 1810 hinziehenden Umbau 500 Plätze und wird von 1811 bis 1827 als „Herzoglich Nassauisches Hoftheater“ geführt.[369]

Weitere Badhäuser sind: der 1830 aufgestockte, mit 33 Logierzimmern und 22 Bädern ausgestattete „Spiegel“ und das 1818 in „Englischer Hof“ umbenannte frühere

Badhaus „Zum Rindsfuß“ am Kranzplatz, das nach dem Abriß des barocken Vorgängerbaus 1810 dreistöckig in klassizistischem Stil neu erbaut wird. Es besitzt 66 Zimmer. Die eigentliche Badhalle (mit den 36 Bädern) ist jedoch „klein, unfreundlich, die Dünste haben zu wenig Auswege“.[370] Der „Engel“, dem Englischen Hof gegenüber, wird um 1816 durch einen Anbau ergänzt und besitzt danach 34 Zimmer und 28 Bäder. Beide Badhäuser erhalten, ebenso wie das „Weiße Roß“ (ehemals „Zur Glocke“; 16 Zimmer/14 Bäder), der „Weiße Schwan“ (18/15), die „Blume“ (34/32) und der „Schwarze Bock“ (45/33), ihr Thermalwasser vom Kochbrunnen. Der „Schwarze Bock“, der nach der Verwüstung von 1637 und notdürftiger Instandsetzung 1662 im Jahre 1712 wieder neu aufgebaut worden war (s. Abb. S. 130), besitzt nun 45 Zimmer, 32 Bäder und ein Duschbad, hat einen geräumigen Hof mit Stallungen für Pferde sowie einen Garten mit Gartensälchen. 1822 eröffnet der jüngere Sohn Peter Schlichters, Ludwig, gegenüber der „Rose“ an der Taunusstraße das Badhaus „Alleesaal“.

Von der Adlerquelle versorgt werden außer dem „Adler“ das Badhaus „Zum Goldenen Brunnen“ (ehemals „Zum Hirsch“, 23/17), daneben die „Goldene Krone“ (keine Angaben über die Zahl der Zimmer und Bäder) und, schräg gegenüber, das Badhaus „Zum Bären“, das, mit dem Badhaus „Zum Riesen“ vereinigt, 50 Zimmer und 38 Bäder „in zwei etwas finsteren und dünstigen Badehäusern“ umfaßt. Eigene Quellen besitzen der „Spiegel“ (22/20, mit Pferdebad), das jüdische Badhaus „Zum Rebhuhn“, das seit 1837 als „Pariser Hof“ nicht mehr in jüdischem Besitz ist (25/17), der 1714 an der Stelle des im Dreißigjährigen Krieg zerstörten Badhauses „Zur Stege“ errichtete „Halbe Mond“ (10/10), die „Zwei Böcke“ (22/15), die „Weißen Lilien“ (18/16), der „Sonnenberg“ (12/7) und das „Goldene Kreuz“ (18/11 Einzelbäder und 4 für mehrere Personen).

Neben dem Schwarzen Bock liegt das Badhaus „Zur Goldene Kette“, dessen Vorläufer die bei Philipp Weber 1617 aufgeführte Badherberge *„ad signum galeae“* bzw. 1636 „Zum Helm“ war. In der Bürgerliste von 1724 wird es nach dem Besitzer, dem „Schröpfer und Badwirth“ Hironimus Groh, als Badhaus „Zur Groh“ geführt, unter seiner Witwe, der Grohin, verballhornt als Badhaus „Zur Krähe“. „Goldene Kette“ heißt es seit 1785, hat 24 Zimmer und 18 Bäder, die von einer eigenen Quelle versorgt werden. Eine gemeinsame Quelle haben der „Stern“ (23/19) und der „Reichsapfel“ (früher „Vogelsang“, 12/18).

Die Anzahl der Badehäuser um 1820 wird mit 23 bis 26 unterschiedlich angegeben. Nach Struck stehen 1822 insgesamt 728 Zimmer und 487 Bäder für Badegäste zur Verfügung.[371] Dazu kommen 24 Bäder beim Zivilhospital, das freilich nicht zu den „echten“ Badhäusern gezählt werden kann. Seine jüngere Geschichte kann nur kurz skizziert werden: Das 1732/34 in unmittelbarer Nachbarschaft zum „alten Spital“, zum Teil auf dem Gelände des ehemaligen Badhauses „Zum Salm“, errichtete Armenbad erhielt sein Thermalwasser als Quellenanteil des „Salmen“ aus dem Kochbrunnen. Es diente seit 1814 als provisorisches Militärbad.[372] 1822 wurde es, ohnehin in schlechtem baulichem Zustand, wegen der neuen Pläne zur Verschönerung des Kochbrunnens abgerissen. Stattdessen erhielt das 1785 bis 1789 erbaute Hospital 1823/24 ein neues, größeres Badhaus mit den erwähnten 24 Bädern im Winkel zwischen Neresbach und Saalgasse. Zwischen Kochbrunnen und der 1818 eröffneten Taunusstraße pflanzte man eine Akazienallee.

Das Hospital übernimmt nun auch die Funktion des Armenbades. Es steht unter der ärztlichen Leitung des Amts-Badearztes und ist für alle Kranken offen, deren Leiden sich für die Badekur eignet. Jährlich sind es mehrere hundert Patienten. Sie dienen gleichzeitig den Badeärzten dazu, mit der gehörigen Vorsicht neue Versuche über die innere und äußere Anwendung der Quellen anzustellen.

Gasthäuser

Einige der ersten Badehäuser, „Vier Jahreszeiten", „Adler", „Rose" und „Schützenhof", zählen neben „Nassauer Hof", „Grüner Wald" (Marktstraße), „Einhorn" (am Uhrturm) und „Friedrichsburg" (Mainzer Tor/Schillerplatz) auch zu den Gasthäusern der ersten Klasse. Ihnen fast gleich kommen die „Stadt Frankfurt" Ecke Saal- und Webergasse, der „Goldene Schwan" an der Ecke Kirchgasse/Michelsberg, der „Wilde Mann" in der Neugasse und die „Stadt Mainz" in der Langgasse. Dr. Rullmann schreibt dazu: „Außer den vier Badehäusern wird in 4–6 größeren Gasthäusern täglich table d'hôte gegeben; doppelt so viele kleinere Wirthshäuser, und eine etwas geringere Anzahl Speisewirthschaften – hier Garküchen genannt – liefern um niederen Preiß, wenigere, aber doch immer gesund und schmackhaft bereitete Schüsseln."[373] Das Gasthaus „Ritter", 1717 im ehemaligen Stadtgraben beim Sonnenberger Tor errichtet, macht mit den hungrigen Spaziergängern bei der Rückkehr vom Wiesenbrunnen und Herrngarten gute Geschäfte.

Urteile in- und auswärtiger Beobachter

Der Wiesbadener Medizinalrat Georg Christoph Wilhelm Rullmann hat eine ganz eigene Anschauung über den Betrieb der Badehäuser zu Beginn der zwanziger Jahre des 19. Jahrhunderts.[374] Er stellt fest, der Umstand, daß „unsre Badeanstalten sämmtlich Privateigenthum" sind, lasse „große und glänzende Einrichtungen, ähnlich denen in andern, unter einer Herrschaftlichen Verwaltung stehenden Bädern", nur schwer zu. Desto mehr sorge aber der Wetteifer unter den einzelnen Badewirten für die „innere gediegenere Vervollkommnung" ihrer Häuser. Jeder suche so viel als möglich „selbst die individuellsten Bedürfnisse seiner Gäste zu befriedigen". Diese lebten „mehr mit ihren Wirthen in Familie, somit besser und bequemer, als bei der Pracht, die eine große Anstalt aufwenden" könne.

Der Badearzt hat auch ein Auge für die besonderen Schwierigkeiten, daß Bestandteile des Thermalwassers sich an den Wänden der Bäder (Wannen) oft ziemlich fest absetzen und das Bau- und Auskleidungsmaterial angreifen; „oberhalb des Wassers ist der Dunst fast noch feindlicher". Deshalb seien die meisten Bäder „von Backsteinen, viele mit Traß übertüncht, manche von behauenen Sandsteinen, nur wenige von Marmor". Die Vorplätze zum Aus- und Ankleiden seien oft zu klein, oft aber auch schön mit Ruhebetten, Sesseln, Spiegeln, Tischchen, Wärmkörben und anderen Bequemlichkeiten versehen. Einige Badehäuser besäßen heizbare Zimmer in unmittelbarer Verbindung mit den Badekabinetten, „um die Heilquellen auch im Winter nutzbar zu machen".

Die Besorgung der Bäder sei einem Bademeister oder einer Bademagd übertragen, „die auch, während gebadet wird, immer in dem Badehause sind, um auf den Ruf oder bei jedesmaligem Schellen zur Hand zu seyn". Sie werden von den Badewirten mit großer Sorgfalt ausgewählt und „haben eine solche Uebung in der Bestimmung der Temperatur, daß sie zur Regulirung derselben selten außer ihrem Gefühl eines Thermometers bedürfen". Was aber viele Badegäste zu der Klage veranlaßt, daß Thermometer fehlten und die Bäder oft viel zu heiß zubereitet seien.

Rullmann erwähnt auch Bademöglichkeiten in einigen, zum Teil elegant eingerichteten Wohnungen in den „schöneren Straßen". Hier werde das Wasser in Wannen gefüllt, oder die Bäder in benachbarten Badehäusern benutzt. Es sind Privatpensionen im Kurviertel, die in den folgenden Jahrzehnten ein eigenes Gewerbe werden. Sie ermöglichen vielen weniger wohlhabenden oder weniger auf Komfort bedachten Heilungsuchenden Kuren zu mäßigen Preisen.

Im Gegensatz zu Dr. Rullmanns (wohl pro domo geschönten) Beobachtungen stehen die Berichte des oben schon zitierten bayrischen Medizinalrats Dr. Johann Evangelist Wetzler aus Augsburg, der weniger wohlwollend urteilt: In den unmittelbar an das Wohnhaus angebauten Badhallen der Badehotels seien „10 bis über 30 Bäder in kleinen verschlossenen, aber oben offenen Kabinetten in einer oder zwey Reihen angebracht". Die Kabinette seien durch dünne Bretterwände voneinander gesondert. Zwischen dem Bade und der Tür des Kabinetts sei ein kleiner Platz zum Aus- und Ankleiden, an den Seiten eine Bank. Die Kleider könne man an ein paar Nägeln aufhängen; diese und die Bank machten die ganze Gerätschaft aus. „Thermometer hat man nirgends".[375]

Die Bäder würden Mittags gefüllt, damit sie bis zum folgenden Morgen erkalten; denn an Reservoirs fehle es durchaus, „mit Ausnahme des neuen Badehauses in der Rose. (...) Das heiße Wasser fließt durch eine Röhre, deren Mündung durch einen hölzernen Zapfen verschlossen wird, in das Bad ein; dieser sollte aber (...) einen Stiel haben, um ihn bequemer anfassen zu können, und sich die Hand nicht zu verbrennen."

Wetzler beklagt, daß in den Badgebäuden „durch die im Dache angebrachten Luftlöcher oft ein abscheulicher Zugwind" entsteht, „so daß die Badenden den außer dem Bade befindlichen Obertheil des Körpers verkälten, und sich also im Bade selbst Rheumatismen zuziehen". Oben geschlossene Badgebäude seien mit heißen Dünsten des Badwassers erfüllt, da ihnen kein hinlänglicher Ausweg verschafft sei. Die Dünste „erhitzen die Badenden, indem sie sie einathmen, und es entstehen dadurch nicht selten gefährliche Zufälle".

Wetzler hat viele deutsche und Schweizer Heilbäder besucht. 1819 kommt er zu einem für Wiesbaden nicht sehr schmeichelhaften Urteil, von dem er nur den „Adler", den „Schützenhof" und einige weitere neu erbaute Badhäuser ausnimmt. Geradezu lustig macht er sich über die Duschbäder: „In den meisten Bädern legt man von einer Wand eines Kabinets zur andern ein Brett oder ein paar Stangen und befestigt daran ein mit Wasser gefülltes Fäßchen, aus dem ein fingerdicker Wasserstrahl hoch herab fällt. Man kann denken, wie wirksam ein solches Duschbad seyn müsse".

Wetzler kritisiert jedoch nicht nur die Wiesbadener Badehäuser. So schreibt er über Baden(-Baden): „Die Bäder liegen in den Badehäusern, mit Ausnahme des Badischen Hofes, in einem Winkel des Hofraums; dem äußern Ansehen nach glaubt man, es möchte da ein Kuh- und Schweinsstall sein, und man wird beym Eintritte auch nicht sogleich enttäuscht". Nach weiteren Beschwerden fragt er: „Sind diese Badeanstalten nicht unter aller Kritik?" Es käme vor, daß ein Gast in ein schon gebrauchtes Bad steigen müsse. Er malt die näheren Umstände aus und stellt dann fest: „Gewahrt man eine solche Fahrlässigkeit und Unreinlichkeit, so möchte man fast mit Ekel in das Bad gehen".[376]

Leider gestattet es der Platz nicht, die Mängel weiterer Badeorte, die Wetzler besucht hat, hier zu beschreiben. Aachen, Ems, Schwalbach, Schlangenbad etc., kein Bad kommt bei ihm ungeschoren davon. Komfort und Hygiene lassen überall zu wünschen übrig. Wiesbaden schneidet nicht am schlechtesten ab.

Allerdings ist nicht zu übersehen, daß die aufstrebende Kurstadt es schwer hat, das Etikett eines kleinen Landstädtchens abzulegen, in dem immer noch das Vieh durch die Straßen getrieben wird und es auch sonst mit der Reinlichkeit der öffentlichen Straßen nicht zum besten steht. Nach der Eröffnung des Kursaals muß den Einheimischen 1811 sogar das Baden und Waschen im Kurhausweiher und das Bleichen auf den Wiesen der Kuranlagen durch Polizeiverordnung ausdrücklich verboten werden. Bei Verstößen sei „ohne Ansehen der Person" mit Arretierung und Konfiszierung der Wäsche zu rechnen.[377]

Trinkkur

Mit dem Zustand der Trinkkur in Wiesbaden geht Wetzler am härtesten ins Gericht. Sie wurde über Jahrhunderte stiefmütterlich behandelt. Die Stärke des Kurorts lag seit jeher in den warmen Bädern. Lange wirkte das Verdikt des Tabernaemontanus nach, daß das trübe und stark mineralische Wasser Wiesbadens innerlich nicht so bekömmlich sei wie der klare und durchsichtige Sauerbrunnen, den es in Langenschwalbach gab. Erst als sich nach dem Dreißigjährigen Krieg aus mancherlei Gründen die wohlhabendere Oberschicht in Deutschland vom „Zeremoniell" höfischer Badekuren ab- und Trinkkuren zuwendet, beginnt man auch in Wiesbaden (wie in Karlsbad), den Trinkkuren größere Beachtung zu schenken.

Seit dem Beginn des 19. Jahrhunderts befassen sich die seit 1818 beamteten Badeärzte Wiesbadens eingehender mit den therapeutischen Wirkungen des getrunkenen Thermalwassers. 1799 schreibt Dr. Lehr, die Anwendung unserer warmen Quellen geschehe seit ihrer Entdeckung zwar mehr durch Baden als durch den inneren Gebrauch. Beide Arten seien jedoch gleichwertig und die Trinkkur verdiene mehr beherzigt zu werden als bisher.

Dr. Lehr ist zugleich der erste Brunnenarzt, der die physiologische Wirkung des getrunkenen Wassers und die Indikationen wissenschaftlich beschreibt. Er nutzt die neuen Erkenntnisse von der chemischen Zusammensetzung der Inhaltsstoffe. Nach seinen Beobachtungen fördern Koch- und Mittelsalz die „Auflösung von angehäuftem zähem Schleim und eine gelinde Beschleunigung der Peristaltik des Darms und sie beschleunigen die Absonderung des Harns". Die Mittelsalze (Erdsalze) „dämpfen die in den Eingeweiden sich findende Säure, und mildern die oft hohe Schärfe der Galle und des Magensafts". Lehr erkennt, daß das kohlensaure Gas das Mittel ist, wodurch die im Kochbrunnenwasser sich findenden „erdigen Bestandtheile und sein Eisen aufgelößt erhalten werden". Sie heben durch Tonisierung und Reizung die erschlaffende Wirkung der Wärme auf.[378]

Trotz allen Werbens trinkt z.B. Goethe während seiner Badekur 1814/15 immer noch das in Wiesbaden bevorzugte Schwalbacher Wasser.[379] Erst in den 1820er Jahren setzt sich die Trinkkur mit Wiesbadener Wasser endgültig durch. Damals wird es in ganz Europa Mode, „zur Kur" zu gehen, wie man heute in Urlaub fährt. Man ist nicht eigentlich krank, sucht Abwechslung (angenehme und gebildete Gesellschaft, Besuch von Theater und Spielbank etc.) und macht eine Trinkkur, um sein Gewissen zu beruhigen: Man hat etwas für seine Gesundheit getan. Im Vergleich zu aufwendigen Wannenbadkuren spart man bei Trinkkuren Zeit (für das Amusement), obendrein sind sie weniger kostenaufwendig. Um nicht die „Ferien"- und Sonntagsgäste aus Frankfurt und Mainz, die einen beachtlichen Teil der Besucher ausmachen, an Schwalbach zu verlieren, muß Wiesbaden erheblich mehr für die Verbesserung der Trinkkur tun.

Die Verschönerung des Kochbrunnens

Ein Rückblick

Pläne zur Veränderung des Kochbrunnens sind bisher immer an der Zersplitterung des privaten Besitzes im Bäderviertel gescheitert. Eine gewisse Änderung des „Klimas" wird erkennbar, als die Herzogliche Regierung mit der Einrichtung der verschiedenen Kommissionen die Verwaltung energischer in die Hand nimmt. Endlich kann man an eine Neuordnung der Verhältnisse denken, die bis dahin auf alten Privilegien beruhten.[380]

Konsequenzen zeigen sich nicht zuletzt beim Kochbrunnen. Das bisherige Abblocken aller Veränderungen durch die beteiligten Badwirte wird durch fachliche Überlegungen ersetzt, die den tatsächlichen Notwendigkeiten besser Rechnung tragen. Bereits vom Januar 1806 datiert eine Anregung der Sanitätskommission, den Kochbrunnen so zu verändern, daß der Kurgast sehen könne, „wo das Wasser seiner Genesung entspringe".[381] Das habe aber zur Voraussetzung, daß man den bestehenden Zustand, bei dem der Gast eher Ekel empfinde, da die unbedeckte Quelle jeder Verunreinigung offenstehe (s. Abb. S. 53), so schnell wie möglich ändere. Baudirektor Goetz legt im April 1807 vier Ideen (mit Zeichnungen) zur Fassung der Quelle mit Kostenüberschlag vor. Goetz schließt sich dabei aber der schon von dem Mitglied der Sanitätskommission Dr. med. M. G. Thilenius 1806 geäußerten Auffassung an, daß eine vollständige Bedeckung des Brunnens wegen des „zu korrosiven" Wassers nicht möglich sei.[382]

Polizeirat Seebold fragt auf einer Sitzung der Sanitätskommission, zu der außer dem Stadtamtmann und dem Stadtschultheißen auch die Gast- und Badwirte geladen sind, „ob namentlich die Berechtigten am Kochbrunnen, dessen Anblick für die Fremden ein Skandal sei, im Verein mit der Stadt die Kosten einer Einfassung nach den Entwürfen des Baudirektors Goetz aufbringen wollten". Die Badwirte erklären sich bereit, zu Verbesserungen beizutragen. Sie geben zu, daß die nur 1,20 m hohe Ummauerung des Kochbrunnens ein großer Mißstand sei, weil er durch das Hineinwerfen von Holz-, Glas- und Tonkrugbruch verunreinigt werde. Gelegentlich würde sogar totes Kleinvieh (Hunde, Katzen etc.) darin gefunden.[383]

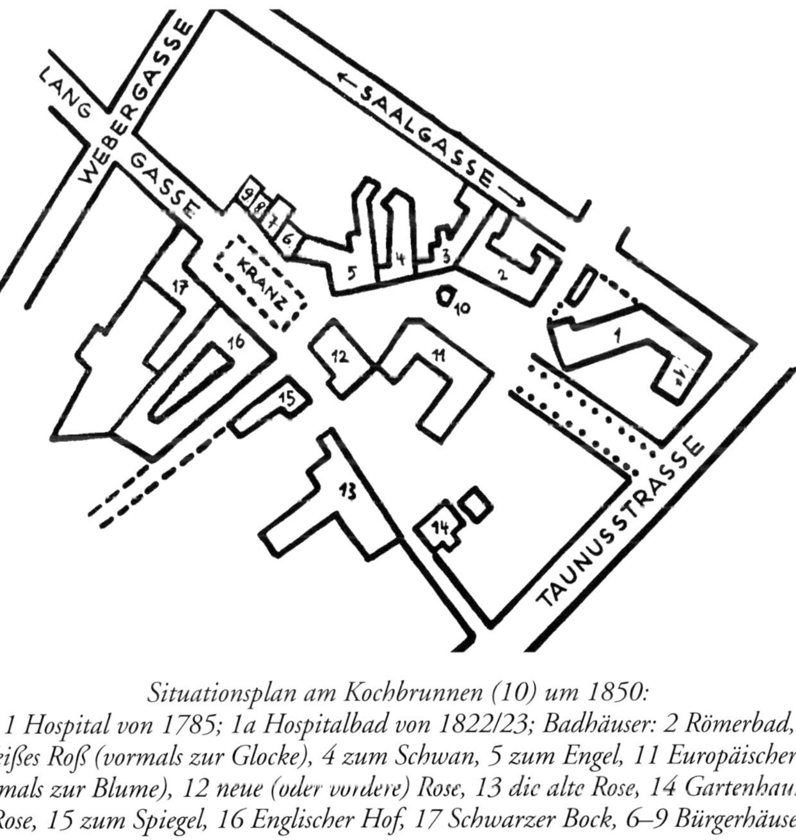

Situationsplan am Kochbrunnen (10) um 1850:
1 Hospital von 1785; 1a Hospitalbad von 1822/23; Badhäuser: 2 Römerbad, 3 Weißes Roß (vormals zur Glocke), 4 zum Schwan, 5 zum Engel, 11 Europäischer Hof (vormals zur Blume), 12 neue (oder vordere) Rose, 13 die alte Rose, 14 Gartenhaus der Rose, 15 zum Spiegel, 16 Englischer Hof, 17 Schwarzer Bock, 6–9 Bürgerhäuser

Da der Kochbrunnen gemeinschaftliches Eigentum der acht Badhäuser sei, habe sich in der Vergangenheit niemand persönlich verantwortlich gefühlt. Jetzt verlangen die Wirte, die neue Einfassung dürfe jedoch nicht über fünf Fuß (1,50 Meter) hoch sein, damit durch zu schwere Fundamente die seitlichen Quellzuflüsse nicht gedrückt und in eine andere Richtung abgelenkt würden. Gegen eine alleinige Übernahme der Kosten machen sie geltend, daß auch die Stadt für das Hospital einen Anteil am Kochbrunnenwasser habe. Außerdem ziehe sie durch die jährlich 4.000 bis 5.000 Kurgäste größeren Nutzen vom Kurbetrieb als die Badwirte. Deshalb müsse sie sich auch an den Kosten beteiligen. Sehr entgegenkommend scheint die Stadt in diesem Punkt jedoch nicht gewesen zu sein. Denn es kommt zu keiner Einigung. Die Sache bleibt fürs erste liegen.

Die Entwürfe von Goetz und Hundeshagen

Für das Ministerium bleibt der Zustand des Kochbrunnens weiter ein Ärgernis. Nachdem 1811 Bedenken aufkommen, die Steinbrucharbeiten hinter dem Distriktshospital könnten die Quelle gefährden, verlangt es im April 1813 vom Baupolizeiamt erneut einen Bericht nebst Zeichnungen.[384] Baudirektor Goetz legt daraufhin am 30. August einen Grundriß mit drei Aufrissen für eine Einfassung vor. In seinem Gutachten bezeichnet er es als eine schwierige Aufgabe, den Kochbrunnen anständig und in einer für ein solches Naturwunder angemessenen Weise zu fassen. Der Raum um den Brunnen sei klein. Die alte Fassung sei irregulär. Goetz meint damit wohl die Tatsache, daß sich in die Hauptquelle seitlich mehrere Quellzuflüsse ergießen, die, wenn man den Kochbrunnen als Naturschauspiel vorführen wolle, in irgend einer Weise als Sprudel sichtbar gemacht werden müßten.

Seine Ideen einer klassizistischen Einfassung finden jedoch nicht den Beifall des Ministeriums. Sie entsprächen nicht der Erhabenheit des Kochbrunnens und den Geheimnissen seiner Heilkräfte. Der eigentliche Grund scheint jedoch ein anderer gewesen zu sein. Hier spielt eine Person der Wiesbadener Bauszene der damaligen Zeit eine Rolle, die bisher noch nicht genannt wurde: der Bibliothekar Bernhard Hundeshagen (1784–1858), eine „romantische Natur mit genialischen Zügen“,[385] den „das Geldbedürfniß, die Liebe zur Sache, das Interesse an Arbeit“, ohne gerufen worden zu sein, 1812 nach Wiesbaden geführt hat.[386] Seine Berufe, „Jurist, Kunsthistoriker, Architekt, Bibliothekar“ – hinzu kommt die Betätigung als Archäologe –,[387] lassen ihn als eine vielseitige, aber auch schillernde Persönlichkeit erscheinen.

Über Beziehungen zum Hof und zu leitenden Beamten gelingt es ihm, bei der Regierung eine Anstellung zu erlangen.[388] Von Interesse ist hier seine Tätigkeit im Rahmen des Bauwesens, für das mit Florian Goetz und Christian Zais zwei echte Fachleute zuständig sind. Hundeshagen legt, beauftragt oder nicht, das läßt sich nicht mehr feststellen, am 23. September 1813 ein eigenes Gutachten mit Zeichnungen zur Gestaltung des Kochbrunnens vor, darunter zwei, die sich am Vorbild ägyptischer Tempelanlagen orientieren.[389] Es ist die Zeit, da der Höhepunkt des Klassizismus überschritten und die Kunst der Ägypter seit Napoleons Feldzügen in das Land am Nil in

Mode gekommen ist. Die nach oben offene Anlage sollte sich 17 1/2 Fuß (ca. 5 Meter) über den Wasserspiegel und 14 Fuß (4,20 Meter) über das Straßenniveau erheben und – im Widerspruch zum Stil eines ägyptischen Tempels – die Inschrift „Aquis Mattiacis Sacratum MDCCCXIV" tragen. Auf einem dem Entwurf beigelegten Zettel vermerkt Hundeshagen: „Zu den vier Seiten des Monuments würden allegorische Figuren im Hautrelief mit Distichen als Unterschrift sich vielleicht am besten ausmachen." Für eine Seite lautete der Textentwurf:

„Unerschöpft quillt unerschöpfbar hier, vor aller Urkund, allem Gedenken, erhitzte Wasserfluth zu hehrem Wunder der Welt. Ein Heilbronn, durch alle Zeiten geliebt vom Bewohner, vom Fremdesten eifrig gesucht, heilig dem Genesenden, in alle Zeiten hinab. Ob alles ringsum sich wechselnd gestalte – es strömt dieß Gewässer nimmer verändert, im Maß, dem Gemisch und der Erhitzung, immer sich selbst gleich: des Ewigen Sinnbild, dessen Urn' es entquollen."

Als Anlage gibt Hundeshagen eine fachmännische Beschreibung der Quelle, die er am 4. April 1813 „bei Gelegenheit, daß der Brunnen geputzt wurde", beobachtet hat: „Der Ort, wo die Quelle hervordringt, ist ein Felsgeklüft (...), aus dem talkartigen Gestein der Gegend". Der Hauptquellpunkt liege auf der einen Seite „des durch die Fassung eingeengten Quellspiegels". Hier komme „das siedende Wasser brausend und mit Gewalt" aus einem tiefen und engen Schacht hervor, in den es „nicht möglich ist, mit dem Senkblei tiefer als 6 Fuß hineinzukommen". Mit einer Stange komme man auf 15 bis 20 Fuß. Außer diesem Quellpunkt zeige sich „nächst davon" ein anderer „nahe an einer Vertiefung, welche man in den Fels gehauen hat, um mit dem Zieheimer Wasser schöpfen zu können". Sonst „quillt es überall aus den Seiten".

Bemerkenswert sind die Beobachtungen Hundeshagens zur Steinfassung, die in dieser Genauigkeit sonst nicht bekannt sind. Demnach besteht die Fassung des Brunnens, der ein Rechteck von 18 Fuß 6 Zoll Länge und 12 Fuß Breite bildet, „in der Grundmauer aus einer doppelten Lage von braunrothen feinkörnigen langen Sandsteinquadern übereinander, welche auf den Felsgrund horizontal aufgelegt sind und zwischen sich die 9 Abflußkanäle durchlassen. Diese Steine sind, obgleich sie leicht 1/2 Jahrtausend liegen können, und bis zur Hälfte von dem heißen Wasser, das um sie und auch unter ihnen hervorquillt, bespült werden, auf ihren Seitenflächen noch unversehrt, an ihren Ecken nur wenig abgenagt und überhaupt so pi[c]kelfest geworden, daß es fast unmöglich ist, etwas an der Ecke loszuschlagen."

Das übrige diesen Mauern aufliegende Mauerwerk der Fassung „ist von dem gewöhnlichen Gestein der Gegend, jedoch von innen mit einer dicken Decke von Speiß und Kalkfarbe, welche auf dem an den Quadern angesetzten Sinter an manchen Orten 4–6 Zoll dick aufsitzt (...), überkleistert. Der oberste Rand der Fassung [ist] wieder mit scharf zugespitzten Sandsteinen bedeckt, an deren Außenseite sich folgende Inschriften und Jahreszahlen finden" (hier bricht der handschriftliche Text von Hundeshagen ab; in die Sandsteinfassung waren die Namen der Badhausbesitzer eingemeißelt, die sich in bestimmten Jahren an Arbeiten zur Erhaltung des Brunnens beteiligt hatten).

Am 13. Oktober 1813 erhält Hundeshagen den Auftrag, den zweiten, in reinem ägyptischem Stil gehaltenen Plan zur Ausführung näher zu bearbeiten und einen Kostenvoranschlag zu fertigen. Darin soll auch die Erweiterung der Straße unter Hinzuziehung eines Teils des Hospitalgartens und des Platzes hinter dem Badhaus „Blume“ eingeplant werden, um von Norden her einen Zugang zum Kochbrunnen zu ermöglichen. Der Eingang des „Kochbrunnentempels“ solle aber zum Kranzplatz hin verlegt werden.

Bereits am 25. Oktober legt Hundeshagen die geforderten Pläne vor.[390] Die Kosten veranschlagt er mit 4.375 Gulden, weitaus mehr, als das Goetzsche Konzept gekostet hätte. Trotz allen Wohlwollens, das man von Seiten des Ministeriums dem Projekt Hundeshagens entgegenbringt, kommt es nicht zur Ausführung. Es herrscht Krieg. Die Armeen der Aliierten sind im Kampf gegen den angeschlagenen Kaiser Napoleon gerade dabei, den Rhein zu überschreiten und den Krieg nach Frankreich hineinzutragen. Der Umbau des Kochbrunnens wird wieder einmal zu den Akten gelegt.

Druck von außen: Medizinalrat Wetzler

Indirekter Druck kommt wieder von außen. Der bayrische Medizinalrat Dr. Wetzler klagt, es sei ein großer Übelstand, daß man die heißen Brunnen, die sich auf freien Plätzen befinden, „wie z.B. Wiesbaden“, unbedeckt lasse.[391] Es werde nicht nur die Kraft des Wassers durch anhaltenden Regen geschwächt, sondern Wetzler bemängelt vor allem: „Die Brunnen werden auch auf mancherley Weise verunreinigt; in dem sog. Kochbrunnen zu Wiesbaden sah ich immer mehr oder weniger Unrat – Steine, Glasscherben, Stücke von zerbrochenen Töpfen, Holz, Lumpen und dgl. Wie soll ein Kurgast solches Wasser vor Ekel trinken können?“

Wetzler gibt Anleitungen, wie ein zu diesem Zweck eingerichteter Brunnen zu gestalten sei: „Über jedem Heilquell sollte ein Häuschen, Pavillon oder Tempel, genug, etwas derart erbaut seyn, nicht bloß zur Zierde oder Verschönerung des Brunnens, sondern auch zum Schutze der Trinker gegen Regen und Sonnenhitze; ferner auch deshalb, weil die Sonnenstrahlen verflüchtigend und zersetzend auf hervor quellende oder ausströmende kohlensauere Eisen- oder Schwefelwasser wirken, und die offenen Brunnen, wie schon angeführt, durch anhaltenden Regen geschwächt werden können. (...) Ferner sollen in der Nähe des Brunnens auch schattige Wandelplätze, ein großer Saal oder ein bedeckter Gang, wo der Trinker bey schlechter Witterung auf- und abwandeln kann, nicht fehlen.“[392]

Im zweiten Band widmet er Wiesbaden ein eigenes Kapitel. Er bemängelt, daß man hier das Wasser wegen des Fehlens eines öffentlichen Trinkbrunnens aus den Hausbrunnen der Badhäuser trinken müsse.[393] Bei dieser mangelhaften Einrichtung werde das Wasser selten kurmäßig oder zweckmäßig getrunken. Im Haus selbst könne man sich dabei nicht die nötige Bewegung verschaffen, „daher trinkt man entweder nur Ein Glas, oder mehrere schnell hintereinander“. Man solle aber „im Freyen auf- und abwandeln, wenn man einen Brunnen trinkt. Man muß sich billig wundern, daß man diesem Gebrechen nicht schon längst abgeholfen hat. (...) Es ist zu bedauern, daß man nicht getrachtet hat, dem Kochbrunnen, welcher für Wiesbaden das ist, was die Kaiserquelle für Aachen, eine würdigere Umgebung zu verschaffen. Jenen, welche neue Häuser bauten [an der Friedrich- u. Wilhelmstraße], hat man Prämien von mehreren tausend Gulden bewilligt; aber zur Verschönerung des Hauptbrunnens und seiner Umgebung hat man keinen Batzen verwandt!" Man hätte „suchen sollen, das alte baufällige Badhaus zur Blume an sich zu bringen, so wie das häßliche Badgebäude des Hospitals niederzureißen; man hätte dann vom Kochbrunnen bis zur Taunus- und Wilhelmstraße eine schöne Anlage und in der Mitte oder am Ende von dieser einen von der Hauptquelle zu speisenden Trinkbrunnen errichten sollen. Diese Anstalt würde für die Kurgäste von unschätzbarem Werthe gewesen seyn."

Die Ausführung 1822-23

Diese Beurteilung durch einen königlich bayrischen Medizinalrat in einem Werk, das sehr schnell über ganz Deutschland verbreitet ist und besonders von Brunnen- und Badeärzten gelesen wird, scheint die Verantwortlichen in Wiesbaden beeindruckt zu haben. 1820 fordert die Regierung die beiden, in ihrem Amt konkurrierenden Badeärzte Dr. Lehr und Dr. Peez auf, ein Gutachten zu erstellen, ob sich die „Anlegung eines aus dem Wasserüberschuß des Kochbrunnens herzurichtenden warmen Trinkbrunnens auf dem Platz vor dem Badhause 'Zu den vier Jahreszeiten' ermöglichen (lasse), ohne daß das Wasser an seiner Güte Einbuße" leide. Die Gutachter kommen zu entgegengesetzten Empfehlungen.[394] Dr. Lehr lehnt das entschieden ab, da die heilende Kraft des Wassers auf dem langen Weg zur „Allee" (Wilhelmstraße) durch Verlust an Wärme und Entweichen von Inhaltsstoffen geschwächt werde. „Das Vertrauen auf die Wirkung des Wassers, jene Würze aller Heilmittel, ist bei einem Kranken weit größer, wenn er es da, wo die gütige Natur es aus der Erde treten läßt, schöpfen kann, als wenn er es an einem entlegenen Ort trinken muß, wohin man es auf ihm unbekannten Wegen geführt hat."

Dr. Lehr kann sich auch auf andere medizinische Kapazitäten berufen, die die volle Wirkung von Mineral- und Thermalwässern nur bei Entnahme unmittelbar aus der Quelle gelten lassen. So schreibt Dr. Christian Wilhelm Hufeland, ein anerkannter Gelehrter in Sachen Heil- und Bäderkunde: „Unstreitig ist der Gebrauch der Mineralwasser unmittelbar aus der Quelle, d.h., aus den lebendigen Händen der Natur selbst, der einzig wahre (...). Sie sind so reich an flüchtigen Stoffen (...), daß die geringste Trennung vom Ganzen, von ihrer gewöhnlichen Temperatur, der bloße Uebergang aus ihren unterirdischen Laboratorien zur ersten Berührung mit Tageslicht und atmosphärischer Luft schon eine höchst beträchtliche Entmischung und Zersetzung (...) bewirken muß, so daß man sie, genau genommen, unmittelbar aus der Quelle mit den Lippen trinken sollte (...)."[395]

Medizinalrat Peez, Freund und Vertrauter von Christian Zais, argumentiert umgekehrt. Durch die entweichende Wärme und die Gasentbindung sei zwar die Ausscheidung eines Teils der in dem Wasser enthaltenen Erden bedingt, allein die Entfernung solcher Bestandteile aus der Mischung des Thermalwassers sei der therapeutischen

Kraft desselben eher nützlich als schädlich. Einen Trinkbrunnen auf dem Kranzplatz verwirft er „ganz und gar". Der Platz sei viel zu klein, im Sommer herrsche aus diesem von Häusern eingeschlossenen Raum eine so brennende Hitze, daß die zu pflanzenden Bäume abstürben. Auch hätten die Wassertrinker dort zu wenig Gelegenheit für die zum Gedeihen der Kur nötige Bewegung. Dr. Peez spricht sich klar zugunsten einer Trinkstelle beim Wilhelmsplatz, in unmittelbarer Nähe zu den „Vier Jahreszeiten", aus.

Schon im Dezember 1820 wird der Peezsche Plan von der Regierung vorab genehmigt. Man läßt ihn aber wieder fallen, als eine gewisse Mißstimmung spürbar wird und man fürchtet, daß er als erneute Begünstigung der „Vier Jahreszeiten" ausgelegt werden könnte. Auch haben sich inzwischen die Geologen Dr. Stifft und Dr. Schapper für die Anlegung eines aus dem Überfluß des Kochbrunnens zu bildenden Trinkbrunnens nahe bei der Quelle ausgesprochen.[396]

Der Kochbrunnen, nicht ausgeführter Entwurf des Bauinspektors C. F. Faber mit künstlerischen „Attributen". Stich von C. Deucker nach Zeichnung von C. F. Faber

Am 23. Mai 1821 fällt die Entscheidung zugunsten des Kochbrunnens, zumal auch die Besitzer der Badhäuser am Kochbrunnen lieber diesen ausgebaut als einen öffentlichen Trinkbrunnen in der Nähe des ungeliebten Badhauses „Zu den Vier Jahreszeiten“ haben wollen. Das Ministerium beauftragt Bauinspektor Faber mit der Aufstellung eines entsprechenden Plans. Dieser legt ihn im Juni 1822 vor (s. Abb. S. 194). Er erläutert, daß er „den Eingang mit einem einfachen Portal von zwey alt-deutschen dorischen Säulen versehen“ und über demselben „als Anspielung auf die Heilkräfte der Quelle, die Bildsäule des Aesculap“ aufgestellt habe. „Zwey Sphinxe, auf den beiden Nebenpfeilern liegend, scheinen mir in Beziehung auf das [gestrichen: Geheimnisvolle] Verborgene [der Quelle] ebenfalls passende Verzierungen zu sein.“[397] Der Herzog stimmt zu, mit der Einschränkung, daß die vorgesehenen künstlerischen „Attribute“ vorläufig nicht zur Ausführung kommen sollen. Unter Berücksichtigung der Einwendungen von Dr. Thilenius und Baurat Goetz wird keine feste Überdachung vorgesehen. Die Verdünnung des Wassers durch Regen hält man nicht für besonders schädlich, zumal viele Ärzte im 18. Jahrhundert das Kochbrunnenwasser als viel zu konzentriert angesehen haben. Wichtig ist, daß die neue Einfassung höher ist als die bisherige, damit das Hineinwerfen von Unrat verhindert wird.

Im Juli 1823 ist die neue Fassung der Quelle vollendet. Die Inschrift über dem Portal trägt das Datum des Baubeginns MDCCCXXII. Die achteckige Umfassungsmauer ist mit 1,60 Metern etwa 30 Zentimeter höher als die alte und der Brunnen damit gegen mutwillige Verunreinigungen besser geschützt. Die Oberfläche des Wassers sprudelt mit großem Geräusch, gleich einem siedenden Wasserkessel, unaufhörlich eine Menge Luftblasen empor und stößt Wolken von Dämpfen aus. Zum Wasserspiegel gelangt man auf einer sechsstufigen Treppe durch eine verschließbare Tür an der Hauptseite des Brunnens, die, anders als Hundeshagen geplant hatte, nach Nordosten ausgerichtet ist, weil hier ein kleiner freier Platz die Wirkung begünstigt. Der Schauseite gegenüber befindet sich eine halbkreisförmige Öffnung, durch die bei der jährlichen Reinigung der Quelle der Sinter hinausgeschafft wird.

Bemerkenswert ist ein „Trick“, den man anwendet, um den optischen Eindruck der Quelle aufzuwerten. In den Quelltümpel ergießen sich seitlich bis zu 15 Zuflüsse und eine gegenüber der Treppe stark hervorsprudelnde Hauptquelle (wie sie auch Hundeshagen beschreibt). Um sie als Blickfang „mitten vor die Treppe zu verlegen“, setzt man eine trichterartige Vorrichtung von verzinntem Blech auf die Hauptquelle. Auf diese Weise gelingt es, das dort mächtig aufsteigende kohlensaure Gas abzufangen und vor den Eingang zu leiten, wo es dem dorthin gebogenen Rohrende des Trichters entströmt und den Eindruck erweckt, die Quelle sprudele unmittelbar an dieser Stelle empor. Gleichzeitig bringt man eine Muschel zum Abfangen des Sprudels an, aus der das Wasser ausgeschöpft werden kann.[398]

Bereits im Mai werden im Beisein der Badwirte neun ca. 7,5 Zentimeter weite überzinnte Röhren auf gleicher Höhe angebracht, durch die jedem Badhaus genau die gleiche Menge Wasser zugeführt wird. Die neun Neuntel verteilen sich auf die acht zugehörigen Badhäuser und das städtische Zivilhospital, dem das Wasser schon seit Hellmunds Zeiten zufließt, ohne daß die acht Privateigner dies je rechtlich anerkannt hätten.[399] Ein von den Badewirten bestellter Brunnenwärter hat darauf zu achten, daß aus der Quelle Wasser ausschließlich für Kurgäste geschöpft wird. Die Einheimischen dürfen Thermalwasser für den häuslichen Bedarf nur aus dem Reservoir des Hospitals oder am Brühbrunnen holen.

Wo bis 1822 das Hospitalbad gestanden hat, wird im Frühjahr 1823 eine 30 Fuß breite Akazienallee vom Kochbrunnen zur Taunusstraße angelegt. Eine an Stelle der baufälligen Badhalle des Badhauses „Blume" errichtete kleine, von Florian Goetz entworfene hölzerne Wandelhalle mit acht Säulen soll den Brunnengästen Schutz vor Wind, Sonne und Regen bieten. Gleichzeitig soll der schlichte klassizistische Bau, von Eckbauten eingefaßt und mit Nischen für (nie ausgeführte) Skulpturen versehen, das Wasserreservoir für das neue Hospitalbad verbergen. (Er wird bereits 1842 beim Bau

Kochbrunnen mit Leinwandzelt und hölzerner Säulenhalle um 1830; rechts Badhaus Römerbad. Zeichnung und Lithographie von A. Fay

des „Europäischen Hofes“ und der Neugestaltung des Platzes zwischen Kochbrunnen und Taunusstraße wieder abgerissen.) 1824 wird vor dem Brunnen ein anfangs viel bespottetes Leinwandzelt aufgestellt, um die Kurgäste am Schanktisch gegen die Sonnenhitze zu schützen. Das Rauchen und Mitnehmen von Hunden auf dem Platz vor dem Brunnen und auf der zu den Anlagen am Gesellschaftshaus führenden Allee ist „durch eine mittels Anschlagzettel an die Kurgäste zu richtenden Aufforderung“ untersagt. Für die musikalische Unterhaltung hat der jeweilige Stadtmusikus, der für das Turmblasen auf dem Uhrturm angestellt ist, mit seinen Gehilfen zu sorgen. Die Spielzeit ist auf zwei Stunden täglich zwischen 6 und 8 Uhr morgens festgesetzt. Die Qualität der Musik ist, soweit gelegentlich darüber berichtet wird, mäßig.[400]

Bevor am 11. Juli 1823 der Zutritt zum Kochbrunnen freigegeben wird, gibt es noch Streit um die Errichtung einer Bedürfnisanstalt.[401] Die Mehrheit des Regierungskollegiums möchte sie in der Nähe des Wasserreservoirs des neuen Hospitalbads östlich der Akazienallee angelegt haben, die Hospitalkommission hält diesen Platz für unpassend. Ein Mitglied erklärt eine solche Einrichtung überhaupt für überflüssig, da „öffentliche Abtritte niemals von Standespersonen, am allerwenigsten von Frauenzimmern, sondern nur von Kindern, Taglöhnern und Soldaten gebraucht“ würden. Abgesehen davon müßte sie, wenn überhaupt, wegen des üblen Geruchs so entlegen und versteckt wie möglich angelegt werden. Sie wird schließlich an der Ecke des Hospitalhofs, gegenüber der Giebelseite des Römerbades, errichtet.

Von dem Eifer, mit dem die Gäste den „Pflichten“ der Trinkkur am Kochbrunnen nachkommen, zeugt ein Schreiben der Regierung an den Amtmann Thewalt vom 4. Juni 1824. Hierin heißt es, von Kurgästen werde Beschwerde geführt, daß der Aufseher Kuhn „zu spät, zuweilen erst um 6 Uhr sich daselbst einfinde, während manche Fremde schon vor 5 Uhr ihre Kur anfangen wollen und dann ungebührlich lang auf jenen warten müssen“. Thewalt wird „mit aller Strenge“ beauftragt, dafür zu sorgen, daß der Wärter, ehe die ersten Fremden am Brunnen erscheinen, ihn öffne und das Wasser reiche, und daß „den Wünschen und Bedürfnissen des Publicums gänzlich“ entsprochen werde.[402]

Die Trinkkur am Kochbrunnen weckt sehr schnell auch außerhalb der Stadt die Nachfrage. Zwar gab es schon früher auswärtige Bezieher, doch hatte im 18. Jahrhundert der Versand des Wassers stark nachgelassen, weil die Kranken wegen der verbesserten Verkehrsverhältnisse das Wasser nun häufiger „in loco“ (im Kurbad selbst) gebrauchen. Inzwischen ist man dazu übergegangen, das Wasser nicht mehr faßweise, sondern in Krügen zu verschicken. Im Mai 1826 ordnet das Ministerium an, daß der Erlös der unter öffentlicher Aufsicht gefüllten Krüge zur Erhaltung und Verschönerung des Kochbrunnens verwendet wird.[403] Anfangs erreicht der Versand bis zu 3.000 Krüge jährlich, gegen Mitte des Jahrhunderts geht der Absatz auf etwa 1.000 Krüge zurück.

Eine sehr schöne Übersicht über die neuen Verhältnisse am Kochbrunnen gibt die Zeichnung eines unbekannten Künstlers, die Christian Spielmann überliefert hat. Der Blick geht von der Taunusstraße über die frisch gepflanzte, in Wirklichkeit jedoch weniger breite Akazienallee zum Kochbrunnen. Links die hölzerne Kolonnade, rechts am Bildrand der Neubau des Hospitalbads entlang der im Winkel erkennbaren Taunusstraße, daneben der Hospitalbau von 1785 und das „Römerbad". Hinter dem Kochbrunnen das „Weiße Roß". Das hinter der Kolonnade aufragende Dach gehört zum Badhaus „Blume".[404]

264 Struck: Gründung des Herzogtums Nassau, S. 1ff.

265 W. Schüler: Herzog und Hof, S. 53ff.

266 Struck: Goethezeit, S. 21.

267 Struck: Goethezeit, S. 1.

268 Podehl: Brunnen und Bäder, S. 224.

269 Lehr: Versuch einer kurzen Beschreibung, S. 23.

270 Struck: Goethezeit, S. 108. – Sebald: Das Kurhaus, ein Bautyp des 19. Jahrhunderts, S. 126. In diesem vom Hofkammerrat Habel unterstützten Projekt waren auch schon ein „bedachter Spaziergang" mit Krämerläden und Stände „nach Art des Schwalbacher Bades" im Park vorgesehen.

271 Ebhardt: Wiesbaden, S. 164.

272 Lehr: Wiesbaden, S. 19.

273 Peez: Heilquellen, S. XI. Das Werk erschien 1831 in einer erweiterten Auflage, 1830 in englischer, 1833 in französischer, für Rußland in lateinischer Sprache. – Roth: Geschichte und historische Topographie, S. 628.

274 Ebhardt: Wiesbaden, S. 82. – Lehr: Wiesbaden, S. 14. – Spielmann: Kurhaus, S. 2, spricht von einem „Garten in französischer Rokokomanier mit Irrwegen, Lauben, Grotten etc."; Struck: Goethezeit, S. 107, von einem „Boskett nach englischem Geschmack. Die Wahrheit dürfte in der Mitte gelegen haben. Es waren wohl Rabatten, die in Kreisen, Linien und geometrischen Mustern gepflanzt waren, mit kleineren Sträuchern und Gehölzen in der freien Fläche und zum Rand hin.

275 Struck: Goethezeit, S. 50–51. – Th. Schüler: Kurverhältnissse und Anstellung eines Badekommissars, S. 14. – Ders.: Wiesbaden in seinen kleinstädt. Verhältnissen, S. 30. – Dollwet/Weichel: Tagebuch Friedrich Ludwig Burk, S. 90.

276 Ritter: Denkwürdigkeiten, S. 291–296 und 309ff.

277 Struck: Goethezeit, S. 32, 56, 92. – Weichel: Bürger, S. 43ff. Weichel geht ausführlich auf die gesellschaftsbezogenen Hintergründe und Spannungen beim Entstehen der neuen Verfassung ein. Er zeigt, wie dabei der Gegensatz zwischen den Interessen der alteingesessenen Bürgerschaft und der Landesherrschaft auch in bezug auf die Neukonzeption des Kurwesens und vor allem auch der baulichen Maßnahmen (Verlegung des Schwerpunkts der Kur nach außerhalb der alten Grenzen der Stadt etc.) eine bedeutende Rolle spielt. Immer häufiger offenbart sich dabei „ein grundsätzlicher Dissens über das staatliche Weisungsrecht und das Recht auf kommunale Selbstverwaltung" (S. 80).

278 Struck: Goethezeit, S. 56.

279 Th. Schüler: Orts- und Kurverhältnisse (Eingabe von Geheimrat Dr. med. M. G. Thilenius, Mitglied der Sanitätskommission, an Staatsminister v. Marschall). – Dazu auch HHStA: Abt. 137 Wsb. 84.

280 Sybaris war eine Griechenstadt in Süditalien, deren Einwohnern man eine besondere Neigung zu luxuriöser Lebensführung nachsagte.

281 Hellmund: Nützl. Baad-Buch, S. 176.

282 Ritter: Denkwürdigkeiten, S. 80–81. – Ebhardt: Wiesbaden, S. 169. – Heiler: Thermalbad für Pferde, S. 44.

283 Karte HHStA, Abt. W 3011, 887.

284 HHStA: Abt. W 3011, 892.

285 HHStA: Abt. 137, Nr. XIVa 16. – Spielmann: Kurhaus, S. 6 – Struck: Goethezeit, S. 108 u. 183.

286 Hess. Landesbibliothek Wiesbaden: Sammlung von Urkunden, Druckschriften ... betr. concessionirte Spielbanken und Hazardspiele, Bd. 7 (Nassau II).

287 Weiler: Johann Christian Zais, S. 133. – Bubner: Christian Zais, S. 7.

288 Russ: Kulturdenkmäler in Hessen. Wiesbaden II, S. 15. – Sebald: Das Kurhaus, ein Bautyp des 19. Jahrhunderts, S. 114. – Ders.: Das alte Kurhaus von Christian Zais, S. 98.

289 Russ: Kulturdenkmäler in Hessen, Wiesbaden II, S. 18.

290 HHStA: Abt. 210, Nr. 12415. – Die ablehnende Haltung der Badwirte bei Weichel: Bürger, S. 83.

291 HHStA: Abt. 246, Nr. 1168 u. 1169. Der Wortlaut des Publicandums auch in Spielmann: Kurhaus, S. 12–16.

292 HHStA: Abt. 210, Nr. 12415, Schreiben („Vortrag") vom 11. Nov. 1909.

293 HHStA: Abt. 246, Nr. 1169. – Russ: Kulturdenkmäler in Hessen. Wiesbaden II, S. 18. – Bubner: Christian Zais, S. 18. – Sebald: Das Kurhaus, ein Bautyp des 19. Jahrhunderts, S. 122 u. 124.

294 HHStA: Abt. 210, Nr. 12415. – Struck: Goethezeit, S. 110. – Bitz: Badewesen, S. 334.

295 Goethe: Gesamtausgabe dtv, Bd. 29, S. 60. – Das zweite Zitat bei Sebald: Das Kurhaus, ein Bautyp des 19. Jahrhunderts, S. 122, Anm. 35.

296 Zit. nach Sebald: Das Kurhaus, ein Bautyp des 19. Jahrhunderts, S. 124.

297 HHStA: Abt. 246, Nr. 1118, Bl. 40.

298 HHStA: Abt. 210, Nr. 12415 (Berichte des Cammerraths von Motz von 1807 und 1809). – Spielmann: Kurhaus, S. 17 u. 24. – Schenck: Geschicht-Beschreibung, S. 457, zählte das Wiesen-Brünnlein zu den acht „Natur-Seltenheiten des Wißbads", „weil es fast das eintzige, wenigstens das stärckste, süsse Quell-Wasser ist, welches man nahe bey der Stadt findet".

299 HHStA: Abt. 210, Nr. 12415.

300 Ebhardt: Wiesbaden, S. 183. - Peez: Heilquellen, 1. Aufl., S. 20, und Zimmermann: Wiesbaden, S. 52, geben 130 x 60 x 50 Fuß an.

301 Zimmermann: Wiesbaden, S. 53. – Peez: Heilquellen, 2. Aufl., S. 24. – Ebhardt: Wiesbaden, S. XI, nennt noch eine ganze Figur der Ceres und Büsten des Ulysses und Ajax.

302 Rullmann: Wiesbaden u. s. Heilquellen, S. 53.

303 Spielmann: Kurhaus, S. 22. Spielmann verwechselt die Schöpfer der Statuen; den Apoll von Belvedere schreibt er Franzoni zu, die übrigen Skulpturen Chinard. – Otto: Goethe in Nassau, S. 71 u. 92. Zu Bartolomeo Franzoni u. C. P. Chinard: Allg. Lexikon bild. Künstler, Bd. 12, S. 390, u. Bd. 6, S. 503–505 (dort „Joseph Chinard").

304 Bitz: Badewesen, S. 335, Anm. 3. – Th. Schüler: Wiesbadens Kurverhältnisse vor 70 Jahren, S. 37.

305 HHStA: Abt. 210, Nr. 6095 b.

306 v. Hase: Wiesbaden, S. 148 (Anm. 7). – HHStA: Abt. 205, Nr. 915. – Sebald: Das alte Kurhaus von Christian Zais, S. 101. – Bitz: Badewesen, S. 336, Anm. 3. – Rullmann: Wiesbaden u. s. Heilquellen, S. 51. Die Ringleuchter wurden später durch prachtvolle Kronleuchter ersetzt, die auf der Barnardschen Lithographie von 1843 (s. S. 268) zu sehen sind.

307 Ebhardt: Wiesbaden, S. 184.

308 Hess. Landesbibliothek, Akte Hundeshagen II, Ba 1. – Struck: Goethezeit, S. 113.

309 Hess. Landesbibliothek Wiesbaden: Sammlung von Urkunden, Druckschriften ... betr. concessionirte Spielbanken und Hazardspiele, Bd. 7 (Nassau II). Bd. 7, Nr. 36, enthält das von Christian Zais und Hofkammerrat G. Steinberger unterzeichnete und vom Spielbankpächter Joh. Michael Hyenlein gegengezeichnete 64seitige Übergabeprotokoll mit der bis in kleinste Details gehenden Baubeschreibung des Gesellschaftshauses. – Bubner: Christian Zais, S. 23.

310 Spielmann: Kurhaus, S. 72.

311 Zit. nach Harms/Kniffler: Goethe in Wiesbaden, S. 32.

312 Kirchner: Ansichten von Frankfurt am Main, S. 209.

313 Zimmermann: Wiesbaden, S. 51.

314 Schaller: Flüchtige Bemerkungen, S. 208.

315 Zit. nach Bitz: Badewesen, S. 343.

316 Boisserée: Tagebücher, Bd. I, S. 220: Sonntag, 30. Juli 1815.

317 Gerning: Rheingegenden, S. 17–19.

318 Spielmann: Kurhaus, S. 23.

319 Dorn: Kurpark, S. 5. – HHStA: Abt. 246, Nr. 597, Bericht von Goetz vom 8.1.1806.

320 Struck: Goethezeit, S. 74.

321 Struck: Goethezeit, S. 133–134. – Kopp: Wasser, S. 33–34.

322 Ebhardt: Wiesbaden, S. 187.

323 Peez: Heilquellen, 1. Aufl., S. 21.

324 Fuhs: Mondäne Orte, S. 181.

325 v. Hase: Wiesbaden, S. 131. – Bubner: Christian Zais, S. 25. – Hildner: Wiesbadener Wohnbauten, S. 80–83 u. Abb. 26.

326 Kleineberg: Wiesbaden im Bild 13, S. 6.

327 Kleineberg: Wiesbaden im Bild 15, S. 5.

328 Hess. Landesbibliothek Wiesbaden: Sammlung von Urkunden, Druckschriften ... betr. concessionirte Spielbanken und Hazardspiele, Bd. 7 (Nassau II). – Spielmann: Kurhaus, S. 26ff., enthält die zitierten Verträge im Wortlaut.

329 Spielmann: Nassau, Bd. 3, S. 282. – Struck: Goethezeit, S. 8.

330 Müller-Werth: Geschichte und Kommunalpolitik, S. 83. – Struck: Goethezeit, S. 9.

331 Dollwet/Weichel: Tagebuch Friedrich Ludwig Burk, S. 73.

332 Spielmann: Kurhaus, S. 47.

333 Struck: Goethezeit, S. 10. – Einzelheiten in einem ungezeichneten Aufsatz im Nassauer Volksblatt v. 4.1.1932.

334 Struck: Goethezeit, S. 11.

335 Spielmann: Kurhaus, S. 48.

336 Spielmann: Kurhaus, S. 48.

337 HHStA: Abt. W 3011, 887 u. 892.

338 HHStA: Abt. 210, Nr. 11854.

339 HHStA: Abt. 210, Nr. 11583. – Spielmann/Krake: Weichbild, Karte von 1799. – P. Vigelius „Generalplan von dem Gesellschaftshaus zu Wiesbaden und seinen Umgebungen 1808", SNA, Museum Wiesbaden. – Dollwet/Weichel: Tagebuch Friedrich Ludwig Burk, S. 56.

340 Hildner: Wiesbadener Wohnbauten, S. 129–131.

341 Ebhardt: Wiesbaden, S. 121, und Demian: Handbuch, sprechen 1817 und 1823 eindeutig von einer „Akazienallee". – Siehe auch: Spielmann/Krake: Weichbild, Text zur Karte von 1817. – Struck: Goethezeit, S. 116. – Sebald: Das Kurhaus, ein Bautyp des 19. Jahrhunderts, S. 125, Anm. 62 (HHStA: Abt. 246, Nr. 1176).

342 Hildner: Wiesbadener Wohnbauten, S. 110–114; Walmdächer: S. 78. Ein Beispiel für die einfachste Variante dieser Häuser („fünfachsiges freistehendes Einzelhaus") bietet das 1812 erbaute, bis heute erhaltene Haus Friedrichstraße Nr. 5.

343 Hildner: Wiesbadener Wohnbauten, S. 80. – Weiler: Johann Christian Zais, S. 142. – Bubner: Christian Zais, S. 25. – Die Originale des Entwurfs (Kupferstich) von 1807 befanden sich vor dem Krieg noch im Besitz der Familie Dr. W. Zais.

344 HHStA: Abt. 210, Nr. 11582, Bl. 1. – Russ: Kulturdenkmäler in Hessen, Wiesbaden II, S. 21. – Sebald: Das Kurhaus, ein Bautyp des 19. Jahrhunderts, S. 125, Anm. 62. – Ders.: Das alte Kurhaus von Christian Zais, 1984, S. 103.

345 HHStA: Abt. W 3011, 3669; dazu Struck: Goethezeit, S. 118 u. Anm. 457. – Das Schreiben Langsdorff: HHStA: Abt. 210, Nr. 11582.

346 HHStA: Abt. W 207, 1599 u. W 211, 15036; dazu Struck: Goethezeit, S. 118. – Grobecker: Chronik Nassauer Hof, S. 12. - Dollwet/Weichel: Tagebuch Friedrich Ludwig Burk, S. 63.

347 Struck: Biedermeier, S. 86 u. Anm. 27. – Bubner: Christian Zais, S. 27–29. Dort Abb. mit perspektiv. Ansicht...., Karton Tusche, color (Original: SNA).

348 HHStA: Abt. 211, Nr. 14236 – Bubner: Christian Zais, S. 38, Grundriß: S. 31.

349 Weichel: Bürger, S. 122-125, arbeitet den prinzipiellen Gegensatz zwischen Bürgerschaft und staatlich gestützten neuen Konzepten sehr gut heraus. – Wie sehr diese gegenseitige Angst, einer könne dem anderen das Thermalwasser abgraben, vorherrschte, zeigt noch eine „Obrigkeitliche Bekanntmachung" im Wiesbader Wochenblatt Nr. 14 u. 15/1835, daß, um derartigen Streitigkeiten vorzubeugen, „nach Wasser nicht gegraben" und bei einer schon bestehenden Mineralquelle eine Veränderung nicht vorgenommen werden darf". Diese Verfügung geht darauf zurück, daß, vielleicht angeregt durch die Vorgänge um das Zais'sche Anwesen, Anfang der dreißiger Jahre mindestens drei Hausbesitzer im Bereich von Lang- und Häfnergasse in ihren Kellern heiße Quellen „entdeckt" haben und um Erlaubnis ersuchen, privat Bäder einrichten zu dürfen (HHStA: Abt. 211, Nr. 14214).

350 Winter: Thermalquellen, angeheftete Karte.

351 Wetzler: Gesundbrunnen, Zweyter Teil, Neue Ausgabe, Sonderteil, S. 67. Hier (S. 64–81) gibt Wetzler eine ausfuhrliche und authentische Darstellung der ganzen Tragödie. – Winter: Thermalquellen, S. 39. – In der Legende zu den Tractusrissen des Werkmeisters Weber von 1812 (StadtAWi, ohne Signatur) heißt es „durch Jacob Erkels Garten".

352 Vogler: Quellen zu Wiesbaden, S. 369. – Winter: Thermalquellen, S. 41–42.

353 Struck: Christian Zais, S. 89.

354 Struck: Biedermeier, S. 88. – Bubner: Christian Zais, S. 8 u. 9, Anm. 26.

355 Mainzer Zeitung 1820, Beilage No. 134: Treue Darstellung der Fabel einer Verschwindung der heißen Quellen zu Wiesbaden, zit. nach Wetzler: Gesundbrunnen, Zweyter Teil, Neue Ausgabe, S. 73

356 HHStA: Abt. 210, Nr. 11562 u. Abt. 211, Nr. 14220. – Struck: Biedermeier, S. 89.

357 HHStA: Abt. 210, Nr. 11562. – Wetzler: Gesundbrunnen, Zweyter Teil, Neue Ausgabe, S. 70. – Vogler: Quellen zu Wiesbaden, S. 371.

358 v. Hörnigk: Wißbad, 1. Aufl., S. 12, und ders.: Wißbad, 2. Aufl., S. 14. – Schenck: Geschicht-Beschreibung, S. 448. – Peez: Heilquellen, 1. Aufl., S. 12. – Der „Vierdte Brunnen" Hörnigks wird aber überwiegend für die Quelle unter der Scheune des Badhauses „Zum Spiegel" in Anspruch genommen. Deutlich wird auch hier, wie unsicher und eigentlich ungelöst die Frage der Lokalisierung dieses vierten Brunnens von 1636 bis heute ist.

359 HHStA: Abt. 210, Nr. 11562.

360 Struck: Biedermeier, S. 89.

361 Dollwet/Weichel: Tagebuch Friedrich Ludwig Burk, S. 113.

362 Wetzler: Gesundbrunnen, Zweyter Teil, Neue Ausgabe, S. 81ff. – Demian: Handbuch, S. 134 u. 142. – Erklärung des Grundrisses von dem neuen Kurhause in Wiesbaden zu den vier Jahreszeiten (mit Plan). L. Schellenberg, Wiesbaden 1820.

363 Schaller: Flüchtige Bemerkungen, S. 209–212.

364 Wetzler: Gesundbrunnen, Zweyter Theil, Neue Ausgabe, S. 466.

365 Demian: Handbuch, S. 143–145.

366 Jochen Dollwet: Ahnenliste Christian Schlichter (unveröffentlicht). StadtAWi 22-2, Nr. 4, Anm. 14. Lt. Auskunft des Fürst Thurn und Taxis Zentralarchivs war der Badwirt Johann Peter Schlichter – entgegen anderslautenden Angaben in der Literatur – nicht Postverwalter in Wiesbaden. Dieses Amt übernimmt erst seine Witwe und nach ihr der Sohn Gottfried Christian. Zum Posthalter Philipp Christian Bergmann: Th. Schüler, Geschichte der älteren Badhäuser. Der Spiegel, Wiesb. Tagblatt v. 3.5., 10.5., 17.5. u. 24.5.1914. – Ders.: Reformierte Kirche, S. 21.

367 Jochen Dollwet: Ahnenliste Christian Schlichter (unveröffentlicht). StadtAWi: WI/1, Nr. 2 (Kriegsschuldenkataster 1803).

368 Handel: Das Wissenswertheste, S. 23.

369 Hildebrand: Zwischen Wandertruppen und Bürgerkommission, S. 7. – Struck: Goethezeit, S. 193–198.

370 Demian: Handbuch, S. 144–145 (hier auch alle weiteren statistischen Angaben dieses Kapitels, falls nicht anders angegeben). – HHStA: Abt. 131, III b 5,2. Die in dieser Akte befindliche Bürgerliste von 1724 enthält alle Badhäuser mit den Namen ihrer Besitzer.

371 Struck: Biedermeier, S. 90.

372 Spielmann: Lokalverhältnisse am Kochbrunnen, S. 2. – Struck: Biedermeier, S. 141.

373 Rullmann: Wiesbaden u. s. Heilquellen, S. 44.

374 Rullmann: Wiesbaden u. s. Heilquellen, S. 31ff.

375 Wetzler: Gesundbrunnen, Zweyter Teil, S. 456.

376 Wetzler: Gesundbrunnen, Zweyter Teil, S. 132–134.

377 Wiesbader Wochenblatt Nr. 23 v. 4.6.1811.

378 Lehr: Versuch einer kurzen Beschreibung, S. 62–67 und S. 100.

379 Goethe: Gesamtausgabe Cotta, Bd. XII, S. 234, 14.8.1814.

380 Struck: Goethezeit, S. 34.

381 HHStA: Abt. 211, Nr. 14239: Bericht der Sanitäts-Commission vom 27. Jan. 1806.

382 HHStA: Abt. 211, Nr. 14239: Schreiben von Baudirektor Goetz mit Entwürfen vom 7.4.1807.

383 Schüler, Th.: Orts- und Kurverhältnisse.

384 HHStA: Abt. 211, Nr. 14219. – Struck: Goethezeit, S. 57. – Ders.: Biedermeier, Kap. IV, Anm. 34.

385 Struck: Goethezeit, S. 97.

386 Hess. Landesbibliothek Wiesbaden: Akte Hundeshagen II B 1 (Brief Hundeshagens an die Landstände vom 10. März 1824).

387 Renkhoff: Nassauische Biographie, Nr. 1967.

388 Struck: Goethezeit, S. 96ff.

389 Hess. Landesbibliothek Wiesbaden: Akte Hundeshagen II Ba 1a. – HHStA: Abt. 211, Nr. 14219, Bl. 23–28.

390 Struck: Goethezeit, S. 57.

391 Wetzler: Gesundbrunnen, Erster Theil, S. 72.

392 Wetzler: Gesundbrunnen, Erster Theil, S. 69– 70.

393 Wetzler: Gesundbrunnen, Zweyter Theil, S. 455, 464.

394 HHStA: Abt. 211, Nr. 14219, Bl. 22 (Dr. Peez, 28. Febr. 1821), Bl. 24 (Dr. Lehr, 16. May 1821). – Th. Schüler: Einführung der Trinkkur.

395 Hufeland: Vorzügl. Heilquellen Teutschlands, S. 12.

396 Vogler: Quellen zu Wiesbaden, S. 373.

397 HHStA: Abt. 211, Nr. 14239, Bl. 33. – SNA, Museum Wiesbaden: Nr. 50/13.

398 Th. Schüler: Orts- und Kurverhältnisse.

399 Roth: Geschichte und historische Topographie, S. 496. – Protokoll des Herzogl. Amtmanns Thewalt zu Wiesbaden an die Herzogl. Landesregierung vom 26. April 1823. Sie genehmigt diese Verteilung am 2. Mai 1823. – Zur Vorgeschichte: Th. Schüler, Geschichte der älteren Badhäuser. Die Blume, der rote Schild, der Salm, Wiesb. Tagblatt v. 7.2., 23.3. u. 13.4.1913.

400 HHStA: Abt. 211, Nr. 14239, Verfügungen der Regierung an den Amtmann Thewalt vom 17.2.1823 u. 8.6.1824. – HHStA: Abt. 211, Nr. 14219, Bl. 58, 117, 275. – Musik: Struck, Biedermeier, S. 244.

401 HHStA: Abt. 211, Nr. 14219, Bl. 124, 164.

402 HHStA: Abt. 211, Nr. 14219, Bl. 149.

403 HHStA: Abt. 211, Nr. 14219, Bl. 408; Abt. 210, Nr. 11562, Bl. 116.

404 Spielmann, Lokalverhältnisse am Kochbrunnen, S. 1.

Goethe in Wiesbaden 1814 und 1815

Das Reifen des Entschlusses

Der Kuraufenthalt des Dichters Johann Wolfgang von Goethe in Wiesbaden bietet eine willkommene Gelegenheit, die sachliche Darstellung der Geschichte der heißen Quellen zu unterbrechen und für eine Weile dem Fluß der Erzählung eine etwas andere Richtung zu geben. Die Beschreibung des von menschlichen Begegnungen, Gefühlen und Poesie geprägten Kuraufenthalts des Dichters bringt eine lebendige, neue Perspektive in unsere Schilderung, die dadurch sicher an Farbe gewinnt.

Während seines fast vier Monate währenden Aufenthaltes hat Goethe die Stadt, ihre Menschen und sein eigenes Leben als Kurgast mit wachen Augen beobachtet und darüber in Briefen und Werken berichtet. Daß er sich schon früher, in sehr jungen Jahren, 1763 und 1765, zweimal hier aufgehalten hat, sei der Vollständigkeit halber erwähnt.[405] Dreißig Jahre später, 1793, während der Belagerung von Mainz, hat er „Wissbaden" (und Schwalbach) erneut einen kurzen Besuch abgestattet, jedoch, wie in einem Brief an Christiane Vulpius zu lesen ist, „mit wenig Freude und Interesse".[406] Damals war Wiesbaden ein „elendes Städtlein mit engen Gassen", das, wie ein anderer Zeitgenosse wenige Jahre vorher geschrieben hatte, durch „keine besonderen Annehmlichkeiten" auf sich aufmerksam machte.[407] Immerhin war Goethe die Stadt dadurch nicht ganz unbekannt, als er zu seinem ersten Kuraufenthalt hierher kam.

Es würde zu weit führen, alle Gründe zu nennen, die den Dichter bewogen haben, nach Wiesbaden ins Bad zu fahren. Bekannt ist, daß er seit Schillers Tod (1805) den Gedankenaustausch mit dem kongenialen Freund und Partner vermißte. Daraus entstand eine Vereinsamung, die seine schöpferischen Kräfte erlahmen ließ. Hinzu kamen äußere Sorgen und die bedrückende Erkenntnis, daß Alter, Kränklichkeit und nachlassende Kräfte zu mancherlei Einschränkungen zwangen. Häufig suchte er Erholung in ausgedehnten Kuraufenthalten, vornehmlich in den böhmischen Bädern Karlsbad und Teplitz. Dort hoffte er, alles Unangenehme abschütteln zu können, das ihn in Weimar verfolgte.

Seit 1810 hatte er keine größere Dichtung mehr in Angriff genommen. 1811 bis 1813 erschienen die ersten drei Bände seines Lebensberichtes „Dichtung und Wahrheit". Ab Dezember 1813 arbeitete er am ersten Band der „Italienischen Reise". Sicher kamen bei dieser Rückschau auf die fruchtbarsten Jahre seines Dichterlebens nostalgische Gefühle auf. Gleichzeitig machte sich das Bedürfnis nach einer Neuorientierung immer stärker geltend.

Die unsicheren Zustände, die seit den französischen Revolutionskriegen und den Eroberungsfeldzügen Napoleons in den rheinischen Ländern herrschten, hatten ihn abgehalten, wieder einmal in den Westen Deutschlands zu reisen. Seit über zwanzig Jahren hatte er den Rhein, seit siebzehn Jahren seine Vaterstadt nicht mehr gesehen. Als sich das Ende der Napoleonischen Ära abzuzeichnen beginnt, schreibt Goethe am 11. Juni 1813 an seinen Freund Fritz Schlosser nach Frankfurt: „Den lieben Rheinstrom,

Johann Wolfgang von Goethe. Öl auf Holz von Karl Joseph Raabe, 1814 (Or. im Freien Deutschen Hochstift, Frankfurt/M.)

besonders die Bergstraße möchte ich wohl einmal wiedersehen, ein wildes Ereignis nach dem andern verbietet mir aber solche Genüsse."[408]

Anfang des Jahres 1814 hält sich Goethes Sohn August in Frankfurt auf. Bei seiner Rückkehr nach Weimar gibt ihm Geheimrat von Gerning, ein Frankfurter Landsmann und Sammler, den Goethe seit 1793 kennt,[409] das Lehrgedicht „Die Heilquellen am Taunus"[410] für den Vater mit. Goethe antwortet am 14. Februar 1814: „Eigentlich haben Sie mich, mein Werthester, durch die poetische Bergfahrt (...) sehr unruhig gemacht. Ich wunschte nun, das in früheren Zeiten nur flüchtig und ohne die nöthigen Kenntnisse durchwandelte Gebirg aufgeklärter zu besuchen, und die, durch

Ihre Sorgfalt, zu Tage liegenden historischen und antiquarischen Merkwürdigkeiten in einer geregelten Folge kennen zu lernen."[411]

Inzwischen ist die Völkerschlacht bei Leipzig geschlagen, in der Neujahrsnacht 1813/14 überschreitet Blücher bei Kaub den Rhein. Am 9. April 1814 verbreitet sich die Nachricht von der Einnahme von Paris.[412] Von da an tritt in Goethes seelischer Verfassung ein deutlicher Umschwung ein, beeinflußt auch durch die Befreiung des Rheinlands von der französischen Besatzung. Nach langen Jahren ist das Reisen dorthin wieder ohne die Gefahr unangenehmer Belästigungen möglich. Am 8. Mai schreibt Goethe an Schlosser: „Ich habe diesen Sommer keine sonderliche Neigung, die böhmischen Bäder zu besuchen; wohin ich mich wenden soll, ist mir noch nicht ganz klar. Möchten Sie mir aber eine Schilderung von Wiesbaden geben und von der Lebensart daselbst." Er vergißt nicht zu fragen, was dort etwa „eine Person mit einem Bedienten auf einen vier- oder sechswöchentlichen Aufenthalt zu verwenden hätte."[413]

Als letzter Auslöser für die Belebung seines Gemüts gilt die Hinwendung des Dichters zur Poesie des Ostens. 1812 war eine deutsche Übersetzung der Liedersammlung (Divan) des persischen Dichters Mohammed Schems-ed-din Hafiz aus Schiras (um 1320–1389) bei Cotta, dem Verleger Goethes, herausgekommen. Goethe, dem der Verleger ein Exemplar zukommen läßt, erlebt in der Lektüre des großen Persers eine Art dichterischer Wiedergeburt. Der Sänger von Schiras erscheint ihm wie sein leibhaftiges Ebenbild. Goethe rettet sich, wie in vielen unbeständigen Zeiten seines Lebens, in das Reich der Poesie. Alles drängt ihn nun zu neuem Aufbruch, geographisch und poetisch: zur Badereise nach Wiesbaden und zur neuen Lust am Dichten.

Endlich ins „freie Geburtsland"

Rückschauend wird er später in den „Tag- und Jahresheften" schreiben: „Indessen schien der politische Himmel sich nach und nach aufzuklären, der Wunsch in die freie Welt, besonders aber ins freie Geburtsland, zu dem ich wieder Lust und Anteil fassen konnte, drängte mich zu einer Reise. Heitere Luft und rasche Bewegung gaben sogleich mehreren Produktionen im neuen östlichen Sinne Raum."[414] Die dichterische Produktivität, die so lange geruht hat, wird bereits durch den Gedanken an die Reise angeregt. Noch vor deren Antritt entstehen die ersten Verse im Geiste des persischen Sängers Hafis:[415]

Liebe sey vor allen Dingen
Unser Thema, wenn wir singen;
Kann sie gar das Lied durchdringen,
Wird's um desto besser klingen.

Es klingt wie eine erfrischende Brise, die ihn erfaßt hat. Gleichzeitig nimmt der Gedanke an eine Reise in „bekannte, von Jugend auf betretene Gegend", nach Frankfurt, an den Rhein, und die Hoffnung auf Begegnungen mit „geistreichen liebenden Freunden"[416] Gestalt an. Ein Brief an Schlosser vom 20. Juni 1814 zeigt ihn fast schon entschlossen.[417] Zwar scheint ihn die (nicht erhaltene) Antwort Schlossers in bezug auf Wiesbaden nicht ganz zu befriedigen. Doch stimmen ihn seine Freunde Karl Friedrich Zelter, Leiter der Berliner Singakademie, und Friedrich August Wolf, Altphilologe aus Halle, die ihn vor ihrer Badereise nach Wiesbaden in Bad Berka besuchen, offenbar um.[418]

Zelter bereitet alles für den Aufenthalt Goethes vor. Aus dem „Bären" (damals „Zum schwarzen Bären"), wo er logiert, schreibt er am 15. Juli: „Ferner melde ich, daß ich bereits ein Quartier von drey ordentlichen Piecen für Dich in Beschlag genommen habe, welches in zwölf Tagen frey wird."[419] Dem Freund Wolf, der bereits wieder abgereist sei, habe er seinen Vorrat an Wein und Schwalbacher Wasser abgekauft, „und Du findest also alles, was zu Deinen ersten Bedürfnissen nothwendig ist. Es ist hier gut und angenehm leben, da man durchaus nicht gebunden ist."

Am 25. Juli 1814 reist Goethe aus Weimar ab. Sein Diener Stadelmann begleitet ihn. Das Hafis-Bändchen und seine ersten östlichen Gedichte nimmt er mit. Während der Fahrt entstehen weitere Gedichte. Er genießt die angenehmen Seiten des Reisens in der Kutsche:[420]

Artges Häuschen hab ich klein,
Und, darin verstecket,
Bin ich vor der Sonne Schein
Gar bequem bedecket.

Denn da gibt es Schalterlein,
Federchen und Lädchen,
Finde mich so wohl allein
Als mit hübschen Mädchen.

Denn, o Wunder! mir zur Lust
Regen sich die Wälder,
Näher kommen meiner Brust
Die entfernten Felder

Und so tanzen auch vorbey
Die bewachsnen Berge,
Fehlet nur das Lustgeschrey
Aufgeregter Zwerge. (...)

Der Ton wird freier, die Lebensgeister werden unterwegs lebendig. Am 25. Juli dichtet er zwischen Weimar und Eisenach:[421]

So sollst du, muntrer Greis,
Dich nicht betrüben,
Sind gleich die Haare weiß,
Doch wirst du lieben.

Und einen Tag später auf der Fahrt nach Fulda:[422]

Dichten ist ein Übermut!
Treib' es gern allein.
Freund' und Frauen, frisch von Blut,
Kommt nur auch herein!
(...)
Wenn des Dichters Mühle geht,
Halte sie nicht ein:
Denn wer einmal uns versteht,
Wird uns auch verzeihn.

Über Eisenach (Tagebuch: „Herrlicher Tag"), Hünfeld, Fulda, Salmünster („Erster Storch"), Gelnhausen und Hanau erreicht er Frankfurt. Am 29. Juli, 6 Uhr abends, reist er weiter. Vorher schreibt er noch an Christiane: „Zur Nachtzeit will ich auf Wiesbaden, der Mondschein begünstigt mich."[423] Um 11 Uhr nachts kommt er in Wiesbaden an. Die Stimmung auf dieser letzten Strecke, bei der ein plötzliches Gewitter heraufzieht, hält er in Versen fest, die er später in den „West-östlichen Divan" aufnimmt:[424]

Wenn jetzt alle Donner rollen
Und der ganze Himmel leuchtet,
Wird der wilde Staub des Windes
Nach dem Boden hingefeuchtet.

Und sogleich entspringt ein Leben,
Schwillt ein heilig, heimlich Wirken,
Und es grunelt und es grünet
In den irdischen Bezirken.

Der Kuraufenthalt 1814 (29. Juli bis 12. September)

Ankunft im Badhaus „Adler"

Als Goethe in Wiesbaden eintrifft, steigt er zunächst nicht im „Bären", sondern im Bad- und Gasthaus „Zum Adler" ab. Das von Zelter vorbestellte „Quartier mit drey Piecen" (ein Appartement) im Bären ist noch nicht frei. Erst am 5. August zieht er dorthin um. Da der Badwirt im „Bären" seine Gäste nicht selbst bewirten darf, kann Goethe den Ort seiner Mittagstafel frei wählen oder sich von seinem Diener das Essen auf dem Zimmer anrichten lassen. In der Posthalterei des „Adler" holt er nur noch seine Post ab, die er sich aus Frankfurt nachschicken läßt.

Im Tagebuch verzeichnet er unter dem 30. Juli: „Erste Einrichtung. Im Weißen Adler [das Haus hieß damals nur „Zum Adler"; d. Verf.]. Gedichte an Hafis abgeschrieben. Mit Zelter spazieren, Nächste Umgebung, Boskett, Kursaal, Frühstück, Table d'Hôte (...). Mit Zelter spazieren, Steinbruch, Stadtmauer, Schützenhof, Kirchhof, Wolzogens Grab, Alte Mauer. Für mich. Abends Zelter Hafis. Leidlich warm."[425]

Post und Gasthaus zum Adler. Lithographie, um 1830.
Hier stieg Goethe, mit der Kutsche anreisend, am 29. Juli 1814 ab

Am 31. Juli heißt es: „Divan. Geordnet. Gebadet. In Obigem fortgefahren. Graf Henckel. Zelter. Händels Messias. Mittag große Table d'Hôte. Fortsetzung des Obigen. Mit Zelter nach dem Kursaal. Über das vergangne Politisch-Militärische."

Betrachtet man die beiden ersten Wiesbadener Eintragungen genauer, wundert man sich, mit welchem Elan der fast 65jährige Dichter sein Tagesprogramm abwickelt. Die „Erste Einrichtung" am 30. Juli dürfte im wesentlichen die Arbeit seines Dieners gewesen sein – außer dem Schreibtisch, an dem er wohl schon „in aller Herrgotts Frühe" damit begonnen hat, die auf der Reise schnell ins Unreine geschriebenen Gedichte abzuschreiben.

Es folgt ein Spaziergang mit Zelter im Herrngarten vor dem Sonnenberger Tor („Boskett") bis zum Kursaal, alles noch vor dem Frühstück. Graf Henckel von Donnersmark ist am gleichen Tag im „Adler" abgestiegen. Goethe trifft ihn an der Mittagstafel. Die Familie des Grafen kennt er von Weimar her. Sein Sohn August heiratet später Ottilie von Pogwisch, eine Enkelin der Gräfin Henckel von Donnersmark, Oberhofmeisterin am Weimarer Hof.

Der Nachmittag ist wiederum dem Kennenlernen der näheren Umgebung des Badehotels gewidmet. Verfolgt man den Weg auf der Karte von Ebhardt (s. S. 14),[426] muß Goethe über die jetzige Straße „Am Römertor" zur „Alten Neuhofer Straße" (heute Büdingenstraße) spaziert sein. Hier lagen im Bereich der heutigen unteren

Nummer 13.

Verzeichniß

der in den Badehäusern zu Wiesbaden angekommenen Fremden.

vom 24. bis 31. July 1814.

Preis einer Liste 4 kr. Abonnementspreis für den Sommer 30 kr.

Num. **Im Adler.**

2954. Hr. von Schütz. Domherr, v. Bamberg.
2955. Hr. Cramer mit Bedienung, Hofrath von Dierdorf.
2956. Hr Focke, mit Bed., Kaufmann, v. Bremen.
2957. Hr Perglas, v. Mannheim.
2958. Hr. Ehras, und
2959. Hr. Braun, Kaufmann, beide von Frankfurt.
2960. Hr. Baron von Kruse mit Bed., Obrist in Nass. Diensten.
2961. Hr Morenhofen, Capitain in Nass. Diensten.
2962. Hr. v Göthe, mit Bed, Geheimerrath, von Weimar.
2963. Frau Obristin von Schöning, nebst Pflegetochter, v. Rethaen b. Laubach.
2964. Hr Steingässer, Kaufmann, von Frankfurt.
2965. Graf Henkel von Donnersmark, mit Bed., Rittmeister und General Adjutant in kön. preuß. Diensten.
2966. Hr. Baron von Kuiesberg, mit Bed., Hofmarschall, v. Weilburg.
2967. Hr Ehrmann, Ober-Appellationsgerichts-Advocat, v. Dietz.

Im Bären.

2968. Mad. Bonati, mit Fam. und Bed., v Frankfurth.
2969. Mad. Hämmerlein, mit Fam. und Bed, v. Mainz
2970. Mad. Schubert,
2971. Mad. Einbuchner, mit Tochter,
2972. Dem. Rossel, und
2973. Mad Fahrenbach, alle v. Frankfuth.
2974. Mad. Keßler, und
2975. Dem. Keßler, beide v Mannheim.
2976. Hr. Rittershausen, Kaufmann, von Frankfurth.
2977. Fr. Herrmann,
2978. Hr. Winmer,
2979. Fr. Leber, und
2980. Jgfr. Nicolai, alle v. Kirberg.
2981. Hr. Reh, mit Familie, Hofgerichtsrath, v. Darmstadt.
2982. Madam Fuhr, v. Rüsselsheim.
2983. Hr. Dühring, Doctor, v. Darmstadt.
2984. Mad. Stumpf,
2985. Mad. Gräf,
2986. Mad. Bachmann,
2987. Dem. Einbüchner, und
2988. Hr. Heimpel, alle v. Frankfurt.

In der Blume.

2989. Hr. Lindheimer, mit Fr. Liebste,
2990—2991. Zwei Dem. Christ,
2992. Dem Hirscher,
2993—2994. Zwei Dem. Rullmann,
2995. Mad Emmighofen,
2996. Hr Beck, und
2997. Hr. Herz, Kaufleute,
2998. Hr. Struberg, Apotheker,
2999. Mad. Schulz,
3000. Dem. Haag,
3001. Hr. Simon, mit Dem Tochter, Buchhädler, alle von Frankfurt.

Kurliste der Woche vom 24.–31. Juli 1814 im Wiesbader Wochenblatt Nr. 2962: „Hr. v. Göthe" ist im 'Adler' abgestiegen

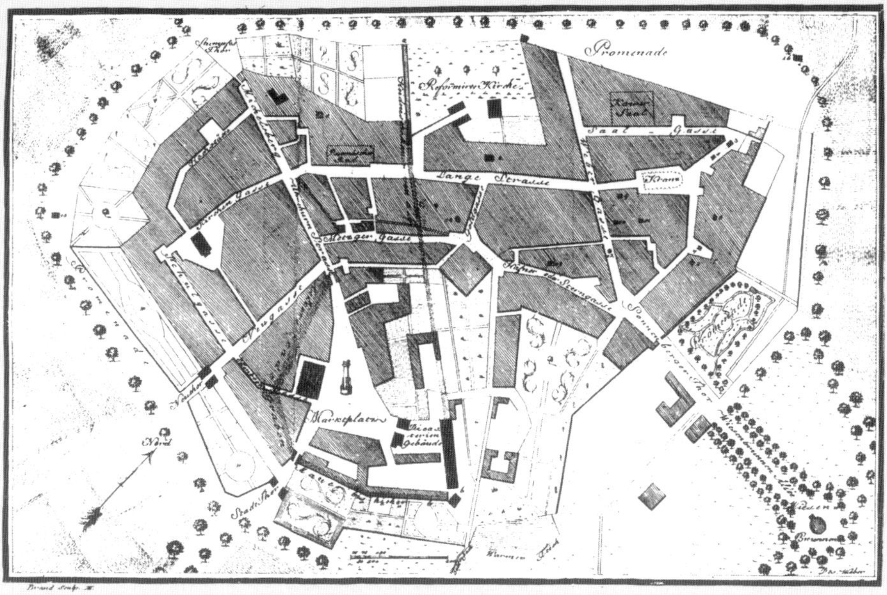

Stadtplan von Wiesbaden vor 1800.
Beiblatt aus G. H. Ritter: Denkwürdigkeiten der Stadt Wiesbaden

Adlerstraße ein Steinbruch[427] und Reste der alten Stadtmauer. Durch die Heidenpforte gelangt er auf den Kirchhof, dessen nördliche Begrenzung die „Alte Mauer" (Heidenmauer) bildete. Hier besucht er das Grab des 1809 in Wiesbaden gestorbenen Schwagers von Schiller, Wilhelm von Wolzogen, der uns schon als wahrscheinlicher Gutachter beim Bau des Kursaals begegnet ist. An die Südwestecke des Friedhofs schloß die Gartenterrasse des Schützenhofs an.

Alle von Goethe genannten Plätze liegen dicht beieinander. Dennoch bleibt es ein beachtliches Tagesprogramm. Bezeichnend ist, daß er den (damals noch nicht hergerichteten) Kochbrunnen in seinem Tagebuch während beider Kuraufenthalte nur einmal erwähnt, nämlich am 11. August 1814: „Nochmals ausgegangen zur heißen Quelle." Der unordentliche Zustand mag ihn abgestoßen haben. Dennoch wundert man sich, daß ihn die Quelle nicht als (hydro-)geologische Besonderheit interessiert hat.

Am 31. Juli legt er das erste Verzeichnis der von ihm bis dahin neu geschaffenen Gedichte im Stil des Hafis an. Er nennt sie „Divan" (Sammlung). Noch am gleichen Tag schreibt er die Verse „Selige Sehnsucht" nieder, die im sogenannten Wiesbadener Register[428] noch als „Selbstopfer" verzeichnet sind. Sie gelten „als Krone des ganzen Divan"[429] und gehören zu Goethes bedeutendsten Gedichten. Sie beginnen:[430]

Sagt es niemand, nur den Weisen,
Weil die Menge gleich verhöhnet,
Das Lebend'ge will ich preisen
Das nach Flammentod sich sehnet.

Im Bild vom Schmetterling, der, „des Lichts begierig", in der Flamme verbrennt und in der Verbrennung ein höheres Sein gewinnt, sieht Goethe ein Gleichnis für die Selbstaufgabe in der Liebe. In der letzten Strophe ist die Altersweisheit des Dichters wie in einem Brennspiegel zusammengefaßt:

Und so lang du das nicht hast,
Dieses: Stirb und werde!
Bist du nur ein trüber Gast
Auf der dunklen Erde.

Bernhard Hundeshagen

Am 1. August trinkt Goethe am Morgen Schwalbacher Wasser. Danach spaziert er zum „Steinbruch" und von da zum Kursaal. Nach dem Bad trifft er zum ersten Mal mit dem Architekten und Bibliothekar Bernhard Hundeshagen zusammen, demselben, der ein Jahr davor die ägyptisierenden Entwürfe für den Kochbrunnen geliefert hatte. Zelter hat ihn vor Goethes Ankunft kennengelernt und in seinem Brief vom 15. Juli als einen „vielgeschickten Mann" empfohlen, „der hübsch zeichnet, sich mit Antiquitäten, Botanik und besonders mit Landeshistorie beschäftigt". Erste Kontakte nach Weimar hatte Hundeshagen indessen schon 1808 über Goethes engen Vertrauten, den Maler und Kunstgelehrten Heinrich Meyer, geknüpft.[431]

Schon auf der Hinreise erinnert sich Goethe in Gelnhausen an ihn. Der junge Mann, denkt er, der sich durch eine Arbeit über die ehemals freie Reichsstadt einen Namen gemacht hat, könnte dabei vielleicht auch den „Kaiserlichen Palast" Friedrich Barbarossas gezeichnet haben.[432] Und Hundeshagen enttäuscht ihn nicht. Goethe ist schon nach der ersten Begegnung am 1. August 1814 von ihm angetan: „Hundeshagen wird mir zu viel Freude und Nutzen sein. Er ist viel besser als das, was er zu Markte bringt. (...) Über Gelnhausen hat er mir die schönsten Dinge gesagt. Auf meiner Rückreise hoff ich das mit Augen zu sehen."[433]

Hundeshagen wohnt im ehemaligen Schloß auf dem Markt.[434] Anfang des 18. Jahrhunderts hatte Fürst Georg August das wenig repräsentative Gebäude als Witwensitz für seine Gemahlin Henriette Dorothea ausbauen lassen. Nach dem Tod der Fürstin (1728) verwendet es die Regierung für verschiedene Zwecke. 1813 bringt man dort auch die neu gegründete „Herzoglich Nassauische Öffentliche Bibliothek", (später Nassauische, heute Hessische Landesbibliothek) unter, samt einer Dienstwohnung für den Bibliothekar.

Goethe besucht die Bibliothek häufig, 1814 allein achtmal. Er bewundert die Schätze der neuen Sammlung und äußert sich mehrfach anerkennend über die Talente und Fähigkeiten des Bibliothekars.[435] In späteren Jahren zieht er sich jedoch von dem

„wunderlichen“ Mann zurück, vielleicht wegen dessen aufdringlicher Art, mit Prominenten Kontakte zu pflegen, in der Hoffnung, sein berufliches Vorankommen dadurch zu fördern. Mit dieser Art macht sich Hundeshagen jedoch nirgends Freunde. Schon im Dezember 1817 wird er wegen seines in mehrfacher Hinsicht sonderbaren Gebarens in Wiesbaden aus allen Ämtern entlassen.[436]

Alltag des Badelebens

In dem zitierten Brief an Christiane vom 1. August schreibt Goethe auch, die glückliche Reise, die überwarme Jahreszeit, das erquickliche Schwalbacher Wasser und die wenigen Bäder, die er bis dahin genommen habe, wirkten schon so gut auf sein ganzes Wesen, „daß ich mir das Beste verspreche“. Doch dann folgt gemäßigte Kritik: „Solchen Anfang und solche Hoffnungen braucht es auch, daß ich den hiesigen Aufenthalt erträglich finde, wo alles zusammenkommt, was ich hasse und noch drüber.“

Man kann nur vermuten, was er damit meint. Vielleicht hängt es mit der Unruhe zusammen, die die „Versammlung so vieler Menschen in einem aufstrebenden Badeort“ mit sich bringt, oder seine nachlassende Lauffreudigkeit, die ihm in der Gesellschaft seines Freundes Zelter, „ein furchtbarer Fußwanderer“, so richtig bewußt wird. „Eigentlich,“ fährt Goethe fort, „ist die Schuld mir beizumessen, der ich die Güter und Gaben, die solch eine Gegend, solch ein Zustand darbietet, nicht mehr genießen kann. (...) Vier Chausseen, die von Hügeln und Bergen in die Tiefe führen, wo der Ort liegt, stieben den ganzen Tag von Zu- und Abfahrenden, von Lust- und Spazierenfahrenden. Da solls nach Mainz, Biebrich, Elfeld, Schlangenbad, Schwalbach, und wohin alles. Da liegen für Fußgänger verfallne Schlösser, mit Erfrischungs-Örtern, im nächsten Gebirg. Zelter hat als Liebhaber von allen Sorten Erheiterung das alles schon durchfahren, durchgessen/-trunken und will, ich soll das auch thun (...).“

Am 1. August vollzieht Goethe den Einstieg ins Wiesbadener Badeleben. Wir wollen nun aber nicht seinen Aufenthalt Tag um Tag nachzeichnen. Es sollen nur Ereignisse festgehalten werden, die uns auf unserer eigenen Badereise weiterführen und helfen, die Geschichte der Kurstadt im 19. Jahrhundert besser zu verstehen. Wenn Goethe davon spricht, daß sich die Badeliste am 1. August für das Jahr 1814 schon auf über 3.000 beläuft (bei 3.500 Einwohnern), und man bei dem „Zudrang von allen Seiten“ sagen dürfe, „daß 10.000 Menschen in Bewegung sind“, erhellt das mehr, als die trockene Statistik aussagt.

Erste Bekanntschaft mit Demoiselle Jung (Marianne Willemer)

Am 4. August steht im Tagebuch: „Geh. Rat Willemer. Dlle Jung. Gebadet. Geh. Rat Willemer. An Table d’Hôte.“ Hinter dieser Anmerkung verbirgt sich nichts anderes als der Beginn der Bekanntschaft mit Demoiselle Jung, die als Goethes „Suleika“ in die Geschichte eingehen wird. Seiner Frau Christiane berichtet er allerdings nur in dürren Worten: „Schon vor einigen Tagen besuchte mich Willemer mit seiner kleinen Gefährtin. Und so gibts immer was Neues.“[437]

Marianne v. Willemer, geb. Jung (1784–1860).
Pastell von Johann Jacob de Lose
(Or. im Freien Deutschen Hochstift, Frankfurt/M.)

Goethe hat den Frankfurter Bankier und Geheimrat Johann Jakob Willemer, mit dem er schon lange Jahre bekannt ist, bei seiner Durchreise in Frankfurt nicht angetroffen. Daraufhin besucht ihn dieser in Wiesbaden, um ihm seine Braut Marianne Jung vorzustellen, die er in Kürze zu heiraten gedenkt. Willemer hat das junge, am Frankfurter Schauspielhaus als Tänzerin gefeierte Mädchen als Sechzehnjährige in sein Haus aufgenommen, „um sie vor den Gefahren der Bühne zu bewahren".[438] Er hat sie zusammen mit seinen Töchtern aufwachsen und durch einen Hauslehrer weiterbilden lassen. Vor kurzem zum zweiten Mal Witwer geworden, plant er nun, mit ihr des Anstands wegen, doch auch aus Neigung am 27. September 1814, kurz nach der hier beschriebenen Begegnung, seine dritte Ehe zu schließen.

Die Zusammenkunft Goethes mit Willemer und seiner 24 Jahre jüngeren Verlobten findet im Wiesbadener Cursaal statt. Die mit lebhaftem Temperament und vielen Talenten ausgezeichnete Dame macht auf den Geheimrat einen tiefen Eindruck. Es entsteht eine Beziehung, die sich bald in innige Zuneigung wandelt. Marianne Willemer lebt als ein Jungborn des Dichters, als kongeniale Verfasserin einiger Verse des „West-östlichen Divan“ und, in „Suleika“, als eine der sympathischsten Frauengestalten des Dichters fort.

Begegnungen

Die Begegnungen mit Menschen vielerlei Standes reißen nicht ab. Am 6. August ist Goethe zu einem „gar artigen und fast zu reichlichen“ Fest eingeladen, das die Fräulein von Stein, Schwestern eines ehemaligen Oberforstmeisters zu Weimar, „in der Nähe eines alten Schlosses, Sonneberg genannt,“ geben.[439] Am 7. August meldet er seinen Umzug vom „Adler“ ins Badhaus „Zum Bären“: „Ich habe mein Quartier verändert und bewohne nun ein sehr angenehmes Zimmer (...). Das Bad bekommt mir wohl, ob es gleich angreifischer sein mag als das Teplitzer. (...). Daß ich mich leidlich befinde, könnt ihr daraus sehen, daß ich täglich an der Wirthstafel speise, die nie unter hundert Gästen ist, und wo es weder an Hitze, noch Lärm, noch an Fliegen fehlt.“[440] Er meint dabei wohl die Mittagstafel im Kursaal. Wie es dort zugeht, erfahren wir wenig später auch von Johanna Schopenhauer, der Mutter des Philosophen. Sie schreibt, man müsse sich dort Tage im voraus einen Platz bestellen, um der Seligkeit teilhaftig zu werden, „mit einigen hundert Personen unter dem Geräusch einer betäubenden Tafelmusik und dem Geklapper der Aufwärter zwei Stunden am Tisch zu sitzen“.[441]

Sonntags ist Goethe beim 76jährigen Herzog Friedrich August ins Biebricher Schloß zur Tafel geladen, worüber er seiner Frau Christiane am 8. August brieflich berichtet: „Die Herrschaften sehr gnädig und freundlich. Der Gesellschaftssaal eine Galerie, man sieht an einer Seite den Rhein, an der andern den Lustgarten. Es ist völlig ein Märchen. Der runde Speisesaal tritt etwas vor die Linie des Gebäudes. Die Herzogin, neben der ich saß, sitzt gerade so, daß man durchs offene Fenster den herunterfließenden Rhein vor einen See halten kann, an dessen jenseitigem Ufer Mainz liegt. (...). Der Tag war sehr schon. Allerlei gute Bissen wurden genossen: Artischocken, sodann zum Nachtisch frische Mandeln, Maulbeeren und dergleichen, das ich in vielen Jahren nicht geschmeckt. Nach der Tafel besah man den Park und eine recht artig angelegte Ritterburg. (...) Die Vegetation im Garten und Park sehr lebhaft. Platanen von großer Schönheit, so auch babylonische Weiden von außerordentlicher Größe (...).“

Ein Brief an Christiane vom 13. August zeigt ihn in gehobener Stimmung. Er verrät erste Wirkungen der Wiesbadener Kur: „Zuvörderst also wirst Du abermals gerühmt, mein liebes Kind, daß Du mich in diese Gegenden zu gehen bewogen. Erde, Himmel und Menschen sind anders, alles hat einen heiteren Charakter und wird mir täglich wohlthätiger. Die Verhältnisse eines Badegastes sind mir nun auch schon deutlicher; ich habe ein sauberes, kühles Quartier bezogen, speise auf dem Zimmer und lebe ganz nach meiner Weise. Unter den hiesigen Angestellten und Geschäftsleuten gibt es bedeutende Männer, ich habe schon mehrere kennengelernt. Oberbergrath Cramer besitzt ein treffliches Mineralien-Cabinet. Das Schwalbacher Wasser, zusammen mit dem hiesigen Bade, bekommt mir sehr wohl, und so geht ein Tag nach dem andern hin, vergnüglich, heilsam und nützlich."[442]

Am 29. August schreibt er: „Meinen Geburtstag [am 28. August] haben sie mehr als billig gefeiert (...)."[443] Frau von Holzhausen, Tochter eines nassauischen Oberhofmeisters, die mit ihrem Sohn zur Kur im Badhaus „Rose" wohnt, hat ihm zu Ehren „ein großes und überreichliches Frühstück" im Kursaal gegeben. Mittags hat er beim Herzog in Biebrich gespeist, wo man ihm ebenfalls „wohlwollend" Glück gewünscht hat. Von den vielen Geschenken, die er von seinen Verehrern, häufig sind es Verehrerinnen, erhalten hat, erwähnt er besonders eine „Chocoladen-Tasse" mit aufgemaltem Motiv der hiesigen Gegend. Solche Tassen und Gläser wurden in den Kramläden der Kolonnaden des Kurhauses als Souvenirs verkauft, eine Sitte, die bis heute in Kurorten üblich ist.

Am Morgen seines Geburtstags hat er zehn Flaschen des „ächtesten Weines" von Antonia Brentano aus Winkel erhalten. Sie ist die Gattin Franz Brentanos, dessen Vater Peter Anton Brentano in Frankfurt ein deutsch-italienisches Handelshaus unterhält. Goethe kennt die Familie von Jugend auf. Franz Brentano besitzt in Winkel ein Sommerhaus, in das die Familie gern Verwandte und Freunde einlädt. Goethe läßt sich nicht lange bitten. Vier Tage nach seinem Geburtstag reist er nach Winkel, wo er angenehme Herbsttage verbringt.[444] Schon vorher, am 16. August, hat er mit Zelter und Cramer spontan eine Reise in den Rheingau unternommen und von Rüdesheim aus an einer Wallfahrt zur Rochuskapelle teilgenommen. Sie ist durch Goethes Novelle „Sankt Rochus-Fest zu Bingen" berühmt geworden.

Von den sonstigen Begegnungen des Jahres 1814 seien einige kurz skizziert. Dem Staatsminister Marschall von Bieberstein und dem Direktor der Ministerialkanzlei Karl Ibell macht Goethe die üblichen Höflichkeitsbesuche. Neben dem Bibliothekar Hundeshagen ist Oberbergrat Ludwig Wilhelm Cramer ein geschätzter Gesprächspartner. Er habe, schreibt Goethe später, ihm bei fast täglichem Umgange Wiesbaden „zum wahren Cur- und Lustort geschaffen". Cramer wohnt in einem der zweistöckigen Häuser an der bis zur Friedrichstraße verlängerten Marktstraße, die 1804/05 als erste Gebäude der Stadterweiterung vor dem Mainzer Tor für Beamte der herzoglichen Regierung errichtet worden sind. Er besitzt eine von Goethe hochgeschätzte Mineralien-Sammlung und wird den Dichter im darauffolgenden Jahr auf seiner mineralogischen Reise ins Lahngebiet begleiten.[445]

Hof Geisberg

Goethe unterbricht seine Studien und Gespäche gern durch weite Spaziergänge. Die Kalksteinbrüche am Mühlweg (heute: Mainzer Straße) sind ein beliebtes Ausflugsziel; ebenso der Geisberg. In seinem Tagebuch verzeichnet er ihn 1814 einmal, im folgenden Jahr dreizehnmal. 1788 war dort von dem nassauischen Regierungspräsiden-

Gasthaus Hof Geisberg um 1825/30.
Stich von Martens nach Zeichnung von J. F. Dielmann

ten Freiherrn Karl Friedrich von Kruse ein Landwirtschaftsgut errichtet worden. Seit 1793 ist das Gutshaus als Gastwirtschaft ein beliebter Ausflugsort; seit 1797 gibt es dort auch Tanz und Musik. Goethe erscheint meistens in Gesellschaft von Freunden: mit Cramer, Schlosser und dem Kölner Kunstsammler Sulpiz Boisserée. Er spricht gern dem Rebensaft zu, wobei es ihm der „Eilfer", der Wein des unter Kennern berühmten Jahrgangs 1811, besonders angetan hat. Dem Kellner und einem „schönen blonden, blauäugigen" Jüngling, der ihm auf dem Geisberg freundlich einschenkt,[446] widmet er ein zweistrophiges Gedicht, das im „Wiesbadener Register" des „Divan" unter „Kellner und Schencke" aufgeführt und in die endgültige Fassung des „Divan" aufgenommen worden ist:[447]

Dem Kellner
Setze mir nicht, du Grobian,
Mir den Krug so derb vor die Nase!
Wer mir Wein bringt, sehe mich freundlich an,
Sonst trübt sich der Eilfer im Glase.

Dem Schenken
Du zierlicher Knabe, du komm herein,
Was stehst du denn da auf der Schwelle?
Du sollst mir künftig der Schenke seyn,
Jeder Wein ist schmackhaft und helle.

Friedrich Gustav Habel und Johannes de Laspée

Von den sonstigen Bekanntschaften, die Goethe während der Kur in Wiesbaden macht, können nur einige herausgegriffen werden. Auf der Rückfahrt vom Besuch des Rochusfestes am 17. August besucht er das Haus des im Februar des gleichen Jahres verstorbenen nassauischen Hofkammerrats Christian Friedrich Habel in Schierstein. Sein Interesse gilt in erster Linie dessen mineralogischer Sammlung, die ihm der Sohn Friedrich Gustav Habel vorführt. Er schenkt ihm einige einheimische Mineralien aus der Sammlung seines Vaters. Sie werden heute in Goethes Mineraliensammlung am Frauenplan in Weimar aufbewahrt.[448] Goethe verehrt Habel als Dank für die freundliche Aufnahme ein Exemplar seines epischen Gedichtes „Hermann und Dorothea".[449]

Weitaus bemerkenswerter ist Goethes Verbindung zu dem jungen Pädagogen Johannes de Laspée, der 1809 in der Langgasse (an der Ecke der heutigen Straße Am Römertor) eine nach den Grundsätzen Pestalozzis aufgebaute Elementarschule für Mädchen und 1814 an der später nach ihm benannten Straße ein Erziehungsinstitut für Knaben errichtet hat. Goethe, der sich schon früher für die Lehrmethode Pestalozzis interessierte, hat wohl von Oberbergrat Cramer, dessen jüngste Tochter diese Schule besucht, davon erfahren. Die mehrfachen Besuche, die er in den De Laspéeschen Instituten macht, hat Friedrich Otto ausführlich beschrieben.[450]

Ein Besuch soll jedoch auch hier kurz skizziert werden. Er zeigt, wie das Wesen des Dichters in jenen Jahren schon ganz von konservativem „Geheimrats-Denken" geprägt ist, das sich mit zunehmendem Alter immer stärker entwickelt. Als er am 9. August 1814 in der Knabenschule an einer öffentlichen Prüfung teilnimmt (Tagebuch: „Unterricht im Pestalozzischen Sinn"), läßt er de Laspée in dem Glauben zurück, ihn von seiner didaktischen Methode überzeugt zu haben. Voller Freude schreibt de Laspée an Pestalozzi: „Er ist soeben fort und, wie ich glaube, mit großer Zufriedenheit weg. (...) Die Kinder zeigten sich kräftig und selbständig, daß sich Goethes Gefallen an der Sache zunehmend zeigte (...)."[451]

Sulpiz Boisserée hat später ein Gespräch mit Goethe überliefert, in dem alles ganz anders klingt. „Als wir im Dunkel gegen zehn Uhr nach Hause kamen, klagte Goethe seinen Jammer über dies Pestalozzische Wesen. (...) Und nun gar der Dünkel, den dieses verfluchte Erziehungswesen errege; da sollte ich nur einmal die Dreistigkeit der kleinen Buben hier in der Schule sehen, die vor keinem Fremden erschrecken, sondern ihn in Schrecken setzen! Da falle aller Respekt, Alles weg, was die Menschen unter einander zu Menschen macht. (...) Er bat mich wiederholt um Gotteswillen, nicht in die(se) Schule zu gehen, ich würde zu sehr erschrecken."[452]

Abreise

Am 8. September kehrt Goethe aus Winkel, wo er sich eine Woche als Gast von Franz und Antonia Brentano aufgehalten hat, zurück. Spätestens am folgenden Tag steht sein Entschluß zur Abreise fest.[453] Er badet zum letzten Mal. Nach dem Mittagessen unternimmt er mit Cramer und Hundeshagen noch einen Gang „zu den Kalksteinbrüchen des Mühltales". Am 10. September notiert er: „Aufgeräumt" und „Geordnet". Er packt die Mineralien, die Cramer ihm geschenkt hat, speist am Tag darauf, es ist wieder Sonntag, noch einmal beim Herzog in Biebrich und verbringt den Abend bei Cramer. Am 12. September tritt er die Heimreise an. Auf dem Weg nach Frankfurt unterbricht er die Fahrt zum Besuch der Flörsheimer Kalk-Tuff-Brüche, die ihn ähnlich wie die Kalkbrüche im Mühltal interessieren, und des Schwefelbrunnens in Weilbach.

Der Kuraufenthalt 1815 (27. Mai bis 11. August)

Die politische Lage

1815 sind die politische Lage und auch Goethes Befinden verändert. Napoleon hat kurze Zeit zuvor Elba verlassen und ist am 20. März in Paris eingetroffen. Die Verbündeten bereiten sich auf einen erneuten Feldzug vor. Goethe überlegt, ob er „das heilsame Bad auch unter weniger günstigen Auspicien benutzen" soll. Doch am 10. Mai ist sein Entschluß gefaßt. Er verabschiedet sich von den Weimarer Freunden Knebel und Voigt, der Hoftheater-Kommission, den Ärzten mit den Worten: „Freunde, ja eine Art Geheiß unserer gnädigsten Fürstin" (Anna Amalia) trieben ihn nach Wiesbaden; er folge dem Drängen, „durch meine Krankhaftigkeit veranlaßt", obwohl er seine Wohnung „nur ungern verlasse, und mich hinaus wage in das Welt- und Badegetümmel, wo man wohl Heilung, aber keine Erquickung hoffen darf".[454]

Seit Februar 1815 ist seine Frau Christiane schwer erkrankt. Inzwischen geht es ihr zwar wieder besser, doch Goethe macht sich Sorgen. Darum und wegen der erneut drohenden Kriegsgefahr klingen seine Worte auf dem Weg nach Wiesbaden nicht so heiter wie im Jahr zuvor. Dennoch ist die befreiende Wirkung der Badereise auch in diesem Jahr schon während der Anreise zu erkennen, wenn er aus Eisenach am 24. Mai an Christiane schreibt: „Daß mich unterwegs sogleich die guten Geister des Orients besucht und mancherlei Gutes eingegeben, wovon vieles auf das Papier gebracht wurde."[455]

Schaffensreiche Tage

Aus Wiesbaden schreibt er ihr: „Durchaus ist alles gut gegangen. Hier hab ich gerade das gewünschte Zimmer getroffen. Ich richte mich ein. (...) Wenn man von der Höhe vor Wiesbaden den Rhein sieht, von Oppenheim herab, bei Mainz vorbeifließen, und wie er dann, gegen Elfeld die große Aue in sich faßt, und weiter hinab die Reihe von Ortschaften, der Johannisberg und bis Bingen die Landschaft erscheint, so weiß man doch, warum man Augen hat (...).“[456] Am 31. Mai folgt der nächste Brief: „Nun bin ich so ziemlich eingerichtet, ich wohne allerliebst, aber theuer, esse gut und wohlfeil (...). Morgens nach köstlichem Schwalbacher Wasser, bade ich in dem heilsamen Wiesbade; das alles bekommt mir recht gut, und ich kann dabei thätig sein.“[457]

Es beginnt eine äußerst fruchtbare Schaffensperiode. Schon auf der Reise ist der „Divan“ „mit 18 Assessoren vermehrt worden“ (Brief vom 27. Mai). Am 30. Mai sind „die neuen Glieder des Divans reinlich eingeschaltet und ein frischer Adreßcalender der ganzen Versammlung geschrieben, die sich nunmehr auf hundert beläuft (...)“, kleinere Einzelverse („Beigänger und kleine Dienerschaft“) nicht gerechnet. Die in der Literaturgeschichte als „Wiesbadener Register“ bekannte Aufstellung wird zur Geburtsstunde des später noch mehrfach erweiterten „West-östlichen Divan“.

Wie sehr er in diesen ersten Tagen von Hafis und seinen Liedern erfüllt ist, spiegelt sich auch in anderen Sätzen des zitierten Briefes wider: „Des Tages gehe ich zweimal spazieren, die Gegend erscheint herrlicher, je mehr man sie sieht und schätzt.“ Vom Kurpark schreibt er: „Die Rosen blühen vollkommen, die Nachtigallen singen, wie man nur wünscht, und so ist es keine Kunst, sich nach Schiras zu versetzen. Und so sind die Tage der Reise und des hiesigen Aufenthaltes froh und nützlich zugebracht.“ In dieser Stimmung ist es kein Wunder, daß sich die Gestalt der Suleika immer deutlicher abzuzeichnen beginnt. Am ersten Tag seines Aufenthalts entsteht in Erinnerung an die Begegnung mit Marianne Willemer geb. Jung im August des vorhergehenden Jahres das Gedicht „An Suleika“, dessen erster Vers lautet:[458]

Dir mit Wohlgeruch zu kosen,
Deine Freuden zu erhöhn,
Knospend müssen tausend Rosen
Erst in Gluten untergehn.

Gleichzeitig arbeitet er an der Niederschrift der „Italienischen Reise“. Er merkt an: „Neapel rückt vor, so wie Sicilien; diese lustigen Erinnerungen unterhalten mich, ohne die mindeste Anstrengung. Ich habe sie so oft erzählt, daß es Zeit ist, sie auf dem Papier zu befestigen“ (Brief vom 31. Mai 1815). Das regelmäßige Baden nimmt er ebenso ernst wie die Mahlzeiten im Kurhaus: „Es ist das heiterste Wetter, freilich zum Schaden des Gartenbaues, sie haben in zehn Wochen keinen anhaltenden Regen gehabt. Indessen genießt man schon hier Schotenerbsen (...); was aber besonders erfreulich ist, wird doch immer der Salmen bleiben, dessen Portion mit trefflicher Gelée man, zu jeder Stunde, für 30 Kreuzer im Cursaal haben kann. Es ist jetzt gerade seine rechte Zeit; ich muß mich nur in Acht nehmen, daß ich mich nicht daran überesse. Herzkirschen stehen schon, in großen Körben, an allen Ecken.“

Neues vom „Schwarzen Bären“

In den ersten Tagen trifft er sich mehrfach mit Oberbergrat Cramer und Bibliothekar Hundeshagen. An Zelter berichtet er am 16. Juni nach Weimar Neuigkeiten aus dem damals noch zweistöckigen Badhaus „Zum Bären“[459], dessen Innenräume seit seinem letzten Aufenthalt umgebaut und neu gestaltet worden sind: „In den alten Bären ist Dein baumeisterlicher Geist gefahren, er würde Dich in Verwunderung setzen. Der dunkle Gang ist erweitert, eine durchaus zusammenhängende Reihe von Zimmern angelegt. Der Vorplatz mit dem Balcon macht jetzt mein abgeschlossenes Vorzimmer; so ist es auch auf der anderen Seite u.s.w.“[460] Zelter antwortet darauf zwei Wochen später: „Daß der alte Bär seine Eingeweide restaurirt, möge ihm wohl bekommen, wiewohl ich wünschte, daß das Fell [die Außenfassade] geschont würde; das alte rothbraune Gebäu mit den beiden Altanen sah ich immer an wie ein kupfernes Schaustück früherer Zeiten.“[461]

Aus diesen Bemerkungen spricht ein geradezu liebevolles Verhältnis, das beide zu ihrem Wiesbadener Standquartier entwickelt haben. Aus anderer Perspektive, dem Tagebuch seines Dieners Stadelmann, liest sich das so: „Den 27. Mai um 2 Uhr kamen wir glücklich in Wiesbaden an. Als ich in die Küche trat, schrie Alles: der Karl, der Karl! Ich fragte hierauf, ob wir noch Platz fänden und da wohnen könnten? worauf man erwiderte: wir hätten die Wahl der Zimmer! Wir fanden das Haus gänzlich verändert. Die Säle waren zu Zimmern umgewandelt, die Gänge weiter und bequemer; alles schön angestrichen und gemalt. Wir waren die ersten im Vordergebäude. Alles leistete hülfreiche Hand. Das Essen wurde bestellt, es erschien sogleich. Ich holte Wein im Adler, auch da war Freude über unsere Ankunft. So ging es fort bei Jedermann, der mich kannte. Alles fragte nach den Russen, die da kommen sollten (...).“[462]

Die Schlacht bei Waterloo und die Folgen

Die Bemerkung über die Russen hat einen ernsten Hintergrund. Durch den erneuten Feldzug der Alliierten gegen den von Elba zurückgekehrten Napoleon ziehen auch die wegen ihrer Disziplinlosigkeit gefürchteten russischen Truppen wieder verstärkt durch die deutschen Territorien. Weimar liegt auf ihrem Weg zum Rhein. Deshalb fragt man Stadelmann, der gerade von dort herkommt, nach der neuesten Lage. Wiesbaden lebt zum Zeitpunkt der Ankunft Goethes in gespannter Erwartung.

Die nassauischen Regimenter stehen am 18. Juni bei Waterloo in der vordersten Linie. Goethe schreibt: „Napoleons Wiederkehr erschreckte die Welt, hundert schicksalsschwangere Tage mußten wir durchleben; die kaum entfernten Truppen kehrten zurück, in Wiesbaden fand ich preußische Garde. (...) Die Schlacht von Waterloo, in Wiesbaden zu großem Schrecken als verloren gemeldet, sodann zu überraschender, ja betäubender Freude als gewonnen angekündigt. In Furcht vor schneller Ausbreitung der französischen Truppen (...) machten Badegäste schon Anstalten zum Einpacken und konnten, sich vom Schrecken erholend, die unnütze Vorsicht keineswegs bedauern.“[463] An seinen Weimarer Freund Meyer schreibt er am 5. Juli: „Die grossen Nachrichten des Verlustes erst, dann des Gewinnes trafen hier heftig.“

Um die politischen Ereignisse abzuschließen, die Goethe in Wiesbaden hautnah erlebt, die ihn aber vom eigentlichen Zweck seiner Reise, der Kur und dem Gedankenaustausch mit Personen seiner Wahl, ablenken, sei nur kurz auf die Episode hingewiesen, die ihn zum Zeugen eines historischen Vorgangs macht, der im Nassauer

Land, zu dem seit 1803 auch der Rheingau gehört, bis heute nachwirkt. In den auf dem Wiener Kongreß im Juni 1815 geschlossenen Verträgen zwischen Österreich und Preußen geht das Schloß Johannisberg in das Eigentum des Kaisers von Österreich über (der es ein Jahr später Fürst Metternich schenkt). Dem Akt der Besitzergreifung wohnt Goethe auf Einladung von Erzherzog Karl, Kommandant der Bundesfestung Mainz, bei. Am 1. August wird ihm in Wiesbaden ein hoher Orden, das Kommandeur-Kreuz des Leopoldsordens, das ihm schon am 28. Juni (auf Antrag des Großherzogs von Weimar) vom Kaiser verliehen worden war, überreicht. Goethes kurze Anmerkung im Tagebuch: „zum Nachtisch den Orden.“[464]

Philippine Lade

Im übrigen vergeht die Zeit mit Baden (1815 insgesamt 21 Thermalbäder), Ausflügen („Lustpartien“) zur Kloster- und Papiermühle, „auf den Nürnberger Hof“[465] und immer wieder auf den Geisberg. Begleiter sind überwiegend Cramer und Hundeshagen. Bemerkenswert ist außerdem die Bekanntschaft mit Philippine Lade, einer 18jährigen Wiesbadenerin, der er bereits am Ende seines Aufenthaltes 1814 zum ersten Mal begegnet ist. Sie ist die Tochter des pensionierten herzoglichen Hofkammerschreibers Christoph August Lade. Ihr Bruder Johann August Lade besitzt die Hofapotheke in der Langgasse.[466] Philippine ist die Freundin der Töchter des Oberbergrats Cramer, bei dem Goethe sie kennengelernt hat. Außer an ihrem fröhlichen Wesen findet er an ihrem Talent zum Deklamieren und zum theatralischen Spiel Gefallen.[467]

Über ihr Verhältnis zu Goethe sind mehrere Geschichten im Umlauf, auf die hier nicht eingegangen werden kann.[468] Erzählenswert ist eine Begebenheit auf einem Ausflug, von dem Goethe am 6. Juli notiert: „Vorbereitung. Fahrt auf den Nürnberger Hof. Mittag auf dem Hofe. Im Freien schöne Aussicht. Quarzfelsen.“ Dieser Ausflug hat durch das Denkmal, das später an Goethes hundertstem Todestag als „Goethestein“ bei Frauenstein errichtet wurde, in der Geschichte Wiesbadens einen festen Platz. An jener Stelle spielt auch die Episode mit Philippine Lade, die uns einen Goethe zeigt, wie wir ihn sonst nicht kennen:[469]

Auf jener Landpartie, die Goethe mit der Familie des Oberbergrats Cramer unternimmt, um die merkwürdigen Gesteinsbildungen am Spitzenstein bei Frauenstein zu studieren, ist Fräulein Lade dabei. Während Goethe mit seinem Hämmerchen, das er bei solchen Gelegenheiten immer mit sich führt, die dort vorkommenden Quarzkristalle und Kupfereisensteineinsprengsel untersucht, zeichnet Philippine nach der Natur die reizende Landschaft. Goethe betrachtet die Skizzen und beginnt (wie es seine Art ist) zu kritisieren. „Ach! Sie können alles besser machen als ich“, antwortet Philippine schnippisch, nimmt ihm das Blatt aus der Hand und zerreißt es. „Aber eins kann ich, was Sie nicht können“, und damit läuft sie rasch einen Weinberg hinauf. Goethe steigt ihr nach, um sie zu haschen. Er stolpert und fällt auf dem steilen Hang zu Boden. Mit beiden Händen klammerte er sich fest, bis auf des Mädchens Schreien einige Herren der Gesellschaft herbeieilen und ihn aus seiner mißlichen Lage befreien. Fräulein Lade zerfließt in Tränen, Goethe beruhigt sie.

Nach der Überlieferung hat Philippine Lade, die im ehemaligen Weilburger Hof zwischen Grabenstraße und Schloßplatz geboren ist,[470] Goethe auch bei anderen Gelegenheiten, z.B. ins Theater, begleitet. Nach seiner Rückkehr nach Weimar reißt die Verbindung jedoch ab. Die Erinnerung an sie wird durch Marianne Willemer verdrängt, deren poetischer Zwiesprache mit dem Dichter die kindliche Philippine nichts Vergleichbares entgegenzusetzen hat. Sie bleibt zeitlebens unverheiratet, führt zuerst ihrem seit 1832 verwitweten Bruder den Haushalt und läßt sich später in Rüdesheim nieder. Dort stirbt sie, 82 Jahre alt, am 22. Dezember 1879. Sie vergißt Goethe nie. Ihrem Großneffen erzählt sie, wenn er sie besucht, des öfteren, auf ihre Stirne weisend: „Hier hat mich Goethe auf die Stirne geküßt!"[471]

Besuche im Theater und letzte Briefe

Auffallend ist, daß das Wiesbadener Theater in Goethes Berichten kaum eine Rolle spielt. Sein Kuraufenthalt fällt allerdings auch in eine für das Wiesbadener Theater ungünstige Zeit. Die Vorstellungen finden im Schützenhof statt. Das Hoftheater wurde im Herbst 1813 geschlossen, als der herzogliche Hof wegen der Kriegsgefahr nach Usingen übergesiedelt ist. Damit die Kurgäste auf ihr Theater nicht verzichten müssen, engagiert man in den Sommern 1814 und 1815 auswärtige Schauspieltruppen. Es ist nicht das Niveau, das Goethe als Theaterfachmann hätte beeindrucken können.[472]

1815 interessieren ihn die von dem Theatermaler Friedrich Beuther angefertigten Dekorationen.[473] Während er kein Wort über Titel und Autor des Schauspiels verliert, schreibt er an seine Frau: „Beuthers Decorationen läßt mich Geh. Rat Pfeiffer (dem die hiesigen Theatergeschäfte untergeben sind) nach und nach sehen, wenn das Schauspiel vorbei ist, wo ich dann das im grossen sehe, was wir im kleinen schon kennen (und was bey uns grösser aufgeführt werden soll)."[474] Goethe ist von Beuthers Dekorationen so angetan, daß er ihn nach Weimar ans Hoftheater verpflichtet.

In Wiesbaden hat Goethe sich leidlich eingerichtet, wie ein Brief an Christiane vom 17. Juni anzeigt: „Mein Speisewirth nährt mich zwar köstlich, dabei ist es aber angenehm, daß sie einem zubereiten, was man ihnen schickt."[475] Sein Diener Carl Stadelmann kauft auf dem Markt und in benachbarten Geschäften das Notwendige ein, der Wirt, der selbst keine Mittagstafel anrichten darf, bereitet die Mahlzeiten zu. Oder Goethe verbraucht, was Freunde ihm zukommen lassen: „Brentanos haben mich von Frankfurt mit Artischocken versehen; heute sind große Krebse gekauft worden, von welchen das Stück etwas über 3 Kreuzer kostet. An Confect und getrockneten Früchten zum Nachtisch, nicht weniger an Chocolade lassen es die Freunde auch nicht fehlen. Rothen und weißen Wein ließen sie mir gleichfalls zurück. (...) Auf einem nahen Lustorte, der Geisberg genannt, findet sich treffliches Pöckelfleisch, von welchem mir der freundliche Wirth manchmal ein Stück herein sendet. Denkt ihr nun noch gutes Brot und Bretzeln darzu, so seht ihr ein, daß mir von dieser Seite nichts abgeht. (...) Und so lebe ich recht wohl."

In diesem letzten Brief aus Wiesbaden (Christiane hielt sich zur Kur in Karlsbad auf), kommt auch sein Interesse an der Mineralogie wieder zum Ausdruck, das durch das häufige Zusammensein mit Oberbergrat Cramer immer neu geweckt wird: „Abermals haben sich schöne Mineralien bei mir eingefunden; von Zeit zu Zeit wird ein Spaziergang in die Steinbrüche und auf Bauplätze unternommen, wo allerlei Merkwürdiges unternommen wird." Er spaziert durch Wiesbadens Straßen, in denen im Zuge der Stadterweiterung „sehr viel gebaut wird; die Anlagen dazu sind höchst verständig und lobenswürdig, die Linien, wonach gebaut werden muß, wohl überlegt. Es gibt Straßen, die der größten Stadt Ehre machen würden. Alles greift eins ins andere; was aus den Kellern ausgegraben wird, schafft man in die Vertiefungen, die ein kleiner Bach verursachte und durchfloß, dadurch entstehen sehr schöne Gärten (...). Ein unerschöpflicher Steinbruch von talkartigem Thonschiefer in der Nähe liefert das Material."

Reichsfreiherr vom und zum Stein und die Lahnreise

Das Interesse an Geologie und Mineralogie erhält durch den ehemaligen preußischen Staatsminister Karl Reichsfreiherr vom und zum Stein neuen Auftrieb. Goethe begegnet ihm am 9. Juli im Schloß zu Biebrich.[476] Stein, der sich Ende des Jahres 1814 wegen der auf dem Wiener Kongreß deutlich werdenden Restaurationsbestrebungen ins Privatleben zurückgezogen hat, lädt ihn zu einem Besuch auf seine Güter nach Nassau ein. Da Bergrat Cramer aus dienstlichen Gründen in die Lahngegend fahren muß, schließt Goethe sich an.

Am 21. Juli fahren sie über die Platte nach Idstein, von da über Ober- und Niederselters und Blessenbach in die Lange Hecke. Über Limburg, Diez und Holzappel erreichen sie Nassau. Den Ertrag der Begegnung mit Stein beschreibt Goethe in einem Brief an Geheimrat v. Vogt in Weimar vom 1. August: „Dass ich mit H. v. Stein in so nahe Berührung gekommen, ist für mich, in vielfachem Sinne, höchst Bedeutend und es ergeben sich aus diesem Anfange, für mich und andre gewiss erwünschte Folgen."[477]

Der weitere Verlauf der Reise, die er ohne Cramer fortsetzt, führt ihn von Nassau nach Koblenz-Ehrenbreitstein, von dort im Nachen bis Köln, auf der Rückreise über Bonn und Koblenz zurück nach Nassau. Er skizziert sie tagebuchartig.[478] Am 30. Juli fährt er über Diez und Schwalbach zurück nach Wiesbaden. Es folgen noch eineinhalb Wochen vielseitiger Beschäftigungen, die er nach dem morgendlichen Bade erledigt, dann reist er über Mainz nach Frankfurt, von dort über Heidelberg, wo er die Gemäldesammlung der Brüder Boisserée noch einmal besichtigt, nach Weimar.

Goethe war kein gewöhnlicher Kurgast. Die Ferne vom Alltag und die Muße zur Besinnung setzte er um in schöpferische Kräfte, die sich am deutlichsten in den zum Teil in Wiesbaden entstandenen Liedern des „West-östlichen Divan" niedergeschlagen haben. Oder, wie er selbst es in den Annalen von 1815 ausdrückt: „Ein heilsamer Badeaufenthalt, ländliche Wohnung in bekannter, von Jugend auf betretener Gegend, Teilnahme geistreicher, liebender Freunde, gedieh zur Belebung und Steigerung eines glücklichen Zustandes, der sich einem jeden Reinfühlenden aus dem Diwan darbieten muß."[479]

1816: Achsbruch vor Erfurt, ein Wink des Schicksals

Beinahe wäre es 1816 noch zu einem dritten Kuraufenthalt Goethes in Wiesbaden gekommen. Nachdem seine Frau Christiane am 6. Juni 1816 gestorben war, drängt es ihn, Weimar für eine Weile zu verlassen. Und wie so oft, denkt er wieder an eine Badereise. An Sulpiz Boisserée schreibt er am 24. Juni: „Zelter kommt in 8 Tagen und will mich mit nach Wiesbaden reißen; wenn ihm der Zauber gelingt, die Alraunwurzel aus dem Boden zu ziehen, so seht ihr mich doch noch."[480]

Er ist unentschlossen, ob er nach Baden(-Baden), wo sein Verleger Cotta ihm ein Quartier besorgt hat, oder nach Wiesbaden gehen soll. Am 22. Juli schreibt er an Zelter: „Heute erhalte ich Deinen lieben Brief, der mir anzeigt, daß Du mir in Wiesbaden, in der Rose gleichfalls ein Unterkommen besorgt hast." Es wird jedoch nicht deutlich, ob zu diesem Zeitpunkt Baden(-Baden) oder Wiesbaden sein Ziel ist. Am 20. Juli, um 7 Uhr in der Frühe, reist er zusammen mit seinem Freund Hofrat Meyer ab. Doch schon um 9 Uhr, vor Erfurt, „warf der ungeschickteste aller Fuhrknechte den Wagen um, die Achse brach, und der gute Meyer wurde an der Stirn beschädigt."[481] Goethe betrachtet den Unfall als Wink des Schicksals und bricht die Reise ab. Die Ziele künftiger Badekuren sind Karlsbad und Marienbad. Den Rhein hat er nicht wiedergesehen.

405 1763: Goethe: Dichtung und Wahrheit, II, 15. – 1765. Brief an seine Schwester Cornelia „Wisb. d. 21. Jun. 1765. G.", in Goethe: Werke, Weimarer Ausgabe IV, 1, S. 6, zit. nach Otto: Goethe in Nassau, S. 54–57.

406 Gräf: Goethes Briefwechsel m. seiner Frau, Bd. 1, S. 36 (Brief vom 1. Aug. 1793).

407 Otto: Goethe in Nassau, S. 66.

408 Frese: Goethe-Briefe aus Fritz Schlossers Nachlaß, S. 52 (Brief vom 11. Juni 1813).

409 Freies Deutsches Hochstift: Briefe Goethes an Gerning, S. 7–8. – Renkhoff: Nassauische Biographie, Nr. 1275.

410 v. Gerning: Die Heilquellen am Taunus, im Druck erschienen 1813.

411 Freies Deutsches Hochstift: Briefe Goethes an Gerning, S. 18.

412 Goethe: Gesamtausgabe Cotta 1957, Bd. 12, S. 217, 9. April 1814.

413 Frese: Goethe-Briefe aus Fritz Schlossers Nachlaß, S. 60 (Brief vom 8. Mai 1814).

414 Goethe: Gesamtausgabe dtv 1962/63, Bd. 30, S. 211.

415 Goethe: West-östlicher Divan, Bd. I, S. 17, Buch des Sängers, „Elemente", 2. Strophe.

416 Brief Goethes an J. H. Meyer vom 18. Mai 1814, zit. nach Goethe: West-östlicher Divan, Bd. I, S. 726.

417 Frese: Goethe-Briefe aus Fritz Schlossers Nachlaß, S. 61–62 (Brief vom 20. Juni 1814). Dieser Brief ist merkwürdig. Zunächst heißt es dort: „Danke zum schönsten für die ausführliche Nachricht wegen Wisbaden. Der Wunsch, meine lieben Landsleute einmal wieder zu besuchen, veranlaßte mich zu dem Gedanken, in der Nähe der Vaterstadt einen Theil des Sommers zuzubringen, allein die Aerzte sind nicht mit mir einig und wollen mich wieder in die böhmischen Bäder schicken, die mir freylich mehrere Jahres sehr wohl bekommen sind. Und wenn ich aufrichtig sein soll, so hat Ihre treue Schilderung des dortigen Zustandes mir in Erinnerung gebracht, welche Leiden ich dort bei großer Hitze in den Badehäussern Bädern Gasthöfen und so weider erdultet und wie ich mehr wie einmal deßhalb in die Gebirge geflüchtet." Die Aussage bezieht sich eindeutig auf Wiesbaden, wo er sich 1765 unter nicht näher bekannten Umständen aufhielt. Damals hat er den oben zitierten Brief an seine Schwester Cornelia geschrieben, in dem er über einen Ausflug (von Wiesbaden aus) nach Schlangenbad („in die Gebirge") berichtet. – Soweit erkennbar, haben bisher alle Bearbeiter des Themas „Goethe in Wiesbaden" diesen Zusammenhang unerwähnt gelassen. Eine Interpretation der Umstände, die zu der harschen Kritik an den Wiesbadener „Badhäussern Bädern Gasthöfen" geführt hat, steht noch aus.

418 Die Umstimmung dürfte im mündlichen Gespräch während des gemeinsamen Aufenthaltes in Berka von Ende Juni bis 6. Juli 1814, dem Tag der Abreise Zelters und Wolfs nach Wiesbaden, erfolgt sein.

419 Geiger: Briefwechsel Goethe – Zelter, S. 386.

420 Goethe: West-östlicher Divan, Bd. I, S. 586, Nachlass-Stücke, „Vision", Strophe 1–4. – Zuerst in einem Brief Goethes an seine Frau, datiert: „Eisenach den 25. Juli 1814, Abends 6 Uhr".

421 Goethe: West-östlicher Divan, Bd. I, S. 19, Buch des Sängers, „Phaenomen".

422 Goethe: West-östlicher Divan, Bd. I, S. 22, Buch des Sängers, „Derb und tüchtig", 5. u. 8. Strophe.

423 Gräf: Goethes Briefwechsel m. seiner Frau, Bd. 2, S. 314 (Brief vom 29.7.1814 aus Frankfurt).

424 Goethe: West-östlicher Divan, Bd. I, S. 23, Buch des Sängers, „Allleben", 5.–7. Strophe.

425 Goethe: Gesamtausgabe Cotta 1957, Bd. 12, 30. und 31. Juli 1814.

426 Ebhardt: Wiesbaden, Kartenbeilage.

427 Otto: Goethe in Nassau, S. 72, verlegt den hier erwähnten Steinbruch ins Mühlbachtal (hintere Mainzer Straße), wo man im 19. Jahrhundert die Kalksteine für die Bauten der erweiterten Stadt gebrochen hat. Für einen solchen Ausflug am erste Tag dürfte der Weg dorthin zu weit gewesen sein. Naheliegender ist der Steinbruch am Hirschgraben/untere Adlerstraße und an der Lehr- und Nerostraße. Auch der Besuch im „Steinbruch" vom 1. August (Tagebuch) dürfte von der Wegroute her eher diesem Platz gegolten haben. Die späteren Nennungen „Steinbruch" beziehen sich dagegen auf die Brüche im Mühlbachtal.

428 Goethe: West-östlicher Divan, Bd. I, S. 454, und Bd. II, S. 964.

429 Beutler: Goethe, West-östl. Divan, S. 380.

430 Goethe: West-östlicher Divan, Bd. I, S. 24.

431 Otto: Goethe in Nassau, S. 115.

432 Gräf: Goethes Briefwechsel m. seiner Frau, Bd. 2, S. 312 (Brief vom 28. Juli 1814 aus Hanau).

433 Gräf: Goethes Briefwechsel m. seiner Frau, Bd. 2, S. 316 (Brief vom 1. August 1814).

434 Otto: Goethe in Nassau, S. 116, Anm. 207.

435 Goethe: Gesamtausgabe dtv 1962/63, Bd. 29, S. 59 „Wiesbaden".

436 Struck: Goethezeit, S. 96–98. – Renkhoff: Nassauische Biographie, Nr. 1968.

437 Gräf: Goethes Briefwechsel m. seiner Frau, Bd. 2, S. 320–321 (Brief vom 8. August 1814).

438 Bielschowsky: Goethe, S. 349.

439 Gräf: Goethes Briefwechsel m. seiner Frau, Bd. 2, S. 320–321 (Brief vom 8. August 1814).

440 Gräf: Goethes Briefwechsel m. seiner Frau, Bd. 2, S. 319 (Brief vom 7. August 1814).

441 Hildebrand: Weibliche Revolte, S. 31.

442 Gräf: Goethes Briefwechsel m. seiner Frau, Bd. 2, S. 321 (Brief vom 13. August, der am 19. August fortgesetzt und abgeschlossen wird).

443 Gräf: Goethes Briefwechsel m. seiner Frau, Bd. 2, S. 327 (Brief vom 29. August).

444 Goethe: Gesamtausgabe dtv 1962/63, Bd. 29, S. 31–41.

445 Goethe: Gesamtausgabe dtv 1962/63, Bd. 29, S. 60 „Wiesbaden". – Otto: Goethe in Nassau, S. 108–114. – Renkhoff: Nassauische Biographie, Nr. 637.

446 Boisserée: Tagebücher, Bd. I, 8. Aug. 1815: „Ein anderes (Gedicht) bezieht sich auf den schönen freundlichen blonden, blauäugigen Kellner auf dem Geisberg bei Herrn Hastings". Hastings war der Betreiber der Landgaststätte.

447 Goethe: West-östlicher Divan, Bd. 1, S. 106 „Das Schenkenbuch".

448 T. Kirnbauer: Persönl. Mitteilung.

449 Otto: Goethe in Nassau, S. 119–121.

450 Otto: Goethe in Nassau, S. 125–130. – Nach Struck: Goethezeit, S. 104, hat De Laspée das von der Straße etwas zurückgesetzte Haus an der Friedrichstraße im Herbst 1810 errichtet.

451 Morf: Zur Biographie Pestalozzis IV, 312, zit. nach Otto: Goethe in Nassau, S. 128.

452 Harms/Kniffler: Goethe in Wiesbaden, S. 40. – Kappus: Johannes de Laspée, S. 97.

453 Frese: Goethe-Briefe aus Fritz Schlossers Nachlaß, S. 66 (Brief an Schlosser vom 9. Sept. 1814).

454 Schaefer: Goethe, S. 19–20. Zitate dort ohne Angabe der Quelle.

455 Gräf: Goethes Briefwechsel m. seiner Frau, Bd. 2, S. 366 (Brief vom 24. Mai 1815)

456 Gräf: Goethes Briefwechsel m. seiner Frau, Bd. 2, S. 367 (Brief vom 27. Mai 1815).

457 Gräf: Goethes Briefwechsel m. seiner Frau, Bd. 2, S. 368–369 (Brief vom 31. Mai 1815).

458 Goethe: West-östlicher Divan, Bd. 1, S. 71 „An Suleika", u. Bd. 2, S. 1167–1170.

459 Renkhoff: Mittelalter, S. 247. – Dollwet/Weichel: Tagebuch Friedrich Ludwig Burk, S. 137.

460 Geiger: Briefwechsel Goethe – Zelter, S. 429.

461 Geiger: Briefwechsel Goethe – Zelter, S. 431.

462 Schaefer: Goethe (dort Zitat aus K. Stadelmanns Tagebuch).

463 Goethe: Gesamtausgabe dtv 1962/63, Bd. 30, S. 216–217. – Otto: Goethe in Nassau, S. 147.

464 Goethe: Gesamtausgabe Cotta 1957, Bd. 12, S. 1133–1134 (Brief Goethes an seinen Sohn August vom 20.7.1815)

465 Goethe: Gesamtausgabe Cotta 1957, Bd. 12, S. 268 (29.6. und 3.7.1815).

466 Renkhoff: Nassauische Biographie, Nr. 2443 u. 2445.

467 Goethes Gespräche mit Kanzler von Müller vom 12. Mai 1815; zit. nach Otto: Goethe in Nassau, S. 134.

468 Otto: Goethe in Nassau, S. 132–137.

469 Otto: Goethe in Nassau, S. 136, gibt als Quelle M. Belli-Gontard, Didaskalia, belletristisches Beiblatt zum Frankfurter Journal, an. Schaefer: Goethe, S. 25, zitiert den Text aus der Novelle „Die Widerspenstige" des Mecklenburger Schriftstellers Hans Franck. Quelle der Überlieferung war sicher Philippine Lade. – Meuer: Goethes Ausflug.

470 Lade: Philippine Lade.

471 Lade: Philippine Lade.

472 Hildebrand: Zwischen Wandertruppen und Bürgerkommission, S. 12.

473 Goethe: Gesamtausgabe Cotta 1957, Bd. 12, S. 265–266 (4.6. „Abends Schauspiel. Dekorationen von Beuther"; 6.6. „Im Theater wegen Dekorationen"; 14.6. „Im Theater. Dekorationen").

474 Gräf: Goethes Briefwechsel m. seiner Frau, Bd. 2, S. 371. – Otto: Goethe in Nassau, S. 79 (Brief vom 8.6.1815). – Hildebrand: Zwischen Wandertruppen und Bürgerkommission, S. 14.

475 Gräf: Goethes Briefwechsel m. seiner Frau, Bd. 2, S. 373–376 (Brief vom 17. Juni 1815).

476 Goethe: Gesamtausgabe Cotta 1957, Bd. 12, S. 269 (9.7. „Min. v. Stein. Einladung").

477 Otto: Goethe in Nassau, S. 156.

478 Goethe: Gesamtausgabe Cotta 1957, Bd. 12, S. 270–272 (21.–31.7.1815) und 1134–1136 (Anhang: An August von Goethe, Reisebericht).

479 Goethe: Gesamtausgabe dtv 1962/63, Bd. 30, S. 212.

480 Goethe: Briefe, S. 359 (Brief an Sulpiz Boisserée, 24.6.1816).

481 Goethe: Briefe, S. 360 (Brief an Karl Friedrich Zelter, 22. Juli 1816).

Das Kurbad im Herzogtum Nassau II

Das historische Fünfeck

An dieser Stelle knüpfen wir an die Beschreibung der städtebaulichen Entwicklung der „Ära Zais“ an, die wir wegen der Schilderung des Kuraufenthalts des Dichters Johann Wolfgang von Goethe unterbrochen haben. Schon Goethe hat die Großzügigkeit der Lösungen, die sich abzuzeichnen beginnen, erkannt: „Gebaut wird hier sehr viel; die Anlagen dazu sind höchst verständig und lobenswürdig, die Linien, wonach gebaut werden muß, wohl überlegt. Es gibt Straßen, die der größten Stadt Ehre machen würden.“

Goethe erspürt unbewußt das Ziel der Zaisschen Planung, mit der im Anschluß an die älteren Entwürfe des Baudirektors Goetz „eine großzügige Umbauung des seinerzeit noch mittelalterlichen und nicht mehr als zeitgemäß empfundenen Altstadtkerns durch breite, geradlinige, repräsentative Alleen“[482] begonnen wurde. Man hatte erkannt, daß die Altstadt mit ihren unregelmäßig angeordneten Häusern und Straßen, der unübersichtlichen Mischung von wenig ansehnlichen Bürgerhäusern, landwirtschaftlichen Hofreiten, Gewerbebetrieben, Badeherbergen und Gasthöfen kaum „hauptstadtgemäß“ zu sanieren war. So kam der Gedanke auf, das Ganze mit einem Kranz von Straßen zu umgeben, und die Altstadt dahinter zu verstecken.

Was noch fehlte, war ein Generalbebauungsplan, der, und deswegen muß hier darauf eingegangen werden, nach seiner Fertigstellung Lage und Umfang des Kurviertels im 19. Jahrhundert entscheidend beeinflußt hat. Teilstudien gab es seit 1805. Damals hatte Baudirektor Florian Goetz einen „Situationsplan der neuen herrschaftlichen Gebäude vor dem Mainzer Tor“ vorgelegt, auf dem senkrecht zur späteren Friedrichstraße bereits eine Promenade in Richtung des Platzes vor dem Sonnenberger Tor eingezeichnet war.[483] Wie der Plan von Bauinspektor Zais von 1812 (s. Abb. S. 174) zeigt, endete die Alleestraße damals am Anfang von Sonnenberger und Nerestalweg, der als Teil des die Stadt umgebenden Promenadenwegs bis zum nördlichen Faulbrunnen (in der heutigen Jawlenskystraße) ausgebaut war. Noch fehlte die endgültige Lösung; sie zeichnete sich aber in den Diskussionen allmählich ab.

Nach Plänen des Baudirektors Goetz eröffnet man 1808/09 hinter dem Hospital in nordwestlicher Richtung eine neue Baulinie und beginnt nach dem Durchbruch der Stadtmauer mit der Anlage einer neuen Straße.[484] Sie führt parallel zum Nerestalweg über den aufgelassenen Hospitalfriedhof, heißt zuerst Hospital-, seit 1815 Neresstraße, dann Nerostraße,[485] weil durch die Entdeckung römischer Ruinen in Wiesbaden die Vorstellung aufkam, daß auf dem Neres-/Neroberg ein römisches Kastell gelegen habe.

Die neue Straße wird zuerst nur auf der Südseite mit einstöckigen Häusern bebaut, da auf der Nordseite das sumpfige Wiesental des Neres-/Schwarzbachs das Bauen erschwert. 1814 gibt das Ministerium auch diese Seite nach einem von Christian Zais ausgearbeiteten Plan zur Bebauung frei. 1818 beginnt die Bebauung der Bergseite der Taunusstraße,[486] 1822 eröffnet Ludwig Schlichter das Gast- und Badehaus „Alleesaal“.

Die Entwicklung des „Historischen Fünfecks" beginnt mit den auf Anweisung der Regierung vom 3. Mai 1817 von Christian Zais in zwei Gutachten vom 16. Januar und 3. März 1818 gemachten Vorschlägen für die Verbindung des nördlichen Endes der Nerostraße zu der nach Nordwesten zu verlängernden Webergasse.[487] In den Erläuterungen (die Zeichnungen sind nicht erhalten) beschreibt Zais das zum Fünfeck erweiterte Projekt „einer Allee über den sogenannten heidnischen Berg [Röderstraße], welche sich im rechten Winkel auf die Nerostraße aufsetzt" und mit der „Allee der Schwalbacher Straße" einen Winkel von 45° bildet. Verbände man die schon projektierte untere Schwalbacher Straße durch die ebenfalls schon als Baulinie vorhandene Luisen- mit der Wilhelmstraße, werde ein geschlossenes System von Alleestraßen geschaffen, die nur auf der stadtwärts gelegenen Straßenseite bebaut werden sollten. Die Bedenken wegen zu hoher Kosten für die erwünschte Breite der Alleen von 50 Fuß (16,5 m) versucht Zais damit zu zerstreuen, daß er eine Finanzierung durch Verwendung nutzbarer Bäume vorschlägt.[488]

Wenig später wird wegen der wachsenden Ausdehnung der Stadt als südliche Begrenzung eine parallel zur Luisenstraße verlaufende Allee als Adolphstraße (heute Rheinstraße) ausgewiesen. Damit sind die Straßenzüge des historischen Fünfecks festgelegt, deren Bebauung nach einem einheitlichen Plan erfolgt. Die Bauten der Wilhelmstraße bilden den Ausgangspunkt einer geometrischen Ummantelung der Altstadt mit klassizistischen Gebäuden. Der unregelmäßige, winklige Stadtkern, der von Gastwirtschaften, Badhäusern und landwirtschaftlichen oder gewerblich genutzten Hofreiten durchsetzt ist, soll so dem Blick des anreisenden Fremden verborgen werden. „Diese Maskierung der Altstadt war ein notwendiges Übel, da bei den geringen Mitteln, die für die Verschönerung der Stadt zur Verfügung standen, an eine Umwandlung des älteren Teiles nicht zu denken war."[489] Die als „historisches Fünfeck" charakterisierten Straßenzüge sind für das Erscheinungsbild Wiesbadens bis heute bestimmend geblieben.

Gartenlandschaft im Norden und Osten des Kurbezirks

Die Zaissche Planung des Kurbezirks umfaßt auch die nördlich und südlich angrenzende Landschaft. Den Sonnenberger Weg hätte er am liebsten durch die Verlängerung der Saalgasse über den Geisberg/Cansteinsberg umgeleitet, um die Exklusivität des Kurzentrums nicht durch eine profane Landstraße zu stören. In einem umfangreichen Gutachten vom 17. März 1818 schreibt er: „Es würde ganz der Natur und Bestimmung der Anlagen am Gesellschaftshaus entgegen sein, auf diesem mittägigen Abhang [Südhang], der den Anlagen ihren schönsten Reiz gibt, das Aufbauen gemeiner bürgerlicher Häuser zu gestatten, indem diejenigen, welche diese Anlagen besuchen, (...) nicht in gemeine Scenen eingeführt seyn wollen, welche ihnen durch solche Niederlassungen überall begegnen würden. (...)"[490] Fänden sich keine Bauliebhaber für solche Landhäuser, sollte die ganze Anhöhe in die Gartenanlagen des Kurhauses einbezogen werden.[491]

Sehr bald stellt sich heraus, daß die ideale Planung eines Kurzentrums, das einer elitären Gesellschaftsklasse vorbehalten bleibt und gegen das Volk abgeschirmt ist, nicht machbar ist. Zuerst wird 1824 bis 1827 das Palais des Obersten von Hagen über dem Sonnenberger Weg errichtet,[492] doch setzt die von Zais gewünschte Bebauung der Hänge mit einem Kranz von Landhäusern (herrschaftlich vornehmen Villen mit parkartig gepflegten Gärten) nur langsam ein.[493] Der Talgrund östlich der Wilhelmstraße, durch den Schwarzbach/Salzbach und Rambach fließen, bleibt als ungestaltete Fläche liegen (mit Resten einer alten Ziegelei, Ackerland, Gärten und der Pletzmühle im Süden). Dort werden erst 1859 die Anlagen am Warmen Damm errichtet.

Kurhaus um 1830. Im Hintergrund das 1824 erbaute Palais des Obersten von Hagen. Stahlstich von E. Grünewald nach einer Zeichnung von Bosse

Theaterneubau und Kolonnaden

Das Herzogliche Hoftheater und die Mainz-Wiesbadener Theaterunion

Nach der Konzeption von Christian Zais gehört das Theater in den Kurbezirk zwischen Kursaal und dem Platz vor dem Sonnenberger Tor. Architektonisch hat er es als Pendant zum „Kurhaus zu den vier Jahreszeiten" vorgesehen, an der Stelle also, an der im Herrngarten früher wandernde Schauspielergesellschaften während der Kursaison zwei- bis dreimal wöchentlich für Unterhaltung sorgten. Ab 1788 spielten sie dann in einem aus Holz gebauten, überdachten „Komödienhaus", bis der Badwirt Kässberger 1801 einen 300 Zuschauer fassenden Saal im Schützenhof als Komödienhaus einrichtete.[494] Die neue Spielstätte erwies sich jedoch schon 1804 als zu klein. An eine Verwirklichung des Zaisschen Plans war aber wegen der allgemeinen Geldnot vorläufig nicht zu denken.

1806 kommen Bestrebungen in Gang, ein neues Theatergebäude an der Stelle des alten Saals im Schützenhof zu errichten. Der Plan bleibt in der Vorbereitung stecken. 1810 wird der inzwischen umgebaute Schützenhofsaal als „neues" Komödienhaus eröffnet und ab 1811 als „Herzoglich Nassauisches Hoftheater" geführt. Es besitzt ein Parterre, zwei Reihen Logen und eine Hofloge und faßt 400 Zuschauer. Im Spielplan haben neben Iffland und Kotzebue vor allem Schiller und Lessing Platz, mit Abstand folgen Wieland (Oberon), Shakespeare (Hamlet) und Goethe (Die Mitschuldigen). Mozart (Don Giovanni, Die Entführung aus dem Serail, Die Zauberflöte, Titus) steht unter den Opernaufführungen an erster Stelle. Wie es heißt, versäumen der Herzog und die Herzogin kaum eine Premiere.[495] Die Logen haben die Spitzen der nassauischen Verwaltung und des Militärs abonniert, die Mehrzahl der sonstigen Besucher stellen die Kurgäste.

Als der Herzog sich mit dem Hof im Herbst 1813 wegen der allgemeinen Kriegsgefahr nach Usingen begibt, endet die Zeit des Schützenhofsaals als Hoftheater. Ab der Saison 1814 spielen hier wieder Wandergesellschaften, deren Aufführungen bei Goethe so geringe Erwartungen wecken, daß er sich während seiner Kuraufenthalte 1814 und 1815 kaum für die aufgeführten Stücke, sondern fast ausschließlich für die Arbeiten des Bühnendekorateurs Christian Beuther interessiert.[496]

Einen Tiefstand erreicht das Theater mit dem Tod Herzog Friedrich Augusts im Januar 1816. 1817 kommt es zu einer Zusammenarbeit mit dem Mainzer Theater. Die erste vollständige gemeinsame Spielzeit fällt in das Jahr 1818. Man gibt Opern und Schauspiele; über die Qualität urteilt ein Theaterfachmann: „Die Mainzer National-Schauspielegesellschaft, welche hier ihre Darstellungen gibt, steht hinsichtlich ihres Wertes auf einem Indifferenzpunkt zwischen mittelmäßig und schlecht."[497]

Dennoch bedeutet die Mainz-Wiesbadener Theaterunion einen Fortschritt gegenüber den Wanderschauspieltruppen. Man führt zahlreiche Klassiker auf, vor allem bei Gastspielen fremder Künstler. Dennoch bleibt die Situation unbefriedigend. Das Raumangebot des Schützenhofsaals genügt nicht mehr den Bedürfnissen der Besucher. Er liegt auch zu weit ab vom eigentlichen Kurzentrum, in dem nach der Zaisschen

Planung alle für den Kurgast wichtigen Angebote zur Entspannung und Unterhaltung zusammengefaßt sein sollen.

Der Neubau am Herzog-Wilhelm-Platz

Unter Herzog Wilhelm erfährt der Ausbau des Kurbetriebs einen neuen Anstoß. Das Theater ist, trotz aller Kritik, ein für die Kurstadt unentbehrlicher kultureller Faktor. Was fehlt, ist das eigene Haus. Die Vorarbeiten zur Wahl des Platzes und zur Planung eines klassizistischen Neubaus hat Christian Zais schon geleistet. Im Grunde war die Ausführung bereits 1812 eine beschlossene Sache, die nur wegen mangelnder Finanzierungsmöglichkeiten auf der Strecke blieb.

Zais hat die ästhetische Einheit des Platzes vor dem Sonnenberger Tor mit dem neuen Theater nie aus dem Auge verloren. Ein von ihm gezeichneter Entwurf, der nach Struck „wohl in das Jahr 1818 zu datieren ist“, „zeigt auf Sockeln vor dem Theater, vorne eine Frau mit Schild und Speer (Athene als Schutzgöttin Athens, wo das Theater der Griechen entstand) und hinten eine Muse (Frau mit Leier)“.[498]

Durch seinen plötzlichen Tod bleiben die Vorbereitungen zunächst liegen. 1824 fällt dann die Entscheidung. In einem Brief an die Stadtgemeinde teilt das Staatsministerium mit, der Herzog habe sich „von der Zweckmäßigkeit der Realisierung“ des Projekts überzeugt „und gnädigst zu beschliessen geruht, dass dasselbe nunmehr für Rechnung der hiesigen Stadtkasse (!) zur Ausführung gebracht werde“. Man möge sich „in Betreff der Wahl eines Bauplans“ eines der „würklich bereits bestehenden Theater-Gebäude“ für 800 bis 1.000 Zuschauer zum Muster nehmen. 1825 überträgt Domänenbaurat Heinrich Jacob Zengerle auf Weisung des Herzogs dem Dillenburger Landbaumeister Wolff die Ausführung des Neubaus, dem das neue Theater in Aachen als Vorbild dient.[499]

Die Grundsteinlegung erfolgt 1825; 1827 ist der Bau fertiggestellt. Eröffnet wird die Saison am 26. Juni 1827 mit Karl Maria von Webers Jubelouvertüre und der Oper „Die Vestalin“ von Gasparo Spontini. Die äußere Erscheinung des zweigeschossigen Hauses mit einer fünfachsigen, giebelgekrönten Front zum Herzog-Wilhelm-Platz (s. Abb. S. 251) wahrt die Symmetrie des Platzes nach den Vorstellungen von Christian Zais. Den Eingang bildet ein Säulenvorbau mit Treppe. Zur Wilhelmstraße hat der schlichte klassizistische Bau dreizehn Fensterachsen. Die lange Front wird in der Mitte durch einen Risaliten mit vier Pilastern gegliedert.

Zwei Pläne vom Innenraum des Theaters, wahrscheinlich von der Hand des Landbaumeisters Wolff, befinden sich im Museum Wiesbaden.[500] Danach tragen sechs Marmorsäulen die Logen des ersten Ranges, der zweite Rang, ohne stützende Säulen, tritt etwas hinter den ersten zurück. Das Parkett hat nur fünf Sitzreihen. Um so geräumiger ist das anschließende Parterre. Der rötlichgraue Marmoranstrich der Wände harmoniert mit der roten Dekoration der Logen und dem prächtig gemalten roten Vorhang. 1843 werden, unter Hinnahme von Einbußen an den klassizistischen Raumverhältnissen, Parterrelogen sowie eine erste und zweite Ranggalerie eingebaut und der Orchesterraum erweitert. Das Theater hat nun Raum für knapp tausend Personen.[501]

Die Kolonnaden

Schon 1807 hatte der Geheime Staatsreferendar von Motz bei der Wahl des Platzes für das Gesellschaftshaus, sicher nicht ohne Zustimmung von Christian Zais, angeregt, das etwas abgelegene Kurhaus durch eine gedeckte Kolonnade bis an den Platz vor dem Sonnenberger Tor mit der Stadt zu verbinden.[502] Aus Geldmangel und vielleicht auch, weil die zuständigen Ämter sich über die mit dem Kurhausbau zusammenhängenden Detailfragen oft nur schwer einigen konnten, kam es damals nicht dazu. Erst mit dem Beginn des Theaterbaus wird die Idee, Kurhaus und Theater durch einen bedeckten Promenadenweg zu verbinden, wieder aufgenommen.[503]

Zweck der neuen Anlage mit 46 dorischen Säulen und zwei Eckpavillons ist außer der gedeckten Verbindung von Kurhaus und Theater eine vom Wetter unabhängige und ästhetischen Ansprüchen genügende Unterbringung von neuen Kaufläden. Die Kramläden in den Säulengängen vor dem Kurhaus befriedigen längst nicht mehr die steigende Nachfrage. Deshalb hat man schon seit einigen Jahren transportable hölzerne Buden oberhalb der nördlichen Fahrallee zum Kursaal aufgestellt. Die Motive zur Errichtung des Bauwerks mit insgesamt 52 Kramläden faßt der nicht ausgeführte Vorschlag einer lateinischen Inschrift zusammen, deren Übersetzung lautet: „Zur Zierde der Stadt, zum Vorteil des Handels, zum öffentlichen Vergnügen, unter Wilhelm I., Herzog von Nassau, erbaut 1826".

Entsprechend der im Mai 1827 fertiggestellten nördlichen Kolonnade wird dann 1838/39 unter der Leitung von Baurat Faber das südliche Pendant errichtet. Mit ihm ist, neben der Erweiterung des einträglichen Geschäfts der Vermietung neuer Läden, ein architektonisch nun völlig vom Klassizismus bestimmter Raum zwischen Kursaal, Theater und Badhaus „Vierjahreszeiten" hergestellt, ein hervorragendes Beispiel zeitgenössischer Antikenverehrung, die in der Nachahmung griechischer Bauten ihren Ausdruck findet.[504]

Beim Bau der zweiten Kolonnade gibt es Schwierigkeiten. Der Wiesenbrunnen, der seit der ersten Verlegung 1810 an der Stelle des geplanten östlichen Eckpavillons der Kolonnade liegt, muß erneut, nun an den Rand des späteren Warmen Damms, verlegt werden. Außerdem erfordert das nach Westen und Süden leicht abfallende Terrain ein höheres Treppenpodest zur Wilhelmstraße und einen Unterbau an der westlichen Rückseite, den man zum Einbau von Souterrains nutzt. Im Mittelteil erhält der damalige Spielbankpächter Antoine Chabert, der zur Finanzierung des Bauwerks 130.000 Gulden Pachtvorschuß beisteuern muß, eine Wohnung.[505]

Die Kunsthistorikerin Ulrike v. Hase sieht in der Anlage der Kolonnaden einen Mißgriff, der „Zais' Prinzip der kühlen Distanziertheit" des Kurbezirks ins Gegenteil verkehre.[506] Diese Kritik stößt jedoch dadurch ins Leere, daß schon der erste Entwurf im Publicandum von 1807 von einem Gesellschaftshaus ausging, dessen Seitenflügel als halbkreisförmig weit nach vorn ausschwingende Kolonnaden gestaltet waren. Sie hätten die Distanz zwischen Gesellschaftshaus und Wilhelmstraße fast halbiert. Durch die 1839 vollendete geschlossene Form erhält die Exklusivität des Kurbezirks eher einen zusätzlichen Akzent.

Ein zweiter Kritikpunkt v. Hases ist der, daß die Kolonnaden nicht für Kurzwecke (Trinkkuren), sondern für Geschäfte und die Unterbringung der Wachmannschaft eingerichtet worden seien. Damals dachte man jedoch praktischer, als wir uns das nach unseren äthetischen Gesichtspunkten heute vorstellen. Dr. Wilhelm Zais, Sohn des Baumeisters Christian Zais, der sich in vieler Hinsicht für die Entwicklung der Wiesbadener Kur einsetzte, sah in den neuen Läden zusammen mit den Kaufständen am Kurhaus und den Geschäften in den benachbarten Straßen der Stadt eine „kleine Messe“, die er sogar noch zu einem „Vereinigungspunkte der schönsten Industrieerzeugnisse des ganzen Rheingebiets“ erweitert sehen wollte. Unter den Kaufläden gebe es viele, die „dem Maidan von Ispahan nicht unähnlich, den Bazars der größten Städte des Orients zur Zierde gereichen würden“.[507] Dr. Zais schwärmte von den böhmischen Glaswaren, „Gefässe aller Art in den auserwähltesten und schönsten Formen, im reinsten Krystalle schimmernd oder mit den glänzendsten Farben prangend“. Er lobte die kunstreichen Elfenbeinarbeiten, Bijouterie- und Juwelierwaren, „aus welchen in den sinnreichsten Formen und Fassungen die Diamanten hervorblitzen“, sowie die „reiche und schöne Auswahl an Seiden-, Kaschemir- und sonstigen feinen und eleganten Stoffen“, die dort angeboten wurden.

Die ersten wissenschaftlichen Untersuchungen der Thermalquellen

Voraussetzungen

Das 19. Jahrhundert bringt den Aufstieg Wiesbadens zur Weltkurstadt. Es ist auch das Jahrhundert der Naturwissenschaften. Ihre Erkenntnisse beeinflussen alle Gebiete der menschlichen Zivilisation. Herkunft, Zusammensetzung und heilende Wirkung der heißen Quellen bleiben nicht länger das von den antiken Naturphilosophen nur unzureichend gelüftete Geheimnis der Natur, dem auch die mittelalterlichen und frühneuzeitlichen Naturforscher nur in kleinen Schritten näher gekommen waren. Die neue Wissenschaft von der chemischen Natur der Stoffe hat für die Entwicklung der modernen Bäderkunde eine entscheidende Bedeutung erlangt.

Einer der ersten Chemiker, die diese neuen Wege beschreiten, ist der Schwede Torbern Bergman (1735–1784). Er lehrt, daß man, um Wässer erkennen und definieren zu können, ihre Bestandteile chemisch bestimmen müsse.[508] Dabei komme es auf Genauigkeiten von 1:100.000 an, d.h., es müßten 0,01 Teile (g) eines Stoffes in 1.000 Teilen (1 kg) des Wassers nachgewiesen werden. Und zwar durch Zugabe von Reagenzien, die mit bestimmten Inhaltsstoffen einen Niederschlag erzeugen oder eine Farbänderung hervorrufen. Den Niederschlag muß man abtrennen und wiegen, die Identität der Bestandteile des Niederschlags durch Behandlung mit verschiedenen Lösemitteln und erneute Reagenzienzugabe definieren. Farbänderungen sind spezifisch für die Anwesenheit bestimmter Substanzen, wobei die Farbdichte ein Maß für die

Menge der die Farbänderung hervorrufenden Substanz gibt. Hinzu kommt die Bestimmung der „Schwere" (des spezifischen Gewichts), der sauren oder alkalischen Reaktion des Wassers sowie der gasförmigen Inhaltsstoffe unter Berücksichtigung der Temperatur.

Mit der konsequenten Anwendung dieser Methodik in der Mineralwasseranalyse steht man der wissenschaftlichen Bestimmung der Inhaltsstoffe schon sehr nahe. Bei der Untersuchung des Wiesbadener Thermalwassers mit der von den Badeärzten Dr. Rauch und Dr. Speth 1737 herausgegebenen „Beschreibung der uralten Brunnen von Wiesbaden"[509] findet die einheimische „Forschung" Anschluß an diese Entwicklung. Der vom Herausgeber der vierten Auflage, Dr. Wernborner, 1761 angefügte experimentelle Teil[510] erreicht einen Kenntnistand, der an der Schwelle zur modernen Chemie steht. Die Grenzen seiner Kenntnisse sind die Grenzen der damaligen Wissenschaft.

Dr. Peter Pasquay

Ein Beispiel für die Ansätze einer Analytik an der Schwelle der Wissenschaft stellen die Arbeiten des Dr. med. Peter Pasquay (1719–1777) dar. Pasquay ist ein Frankfurter Arzt,[511] der 1748 eine Abhandlung über die Untersuchung des Frankfurter „Gemeinen Wassers" nebst einer „gleichmäßigen Untersuchung und Beurtheilung" einiger Mineralbrunnen des Taunusgebietes und des „Wißbader Wassers" (wahrscheinlich des Kochbrunnens) veröffentlicht hat.[512]

Nach der Sinnenprüfung (Geruch, Geschmack, Aussehen, Temperatur) untersucht er die mineralischen Eigenschaften der Wässer. Das Wiesbadener Wasser zeigt „oben gar bald ein Häutlein", das sich beim Stehenlassen auf dem Boden als eine „mehr schleimichte gelbe Erde" absetzt, die „als was eisenhaften gleich sahe" (flockiges Eisenhydroxid/-carbonat). Von „zwey Schoppen" (1 Liter) erhält er bei langsamem Wegdunsten bei gelinder Wärme 94 Gran „von einem trockenen Wesen" (lat. granum = Korn; 1 Gran entsprach ursprünglich dem Gewicht eines getrockneten Pfefferkorns = 0,06 g, das „trockene Wesen" ist der Eindampfrückstand). Beim langsamen Eindampfen schmeckte das Wasser „je länger je saltziger".

Daß er „mineralischen Geist" (Kohlensäure) im Wißbader Wasser vermißt, wird verständlich, wenn man bedenkt, daß er es mit den Säuerlingen, insbesondere dem Schwalbacher Wasser, vergleicht. Stattdessen hat das Wiesbadener von allen untersuchten Wässern den höchsten Gehalt an festen Inhaltsstoffen. Pasquay trennt das beim Abdampfen zurückgebliebene „trockene Wesen" (94 Gran) durch Übergießen mit reinem Wasser und Filtrieren über „Fließ-Papier". Im Filtrat befindet sich das wasserlösliche „Saltz" (84 Gran), auf dem Filter zurück bleibt die wasserunlösliche „Erde" (9 Gran). „Salpeter-Geist" löst die Erde unter starkem Schäumen, Essig nicht. Der Geschmack der Salzlösung ist „in nichts von gemeinem Küchen-Saltz zu unterscheiden".

Pasquay macht nun verschiedene Versuche durch Zugabe von Reagenzien zum unveränderten Thermalwasser und zu dem in destilliertem Wasser gelösten Salz. Die hier im einzelnen nicht zu beschreibenden Versuche zeigen, daß der methodische Ansatz von Pasquay richtig ist, wenn auch sein „dilletantisches“ Experimentieren das systematische Vorgehen des schwedischen Chemikers Bergman noch nicht erreicht. Pasquays Ergebnisse liegen im Kern der Aussage nicht weit von dem, was wir heute wissen. Pasquay, der offenbar von einer Trinkkur ausgeht, schließt, daß die heilsamen Wirkungen des Wiesbadener Thermalwassers sich „aus dem häufigen Mittel-Saltz, aus seinen Eisen-Theilchen, aus seiner Wärme, und wohl aus seiner großen Schwere [dem hohen Salzgehalt] erklären lassen“.

Brunnenarzt Dr. Friedrich Lehr

Der Brunnenarzt und seit 1794 „zweite Stadt- und Landphysicus“ Dr. Friedrich Lehr nennt in seiner 1799 veröffentlichten „Kurzen Beschreibung Wiesbadens und seiner warmen Mineralquellen“ als Bestandteile der warmen Quellen eine „beträchtliche Menge an Kochsalz, Mittelsalz, Bittererde, etwas weniges Eisen, und viel fixe Luft oder kohlensaures Gas“.[513] Kochsalz ist der bis dahin immer als „Küchensalz“ bezeichnete Hauptbestandteil (Natriumchlorid). Mittelsalze sind, wie man aus dem ein Jahr später erschienenen Buch von Dr. Georg Heinrich Ritter entnehmen kann, Carbonate („kohlensaure Laugensalze“).[514] Mit Bittererde dürfte Magnesiumsulfat gemeint sein, da häufig davon die Rede ist, daß es „purgirend“ (abführend) wirke.

Dr. Lehr ist der erste Brunnenarzt, der die physiologische Wirkung des getrunkenen Wassers halbwegs wissenschaftlich darstellt und die Indikationen beschreibt, wie im Kapitel über die Entwicklung der Wiesbadener „Trinkkur“ bereits dargestellt wurde. Lehr schreibt, daß er seine Kenntnisse über die Inhaltsstoffe des Wassers aus eigenen Versuchen gewonnen habe. Doch „welche chemischen Hilfsmittel mir diese Bestandtheile zeigten, (...), auf welche Art ich meine Versuche damit anstellte“, darüber erhalte das Publikum „Rechenschaft“ in einer geplanten „größeren Abhandlung“, die „schon zum Theil im Manuskript in Pulten liegt“. Sie ist aber nie erschienen. Da er in seinem Buch nur ganz allgemeine Angaben macht, fragt man sich, woher er die für die Wiesbadener Brunnenliteratur neuen Bezeichnungen wie Mittelsalze, Bittererde oder Kochsalz kennt.

Ein Vergleich seines Textes mit den Angaben im Buch des „ersten Stadt- und Landphysikus“ Ritter legt die Vermutung nahe, daß Lehr die Namen für die Inhaltsstoffe des Thermalwassers von diesem übernommen hat. Ritter hat seinen Versuchen ein gründliches Literaturstudium vorausgehen lassen, was die zahlreichen im Text verzeichneten Zitate, darunter auch von Torbern Bergman, beweisen. Er ist also auf dem Gebiet der chemischen Nomenklatur aufs beste orientiert, und er kennt sich in der analytischen Chemie (so weit man diesen Begriff schon verwenden kann) offensichtlich besser aus als sein Kollege Lehr, was den Wert von Lehrs Büchlein jedoch keineswegs schmälert. Es hat andere Stärken. Sieht man von dem „chemischen und physiologischen“ Kapitel ab, verraten Inhalt und erzählerischer Stil, daß Lehr nicht nur Badearzt und Lokalpatriot, sondern auch ein Schöngeist war.[515]

Stadtphysikus Dr. Georg Heinrich Ritter

Während das Büchlein von Dr. Lehr für die Kurgäste bestimmt ist, legt der gelehrte Dr. Ritter ein Jahr später mit seinen „Denkwürdigkeiten der Stadt Wiesbaden und der benachbarten Gegend in vorzüglicher Hinsicht ihrer sämtlichen Mineralquellen" ein überwiegend für die Fachwelt bestimmtes Werk vor. Auch dieses Buch bleibt unvollendet, der angekündigte „Zweite Theil" ist nie erschienen.[516]

In einer Schrift des Wiesbadener Arztes Dr. Georg Handel von 1799 erfahren wir, daß Ritter an einem „Wasser-Opus" arbeite, das vermutlich bald, aber etwas verspätet erscheinen werde, da der Hofapotheker Eberlein und sein Gehilfe Kühne „die dahin zielenden chemischen Versuche erst vor kurzem beendigt haben".[517] Ritter beschreibt sehr genau die Versuche, „die er unter seinen Augen anstellen sah und vollenden half".[518]

Das Buch enthält drei Hauptkapitel: Geschichte, Topographie, Physik und Chemie, samt Anhang, von denen hier nur das dritte Kapitel interessiert. Vor der Beschreibung der Versuche nimmt der Autor ein Ergebnis vorweg, nämlich, daß der „innere Gehalt" der verschiedenen Quellen „bei weitem nicht ein und derselbe" und die Abweichungen, „vorzüglich der mineralischen Reichhaltigkeit", beträchtlich seien. Sie müßten „in sehr vielen Fällen (...) durchaus in reifliche Erwägung gezogen werden".[519]

Seine Erkenntnisse beziehen sich auf vier Quellen, die er nicht namentlich nennt, da sie Privateigentum seien und er die Interessen der Besitzer durch Angabe der unterschiedlichen Gehalte an Mineralstoffen nicht beeinträchtigen möchte. Wir können aber davon ausgehen, daß er neben Kochbrunnen, Adler- und Schützenhofquelle eine ihm zugängliche Sekundärquelle untersucht hat. Die Ergebnisse sind, verglichen mit den heute bekannten Werten, nicht ganz übereinstimmend, was unter den gegebenen Umständen nicht zu verwundern ist. Die Untersuchungsmethoden entsprechen denen des 18. Jahrhunderts. Auch besitzt die Hofapotheke in der Langgasse (heute Schützenhofapotheke) nur ein einfach ausgerüstetes Labor, und der Apotheker Eberlein ist kein mit wissenschaftlichen Methoden vertrauter Chemiker.

Einige Versuche sind wegen ihrer Originalität bemerkenswert. So weisen Ritter bzw. seine „Assistenten" die freie Kohlensäure dadurch nach, daß sie eine weiße Glasflasche mit „vier Pfund frisch bereitetem reinem Kalkwasser" dicht über den 70 °C heißen Strudel des Kochbrunnens halten, sie bis auf den achten Teil vorsichtig entleeren und dann wieder verstopfen. Die dabei aus der „kochenden" Quelle in die Flasche eingetretene Luft „hatte kohlensauren Kalk niedergeschlagen, der sich durch reine Essigsäure unter Aufbrausen vollkommen auflöste".[520]

Ritters Beobachtung, daß „diese Mineralwässer weit später erkalten als gemeines, zu der nemlichen Temperatur erhitztes" Wasser, läßt ihn an den Satz des Plinius denken, „es bleibe bis zum dritten Tage warm". Ritter meint, die „nicht ganz abzuläugnende Leichtglaubigkeit" dieses sonst für seine Zeit grossen Naturforschers habe ihm hier einen kleinen Streich gespielt, denn „gewiss ist´s, dass selbst einige Ohm Wasser aus der heissesten Quelle und in der wärmsten Jahreszeit, offen der Atmosphäre ausgesetzt, in weniger als 36 Stunden ganz erkaltet" sind.[521]

Es kann hier nicht der Ort sein, Ritters Versuche[522] weiter zu verfolgen. Er gibt an Inhaltsstoffen des Kochbrunnenwassers an: Kohlensaures Gas; Eisencarbonat; muriatisch saure Kalkerde (Calciumchlorid/-carbonat); muriatisch saure Bittererde (Magnesiumcarbonat/-chlorid); wenig schwefelsaure Kalkerde und Soda (Calcium- und Natriumsulfat); eine noch geringere Menge Thonerde sowie, als Hauptbestandteil, muriatische Soda (Natriumchlorid). Die Bittererden und Kalkerden faßt er als erdige Mittelsalze zusammen. Bei den quantitativen Versuchen trennt er die Carbonat-/Chlorid-Salze einzeln auf. Da er dabei von „Dezimalpfunden“ und „Kubikzoll“ und „Unzen“ Thermalwasser ausgeht und die Inhaltstoffe in „Gran“ angibt, ist es schwer, sie mit heutigen g/kg- oder g/Liter-Angaben zu vergleichen.

Mit Hilfe von essigsaurem Blei weist er nach, daß die Wiesbadener Quellen kein „hepatitisches Gas“ (Schwefelwasserstoff) enthalten.[523] Den Sinter erkennt er als „wahre Okkererde, ohne allen salinischen (Salz-)Gehalt“, der „kleine Eisentheilgen seine rothbraune Farbe geben“. Daneben findet er Spuren von Kieselerde. In einer besonderen Publikation befaßt er sich mit dem „Stickgas in den Quellen von Wiesbaden“.[524]

Einige Kuriosa zum Schluß: Auch Dr. Ritter bleibt noch der Vorstellung von einem speziellen „Wärmestoff“ verhaftet, dem allein es möglich ist, „dichte Wände unterirdischen Gesteins vermöge seiner [besonderen] Eigenschaften zu durchdringen“. Die auf diesen Wärmestoff zurückzuführende Wärme der Quellen „dünkt dem Gefühl, [eine Wärme] ganz anderer Art zu seyn“ als die des durch Feuer erhitzten reinen Wassers. Ein „Beweis“ ist ihm dafür, daß man seine Hand in der heißesten Quelle in den starksten Strudel tauchen könne („freilich nicht lange darin verweilen lassen“), ohne die Haut dadurch im geringsten zu verletzen. Zwar verwirft er die Annahme einer Körperlichkeit dieser Wärme; er hält sie aber nicht für einen bestimmten physikalischen Zustand des Wassers, sondern für ein dem Mineralwasser im Erdinnern beigemischtes „elastisches, höchst subtiles Fluidum“.[525]

Ritters Sinn für ungewöhnliche Ideen beweist sein Vorschlag, Hühnereier durch die Wärme der Quellen ausbrüten zu lassen. „Es wäre ein nicht geringer Vortheil für die Badegäste, ihnen durch diese wohlfeile Ausbrütungsmethode (die die Natur gratis übernimmt) zu jeder Zeit junge Hühner auftischen zu können.“ Er beschäftigt sich auch mit der Idee, den Überfluß an muriatischer Soda in großer Menge auszuscheiden und „rein zu krystallisieren“, also der Salzgewinnung aus Kochbrunnenwasser. Das Vorhaben solle früher schon einmal versucht worden sein, jedoch ohne Erfolg, wobei unentschieden sei, ob dabei „Ungeschicklichkeit oder Betrügerei die Ursache war“.[526]

Als Badearzt beschreibt er auch die medizinischen Wirkungen der Wiesbadener Heilquellen. In Hufelands Journal veröffentlicht er zwei Aufsätze, die sich mit der Badekur in Wiesbaden 1797 und „neueren Erfahrungen über die Heilkräfte dieser Quellen“ befassen.[527] In seinem Buch beschäftigt er sich mit dem Prinzip der Wirkung der Bäder auf den menschlichen Organismus.[528] Er bemüht sich um eine „wissenschaftliche“ Interpretation dieser Wirkung, die er mit den Kenntnissen seiner Zeit freilich nur näherungsweise leisten kann.

Weitere Heilquellenliteratur Wiesbadener Badeärzte

Dr. Ritter war seit 1796 erster Stadt- und Landphysicus, d.h., er war der zuständige Amtsarzt. Sein in gleicher Funktion tätiger Nachfolger Dr. med. M. G. Thilenius ist der einzige Badearzt jener Jahre, der sich zwar um medizinische und hygienische Verbesserungen im Wiesbadener Badewesen sehr verdient gemacht, selbst aber kein Buch über die Wiesbadener Quellen verfaßt hat. Nach Dr. Lehr und Dr. Ritter haben 1823 gleich zwei Badeärzte Beschreibungen der Heilquellen von Wiesbaden vorgelegt: Dr. med. Georg Christoph Wilhelm Rullmann, ein Neffe von Dr. Lehr, der von 1818 von 1837 praktizierte, und der seit 1813 in Wiesbaden niedergelassene, später als beamteter Medizinalrat tätige Dr. med. Heinrich August Peez (1818–1841).[529] Rullmann beschreibt außer den heißen Quellen als einziger einige weitgehend unbeachtete kalte Quellen: „Müller Steiner's Brunnen", Walramstraße, Quellen „im Beringe des Schützenhofs" und im Hof des Badhauses „Adler", deren Mineralsalzgehalt sich wie der des Faulbrunnens erkläre.[530]

Medizinalrat Peez setzt sein Buch bewußt zur Hebung der Badekultur und ihres Erfolgs über die Grenzen Deutschlands hinaus ein. Goethe nennt es am 6. August 1824 in seinem Tagebuch „ein vorzüglich gut geschriebenes Werk". 1831 erscheint die zweite, erweiterte Auflage, 1830 eine englische, 1833 eine französische und eine für das russische Publikum bestimmte lateinische Ausgabe. Er ist ein eifriger Befürworter der Trinkkur und wirbt für den Ausbau der Winterkur. Ein ähnliches Ziel verfolgt Dr. med. Gustav Heinrich Richter.[531] Im Untertitel eines seiner Bücher verweist er auf Wiesbaden als „Kurort für jede Jahreszeit unter besonderer Bezugnahme auf die Zulässigkeit des Gebrauchs von Winterkuren" für „rheumatische und gichtige Leiden".

Durch ihre Schriften über die Heilquellen und ihre Erfahrungen als Badeärzte haben die genannten Autoren sich große Verdienste um die hiesige Kur erworben. Denn bei allen Bemühungen um Wissenschaftlichkeit bleiben Badekuren in erster Linie immer eine Sache der Erfahrung. Auch manche Anregung für Neuentwicklungen ging von den Ärzten aus: bei der Gestaltung der Trinkkur und bei der Förderung ganzjähriger Kuren, für die sich insbesondere Dr. Peez eingesetzt hat, der, ein Kuriosum am Rande, eine Wiesbadener „Sinterseife" entwickelt und, wenn auch mit geringem Erfolg, propagiert hat.

Professor Dr. Karl Wilhelm Gottlob Kastner

Während alle bisher beschriebenen Untersuchungen an den Wiesbadener Thermalquellen auf das persönliche wissenschaftliche Interesse der betreffenden Personen zurückgehen, erfolgen die des Erlanger Professors Dr. Karl Wilhelm Gottlob Kastner im Auftrag der Herzoglichen Regierung. Kastner hatte in den Jahren 1806/07 die heißen Quellen in Baden-Baden untersucht, wodurch ihm der Ruf vorauseilte, einer der am besten für solche Arbeiten qualifizierten Chemiker zu sein.

Die in mehreren Aufsätzen in dem für das breitere Publikum schwer zugänglichen „Archiv für die gesamte Naturkunde" publizierten Analysen werden von Dr. Rullmann und danach auch noch von weiteren Badeärzten in ihren Beschreibungen der

Wiesbadener Heilquellen ausführlich zitiert.[532] Dort sind alle wesentlichen Daten in einer für die Wiesbadener Lokalgeschichte aufbereiteten Form zusammengefaßt.

Dr. Rullmann berichtet, wie es zur Berufung Kastners kam: Seit der von Dr. Ritter „nun vor 20 Jahren angestellten und noch nicht vollendeten Untersuchung unseres Mineralwassers wurde keine weitere Forschung darüber versucht, während doch unterdessen die Naturwissenschaften fast um ein Jahrhundert weiter vorgerückt" seien. Daher habe die nassauische Regierung 1821 den Professor Kastner damit beauftragt, „eine neue und genaue physikalisch-chemische Untersuchung hiesiger Quellen vornehmen zu lassen". Rullmann stellt in seinem Buch die „Hauptresultate dieser Untersuchung meines ehemaligen Lehrers" vor, der er selbst „fast durchgängig" beigewohnt habe. Er erwähnt dabei auch die Versuche des Hofapothekers Lade, „ein geschickter Chemiker, der auch nachher Herrn Hofrath Kastner bei der Mehrzahl seiner Versuche begleitete und unterstützte".

Kastners Angaben zu Farbe und Geschmack weichen nicht von früheren ab. Das „Eigengewicht" (spezif. Gewicht) des Kochbrunnenwassers bestimmt er bei 15 °C mit 1,0063 (R. Fresenius 1849: 1,00666), das der „minder heißen Quelle (Schützenhofquelle) mit 1,005125; die übrigen Quellen nähern sich meist einem Wert von 1,0062. Die Temperatur des Kochbrunnens gibt er mit 70,125 °C an, die der Schützenhofquelle mit 48,125 °C, was den heutigen Werten ziemlich nahekommt.

Kastner bestimmt die erhöhte Wärmekapazität als „Erkältungsdauer", d.i. die Zeit, die das Wasser braucht, um auf Raumtemperatur abzukühlen. Für Kochbrunnenwasser erhält er einen Faktor 1,375 (Schützenhofquelle 1,300) gegenüber 1,000 von destilliertem Wasser. Dieser Wert ist auch höher als bei künstlich hergestelltem „Kochbrunnenwasser". Das echte Thermalwasser kühle deutlich langsamer ab.

Nach Kastner enthält Thermalwasser mehr „gebundene Wärme", die er von der „fühlbaren Wärme" des salzfreien Wassers unterscheidet. Es führe daher dem menschlichen Körper im Bad „verhältnismäßig mehr gebundene Wärme zu", während die fühlbare Wärme sich erst langsamer mitteile. Kastner bestätigt damit die schon erwähnte Feststellung Ritters, daß man den Arm länger in Thermalwasser halten könne, ohne ihn zu verletzen. Das elastische Wärmefluidum Ritters wird bei Kastner zu einem neuen Begriff, der „Mischungselektrizität".[533] Kastner benutzt zu ihrer Bestimmung eine galvanische Säule und stellt dabei eine „ungewöhnlich starke elektrische Spannung" im Verhältnis zu destilliertem Wasser fest.

Die Beobachtungen Kastners zeigen, daß es auch für einen ausgewiesenen Wissenschaftler seiner Zeit noch schwer ist, sich von fiktiven Ideen wie „Wärmestoff" und „Mischungselektrizität" zu lösen. Andererseits bildet die Beobachtung der erhöhten elektrischen Spannung jedoch eine Vorstufe zur heutigen elektrischen Leitfähigkeit, die den Zerfall der gelösten Salze in ihre Ionen zur Voraussetzung hat. Kastner kommt dem schon sehr nahe, wenn er schreibt, daß „wir [im Thermalwasser] nicht gemischte Salze, sondern nur Salzbestandteile – in einigen nur Salzbasen, in andern nur Säuren zu erwarten hätten",[534] was, in heutiger Sprache ausgedrückt, nichts anderes heißt, als positiv und negativ geladene Ionen.

An „Säuren" weist Kastner nach: Kohlensäure, Schwefelsäure, Salzsäure und Kieselsäure, an „Salzbasen" Kalk, Talkerde, Natron, Kali, Eisenoxyd und Thonerde. „Nimmt man an, daß Säuren und Basen zu Salzen verbunden sind, würden folgende Salze vorhanden seyn": kohlensaure Talkerde (Magnesiumcarbonat), kohlensaurer Kalk (Calciumcarbonat) und kohlensaures Eisen (Eisencarbonat); schwefelsaures Natron (Natriumsulfat), und schwefelsaurer Kalk (Calciumsulfat), salzsaure Talkerde (Magnesiumchlorid), salzsaurer Kalk (Calciumchlorid), salzsaures Kali (Kaliumchlorid), kieselsaure Thonerde (Kieselsäure) und salzsaures Natron (Natriumchlorid). Dazu „Organisches Extract", freie Kohlensäure und Stickstoff, sowie „geringe Antheile" an Fluor, Brom und Jod. Spuren von Barium und Phosphor findet er im Wasser sowie Strontium und Mangan im Sinter.[535] Als Gesamtgehalt an Salzen der Wiesbadener Mineralquellen ermittelt er „42.000 bis 50.000 Pfund am Tag". Damit kommt er den Ergebnissen der modernen Messungen von 14.000 kg Kochsalz/Tag schon recht nahe.

Eigenartig ist, daß Kastner den Gehalt aller Inhaltsstoffe und auch des Hauptbestandteils der 14 von ihm untersuchten Wiesbadener Quellen (I.–XIV.) als gleich angibt, beim salzsauren Natron („Natrinchlorat" = Natriumchlorid) 45,741 Gran in 16 Unzen Thermalwasser. Daß das für die Sekundärquellen der Badhäuser Goldene Kette, Pariser Hof, Goldenes Kreuz, Sonnenberg, Stern, Drei Lilien, Kölnischer Hof, Zwei Böcke und Vierjahreszeiten keinesfalls zutrifft, war aber schon den Zeitgenossen bekannt. So schreibt Ritter, der Gehalt der verschiedenen Wiesbadener Quellen sei „bei weitem nicht ein und derselbe, die Abweichungen, vorzüglich der mineralischen Reichhaltigkeit, sind selbst beträchtlich".[536] Der Verdacht ist nicht von der Hand zu weisen, Kastner habe die Chlornatriumwerte der Nebenquellen gar nicht bestimmt, sondern einfach die Kochbrunnenwerte dafür eingesetzt – eine schwer verständliche, wissenschaftlich undiskutable Vorgehensweise.[537]

Obermedizinalrat Dr. Johann Karl Wilhelm Vogler

Der 1796 geborene Vogler beginnt 1818 seine Tätigkeit als Bataillonsarzt in Weilburg. 1837 nach Wiesbaden versetzt, erhält er 1840 den Dienstcharakter eines Obermedizinalrats. Nach dem Tod von Dr. Peez ernennt ihn der Herzog 1841 zum Brunnen- und Badearzt. 1863 pensioniert, stirbt er 1869 in Wiesbaden. Sein Buch über die „Quellen zu Wiesbaden" referiert ausführlich die Ergebnisse der Thermalwasseruntersuchungen von Professor Kastner. Ihm fällt auf, daß Kastner das „Eigengewicht" für alle untersuchten Quellen als gleich angibt, was nachweislich falsch ist.

Neu sind Voglers Angaben über die unterschiedlichen Temperaturen, spezifischen Gewichte, Salzkonzentrationen und Gehalte an Kohlensäure und Stickstoffgas in den verschiedenen Wiesbadener Thermalquellen. Bis dahin hatte man es immer vermieden, die Unterschiede bestimmten Quellen zuzuordnen, damit die Quellenbesitzer dadurch keine wirtschaftlichen Nachteile erlitten. Mit dem größeren Wissen darüber, daß unterschiedliche Temperaturen und Salzgehalte die Wirksamkeit des Wassers nicht wesentlich verändern, sind nun diese Rücksichtnahmen nicht mehr nötig. Die Diskussionen über die unterschiedlichen Ergebnisse der Analysen seit 1800 sind für den Fachmann bis heute lesenswert.

Auf sicherem Boden bewegt sich Vogler, wenn er über die Wirkungen des Wassers und die Anwendungen auf die verschiedenen Arten von Erkrankungen berichtet. Die Heilwirkung der Quellen faßt er so zusammen: „Entweder sollen sie, unterstützt von einer passenden Lebensweise, eine gewisse Ordnung in den Funktionen des Organismus hervorrufen, die in ihm wohnende *vis medicatrix naturae* [natürliche Heilkraft] entfalten und durch Wiedergewöhnung an den normalen Zustand des Körpers dessen Krankheit heilen. Oder sie sollen eine Krankheit durch Entfernung ihrer nächsten Ursache mittelst einer uns bekannten direkten Wirkung beheben".[538] Als besondere Indikationen nennt er Beschwerden der Atemwege, Gicht, Rheuma und Gelenkerkrankungen, Lähmungserscheinungen und Neuralgien.

Professor Dr. Carl Remigius Fresenius

Mit Carl Remigius Fresenius beginnt für das Wissen um die Zusammensetzung der Wiesbadener Thermalquellen ein neues Zeitalter. Der 1818 in Frankfurt geborene Sohn eines Rechtsanwalts beginnt nach abgeschlossener Apothekerlehre 1840 das Studium der Chemie an der Universität Bonn.[539] Noch bevor er 1841 nach Gießen geht, wo einer der bedeutendsten Chemiker seiner Zeit, Prof. Justus Liebig, lehrt, veröffentlicht er eine „Anleitung zur qualitativen chemischen Analyse",[540] die ihm schon als jungem Chemiker große Anerkennung verschafft. An der Universität Gießen vervollkommnet er in dem von Liebig eingerichteten ersten chemischen Experimentallaboratorium Deutschlands seine Kenntnisse der chemischen Analyse. Bei Liebig macht er erste Mineralwasseranalysen, was damit zusammenhängen mag, daß Liebig seinerseits um 1820 bei Professor Kastner, damals noch in Bonn, sein Studium begonnen hatte. Gleichzeitig macht Frese-

Professor Dr. Carl Remigius Fresenius (1818–1897)

nius sich in Gießen mit den agrikulturchemischen Forschungen Liebigs (Mineralstoffwechsel der Pflanzen, Anwendung von künstlicher Düngung) vertraut.

Auf Grund dieser Erfahrungen erhält der junge Privatdozent 1845 einen Ruf an die Landwirtschaftsschule Hof Geisberg. Die herzogliche Regierung will mit seiner Hilfe (außer der bestmöglichen Ausbildung der bäuerlichen Hoferben im Lande) die neuen Erkenntnisse für die Verbesserung der Landwirtschaft in Nassau nutzen. Aus dieser Aufgabe entwickelt sich die erweiterte Zielsetzung, die Hilfsmittel der Chemie für die Förderung der natürlichen Ressourcen im Herzogtum Nassau einzusetzen.

1848 gründet Fresenius in der Wiesbadener Kapellenstraße ein chemisches Untersuchungslaboratorium. Neben der Aufgabe, junge Menschen in dem zukunftsträchtigen Beruf der „praktischen Chemie" auszubilden, beginnt er mit der chemischen Analyse der natürlichen Rohstoffe des Nassauer Landes, unter denen von Anfang an die Untersuchung der zahlreichen Mineralquellen zwischen Rhein, Main und Lahn im Vordergrund steht. Die 1846 erschienene „Anleitung zur quantitativen chemischen Analyse",[541] die später unter ständiger Anpassung an den neuesten Stand der Wissenschaft immer wieder aufgelegt und in alle Weltsprachen übersetzt wird, schafft die Voraussetzung für die weiteren Arbeiten, bei denen es nicht nur auf die Art (Qualität) der zu bestimmenden Stoffe, sondern auch auf deren Menge (Konzentration), z.B. im Wiesbadener Thermalwasser, ankommt.

Die „Chemische Untersuchung der wichtigsten Mineralwässer des Herzogthums Nassau", deren Veröffentlichung sich über die Jahre 1850–1866 erstreckt, legt den Grundstein für alle späteren Arbeiten auf diesem Gebiet. Im ersten Kapitel beschreibt der Autor die Untersuchung des Wiesbadener Kochbrunnens. Die Kenntnis der physikalischen Eigenschaften und chemischen Zusammensetzung dieser Thermalquelle erreicht hier einen Standard, der bis heute Gültigkeit hat.

Was an den Arbeiten von Fresenius besticht, sind die Systematik der Methode, die Klarheit des Ausdrucks und die Verwendung der neuen Bezeichnungen der Stoffe (Nomenklatur), die seit dem Beginn des Jahrhunderts in der Chemie eine gewisse Verbindlichkeit erhalten haben. Er vergleicht die Ergebnisse der Analysen seiner Vorgänger (darunter der Hofapotheker Lade sen. und jun. und Kastner) mit seinen eigenen. Erstaunlich ist, mit welcher Gewißheit er von der Richtigkeit der eigenen Analysen ausgeht: „Entweder hat sich das Kochbrunnenwasser seit jenen Analysen ganz bedeutend verändert und ist im Ganzen erheblich gehaltreicher geworden, (was jedoch eigentlich gar nicht angenommen werden kann, indem sich sein specifisches Gewicht gleich blieb), – oder es war auch zur Zeit jener Analysen schon so zusammengesetzt wie gegenwärtig, und die Analysen sind unrichtig."[542]

Einen großen Fortschritt bedeutet es, daß Fresenius alle Werte auf 1.000 Teile (1 Kilogramm) Kochbrunnenwasser bezieht. Nun ist es möglich anzugeben: 1.000 Teile Wasser enthalten 8,26107 Teile feste Bestandteile (g/kg) und 6,83565 Teile (g/kg) Chlornatrium (Natriumchlorid). An Sinter unterscheidet er den „abgeschlämmten" und den „wirklichen". Der abgeschlämmte Sinter enthält Bestandteile, die „vorzugsweise durch Einwirkung des Sauerstoffs der Luft auf das Kochbrunnenwasser niederfallen"; sie bilden gelbbraune Flocken, die sich als ockerfarbener Schlamm in Thermalwasserableitungen (auch auf der Schale des „Springers" am Kochbrunnen) absetzen. Der „wirkliche" Sinter setzt sich an den Rändern und am Boden der Quellen ab und bildet dicke, graubraune Krusten, die an der Luft schnell hart werden. Geschlämmter Sinter besteht zu 60 % aus Eisen(III)-oxid, der „wirkliche" Sinter zu 90 % aus Calciumcarbonat (vgl. „Exkurs: Zwei Arten von Kochbrunnensinter", S. 31–32).

Endgültig räumt Fresenius mit den früheren Angaben über einen beachtlichen „Thonerde"-Gehalt auf (das *„alumen"* der Antike bzw. „Alaun" des Mittelalters). Der Sinter enthält davon nur eine „Spur", im Wasser selbst ist Thonerde nicht nachweisbar. Damit sind nun endlich die „Erblasten" der Antike, Schwefel, Alaun und das später als Salpeter mißverstandene Nitrum, als Bestandteile des Wiesbadener Thermalwassers verabschiedet. Sieht man davon ab, daß in der modernen Heilwasseranalyse die Inhaltsstoffe nicht mehr als Salze, sondern als sich komplementär ergänzende, elektrisch geladene Ionen, angegeben werden, hat sich an den von Fresenius 1849/50 für die Inhaltsstoffe des Kochbrunnenwassers ermittelten Werten bis ins 20. Jahrhundert nichts wesentliches geändert. Hinzugekommen sind eine Reihe von Spurenelementen, die aber erst mit Hilfe der von Bunsen und Kirchhoff in der zweiten Hälfte des 19. Jahrhunderts entwickelten Spektralanalyse nachgewiesen werden konnten.

Um abschließend ein Bild von dem tatsächlichen Charakter und der Qualität, d.h. der Konstanz des Kochbrunnenwassers, zu geben, die von 1849 bis heute regelmäßig durch das Freseniussche Untersuchungslaboratorium kontrolliert wurden, seien hier einige Zahlen angegeben.

Kochbrunnen:

Spezifisches Gewicht bei 15 °C:

1849	1,00666
1885	1,006627
1987	1,0043*

* Der Wert von 1987 ist nicht direkt vergleichbar, da er als Dichte bei 20 °C gemessen wurde.

Chlornatrium (Kochsalz) in 1.000 Teilen (g):

1849	6,83565
1885	6,828976
1936	6,770

Spätere Ergebnisse liegen als Salzangaben nicht mehr vor, da nur noch die vorhandenen Mengen an Chlorid- und Natrium-Ionen angegeben werden. Bei der Angabe der Chlorid-Ionen (als dem wertbestimmenden Bestandteil des Kochbrunnenwassers) wird die Konstanz des Heilwassers über 140 Jahre recht deutlich:

Chloridionen:

1849	4,6698 g/kg
1885	4,6578 g/kg
1904	4,656 g/kg
1935	4,618 g/kg
1950	4,632 g/kg
1965	4,605 g/kg
1987	4,511 g/kg*

* Der letzte Wert ist nur bedingt vergleichbar, weil durch die Brunnenbohrung von 1965 neue Verhältnisse geschaffen wurden, die nicht mehr denen der alten Tümpelfassung entsprechen (s. dazu S. 372–374).

Freie Kohlensäure:

1849	0,31653 g/kg nach C. R. Fresenius
1885	0,29660 g/kg nach R. Fresenius
1966	0,332 g/kg nach W. Fresenius und W. Schneider
1987	0,467 g/l* nach W. Fresenius

* Hier sind wieder die geänderten Bedingungen der jetzt bis in 43 m Tiefe verrohrten Quelle zu berücksichtigen.

Dr. Arnold Pagenstecher und Dr. Guido Sandberger

Nach Remigius Fresenius erscheinen noch zahlreiche Schriften, die sich mit den Heilquellen Wiesbadens, vor allem aber mit deren Wirkungen aus medizinischer Sicht befassen. Von letzteren sei hier vor allem das Werk von Dr. Arnold Pagenstecher: „Wiesbaden in medizinisch-topographischer Beziehung" (1870) erwähnt, das wohl die nachhaltigste Wirkung auf die Entwicklung der Wiesbadener Kur in preußischer Zeit gehabt hat.[543] Unter vornehmlich geologischen Gesichtspunkten gehen ihm die Arbeiten von Dr. Guido Sandberger voraus, dessen Werk „Wiesbaden und seine Thermen" (1861) bis heute nachwirkt.[544]

Steigende Kurgastzahlen

Die Kurlisten

Das Wachstum des Kurbetriebs, die Orientierung im deutschen und europäischen Vergleich läßt sich an mehreren Faktoren ablesen. Keiner gibt den jeweiligen Stand besser wieder als die jährlichen Besucherzahlen. Sie ergeben sich aus den gesammelten Ankunfts-, Aufenthalts- und Abreisedaten der Badhäuser, die in Kurlisten festgehalten wurden. Ihre Genauigkeit hängt von der Zuverlässigkeit ab, mit der die Daten in den Badhäusern erfaßt wurden, was oft genug Anlaß zu Beanstandungen unterschiedlichster Art gab.

Die Kurlisten sind ein Bestandteil des „Wiesbader Wochenblatts", das aus den seit 1770 erscheinenden „Hoch Fürstlich Nassau-Saarbrücken-Usingischen privilegierten gemeinnützigen Wiesbader Nachrichten und Anzeige" hervorgegangen ist. Laut Polizeiverfügung vom 14. August 1779 müssen die Namen aller Gäste, nicht nur der neu angekommenen, wöchentlich abgedruckt werden. Die Listen umfassen die Badhäuser in alphabetischer Reihenfolge. Am Schluß ist das Hospitalbad aufgeführt, dahinter die jüdischen Badhäuser „Im halben Mond" und „Zum Rebhuhn".

Nach einer Statistik des Wiesbader Wochenblattes von 1802 liegt die Zahl der Kurgäste zwischen 1782 und 1801 bei durchschnittlich 5.000.[545] 1801 sind es 12.815 Personen, darunter 2.039 Durchreisende, 359 im Hospital Aufgenommene und 10.417 Kurgäste. 1816 sind 10.130 Fremde registriert.[546] Nicht ganz unberechtigt kritisiert 1818 der Frankfurter Pfarrer Anton Kirchner das Großtun mit diesen Zahlen: „Jeder bettelnde Handwerksbursche, der hier ein Nachtlager sucht, jeder Leiervirtuos, jeder Schacherjude wird in den Reihen der Badegäste aufgeführt. Kein Wunder, daß die fortlaufende Nummer der sämtlichen Fremden über 9.000, ja in manchen Jahren über 10.000 Namen ausgibt."[547]

Eine große Schwierigkeit bedeutet die Unterscheidung zwischen gewöhnlichen Reisenden, Durchreisenden (Reisen mit der Postkutsche pflegte man an Orten mit geeigneten Übernachtungsmöglichkeiten zu unterbrechen) und echten Kurgästen. Erst ab 1822 wird in den offiziellen Listen zwischen Kurgästen und Durchreisenden unterschieden. Waren von den 1822 gezählten 13.856 Gästen nur etwa 6.956 Personen Kurgäste, so nimmt ihre Zahl in den folgenden zwei Jahrzehnten langsam, aber stetig zu. 1846 sind es bereits 14.030 Kurgäste und 20.487 Durchgereiste, zusammen 34.517 Personen.[548]

Die Genauigkeit der Zahlen gibt immer wieder Anlaß zu Kritik. Die häufigste Klage ist, daß die Badwirte „die Nachtzeddel so nachläßig und vitiös [fehlerhaft] geschrieben" haben, daß „Irrungen in der Druckerey" unterlaufen.[549] Die Behörden selbst sind nicht ganz unschuldig, denn die Herzogliche Polizei-Direktion hat die Regeln für das Führen der Fremdenbücher und die Art der Publikation so häufig geändert, daß Fehler vorprogrammiert sind. Eine systematische Auswertung ist deshalb nur schwer durchführbar. Struck hat die Liste der Kurgäste im Wochenblatt von 1801, in dem angegeben ist, wann die Gäste eintrafen, mit etwa 2.000 durchgezählt.[550] Familienangehörige, Diener und Zofen sind zahlenmäßig meistens nicht erfaßt. Häufig werden die Namen der Gäste während ihres Aufenthalts mehrfach wiederholt. Wechseln sie das Badhaus, z.B. 1814 „Hr. v. Göthe, Geheimerrath, mit Bed(ienung), Weimar", erst im „Adler", eine Woche später im „Bären", werden sie jedesmal als neu angekommen aufgeführt.

Auch der Versuch, die Gäste nach Herkunft, Beruf und Aufenthaltsdauer zu erfassen, führt wegen der Lückenhaftigkeit der Daten nicht zu einem zufriedenstellenden Ergebnis. Struck gibt für die Jahre 1806 bis 1814 eine zusammengefaßte Übersicht.

Danach überwiegt das bürgerliche Element. In größerer Zahl kommen auch Hofbeamte und Militärs. Auffallend sind die beachtliche Zahl allein reisender Damen und die häufig vorkommende Berufsbezeichnung „Handelsfrau". Besonders stark vertreten sind Gäste aus Frankfurt und Mainz. Internationales Publikum gibt es 1806 aus Dänemark, Paris, Italien, Mähren, Ungarn und Petersburg, aus Amerika (Philadelphia) und Batavia, außerdem halten sich hohe französische Offiziere in Wiesbaden auf. Im Jahr 1814 weilen zur Kur die russische Großfürstin Katharina, Schwester des Zaren, der Großherzog von Mecklenburg-Strelitz, Herzog Karl August von Sachsen-Weimar, der Kurprinz von Hessen und der Großherzog von Luxemburg.

Kritische Stimmen

Trotz aller Unzulänglichkeiten sind die Kurlisten eine wichtige Quelle für die Stadtgeschichte. Unter den Gästen gibt es jedoch auch solche, die dieser Einschreibepflicht nur unwillig Folge leisten. So schreibt der bereits erwähnte Pfarrer Anton Kirchner: „Ist man durch die neuen Straßen der kalten Stadt in die etwas schmutzigen und schlechtgepflasterten Straßen jener warmen Stadt, wo hundert Krüppel und Lahme, aus allen Gegenden der Erde zusammengelesen, das Indigenat [Heimatrecht] besitzen, eingedrungen, und endlich am Ziele angelangt, so bringt auch schon ein dienstbarer Geist Dinte und Feder, den Namen der Ankömmlinge, nebst Stand und Würden für die Badelisten anzumerken. Eine lästige Sitte! Im Bade wenigstens sollte jeder das Recht haben (...), ein Anonymus zu bleiben. (...) In der Gesellschaft müßte es erlaubt sein, sich einen beliebigen Namen zu wählen, Titel, Orden und Berlocken abzulegen, und ein paar Wochen nichts zu seyn als Mensch. (...) Wer im Bade wähnt, daß er mehr als Badegast sey, genirt Andere und stiftet Unfug." Obendrein werde der einzige nützliche Zweck, den Gästen „in geschwindester Geschwindigkeit den Namen der Befreundeten, die hier ankommen, mitzutheilen", verfehlt. Da nämlich das Blatt mit der Liste nur wöchentlich erscheine, lese der Ankommende zuweilen „den Namen seiner Bekannten erst, wenn sie schon mehrere Tage wieder abgereist sind".[551]

Kirchner beklagt überhaupt den Mangel an Geselligkeit unter den Badegästen. Diese Klage sei indessen „allen Bädern gemein, wo der Vereinigungspunkt des Brunnens" fehle (geschrieben 1818, also vor der Eröffnung des Ausschanks am Kochbrunnen von 1823). Wo sich die Gäste täglich zur bestimmten Stunde begegnen, fährt Kirchner fort, um gemeinschaftlich aus der Quelle der Gesundheit zu schöpfen, „entsteht auch bald eine innige Theilnahme am Leid und Heil des Andern". Nur so „werden Bekanntschaften gemacht, und diese bilden die Gesellschaft". Genau das fehle dort (z.B. in Wiesbaden), „wo die Kur nur im Baden besteht. Jeder pflegt nur seines Leibes, von Andern abgesondert, zu einer ihm bequemen Stunde. Nichts führt ihn zur Gemeinschaftlichkeit, Alles zur Absonderung!" Wer nach Vergnügen jage, bleibe besser zu Hause, denn der „Durst nach Zerstreuungen und wechselndem Genusse, der in so manchen Bädern heimisch ist, spielt hier eine sehr untergeordnete Rolle". Selbst die Spielbank finde in Wiesbaden nur laue Verehrer. „So manchen langweiligen Wochentag schlendern die Bankinteressenten in trauriger Muße umher, und nur die Hoffnung auf den Sonntag, welcher die Spiellustigen aus Frankfurt und Mainz herbeiführt, hält ihren Muth noch aufrecht."

Am Sonntag sei alles anders: „Schon an Frühmorgen kommen viele Wagen mit geputzten Herrn und Damen an." An der Wirtstafel im Kursaal muß man, „um Plätze zu finden, sie mehrere Tage zuvor belegen". Mit dem „Materiellen der Bewirthung kann man im allgemeinen zufrieden seyn (...), doch erlauben wir uns", schreibt Kirchner, „die bescheidene Bemerkung, dass der Bedienung – zumal im Kursaale – etwas mehr Gelenkigkeit und Höflichkeit zu wünschen wäre". Am Nachmittag gibt es einige Stunden lang „Bataillonsmusik". Um 9 Uhr abends beginnt der Ball. „Kaum erschallt die Musik, so hüpft, walzt und schleift die junge Welt unter dem blendenden Scheine der Lampen bis zum Anbruch des Tages." Die Sonntagsgäste „verschwinden jedoch mit dem Hahnengeschrei", am Montag ist „alles in sein ruhiges Geleise zurückgekehrt".

Das Wiesbadener Badeleben scheint dem Frankfurter Pfarrer nur wenig Genuß zu bereiten. Wenigstens die Heilkraft der Quellen schätzt er hoch genug ein. Deren Wirksamkeit führe dazu, daß die Stadt „einen der ersten Plätze unter den berühmtesten unsres Welttheils behauptet". Sie sei ein „Zufluchtsort für Hilfsbedürftige, die oft bei sonst gesundem Körper an Gliederschmerzen leiden, für welche die wohltätigste aller Wissenschaften, die Arzneikunde, noch kein wirksameres Mittel erfand, als Wiesbadens dampfende Quellen".

Die Ansichten Kirchners werden bestätigt durch die „Briefe eines in Deutschland reisenden Deutschen", des fränkischen Schriftstellers Carl Julius Weber (1767–1832). Er schreibt: „Wiesbaden gehört unter die recht eigentlichen Badeorte, denn man besucht sie (...) nicht um des Vergnügens, sondern um der Gesundheit willen, und daher mußte man früher, wo noch wenig für das so wirksame Bad geschehen war, durchaus Kranker oder wenigstens Frankfurter sein, wenn man nicht vor Langeweile krank werden wollte (...)."[552] Der letzte Hinweis bezieht sich darauf, daß die Frankfurter Gäste so zahlreich waren, daß sie sich wie eine eigene kleine Gemeinde fühlen und auch ohne besondere Veranstaltungen untereinander gesellig sein konnten.

Konkurrenzbad Baden-Baden

Diese für die Bemühungen der Stadt, den Ruf eines mondänen Kurortes zu erlangen, wenig ermutigenden Ansichten halten den stetigen Aufstieg Wiesbadens zu einem der führenden Kurbäder Deutschlands jedoch nicht auf. Schärfster Konkurrent mit gleicher Heilanzeige und ähnlicher Besucherklientel ist Baden-Baden. Seit dem Zuzug vieler Aristokraten und wohlhabender Emigranten, die die französische Revolution ins Tal der Oos verschlagen hat, ist der badische Kurort dabei, Wiesbaden den Rang abzulaufen. Das bis dahin ebenfalls konkurrierende Heilbad Aachen fällt in der ersten Hälfte des 19. Jahrhunderts zurück, als die wachsende Industrialisierung der Region dem Badewesen die Luft abschneidet.

Die Situation in Baden-Baden gleicht der in Wiesbaden. Der zum Großherzog von Napoleons Gnaden erhobene Landesherr fördert wie der Herzog von Nassau alle

Ressourcen seines Landes, unter denen die zwölf täglich 800.000 Liter Thermalwasser (bis 68 °C) liefernden Quellen zu den bedeutendsten gehören. Sie sind eingebettet in eine Landschaft, die der Wiesbadener nicht nachsteht. Das 1824 von dem Karlsruher Oberbaudirektor Karl Weinbrenner im klassizistischen Stil erbaute Gesellschaftshaus mit einer von korinthischen Säulen getragenen Vorhalle, die Anklänge an Wiesbaden erkennen läßt, wird fünfzehn Jahre später innen zu einer „gesellschaftlichen Bühne luxuriösen Pomps“ umgebaut.[553] Mondäne Kur- und Badehotels, herrschaftliche Villen und kleine Pensionen sind umgeben von weiträumigen Parks. Zwischen Kur und Spielbank entwickelt sich eine ähnliche „Symbiose“ wie in Wiesbaden.

Die nassauische Metropole ist gefordert, den Wettstreit um die Gunst des Publikums aufzunehmen. Gesellschaftshaus und Spielbank werden neben dem natürlichen „Kapital“ der heißen Quellen zum wichtigsten Anziehungspunkt. Die Spielbank, die fünfzig Jahre vorher, aus der Verlegenheit heraus, der Konkurrenz in Langenschwalbach Paroli bieten zu müssen, mit wenig Begeisterung unter die „Musen“ der Wiesbadener Kur aufgenommen worden ist, steigt innerhalb weniger Jahrzehnte zur tragenden Stütze des Kurbetriebs auf. Ohne das Geld, das die Spielbank, direkt oder indirekt, in den Kurbetrieb investiert, hätte Wiesbaden den Wettlauf mit Baden-Baden nur schwer bestehen können.

Die Verschönerung des Stadtbilds

Die verstärkten Bemühungen der Landesregierung zur Hebung der Kur tragen allmählich Früchte. In der „Ära Zais“, zu deren Gesamtbild nicht nur Christian Zais, sondern auch Baudirektor Florian Goetz und in gewissem Maße der Bibliothekar Bernhard Hundeshagen als Mitglied des Baupolizeiamts wesentlich beigetragen haben, ist eine Stadt entstanden, in der nur noch wenig an das verschlafene Kurbad des 18. Jahrhunderts erinnert. Zwar tun sich die Einwohner des Städtchens noch schwer, sich von alten Gewohnheiten zu lösen. Allmählich tritt aber ein Stimmungsumschwung ein.

Die Verwaltung unter Generaldomänendirektor Ludwig Christian von Rößler setzt alles daran, den Fremden jede Art von Annehmlichkeiten zu bieten. Im Kurhaus wird im Frühjahr 1822 das Meublement teilweise erneuert und die Beleuchtung durch Einführung von „Liverpool-Hängelampen“ verbessert. Der Kupferstichhändler Raffaele Sanzio eröffnet in einem Teil seines Ladens im Südpavillon ein Lesekabinett, in dem einheimische und auswärtige Zeitungen und eine Anzahl gängiger Bücher ausgelegt werden. Lesekabinette stehen in einer Zeit ohne Rundfunk und Fernsehen hoch im Kurs.

Die Wilhelmstraße wird bis zum Kureck in voller Breite ausgebaut. Stadtseitig entsteht 1818 das Blocksche Haus („Hotel Block“), 1826/27 das neue Theater. Bis 1824 ist die 36 Fuß (12 Meter) breite Fahrbahn in ihrer ganzen Länge gepflastert, die 12 Fuß breiten Gehwege sind mit Sandsteinplatten befestigt. Ein Kiesweg und Prellsteine, die durch Ketten miteinander verbunden sind, trennen zum Schutz der Platanenbäume Fahrbahn und Allee.[554] Die Zahl der Straßenlaternen wird bis 1826 auf

Theaterplatz und obere Wilhelmstraße.
Von links: Hotel und Badhaus Nassauer Hof, Hoftheater, Hotel Block, Berliner Hof, Westpavillon der alten Kolonnade.
Stich nach einer Zeichnung von Jacob Zingel, um 1830

über einhundert erhöht. Säulen aus Sandstein dienen als Laternenträger, die Lampen sind nach einem einheitlichen Modell aus Eisen- und Zinkblech geformt. Im Lampeninnern angebrachte Spiegel verstärken die Leuchtkraft; holländisches Rüböl dient als Brennstoff.[555]

Auch die übrige Stadt wird in die Bemühungen zur Verbesserung des Erscheinungsbilds für die Besucher einbezogen. Man will den Kurgästen nicht nur an der Wilhelmstraße, am Sonnenberger Tor und beim Kochbrunnen ein gefälliges Ambiente bieten. Mit dem Bau der ersten vier Häuser der Vorstadt (untere Marktstraße) waren 1803/04 die Weichen für die neue Stadtplanung gestellt. Alle Häuser in den neuen Stadtvierteln werden nach dem von Goetz und Zais entwickelten Fluchtlinienplan zur Straßenfront ausgerichtet. Die Behörde erläßt genaue Vorschriften über die Größe der Häuser, Höhe der Sockel, Normen für die Fenster und die Farbe des Verputzes. Es dürfen „keine geschmacklosen Farben, namentlich keine zu dunklen und keine grellen gebraucht werden“.[556]

Wilhelmstraße mit Westpavillon der neuen Kolonnade;
rechts das Badhaus Vier Jahreszeiten.
Stich von Dawson nach einer Zeichnung von J. F. Dielmann, ca. 1840

In einer „Obrigkeitlichen Bekanntmachung" vom 8. Oktober 1811 heißt es, die Herzogliche Polizeideputation habe „mit Vergnügen wahrgenommen, daß viele hiesige Bürger ihre Häuser zur Verschönerung hiesiger Stadt und zu ihrem eigenen Besten verputzen lassen". Nunmehr werde auch den „übrigen Häußerbewohnern" nachdrücklich aufgegeben, ihre Häuser spätesten „gleich Anfangs des künftigen Frühjahrs" vorschriftsmäßig verputzen zu lassen, „widrigenfalls man zu seiner Zeit gegen die hierin Saumseligen zu Ergreifung angemessener Zwangsmittel bei hoher Landesregierung die Anzeige zu machen, sich Pflichten halber vermüßiget sehen wird."[557]

Nicht alle Bauherren halten sich an die baupolizeilichen Vorschriften. In der Bau-Polizey-Verordnung vom 19. Januar 1813 heißt es, seit einiger Zeit habe man „bemerken müssen, daß mehrere Hauseigenthümer ohne Anfrage, und ganz aus eigener Bewegung, einzelne Theile ihrer Häuser, wie z.B. Thüren, Fensterläden etc. ganz nach ihrem privaten Geschmacke (...) verputzen lassen. (...) Um solche in die Augen fallende Missstände durch die Verschiedenheit des Geschmacks der Einzelnen zu vermeiden," wird abermals verordnet, daß für die Zukunft „jeder vorzunehmende Verputz auch nur eines Theiles der Häuser und sonstigen Gebäulichkeiten" vorher bei der unterzeichneten Behörde angezeigt werden muß. Im Unterlassungsfall muß der Eigentümer damit rechnen, daß „auf seine Kosten die geeignete Aenderung von hier aus vorgenommen werden wird".[558]

Wie schwer es ist, Verbesserungen bei der Bevölkerung durchzusetzen, zeigen die Polizeiverordnungen, nach denen das Mistfahren und Treiben von Vieh durch die Allee am Kursaal während der Kurzeit[559] sowie das Hinauswerfen von Unrat und das Ausgießen von Waschwasser aus den Wohnhäusern auf die Straße unter Strafandrohung verboten werden müssen. Das Reinigen von Küchengerät am Marktbrunnen wird ebenso unter Strafe gestellt wie das Wasserschöpfen am Kochbrunnen für den Hausgebrauch. Den Badwirten, die warme Quellen besitzen, wird „um der Curgäste willen" bei zehn Gulden Strafe aufgegeben, das Wasserholen von Nachbarn nicht mehr zu dulden, da sie häufig die Quellen mit ungereinigten Gefäßen verschmutzten.[560]

Selbst der Straßenverkehr muß wegen der Kurgäste geregelt werden: „Durch das schnelle Fahren und Reiten in den Straßen ist schon öfters Unglück entstanden, und wird daher, zumalen in hiesiger Stadt viele Kranken sich befinden, welche nicht immer in der Geschwindigkeit aus dem Weg gehen können, zu Vermeidung aller Unannehmlichkeiten für die Zukunft verordnet, daß auf den Straßen in der Stadt nichts anders als Schritt gefahren und geritten werden darf."[561] Zuwiderhandeln wird mit „5 Reichsthaler Geld- oder nach Umständen, mit einer angemessenen Gefängnißstrafe belegt". Damit Kranke und empfindsame Kurgäste nicht durch das Tabu-Thema „Tod" echauffiert würden, bringt man verstorbene Hotelgäste heimlich, möglichst zu nächtlicher Stunde, aus ihren Zimmern. Seit 1811 darf bei Begräbnissen in der Stadt nicht mehr geläutet werden; „die Toden sollen ganz stille, ohne alles Geläute, Singen und dergleichen zu ihrer Ruhe gebracht werden. (...) Kein Toder darf vom 1. April bis 1. October des Morgens nicht nach 5 Uhr und des Abends nicht vor 7 Uhr, im Winter nicht nach 7 – und des Abends nicht vor halb 5 Uhr begraben werden."[562]

Die städtische Wasserversorgung

Für eine Kurstadt ist eine gut funktionierende öffentliche Wasserversorgung von besonderer Bedeutung. Längst hat sich gezeigt, daß die bisherige für die wachsende Bevölkerung und den steigenden Zustrom von Fremden nicht mehr genügt. Kaum Abhilfe schaffen die öffentlichen Brunnen, von denen der zum Warmen Damm hin versetzte Wiesenbrunnen zwar gutes Quellwasser führt, als öffentlicher Brunnen jedoch kaum zur Hebung des Milieus in unmittelbarer Nachbarschaft des Kursaals beiträgt. Zur Nutzwasserbeschaffung dienen Hausbrunnen und die durch die Stadt fließenden Bäche, die noch um 1800 an der Metzger-, Gold-, Mühl- und Webergasse zum Auswaschen von Fellen und gefärbten Stoffen benutzt werden.[563]

1821 wird eine gußeiserne Wasserleitung vom Kisselborn, unweit der Eisernen Hand, zu einer Brunnenkammer beim „Eiskeller" am Heidenberg verlegt. Sie ermöglicht es, die Zahl der in der Stadt verteilten öffentlichen Laufbrunnen auf neun und bald danach auf vierzehn zu vermehren und mit quellfrischem Wasser zu versorgen. An eine Hauswasserversorgung ist, mit Ausnahme einiger größerer Gebäude (Kurhaus, Badhaus Vierjahreszeiten), noch nicht zu denken. Badknechte, Zimmermädchen und sonstiges Dienstpersonal der Kurhotels müssen das Wasser für den Hausgebrauch von den Brunnen in Fässern und Kannen mühsam herbeischleppen. Eine zentrale Wasserversorgung gibt es erst seit 1870.

Der Badekommissar

Je größer der Andrang von Fremden, desto häufiger gibt es Klagen, es gehe nicht alles nach Recht und Ordnung zu. Hatten dreißig Jahre vorher die Badwirte noch versucht, anreisende Fremde durch unlautere Tricks in ihre Häuser zu locken, klagt 1816 Regierungspräsident Ibell darüber, es komme vielfach vor, daß ankommende Badegäste und „vergnügungssüchtige Reisende" in Bad- und Gasthäusern abgewiesen würden und „nach langem Umherlaufen froh sein müßten, in einer engen und unbequemen Privatwohnung Unterkunft zu finden".[564] Auch trieben manche Bad- und Gastwirte während der Hochsaison bei den Preisen einen „höchst unschicklichen Wucher". Es fehle eine Anlaufstelle, in dem die Kurgäste alles für einen angenehmen Aufenthalt Notwendige nicht von den auf ihren Vorteil bedachten Badwirten, sondern von einer neutralen Stelle erfahren könnten.

Auf Antrag des Regierungspräsidenten wird im Mai 1816 die Stelle eines Bade-Kommissars ausgeschrieben und vier Wochen später mit dem Wiesbadener Bürger Heinrich Weyrauch besetzt. Er ist „gegen eine mäßige Belohnung" verpflichtet, allen Fremden während der Badezeit Auskunft über die Einmietung in Bad-, Wirts- und Privathäuser, Einrichtung der Bäder und Aufwartung beim Baden, Spaziergänge, Lustpartien und öffentliche Lustbarkeiten zu geben. Auch über die zum Beginn der Saison festgesetzten Lebensmittelpreise, Preise für Speisen und Getränke im Kurhaus, in Gaststätten und Garküchen. Bei ihm kann man die Arzneitaxe der beiden Apotheken einsehen sowie eine Liste der Wohnungen der hiesigen Ärzte. Weyrauch, von Beruf Schneider, kündigt im „Wiesbader Wochenblatt" an, daß er in seinem Haus am Michelsberg täglich von 7 bis 9 Uhr vormittags und von 5 bis 7 Uhr nachmittags zu sprechen sei.

Das Medizinal-Edikt von 1818

Mit dem Medizinal-Edikt von 1818 wird das nassauische Gesundheitswesen der neuen Entwicklung angepaßt.[565] Das Ärztewesen wird unter ein strenges staatliches Reglement gestellt, die Brunnen- und Badeärzte werden als eine besondere Gruppe von Ärzten anerkannt und an Brunnen- und Badeorten fest angestellt. In Wiesbaden sind das der frühere zweite, später erste Stadt- und Landphysikus und Leibarzt des Herzogs, Dr. Friedrich August Lehr (ab 1818 „Badearzt für Wiesbaden"), der sich in vielfältiger Weise um die Wiesbadener Kur Verdienste erworben hat, und der ab 1818 beamtete Medizinalrat für die Stadt Wiesbaden, Dr. August Heinrich Peez.

Durch das Medizinal-Edikt wird auch das Apothekenwesen neu geordnet. Eine Apotheke gibt es seit 1672. 1808 erwirbt sie Johann August Lade von seinem Vorgänger Johann Eberlein, bei dem er bereits als Gehilfe tätig war. 1811 zum Hofapotheker ernannt, wird Lade 1818 Amtsapotheker. Seine Apotheke ist nun die Amtsapotheke für den Medizinalbezirk der Stadt Wiesbaden. Johann August Lade und sein Sohn Dr. Friedrich Lade (1846–56) nehmen an der Entwicklung der Kur in Wiesbaden lebhaften Anteil.[566] In ihrer Apotheke, der einzigen Institution, in der die Voraussetzungen für chemische Untersuchungen gegeben sind, beschäftigen sie sich, wie vor ihnen schon der Hofapotheker Eberlein, mit der Analyse des Kochbrunnenwassers. 1813 genehmigt das Staatsministerium die Eröffnung einer zweiten Apotheke „Zum Goldenen Löwen", die 1815 in den Besitz des Apothekers Carl Adam Müller übergeht. Er wird 1818 Amtsapotheker für den Medizinalbezirk des Amtes Wiesbaden, also die umliegenden Landgemeinden.

Alltag im Kurbad

Die Einsetzung eines Badekommissars und die Anstellung beamteter Brunnen- und Badeärzte – alle diese Maßnahmen tragen dazu bei, daß die Kureinrichtungen gefördert werden. Kein Wunder, daß Hotelneu- oder Erweiterungsbauten Zukunft haben. 1817 wird der Neubau des Badhauses „Römerbad" eröffnet. Die „Rose" richtet 24 neue Baderäume ein, die Badhäuser „Engel" und „Adler" vergrößern die Zahl der Gästezimmer in Anbauten hinter den Hauptgebäuden. Bei knapp 5.000 Einwohnern (1818), die in ca. 450 bis 500 Häusern leben, gibt es 24 Badehäuser mit mehr als 600 Bädern. In ca. 700 Zimmern können gleichzeitig etwa 1.000 Gäste beherbergt werden.[567] Der Frankfurter Diplomat und Kunstsammler Johann Isaac von Gerning nennt das Kurbad Wiesbaden „das erste von Deutschland und einzige seiner Art"[568], der kritische Pfarrer Kirchner schreibt, die Wirksamkeit seiner Heilquellen, „die einen der ersten Plätze unter den berühmtesten unseres Weltteils behaupten", bringe es dahin, daß es unter allen Heilbädern am Rhein am stärksten besucht werde.[569]

Schaut man bei diesen scheinbar wohl geordneten Verhältnissen einmal hinter die Kulissen, sieht manches nicht ganz so perfekt aus. Nicht nur, daß die Ausstattung der Zimmer häufig zu wünschen übrig läßt. Inventarlisten weisen aus, daß die Betten in manchen Badhäusern noch mit Strohmatratzen ausgestattet sind.[570] Die Belästigung durch Ungeziefer, vor allem Küchenschaben, die wegen der feuchten Wärme hinter den Tapeten kaum auszurotten sind, beschäftigt mehrfach die Sanitätskommission.

Noch 1828 empfiehlt ein prominenter Gast Neulingen unter den Badegästen, Bettwäsche, Handtücher, Bürsten und Seife selbst mitzubringen, „wenn sie nicht in Verlegenheit kommen wollen".[571] Auf die Tatsache, daß bis dahin von den Badhäusern nur die „Vier Jahreszeiten", „Schützenhof", „Adler" und „Rose" Speisen an ihre Gäste verabreichen dürfen, bezieht sich der Hinweis des gleichen Autors, man möge am besten eigenes Tisch- und Silberzeug mitbringen, „weil man dergleichen in fast allen Badehäusern entweder gar nicht, oder sehr ungern herzugeben pflegt und es sich dann theuer bezahlen läßt". Für das Essen, das die Speisewirte „über die Straße" ins Badhaus liefern, solle man eigene Teller und Schüsseln zur Hand haben, da die meisten Wirte das Essen nur auf altem Zinn schicken, „was wegen des starken Bleizusatzes ebenso widrig wie ungesund ist".

Wie es in einem Badhaus um diese Zeit zuging, hat am ausführlichsten der englische Badegast Sir Francis Head geschildert (siehe Abschnitt „The Brunnens of Nassau", S. 262–269). Die zwischen den Badezeiten verbleibende „Freizeit" wird durch Bettruhe und leichte Spaziergänge ausgefüllt. In den Morgenstunden trifft man sich am Kochbrunnen, um seine Trinkkur bei „vortrefflicher Harmoniemusik" in der Akazienallee zur Taunusstraße oder am „Kranz" zu genießen. Nach dem Mittagsschlaf spaziert man einmal um den Kurhausweiher und lauscht dann bei Kaffee oder Tee der Kurkapelle, die im Musikpavillon aufspielt. Vor dem Abendessen verschaffen sich Unentwegte den nötigen Appetit durch einige weitere Runden am „Kranz".

Hinzu kommen ein vielfältiges Saisonprogramm an Theateraufführungen, Konzerten, Bällen und Feuerwerk sowie das Hazardspiel für die, die den Nervenkitzel lieben. Auf dem Geisberg gibt es viermal in der Woche Tanzmusik, sonntags auch in der Wellritzmühle. Auf den Schießplätzen am Geisberg und bei der Dietenmühle werden Schützenfeste veranstaltet. Schiffspartien auf dem Rhein und Kutschfahrten in den Taunus ergänzen das Angebot, das bei den Kurgästen kaum Langeweile aufkommen läßt.

Kurwege, Eselscorps und Pferdebad

Inzwischen ist auch der Promenadenweg über die Dietenmühle nach Sonnenberg fortgesetzt und die Burg Sonnenberg in das Netz der Kurwege einbezogen worden.[572] Für Kurgäste, die sich einen so weiten Fußweg nicht zutrauen und dennoch die Wälder und Höhen über der Stadt (einschließlich Neroberg und Platte) mit der schon von Goethe gepriesenen herrlichen Aussicht genießen wollen, steht außer Kutschen und Reitpferden das Wiesbadener Eselscorps bereit. Vom Abreitplatz Ecke Taunusstraße und Geisberg (später vom Kureck) geleiten die Eselstreiber in blauen Überhemden mit rotem Gürtel und schwarzer Wachstuchmütze elegant gekleidete Kavaliere und ihre Damen, die Sonnenschirmchen aufgespannt, auf Eselsrücken zum Geisberg oder auf den Neroberg.[573]

Für Kurgäste, die mit eigener Kutsche anreisen, gibt es spätestens seit dem 18. Jahrhundert ein Pferdebad. Pfarrer Hellmund erwähnt bereits 1731 in seinem „Baad-Buch" ein „Roß-Baad" im „Schwarzen Bock". Es wurde gegen Ende des 18. Jahrhunderts wegen des überhandnehmenden Mißbrauchs durch einquartierte Offiziere aufgegeben. Ab 1817 gibt es (nur vorübergehend) wieder ein Pferdebad im „Spiegel" und 1828 auch in den „Vierjahreszeiten". 1832 zeigt der Wirt des „Schwarzen Bock" im Wiesbader Wochenblatt die Neueröffnung des dortigen Pferdebads an,[574] das bis 1853 bezeugt ist. Der englische Zeichner und Lithograph George Barnard hat es als lebendige Skizze in den [Views of] „The Brunnens of Nassau and the River Lahn" (gedruckt 1845) festgehalten.

Das Pferdebad bietet für zwei Pferde Raum, die über einen leicht abschüssigen Weg aus dem Stall ins Bad geführt werden. Geheilt werden „rheumatische Leiden, Gelenkgeschwulste, Steifheit der Füße, Verhärtung der Sehenscheiden und Hautausschläge", vornehmlich Erkrankungen, die die Pferde durch übermäßige Anstren-

Pferdebad im „Schwarzen Bock“.
Lithographie nach Zeichnung von G. Barnard, um 1843

gungen, durch Stehen im Zugwind oder durch Schwimmen und Reiten in kaltem Wasser befallen.[575] Zur „Kur“ läßt man die Tiere zweimal täglich 1/2 bis 1 Stunde im Thermalwasser stehen. Empfohlen wird, sie gleichzeitig am Kopf, Hals, Rücken und Kreuz zu übergießen. Danach müssen die Füße gut abgetrocknet und die Tiere im Stall auf Streu gestellt werden. Demian berichtet 1823, daß einige Wiesbadener Landwirte in der kälteren Jahreszeit ihr Vieh mit Kochbrunnenwasser tränken, „und man will bemerkt haben, daß die Kühe besonders viel und fette Milch davon geben“.[576]

Neue Verkehrswege

Chausseebau und Schiffspassagen

Zum Aufblühen der Kurstadt Wiesbaden trägt wesentlich die Verbesserung des Straßenbaus bei. Nach Gründung des Herzogtums wird mit großem Einsatz die Planung neuer überörtlicher Straßen in Chausseebauweise begonnen. Das herausragende Ereignis ist die Schaffung einer direkten Straßenverbindung nach Frankfurt über Erbenheim in den Jahren 1809 bis 1813. Sie dient der besseren verkehrstechnischen Vernetzung der neuen Hauptstadt und der Förderung Wiesbadens als Kurstadt. Die meisten Kurgäste kommen nämlich aus Frankfurt oder reisen aus dem Innern Deutschlands über Frankfurt an. Nach Fertigstellung dieser Landstraße errichtet die Regierung einen Obelisken aus rotem Sandstein beim „Wandersmann" (genannt nach einem dort befindlichen Wirtshaus) mit einer Inschrift, die Herzog Friedrich August als ihren Erbauer ausweist.[577]

Zwischen 1810 und 1818 folgt der chaussierte Ausbau der Rheinuferstraße bis Rüdesheim. Die bequemere Erreichbarkeit des Rheingaus von Wiesbaden und Frankfurt aus trägt in der Folgezeit nicht unwesentlich zum Entstehen der Rheinromantik bei, wofür Goethe und die Frankfurter Brentanos mit ihren Freunden als bestes Beispiel stehen. Die Verbindung wird weiter verbessert durch die Einrichtung einer „Diligence" (Postkutsche mit Personenbeförderung) von Wiesbaden nach Rüdesheim.[578]

1827 eröffnet die Kölner Dampfschiffahrtsgesellschaft den Verkehr zwischen Mainz und Köln. Von da an kommen viele Besucher, vor allem Engländer und Holländer, auch mit dem Schiff über Mainz und Kastel nach Wiesbaden. An der 1836 gegründeten Düsseldorfer Dampfschiffahrtsgesellschaft beteiligen sich der Herzog und andere interessierte Persönlichkeiten des Herzogtums mit Aktien. Dadurch wird erreicht, daß die Schiffe, das erste erhält den Namen „Herzog von Nassau", auch in Biebrich anlegen, um Schiffspassagiere und Handelsgüter abzufertigen.[579] Die Niederländische Dampfschiffahrtsgesellschaft eröffnet 1839 ihren Dienst. Ab 1842 können Kurgäste von Anfang Mai bis Mitte Oktober an mehreren Terminen pro Tag mit einer der Gesellschaften an- und abreisen. Sie werden „in bequemen Wagen täglich mehrmals nach Biebrich befördert".[580]

Der 1854 bis 1856 erfolgte Ausbau der Chaussee nach Biebrich mit verbreiterten Fußgänger- und Reitbanketten unter schattigen Kastanienbäumen erschließt den Weg zum Rhein als verlängerte Kurpromenade, über die die Kurgäste auf angenehmem Wege zum herzoglichen Schloß und zu den Schiffsanlegestellen am Rheinufer gelangen. Sie wird 1860/61 unter neuer Streckenführung (als verlängerte Achse des Luisenplatzes durch die Adolfsallee) zur Prachtstraße mit zwei Doppelreihen Kastanien aufgewertet[581] und bildet von nun an ein repräsentatives Entrée für die mit dem Schiff anreisenden Gäste. Billete für Schiffsreisen werden in einem Komptoir in der neuen Kolonnade verkauft.

Die Eisenbahn

Seit dem Aufkommen der Eisenbahnen sind Badeorte in ihrer Entwicklung auf die Anbindung an das Schienennetz angewiesen. Ohne auf Einzelheiten einzugehen, zeigen Dokumente, daß man in Wiesbaden schon im Januar 1836 (am 7. Dezember 1835 war die Eisenbahnlinie Nürnberg-Fürth eröffnet worden) die ersten Schritte unternimmt, um sich der neuen Technik zu bedienen.[582] Am 13. April 1840 wird die Taunusbahn zwischen Frankfurt und Wiesbaden eröffnet. Sehr schnell kommt es zu einem sprunghaften Anstieg des Passagierverkehrs. Haben 1839 auf der Strecke Frankfurt-Wiesbaden noch 27.508 Reisende die Thurn und Taxissche Postkutsche benutzt, so befördert die Eisenbahn 1841 bereits 769.551 und 1857 sogar 993.224 Personen. Nur ein Bruchteil der Reisenden sind Kurgäste. Die (sehr unvollständige) Statistik führt zwischen 1834 und 1839 durchschnittlich 23.000 Fremde im Jahr auf. Nach Eröffnung der Eisenbahnlinie steigt die Zahl auf rund 30.000, eine Zahl, die dann über lange Jahre konstant bleibt.[583] In diesen Zahlen sind jedoch die vielen Tags- und Nachmittags-Gäste aus Mainz, Frankfurt, dem Rheingau und der benachbarten Gegend nicht mit inbegriffen, „deren die Eisenbahnzüge in einem Tage oft über 2.000 bringen und wieder entführen".[584]

Die Fahrt nach Frankfurt dauert 1 Stunde und 5 Minuten, zuzüglich 12 bis 15 Minuten Aufenthalt an den Zwischenstationen. Es gibt vier Zugklassen, wobei auffällt, daß, nach einer Statistik aus preußischer Zeit, die 1. Klasse nach Wiesbaden fast sieben mal mehr, die 2. Klasse zweieinhalb mal mehr als im Durchschnitt in Preußen benutzt wird[585] – ein deutlicher Hinweis auf die wachsende Exklusivität der Kurstadt.

1857 eröffnet die „Rheinbahn" nach Rüdesheim ihren Betrieb. Sie wird 1862 bis Niederlahnstein fortgeführt und erreicht 1864 in Koblenz den Anschluß an die linksrheinische Strecke Mainz-Köln, was besonders wichtig ist für Kurgäste, die aus Belgien, den Niederlanden und aus England anreisen. 1879 bzw. 1889 folgen die Strecken der Hessischen Ludwigsbahn nach Niedernhausen und Limburg bzw. der Aartalbahn nach Langenschwalbach. Damit sind die Grundlagen für weiter steigende Besucherzahlen gelegt.

Kurgäste um die Mitte des 19. Jahrhunderts

Aristokraten und Bürger

Mit den Verkehrswegen ändern sich die gesellschaftliche Zusammensetzung der Kurgäste und ihre Herkunftsorte. 1843 heißt es, Wiesbaden habe einen europäischen oder Weltruf, seit 1852 begegnet das Attribut „Weltkurstadt".[586] Nach einer von den Kurlisten abweichenden Zählung gliedert Dr. Anton Müller die Fremden der Jahre 1858 bis 1862 im jährlichen Durchschnitt auf: 11.769 Deutsche, 1.889 Engländer, 1.512 Holländer und Belgier, 1.272 Franzosen, 1.235 Russen, 484 Amerikaner und 983 Gäste aus den kleineren Nachbarstaaten oder Exoten. Im letzten nassauischen Jahr 1865 sind es 14.113 Deutsche, 2.363 Engländer, 2.267 Niederländer, 1.872 Franzosen, 1.088 Russen, 961 Amerikaner und 1.325 sonstige.[587]

Unter den Gästen tauchen nun immer häufiger bekannte Namen auf. 1829 begegnet man Persönlichkeiten von hohem und höchstem Rang: dem Hochadel, Staatsmännern, Gelehrten und Militärs. 1837 halten sich drei königliche Hoheiten, Herzöge und Angehörige mehrerer Fürstenhäuser hier auf, darunter auch, damals noch als junger Referendar, der spätere Reichskanzler Fürst Otto von Bismarck.[588] Er reist in Begleitung einer Dame von Aachen aus, wo er in preußischen Diensten steht, nach Wiesbaden und verspielt hier, wie es heißt, „ein kleines Vermögen“. Die Saison 1839 hat mit der Anwesenheit König Leopolds von Belgien ihren glanzvollen Höhepunkt. Trotzdem gehört Wiesbaden nicht zu den typischen Adelsbädern. J. Boermann schreibt im gleichen Jahr in seinem Werk „Deutschland und die Deutschen“, Wiesbaden sei nicht etwa ein Bad für den hohen Adel; „die Bourgeoisie gibt hier vielmehr den Durchschnittsmaßstab an“.[589]

Freilich hängt der Kurbesuch auch von den jeweiligen politischen Verhältnissen in Europa ab. So sind die Unruhen der Revolutionsjahre 1848/49 deutlich spürbar. Während die Zahl der Fremden von 1844 bis 1847 auf 14.000 pro Saison gestiegen ist, sinkt sie 1848 auf 8.000, 1849 sogar auf 7.500. Im Jahr 1851 suchen dann wieder 14.000 Kurgäste in Wiesbaden Heilung.[590]

Dichter und Musiker beleben die Gesellschaft

Unter den Künstlern, Dichtern und Musikern, die – noch in der Postkutschenzeit – Wiesbaden zur Kur aufgesucht haben, steht Johann Wolfgang von Goethe an erster Stelle. In seinem Umkreis zog es manchen „Weimaraner“ in die Stadt. In das Jahr 1816 fällt der Aufenthalt von Johanna Schopenhauer. In dem bereits zitierten Brief vom 16. Juli 1816 erweist sie sich als glänzende Beobachterin gesellschaftlicher Zusammenhänge. An der Mittagstafel im Kursaal bemerkt sie die „Eleganz“ der Gäste, „doch sahen wir bald deutlich, daß das Ganze unter sich wenig Verbindung hat. Beides, die Stadt sowohl, als die Anzahl der Badegäste sind zu groß. Bekannte halten sich hier zu Bekannten“, doch dadurch „zerstückelt sich der große Kreis in unzählige kleine, und an allgemeine Geselligkeit ist nicht zu denken“. Und zum Schluß: „Wer hier allein aus großer Ferne ankommt, dem muß, wenigstens Anfangs, zu Muthe seyn wie einem einzelnen Regentropfen im Ozean.“

Clemens von Brentano weilt 1805 zum ersten Mal in Wiesbaden zur Kur. Er leidet unter hartnäckigem Husten und Katarrh. In einem Brief beklagt er sich, alles sei teuer, man könne sich keinen Begriff von der Prellerei hier machen. 1824 und 1826 hält er sich erneut hier auf. Er wohnt bei dem Schulleiter de Laspée, der von Goethes Besuchen in seinem pädagogischen Institut bestens bekannt ist, und ißt bei dem befreundeten Badearzt Dr. Peez. Zu Gast ins Kurhaus gebeten, erregt er große Aufmerksamkeit. „Engländer, Franzosen, Russen und Polen, Aristokraten und Gelehrte, Offiziere und Damen waren gekommen und harrten der Offenbarungen aus dem Munde des berühmten Dichters.“ Nach langem Schweigen, schon macht sich unter den Verehrern Enttäuschung breit, gerät er doch noch „in seinen gewöhnlichen Redefluß“. Die Gäste sind entzückt, sie stehen bald ganz im Bann der üppig sprudelnden Phantasie Brentanos.[591]

Carl Maria von Weber, der Wiesbaden 1823 besucht, zeigt sich gerührt über die Begeisterung eines Tischnachbarn, als dieser seinen Namen erfährt.[592] Schon 1811 war er als Kandidat für die musikalische Leitung des geplanten neuen Theaters im Gespräch. Seine Anstellung scheiterte jedoch an seinen finanziellen Forderungen.[593] Dem jungen Robert Schumann gefällt 1829 die Lage der Stadt inmitten der reizvollen Landschaft. Kalt lassen ihn aber die „eleganten großen Marmorhäuser, Säle und Paläste“ , die Alleen und Parks sind ihm „höchst fatal“.[594]

Die Sensation des Jahres 1830 ist ein Gastspiel des Geigenvirtuosen Nicolo Paganini. Er wohnt im Hotel „Rose“, nach einer anderen Version „in einem der bescheidensten Gasthäuser“ der Stadt.[595] Das Konzert im Kursaal ist ausverkauft. Vor der Pause „gibt es eine Sinfonie von Beethoven, aber nur wenige hören zu“. Paganini spielt auf einer Guarneri sein Violinkonzert in Es-Dur. Das Publikum ist beeindruckt: „Flagelottöne pfeifen, Doppelgriffe jagen auf und ab, der Bogen springt wie irrsinnig über die Seiten. Der Spieler führt einen wahren Veitstanz auf, wobei sich seine schwarzen Haare emporschrauben wie Korkenzieher. Zum Schluß sind die Hörer wie gelähmt, und nur zögernd, dann aber orkanartig anschwellend, setzt der Beifall ein.“[596]

Richard Wagner hält sich 1835 zum ersten Mal in Wiesbaden auf. Er sucht als Magdeburger Theaterkapellmeister neue Sänger für das dortige Theater, findet hier einen geeigneten Tenor namens Freimüller, der dann in Magdeburg bei der Uraufführung von Wagners zweiter Oper „Das Liebesverbot“ mitwirkt.[597] Franz Liszt gibt 1840 ein enthusiastisch gefeiertes Konzert im Theater. 1844 besucht Felix Mendelssohn-Bartholdy, nun schon mit der Eisenbahn, von Soden aus seinen hier zur Kur weilenden Onkel Joseph Mendelssohn, Teilhaber des Berliner Bankhauses Mendelssohn, ohne daß man in der Stadt besonders davon Notiz nimmt.[598]

Im Herbst 1846 trifft sich der französische Schriftsteller Honoré de Balzac in Wiesbaden mit der von ihm seit Jahren innig verehrten polnischen Aristokratin Evelina von Hanska. Vom 11. bis 15. Oktober logiert er im Hotel „Rose“, während Frau Hanska und Tochter im zweiten Stock des Hauses Wilhelmstraße Nr. 20 wohnen und die Hochzeit der Tochter mit dem polnischen Grafen Mniszech vorbereiten. Balzac ist Trauzeuge bei der am 13. Oktober in der provisorischen katholischen Pfarrkirche im Hof des Gasthauses „Zum Rappen“ (heute Café Maldaner) stattfindenden Trauung. Die von ihm angestrebte eigene Trauung mit Frau von Hanska kommt nicht zustande. Während der Dichter in Metz die Heiratspapiere für die standesamtliche Trauung abholt, reist Frau von Hanska ab, um Tochter und Schwiegersohn auf der Hochzeitsreise zu begleiten.[599]

Während die polnische Baronin Wiesbaden als Kurort der mondänen Welt wählt, gibt es für den russischen Schriftsteller Fjodor M. Dostojewski andere Gründe. 1863 versucht er im Spielcasino zum ersten Mal sein Glück.[600] Mit 3.000 gewonnenen Francs kann er eine Reise zu seiner Geliebten Polína Súslova nach Paris finanzieren.

Über der exzentrischen Liebe steht kein guter Stern. Im Sommer 1865, seine Frau ist 1864 gestorben, trifft sich Dostojewski erneut mit der Súslova in Wiesbaden. Sie steigen im Hotel Victoria an der Wilhelmstraße ab. Der Dichter überläßt sich wiederum ganz seiner Spielleidenschaft. Als das Geld nach wenigen Tagen verspielt ist, verläßt ihn die Geliebte und reist nach Paris zurück. Am 22. August schreibt er ihr nach Paris: „Unmittelbar nach Deiner Abreise, am nächsten Tage, wurde mir im Hotel mitgeteilt, daß angeordnet sei, mir weder Essen noch Tee noch Kaffee zu geben. Ich verlangte eine Erklärung, und der fette deutsche Wirt sagte mir, daß ich kein Essen verdiene, und daß man mir in Zukunft nichts außer Tee geben werde." Dostojewski ist völlig mittellos. Erst als ihm ein russischer Freund Geld leiht und auch der Pope der russischen Kirche in Wiesbaden etwas dazugibt, kann er abreisen.

1866 schreibt der Dichter innerhalb von 26 Tagen den Roman „Der Spieler". In den Schauplatz „Roulettenburg" läßt er Erfahrungen aus Wiesbaden, Homburg und Baden-Baden einfließen. Vorbild für das Hotel „Des quatre saisons" dürfte das Badhaus „Zu den vier Jahreszeiten" gewesen sein. In den Jahren 1867 bis 1871 kommt Dostojewski noch mehrfach nach Deutschland. Er spielt wiederum in Baden-Baden, Homburg und Wiesbaden. Unter dem Einfluß seiner zweiten Frau Anna Grigórjevna löst er sich dann aber endgültig von seiner verhängnisvollen Leidenschaft.

Weniger spektakulär, dafür um so nachhaltiger hat Johannes Brahms sich in die „Gästeliste" der Kurstadt Wiesbaden eingetragen. Nicht nur, daß er eine volle Kursaison, von Mai bis Oktober 1883, im Haus Schöne Aussicht Nr. 7 gewohnt hat, macht seinen Aufenthalt bemerkenswert. Er vollendet hier seine dritte, die „Wiesbadener Symphonie", die 1884, von ihm selbst dirigiert, im Wiesbadener Kurhaus uraufgeführt wird.[601]

The Brunnens of Nassau

Sir Francis Head

Die Zahl der Engländer, Holländer und Belgier, die Wiesbaden besuchen, nimmt mit der Vollendung der Rheinstrecke sprunghaft zu. Doch schon vorher, seit der Eröffnung der Dampfschiffahrt auf dem Rhein, beginnt ein verstärkter Zustrom reiselustiger Engländer. Zwei von ihnen nehmen eine Sonderstellung ein, weil sie durch eigene Werke den Ruf der nassauischen Bäder in ihrer Heimat weithin bekanntgemacht haben: Sir Francis Head und George Barnard.

Sir Francis Head, ein pensionierter Major der englischen Armee, schreibt unter dem Autoren-Pseudonym „An old man" das Buch „Bubbles from the Brunnens of Nassau". Das Werk findet weite Verbreitung. Es erreicht bis 1866 sieben Auflagen in deutscher, französischer und englischer Sprache. Es ist kurzweilig geschrieben, humorvoll, reich mit Anekdoten versehen und gilt bald nach seinem Erscheinen unter Kennern als ein „Epoche machendes Büchlein".[602]

Head reiste mit dem Dampfschiff von Rotterdam nach Koblenz, wechselte dort in eine Postkutsche, die ihn nach Bad Ems und Nassau und über die Bäderstraße nach Langenschwalbach führte. Er war ein vorzüglicher Beobachter, der es verstand, die Lebensart der Einwohner und die Gewohnheiten der Kurgäste lebendig werden zu lassen. Von Schwalbach reiste er nach Schlangenbad, besuchte Niederselters, Kloster Eberbach, Mainz und den Niederwald und beschloß seine Reise durch das Bäderland Nassau in Wiesbaden. Nach einer besinnlichen Fahrt durch die grünen Wälder erblickte er von der Platte herab „eine Stadt von etwa einer dreiviertel Englischen Meile im Quadrat“. Ein Viertel davon nahm eine „armselige Altstadt“ ein, an dem neuerbauten Teil fielen ihm die „weißen Steinhäuser“ und die „rechtwinklig aufeinander zu laufenden Straßen“ auf.

Auf der Suche nach einer Unterkunft ging er zuerst zu den größeren Hotels, von denen jedoch einige mit „unangenehmen Gerüchen“ behaftet gewesen seien. Als er das Angebot einer wenig ansprechenden Zimmersuite in einem Badehotel mit der Bemerkung ablehnte, sie sei viel teurer als seine vorherige in Schlangenbad, gab das der Hauswirt sogar zu, „indem er sich stolz aufreckte, so weit es ihm sein dicker Bauch erlaubte“. Selbstbewußt fügte er (in Französisch) hinzu: „Wissen Sie denn nicht, daß Sie in Wiesbaden in einer Stunde mehr Amusement haben werden als in Schlangenbad während eines ganzen Jahres?“ Erst im Wirt des „Englischen Hofs“ fand Head einen zuvorkommenden Mann, der „aufs Äußerste bemüht war, auf alle meine altmodischen englischen Grillen und Wunderlichkeiten einzugehen“. Dessen Angebot nahm er an und ging „für einige Tage in der Hauptstadt des Herzogtums Nassau vor Anker“.

Head schildert seine Erlebnisse oft mit einem sarkastischen Humor. Etwa, wie er beim Mittagessen an der Table d'hôte, an der an drei „endlos langen Tischen“ etwa 250 Leute teilnahmen, einem Nachbarn zuhörte, der gerade von einem Duell („um eine schöne Frau“) erzählte. Dabei trennte der eine, häßliche, Duellant seinem „gut aussehenden“ Gegner „geradeswegs die Nase ab“. Als der bemerkte, daß es nun „aus wäre mit seiner Schönheit“, warf er den Säbel weg, „um eiligst sein Eigentum aufzuheben und an seinen Platz zu bringen“. Doch kaum sah das sein Kontrahent, trat er, „boshaft wie der Teufel selbst“, auf die Nase und zermalmte sie „vor den Augen ihres Besitzers“.

Das Essen selbst, „die Menge und die Aufmerksamkeit, die man mir für einen Gulden widmete“, setzten Head in Erstaunen. Es gab viel Fleisch, „zubereitet mit Saucen verschiedener Geschmacksrichtungen, dazu Eierkuchen, Obst, Pasteten, Süßspeisen, Eingemachtes, Fisch usw., serviert mit unerschöpflich scheinender Höflichkeit und Zuvorkommenheit“. Man schwelgte also völlig entgegen den Ratschlägen der Badeärzte, die in ihren Schriften unermüdlich eine diätetische Magerkost als Voraussetzung für den Kurerfolg forderten.

Am Kochbrunnen

Nach dem Mittagessen schlenderte Head gemächlich durch die Stadt. Als erstes erregten Dampfwolken seine Aufmerksamkeit, die er aus den eisernen Gittern aufsteigen sah, „die an den Straßenecken die Abflußkanäle und -rinnen bedeckten“. Zuerst dachte er, der Dampf rühre von Waschfrauen, Brühkesseln für Schlachtschweine oder einer anderen künstlichen Ursache her. Aber kaum hatte er den „großen Koch-Brunnen“ erreicht, wurde ihm klar, daß es die natürliche Temperatur der Quellen war, die den Wasserdampf verursachte.

Als er vor dem „riesigen Brühkessel“ stand und auf die Dampfwolke starrte, die daraus aufstieg, hörte er aufmerksam einem freundlichen Menschen zu, der ihm erklärte, es gebe 15 weitere Brunnen in der Stadt, die das ganze Jahr hindurch eine Temperatur von etwa 140 °Fahrenheit (67 °C) hätten. Da „konnte ich mich eines unguten Gefühls nicht erwehren, ähnlich dem, das mich am Rande des Ätna oder des Vesuv überkommen hatte. Kurz gesagt, ich war so wenig daran gewöhnt, in einer von unterirdischen Feuern geheizten Stadt zu leben, daß es mir geradeswegs in den Sinn kam, ob nicht, wenn der Maschinist da unten aus Faulheit zu viele Kohlen auf einmal auflegte oder aus Nachlässigkeit nicht die richtigen Ventile offen hielt, eine Explosion geschehen könnte, die plötzlich mich, den Koch-Brunnen, Wiesbaden und Co., wie ein Geschoß auf den hochgelegenen Jagdsitz des Herzogs, die Platte, schleudern würde.“

Head überliefert noch mehr solcher heute noch interessanten Ansichten über die Kurstadt Wiesbaden aus der Sicht eines weit hergereisten Gastes. Die Stadt sei, schrieb er, „augenscheinlich eine, in der man den Begriff 'home, sweet home' nicht besonders hoch einschätzt“. Eher wirke sie so, als sei sie „nicht für die eigenen Einwohner, sondern für Fremde gebaut“. Obwohl die meisten Leute die Größe der Gebäude „laut bewunderten“, liege etwas „sehr Melancholisches“ darin, Häuser zu sehen, „die viel zu großartig für den Lebensstil der Einwohner“ seien.

Noch vor zwanzig Jahren eingepfercht in engen und schmutzigen Gassen mit verschlammten Gräben und einer alten römischen Mauer (Heidenmauer), habe man seitdem „eine vollständig neue Stadt“ errichtet und bequeme Unterkünfte für bis zu 12.000 Fremde geschaffen, wogegen die Zahl der Einwohner kaum 8.000 Personen erreiche. Während der heiteren Jahreszeit sei alles geschäftig und vergnügt, „wie traurig sieht es aber im Winter aus, wenn die Fremden fort sind!“ Die Einwohner schienen jedoch nicht so zu denken, denn sie redeten voll Stolz von ihrer schönen neuen Stadt. Sie brüsteten sich mit den großen Häusern „wie Kinder, die Erwachsenenschuhe tragen, zehnmal zu groß für ihre eigenen Füße“.

Head besuchte auch den Kursaal, den er wortreich bewunderte. Vom Hauptsaal gelange man in mehrere kleinere Räume, die man „in England Spielhöllen oder Spiel-Casinos“ („hells, or gambling-rooms“) nennen würde. Auf der Promenade hinter dem Kursaal versammelten sich nach dem Mittagessen hunderte von Besuchern, um „billigen Kaffee“ zu trinken, dem Kurorchester zu lauschen und statt Schwänen (die er von der Themse gewohnt war) unzählige Enten und Entenküken zu bewundern, die auf einem von Trauerweiden und Akazien beschatteten Teich umherschwammen, „auf Zuruf herbeikamen und, wie Enten zu tun pflegen, alles fraßen, was man ihnen zuwarf“.

Am nächsten Morgen stand er um halb 6 Uhr auf, um die Besucher beim Wassertrinken zu beobachten. „Die lange Promenade, an deren einem Ende der Kochbrun-

Promenade am Kochbrunnen.
Lithographie nach einer Zeichnung von G. Barnard, um 1843

nen dampfte, war bevölkert von einer Menge schicklich gekleideter Leute, Männer und Frauen, alle (wie Nachtwächter mit ihren Laternen) auf und ab gehend, mit Gläsern in der Hand, voll, halb oder viertel voll mit Medizin, so brühend heiß, daß sie kaum daran zu nippen wagten, bevor sie sie nicht eine ganze Weile hin und her getragen hatten. Es erfordert einige Geschicklichkeit, ohne die Medizin zu verschütten und sie nicht über den Nachbarn schwappen zu lassen. (...) Vier oder fünf junge Mädchen, geschützt durch ein Geländer, waren den ganzen Morgen damit beschäftigt, die Mengen von Gläsern, die ihnen aus allen Richtungen entgegengestreckt wurden, so schnell, wie sie sich zum Brunnen niederbücken konnten, zu füllen. Doch ist das Wasser in der Quelle so heiß, daß ein großer Teil der Gläser platzte; ich sah einige, die beim Anreichen in Stücke zerbrachen." Um nicht unter all den Gläser schwingenden Gästen als „exzentrisch" aufzufallen, kaufte der Autor ebenfalls ein Glas, aber „beim ersten Eintauchen zerplatzte es vom Rand bis zum Boden."

Indem er auf den Geschmack des Kochbrunnenwassers anspielte, meinte Head, daß man beim Trinken „Hühnergackern im Ohr" habe und daß man „vor seinen Augen

Federn fliegen sehe" (wohl der übliche Kurbad-Witz, den man Neulingen am ersten Tag beibrachte), sei zwar übertrieben; doch schmecke es sehr wohl wie heiße Hühnerbrühe, und er frage sich ernstlich, warum „das gemeine Volk sich der Mühe unterziehe, eine schlechte Suppe zu bereiten, wo ihm doch der große Vorratstopf von Mutter Natur besseres liefert".

Merkwürdig erschien ihm, daß die Temperatur der „Kraftbrühe" zu allen Jahreszeiten konstant und ihre unerschöpfliche Menge „vielleicht seit der Sintflut" gleich geblieben war. Schließlich könne man denken, daß einige Bestandteile des Wasserrezeptes sich erschöpften, daß, bildhaft gesagt, „zum Beispiel die Hühner irgendwann einmal völlig zerkocht" sein müßten oder „daß das Herdfeuer aus Mangel an Kohlen einmal erlöschen könnte". Doch je öfter man sich darüber den Kopf zerbreche, desto mehr dränge sich dem Verstand die alte Erkenntnis auf, „daß der Mensch der Allgewalt begegnen muß, ganz gleich, wo er hingeht".

Nachdem er die lange Liste von Erkrankungen aufgezählt hatte, für die das Wasser gut sein sollte, beendete er die Schilderung seines Besuchs am Brunnen: „Um etwa 7 Uhr hat die große Masse der Kurgäste am Kochbrunnen so viel getrunken, als sie vertragen konnten. Danach verließen sie, wie Schwalben, den Ort und ließen die Promenade leer zurück."

Im Badekabinett

Es folgen Beschreibungen von Szenen aus dem Badhaus, deren skurriler englischer Humor schwer zu übertreffen ist: „Kaum, daß die Badegäste in ihren Zimmern verschwunden waren und sich entkleidet hatten, sah ich die schläfrigen deutschen Gentlemen, einen nach dem andern, den Gang entlangschlurfen." Ihre Mützen, Schlafröcke und Pantoffeln zeigten unmißverständlich, daß sie ins Bad gingen. Kurz danach folgten die Damen in ähnlichen Morgenröcken. „Schweigen, Würde und Inkognito waren an der Tagesordnung", und obgleich unser staunender Gast, wie er es als Gentleman gewohnt war, sich vor jedem dieser „unangezogenen Leute" verbeugte, als sie an ihm vorbeigingen, „verlangte in diesem Fall die Etikette, nicht wie zu anderer Zeit die Verbeugung mit einem liebenswürdigen Lächeln zu begleiten, sondern es zu einer Miene abzuschwächen, die nicht zu feierlich noch zu düster sein durfte".

Nachdem er diesem merkwürdigen Zug der Badegäste eine Weile zugeschaut hatte, tat er es ihnen nach. Er ging auf sein Zimmer, trat dann „in Pantoffeln und schwarzem Schlafrock heraus" und schloß sich der merkwürdigen Prozession an. Er schritt mit ernster Miene an einem Stock den langen Gang entlang, „so langsam und gewichtig, als ich je im Leben gegangen bin". Vor ihm ging eine gebrechliche ältere Dame, hinter sich hörte er nicht ganz so schlurfend klingende Schritte. Ohne den Blick vom Boden zu erheben, „schritten wir alle dahin, als wären wir Leichname, die von einem Friedhof zum andern wanderten."

Über eine lange Wendeltreppe gelangte er in ein großes Gebäude, „das halb mit Dampf angefüllt war" (das eigentliche Badhaus). Durch einen Korridor kam er in einen Mittelgang, an dem auf jeder Seite eine Reihe von Türen in die Bäder führten. Sie waren zu seiner großen Überraschung alle nach oben offen und nur durch 1/2 Zoll dicke, weniger als 7 Fuß (2 Meter) hohe Bretterwände voneinander getrennt. Die Vorstellung grauste ihn, daß „ein sehr großer Mann in dem einen Bad auf diese Weise dreist in die Nachbarkabine gucken konnte". Im Dachboden „gab es verschiedene Luken, durch die jemand von oben das ganze Schauspiel hätte beobachten können". Als er den Gang entlangging, war sein erster Gedanke: „Dem Himmel sei Dank, so etwas gibt es nicht in England!". Aber, fügte Head hinzu, zu dieser Bemerkung würden die Deutschen natürlich sagen, niedrige Halbzoll-Trennwände seien genug für wohlerzogene Leute, wogegen bessere Schutzmaßnahmen bei „uns unzivilisierten Engländern" nötig wären. Dieses Argument hielte jedoch kaum einer ernsthaften Diskussion stand.

Während er noch mit diesen Gedanken beschäftigt war, öffnete eine hübsche dralle Bademamsell die Tür und winkte ihm näherzukommen Er betrat mit ihr zusammen die kleine Zelle. Als sie erkannte, daß er Ausländer war und sich ziemlich ungeschickt anstellte, gab sie ihm zwei Handtücher und eine Menge Ratschläge. Er solle etwa 35 Minuten im Bade bleiben und unterhalb des Wasserspiegels mit Armen und Beinen kräftig strampeln. Dann schloß sie die Tür. Er hängte seinen Schlafrock sorgfältig an einen Haken und begann, sich „entgegen meiner eigentlichen Neigung mit der neuen Situation vertraut zu machen". Das war nötig, denn „die Oberfläche des Wassers war nicht sehr einladend, ein weißlicher, dicker, schmutziger, fettiger Schaum bedeckte sie". Das müsse so sein, hatte man ihn aufgeklärt, „und in der Tat, die Badegäste legen geradezu wert auf diese Haut, weil sie beweist, daß das Bad vorher noch von niemand anderem benutzt wurde".

Head beschloß, sich vom Aussehen des Wassers nicht schrecken zu lassen. Er stieg ins Bad, und in wenigen Sekunden lag er horizontal und ließ sich entspannt durchweichen. Es herrschte absolute Stille. Gelegentlich hörte er einen alten Mann husten, manchmal schneuzte sich eine junge Frau, und zwei- oder dreimal gab es ein starkes Plätschern in seiner Nachbarzelle. Jeder Seufzer war zu hören, und „jedesmal, wenn sich ein Patient aus dem Bad hochzog, hörte man ihn oder sie so deutlich schnaufen und sich abreiben, als würde man selbst dabei Hand anlegen". Am Ende stiegen die Badegäste, einer nach dem andern, in der gleichen Reihenfolge, in der sie gekommen waren, mit schlurfenden Schritten hinauf zu ihren Zimmern, „um zu tun, was sie sich wohl verdient hatten: zu frühstücken".

Abendgesellschaft

Eines Tages wollte Head „gar zu gern" beobachten, wie man in Deutschland einen Sonntagabend verbrachte. Er folgte um sieben Uhr der Menschenmenge ins Theater. Das Haus war so voll, daß er Schwierigkeiten hatte, einen Sitzplatz zu „ergattern". Er bewunderte die Musik und die Sänger, deren Schauspielkunst und wie sie es anstellten, „die Töne der Musik so gänzlich den wechselnden Gedanken und Gefühlen anzupassen".

Noch mehr wunderte er sich, daß die Zuhörer, „deren höchste Aufmerksamkeit widerspiegelnde Mienen mir deutlich auffielen", keinerlei zustimmende oder mißbilligende Gefühle zum Ausdruck brachten. Sie blieben, ob Zustimmung oder Mißbilli-

Der Kursaal in Wiesbaden.
Lithographie nach einer Zeichnung von G. Barnard, um 1843

gung, „gleichermaßen stumm". Mit feinem Spott deutete er das dahingehend, daß die Besucher ausnahmslos große Kenner sein mußten, die alles, Musik, Gesang, Schauspielerei und Bühnenbild, eine Horde Teufel, Phantasiewesen, Kröten, Schlangen, und was sich sonst auf der Bühne bewegte, „mit unbeweglicher Ruhe und Kennerschaft und einer Menge verborgener Begabung und Urteilskraft" zu beherrschen schienen.

Nach der Vorstellung strebte „die Flut von menschlichen Körpern en masse nach dem Cursaal". Doch welch ein Wunder! Die „nämlichen Leute, deren passiv so guten Geschmack" er eben noch im Theater bewundert hatte, erwiesen sich auf dem Parkett des Kursaals als „linkische, plumpe und unelegante Tänzer". Ihre Tanzschritte „waren nicht nur furchtbar schlecht ausgeführt, sondern ihr ganzer Tanzstil war so grob wie Sackleinen". Ganz besonders ihre Art, Walzer zu tanzen, „zeichnete sich durch eine Folge von eckigen und rohen Sprüngen aus, die schmerzlich unangenehm mitanzusehen waren". Ähnlich ablehnend waren seine Eindrücke in den Spielsalons.

Zum Schluß dieses „englischen Intermezzos“ einer der typischen Sarkasmen, von denen Head in seinem Buch reichlich Gebrauch macht. Als er an einem Sonntag wieder einmal das Theater besuchte, wunderte er sich, daß die Loge des Herzogs leer war. Sein Sitznachbar klärte ihn, zu seinem größten Erstaunen, auf, daß seine Durchlaucht gerade sein Land verlassen hätte und nach Hannover gereist sei, „um im Meer zu baden“. Head erwiderte: „Während alle Welt zusammenströmt, um die Wässer Nassaus zu trinken und sich darin wohlig zu räkeln, zieht sein adliger Herrscher zu den entfernten salzigen Wässern des Meeres, um dort das gleiche zu tun. Aber, wie sagt schon Mathews (ein irisch-englischer Prediger des frühen 19. Jahrhunderts): So ist das Leben, und so sind die Menschen! Wie der Hummer im kochenden Wasser – ruhelos und nie zufrieden!“

Der Zeichner George Barnard

Von Heads nassauischer Reisebeschreibung beeinflußt ist der Zeichner und Lithograph George Barnard aus London, dessen genreartigen Darstellungen des Nassauer Landes und seiner Kurorte weite Verbreitung gefunden haben. Die als Buch gebundenen „Views of the Brunnens of Nassau and Scenery of The River Lahn“ widmete er „To His Highness Adolph Duke of Nassau“.[603]

Zu einem häufig reproduzierten Blatt zitiert er einen Landsmann, Murray: „Eine lange Akazienallee, die als Promenade für die Wassertrinker dient, führt direkt zum Hauptbrunnen, dem Koch-Brunnen. Er erscheint völlig als ein heftig aufwallender Kessel, seine Temperatur beträgt 56 °R. Sein Wasser verwendet man für Trinkkuren und zum Füllen der Hauptbäder in der Stadt. Der Quelle entströmt so viel Wasser, daß, nach allen Entnahmen, eine beträchtliche Menge überläuft und durch Ablaufkanäle entweicht. Ein Fremder ist zuerst erstaunt, wenn er in den Straßen von allen Seiten Wolken von Dampf aufsteigen sieht. Das trägt sicher einiges zur Wärme des Ortes im Sommer bei; wenn andere Orte heiß sind, kann man Wiesbaden als kochend heiß bezeichnen.“ Zum Kurgarten meint er, er werde nach dem Dinner von einer solchen Menge von Gästen aufgesucht, daß es kaum ein Durchkommen gebe. Die Gesellschaft ergötze sich an Kaffee oder Eis, die Herren rauchten, während die Damen sich in typisch deutscher Manier bei der Unterhaltung eifrig mit Stricken beschäftigten. Hoch und niedrig mischten sich ohne Unterschied; das Ganze bilde die angenehme und charakteristische Szene des „Wiesbadener Lebens“.

Unter „German Incidents“ faßt Barnard kleine Skizzen zusammen: Das Innere der Badehalle des Hotels Englischer Hof, wo es noch genauso aussehe, wie „the Old Man of the Brunnens“, Sir Francis Head, es beschrieben habe. Die „Brunnen-Unterhaltung“ ist „eine in Nassau häufig anzutreffende Szenerie“, ein Schwatz an einem Laufbrunnen, hier bei der Heidenpforte. Ähnlich die Szene „Kellnerin und Washerin“: das Waschmädel trägt die frisch gewaschene und gebügelte Wäsche zum Hotel, sorgfältig bedacht, daß sie nicht zerknittert wird. Das Serviermädchen bringt einige Dinner-Gedecke in Behältern aus der Küche einer Gastwirtschaft auf die Zimmer von Badegästen. Die „Incidents" schließen mit einer Szene aus dem Pferdebad des „Schwarzen Bock" (s. S. 257).

Das letzte Blatt der Wiesbaden-Lithos zeigt eine Ansicht des Kursaals, Dorf und Ruine der Burg Sonnenberg und eine Szene beim Hazardspiel: „Hier hörst du das andauernde Klimpern von Geld. Am Tisch sitzen sorglos dreinschauende Spieler, den Rechen in der Hand, vor sich Häufchen von Goldmünzen und Chips. Man hört die typischen Geräusche des Spiels und sieht, wie sie einige Münzen zu einem glücklichen Gewinner schieben oder zu den eigenen Geldhaufen heranharken. – Wer die menschliche Natur in ihren Verschiedenheiten und Leidenschaften kennenlernen will, ist hier am rechten Platz."

Beim Hazardspiel.
Lithographie nach einer Zeichnung von G. Barnard, um 1843

Aufstieg zur Weltkurstadt

Die Spielbank: neue Verträge

Als sei es eine Antwort auf die 1818 von Kirchner an der Spielbank geäußerte Kritik, enthält der neue Pachtvertrag für die Jahre 1822 bis 1833 einen Passus, nach dem das Kuretablissement „ein Vereinigungspunkt der im Bade voneinander getrennt wohnenden gebildeten Fremden sein" soll. „Der Einzelne findet hier Zerstreuung und Erholung, Gelegenheit, Bekanntschaften anzuknüpfen, ausgezeichnet gute Bewirthung, gefällig und geschmackvoll meublierte Appartements, eine freundliche Umgebung."[604]

Oft gehen wichtige Impulse für die Entwicklung der Bäderstadt von der Spielbank aus. Dabei ist es unter Badeärzten umstritten, ob das Glücksspiel sich mit dem Heilerfolg einer Kur verträgt. Die hiesigen Ärzte weichen klaren Stellungnahmen aus. Dr. Rullmann erwähnt den „Spielsaal" als eine Einrichtung des Kurhauses, ohne zum Spiel selbst Stellung zu nehmen,[605] Dr. Peez schreibt: „Freunde von Billard und Hazardspielen vergnügen sich hier auf ihre Weise", und das, obwohl er in der Einleitung die „Nothwendigkeit einer strengen Lebensweise" betont.[606] Er hat das Buch dem „hochverdienten Begründer einer besseren Balneographie", Dr. Christoph Wilhelm Hufeland, gewidmet, dessen Einstellung zum Spiel jedoch eine ganz andere ist. Hufeland nennt die „Farobank" (das Pharaospiel steht für alle Hazardspiele) „den Inbegriff alles Verderblichen". Er betont die Ablehnung mit dem Ausruf: „Muß denn bei jedem Tempel der Natur ein Tempel der menschlichen Verderbniß stehen, damit auch der lauterste Quell recht bald vergiftet werde!"[607]

Die Wirklichkeit sieht indessen anders aus. In allen bedeutenden Kurorten fährt man mehr und mehr zweigleisig: Die Zahl der heilungsuchenden Kurgäste ist längst überholt von der Zahl der Wochenendgäste, die nur zum Spiel und sonstigem Amüsement kommen, und von den Reichen und Müßiggängern, die viele Wochen, zuweilen die ganze Saison „im Bade" verbringen, um sich im Theater, im Ballsaal und beim Glücksspiel von der Langeweile ihres Lebens zu erholen. Sie lassen dabei viel Geld in der Spielbank.

Bei der Versteigerung der Pacht im November 1821 macht überraschend der Koblenzer Wirt Mathias Feusser mit einem Höchstgebot von 11.000 Gulden das Rennen.[608] Die Dauer des Vertrages ist vom 1.1.1822 bis 31.12.1833 festgelegt. Das Pachtgeld muß jährlich am 1. April vorausbezahlt werden. Das Hazardspiel ist auf die Kursaison (1. Mai bis 1. November) beschränkt, die Erlaubnis zu Commerz-Spielen und Billard erfolgt ganzjährig.

Die Ära Feusser ist jedoch nicht von langer Dauer. Den vorherigen Pächtern gelingt es unter nicht ganz zu klärenden Umständen, noch vor Beginn der ersten Saison wieder ins Geschäft zu kommen. Feusser ist der Aufgabe wohl nicht ganz gewachsen. So kommt es, daß die Herren Major F. v. Fechenbach, Anton Meyer, Kommerzienrat J. M. Hyenlein und Ludwig (Louis) Schlichter, der jüngere Sohn des Adlerwirts Johann Peter Schlichter, mit Feusser Anfang 1822 einen Gesellschafts-Vertrag schließen, nach dem der Pächter den neuen Teilhabern von der in 100 Aktien aufgeteilten „Hasardspiel-Unternehmung“ achtzig Aktien überläßt. Feusser behält den Wirtschaftsbetrieb, muß aber keine Pacht zahlen.

Immer mehr zeigt sich, daß Feusser mit seiner Aufgabe überfordert ist. Am Ende der unerfreulichen Auseinandersetzungen wird er gegen Entschädigung aus dem Geschäft gedrängt. Die Generaldomänendirektion, die inzwischen an die Stelle der Herzoglichen Rechnungskammer getreten ist, schließt mit den übrigen Teilhabern einen vom 1. Januar 1823 an für zwölf Jahre gültigen Pachtvertrag, der den Wirtschaftsbetrieb einschließt. Er wird vom bisherigen Pächter der „Vierjahreszeiten“, dem Franzosen Carl Joseph Tavel, geführt.

Nach der Julirevolution 1830 in Frankreich erläßt der Bürgerkönig Louis Philippe ein Edikt, nach dem sämtliche Spielbanken in Frankreich ab 1. Januar 1837 ihren Betrieb einzustellen haben. Dadurch erlangen die Spielbanken in Baden-Baden, Homburg und Wiesbaden einen mächtigen Auftrieb. Sie gewinnen an internationaler Bedeutung. In Wiesbaden macht ein Franzose, Antoine Chabert aus Straßburg, bis dahin Kurhauspächter in Baden-Baden, das Rennen für den anstehenden neuen Vertrag. Finanziell kommen nun ganz andere Summen ins Spiel. Chabert verpflichtet sich, jährlich 31.000 Gulden zu zahlen, zuzüglich der Kostenübernahme für bestimmte bauliche Veränderungen im Kurhaus.[609]

Umbauten an Kochbrunnen und Kurhaus, Neugestaltung der Kuranlagen

Da immer mehr Kurgäste die Trinkkur am Kochbrunnen in Anspruch nehmen, erweist sich der bisherige Zugang als zu eng.[610] Pläne zur Erweiterung der Schöpfstelle faßt Bauinspektor Faber in einem Gutachten vom Dezember 1833 zusammen. Statt der von anderer Seite vorgeschlagenen drei Durchbrüche, die aber aus technischen Gründen, und zwar wegen der möglichen Beeinträchtigung der Thermalwasserab- bzw. -zuflüsse zu den benachbarten Badhäusern, nicht durchführbar sind, schlägt er die Schaffung eines breiteren Zugangs mit „zwei neuen größeren Säulen, längeren Architrav-, Fries- und Aufsatzsteinen, längeren Treppenstufen (und) einer größeren eisernen Thür“ vor. Der Vorschlag wird im Februar 1834 genehmigt, die Fertigstellung „längstens bis zum 1ten May lfd. Js.“ angeordnet.[611]

1834 bis 1836 findet die Neugestaltung und zum Teil Neumöblierung des Kurhauses statt. Das „Bauinventarium“ von 1835 führt u.a. auf: rechts vom großen Saal ein Seitenbau mit Sälen, im zweiten Stock mehrere Kassenzimmer; in den Kolonnaden der Seitenflügel jeweils noch sechs Läden, im Pavillon rechts das Lesezimmer, links Billardzimmer mit Kaffee- und Rauchzimmer. Im oberen Stock des neuerbauten Wirtschaftsgebäudes erhält der Wirt eine Wohnung. Chabert handelt für sich in einem Ergänzungsvertrag 1838 die Zusage der unentgeltlichen Überlassung einer Wohnung nebst Pferdestall und Remise in der geplanten neuen Kolonnade aus. Der Bau wird durch ein Darlehen Chaberts gesichert. Sein Pachtvertrag wird bis zum 31. Dezember 1854 verlängert.[612]

Mit Hilfe der höheren Pachteinnahmen werden auch die Kuranlagen erweitert.[613] Dringend notwendig ist die Vergrößerung des Platzes zwischen Kursaal und Weiher, wo die Gäste nach dem Mittagessen zu „Hunderten" ihren Kaffee einnehmen und dem Kurorchester zuhören. Hier ist das Gedränge so groß, daß es oft kein Durchkommen gibt. 1835 ersetzt man das hölzerne Gitter am Weiher durch ein geschmiedetes Eisengitter.

Da der Schlamm im Weiher unangenehm zu riechen beginnt, wird das gesamte Weiherkonzept überdacht. Bis 1844 werden die Abflüsse neu gefaßt und überwölbt, der Zulauf aus dem Rambach, der die starke Verschlammung (und den dabei entstehenden Geruch) verursacht, wird zugeschüttet. Die Versorgung mit Wasser übernehmen Quellen, die oberhalb des Weihers neu entdeckt worden sind. Die hintere, zur Versumpfung neigende Ausbuchtung des Weihers wird trockengelegt und zu einem in englischer Manier mit Solitärbäumen und Strauchgruppen und weiten Wiesenflächen gestalteten Park umgewandelt. Er nimmt seit 1839 den ganzen Raum zwischen Sonnenberger und Parkstraße bis zur heutigen Josef-von-Lauff-Straße ein. Silberpappeln, Platanen und eine Pyramideneiche sind noch heute Zeugen dieser Kurparkerweiterung.

Bei einer geringfügigen Verschiebung des Weihers nach Norden läßt man eine Partie mit besonders schönen Bäumen als Halbinsel bestehen. Sie wird später vom Ufer abgelöst und durch eine Brücke mit dem Ufer verbunden. Der Musikhügel an der Nordwestecke des Weihers wird abgetragen; das Musikzelt erhält einen neuen Platz an der Nordseite des Konzertplatzes.

Die Regierungszeit des Herzogs Adolph von Nassau (1839–1866)

Wiesbaden holt auf

Am 20. August 1839 stirbt Herzog Wilhelm während der Kur in Bad Kissingen. Er hinterläßt seinem Sohn, Herzog Adolph, außer dem umgestalteten Kurbezirk eine Reihe das Erscheinungsbild Wiesbadens prägender Bauten: den klassizistischen Luisenplatz mit Pädagogium und Münze und die als nördlicher Abschluß gedachte, nach dem Einsturz (1831) jedoch noch nicht wieder aufgebaute Bonifatiuskirche, das (noch unvollendete) Stadtschloß am alten Markt und das Regierungsgebäude an der Ecke Markt- und Luisenstraße.

Die ersten Regierungsjahre Herzog Adolphs scheinen unter einem guten Stern zu stehen – einzig der frühe Tod seiner jungen Gemahlin, der russischen Großfürstin Elisabetha Michailowna, werfen auf alle geplanten Unternehmungen einen schweren Schatten. Als Nichte zweier russischer Zaren wäre sie für die weit ins Internationale ausgreifenden und enge Beziehungen zu regierenden Häusern anstrebenden Ambitionen des Nassauer Herzogs eine ideale Botschafterin gewesen.

Der unter Herzog Wilhelm begonnene Aufschwung des Kurbetriebs hält aber dennoch an. Gäste aus aller Welt besuchen die Stadt. Es gelingt, mit dem zweiten großen Kurbad des 19. Jahrhunderts, Baden-Baden, Schritt zu halten. Wer vornehm und reich ist, kurt und amüsiert sich in Wiesbaden und erfreut sich am Luxus, der zum größten Teil aus den Erträgen der Spielbank bestritten wird.

Neue Pläne

Die alte Kolonnade wird für 70.000 Gulden an die Kurhaus-Aktiengesellschaft abgetreten, die neue Kolonnade ist im Frühjahr 1840 fertiggestellt, der Wiesenbrunnen einige Meter nach Süden versetzt. 1841 erwirkt Chabert die Erlaubnis, auch im Großen Kursaal das Spiel zu machen. Er darf zwei Spieltische für Roulette, Trente et quarante und Pharao aufstellen. Dafür muß er an Stelle des Blauen (vorderen) und Gelben (hinteren) Saals zwei neue Konversationsräume einrichten, den ersteren nach vorne, beide nach Süden erweitern und einrichten, alles auf seine Kosten. Sie dürfen als Spielsäle genutzt werden, wenn im Großen Saal nicht gespielt werden kann.[614]

Unvollendet ist noch immer der Platz vor dem Kurhaus. Die Zaisschen Pläne einer Fontäne inmitten einer gärtnerisch gestalteten Grünanlage scheitern am Fehlen von Wasser bzw. einem artesischen Wasserdruck, der stark genug wäre, die Fontäne hoch genug aufsteigen zu lassen. Zeitweilig gleicht der Rasen eher einem Kleeacker, wie Zeitgenossen berichten. Wilhelm Zais, der Sohn des Baumeisters, holt 1843 die Gedanken seines Vaters aus der Versenkung. Er schreibt in seinen „Patriotischen Wünschen eines Wiesbadeners": „Vor allem wünscht die Badewelt in der Mitte des Bulengreens [sic!] einen Springbrunnen, dessen voller, mächtig glänzender Strahl zu dem goldnen Saum der Wolken hindränge, die leichten, zarten Wipfel der Bäume frisch erquicke, (und) der grünen Wiesenfläche Gold, Schmelz und Purpur verleihe."[615]

Der Platz gewönne „ein ganz neues, frischeres und belebteres Ansehen. Das schöne Geschlecht, anstatt ihn flüchtig zu durcheilen, würde unter den Kühlung und Ruhe gewährenden Platanen verweilen, man würde sich an dem zierlichen Spiel des Beckenteiches mit seinen aufsteigenden und fallenden Springquellen ergötzen (...). Wie in dem [Pariser] Tuileriengarten würden sich unter den schattigen Bäumen Sitze an Sitze reihen, man würde sich hier in heitern Reflexionen ergehen, um zu sehen und gesehen zu werden. In den breiten Fahrwegen daneben könnten kühne und schmucke Reiter auf echt englischem Vollblute, die Crême der Noblesse in den elegantesten Carossen, sich in ihrem Glanze zeigen."

Noch muß Zais warten. Das Problem der Wasserversorgung wird erst mit dem Bau und der damit notwendigen Wasserbeschaffung für das Palais der Witwe Herzog Wilhelms, Pauline, gelöst (1842–45). 1856 wird mit der Errichtung der zwei Kaskadenbrunnen sein Wunsch erfüllt. Die Beschreibung von Wilhelm Zais gibt auch einen Hinweis auf das Alter der Platanen am „Bulengreen". Bereits am 8. Dezember 1817 war ein Vorschlag von Christian Zais, die Pappeln an der Fahrallee „demnächst" durch Platanen zu ersetzen, von der Regierung befürwortend an das Staats-Ministerium weitergeleitet worden.[616] Er blieb aber jahrelang unberücksichtigt. Ebhardt (1817), Demian (1823) und Peez (1823) beschreiben noch die ursprüngliche Anordnung: vier Alleen, die beiden äußeren mit Pappeln und Linden besetzt, die inneren mit Akazien. In der zweiten Auflage von 1831 spricht Peez dann von „einer schönen, auf beiden

Seiten von Platanen- und Linden-Alleen begränzten Wiesenplane".[617] Demnach sind die Platanen zwischen 1823 und 1831 gepflanzt worden. 1843 ist nur noch je eine Reihe Platanen übrig. Sie sind noch heute die Zierde des Bowling Green. Daß sie noch die Platanen der alten Allee sind, läßt sich am geringen Abstand der Baumriesen voneinander erkennen. Er ist auf die jungen Bäume aus der Zeit der Pflanzung bemessen und wurde seitdem nicht verändert.

Das herzogliche Hoftheater

Trotz mancher künstlerischer Erfolge, man spielt Werke von Molière, Lessing, Goethe, Schiller, Kleist und Grillparzer sowie Opern bedeutender zeitgenössischer Komponisten, stellt die Theaterunion Mainz-Wiesbaden am Ende niemanden so recht zufrieden. Die Truppe der 25 Darsteller und 18 Choristen, die in Mainz wohnen, fährt mit Kostümen und Fundus auf großen Wagen zwischen beiden Städten hin und her. Im Winter fallen Vorstellungen häufig aus, wenn bei Eisgang die Schiffsbrücke eingezogen ist. Das Fährschiff verkehrt nur bei geeigneter Wetterlage. Requisiten gehen unterwegs verloren; das Orchester muß zu jeder Probe von Mainz her anreisen.[618]

Im Februar 1839 läßt Herzog Wilhelm dem Bürgermeister von Mainz mitteilen, er beabsichtige nicht, den auslaufenden Vertrag zu verlängern. Noch im gleichen Jahr werden eine eigene Opern- und Schauspielgesellschaft und ein Orchester engagiert. Der Leiter des ersten eigenen Theaterensembles des Hoftheaters wird dem herzoglichen Intendanten, Hofmarschall Karl Freiherr von Bose, unterstellt. Die erste Spielzeit beginnt, verzögert durch den Tod Herzog Wilhelms, am 3. Oktober 1839 mit dem „Prolog" aus Goethes Faust. 1843 wird das Theater vergrößert. In dieser Gestalt verbleibt es bis zum Abriß in den Jahren 1896/97.

Das Glücksspiel als (un)moralische Anstalt

Dem Spielbankpächter Chabert ist es offenbar gelungen, auch das Vertrauen des jungen Herzogs zu gewinnen. Die Einnahmen der Spielbank und die Abgaben an die Domänenkasse steigen unter der Regie des erfahrenen Mannes von Jahr zu Jahr. Vielleicht war die Erlaubnis, im Großen Saal das Spiel machen zu dürfen, ein Fehler. Denn, abgesehen von der wachsenden Ablehnung des Glücksspiels in ganz Europa, nimmt auch die Zustimmung der Wiesbadener Bevölkerung ab. Sie sieht ihren als „gute Stube der Stadt" angesehenen Kursaal zweckentfremdet. Moralische Bedenken werden im Herzogtum laut. Die Deputiertenkammer bedauert, daß die Spielsucht in zunehmendem Maße auch auf die mittlere und sogar die ärmere Klasse übergehe. Immer häufiger würden Menschen vom Weg der ehrlichen Arbeit weggelockt, das Lebens- und Familienglück bedroht und untergraben, während die Glücksritter sich die Taschen füllten und die Bankhalter Hunderttausende einheimsten.

Die Regierung versucht, die Situation dadurch zu entschärfen, daß sie den Einfluß des gar zu selbstherrlichen Spielbankpächters beschneidet, um nicht zu sehr von dessen Aktivitäten abhängig zu sein. Chabert, dem der Umschwung der öffentlichen Meinung nicht verborgen bleibt, verzichtet auf die Verfügung über die Wirtschaftsräume des Kurhauses. Die steigenden Pachtgelder sollen noch mehr als bisher zum Nutzen der Kuranlagen verwendet werden.

Von diesem Geld kauft die Kurhausgesellschaft zuerst die Ziegelhütte hinter der neuen Kolonnade.[619] Es ist die letzte von drei Ziegeleien, die vor Beginn der Ära Zais im Bereich der späteren Wilhelmstraße und beim Platz vor dem Sonnenberger Tor angesiedelt waren. Sie wird 1846 auf Abbruch versteigert. Zwei Jahre später ermöglichen Zahlungen des Spielbankpächters auch den Ankauf des Schützenhofs mit allen Liegenschaften durch die Domänenkammer. Damit eröffnet sich die Aussicht, das nahe beim Kochbrunnen liegende, alle Verschönerungspläne im Bereich des Brunnens blockierende Bürgerhospital dorthin zu verlegen und das Hospitalgebäude niederzulegen. Der Plan scheitert zwar am Einspruch der Innenstadtbewohner, doch ist mit dem Erwerb des Schützenhofgeländes durch die öffentliche Hand eine Situation geschaffen, die fünfzehn Jahre später die Lösung anderer innerstädtischer Probleme erleichtert (vgl. S. 310).

Im Revolutionsjahr 1848 gerät die Spielbank in turbulentes Fahrwasser. In der Frankfurter Nationalversammlung dominieren die Gegner des Hazardspiels. Der Wiesbadener Spielbankpächter Chabert erkennt rechtzeitig die Zeichen der Zeit. Er zieht sich mit einer erheblichen „Abfindung" ins Privatleben zurück. An seiner Stelle treten Anton Guntz und Eugen Simon, ebenfalls Elsässer, in den Vertrag ein, der bis zum 31. Dezember 1870 verlängert wird.

Obwohl vorgewarnt, trifft es Wiesbaden schwer, als am 20. Januar 1849 alle Spielbanken in Deutschland durch ein Reichsgesetz aufgehoben werden. Die Einwohner fürchten den Ruin ihrer Stadt. Ein in großer Eile erstelltes Rechtsgutachten, nach dem nur die öffentlichen Spielbanken, nicht aber die von Privatgesellschaften betriebenen, aufgehoben seien, bietet einen vorläufigen Ausweg: Man führt die Spielbank in Form einer „Privatassemblée" fort. Vorkehrungen, die den Privatcharakter des Spiels betonen (Aufgabe des Großen Kursaals als Spielsalon, eine Tafel „salons réservés" am Eingang zu den Spielsälen, von einem Portier kontrollierte Eintrittskarten für geladene Gäste) geben dem Spiel den Charakter einer „Geschlossenen Gesellschaft".[620]

Dieser Zustand dauert knapp ein Jahr. Das Scheitern der Nationalversammlung und der Reichsverfassung führt auch zur Aufhebung des Gesetzes über das Spielbankverbot. Schnell ist die alte Ordnung wiederhergestellt. Nach Einsetzen der Restauration nimmt der Zuspruch von kurwilligen und spielsüchtigen Gästen so zu, daß man in den nächsten fünfzehn Jahren fast von goldenen Zeiten sprechen kann.

1854 verpflichten sich die Pächter zur Finanzierung eines nochmaligen Um- und Ausbaus des Kurhauses, das jetzt die Gestalt erhält, die im wesentlichen bis zur Schließung des Hauses beibehalten wird. Die ehemals hinter den seitlichen Kolonnadenflügeln vorhandenen Freiflächen (Hühnerhof und Wirtschaftsgarten) werden endgültig in die Erweiterung der Nebenräume des großen Saals einbezogen. Der Rote und der Weiße Saal werden neu hergerichtet und möbliert. Im hinteren Spielsaal gibt es den „Kommunetisch" für kleinere Einsätze, im Roten Saal den Talereinsatz, im Weißen Saal das Spiel der Aristokraten, gemischt mit Neureichen, die das nötige Geld besitzen. Man nennt den Saal „Klein-Californien", da hier nur mit Goldwährung gespielt wird.[621] 1852 begegnet zum ersten Mal die Bezeichnung Wiesbadens als „Weltkurstadt".[622]

Kochbrunnen-Trinkhalle

Mit der Errichtung der neuen Kolonnade ist das Bauprogramm des Kurviertels mit Kursaal, Kolonnaden, Theater und Kurhotel „Vierjahreszeiten" abgeschlossen. Bereits 1831 hatte Dr. Wilhelm Zais das Zaissche Wohnhaus, 1838/39 der Gast- und Badwirt Johann Friedrich Goetz den „Nassauer Hof" auf drei Stockwerke ausgebaut. 1842 erhält die Arkade zwischen Nassauer Hof und Theater einen ähnlichen Aufbau wie die Einfahrt zu den Vierjahreszeiten auf der gegenüberliegenden Seite. Der Herzog-Wilhelm-Platz hat nun annähernd die Geschlossenheit des frühen Entwurfs von Christian Zais erreicht.

Bereits seit den 1830er Jahren lagen verschiedene Vorschläge zur Verschönerung des Kochbrunnenbezirks vor. Gegen die vollständige Abdeckung der Quelle, die aus hygienischen Gründen erwünscht gewesen wäre, seit man das Wasser für Trinkkuren verwendete, gab es von verschiedenen Seiten immer neue Einwände. Die Erweiterung des Eingangs, durch den drei Personen statt einer ausschenken konnten, kam zwar zustande, nicht aber die Umsetzung der zahlreichen Vorschläge für eine repräsentativere Gestaltung, einmal des Portals selbst, zum anderen die plastische Ausschmückung des Kochbrunnens betreffend.[623]

Bewegung kommt in die Sache, als 1842 der Glasermeister Philipp Christian Hoffmann das dicht beim Kochbrunnen gelegene, noch aus dem Anfang des 17. Jahrhunderts stammende Badhaus „Zur Blume" erwirbt, niederlegt und an seiner Stelle, um einige Meter zum Kranzplatz versetzt, den „Europäischen Hof" errichtet.[624] Damals verpaßt die Stadt die Möglichkeit, die „Blume" selbst zu erwerben, um Raum für die Vergrößerung des Kochbrunnenplatzes zu gewinnen. Sie muß nun noch ein halbes Jahrhundert warten, bis sich eine neue Chance (zu erheblich höheren Kosten) bietet.

Wenigstens gibt der „Europäische Hof" dem Platz ein stattlicheres Aussehen. Dafür muß die 1823 errichtete kleine Säulenhalle geopfert werden. Der Plan, eine 250 Fuß lange, mit Läden versehenen Säulenhalle zu erbauen, kommt nicht zur Ausführung. Stattdessen wird ein neues Tuchzelt aufgestellt.[625] Hier versammeln sich morgens die Kurgäste, „lassen sich das Brunnenwasser einschenken und spazieren, das Glas in der Hand, auf dem 60 Schritte langen und 40 Schritte breiten Platz vor dem Kochbrunnen herum", oder sie begeben sich durch die Kugelakazienallee auf die parallel zur Taunusstraße angelegte Promenade.[626]

1853 beklagen sich zahlreiche Kurgäste, Deutsche und Ausländer, anonym beim Herzog über das Fehlen einer stabilen Trinkhalle. Jetzt endlich erhält Baurat Goetz, der Sohn des früheren Stadtbaumeisters Carl Friedrich Goetz, den Auftrag, einen Plan für einen gedeckten Gang vom Kochbrunnen bis zur Wilhelmstraße auszuarbeiten. 1854 legt er Zeichnung und Kostenüberschlag vor. Noch im gleichen Jahr wird eine offene

Kochbrunnen mit der eisernen Wandelhalle von 1855.
Nach einer Zeichnung von J. F. Dielmann

Wandelhalle, vorerst nur von knapp 20 Metern Länge, fertiggestellt. Die Konstruktion gilt als eine besondere Sehenswürdigkeit. Die filigrane hölzerne Dachkonstruktion ruht auf hohen, gußeisernen Säulen, die ihr „eine Leichtigkeit und Zierlichkeit" verleihen, „die an Bauten aus Rohrstämmen erinnert und uns in eine fremdartige Welt versetzt".[627]

Schon im ersten Jahr wird die neue Halle bei einem Sturm aus ihrer Verankerung gerissen. Teile des Dachs stürzen ein und begraben mehrere Personen unter sich.[628] 1855 bis 1857 wird sie nach den ursprünglichen Plänen wieder aufgebaut, nun aber verlängert bis zur Taunusstraße und dieser entlang in östlicher Richtung bis fast zum Kureck. 1861 tritt die Kurhausaktiengesellschaft das Bauwerk, das sie mit Hilfe der Spielbank finanziert hat, an die Stadt ab. 1888 wird die Wandelhalle in ganzer Länge niedergelegt, um einer neuen, endlich einer Weltkurstadt würdigen Konzeption Platz zu machen.

Das Denkmal der Hygieia

Der Kochbrunnen selbst brodelt immer noch unter freiem Himmel. Die äußere „Verpackung“, verputztes Bruchsteinmauerwerk, ist wenig ansprechend. Alle Versuche, den Brunnen künstlerisch aufzuwerten, sind bisher aus Kostengründen abgelehnt worden: 1813 die ägyptisierende Version von Hundeshagen, 1822/23 der Vorschlag, dem Portal mit einer Äskulapstatue und zwei Sphinxen ein gefälligeres Aussehen zu geben. Nicht anders ist es dem Bauakzessisten Eduard Zais, dem jüngeren Sohn von Christian Zais, ergangen, dessen 1831 vorgelegter Entwurf für ein Standbild der Heilgöttin Hygieia auf einem von ionischen Säulen getragenen Porticus ebenfalls unausgeführt geblieben ist.[629]

Als die Pläne für den „Europäischen Hof“ realisiert werden und dadurch der freie Raum beim Kochbrunnen etwas vergrößert wird, kommt erneut der Gedanke auf, der heilenden Kraft der heißen Quellen künstlerischen Ausdruck zu verleihen. Auf Anregung des Badwirts des Europäischen Hofs, Philipp Christian Hoffmann, setzt sich Regierungspräsident Möller 1842 mit dessen Sohn Karl Hoffmann wegen der Anfertigung einer Statue der Heilgöttin Hygieia in Verbindung. Der junge Künstler arbeitet als Bildhauer in Rom. Sein künstlerischer Stil bewegt sich zwischen dem von Thorwaldsen geprägten Klassizismus und den Vorstellungen der Nazarener. Ausdruck der damit verbundenen Hinwendung zum Katholizismus ist die von ihm geschaffene Kreuzigungsgruppe für den Hochaltar der St. Bonifatiuskirche in Wiesbaden.[630]

Noch im gleichen Jahr schickt Hoffmann den zeichnerischen Entwurf der Hygieia mit zwei Genien, Krankheit und Gesundung symbolisierend, an die hiesige Regierung ab.[631] Nach Zustimmung des Herzogs wird der vorläufige Auftrag erteilt. 1845 trifft das Gipsmodell in Wiesbaden ein. Hoffmann erhält den endgültigen Auftrag mit der Änderung, daß die Figurengruppe statt für 3.000 Gulden in Sandstein nun für 6.600 Gulden in carrarischem Marmor ausgeführt werden soll. 1849 ist die Arbeit vollendet.[632]

Schwierigkeiten gibt es bei der Aufstellung des Denkmals. Professor Fresenius, als Chemiker Autorität in allen die Wirkung des Kochbrunnenwassers betreffenden Fragen, spricht sich gegen den Platz direkt am oder auf dem Portal des Kochbrunnens aus, da mit einer schnellen Zersetzung des Marmors durch die heißen Dämpfe zu rechnen sei. Nach einigem Hin und Her setzt sich Baurat Boos, der Erbauer der Marktkirche, mit dem Vorschlag durch, die Gruppe in einigem Abstand vom Eingang des Kochbrunnens aufzustellen. Die erhöhten Kosten für den Denkmalsockel (ursprünglich hatte man an ein kleineres Postament für eine Einzelstatue gedacht) teilt sich die Stadt mit den Badwirten, denen sie erlaubt, dafür eine Denkmal-Kollekte zu veranstalten.

Zur Posse wird der Streit um die Enthüllung des Denkmals. Um den Herzog zu ehren, soll sie an seinem Geburtstag, dem 24. Juli 1850, stattfinden. Die von der Stadtverwaltung dafür vorgesehenen 100 Gulden reichen nach Meinung der Regierung für eine würdige Feier nicht aus. Sie verlangt die Bereitstellung von mindestens 400 Gul-

Kochbrunnen mit Hygieia-Denkmal.
Stahlstich von Hunkler nach einer Zeichnung von Voddigel, um 1852

den aus städtischen Mitteln. Das ist den Stadtvätern zu viel. Sie erklären, wenn die 100-Gulden-Feier am Geburtstag des Herzogs der Regierung nicht genüge, enthüllten sie das Denkmal nach ihrem Belieben.[633]

Der Geburtstag des Herzogs verstreicht. Das Denkmal wird am 8. August 1850 ohne Beteiligung des Hofes und der Regierung in Anwesenheit des Künstlers enthüllt. Ein Festzug bewegt sich vom Marktplatz zum Kochbrunnenplatz. Es folgen Festreden, Musik und Gesangsvorträge, über dem Denkmal schwebt, trotz allen Streits, die herzogliche Krone. Abends erstrahlt die Gruppe, ein vollendetes Beispiel der Spätromantik in Wiesbaden,[634] in bengalischem Licht. Die Bürger rätseln noch lange, wie es denn nun heiße: Hygiea oder Hygieia? Der Bürger Friedrich Ludwig Burk bringt die Stimme des Volkes in seinem Tagebuch unbewußt auf den Punkt: Es sei „die Göttin Hygäna".[635]

Am Kochbrunnen steht das Denkmal nicht lange. 1853 stellt die nassauische Regierung fest, wegen der Enge des Raums behindere es die Brunnenkur. Sie verlangt die

Versetzung auf den Kranzplatz. Die Stadt muß sich fügen. Doch auch an dem neuen Platz kommt das Denkmal nicht zur Ruhe. Von der Nordseite, dicht am Bürgersteig, rückt man es 1874 mehr in die Mitte des Platzes und umgibt es mit einer kleinen Blumenanlage. „Das war die Glanzzeit der Göttin", schreibt das Wiesbadener Tagblatt rückblickend 1936.[636]

Bei der Neugestaltung des Platzes , die „wegen der elektrischen Bahnen, Autos und dem ganzen Drum und Dran des Großstadtlebens" 1912/13 notwendig wird, muß die Hygieia wiederum weichen. Sie wird im Hof des Museums an der Wilhelmstraße in Sicherheit gebracht. Heute hat sie im Innern der Brunnenkolonnade einen ruhigeren Platz gefunden.

Gleichzeitig mit der Errichtung des Denkmals kommen auch andere Dinge in Bewegung. Viele neue Gebäude geben der Kurstadt ein neues Flair. Selbst in der preußischen Metropole nimmt man die Veränderungen mit Erstaunen zur Kenntnis. Die Berliner „Illustrirte Zeitung" schreibt um 1850: „Wiesbaden kann noch zur Zeit in eine alte und neue Stadt eingetheilt werden, obwohl dieser Unterschied von Jahr zu Jahr mehr verschwindet und der Zeitpunkt nicht allzuentfernt sein dürfte, wo das kleine Landstädtchen von ehedem mit seinen ziemlich engen und gewundenen Gäßchen ganz und gar von dem modernen, mit großartigen Häuserreihen und glänzenden Hotels geschmückten heutigen Wiesbaden verdrängt sein wird." Wenige Städte in Deutschland dürften „eine so glänzende Entwicklungsperiode aufzuzeigen haben als Wiesbaden in dem gegenwärtigen Jahrhundert".[637]

Das stille Kurbad: der Neroberg und seine Wälder

Der Neroberg, von den Einheimischen um 1800 „Nerschberg" genannt, steht unter den Ausflugszielen der erholungsuchenden Kurgäste lange hinter den Nahzielen des neuen Geisbergs, der Dietenmühle, der Burgruine Sonnenberg und sogar hinter der Platte zurück, die zu Pferd, Esel oder mit der Kutsche zu erreichen ist. Die Aussicht vom Neroberg ist mit der von der Höhe des Taunuskamms nicht zu vergleichen. Man scheut den mühsamen Aufstieg durch die „Steinhohl" (Kapellenstraße) und den verwilderten Wald, der zu Anfang des Jahrhunderts noch in Staatsbesitz ist und als Jagdrevier des Fürsten nicht für Spaziergänger gepflegt wird.

Mit der Übergabe des Staatswaldes in städtische Obhut und der damit verbundenen Öffnung für die Bevölkerung (1822) entdecken immer mehr Menschen die Romantik des Waldes. Auch die Kurgäste werden davon mehr und mehr erfaßt. 1843 gründen Bürger den „Verein zur Verschönerung der Umgebung Wiesbadens", der die „an schönen Partien und reizenden Punkten so reiche" Umgebung in eine durch fahrbare und schattige Wege verbundene Anlage verwandeln will.[638] Eifrigster Verfechter dieser Gedanken ist Dr. Wilhelm Zais, der mit praktischen Vorschlägen für die Erschließung der Wälder in den Vorbergen des Taunus in die Öffentlichkeit geht.[639] Er schreibt, die Täler seien „mit Fußpfaden zu durchschlängeln", die Aussichten der Berge zugänglich zu machen. Die stillen Wiesentäler und hohen Buchen- und Eichenwälder müßten durch schattige Laubgänge und Spazierwege erschlossen werden. Fahrwege seien so einzurichten, daß man das Sehenswerteste und die Hauptgegenstände bei der Rückkehr nie zweimal, wenigstens nicht in derselben Richtung, zu passieren habe, ein Rat, der noch heute auf dem „Rundfahrweg" hinter der Leichtweißhöhle berücksichtigt ist.

Die Errichtung der Grabkirche für die Herzogin Elisabeth am Hang des Nerobergs beschleunigt die Erschließung des Waldes. Der Weg durchs Dambachtal führt an den 1750 entdeckten, 1848 erforschten Resten eines römischen Gutshofs vorbei.[640] Eine wachsende Zahl von Kurgästen interessiert sich für die römischen Altertümer. Nach dem Besuch des Museums an der Wilhelmstraße gehört ein Ausflug in die römische Vergangenheit in den Wäldern am Neroberg für das gebildete Publikum zu den Attraktionen Wiesbadens.

Die Griechische Kapelle

Die Grabkirche der 1845 jung verstorbenen Gemahlin des Herzogs, Elisabetha Michailowna, Nichte der russischen Zaren Alexander I. und Nikolaus I., wird 1849 nach Plänen von Philipp Hoffmann, dem Erbauer der St. Bonifatiuskirche, begonnen und 1855 feierlich eingeweiht. Die Wiesbadener nennen sie „Griechische Kapelle". Wegen ihrer kirchenrechtlichen Zugehörigkeit zur russisch-orthodoxen Kirche könnte sie auch „Russische Kapelle" heißen; für beide Namen gibt es gute Argumente.[641] Mit ihren weithin sichtbaren goldenen Zwiebelkuppeln wird sie schnell zum Symbol für die Pracht und Schönheit Wiesbadens. Die nichtrussischen Kurgäste betrachten sie als eine exotische Attraktion, nicht viel anders als die im hinteren Nerotal gelegene, 1856 vom Verschönerungsverein zugänglich gemachte Höhle des legendären „Räubers" Heinrich Anton Leichtweiß.[642] Den Gästen aus Rußland bedeuten Kirche und Gruft eine gefühlsmäßige Bindung zu ihrer Heimat. Sie können dort am Gottesdienst im orthodoxen Ritus teilnehmen.

Durch die Griechische Kapelle erfährt der ganze Neroberg, auf dem es bis dahin keine besonderen Atrraktionen gab, eine deutliche Aufwertung. Als 1848 die Straßenbeleuchtung in der Stadt durch Gasbeleuchtung ersetzt wird, finden einige der an der Wilhelmstraße nicht mehr benötigten Sandsteinsäulen beim Bau eines Aussichtstempels („Monopteros", Tempel mit nur einer Reihe von Säulen) Verwendung. Die schlichte, von Philipp Hoffmann entworfene Architektur des mit klassizistischen Stilelementen dekorierten Tempels markiert das Ende dieses Baustils in Wiesbaden. Er hat die Stadt und die wichtigsten Kureinrichtungen ein halbes Jahrhundert lang geprägt. Der Neroberg besitzt damit seit 1851 eine Attraktion. Er wird endgültig zum Ziel einheimischer und fremder Wanderer, für die zunächst provisorisch ein kleiner Pavillon für eine Kaffeepause errichtet wird.

Das Paulinenschlößchen

Noch vor dem Bau der Griechischen Kapelle nimmt ein anderes Bauwerk den neuen, historisierenden Stil jener Jahre im Umkreis des Kurviertels vorweg: das Palais der Herzogin Pauline, Witwe des 1839 verstorbenen Herzogs Wilhelm von Nassau. Das im

Volksmund Paulinenschlößchen genannte Gebäude wird 1842 bis 1845 am Leberberg auf dem Platz des Landhauses „Zur schönen Aussicht" des Obersten Adolf von Hagen errichtet.

Das Hagensche Palais verdankte seinen exklusiven Standort noch der Planung von Christian Zais. Der wünschte eine Gestaltung des Hangs nördlich der Sonnenberger Straße als Landschaftspark, der „dem edleren Teil des Publicums ein Ruhe- und Erholungsort" sein sollte.[643] Er dürfe allenfalls zur lockeren Bebauung mit Landhäusern (herrschaftlichen Villen) für Leute von Stand freigegeben werden. Oberst von Hagen, der als Teilnehmer am Feldzug der Nassauer in Spanien, an der Schlacht bei Waterloo und danach als Kommandeur des 2. nassauischen Infanterieregiments diese Bedingung erfüllte,[644] errichtete dort 1824 ein zweistöckiges Landhaus mit Freitreppe, säulengetragenem Balkon und zwei Flügelbauten in einer großzügigen Parkanlage.

Als man nach dem unerwarteten Tod des Herzogs nach einer standesgemäßen Wohnung für die Herzoginwitwe Umschau hält, gilt der Hang am Leberberg, unmittelbar oberhalb des Kursaals, als erste Wahl. Die Domänenkasse erwirbt das seit 1830 nicht mehr vom Erbauer bewohnte Haus. Es wird abgeräumt und an seiner Stelle das neue Palais als zweistöckiger, siebenachsiger Bau mit gedeckter Vorhalle im maurischen Alhambrastil errichtet.[645] Weithin sichtbar sind die allegorischen Figuren, die der Bildhauer Reinhard Vogel, Sohn des Kirberger Pfarrers und nassauischen Geschichtsforschers Christian Daniel Vogel, geschaffen hat.[646] Sie krönen die Bedachung der beiden achteckigen Pavillons an den Flügeln des Gebäudes, das 1945 durch Kriegseinwirkung teilweise zerstört und nicht wieder aufgebaut wird.

Der Bowling Green und die Anlagen am Warmen Damm

1846 wird der Gartenarchitekt Carl Friedrich Thelemann, bis dahin Obergärtner am Botanischen Garten von St. Petersburg, in nassauische Dienste berufen. In Wiesbaden beginnt er 1852, den Kurpark im Stil eines englischen Parks umzugestalten.[647] Über dem Eiskeller wird ein Chinesischer Kiosk errichtet.[648] 1855 erhält der Kurhausweiher eine große Fontäne, die aus dem zur Wasserversorgung des Paulinenschlößchens angelegten Wasserreservoir auf der Schönen Aussicht gespeist wird. Das Wasser kommt über eine Rohrleitung aus einer Quelle im oberen Tennelbachtal (Frauenborn).[649]

Bei diesen Arbeiten stellt sich heraus, daß die auf diesem Weg herangeführte Wassermenge, einschließlich einer Abzweigung aus dem parallel zum Kurpark verlaufenden Mühlgraben zur Firnselmühle (an der Spiegelgasse), ausreicht, außer der Fontäne auch zwei lange geplante Brunnen vor dem Kurhaus (auf dem Bowling Green) zu versorgen. 1856 entwirft Baurat Goetz die bis heute als charakteristische Zierde des Rasenplatzes geltenden dreischaligen Kaskadenbrunnen, die in der Gießerei des Wiesbadener Hüttenbesitzers Julius Zintgraff gegossen werden. 1857 erhalten sie durch 614 Gaslampen eine „wahrhaft feenhafte" Beleuchtung,[650] die nach zeitgenössischen Berichten den exotischen Gewächsen und geometrischen Blumenrabatten des Bowling Green abends das Aussehen eines Zaubergartens verliehen haben soll.

Chinesischer Pavillon auf dem Eiskeller im Kurpark, Stich von Jacob Zingel

Die bedeutendste gärtnerische Leistung Thelemanns ist die Umgestaltung der mit einem wilden Durcheinander von Zier- und Nutzgärten, Baumstücken, Wiesen und Ackerstücken nicht sehr einladend wirkenden Fläche zwischen Wilhelmstraße und Kursaalweg (Paulinenstraße). Durchflossen wird das Gelände vom Rambach, dem abfließenden Wasser des Kurhausweihers, vom Schwarzbach und vom Dendelbach, der von der Herrnmühle aus unter der Wilhelmstraße hindurchfloß und sich jenseits der Frankfurter Chaussee mit den anderen Bächen in offenem Lauf zum Salzbach vereinigte.

1859 genehmigt der Herzog den von Thelemann ausgearbeiteten Plan. Er sieht einen Landschaftspark im Wechsel von kunstvollen Rasenflächen mit Gehölzgruppen vor, mit schönen Blickachsen zur Wilhelmstraße. Nach der Fertigstellung erhält er in Erinnerung an den einst hier vorbeiführenden Damm den Namen „Warmer Damm“. In der Mitte legt Thelemann einen Weiher an. Die Sohle wird mit einer Lettenschicht festgestampft und mit einer Backsteinlage ausgemauert. Der Springbrunnen erhält sein Wasser mit natürlichem Gefälle durch eine Rohrleitung aus dem Aukammtal. Die Bachläufe werden überwölbt, die Pletzmühle an der Ecke Wilhelm- und Frankfurter Straße wird niedergelegt.[651]

Ein Zeugnis des romantischen Geschichtsbewußtseins jener Zeit ist der am Eingang zum Warmen Damm aufgestellte Säulentorso, der zusammen mit Teilen eines Dreieckgiebels und kannelierten Säulenstücken von den römischen Thermen am Schützenhof einen malerischen Eindruck vermittelt (die aus Kalksandstein bestehenden Giebelreste sind nach dem Zweiten Weltkrieg Andenkenjägern zum Opfer gefallen). Die Granitsäule ist eine von 28 Säulen, die in der Ingelheimer Kaiserpfalz Karls des Großen die Galerie des Rittersaals getragen haben. Mönche des Zisterzienserklosters Eberbach, das in der Nähe der Pfalz Weinberge besaß, haben sie vermutlich als Zierstück über den Rhein gebracht. Nach Wiesbaden gelangte sie aus dem säkularisierten, von der herzoglichen Domänenkammer verwalteten Kloster.[652]

Der seit dem Sommer 1860 für die Bevölkerung offene Landschaftsgarten erfüllt zugleich den Zweck, das Gelände von jeder Bebauung freizuhalten. Eine solche ist erst jenseits der Paulinenstraße erwünscht. Das Gebiet des „Grünen Viertels“[653] zwischen Bierstadter und der 1864 eröffneten Parkstraße, aber auch des südlich angrenzenden, bis an die Frankfurter und Mainzer Straße reichenden Stadtviertels (die City Ost der Nachkriegszeit) soll den gleichen, von Landvillen durchsetzten parkartigen Charakter erhalten, der für den Hang an der Schönen Aussicht und am Leberberg vorgesehen ist.

Die Englische Kirche

Ganz in der Nähe der exklusiven Promenade an der Wilhelmstraße erhält die anglikanische Gemeinde 1865 ein eigenes Gotteshaus. Engländer sind beliebte Gäste. Nicht selten gibt es unter ihnen Earls, Lords und andere Nobilitäten des Britischen Empire. Sie bringen Geld, Prestige und einen Hauch der weiten Welt in die Stadt. Bereits seit 1837 fand in den Badehotels „Vier Jahreszeiten“ und „Rose“, seit 1839 zu bestimmten Stunden auch in der Mauritiuskirche Gottesdienst nach anglikanischem Ritus statt. 1844 haben englische Kurgäste zusammen mit einer kleinen Gemeinde von dauerhaft in Wiesbaden lebenden Landsleuten, die das Leben in der klimatisch begünstigten Kurstadt ihrer feuchten Insel vorziehen, dann einen Ausschuß gegründet, der die Möglichkeiten für eine eigene Kirche erkunden sollte. Die Herzogliche Regierung begrüßte die Pläne; sie versprach sich davon eine Bereicherung des kulturellen Lebens und einen günstigen Einfluß auf den Besuch englischer Kurgäste in Wiesbaden.[654]

1862 ist es soweit. Einen Teil des Bauplatzes schenkt Herzog Adolf der anglikanischen Gemeinde, einen weiteren Teil erhält sie von der Stadt Wiesbaden. Für die Gestaltung des Kurgebietes als Landschaftspark bildet die im neogotischen Stil einer englischen „Chapel“ konzipierte Kirche „St. Augustine of Canterbury“ einen Eckpunkt der Parkanlagen des Warmen Damms. Die Grundsteinlegung erfolgt 1863, die Einweihung am 22. Juli 1865, der Turm wird aus Kostengründen erst 1887/88 angefügt.

Die letzten Jahre des Herzogtums

In sechzig Jahren herzoglich-nassauischer Zeit hat die Kurstadt Wiesbaden einen Aufschwung erlebt, den man am Anfang des 19. Jahrhunderts nicht für möglich gehalten hätte. Eine Reihe günstiger Faktoren sind zusammengetroffen: Das Ende der Revolutionskriege, die Verbesserung der Lebensverhältnisse in Europa, nicht zuletzt der technische Fortschritt, der durch verbesserte Verkehrsanbindungen die Voraussetzungen für den Aufstieg Wiesbadens zu einem der führenden Bäder Deutschlands geschaffen hat. Die Förderung der Trinkkur, die Winterkur, vor allem aber die Eingliederung der Spielbank in das Kurleben der Stadt haben zu diesem Ergebnis nicht unwesentlich beigetragen.

Die Entwicklung des Eisenbahnwesens hat das Ambiente verändert. Der ursprünglich einer kleinen Zahl von Gästen vorbehaltene Kurbetrieb mit seinem typischen Tagesablauf: morgens Trinkkur am Kochbrunnen, anschließend Promenieren, Speisen und Plaudern, abends Vergnügen, Glücksspiel und Theater, ein „Reservat des Heils" in einer abgeschlossenen Welt, öffnet sich nun „fast für jedermann". Zwar kommt es noch nicht so weit, daß man schon von einem Massenbetrieb sprechen könnte. Doch kommen außer echten Patienten, die ganzjährig in den warmen Bädern und bei Trinkkuren Heilung suchen, immer mehr Gäste, die Erholung durch Naturgenuß, Unterhaltung und Zerstreuung suchen. Unter ihnen befinden sich Angehörige des Hochadels, Militärs, wohlhabende Pensionäre, reiche Müßiggänger, Industrielle, Kaufleute und anderes im Zuge des wachsenden Wohlstands zu Geld gekommenes Publikum. Mitglieder regierender Häuser geben allerdings nach wie vor dem „aristokratischeren" Baden-Baden, Langenschwalbach und Homburg den Vorzug, – was vielleicht anders gekommen wäre, wäre es Herzogin Elisabeth aus dem Hause der Romanow vergönnt gewesen, Stammutter einer russisch-nassauischen Dynastie zu werden.

Da viele Kurgäste zusätzliche medizinische Angebote in Anspruch nehmen, wächst die Zahl der Ärzte. 1856 eröffnet Dr. Alexander Pagenstecher eine Augenklinik, die über Wiesbadens Grenzen hinaus Anerkennung findet. Mit dem wachsenden Interesse an Naturheilverfahren entstehen bis 1861 die Kaltwasserheilanstalten „Nerothal", „Beausite" und „Dietenmühle"; die ersten homöopathischen Ärzte lassen sich in Wiesbaden nieder.[655]

Das Kurhaus mit Grünanlagen befindet sich inzwischen fast vollständig im Besitz des Domänenfiskus, an den bis 1857 der Großteil der Aktien der Kurhaus-Aktiengesellschaft übergegangen ist. Von ihr als dem Eigentümer des Kurhauses pachtet eine 1856 gegründete „Aktiengesellschaft zum Betriebe der Kuretablissements zu Wiesbaden und Ems" die Konzession für die Bewirtschaftung des Hauses und die Lizenz zum Betreiben der Spielbank.[656] Über die Zahl der Kurgäste am Ende des Herzogtums liefert der spätere Kurdirektor Hey'l in einer Denkschrift des 1862 gegründeten „Cur-Vereins" die zuverlässigsten Zahlen.[657] Danach wurden im Geschäftsjahr 1864/65 insgesamt 104.193 Bäder abgegeben. Rechne man die gewöhnliche Zahl von 21

Bädern auf einen Kurgast, so stelle sich, schreibt Hey'l, die Zahl der „eigentlichen Badegäste" auf 4.961 Personen. Da Personen, die Einzelbäder nehmen, bei dieser Zählung nicht erfaßt werden, ergibt sich eine Zahl von ca. 7.000 echten Badegästen. Die Gesamtzahl der Besucher habe in dem Jahr bei ca. 35.000 gelegen, von denen ca. 28.000 „ausgesprochene Vergnügungsfremde" gewesen seien.

Viele Gäste verbringen nicht nur einige Wochen, sondern die ganze Sommersaison im Bad. Ein kleinerer Kreis, der mit Einführung der Winterkuren größer wird, bleibt sogar, mit gelegentlichen Unterbrechungen, das ganze Jahr. Unter ihnen stehen Engländer an erster Stelle. Sie entfliehen dem trüben Nebel Londons und dem unwirtlichen Klima im Herbst und Winter. Auch Russen zieht es in zunehmendem Maße zu längeren Aufenthalten an den Rhein. Bei dieser Entwicklung spielen sicher auch die Nachwirkungen der Ehe der Nichte des Zaren mit dem regierenden Herzog und die damit in Zusammenhang stehende Errichtung der russisch-orthodoxen Kirche am Neroberg eine Rolle.

Zum längeren Aufenthalt, meist mit Familie und Personal, dienen Hotelsuiten oder auch ganze Villen, die seit den vierziger Jahren des 19. Jahrhunderts im kurparknahen „Grünen Viertel" von Bauunternehmern zum Verkauf oder zur Vermietung errichtet werden. Zunehmend siedeln sich Privatleute („Rentiers") an, die ihre Einkünfte aus Kapitalerträgen oder Spekulationsgewinnen beziehen, so daß sie ihren Wohnsitz unabhängig vom Ort des Gelderwerbs wählen können.[658]

Kongresse, darunter so bedeutende wie die Jahrestagung der Gesellschaft deutscher Naturforscher und Ärzte, verbreiten den Ruf Wiesbadens, zumal die Teilnehmer, Personen von überdurchschnittlichem Bildungsgrad, während ihres kurzen Aufenthalts die Stadt gewöhnlich nur von ihrer angenehmen Seite kennenlernen. Theater, Kurhausbälle mit Feuerwerk, Spielbank, Lesekabinett im Kurhaus mit 120 Zeitungen in vielen Sprachen, eine öffentliche Bibliothek, ein Museum für Altertümer, Naturkunde und Kunst, dazu modische Geschäfte mit Angeboten von europäischem Niveau, internationale Konversation, und, nicht zuletzt, ein immer besser organisiertes Ausflugsprogramm dienen ihrer Unterhaltung. „Glänzende Equipagen, nette Droschken, hochbeladene Omnibuse rollen die Straßen auf und ab, schmucke Reiter und Reiterinnen galoppieren vorbei. Mannigfaltige Sprachen und Dialekte berühren unser Ohr."[659] Die Droschkenkutscher müssen seit 1864 eine Uniform aus blauem Rock mit Metallknöpfen und schwarzem Hut tragen;[660] auch das Eselscorps bietet seine Dienste noch an.

482 Schürmann: Kur- und Fremdenverkehr, S. 74.

483 HHStA: Abt. W 3011, 887.

484 HHStA: Abt. 246, Nr. 583 – Urban: Bauliche Einkapselung, sieht es aus späterer Sicht als schweren stadtplanerischen Fehler an, vom Kochbrunnen nach Norden nicht einen durchgehenden Grünzug zum Nerotal freigehalten zu haben. Goetz hatte die Allee als Teil einer ländlichen Idylle gesehen, was sich jedoch im Fortgang der Stadterweiterung so nicht realisiert hat.

485 Spielmann/Krake: Weichbild, Text zu den Karten von 1810 u. 1817.

486 HHStA: Abt. 211, Nr. 14236. – Dollwet/Weichel: Tagebuch Friedrich Ludwig Burk, S. 105 („Die Taunusstraß wird angefangen zu bauen.").

487 HHStA: Abt. 211, Nr. 14236, u Abt. 245, Nr. 99a.

488 Hildner: Wiesbadener Wohnbauten, S. 94. – Bubner: Christian Zais, S. 38.

489 Hildner: Wiesbadener Wohnbauten, S. 12.

490 HHStA: Abt. 211, Nr. 14236.

491 Russ (Kulturdenkmäler in Hessen, Wiesbaden II, S. 25) erläutert den Begriff „Landhaus", für den sich erst später die Bezeichnung „Villa" durchgesetzt hat.

492 Renkhoff: Nassauische Biographie, Nr. 1495. Daß trotz der „elitären" Vorstellungen des Baumeisters Christian Zais die Verbürgerlichung des Kurviertels nicht aufzuhalten war, zeigt gerade das Hagensche Palais. Als es 1830 sein Erbauer aus Geldmangel versteigern mußte, erwarb es der Dachdeckermeister Konrad Kalb, der auch das „Kavaliershaus" beim Schloß als Spekulationsobjekt errichtet hatte.

493 Dollwet/Weichel: Tagebuch Friedrich Ludwig Burk, S. 123, 130, 136. Hier beschreibt Burk als Augenzeuge sehr schön den langsam anlaufenden Bau der Landhäuser im Grünen.

494 Hildebrand: Zwischen Wandertruppen und Bürgerkommission, S. 7. – Weichel: Bürger, S. 46.

495 Struck: Goethezeit, S. 193. – Hildebrand: Zwischen Wandertruppen und Bürgerkommission, S. 12.

496 Hildebrand: Zwischen Wandertruppen und Bürgerkommission, S. 14–15. – Goethe: Gesamtausgabe Cotta 1957, Bd. 12, S. 265–266.

497 Klingemann, A.: Kunst und Natur. Blätter aus meinem Reisetagebuch, zit. nach Hildebrand: Zwischen Wandertruppen und Bürgerkommission, S. 15.

498 Struck: Biedermeier, S. 281, Anm. 4. Originale in der SNA des Museums Wiesbaden.

499 Hildebrand: Zwischen Wandertruppen und Bürgerkommission, S. 17.

500 Herzogtum Nassau, S. 444, D 6 u. D 7. Originale in der SNA des Museums Wiesbaden.

501 Fischer-Dyck: Altes Theater, S. 10.

502 HHStA: Abt. 210, Nr. 12415.

503 HHStA: Abt. 210, Nr. 6094; Abt. 212, Nr.10986 I/II; Abt. 246, Nr. 1137.

504 HHStA: Abt. 210, Nr. 6093. – Bubner: Wiesbaden, Baudenkmale, S. 74–75.

505 Spielmann: Kurhaus, S. 96.

506 v. Hase: Wiesbaden, S. 136.

507 Zais: Patriotische Wünsche, S. 8 u. 11.

508 Gübeli-Litscher: Mineralwässer, S. 45-48.

509 Rauch/Speth: Neue Beschreibung d. uralten Brunnen, 1. Aufl.

510 Rauch/Speth: Neue Beschreibung d. uralten Brunnen, 4. Aufl.

511 Kallmorgen: Siebenhundert Jahre Heilkunde, S. 369.

512 Pasquay: Gehalt und Eigenschaften der Gemeinen Wasser, S. 99–136.

513 Lehr: Versuch einer kurzen Beschreibung, S. 55ff. und S. 62–67.

514 Ritter: Denkwürdigkeiten der Stadt Wiesbaden, S. 216ff.

515 Struck: Biedermeier, S. 237. Danach hatte er nicht nur eine ständige Loge im Hoftheater, er spielte selbst Flöte und Fagott und veranstaltete in seinem Haus Konzerte.

516 Ritter: Denkwürdigkeiten der Stadt Wiesbaden. – Ders.: Chemische Analyse der Wiesbader Mineralquellen, S. 155–172.

517 Handel: Das Wissenswertheste, S. 21.

518 Vogler: Quellen zu Wiesbaden, S. 16.

519 Ritter: Denkwürdigkeiten der Stadt Wiesbaden, S. 202.

520 Ritter: Denkwürdigkeiten der Stadt Wiesbaden, S. 204.
521 Ritter: Denkwürdigkeiten der Stadt Wiesbaden, S. 170.
522 Ritter: Denkwürdigkeiten der Stadt Wiesbaden, S. 181–187, 208.
523 Mit der Frage eines Zusammenhangs von Schwefelkieslagern und dem „Erdfeuer", das die Wiesbadener Thermalquellen erhitzt, haben sich in 18./19. Jahrhundert noch andere Autoren befaßt. Vgl. T. Kirnbauer: Mineralisation, S. 16ff. u. 67.
524 Ritter: Bemerkungen über die Badekur, Bd. IX, 4 (1803), S. 153.
525 Ritter: Denkwürdigkeiten der Stadt Wiesbaden, S. 169–177.
526 Ritter: Denkwürdigkeiten der Stadt Wiesbaden, S. 194–195.
527 Ritter: Bemerkungen über die Badekur, Bd. VII, 3 (1799), S. 64–93 und Bd. XX, 3 (1805), S. 116–160.
528 Ritter: Denkwürdigkeiten der Stadt Wiesbaden, S. 232.
529 Rullmann: Wiesbaden u. s. Heilquellen. – Peez: Heilquellen. – Ders.: Ueber den Werth Wiesbadens.
530 Rullmann: Wiesbaden u. s. Heilquellen, S. 145–146.
531 Richter: Wiesbaden nebst seinen Heilquellen. – Ders.: Heilsamer Aufenthaltsort für jede Jahreszeit.
532 Kastner: Archiv f. d. gesammte Naturkunde, XIII, 4, S. 401–464; XIV, 1, S. 66–68; XVIII, 4, S. 489–528. – Rullmann: Wiesbaden u. s. Heilquellen, S. 114. – Peez: Heilquellen, 2. Aufl., S. 78ff. – Stifft: Geognostische Beschreibung, S. 572ff. – Richter: Wiesbaden nebst seinen Heilquellen, S. 61ff. – Vogler: Quellen zu Wiesbaden, S. 20–42.
533 Rullmann: Wiesbaden u. s. Heilquellen, S. 123–125.
534 Rullmann: Wiesbaden u. s. Heilquellen, S. 139.
535 Peez: Heilquellen, 2. Aufl., S. 74, 87–91. – Rullmann: Wiesbaden u. s. Heilquellen, S. 131. – Vogler: Quellen zu Wiesbaden, S. 108 (Mangan).
536 Ritter: Denkwürdigkeiten der Stadt Wiesbaden, S. 202.
537 Dazu ausführlich: Czysz, Kochbrunnen, S. 27–29.
538 Vogler: Quellen zu Wiesbaden, S. 220.
539 Czysz: 140 Jahre Fresenius, 1. Teil, S. 39f.
540 R. Fresenius: Qualitative Analyse, 1. Auflage: Bonn 1841.
541 R. Fresenius: Quantitative chemische Analyse.
542 R. Fresenius: Chem. Untersuchung Kochbrunnen, S. 37.
543 Pagenstecher: Wiesbaden in med.-topograph. Beziehung.
544 Sandberger: Wiesbaden und seine Thermen.
545 Wiesbader Wochenblatt, 1802, Nr. 1. – Ebhardt: Wiesbaden, S. 236.
546 Struck: Goethezeit, S. 60–61.
547 Kirchner: Ansichten von Frankfurt am Main, S. 200f.
548 Zedler: Kurliste, Sp. 79. (auch Verfügung vom 23.2.1816 in HHStA: Abt. 210, Nr. 3538).
549 Wiesbader Wochenblatt, 1813, Nr. 29.
550 Struck: Goethezeit, S. 62.
551 Kirchner: Ansichten von Frankfurt am Main, S. 213–217.
552 Thomä: Wiesbaden in Reiseberichten, S. 30.
553 Fuhs: Mondäne Orte, S. 165.
554 Spielmann: Kurhaus, S. 51. – Hildner: Wiesbadener Wohnbauten, S. 131.
555 Hildner: Wiesbadener Wohnbauten, S. 128.
556 Struck: Biedermeier, S. 177.

557 Wiesbader Wochenblatt, 1811, Nr. 41.

558 Wiesbader Wochenblatt, 1813, Nr. 3.

559 Wiesbader Wochenblatt, 1813, Nr. 24.

560 Th. Schüler: Kurverhältnisse und Anstellung eines Badekommissars, S. 14.

561 Wiesbader Wochenblatt, 1814, Nr. 29.

562 Wiesbader Wochenblatt, 1811, Nr. 33.

563 Hildner: Wiesbadener Wohnbauten, S. 134f. – Struck: Goethezeit, S. 133. – Kopp: Wasser, S. 33ff.

564 HHStA: Abt. 210, Nr. 3538 (Eingabe vom 23.2.1816). – Th. Schüler: Kurverhältnisse und Anstellung eines Badekommissars, S. 13.

565 Moerchel: Nassauische Badeärzte, S. 8.

566 Pfeiffer: Apothekenverhältnisse, S. 104. – Holländer: Schützenhof-Apotheke. – Struck: Biedermeier, S. 90.

567 Struck: Biedermeier, S. 66, 165. – Th. Schüler: Wiesbadens Kurverhältnisse vor 70 Jahren, S. 37.

568 v. Gerning: Wiesbaden, S. 168.

569 Kirchner: Ansichten von Frankfurt am Main, S. 197.

570 Th. Schüler: Zur Geschichte der älteren Badhäuser. Der weiße Schwan, der goldene Engel, Wiesb. Tagblatt v. 24.8. u. 7.9.1913.

571 Th. Schüler: Wiesbadens Kurverhältnisse vor 70 Jahren, S. 37.

572 Malten: Wiesbaden u. s. Umgebung, S. 70. – Struck: Goethezeit, S. 198.

573 Fischer-Dyck: Eselscorps, S. 32. – Der „alte" Geisberg, den auch Goethe aufgesucht hatte, war das Gutshaus des 1788 erbauten Mustergutes „Hof Geisberg", das in eine Gastwirtschaft umgewandelt worden war (heute Gebäude der Wortmann-Weil-Stiftung). Als 1834 die „Nassauische Landwirtschaftsschule" dort einzog, wurde der „neue" Geisberg einige 100 m unterhalb als Ausflugslokal für Kurgäste mit Restaurationsbetrieb errichtet.

574 Hellmund: Thermographia paraenetica/Nützliches Baad-Buch, S. 176. – Ritter: Denkwürdigkeiten der Stadt Wiesbaden, S. 80. – Ebhardt: Wiesbaden, S. 169. – Peez: Heilquellen, 2. Aufl., S. 203f. – Heiler: Thermalbad für Pferde, S. 44.

575 Vogler: Quellen zu Wiesbaden, S. 358ff.

576 Demian: Handbuch, S. 139.

577 Struck: Goethezeit, S. 80.

578 Müller-Werth: Geschichte und Kommunalpolitik, S. 92.

579 Struck: Biedermeier, S. 116.

580 Malten: Wiesbaden u. s. Umgebung, S. 74.

581 Spielmann/Krake: Weichbild, Karten v. 1857 u. 1868 mit Text. – Struck: Biedermeier, S. 114.

582 Struck: Biedermeier, S. 117.

583 Struck: Biedermeier, S. 83.

584 Malten: Wiesbaden u. s. Umgebung, S. 38.

585 Fuhs: Mondäne Orte, S. 360.

586 Müller-Werth: Geschichte und Kommunalpolitik, S. 97.

587 A. Müller, in HHStA, Abt. 211, Nr. 8068 III, zit. nach Struck: Biedermeier, S. 85, Anm. 23.

588 Müller-Werth: Geschichte und Kommunalpolitik, S. 96. – Struck: Biedermeier, S. 85. – Niedenthal: 225 Jahre Spielbank, S. 97.

589 Boermann: Deutschland und die Deutschen, Bd. 4, Altona 1839, zit. nach Struck: Biedermeier, S. 85.

590 Moerchel: Nassauische Badeärzte, S. 261.

591 Schaefer: Wiesbaden, S. 107. – Grobecker: Chronik Nassauer Hof, S. 17.

592 Müller-Werth: Geschichte und Kommunalpolitik, S. 96.

593 Schalk: Carl Maria von Weber, S. 360. – Roth: Geschichte und historische Topographie, S. 631.

594 Fuhs: Mondäne Orte, S. 213.

595 Was das Wiesbadener Kurhaus erzählt. In: Wiesbadener Tagblatt v. 11.8.1935.

596 Was das Wiesbadener Kurhaus erzählt. In: Wiesbadener Tagblatt v. 11.8.1935.

597 Schwitzgebel: Richard Wagner, S. 6. – Der zweite Aufenthalt des Komponisten in Wiesbaden, 1862, in der Villa Rheingaustraße Nr. 137 hatte gleichfalls keinen Bezug zur Kurstadt Wiesbaden.

598 Müller-Werth: Geschichte und Kommunalpolitik, S. 96.

599 Zweig: Balzac, S. 356. – Pfarrgemeinde St. Bonifatius: „Verzeichnis der Proclamirten und Copulirten", 1846. Haus Wilhelmstraße Nr. 20; heute umgebaut und restauriert.

600 Lavrin: Fjodor M. Dostojewski, S. 52 u. 65–66.

601 Renkhoff: Nassauische Biographie, S. 75 (Nr. 426).

602 Head: Bubbles. – Moerchel: Nassauische Badeärzte, S. 259.

603 Barnard: Views of The Brunnens. Eine ausführliche Darstellung von Person und Werk G. Barnards gibt G. Kleineberg in: George Barnard u. d. „Brunnens of Nassau".

604 Spielmann: Kurhaus, S. 54.

605 Rullmann: Wiesbaden u. s. Heilquellen, S. 54.

606 Peez: Heilquellen, 1.Aufl., S. IX, 21.

607 Hufeland: Vorzügl. Heilquellen Teutschlands, S. 48.

608 Spielmann: Kurhaus, S. 53. – Niedenthal: 225 Jahre Spielbank, S. 31f.

609 Hess. Landesbibliothek Wiesbaden: Sammlung von Urkunden, Druckschriften ... betr. concessionirte Spielbanken und Hazardspiele, Nassau, Bd. III, Originalvertrag v. 14.2.1834. – Spielmann: Kurhaus, S. 70ff.

610 StadtAWi: WI/1, Nr. 498.

611 HHStA: Abt. 211, Nr. 14239; Vorschlag Faber vom 31.12.1833 u. Anordnung der Landes-Regierung vom 13. Febr. 1834.

612 Spielmann: Kurhaus, S. 84–85.

613 Dorn: Kurpark, S. 15–17.

614 Spielmann: Kurhaus, S. 86.

615 Zais: Patriotische Wünsche, S. 15.

616 HHStA: Abt. 210, Nr. 6095 b.

617 Ebhardt: Wiesbaden, S. 181. – Demian: Handbuch, S. 133. – Peez: Heilquellen, 1. Aufl. (1823), S. 19; 2. Aufl. (1831), S. 23.

618 Hildebrand: Zwischen Wandertruppen und Bürgerkommission, S. 27. – Struck: Biedermeier, S. 229–231.

619 Spielmann: Kurhaus, S. 88.

620 Hess. Landesbibliothek Wiesbaden: Sammlung von Urkunden, Druckschriften ... betr. concessionirte Spielbanken und Hazardspiele, Nassau, Bd. III. – Spielmann: Kurhaus, S. 94. – Die Spielbank in Wiesbaden und die Politik in Frankfurt a. M., in: Nass. Heimat, Beilage zur Rhein. Volkszeitung v. 1. Febr. 1925, S. 15. – Niedenthal: 225 Jahre Spielbank, S. 38f.

621 Glücklich: Geheimnisse, S. 58ff.

622 Müller-Werth: Geschichte und Kommunalpolitik, S. 97.

623 HHStA: Abt. 211, Nr. 14219, Bl. 408ff.

624 HHStA: Abt. 211, Nr. 14239. – Renkhoff: Mittelalter, S. 242. – Müller-Werth: Geschichte und Kommunalpolitik, S. 97.

625 Struck: Biedermeier, S. 244.

626 Malten: Wiesbaden u. s. Umgebung, S. 36.

627 Struck: Biedermeier, S. 244.

628 Dollwet/Weichel: Tagebuch Friedrich Ludwig Burk, S. 185: „Den 31. (Mai) des Abends 6 Uhr war ein so entsetzlicher Sturmwind (hat aber kaum 1/4 Stunde angehalten), dass es jedem bang geworden, es wurden Bäume umgerissen, die Trinkhalle, wo eben daran gebauet worden, ist längs der Taunusstraß umgeworfen worden. Durch das schwere Eisenwerk, worin sie bestand, ist ein junger Mensch todt geblieben, einigen die Beine und Arme entzwei und mehrere beschädigt worden."

629 Struck: Biedermeier, S. 241. – Kleineberg: Wiesbaden im Bild 15, S. 22.

630 HHStA: Abt. 210, Nr. 11562, Bl. 156. – Czysz: St. Bonifatius, S. 14.

631 Lexikon der Antike, Bd. 2, Sp. 1262.

632 Struck: Biedermeier, S. 242.

633 Hygiea oder Hygieia – das ist die Frage, in: Wiesbadener Tagblatt v. 17.11.1936.

634 Weiler: Gruppe der Hygieia, S. 82–86.

635 Dollwet/Weichel: Tagebuch Friedrich Ludwig Burk, S. 169.

636 Hygiea oder Hygieia – das ist die Frage, in: Wiesbadener Tagblatt v. 17.11.1936.

637 Illustrirte Zeitung, Berlin, zit. nach Grobecker: Chronik Nassauer Hof, S. 30.

638 Struck: Biedermeier, S. 239. – v. Hase: Wiesbaden, S. 142 u. Anm. 50. – Weichel: Bürger, S. 187.

639 Zais, W.: Patriotische Wünsche. – Ders.: Plan zu einer zusammenhängenden Anlage.

640 Schenck: Geschicht-Beschreibung, S. 117. – Reuter: Römische Ansiedlungen, S. 5–27.

641 Dollwet: Griechische oder Russische Kapelle. – Dazu auch: Wiesbadener Leben, H. 8 u. 11/1988.

642 Czysz: Heinrich Anton Leichtweiß, S. 90.

643 Struck: Biedermeier, S. 152. – Russ: Kulturdenkmäler in Hessen, Wiesbaden II, S. 239.

644 Renkhoff: Nassauische Biographie, Nr. 1495.

645 Hey'l: Wiesbaden u. s. Umgebungen, S. 67. – Struck: Biedermeier, S. 161–163. – v. Hase: Wiesbaden, S. 141.

646 Czysz: St. Bonifatius, S. 14. Vogel hat auch sechs Figuren (zwei Apostel und vier Evangelisten) des Hochaltars der St. Bonifatiuskirche geschaffen.

647 Renkhoff: Nassauische Biographie, Nr. 4410.

648 Struck: Biedermeier, S. 251. – Dorn: Kurpark, S. 19.

649 Spielmann: Kurhaus, S. 99. – Vgl. auch Dollwet/Weichel: Tagebuch Friedrich Ludwig Burk, S. 186.

650 Struck: Biedermeier, S. 251 (Anm. 117).

651 Spielmann: Kurhaus, S. 114. – Neubaur: Bäume des Warmen Damm-Parks.

652 Landt-Lemmel: Kaisersäule. – Bubner: Wiesbaden, Baudenkmale, S. 81. Die Säulen waren ein Geschenk der Stadt Rom an Kaiser Karl d. Gr., der sie, zusammen mit anderen Architekturteilen aus dem antiken Rom und aus Ravenna, die er für seine Pfalzbauten in Aachen verwendete, um 800 n. Chr. über die Alpen transportieren und im Rittersaal der Kaiserpfalz in Ingelheim aufstellen ließ.

653 Spielmann/Krake: Weichbild, S. 13 (1868).

654 Mueller: Englische Kirche Saint Augustine. – Faber: Englische Kirche, S. 30.

655 Struck: Biedermeier, S. 147–148.

656 Spielmann: Kurhaus, S. 113. – Weichel: Bürger, S. 260.

657 Hey'l: Wiesbaden u. s. Cur-Interessen, S. 9–10.

658 Russ: Kulturdenkmäler in Hessen, Wiesbaden II, S. 28–29.

659 Schweitzer: Heilbäder Nassau's, S. 37.

660 Struck: Biedermeier, S. 124.

Die Weltkurstadt im Königreich Preußen
Der preußisch-österreichische Krieg 1866 und die Folgen

Der Übergang
Im Kampf um die Vorherrschaft in Deutschland zieht Nassau, richtiger gesagt, der Herzog von Nassau, gegen den Willen der Mehrheit des Landtags an der Seite Österreichs in den unpopulären Krieg, der schon am 3. Juli 1866 mit dem Sieg der Preußen bei Königgrätz entschieden ist. Nassau steht auf der Seite der Verlierer, am 15. Juli verläßt der Herzog das Biebricher Schloß, am 18. Juli marschieren die Preußen in Wiesbaden ein. Am 8. Oktober erfolgt die offizielle Besitzergreifung, die nassauischen Behörden werden, wenn auch nur zum Teil, durch preußische ersetzt.

Ein Ereignis in Wiesbaden ist symptomatisch für den politischen Wechsel. Der letzte öffentliche Akt in nassauischer Zeit, bei dem Bürgerschaft und Kurgäste vaterländische Gesinnung zeigen, ist die Einweihung des Schillerdenkmals am 1. Mai 1866 auf dem Platz vor dem Theater.[661] Bereits 1859 hatte man den 100. Geburtstag des Dichters „mit Fackelzügen und Musik“, Festreden und dem Pflanzen „einer ächten deutschen Linde“ auf dem Schillerplatz gefeiert, der aus diesem Anlaß seinen Namen erhielt.[662]

Danach tritt eine über Nassau hinausgreifende gesamtdeutsche Stimmung immer mehr in den Vordergrund. Schiller, der Goethe an Popularität damals noch weit in den Schatten stellt, hatte mit dem Rütlischwur „Wir wollen sein ein einzig Volk von Brüdern, in keiner Not uns trennen und Gefahr“[663] den Nerv der Zeit getroffen. In der Kurstadt, in der die einheimische Bevölkerung gegenüber den aus dem übrigen Deutschland zugezogenen Neubürgern allmählich in die Minderzahl gerät, fällt diese Gesinnung auf fruchtbaren Boden. Bei der Einweihung des von dem Mainzer Bildhauer Johann Baptist Scholl geschaffenen Denkmals, einer überlebensgroßen Bronzebüste auf einem Granitsockel, werden von den hiesigen Honoratioren „reichsdeutsche“ Reden gehalten, ein vorweggenommener Abgesang auf das kleinstaatliche Nassau.

Nach der Einverleibung Nassaus in das Königreich Preußen setzt eine lebhafte Entwicklung ein. Statt Hauptstadt eines Kleinstaates ist Wiesbaden nun Sitz des Regierungspräsidiums und damit Verwaltungsmittelpunkt eines Gebietes, das, unter Einschluß der Stadt Frankfurt, erheblich größeres wirtschaftliches Gewicht hat als das alte Herzogtum. Von provinzieller Enge befreit, entfalten sich Handel, Gewerbe und Bautätigkeit. Die Zahl der Angehörigen akademischer Berufe nimmt zu. Noch mehr als vorher wird Wiesbaden zum beliebten Wohnsitz für hohe Offiziere und Beamte, Fabrikanten, Bankiers, Rittergutsbesitzer, Privatiers und wohlhabende Pensionäre.

Die drohende Schließung der Spielbank
Sorge bereitet die Zukunft der Kur, deren Entwicklung in nassauischer Zeit in hohem Maße von den Einnahmen der Spielbank abhängig war. 1857 hatte das Bankhaus der Brüder Marcus und Bernhard Berlé die bisherigen Pächter Simon und Guntz jr. ge-

gen eine Abfindung von 1.000.000 Gulden abgelöst und eine „Gesellschaft zum Betriebe der Kuretablissements in den Badeorten Wiesbaden und Ems" gegründet. Sie hatte sich zur Zahlung eines einmaligen Baukostenzuschusses von 250.000 Gulden an die Kurhausaktiengesellschaft bereiterklärt und jährliche Zuschüsse zur Theater- und Hospitalkasse übernommen. Für die allgemeine Verschönerung der Stadt und ihrer Anlagen sollen in den Jahren 1854 bis 1866 aus Spielbankmitteln insgesamt 552.000 Gulden aufgewendet worden sein.[664]

Die letzten Jahre des Herzogtums waren eine Glanzperiode der Spielbank. Geld floß reichlich. Vergnügungen verschiedenster Art wechselten einander ab: Bälle, Soireen mit Konzerten, Reunionen. Täglich gab es Regimentsmusik, wobei abwechselnd jeweils eine Woche die Österreicher und eine Woche die Preußen aus der Bundesfestung Mainz spielten. 1861 wurde die Spielsaison bis in den Dezember ausgedehnt. Die wachsenden Einnahmen der Spielgesellschaft waren mehr denn je ein unentbehrlicher Aktivposten für die Finanzen der Stadt. Ohne diese Gelder hätte weder das Kurhaus noch das Theater das künstlerische und gesellschaftliche Niveau halten können, das die Kurgäste verlangten.

Und nun haben die Preußen das Sagen, die sich schon seit Jahrzehnten als Wortführer der moralischen Verurteilung des Hazardspiels in Deutschland hervorgetan haben. Die Aufhebung der Spielbank ist nur noch eine Frage der Zeit. In der Bürgerschaft fragt man sich voller Sorge, wie es weitergehen soll. Es bildet sich ein Kreis einflußreicher Männer, darunter der Augenarzt Dr. Pagenstecher und der spätere Kurdirektor Ferdinand Hey'l, die nach neuen Wegen für die Zukunft des Kurbetriebs ohne die Gelder der Spielbank suchen.

Aktivitäten des „Cur-Vereins"

Als Sprecher des „Cur-Vereins" veröffentlicht Hey'l bereits im September 1866 die Denkschrift „Wiesbaden und seine Cur-Interessen", in der er mit dringlichen, im ganzen jedoch besonnenen Worten die neue Regierung auf den Ernst der Lage aufmerksam macht: Man solle nicht verkennen, „daß ein drohender Schlag über unserem Haupte schwebt, daß eine Hauptquelle unserer Mittel zur Hebung unseres Badeortes dem Versiegen nahe ist. (...) Die Aufhebung des Spiels wird unzweifelhaft erfolgen", doch wäre es „ein großer Vortheil, wenn das Verbot des Spieles wenigstens noch mehrere Jahre auf sich warten ließe". Hey'l zieht eine bis ins Detail belegte Bilanz der bisherigen Situation, in der mit Hilfe von Spielbankgeldern das Kurwesen ausgebaut und unterhalten wurde. Und er weist darauf hin, daß die Stadt in der berechtigten Erwartung künftiger Einnahmen aus dieser Quelle eine Anleihe von 500.000 Gulden aufgenommen habe, deren Rückzahlung nun in Frage gestellt sei.[665]

Es sei wahr, schreibt Hey'l, daß der jetzige Glanz der Stadt „allzuleicht geworden" sei, „sie sah sich in den äußeren Prunk plötzlich hineingetrieben". Dürfe sie aber deshalb leiden, „da sie diese Zustände doch nicht im Geringsten verschuldet" habe? Er regt Beihilfen an, „die für die Jahre der Uebergangsperiode von Seiten der Königlich preußischen Regierung wohl zu erhoffen und auch zu erwarten" seien, Gelder, die nicht nur der Kur und dem Wirtschaftsleben der Stadt zugute kommen, sondern sich als „Quellen des Verdienstes über das Land" verbreiten würden. Durch Einbehaltung der Spielbankgewinne wäre es möglich, innerhalb von zehn Jahren („Was sind zehn Jahre in der Geschichte, in der Entwicklung einer Stadt, eines Landes!") „die Summe von etwa einer Million anzusammeln, um, durch deren Zinsen unterstützt, Wiesbaden in seinem gegenwärtigen Stande zu erhalten".

„Schonfrist" für die Spielbank bis 1872

Hey'l überreicht die Schrift 1867 dem König persönlich, als dieser in Ems zur Kur weilt. Nach längerem Verhandeln kommt es am 8. April 1868 zwischen der preußischen Regierung und der „Gesellschaft zum Betriebe der Cur-Etablissements in den Badeorten Wiesbaden und Ems" zu einem Vertrag, nach dem das Spiel noch bis zum 31. Dezember 1872 erlaubt, danach aber endgültig eingestellt werden soll.[666] Die Gesellschaft erhält von dem anfallenden Reinertrag jährlich einen zur Aktien-Amortisation bestimmten Betrag von 200.000 Gulden. Der darüber hinausgehende Reinertrag

Der Spielsaal 1871. Zeichnung von Knut Ekwall (Illustrirte Zeitung, Berlin)

wird zur Hälfte zur Gründung eines Kurfonds zurückgestellt, der ausschließlich zur Förderung der Interessen der Badeorte Wiesbaden und Ems verwendet werden soll.

Trotz Anwesenheit der Preussen und trotz eines bis dahin fehlenden Vertrages ist der Spielbetrieb 1867 schon wieder in vollem Gange, der Andrang zu den Spieltischen ist sogar stärker denn je. Nicht einmal die schmutzigen Wassermassen, die sich am 25. Juni 1867 nach schweren Wolkenbrüchen von Rambach und Sonnenberg durch die Kuranlagen ins Kurhaus ergießen und dort das Mobiliar und alles nicht Niet- und Nagelfeste hinwegspülen, können die Spieler, die sich durch das kniehohe Wasser in die höherliegende Kolonnade flüchten müssen, länger als 24 Stunden aus den Spielsälen vertreiben.[667]

Um auf die Kurhausangelegenheiten und die Spielbank so bald wie möglich Einfluß zu gewinnen, erwirbt der preußische Fiskus 1868 sämtliche noch in Privathand befindlichen Aktien der Kurhausgesellschaft. An die Stelle der Kurhausaktienkasse tritt die Königliche Steuerkasse, so daß die Finanzen der Betreibergesellschaft von da an unter staatlicher Kontrolle stehen. Auf die Stadt kommt die schwierige Entscheidung zu, wer nach Auflösung der Spielbank-Aktiengesellschaft an deren Stelle treten soll. Die Übernahme der Kureinrichtungen durch die Stadt erscheint einem Teil der Gemeindevertreter ein zu großes Wagnis.

Das „Militärkurhaus" (Kaiser-Wilhelm-Heilanstalt)

Zur Entspannung der Lage trägt bei, daß das preußische Königshaus der kulturellen Entwicklung der Stadt von Anfang an wohlwollend gegenübersteht. Das Theater wird bereits Mitte Oktober 1866 als Königliches Hoftheater wiedereröffnet. Ende Juli 1867 besucht König Wilhelm zum ersten Mal die Stadt, die ihn mit großem Zeremoniell empfängt. Höhepunkte sind ein festlicher Ball im Kurhaus und die Grundsteinlegung für das „Militärkurhaus für Badekuren kranker und verwundeter Soldaten" (später „Kaiser-Wilhelm-Heilanstalt"), die in Gegenwart des Kaisers am 14. August 1866 vollzogen wird.[668]

Die Idee eines Militärkrankenhauses für Rekonvaleszenten aus den deutsch-dänischen und preußisch-österreichischen Kriegen geht ursprünglich von Generalfeldmarschall Friedrich von Wrangel aus, der dem Prinzen Wilhelm seit dem Revolutionsjahr 1848 eng verbunden ist. Die vom König beeinflußte Wahl Wiesbadens als Standort für diese Einrichtung zeigt, wie sehr er an der Stadt Gefallen gefunden hat. Den Auftrag erhält der vormals nassauische, jetzt königlich preußische Oberhofbaurat Philipp Hoffmann. Das im Stil der italienischen Renaissance erbaute Gebäude enthält Wohnräume für elf Offiziere und 88 Soldaten, für Beamte der Anstalt, zwei barmherzige Schwestern und die Dienerschaft. Die Sandsteinbüste Kaiser Wilhelms I. im Eckturm ist ein Werk des Wiesbadener Bildhauers Carl Keil (er heiratete später die Witwe des 1883 verstorbenen Oberbürgermeisters Christian Schlichter).

Die Kureinrichtungen, 16 Badezellen und ein Schwimmbad, entstehen nach Plänen des Bauinspektors Eduard Zais. Eine Inhalationshalle gibt brustkranken Militärpersonen Gelegenheit zu Winterkuren. Die Bäder werden mit 44 °C heißem Wasser aus der Thermalquelle versorgt, die im Hof des Gastwirts Scheurer, Goldgasse Nr. 2, entspringt. Sie liegt unter einem Bruchsteingewölbe, vier Meter unter dem Niveau des Kochbrunnens. Die königliche Bauverwaltung erwirbt die Quelle 1868 für 4.000 Taler und leitet das Wasser in Tonrohren durch die Mühlgasse zur Heilanstalt. Die Badezellen werden so tief gelegt, daß die Wannen sich mit natürlichem Gefälle füllen.[669] Nach dem Bau eines zusätzlichen Quellenschachtes vor dem Haus Goldgasse Nr. 1, dessen Wasser in die Hauptrohrleitung eingeführt wird, ergibt sich eine Schüttung von 48 Litern/Minute, was für mehr als 3.000 Bäder täglich reicht. 1893 wird noch ein Anteil an der Sternquelle erworben und durch die Häfnergasse zugeleitet.

Nach dem Krieg von 1870/71, wie auch später in und nach den beiden Weltkriegen, finden Verwundete, darunter viele Arm- und Beinamputierte, hier Aufnahme. Genesungsurlauber bevölkern die Stadt. Ohne darüber nachgedacht zu haben, setzen die Preußen damit die Tradition der Römer fort, deren verwundete und erschöpfte Legionäre nach den verlustreichen Germanenfeldzügen vor fast zweitausend Jahren hier ebenfalls schon ihre Verletzungen auskuriert haben.

Die Stadt übernimmt die öffentlichen Kureinrichtungen

Bei der Frage der Übernahme der Kureinrichtungen durch die Stadt ergreift der Kurverein mit seinem rührigen Sprecher Ferdinand Hey'l die Initiative. Nach einer Intervention des Vereins fragt die Regierung am 4. November 1868 bei der Stadt an, unter welchen Bedingungen sie bereit sei, die dem Fiskus gehörenden Kurgebäude zu erwerben. Ein großer Teil der Stadtoberen und der Bürgerausschußmitglieder stehen der Übernahme zögernd gegenüber. Die Verhandlungen ziehen sich hin. Erst 1872 kommt es zum Abschluß eines Kaufvertrags.[670] Danach erhält die Stadt Wiesbaden das Kurhaus, die Kolonnaden, die gesamten Kuranlagen, die Burgruine Sonnenberg sowie die Wasserleitungen zum Betrieb der Fontänen im Kurhausweiher und im Weiher der Anlagen auf dem Warmen Damm; dazu als Zuschuß zu dem der Stadt bereits überwiesenen Kurfonds von 1.400.000 Gulden von der Betreibergesellschaft einen jährlichen Beitrag zur Verbesserung der Kureinrichtungen.

Die Stadt hat dafür an den Fiskus einen Kaufpreis von 100.000 Talern zu zahlen; dazu jährlich 15.572 Taler an die Verwaltung des Theaters. Alles muß in bestem Stande gehalten und die unentgeltliche Benutzung gewährleistet werden. Am 30. Oktober 1872 tritt der Vertrag in Kraft. Da die Stadt zu diesem Zeitpunkt 1 Million Taler (3 Millionen Mark) Schulden hat, wird zur Deckung der außerordentlichen Ausgaben eine Anleihe von 1.069.400 Talern (3.208.200 Mark) aufgenommen und die Kommunalsteuer, die seit 1860 auf jährlich 60 % der staatlichen Einkommensteuer festgesetzt war, auf 80 % erhöht. 1873 wird eine Kurtaxe eingeführt.

Der Gemeinderat unterzeichnet den Vertrag am 23. Dezember, der Bevollmächtigte der Königlichen Regierung eine Woche später. An diesem Tag, am 30. Dezember 1872, hört das Spiel endgültig auf. „Mit dem Glockenschlage 11 annoncirt der Employé: 'Messieurs, aux trois derniers', zum drittletzten Mal. Die Musik spielt das Lied 'So leb' denn wohl, du stilles Haus' etc. Schlag 11 1/4 Uhr abends fiel die Kugel der Roulette zum letzten Male“, schreibt der Croupier und Augenzeuge Johann Christian Glücklich. „Rien ne va plus! Und stille ward es, stille für einen Moment. Selbst die Musik schwieg, es war zu Ende.“[671]

Die Ära des Kurdirektors Ferdinand Hey'l

Am 1. Januar 1873 wird Ferdinand Hey'l, der Vorsteher des Städtischen Kurbüros (im Haus Taunusstraße Nr. 9), mit dem Titel „Kurdirektor“ zum Leiter der städtischen Kurangelegenheiten ernannt. Schon seit dem Zeitpunkt, als sich der Zusammenbruch der für die Stadt bis dahin so vorteilhaften Finanzierung des Kurwesens durch die Spielbank abzuzeichnen beginnt, hat er großen Anteil an der Vorbereitung der wirtschaftlichen Umstrukturierung. Wo Gemeindevertretung und Bürgerschaft in ihren Meinungen gespalten, in ihren Beschlüssen zögernd und in den Zukunftsperspektiven eher ängstlich sind, entwickelt Hey'l eine Vision, die er beharrlich und mit großer Tatkraft umzusetzen beginnt.

1830 in Koblenz geboren, war Hey'l zunächst Schauspieler geworden. 1856 kam er ans Herzogliche Hoftheater in Wiesbaden, an dem er „rasch beliebt“ wurde und bis 1872 als erster Held und Liebhaber „schöne Erfolge“ errang.[672] Gleichzeitig nahm er großen Anteil an den Kurangelegenheiten, die ihn von Anfang an in hohem Maße interessierten. Bereits 1866 gab er erstmals einen Führer durch Wiesbaden und seine Umgebungen heraus, eine Schrift, die in den folgenden Jahrzehnten zahlreiche Auflagen erlebte;[673] dazu einen Rhein- und Lahnführer und weitere Schriften, die alle mehr oder weniger das Gedeihen der Kurstadt Wiesbaden zum Thema hatten.

Mit Unterstützung der Oberbürgermeister Friedrich Wilhelm Lanz (1868–1882) und Dr. Carl Bernhard von Ibell (1883–1913) gelingt es Hey'l in der Folgezeit, dem gesellschaftlichen Leben der Stadt auch ohne Spielbank neuen Glanz zu geben. Begünstigt werden die Pläne des neuen Kurdirektors durch die schon erwähnte Tatsache, daß das preußische Königshaus, beginnend mit König Wilhelm, seit 1871 Kaiser Wilhelm I., über den Kronprinzen Friedrich, den späteren „99-Tage-Kaiser“, bis zu Kaiser Wilhelm II., der Stadt großes Wohlwollen entgegenbringt. Es ist nicht zu übersehen, daß die häufige Anwesenheit von Angehörigen des Kaiserhauses, nicht nur in Wiesbaden, sondern auch in Ems und Homburg, die ehemals nassauischen Kurorte sehr fördert. Den Hohenzollern folgen der europäische Hochadel und Personen von Rang und Namen. Wiesbaden gewinnt internationalen Ruf. Die Anwesenheit zahlreicher gefangener französischer Offiziere aus dem Krieg 1870/71, darunter Feldmarschall Mac Mahon, bedeutet eine zusätzliche Werbung für die Stadt. Nach dem Krieg bricht der Zuspruch französischer Gäste zwar schlagartig ab; dies wird aber durch Engländer, Holländer, Russen und Amerikaner mehr als ausgeglichen.

Hey'l beginnt schon im ersten Jahr seiner Tätigkeit, das Innere des Kurhauses den neuen Gegebenheiten anzupassen.[674] Bereits 1863 hat man den großen Saal dekorativ neu gestaltet. Nach entsprechenden baulichen Maßnahmen hat er damals Tageslicht von oben erhalten. Nun kommt eine Luftheizung hinzu. Tapeten, Portieren, Spiegel, Stühle und Läufer werden erneuert. Spiel- und Konversationsaal erhalten neue Möbel, und sie werden mit Gasbeleuchtung ausgestattet. In den Lesezimmern erhöht man

Kurdirektor Ferdinand Hey'l (1830–1897)

die Zahl der ausgelegten Zeitungen auf 200. Nach der Modernisierung der Wirtschaftsräume erhalten auch die Restaurationsräume, Table d'hôte-Saal, Café- und Billardzimmer ein zeitgemäßes Ambiente.

Im Zeitalter von Rundfunk und Fernsehen kaum noch richtig nachzuvollziehen ist die große Aufmerksamkeit, die Hey'l der Verbesserung des musikalischen Angebots widmet. Der hohe Stellenwert der Kurmusik geht aus vielen zeitgenössischen Berichten hervor. Hatte man sich in nassauischer Zeit noch mit Militärkapellen aus der nahen Bundesfestung Mainz beholfen, wird nun das Kurorchester unter Leitung von Karl Müller-Berghaus auf 39 Musiker gebracht. Es erhält neue Musikrequisiten und hat außer der täglichen Unterhaltungsmusik auch höhere künstlerische Aufgaben zu bewältigen. Sein Nachfolger, Louis Lüstner, leitet das Orchester 31 Jahre lang (1874–1907). Der bis dahin an der Nordseite des Platzes hinter dem Kurhaus gelegene provisorische Musikpavillon wird an die Südseite des Kurgartens verlegt. Die Beleuchtung des Konzertplatzes und sämtlicher Außenanlagen um das Kurhaus erfolgt durch neue Gaslampen an gußeisernen Kandelabern.

Spielerische und dem modischen Zeitgeschmack entsprechende Verfeinerungen sind ein kleiner Wasserfall auf der 1866 angelegten Insel am Nordrand des Weihers, die aus der kleinen Halbinsel entstand, als der Konzertplatz gegen den Weiher hin vergrößert und das nördliche Ufer zur Sonnenberger Chaussee hin verschoben wurde. Der Chinesische Kiosk auf dem Eiskeller, der seit der Mitte des Jahrhunderts die ursprünglich dort errichtete Mooshütte abgelöst hatte, wird 1877 durch einen kleinen Pavillon ersetzt.[675] Die Kurdirektion veranstaltet Gartenfeste mit festlicher Illumination des Parks und der auf dem Weiher dahingleitenden Boote. Die Sensation eines solchen Gartenfestes ist 1878 der Aufstieg eines bemannten Ballons.

1875 sorgt die Einfriedung des Kurparks mit einem gußeisernen Geländer für Wirbel. Der Park soll für das Kurtaxe zahlende Publikum reserviert bleiben. Die Einheimischen sind damit gar nicht einverstanden. Es kommt das Gefühl auf, man wolle sie aus dem Bereich „ihres" Kurparks ausschließen. In nächtlichen Aktionen wird das Parkgeländer mehrfach beschädigt und an einigen Stellen sogar niedergerissen.[676] Zwei Jahre später wird ein festes Geländer am Kurhausweiher errichtet, um den Konzertplatz bis unmittelbar an den Rand der Wasserfläche nutzen zu können. Kandelaber mit hängenden Gaslampen werden rund um den Weiher aufgestellt.

In der alten Kolonnade bietet man ab 1875 Traubenkuren an, für die in den besten Zeiten jährlich ca. 9.000 Kilogramm Trauben verbraucht werden. Die neue Kolonnade erhält einen Thermalwasser-Ausschank, dessen Wasser von der Schützenhofquelle abgeleitet wird. Das Wiesbadener Brunnen-Comptoir in der Spiegelgasse verkauft „Kochbrunnen-Quellsalz" im Glas und in Form von Pastillen, die auch in Apotheken erhältlich sind. Das Salz hilft nach Aussage der in Tageszeitungen und Reiseführern erscheinenden Anzeigen bei „Catarrhen der Luftröhre und Lunge, Husten, Heiserkeit, Schleimauswurf etc.". Das „Wiesbadener Gichtwasser" wird als das „wirksamste aller gegen Gicht und harnsaure Nierensteine empfohlenen Mineralwässer" angepriesen.

Der Kochbrunnen

Wachstum ohne Ende

Die Zahl der Einwohner Wiesbadens hat von 1860 bis 1865 von ca. 18.000 auf 26.000 zugenommen, 1871 sind es bereits 35.800 Einwohner. Zum Vergleich: Um das Jahr 1800 lebten in Wiesbaden etwa 2.500 Einwohner in 400 Häusern. 1865 liegt der Häuserbestand bei 1.497, zwischen 1867 und 1871 werden weitere 821 Wohnhäuser mit 515 Nebengebäuden gebaut.[677] Genaue Angaben über die Zahl der Kurgäste, die in der herzoglich-nassauischen Zeit von jährlich ca. 4.000 auf 7.000 bis 8.000 angestiegen ist (mit „Passanten" 35.000), sind mit der Ungenauigkeit behaftet, daß zwischen Badegästen, mitreisenden Angehörigen, Dienerschaft etc. und Wochenendgästen aus Frankfurt nur schwer zu unterscheiden ist.[678]

In preußischer Zeit steigen diese Zahlen innerhalb weniger Jahre auf nahezu das Doppelte an.[679] 1913 ist die Zahl von 190.000 Gästen pro Jahr überschritten.[680] Die Zeit, man spricht heute vom Beginn der Gründerjahre, und der Wandel des Publikums von Kleinbürgern und Mittelstand zum Großbürgertum des deutschen Reiches zwingen Hotels und Badhäuser sich anzupassen. Dabei ziehen die Badhausbesitzer nicht immer mit der Stadt Wiesbaden, die dem Gemeinwohl verpflichtet ist, an einem Strang.

Die Entwicklung am Kochbrunnen ist dafür ein markantes Beispiel. Die Besitzverhältnisse rund um die Quelle sind so ungünstig, daß für die öffentliche Trinkkur immer noch keine dem Anspruch einer Weltkurstadt gerechtwerdende Lösung gefunden ist. Die 1855–57 errichtete offene Wandelhalle entspricht längst nicht mehr den Bedürfnissen ganzjähriger Kuren. Um den Aufschwung der wilhelminischen Ära auch hier nutzen zu können, hätte im Grunde das Kochbrunnengebiet weiträumig abgeräumt und nach einem einheitlichen Plan hergerichtet werden müssen.

Verpaßte Gelegenheiten

Dem Übel, daß die offene Quelle des Kochbrunnens immer wieder im Schutz der Dunkelheit zum „Entsorgen“ von Unrat mißbraucht wird, beugt man 1865 damit vor, daß man sie mit einer geschlossenen Metallgitterhaube abdeckt. Doch ist auch diese Maßnahme, wie schon die viel zu schmale offene Wandelhalle, ein Provisorium, das

Kochbrunnen mit Metallgitterhaube (die „Käsglock“), um 1880

angesichts der Weltgeltung der Kurstadt Wiesbaden nach einer grundsätzlichen Änderung verlangt. Hinzu kommt die Notwendigkeit, eine geschlossene Trinkhalle zu schaffen, die den ganzjährigen Betrieb der Trinkkur ermöglicht.

1867 legt der Kurverein ein ausführliches „Gutachten über die an und um den Kochbrunnen zu treffenden Veränderungen und baulichen Anlagen“ vor.[681] Es sieht (wieder einmal) die Errichtung einer wetterfesten, auch von der Seite her geschützten und mit allen Kur- und Sanitäreinrichtungen ausgestatteten Wandelhalle vor. Doch immer noch zögert die Stadt, der die von den verkaufswilligen Anliegern geforderten Preise zu hoch sind. Nur langsam dämmert es, daß man bei noch längerem Hinausschieben jeden Quadratmeter der Fläche, die notwendig ist, die Dichte der Bebauung aufzulockern, von Jahr zu Jahr teurer bezahlen muß.

Wäre 1842 der Bürgerausschuß entschlußfreudiger gewesen, hätte die Stadt das zum Verkauf stehende Badhaus „Blume“ zu tragbaren Kosten erworben und damit ihren Besitz in unmittelbarer Kochbrunnennähe erheblich vergrößert. Die Chance war damals verpaßt worden. Als 1870 die Besitzer des Badhauses „Rose“ bereit sind, das Anwesen zu verkaufen, bietet sich der Stadt auch hier die Möglichkeit, Platz für spätere Planungen zu schaffen. Wieder zögert man, finanzielle Bedenken überwiegen, die Gelegenheit wird nicht genutzt.

Es sind aber nicht nur die Versäumnisse jener Jahre. Schon 1806, als Baudirektor Goetz die Fluchtlinie der Nerostraße (Hospitalstraße) festlegte, wurden entscheidende Fehler gemacht. Damals soll schon vor der „Einkapselung“ des Kochbrunnens gewarnt worden sein.[682] Rückschauend zeigt sich, daß es vielleicht richtiger gewesen wäre, die Nerotalanlagen am Kochbrunnen beginnen zu lassen und nach und nach bis an den Fuß des Weinbergs am Neroberg fortzuführen. An der oberen Wilhelmstraße hatte die Baudirektion mit der Freigabe des Herrngartens als Bauland einen ähnlichen Fehler gemacht. Es wäre ein leichtes gewesen, vom Kursaal über das Bowling Green bis zum Kochbrunnen einen durchgehenden Grünzug anzulegen. Er hätte sich bis ins hintere Nerotal fortsetzen lassen. Ein solcher Kurpark wäre mit den ausgedehnten Kuranlagen des Baden-Badener Oostals vergleichbar gewesen. Zugunsten der Verantwortlichen muß jedoch gesagt werden, daß niemand am Anfang des Jahrhunderts die stürmische Entwicklung des Kurbades und der Trinkkur am Kochbrunnen hatte voraussehen können.

Erst 1879, nachdem die Krankenanstalten an der oberen Schwalbacher Straße fertiggestellt sind, kann das alte Hospitalgebäude hinter dem Kochbrunnen niedergelegt werden. Fünf Jahre später schlägt der Kurverein vor, auf dem Gelände des ehemaligen Hospitalgartens eine repräsentative Trinkhalle zu errichten.[683] Im Juli 1886 kommt schließlich ein erweiterter Plan vor dem Bürgerausschuß zur Sprache, der eine völlig neue Variante ins Spiel bringt. Außer der nun wesentlich vergrößerten Trinkhalle soll als Verbindung zwischen Langgasse und Taunusstraße eine neun Meter breite Straße gebaut und der bis zu dieser Straße reichende Teil des Gartens der „Rose“ in die Kochbrunnenanlagen einbezogen werden, um endlich eine Verbindung aus der Innenstadt zur Taunusstraße herzustellen.[684]

Die „Rose“ steht im Weg

Diesen ausgreifenden Plänen stehen aber immer noch der „Europäische Hof“ und die „Rose“ sowie der ummauerte Garten der „Rose“ mit dem barocken Gartenhaus im Weg. Um die umständlichen Verkaufsverhandlungen mit den Besitzern der „Rose“ zu verstehen, ist es nötig, in der Geschichte einige Jahrhunderte zurückzugehen. Schon damals hatte der „Rose“-Komplex eine erstaunlich große Ausdehnung. Dazu muß man sich in Erinnerung rufen, daß um 1500 der erste namentlich bekannte Grundeigentümer in dieser Gegend der einflußreiche Wiesbadener Amtmann Wilhelm Judd von Eltville war.[685] Er hatte dem Grafen Adolf III. von Nassau viele Jahre treu gedient und ihm als Bürge aus mancher Geldverlegenheit geholfen. Daß solche Treue auch materiell nicht zu seinen Ungunsten ausfiel und daß er während seiner langen Amtszeit manchen günstigen Grundstückserwerb tätigen konnte, läßt sich denken. Unter seinem Schwiegersohn und Erben, Amtmann Hans Mauchenheimer, wurde der Besitz nicht geschmälert.[686]

Der Käufer von 1698, Johann Dillmann Scherer, war im Hauptberuf Landwirt, er betrieb Weinbau und eine Bierbrauerei. Bei seinem Tod 1718 hinterließ er 97 Morgen Ackerland, 30 Morgen Wiesen und zwei Morgen Weinberge. Nach dem Tod Scherers 1718 verkauften die Erben das gesamte Anwesen an den Geheimen Rath Johann Hartmuth Gärtner, dem der Fürst „für treue Dienste“ Real- und Personalfreiheit für seinen Besitz gewährte (was die übrigen Badwirte mit Neid und Mißgunst erfüllte). Gärtner erhielt 1727 auch die Speise- und Weinschank-Gerechtigkeit. 1740 teilte sein Erbe den Besitz. Die landwirtschaftlichen Flächen außerhalb des Kurbezirks erwarb der Pächter des Klarenthaler Klosterguts, während laut Kaufbrief[687] dem Käufer des Badhauses, Christian Heinrich Becker, außer dem Hauptgebäude am Kranzplatz mit Real- und Personalfreiheit alle innerhalb der Hofreite gelegenen Gebäude, Ställe und Scheuern verblieben; außerdem die um 1722 erbaute „Hintere Rose“ mit barockem Gartenhaus und freiem Feldausgang über die Brücke des Nersbachs, der dazwischenliegende Garten, ein Grasstück jenseits des Bachs bis zur späteren Taunusstraße etc. Dazu Gärten in Sonnenberg, die noch bis ins 20. Jahrhundert hinein in Kriegs- und Nachkriegszeiten die „Rose“ mit Gemüse, Obst und anderen Naturalien versorgten.[688]

Im Grunde bestand die „Rose“ aus zwei Badhäusern, dem 1871 niedergelegten und im Neorenaissance-Stil wiederaufgebauten Hauptgebäude am Kranzplatz (die „Neue Rose“; s. Abb. S. 315) und einer 1722 errichteten Dependance, dem dreistöckigen Badhaus „Hintere Rose“ mit einem am Nordende angebauten Speisesaal (auf dem Platz des späteren Grandhotels „Rose“). Gartenhaus und Rosengarten wurden von den Gästen beider Häuser benutzt. Am Gartenhaus vorbei führte ein schmaler Fußweg, der den Nersbach über eine kleine Brücke überquerte, zu dem Verbindungsweg zwischen Kureck und der späteren Taunusstraße. An seiner Stelle soll nun die neue Verbindungsstraße gebaut werden.

Bei den Verkaufsverhandlungen erklären die Besitzer der „Rose“, Gustav und Heinrich Haeffner, sie seien nur bereit, den Besitz als Ganzes, einschließlich ihres Anteils am Kochbrunnen, für 1,5 Millionen Mark zu verkaufen. Oberbürgermeister von Ibell hat einige Überzeugungsarbeit zu leisten, bis der Bürgerausschuß den Vertrag schließlich am 1. September 1886 billigt. Die Brüder Haeffner führen die Badhäuser als Pächter vorläufig weiter.[689]

Der erworbene Besitz umfaßt ca. 80 Ar (8.000 qm). Den Geländeanteil östlich der geplanten Verbindungsstraße (die „Hintere Rose“) braucht die Stadt ebensowenig wie den Platz der „Neuen Rose“ am Kranzplatz; jedenfalls so lange nicht, wie der „Europäische Hof“ die ganz große Kochbrunnenlösung noch blockiert. Für die Erweiterung der Grünanlage zwischen „Europäischem Hof“ und Taunusstraße sowie für die Verbindungsstraße wird nur die Hälfte der gesamten Fläche benötigt. Die restlichen 40 Ar: die „Neue Rose“ mit Badhaus und kleinem Garten, die „Hintere Rose“ jenseits der projektierten Verbindungsstraße einschließlich des Anteils am Kochbrunnen, ersteigert Heinrich Haeffner 1889 wieder zurück. Einige Jahre später legt er die „Hintere Rose“ nieder und errichtet dort das Grand-Hotel „Rose“. Sein Bruder Heinrich scheidet als Teilhaber aus; er erwirbt das Hotel „Wilhelma“ an der Sonnenberger Straße.

Noch 1887 wird das barocke Gartenhaus der „Rose“ abgerissen und die Verbindungsstraße in Angriff genommen. Im Juni 1887 schreibt der Gemeinderat für die Gestaltung der Kochbrunnenanlage einen Wettbewerb aus, der auf drei ausgewählte Wiesbadener Architekten beschränkt wird: Wilhelm Bogler, Carl v. Rößler und Albert Turner. Gemeinderat und Bürgerausschuß entscheiden sich einstimmig für den Entwurf Boglers, an dem kleine Änderungen vorgenommen werden. Vor allem soll die Einfassung der Quelle mit einem architektonisch gestalteten Pavillon so überbaut werden, daß der Sprudel von außen beobachtet werden kann.

Wilhelm Bogler, Architekt des neuen Kochbrunnens

Die alte Wandelhalle von 1857, einschließlich der Verlängerung an der Taunusstraße, wird abgerissen. An ihrer Stelle entsteht eine dreiteilige Anlage.[690] Die 54 Meter lange, 12 Meter breite Haupthalle (Kolonnade) an der Saalgasse mit einem Orchesterpodium ist zum Garten durch Arkadenbögen geöffnet. Die rückwärtige Längswand entlang der Saalgasse wird durch eine Mauer abgeschlossen, die zur Straße hin häßlich und abweisend wirkt. Die Einwohner dieses Stadtquartiers nehmen sie nur ungern hin. Erst nach dem Zweiten Weltkrieg wird sie als Bogengang geöffnet, ein städtebaulicher Gewinn, der die ganze Umgebung aufwertet.

Die Kochbrunnenanlagen liegen fast zwei Meter tiefer als das Straßenniveau von Saalgasse und Taunusstraße. Ein Inhalationsbau mit kuppelartigem Walmdach schließt die Haupthalle nach Süden ab. Von hier gelangt man durch eine aus gußeisernen Säulen und Bögen gebildete, nach außen verglaste Verbindungshalle in den Mittelpavillon. Er ist der bestimmende Teil der gesamten Anlage: ein aus hellem Sandstein errichteter quadratischer Zentralbau mit Arkade, Flachgiebel, Pfeilern und hoher „französischer“ Kuppel. Seine barocken Formen lassen den Einfluß der Pariser „Ecole des Beaux Arts“ deutlich erkennen.

Trinkhalle mit Quellentempel und kuppelgekröntem Zentralbau

An den Zentralbau schließt nach Süden die 43 Meter lange Trinkhalle an. Sie ist siebeneinhalb Meter breit und bis zur gewölbten Decke neun Meter hoch. Als Baumaterial werden Sandstein, Guß- und Schmiedeeisen sowie viel Glas verwendet. Die großflächigen Fenster verbreiten eine heitere Atmosphäre. Am unteren Ende, vor dem Zugang zum Kochbrunnentempel, schenken einheitlich gekleidete „Quellnymphen" an einem Schanktisch aus Marmor das frisch geschöpfte Heilwasser aus. Die Kurgäste können in den Grünanlagen oder in den Wandelhallen promenieren oder ihre „Medizin" in den Korbsesselgarnituren der Trinkhalle zu sich nehmen. Sie können dabei die ausgelegten Zeitungen lesen oder sich in einen Plausch mit anderen Gästen einlassen.

Steinstufen führen in den achteckigen, 1890 vollendeten Quellentempel. Die aus 15 Einzelzuflüssen gespeiste Quelle ist nach Plänen von Baudirektor Ernst Winter neu gefaßt worden.[691] Acht mit Rundbögen verbundene Säulen bilden den Pavillon. Die durch kunstvoll gearbeitete eiserne Gitter geschützten Fenster zwischen den Säulen sind meistens so beschlagen, daß man von außen nur selten einen klaren Blick auf die brodelnde Quelle werfen kann. Eine gläserne Kuppel mit kupfernem Türmchen und vergoldeter Spitze überwölbt den Bau. Die weiße Dampffahne, die aus dem Dach abzieht, bildet wie eh und je das Wahrzeichen des Kochbrunnens.

Die Gartenanlagen sind von dem Frankfurter Gartenbaudirektor Heinrich Siesmayer gestaltet worden. Nach geometrischen Mustern gepflanzte Rabatten und halbexotische Sträucher gestatten einen freien Blick. Man sieht, und man kann gesehen werden. Über zwei flache Rampen kann man auch von der Taunusstraße aus die Anlagen betreten, die in einem runden Musikpavillon einen weiteren Anziehungspunkt besitzen.

Ihre endgültige Gestalt mit direktem Zugang zum Kranzplatz und damit zur Innenstadt erhalten die Anlagen am Kochbrunnen erst 25 Jahre später, nachdem die Stadt den „Europäischen Hof" und die „Neue Rose" gekauft und niedergelegt hat.

Aus heutiger Sicht kaum zu verstehen ist, daß man 1886 dem Besitzer des Hotel Block an der oberen Wilhelmstraße die Erlaubnis erteilt, auf seinem bis zur Taunusstraße reichenden Gartengelände, einem Rest des früheren Herrngartens, Wohnhäuser zu errichten, statt einen Grünzug von den Anlagen an der Wilhelmstraße bis zum Kochbrunnen anzulegen. Dennoch ist mit den großzügigen Trink- und Wandelhallen einschließlich Grünanlage und Musikpavillon ein zweites Kurzentrum entstanden, das zwar nicht die Großzügigkeit der klassizistischen Anlagen der Ära Zais erreicht, gegenüber dem früheren Zustand rund um den jahrhundertelang vernachlässigten Kochbrunnen jedoch einen unendlichen Fortschritt bedeutet.

Auf der Suche nach Attraktionen

Pferde- und Dampfstraßenbahn

Immer mehr Kurgäste strömen nach Wiesbaden. Die jährliche Besucherzahl übertrifft die der Einwohner fast um das Doppelte. Die Stadt ist ständig bemüht, im Wettbewerb mit anderen Kurorten, Langenschwalbach, Ems, Homburg, Baden-Baden, nicht zurückzubleiben. Für die problemlose Anreise sorgt das erweiterte Netz der Eisenbahnen und Schiffsverbindungen. An den Bahnhöfen und Anlegestellen in Biebrich stehen Pferdedroschken bereit, um die ankommenden Gäste bequem in die Hotels und Pensionen zu bringen. Dem Trend der Zeit folgend (seit 1865 gibt es in Berlin eine Pferdebahn), erhält Wiesbaden 1875 eine auf Schienen laufende Pferde-Straßenbahn, die von den Bahnhöfen der Rheinstraße über die Wilhelm- und Taunusstraße bis ins Nerotal fährt.

Es gilt, beim Publikum mit fortschrittlichen Projekten Eindruck zu machen. Um nur keine neue „Attraktion" zu verpassen, vergibt die Stadt 1888 eine Konzession zum Betrieb einer Dampfstraßenbahn, die von Biebrich über die Wilhelmstraße zur Beausite fährt. Die Pferdebahn muß auf die Strecke Taunusbahnhof-Kirchgasse-Kranzplatz-Taunusstraße ausweichen. Von nun an zischt und dampft das fauchende Ungetüm, alles andere als kurstadtgemäß, durch die elegante Wilhelmstraße, ein Musterbeispiel für eine kommunalpolitische Fehlentscheidung, getroffen im Fortschrittswahn. Um 1900 hat der Spuk ein Ende. Dampf- und Pferdebahn werden durch elektrische Straßenbahnen abgelöst.[692]

Dampfstraßenbahn mit Sommerwagen und geschlossenem Personenwagen vor dem Bowling Green. Photo um 1893

Gas- und elektrisches Licht

Der Amerikaner Thomas Edison hat 1879 die erste alltagstaugliche Glühbirne erfunden. Schon 1881/82 werden die Gaskandelaber des Konzertplatzes hinter dem Kurhaus durch elektrische Bogenlampen ersetzt. Das Berliner „Centralblatt der Bauverwaltung" berichtet über den Effekt der neuen Beleuchtung: „Das Licht ist milchweiß, von großer Intensität, sehr beständig. Für jede Lampe werden zehn der bisherigen Gascandelaberflammen gelöscht, die Helligkeit ist dann noch ein Mehrfaches der früheren. Farben unterscheiden sich fast wie am Tage; namentlich überrascht das Grün der Bäume, das man beim Gaslicht nur dunkel, ohne grüne Farbe zu sehen gewohnt war. Durch die doppelte Höhe gegenüber den Gascandelabern wird der Schlagschatten verkürzt."[693]

Der Chronist beobachtet jedoch nicht nur Vorteile. Es „fehlt freilich der Reiz, welcher in der großen Anzahl der [Gas-]Flammen liegt, mit den zahlreichen Durchblicken durch das Laub und den zahlreichen Spiegelbildern im Wasser. Das Endurtheil scheint daher noch ungewiß zu sein; vermuthlich wird aber später die einmal erreichte Helligkeit nicht mehr entbehrt werden können und deshalb den Sieg davontragen."

1882 folgt die elektrische Beleuchtung des Kursaals, 1887 wird das Gaslicht der Lesezimmer durch Glühlampen ersetzt. 1890 ist die Umstellung auf elektrische Beleuchtung im ganzen Kurbereich abgeschlossen.

Mit der Zahnradbahn auf den Neroberg

Auf dem Wiesbadener Hausberg wird nach einigen früheren Provisorien 1881 das Neroberghotel eröffnet, das als Speiserestaurant und mit seinen Tanztees bei Einheimischen und Kurgästen schon bald beliebt ist. Ab 1888 erschließt eine durch Wasserkraft angetriebene Zahnradbahn den Neroberg.[694] Sie überwindet auf einer Wegstrecke von 440 Metern einen Höhenunterschied von 83 Metern (durchschnittliche Steigung 19,5 %, größte Steigung 26 %) und macht den Aufstieg auch für ältere und schwache Gäste möglich. Als technisches Meisterwerk gehört sie zu den Attraktionen, die die Kurstadt in ganz Deutschland ins Gespräch bringen.

Zum vorläufigen Abschluß kommt die Entwicklung in diesem Teil der Stadt durch den 1897/98 im Nerotal nach Plänen des Wiesbadener Gartenarchitekten Paul Schetter angelegten Herzogin-Elisabeth-Park (vorderes Nerotal). Mit dem in der Tradition des englischen Landschaftsparks gestalteten Wiesengrund, dem hinteren Nerotal mit der romantischen Felsengruppe, der Leichtweißhöhle, den Waldpfaden am Speyerer Kopf, dem Rundfahrweg und der Zahnradbahn auf den Neroberg ist ein Naturpark geschaffen, der dem Ansturm von Gästen über den Bereich des Kurviertels hinaus gewachsen ist.

Erste Gedanken zum Bau eines größeren Kurhauses kommen auf. Die Stadt muß Ansprüchen gerecht werden, die eine neue Generation von Kurgästen stellt. Die expandierenden Reisegewohnheiten machen aus Kurorten Fremdenverkehrsorte, die von Gästen unterschiedlichsten Zuschnitts besucht werden. Das Publikum verlangt nach neuen Formen der Unterhaltung, des Amüsements – und nach „Grand-Hotels“, Häusern der Ersten Klasse, wie sie auch in Baden-Baden, Pyrmont, Karlsbad, Spa oder Homburg errichtet werden.

---

661 Struck: Biedermeier, S. 225. – Baumgart-Buttersack: Schiller-Denkmal.

662 Dollwet/Weichel: Tagebuch Friedrich Ludwig Burk, S. 206.

663 Friedrich Schiller: Wilhelm Tell, Schauspiel in 5 Aufzügen, 2. Aufzug, 2. Szene.

664 Spielmann: Kurhaus, S. 109ff. – Podehl: Brunnen und Bäder, S. 237.

665 Hey'l: Wiesbaden u. s. Cur-Interessen, S. 3–9.

666 Spielmann: Kurhaus, S. 138f.

667 Glücklich: Vierzehn Jahre Spielbank, S. 88ff. – Ders.: Geheimnisse, S. 209ff. – Spielmann: Kurhaus, S. 129. – Czysz: Sonnenberg, S. 207.

668 Fischer-Dyck: Kaiser-Wilhelm-Heilanstalt.

669 Originalakte des Militär-Bauamts vom 28. Dez. 1906 (Archiv Czysz). – Winter: Thermalquellen, S. 46.

670 Spielmann: Kurhaus, S. 129ff. u. 146–149. – W. Schüler: Wilhelminisches Wiesbaden, S. 91.

671 Glücklich: Vierzehn Jahre Spielbank, S. 227–228. – Spielmann: Kurhaus, S. 150.

672 Spielmann: Kurhaus, S. 131. – Baumgart-Buttersack: Ferdinand Hey'l, S. 27.

673 Hey'l: Wiesbaden und seine Umgebungen, 1. Aufl. 1866, 28. Aufl. 1909.

674 Spielmann: Kurhaus, S. 152.

675 Dorn: Kurpark, S. 22.

676 Spielmann: Kurhaus, S. 154.

677 Struck: Biedermeier, S. 65f. u. 165. – Döringer: Heimatführer, S. 49 u. 85.

678 Müller: Rückblicke, S. 60–65.

679 Müller-Werth: Geschichte und Kommunalpolitik, S. 118.

680 Fuhs: Mondäne Orte, S. 373. – Rompel: Wirtschaftliche Entwicklung von Wiesbaden, S. 85.

681 Müller-Werth: Geschichte und Kommunalpolitik, S. 105–106.

682 StadtAWi, Sammlung Gärtner, Bd. 1939/I, S. 157–175: Urban, Die Umwandlung des Kochbrunnengebietes in den letzten hundert Jahren, handgeschr. Manuskript, 1939 (Blatt 165); ders.: Bauliche Einkapselung.

683 Funk: Architekt Wilhelm Bogler, S. 38.

684 Müller-Werth: Städtebauliche Gestaltung, S. 254.

685 Renkhoff: Mittelalter, S. 244.

686 HHStA: Abt. 137 Wsb. Nr. 62. – Roth: Geschichte und historische Topographie, S. 85–91. – Renkhoff: Mittelalter, S. 221, 226 u. Anm. 404 (S. 209).

687 Th. Schüler: Geschichte der älteren Badhäuser. Die Rose, Wiesb. Tagblatt vom 7.2.1913. – Baumgart-Buttersack: Badhaus zur Rose

688 Rensch: Hotel Rose, S. 31.

689 Müller-Werth: Städtebauliche Gestaltung, S. 254.

690 Funk: Architekt Wilhelm Bogler, S. 43–44. – Dies.: Arbeiten d. Wiesb. Architekten Wilhelm Bogler, S. 120.

691 Hintz/Grünhut: Chemische und physikalisch-chemische Untersuchungen, S. 32–34. – Czysz: Kochbrunnen, S. 32–34.

692 Stein: Wiesbadener Pferdebahn. – Müller-Werth: Geschichte und Kommunalpolitik, S. 111. – W. Schüler: Wilhelminisches Wiesbaden, S. 92.

693 Centralblatt der Bauverwaltung, Berlin, Jg. II 1882, S. 340.

694 Kopp: Nerobergbahn.

Entwicklung der Badehotels und der Kur

Die Hotels an der Langgasse

Der Schützenhof

Das 1784 bis 1795 vom Gastwirt des Einhorn, Reinhard Kesseberger (Käßberger) an der Langgasse errichtete stattliche Gebäude hätte, auch nach aufwendigster Modernisierung, nicht so hergerichtet werden können, um ein anspruchsvoller gewordenes Badepublikum zufriedenzustellen. Vor allem stört, daß das Haupthaus wegen der geringen Gebäudetiefe in jedem der drei Stockwerke nur eine Reihe von Zimmern mit einem zum Hof liegenden Verbindungsgang besitzt. Die Bausubstanz der nach hinten gelegenen Nebengebäude bezeichnet der mit der Schätzung betraute Oberbaurat Goetz als miserabel.

1847 erwirbt die herzogliche Domänenverwaltung mit Hilfe von Geldern der Spielbank den ganzen Komplex als Ausweichstätte für das Hospital am Kochbrunnen. Als sich der Plan wegen des Protestes der Anwohner nicht verwirklichen läßt, verkauft der Domänenfiskus 1864 das Objekt an einen Privatmann, den aus Paris stammenden Rentier Salomon Marix.[695] Gestützt auf ein finanzkräftiges Konsortium, läßt er zwei Jahre später die alten Gebäude abreißen. Den Plan, ein „Bad-Etablissement in großartigstem Stil“ mit „mehreren 100 Zimmern, über 100 Bädern, Wintergärten, Sälen etc.“ anzulegen, gibt er jedoch wegen „mannigfacher Gründe“, die sich „gegen die Ausführbarkeit desselben geltend machten“, auf.[696]

Das Konsortium einigt sich mit der Stadtverwaltung auf eine auch städtebaulich erwünschte Lösung, die das finanzielle Risiko für die Unternehmergruppe entschärft. Die Stadt erwirbt den größten Teil des Geländes, parzelliert den unteren Teil, auf dem zu beiden Seiten einer neuen, von der Langgasse auf den Schulberg zulaufenden Straße Privathäuser errichtet werden, und gibt den oberhalb des Treppenaufgangs neu hergerichteten Hang zum Schulberg für die Bebauung mit einigen Landhäusern frei.

Das Konsortium behält das Grundstück im hinteren Teil der neuen Straße, auf dem die Schützenhofquelle liegt, und errichtet dort 1867 bis 1869 das neue Badhaus. Zwischen 1865 und 1867 kommen beim Abriß der alten Gebäude und bei den Terrassierungsarbeiten auf dem Hanggelände Reste römischer Thermen zum Vorschein, die von mittelalterlichen und frühneuzeitlichen Bädern überdeckt waren. Das neue Badhaus wird als vierstöckiges Gebäude von 29 Metern Länge und 31 Metern Tiefe errichtet. Im Zentrum der Anlage befindet sich eine Trink- und Wandelhalle, die von einer prächtigen Glaskuppel überdeckt ist. Das Heilwasser wird aus einer granitenen Trinkschale geschöpft.

Die Quelle selbst, von der ein Drittel der Stadt gehört, liegt in einer besonderen Quellkammer, aus der das Wasser in den Sprudeltopf der Wandelhalle geleitet wird. Sie liefert 200 Liter Thermalwasser in der Minute, genug, um außer den eigenen Bädern auch das benachbarte Gemeindebad zu versorgen. Für die Bäder wird das Wasser durch eine Teilungskammer, in der die für das Gemeindebad benötigte Menge abgetrennt wird, einem Sammelbehälter zugeführt, dort gespeichert und abgekühlt. Zum Baden wird 49 °C heißes Quellwasser mit dem abgekühlten Wasser auf Badetemperatur eingestellt.[697]

Als Besonderheit gelten die ebenerdigen Bäder, insgesamt 27 Einzelbadewannen und ein Doppelbad, die einen freundlicheren Eindruck vermitteln als die meistens im Souterrain liegenden Badeeinrichtungen der anderen Badhäuser. Im ersten Obergeschoß befinden sich herrschaftlich ausgestattete Speise- und Aufenthaltsräume, je 24 Gästezimmer in den beiden oberen Stockwerken. Eine die Hanglage nutzende, quer über die Schützenhofstraße reichende Café-Terrasse mit Arkaden und Pergola, Blumenrabatten und stilvollen Kandelabern bietet eine fast mediterrane Atmosphäre.

1869 wird der neue Schützenhof als „Grand-Hotel" eröffnet. Eine Reihe hoher Herrschaften steigen in den folgenden Jahren in dem Haus ab, darunter 1879 Kaiser Wilhelm I. Eine große Zukunft ist ihm jedoch nicht beschieden. Wechselnde Besitzer und die beengte Innenstadtlage bringen es nie aus den roten Zahlen. 1882 erwirbt es die Stadt, die es unter dem alten Namen „Schützenhof" als Badhaus für ein bürgerliches Publikum weiterführt. 1907 werden im „Schützenhofbad" 24.000 Bäder ver-

„Hotel Schützenhof" Wiesbaden, Schützenhofstrasse. Telephon No. 768.

Grand-Hotel Schützenhof. Photographie um 1920
(als der Glanz der Belle Epoque schon abgeblättert war)

abfolgt. Dazu rund 40.000 Bäder im benachbarten Gemeindebad. Am 1. April 1927 nimmt ein Balneologisches Institut im Schützenhof seine Arbeit auf.[698] Das Gemeindebad bleibt weiterhin weniger bemittelten Badegästen vorbehalten.

1945 wird das Gebäude durch Kriegseinwirkung schwer beschädigt. 1951 sind die Schäden so weit beseitigt, daß das Thermalbad wieder geöffnet werden kann. Teile des Gebäudes werden von der Stadtverwaltung genutzt. Im Grunde verwahrt die Stadt das Anwesen nur noch als Grundstücksreserve für eine längst ins Auge gefaßte Neuplanung. 1967 fällt der Schützenhof mit Quellkammer und Trinkhalle der Spitzhacke zum Opfer, um Platz für ein Parkhaus zu schaffen. Mit ihm eine Tafel in der Eingangshalle, die wohl noch aus Käßbergers Zeit stammt, mit der Inschrift: „Joseph der II. Römischer Kaiser bewunderte an dieser Quelle die Werke der Natur den 29. May 1781".

1969 wird dicht neben der alten Quelle, die schon die Römer benutzt haben, eine geologische Tiefenbohrung niedergebracht, verrohrt und das aufsteigende Thermalwasser durch eine luftdichte Rohrleitung in das zentrale Sammelbecken im Kaiser-Friedrich-Bad geleitet. Heute erinnert nur noch ein Trinkbrunnen neben dem Treppenaufgang zur Coulinstraße an die alte Quelle, die fast zweitausend Jahre lang in der Geschichte der Kurstadt Wiesbaden eine bedeutende Rolle gespielt hat.

Zum Adler

Das um 1800 als repräsentativer Neubau errichtete Hotel und Badehaus „Zum güldenen Adler" hat seine Glanzzeit in den ersten beiden Jahrzehnten des 19. Jahrhunderts. Hier steigen Johann Wolfgang von Goethe, der Großherzog von Sachsen-Weimar mit Gefolge, der preußische Staatsminister Karl Freiherr vom Stein, der preußische König Friedrich Wilhelm III. „mit Allerhöchst dero Gefolge" und zahlreiche Angehörige des deutschen Hochadels ab. Mit der Eröffnung des Kursaals 1810 geht die Bedeutung des Blauen (Prunk-)Saales als Mittelpunkt des gesellschaftlichen Lebens der Stadt zurück; er bleibt aber als architektonische Kostbarkeit für festliche Bankette eine bevorzugte Adresse.

1809 stirbt die energische Prinzipalin, Johannette Elisabetha Schlichter. Der Sohn Gottfried Christian, Postexpeditor und Postverwalter, erwirbt 1820 die 1791 hinter dem Adlergarten errichtete Kirche der reformierten Gemeinde, die seit der Idsteiner Union von 1817 nicht mehr gebraucht wird, samt Pfarrhaus und dem umgebenden Gelände. Der erweiterte Adlergarten reicht nun bis zum Hirschgraben. Im Quelltopf der Adlerquelle sprudeln mehrere Quelladern auf, die zur Füllung der Bäder gestaut werden. Ihr Wasser wird durch „die zahlreich sich entwickelnden Kohlensäureblasen in heftiger Bewegung erhalten".[699] Ebhardt rühmt den Besitzer als einen „sehr gefälligen Mann", der zugleich „Liebhaber der Naturkunde ist und eine schöne Sammlung von Schmetterlingen und ausgestopften Thieren, besonders von seltenen Wasservögeln besitzt".[700] Eigenartig ist, daß Goethe, der 1814 zuerst im Adler absteigt, diesen Mann und seine Sammlungen nicht in seinen zahlreichen Erinnerungen an Wiesbaden erwähnt.

Als Schlichter 1851 stirbt, führen die Nachkommen den Adler als Erbengemeinschaft „Christian Schlichters seel. Witwe und Erben" weiter. Sie errichten einen neuen

Küchenbau und Remisen (für die Posthalterei) entlang der Kirchhofsgasse und erweitern die Kapazität des Hauses auf 100 Zimmer mit 46 Bädern. Die Briefpost bleibt bis 1869 im Adler und wird dann in das neue Gebäude in der Schützenhofstraße Nr. 3 verlegt. Die Fahrpost, die Mitte des Jahrhunderts über sechzig gut gepflegte Pferde besitzt, bleibt noch bis 1876 im „Adler". Der letzte männliche Nachkomme, der Jurist Christian Schlichter (1828–1883), wird 1882 Oberbürgermeister von Wiesbaden. Ab 1875 verwaltet der Kaufmann Wolfgang Büdingen im Auftrag der Erben den Adler. Drei Jahre später kauft er das Anwesen mit über 55 Ar Hofraum, 40 Ar Garten und einem 2/5-Anteil an der Adlerquelle für 600.000 Mark.[701]

Zwanzig Jahre später ist dem „Adler" ein ähnliches Schicksal beschieden wie vorher dem „Schützenhof". 1899 kauft die mittlerweile wohlhabende Stadt Wiesbaden Hotel und Badhaus, die Nebengebäude und den großen Garten einschließlich der Rechte an der Quelle, um Platz für den Bau eines städtischen Kurmittelhauses zu schaffen.

Goldener Brunnen (Hirsch) und Krone

Ein Jahr später erwirbt die Stadt auch das benachbarte Badhaus „Zum Goldenen Brunnen" und dessen Anteil an der Adlerquelle. Die noch fehlenden zwei Fünftel gelangen 1890 mit dem Erwerb des Badhauses „Zum Bären" an die Stadt. Nach Niederlegung sämtlicher Gebäude werden die neu eingeteilten Parzellen entlang der Langgasse verkauft.[702] Auf dem Gartenareal wird 1910 bis 1913 das Kaiser-Friedrich-Bad errichtet, das von nun an einziger Nutzer der Adlerquelle ist.

Hotel Continental, Langgasse, Photographie

Die Tradition des „Goldenen Brunnen" setzt das 1905 in der Goldgasse Nr. 10 neu errichtete Hotel und Badhaus gleichen Namens fort. Das zum Kranzplatz hin neben dem (alten) „Goldenen Brunnen" gelegene Badhaus „Drei Kronen" (früher „Krone") übernimmt den Namen „Zum Adler". (Das 60-Betten-Hotel wurde am 2. Februar 1945 durch Fliegerbomben zerstört.) Auf einem Teil des Grundstücks des alten Adlergebäudes an der Langgase entsteht das Hotel „Continental" mit 70 Betten. Seine monumentale Fassade ist ein typisches Beispiel der spätwilhelminischen Neobarock-Architektur, die um die Jahrhundertwende große Teile des Stadtbilds prägt. Der mit ausgebreiteten Schwingen auf dem Eckturm schwebende Adler soll an das alte Badhaus „Zum Adler“ erinnern. Er ist am Ende des Krieges „abgestürzt“. Das restaurierte Gebäude wird heute nicht mehr als Hotel genutzt. Durch den hinteren Teil des Adler-Gartens führt seit 1903 die Coulinstraße, die die Langgasse von dem ständig zunehmenden Verkehr entlastet.

Zum Bären

Der „Bär“, in dem Goethe 1814 und 1815 während seiner Badekur wohnt, ein 1725 bis 1728 errichtetes, mehrfach umgebautes Gebäude,[703] hat eine relativ kleine Straßenfront, der rückwärtige Teil übertrifft an Ausdehnung jedoch den „Schwarzen Bock“. 1854 verkündet ein Inserat: „Das Etablissement liegt an der Hauptstraße Wiesbadens, der Post [im Adler] gegenüber und hat hinter dem Hause einen mit Blumen und Weinreben bepflanzten Garten; es bietet also den lebhaften Verkehr der Straße wie den Genuß der ländlichen Stille. Hundert und zehn Zimmer und ein Conversationssaal sowie 60 Bäder nebst Dampfbädern und Douchebad stehen zur Verfügung der verehrlichen Gäste. Table d’hôte wird nicht gehalten, sonst aber Alles verabreicht, und ist für jede Bequemlichkeit und gute Bedienung bestens gesorgt. Aus der Hauptquelle [der Adlerquelle, die man wohl der Konkurrenz wegen nicht beim Namen nennt] ist das Wasser zum Trinken in den Garten geführt.“

1890 kauft die Stadt das traditionsreiche Haus, legt es nieder und verwendet das Gelände, mit der gleichen städtebaulichen Zielsetzung wie dreißig Jahre zuvor beim „Schützenhof“, für den Durchbruch einer neuen Straße. Die Bärenstraße dient nun der Auflockerung des engen Quellenviertels. Ein Neubau wird 1912 im unteren Teil der Bärenstraße errichtet und nach Teilzerstörung im Zweiten Weltkrieg mit Frontstellung zum neu angelegten Dreililienplatz als Hotel und Badhaus „Zum Bären“ eröffnet.

Veränderungen am Kranzplatz und Kochbrunnenplatz

Bis zur Mitte des 19. Jahrhunderts geben die den Kranz- und Kochbrunnenplatz säumenden Badhäuser mit ihrer klassizistischen Architektur der Umgebung des Kochbrunnens ein einheitliches Gepräge. Nach der Einverleibung des Herzogtums in das Königreich Preußen setzt eine Entwicklung ein, die diesen Charakter nach und nach zerstört. Die jetzt vorherrschende Architektur des Historismus, die sich in der Nachahmung von Baustilen aller Jahrhunderte gefällt, macht an den Fassaden der traditionsreichen Badhäuser nicht halt. Eine bis dahin nicht gekannte Baulust läßt in wenigen Jahrzehnten Häuser mit phantasievollen Fassaden entstehen, die das Bild des Kurviertels von Grund auf verändern.

Europäischer Hof

Das erste Opfer des Konkurrenzkampfes am Kranz- und Kochbrunnenplatz ist der „Europäische Hof“. 1842 an der Stelle des Badhauses „Blume“ als dreistöckiges Ge-

Neue Architektur am Kranzplatz.
Von rechts: Englischer Hof, dahinter Badhaus zum Spiegel, Mitte: die „neue" Rose; links: Badhaus zum Engel; zwischen Engel und Rose im Hintergrund der Europäische Hof, Photographie um 1900

bäude mit einer Front von 17 Fenstern, Balkon und Freitreppe zum Kochbrunnen errichtet,[704] besitzt das Haus 60 Zimmer und 33 Bäder. Zwischen Kochbrunnenanlagen und der „Neuen Rose" ist es jedoch so eingeengt, daß es nicht durch Erweiterungsbauten dem Standard eines Grand-Hotels angepaßt werden kann. Daher verkauft der Eigentümer 1899 das Anwesen samt Anteil am Kochbrunnen an die Stadt, die das Gebäude 1901/02 niederlegen läßt. Als 1912 auch die „Neue Rose" angekauft wird, steht der endgültigen Gestaltung der Kochbrunnenanlagen als durchgehendem Grünzug vom Kranzplatz zur Taunusstraße nichts mehr im Weg.

Zum Spiegel
Das auf eine lange Tradition zurückblickende Badhaus „Zum Spiegel" wird auf andere Art ein Opfer der neuen Zeit. Noch 1852 gehört es zu den besseren und bestbesuchten Badhausern in der 16.000 Einwohner zählenden Stadt.[705] Trotz hohen Standards mit 58 Logierzimmern und 37 Badekabinetten, Dampf-, Douche-, Kaltwasser-

und Russischen Bädern hat es fünfzig Jahre später neben den Grand-Hotels „Rose“ und „Palast-Hotel“ nur noch geringe Chancen.

Wie viele Badwirte kommen die Spiegelwirte aus der Landwirtschaft. Johannes Schenck, Vater des Stadthistorikers Gustav Anton Schenck, dem das Anwesen Anfang des 18. Jahrhunderts gehört, besitzt neben dem Badhausbetrieb noch 49 Morgen Ackerland, 2 Morgen Weingärten und 12 Morgen Wiesen. Auch sein Nachfolger, Philipp Christian Bergmann, lebt mehr von der Landwirtschaft als von den Badegästen. Außerdem vertreibt er noch Kolonialwaren und Wein, ist kaiserlicher Posthalter und unterhält eine Lohnkutscherei. Schweine, Kühe und Pferde werden in den rückwärtigen Ställen gehalten. Wegen der Fuhrhalterei richtet er sogar ein Pferdebad ein.

Als Bergmann 1796 stirbt, führen zwei Töchter die Badwirtschaft weiter. Große Änderungen nehmen sie nicht vor, denn 1822 beklagt der mit der Prüfung der Badhäuser betraute Obermedizinalrat Döring, daß die herrliche eigene Quelle des Spiegel, die in 25 Sekunden einen Kubikfuß Wasser liefere, keine besser eingerichteten Bäder speise. In der zugigen Badhalle „gäbe es deren 21 und eine Douche nach alter Art mit einem hochgestellten Fäßchen“. Das Logierhaus bietet 21 Fremdenzimmer. 1804 wird der „Spiegel“ nur noch unter den Häusern der dritten Kategorie geführt.

Nach dem Tod der Jungfer Anna Margarete Bergmann ersteigert 1827 ihr Bruder Ferdinand Daniel, der inzwischen den „Schwarzen Bock“ erworben hat, auch den „Spiegel“. Er versieht das Badhaus mit einem zweiten Stockwerk, so daß nun 33 Fremdenzimmer zur Verfügung stehen. 1834 verkauft er das Anwesen einschließlich der Spiegelquelle, die in der Nähe des Kochbrunnens vor dem Badhaus zum „Weißen Roß“ zutagetritt, an Johann Georg Schaus. Der verkauft den dritten Teil der reichlich fließenden Quelle 1850 an die Gebrüder Götz vom „Nassauer Hof“.

1866 übernimmt der Weinhändler Dreste den „Spiegel“. 1872 erneuert er das Badhaus, die Fußböden werden mit Warmwasserheizung ausgestattet (!). 1874 ersetzt er den Vorderbau durch einen vierstöckigen spätklassizistischen Neubau in der Tradition der nassauischen Kurstadt. Trotz aller Bemühungen kann sich das Badhaus nach der Jahrhundertwende neben dem Prachtbau der „Rose“ und dem protzigen „Englischen Hof“ nur schwer behaupten. Nach 1922 wird der Betrieb nur noch eingeschränkt fortgeführt, 1941 wird der Zufluß von der Spiegelquelle zugemauert. Am 2. Februar 1945 sinkt das Haus in Schutt und Asche. Heute steht dort das Hotel „Ibis“.

Engel, Schwan und Palast-Hotel

Eines der umfangreichsten Projekte der Jahrhundertwende ist der Neubau des Palast-Hotels. Ihm müssen 1902 die Badhäuser „Schwan“ und „Engel“ weichen, von denen jedes mit einem Neuntel am Kochbrunnen beteiligt ist. Die Vorbereitungen für den Neubau entwickeln sich zu einem spektakulären Ereignis, weil unter dem „Engel“ die bedeutendsten römischen Thermen der Kurstadt freigelegt werden. Daß sie dort zu erwarten waren, wußte man schon vorher. 1901 sind bei Bauarbeiten am benachbarten Haus Kranzplatz Nr. 3 erste Mauerreste der sich bis zur Saalgasse erstreckenden Thermenanlage zum Vorschein gekommen.[706]

Kaiser Wilhelm besichtigt mit seinem Gefolge das Ausgrabungsgelände am Kranzplatz

Gleich zu Beginn der Ausschachtungsarbeiten stößt man auf die erwarteten römischen Mauerreste, die von Archäologen sorgfältig freigelegt werden. Bei den Ausgrabungen kommt im Hof des „Engel" eine bis dahin unbekannte Quelle zum Vorschein. Sie sprudelt in einer Vorhalle (*basilica*) der antiken Thermenanlage aus dem Boden empor. Die Römer haben sie außer zur Füllung der Bäder vielleicht schon für Trinkkuren benutzt.[707] Hydrogeologisch steht sie mit einem Seitenspalt (Annex) der heute stillgelegten Spiegelquelle in Verbindung.

Die Ausgrabungen leitet der Direktor des Landesmuseums Nassauischer Altertümer, Professor Dr. Emil Ritterling. Sie erhalten durch das Interesse Kaiser Wilhelms II. eine besondere Note. Der Kaiser äußert den Wunsch, die Baustelle zu besichtigen. Am 8. Juni 1903 findet der Besuch unter großer Teilnahme der Wiesbadener Bevölkerung statt. Schon Tage vorher ist die Stadt festlich geschmückt. Zur Begrüßung des Kaisers hat man die Nachbildung eines kleinen römischen Tempels auf der Baustelle errichtet. Davor erwarten Graf Eulenburg, ein Freund und enger Vertrauter des Kaisers, der Oberpräsident der Provinz Hessen-Nassau, Graf Zedlitz-Trützschler, der Architekt und Leiter des Wiederaufbaus der Saalburg, Professor Louis Jacobi, sowie Oberbürgermeister von Ibell und Polizeidirektor Schenck den hohen Gast. Nach einem ersten Rundgang läßt der Kaiser sich ausführlich über Einzelheiten der Grabung unterrichten.

Interessant und heute als verpaßte Gelegenheit erwähnenswert ist ein Gespräch des Kaisers mit den Brüdern Neuendorff, den Bauherrn des Palast-Hotels. Der Kaiser bedauert, daß die freigelegten Ruinen der Thermen nicht konserviert und für die Wissenschaft, aber auch für die Öffentlichkeit zugänglich gemacht würden. Seine Frage, ob man das geplante Hotel nicht derart auf Säulen errichten könne, daß die römischen Ruinen im Erdgeschoß öffentlich zugänglich blieben, verneinen die Brüder Neuendorff unter Hinweis auf die zu hohen Kosten. Prompt kommt auch der Rückzieher des Kaisers, er selbst besitze leider nicht genügend Geld, um den Neuendorffs den Bauplatz abzukaufen.

Denkt man heute darüber nach, muß man bedauern, daß der vom Kaiser kaum ernsthaft erwogene Plan nicht ausgeführt wurde. Der Kurstadt entging so eine Attraktion, die auch städtebaulich ein Gewinn gewesen wäre: eine Grünfläche von der Taunusstraße zum Kranzplatz und ein archäologischer Park, der bis zum späteren Kaiser-Friedrich-Bad geführt hätte, mit dem Kochbrunnentempel im Zentrum, aus dem man romantische Wasserspiele hätte speisen können.

Palast-Hotel mit Jugendstilfassade

Der sechsgeschossige Bau des neuen Hotels mit konvex geschwungener, vom Jugendstil beeinflußter Fassade und auffälligem Turmaufbau ist eigentlich als Beginn einer im Stil der wilhelminischen Epoche gestalteten Architektur gedacht, die den Übergang vom Kranzplatz zum Kochbrunnenplatz herstellen soll. Weil die benachbarten Badhäuser „Weißes Roß" und „Römerbad" nicht mitziehen, kann diese Konzeption nicht vollendet werden. Bis zum Abriß der beiden Häuser 1976 und der Umgestaltung des Platzes bietet die Brandmauer des „Palast-Hotels" einen wenig ästhetischen Anblick.

1905 wird das Komforthotel in Betrieb genommen. Um den begrünten Innenhof reihen sich hufeisenförmig vier Flügel mit 150 Zimmern. Die Pracht der Räumlichkeiten steht hinter denen der neuen „Rose", des „Nassauer Hofs" und der „Vier Jahreszeiten" nicht zurück. „Einzelzimmer, Familienwohnungen, Gesellschaftsräume und Wintergarten sind gleicherweise freundlich, gesund, behaglich eingerichtet", heißt es in einem kurz nach der Eröffnung erschienenen Inserat. „In hygienischer Beziehung ist das Palasthotel auf unerreichter Höhe der Vollkommenheit". Außer 50 Einzelbadzellen gibt es „elektrische, Licht-, Dunst-, Wild- und Freistandbäder und eine Kaltwasserbehandlungsanstalt mit Dampfbädern". Schon 1907 haben alle Zimmer ein Haustelephon.

Daß das Palast-Hotel nie den großen Ruf der drei anderen Grand-Hotels erreicht, liegt an der kurzen Zeitspanne, die ihm bis zum Ersten Weltkrieg bleibt. Sie ist zu kurz, um an die Tradition der anderen Häuser anknüpfen zu können. Im Zweiten Weltkrieg dient das Hotel als Lazarett, 1945 ziehen die amerikanischen Besatzer ein. Nach der Freigabe nutzen städtische Ämter und Dienststellen des Landes Hessen das heruntergekommene Gebäude. 1977/78 wird es unter weitgehender Erhaltung der äußeren Bausubstanz zu einer Wohnanlage umgebaut.

Weißes Roß und Römerbad

Neben „Engel" und „Schwan" liegen das „Weiße Roß", das die Tradition der Badherberge „Zur Glocke" fortführt, und das „Römerbad". Beide besitzen je 1/9-Anteil am Kochbrunnen. Das Badhaus „Glocke" ändert seinen Namen gegen Ende des 18. Jahrhunderts, als das Badhaus „Zum Weißen Roß" in der unteren Webergasse (beim Sonnenberger Tor) in „Haus Sonnenberg" umbenannt wird. Der 1812 begonnene Neubau des „Weißen Löwen" wird 1817 wegen der dort angetroffenen Reste eines römischen Bades in „Römerbad" umbenannt. Die Ausgrabung erhält dadurch eine besondere Note, daß der Bibliothekar Bernhard Hundeshagen sich an den Ausgrabungen beteiligt und darüber in einem Brief an den Geheimrat von Goethe in Weimar berichtet.[708]

Das „Weiße Roß" ist nach vorn dreistöckig, im hinteren Teil zweistöckig. Es besitzt 14 Wohnräume und 15 Bäder, die später auf 24 Wohnräume und 17 Bäder erweitert werden. 1825 versteigert Jakob Lauck das Anwesen, bestehend aus Wohn- und Badhaus mit Stallung für 10 Pferde, Chaisenremise, Scheune, Hof- und Hausgarten. Auf den neuen Besitzer Jonas Kraft folgt 1864 Heinrich Hertz, der 1870 einen vom frühen Historismus geprägten Neubau errichtet.

Beide Badhäuser stehen zum Palast-Hotel in einer ähnlich ungleichen Konkurrenz wie der „Spiegel" zur neuen „Rose". Dazu kommt die enge Zufahrt durch das schmale Kochbrunnengäßchen. Dies führt dazu, daß beide Häuser immer mehr auf Stammgäste beschränkt bleiben, die die ruhige Lage, abseits vom Straßenlärm, schätzen. Beide überstehen den Bombenkrieg des Zweiten Weltkriegs ohne größere Schäden. 1976 werden sie bei der Neugestaltung des Kochbrunnenplatzes niedergelegt.

Englischer Hof

Auf der gegenüberliegenden Seite des Kranzplatzes haben sich die Badhäuser „Schwarzer Bock" und „Rindsfuß" behauptet. Letzteres Haus ist nach Niederlegung des barocken Vorgängerbaus 1810 dreistöckig im klassizistischen Stil des frühen 19. Jahrhunderts neu errichtet worden. Das von seinem neuen Besitzer, dem Badwirt Adolf Alexander von Block, in „Englischer Hof" umbenannte Badhaus fügt sich nahtlos in das Bild der übrigen, den Kranzplatz säumenden Badhäuser ein. Der englische Zeichner George Barnard hat es uns in der Lithomappe „The Brunnens of Nassau" überliefert. Außer dem Wohnhaus (mit 70 „wohl eingerichteten" Zimmern) gehören dazu ein dreistöckiges Badhaus mit 40 Badekabinen, ein Anbau, Scheune und Stallung.[709]

1882/83 wird das Badhaus durch einen Neubau ersetzt. Mit seiner wuchtigen Fassade, Buckelquaderverkleidung im Untergeschoß, risalitartigen Halbsäulen im oberen Teil, einem hohen Dachgeschoß mit historisierendem Spitztürmchen an der Ecke zur Spiegelgasse (s. Abb. S. 315) überschreitet es jedoch erheblich den bis dahin vorherrschenden kleinmaßstäblichen Rahmen der Umgebung am Kranzplatz. Das neue Gebäude entspricht zwar dem Zeitgeist der Gründerjahre mit ihrem übertriebenen Repräsentationsbedürfnis, ist aber Teil eines Baustils, den man heute nicht zu Unrecht als „Fassadenarchitektur" bezeichnet.

Das Grand-Hotel besitzt eine aus Granit erbaute Badehalle, deren Ausmaße an ein Kirchenschiff denken lassen. Badekabinen mit Dampfheizung empfehlen das Haus besonders für Winterkuren. Das mit Lese-, Rauch- und Billardzimmer, Damensalon, Konversations- und Musiksälen, technisch mit feuersicheren eisernen Treppen und Hydranten ausgestattete Haus wird bei Ausbruch des Ersten Weltkriegs im Zuge der allgemeinen Anglophobie in „Hessischer Hof", später wieder in „Englisch-Hessischer Hof" umbenannt. Im Zweiten Weltkrieg zerstört, ist es heute durch ein modernes Appartementhaus ersetzt.

Schwarzer Bock

Besser erging es dem benachbarten „Schwarzen Bock". Das Badhaus hat, wie „Spiegel" und „Rose", seinen Ursprung in einer landwirtschaftlichen Hofreite. Zu Beginn des 18. Jahrhunderts ist es im Besitz des Kammerdieners des Fürsten Georg August, Johann Philipp Schramm, auf den die Einrichtung eines 1728 erstmals erwähnten Pferdebads zurückgeht. Es bringt ihm einen scharfen Protest des Kircheninspektors Hellmund ein, der klagt, daß man ihm für sein Armenbad einen Anteil am Kochbrunnen versagen wolle, während man für Pferde Wasser genug übrig habe.[710] Als Schramm stirbt, erwirbt der Hospitalverwalter Johann Daniel Freinsheim 1749 den „Bock“, in dem laut einer Eintragung im Gästebuch während dieser Zeit „Frau Rath Goethe nebst Sohn Wolfgang“ abgestiegen sind.[711]

Gegen Ende des 18. Jahrhunderts ist Ferdinand Daniel Bergmann, ein Sohn des Spiegelwirts Philipp Christian Bergmann, Herr im „Schwarzen Bock“. Auch er betreibt nebenher Landwirtschaft und handelt mit Kolonialwaren, Tabak und Weinen; auch vermietet er ein Chaisenfuhrwerk. Im Stall stehen Pferde, Kühe und mehrere Schweine. Er gilt als wohlhabender Mann. Um 1800 erweitert er das zweistöckige Haupthaus durch einen Badhausanbau. Bei seinem Tod (1818) stehen 31 Zimmer für Kurgäste und 33 Bäder zur Verfügung.

1822 übergibt die Witwe die Wirtschaft dem Schwiegersohn Christian Bauer. Der baut auf einem zum „Bock“ gehörenden Grundstück, das in den Kranz hineinragt, ein weiteres zweistöckiges Logierhaus, den „Neuen Bock“. Dadurch liegt der heutige „Schwarze Bock“ im Winkel des durch den Neubau verkleinerten Kranzplatzes. Das Etablissement verfügt nun über 47 Zimmer. Täglich können 50 Bäder verabreicht werden.[712] 1822 erwirbt der Besitzer die Schank- und Speisegerechtigkeit, so daß die Gäste im Haus speisen können. 1832 richtet er das Pferdebad wieder ein, das sein Schwiegervater 1813 wegen „mißbräuchlicher Benutzung durch ungebetene Gäste“ (Offiziere der durchziehenden Truppen) geschlossen hatte. Es ist bis 1853 aktenmäßig belegt.

Von 1834 bis 1865 wird das Haus von einem Ehepaar Rudolph geführt. Ihnen folgt 1865 ihr Neffe, Theodor August Schäfer. Der läßt 1871/72 den „Bock“ durch einen Neubau ersetzten, der sich wesentlich besser als wenige Jahre später der „Englische Hof“ in die noch weitgehend einheitliche Häuserfront des Kranzplatzes einfügt. Der Wiesbadener Architekt Carl von Rößler errichtet den spätklassizistischen Bau als vierstöckige Zweiflügelanlage, hinter der sich das alte Badhaus und eine geräumige Hofanlage verbergen. 1894 übernehmen die Söhne Karl und Wilhelm Schäfer den Betrieb. Sie ersetzen das Badhaus durch einen Neubau mit 14 modern eingerichteten Badekabinen. Die in den Stockwerken darüber liegenden Gästezimmer sind durch einen Aufzug mit der Badeabteilung verbunden.

1899 kaufen die Eigentümer das benachbarte, im 16. Jahrhundert als Badhaus „Zum Helm“ bekannte Haus, das 1714 den Namen „Zur Krähe“ erhalten hatte und seit 1780 „Zur Goldenen Kette“ genannt wird. Sie erwerben auch das dazwischenliegende Haßlersche Haus,[713] bauen 1905/07 den ganzen Komplex um und geben ihm eine einheitliche Fassade. Gleichzeitig erwerben sie das im Besitz der „Vier Jahreszeiten“ befindliche Haus Kleine Webergasse Nr. 10, auf dessen Grundstück eine Quelle liegt, die Herzog Wilhelm 1818 Christian Zais geschenkt hatte. Die Neuerwerbungen machen es wenige Jahre später möglich, alle auf dem erweiterten „Bock“-Gelände austretenden Sekundärquellen zur Drei-Lilienquelle (s. S. 364ff.) zusammenzufassen.[714] Damit steht dem Badhaus außer dem Neuntel-Anteil am Kochbrunnen ein Teil des Wassers der recht ergiebigen neuen Quelle zur Verfügung.

Badhaus zum Schwarzen Bock, um 1914

Als die protzige Architektur der Wilhelminischen Ära die klassizistischen Fassaden am Kranzplatz mehr und mehr in den Hintergrund drängt, stocken die Brüder Schäfer 1911/12 die Front des Hauses durch den Ausbau des Dachgeschosses zu ihrer heutigen Höhe auf. Den Seitenflügel ersetzen sie durch einen Neubau, in dem der Zimmerkomfort auf den neuesten Stand gebracht ist. Nach dem Ersten Weltkrieg baut Sohn Theodor das Haus weiter aus: Neben technischen Verbesserungen werden die Räume mit antiken Möbeln und Teppichen, ausgewählten Kunstwerken und Uhren ausgestattet. Höhepunkt ist das „Ingelheimer Zimmer", ein getäfelter Raum mit Schnitzereien des 16. Jahrhunderts, Kassettendecke und wertvollen spanischen Tapeten.[715]

Im Krieg zerstören Bomben die Obergeschosse. Leider werden bei der Renovierung fast alle gliedernden Schmuckteile der Fassade entfernt. Nur noch die schmiedeeisernen Balkongitter und zwei Etagen an der Langgasse erinnern an die frühere Zeit. Nach dem Krieg besetzen die Amerikaner das Hotel zwölf Jahre lang und verlassen es dann in einem beklagenswerten Zustand. Wieder muß renoviert und umgestaltet werden. Ausgestattet mit allen Techniken der Neuzeit, verfügt es jetzt über ca. 160 Zimmer, deren z.T. antikes Mobiliar ihnen ein besonderes Gepräge gibt. Die Kabinen des Badhauses hat man mit ihren in den Boden eingelassenen Wannen, Jugendstilspiegeln und Ruhebetten im alten Stil belassen.

Badhaus „Zur Rose“

Die grundlegende Umgestaltung der führenden Badhäuser hat das Gesicht des Bäderviertels vor dem Ersten Weltkrieg entscheidend verändert. Einen Spitzenplatz an Pracht und Größe nimmt zweifellos das Grand-Hotel „Zur Rose“ ein. Zwar gibt es 1896 in der Stadtverordnetenversammlung Widerstand gegen die „Erbauung eines Häuserkolosses an der Ecke Taunusstraße“.[716] Er bleibt aber vergeblich. 1898 wird, allen Einwänden zum Trotz, ein Teil des Neubaus eröffnet. Der zweite Bauabschnitt ist 1904 abgeschlossen.

Auch hier haben die Besitzer viel investiert, um jeden erdenklichen Komfort zu bieten: 200 im Stil Louis XVI. möblierte Appartements mit Marmorbädern, Speisesaal, prachtvolle Gesellschaftsräume, Aufzüge, nach neuesten medizinischen Erkenntnissen eingerichtete Thermalwannenbäder, Thermalschwimmbecken, Tennishalle und hauseigener Frisiersalon. Eine exzellente Küche sorgt für jede denkbare Art von Gaumenfreuden. Im Privatbesitz der Familie erhaltene Meldebücher (1858–61, 1865–68 und 1868–71) glänzen mit erlauchten Namen von Gästen aus vielen Nationen.[717]

Der hohe Standard der Jahre vor dem Ersten Weltkrieg kann danach nur mit Mühe gehalten werden. Wegen des schlechten Geschäftsbetriebs werden 1926 leerstehende

Badhaus zur Rose, um 1910

Räume im Erdgeschoß als Ladenlokale vermietet. 1928 feiert Außenminister Gustav Stresemann in der „Rose" seine Silberne Hochzeit. 1931 logiert der Sultan von Jahore mit orientalischem Pomp.[718] Zwei Haeffner-Söhne, Wilhelm und Alexander, führen das Haus durch den Zweiten Weltkrieg, in dem es nur geringe Schäden erleidet. Nach dreizehn Jahren Beschlagnahme durch die amerikanische Luftwaffe bleiben alle Versuche vergeblich, dem Haus wenigstens einen Teil des alten Glanzes zurückzugeben. Heute steht die „Rose" als Denkmal einstiger Größe ohne rechte Nutzungsmöglichkeit leer.

Die Hotels am Kureck

Alleesaal, Berliner Hof und Wilhelma

Wiesbaden hatte vom späten Mittelalter bis in die Zeit des Herzogtums ziemlich konstant 20 bis 25 Badhäuser. Sie entsprachen etwa der Zahl der nutzbaren heißen Quellen, von denen der Kochbrunnen allein acht Badehotels versorgte. Bei den übrigen geht die Einheit von Badhaus und Quelle auf die Art der Entstehung zurück: Die frühen Grundbesitzer richteten unterhalb ihrer Quelle Bäder ein, in die das Thermalwasser mit natürlichem Gefälle floß. Daneben bauten sie Herbergen zum Übernachten der Gäste.

Diese Parallelität endet in der zweiten Hälfte des 19. Jahrhunderts. Jetzt können die bestehenden Badehotels, selbst bei erheblicher Vergrößerung der Zahl ihrer Zimmer und Appartements, die in den Grand-Hotels zwischen 150 und 200, zuweilen bis 250 Betten erreicht, die Nachfrage nicht mehr befriedigen. Neue Badhäuser, die Thermalwasser von den Quellenbesitzern durch den Kauf von Anteilen am Überschuß ihrer Quellen erwerben, und Hotels, die keinen Quellenanschluß haben, etablieren sich an vielen Stellen innerhalb oder am Rand des Kurgebiets. Die letzteren beziehen das Badwasser für ihre Gäste von Fuhrleuten, die das Thermalwasser in Fässern von den öffentlichen Brunnen beim Brühbrunnengäßchen und im Graben heranfahren. Im folgenden sollen die bedeutendsten Häuser genannt werden, so, wie sie im Verlaufe eines gedachten Spaziergangs von der „Rose" entlang der Straßen des Kurviertels begegnen.

Ludwig Schlichter, der jüngere Sohn des Adlerwirts Johann Peter Schlichter, eröffnet 1822 am Scheitelpunkt der Kochbrunnenanlagen an der Taunusstraße das Gast- und Badhaus „Alleesaal". Es entwickelt sich in den folgenden Jahrzehnten zu einem von anspruchsvollen Gästen besuchten Haus. Eine Besonderheit ist die dem Hotel später angeschlossene „Milchkur-Anstalt", die um 1896 durch Anzeigen gesundheitsbewußten Kurgästen tägliche Melkzeiten „von 6–8 Uhr Morgens und 5–7 Uhr Nachmittags" bekanntgibt.[719]

Die Nachfolger errichten 1905 einen Neubau in gemäßigten Jugendstilformen. 80 Zimmer versprechen modernen Komfort, die Bäder werden mittlerweile vom Kochbrunnen gespeist, Gesellschaftsräume, Terrasse, Garten und Garage gehören dazu. Nach dem Ersten Weltkrieg wird das Badehotel zum Bankhaus umgebaut, doch kann der aufmerksame Betrachter noch heute aus der modernisierten Fassade die Struktur des einstigen Nobelhotels ablesen.

Neben dem Alleesaal entsteht am Kureck das klassizistisch-vierstöckige Hotel Garni „Berliner Hof". Das im Erdgeschoß nach Einstellung des Hotelbetriebs eingerichtete Terrassen-Café gleichen Namens erfreut sich großer Beliebtheit. Von hier kann man das bunte Treiben auf der Wilhelmstraße aus ruhiger Distanz miterleben. Heute steht auf dem Grundstück das 71 Meter hohe Raiffeisen-Haus, das wie der „Alleesaal" auf der einen und der Nachfolgebau des im Krieg zerstörten Hotels „Wilhelma" auf der anderen Seite einer großen Versicherungsgesellschaft gehört.

Hotel „Block"

Am oberen Ende der Wilhelmstraße errichtet der Badwirt Adolf Alexander von Block 1818 ein Hotel, das häufig als „Blocksches Haus" erwähnt wird.[720] Dazu erwirbt er den Rest des ehemaligen Herrngartens. Kurz zuvor, 1815, hat er die Witwe Frey des Badhauses „Zum Rindsfuß" geheiratet, dessen wenig attraktiven Namen er in „Englischer Hof" abändert.[721] Die Tradition des Blockschen Hauses hat später der Nassauer Hof unter dem Namen Hotel „Cecilie" fortgeführt.

Der Nassauer Hof

Bescheidener Anfang

Wie schon erwähnt (s. S. 175), errichtet der Gastwirt Jonas Freinsheim in den Jahren 1812/13 vor dem 1812 niedergelegten Sonnenberger Tor als nördliches Pendant zum Privathaus von Christian Zais ein schlichtes Gebäude. Er eröffnet dort unter dem Namen „Zum Deutschen Haus" eine Weinwirtschaft mit Fremdenzimmern.[722] Nach dem Tod des Erbauers, 1819, erwirbt es Johann Friedrich Goetz – ihm gehört bis dahin die Gastwirtschaft „Stadt Frankfurt" in der Webergasse.[723] Spätestens seit diesem Zeitpunkt führt es den Namen „Nassauer Hof".

Nobel ist damals das einstöckige Gebäude mit Walmdach noch nicht: „Im Hofe standen einige Ställchen für Holz und Hühner". Goetz baut „Scheuer, Stall und Remisen", in einem Nebengebäude, an das etwas später der neue Theaterbau anschließt, richtet er eine Waschküche ein. Kurz nachdem das Theater eröffnet worden ist (1827), erhält der „Nassauer Hof" ein zweites Geschoß. „Der Oberstock wurde neu meublirt und an Einheimische vermiethet, da die besseren Kurfremden damals meist im Adler oder in den Vier Jahreszeiten wohnten." Die Unterbringung von Kurgästen ist wie in vielen anderen Badhäusern dadurch erschwert, daß der Wirt kein Mittagessen servieren darf. Erst um 1830 nennt sich der Nassauer Hof ausdrücklich „Gast- und Badehaus". Er signalisiert damit, daß er nun eine volle Bewirtung anbieten kann. Die wenigen Bäder sind noch recht primitiv in einem Anbau zum Hof hin untergebracht. Das Thermalwasser wird man in Fässern vom nahegelegenen Brühbrunnen bezogen haben.

1838/39 wird das Haus erneut aufgestockt und ein großer Speisesaal angebaut. Anfang der fünfziger Jahre hat sich das Geschäft so weit belebt, daß die Goetz-Söhne im ehemaligen Küchengebäude zusätzliche Bäder einrichten müssen, die sie mit Hilfe einer durch die Weber- und Spiegelgasse verlegten Leitung aus Bleiröhren mit Wasser aus der Spiegel-Quelle versorgen. Von den Eigentümern des „Spiegel" haben sie die Rechte auf ein Drittel des Thermalwassers erworben.

Die Einverleibung des Herzogtums Nassau in das Königreich Preußen bringt dem „Nassauer Hof" wachsenden Zuspruch. Der Chronist des Hauses schreibt dazu: „Das gesellschaftliche Leben, das von Jahr zu Jahr erregender und aufsehenerregender wurde, begünstigte den Nassauer Hof, auch wenn der Kaiser selbst das Haus – soweit die Presseberichte aus der Zeit Schlüsse zulassen – niemals betreten hat. Aber gesehen hat er es, und in seinem Gefolge befanden sich bei den spektakulären Besuchen hochkarätige Adelige, die gern die Dienste des Hotels in Anspruch nahmen."[724] Allerhöchste Herrschaften bevorzugen nach wie vor das Kurhotel „Zu den Vier Jahreszeiten".

Das Grand-Hotel (1897-1907)

Bei aller Gunst der Lage bringt die Nachbarschaft zum Hoftheater den Nachteil, daß der Nassauer Hof auf den hinteren Teil des Theaterplatzes beschränkt bleibt. Seine große Zeit beginnt erst, als nach Eröffnung des neuen Staatstheaters 1894 der Abriß des alten Theaters abzusehen ist. Nun ergeben sich Erweiterungsmöglichkeiten, die schon lange für diesen Fall geplant sind. Der königlichen Baudirektion werden 1896 Pläne des Architekten Alfred Schellenberg vorgelegt. Sie sehen einen rechtwinkligen Bau mit zwei Fronten zum Theaterplatz vor. An der Webergasse sind von Anfang an Ladengeschäfte der gehobenen Klasse eingeplant, die nicht nur die Rendite verbessern, sondern den Gästen ein zusätzliches attraktives Dienstleistungsangebot machen sollen. Hinsichtlich der Thermalwasserführung erläßt die Baudirektion strenge Auflagen; aber auch für die dekorativen Aufbauten, da sie an dieser Stelle in besonderem Maße das Erscheinungsbild der Stadt mitbestimmen.

Nach grundsätzlicher Zustimmung werden 1897 alle Gebäude gleichzeitig mit dem Theater abgerissen. Nach dem Erwerb des Theatergrundstücks beginnen die Arbeiten am Neubau. Er ist um 1900 so weit fertiggestellt, daß die ersten Gäste aufgenommen werden können. Vollendet ist der neue „Nassauer Hof" mit der Errichtung der Neobarockfassade im Jahre 1907.

Während der gesamten Bauzeit gehen die jährlichen Jubelfeste, die mit den „Auftritten" des Kaisers zwischen Schloß, Staatstheater und Kursaal verbunden sind, unentwegt weiter. 1897 wird anläßlich der Denkmalseinweihung für Kaiser Friedrich III. vor dem Nassauer Hof ein Prunkzelt mit Zwiebeltürmchen, Plüschdrapierungen und Samtvorhängen aufgeschlagen, das immer aufgestellt wird, wenn der Kaiser einen spektakulären Auftritt zu haben wünscht.

1903 findet an gleicher Stelle ein Treffen zwischen Kaiser Wilhelm II. und dem russischen Zaren Nikolaus II. statt. Es geht um die von Rußland gewünschte deutsche Rückendeckung beim bevorstehenden russisch-japanischen Krieg. In den Fenstern und auf den Balkonen des Grand-Hotels drängt sich eine illustre Gesellschaft. Die Hotelleitung nutzt das zur Eigenwerbung, indem sie vom Nassauer Hof als dem „Balkon Europas" spricht.[725] Bedauert wird nur, daß zwar die höchsten Begleiter der beiden Herrscher und die Mitglieder ihrer Delegationen im „Nassauer Hof" logieren und dinieren, der Kaiser selbst aber im Stadtschloß wohnt.

In diesem Zusammenhang zitiert die Chronik des „Nassauer Hofs" die auch in anderen Aufsätzen erzählte Geschichte, daß wegen der mangelhaften sanitären Anlagen des Stadtschlosses der Kaiser, „jedesmal wenn seine Majestät einen Schauer zu nehmen oder in die Wanne zu steigen wünschten," die kaiserliche Kutsche Kurs auf eines der Wiesbadener Hotels nehmen ließ. Nur zwei hätten dem Standard, der einem gekrönten Haupt zustand, entsprochen: das „Vier Jahreszeiten" und der „Nassauer Hof". Der Kaiser habe dem ersteren den Vorzug gegeben. „Jedenfalls gibt es keinen Beleg dafür, daß Wilhelm II. jemals die Dienste des Nassauer Hofs in Anspruch genommen hätte." Diese „Story" muß angezweifelt werden. Der Kaiser reiste, das ist bekannt, mit großem Troß. Er pflegte einen ganzen Hausstand aus Berlin mitzubringen. Daß darunter keine transportable Wanne oder Dusche gewesen sein soll, ist schwer vorstellbar.

Außerdienstlich besuchte der Kaiser gern Angehörige des Hochadels oder der Hofgesellschaft, von denen einige in Wiesbaden eine Villa oder eine herrschaftliche Wohnung unterhielten. Es bedeutete für den Kaiser eine Entspannung von der im Schloß eingehaltenen, stets gleichen Hofetikette. Weitere Zugeständnisse ließen Protokoll und Hofetikette jedoch nicht zu.

Goldene Jahre

1905 steht das an der Ecke Wilhelm zur Taunusstraße gelegene Hotel Block zum Verkauf. Im Nassauer Hof, der inzwischen in eine Aktiengesellschaft umgewandelt worden ist (Hauptaktionär bleibt Friedrich Goetz aus der alten Eigentümerfamilie), sieht man die Chance, mit dem Blockschen Haus die ständig steigende Nachfrage befriedigen zu können. Bevor geklärt ist, wie man das Hotel Block architektonisch mit dem Nassauer Hof verschmelzen kann, führt man es als preiswertere Dependance unter dem Namen Hotel „Cecilie", bis es später im Gesamtkomplex aufgeht.

Im Haupthaus wird stets weiter umgebaut. Immer mehr Zimmer erhalten eigene Bäder. Es ist die Zeit der höchsten Blüte Wiesbadens als Weltkurstadt. Damals bilden Könige, Fürsten, Herzöge und Grafen aus aller Herren Länder die Spitze der Gesellschaftspyramide derer, die in den Luxushotels absteigen, Leute, die für eine Flasche Champagner 15 Goldmark zahlen, eine Summe, die etwa dem Wochenlohn eines Bauarbeiters von damals entspricht. Und selten bleibt es bei der einen Flasche!

1909 ist, bei einem Aktienkapital von 3,2 Millionen Mark, der Gewinn des Unternehmens mit knapp über 1,3 Millionen Mark ausgewiesen. Die Dividende beträgt sechs Prozent. Mit diesem Ergebnis ist der Höhepunkt jedoch überschritten. Bis zum Beginn des Ersten Weltkriegs liegen die Umsätze ziemlich konstant bei etwas über 1,4 Millionen Mark, doch die Erträge gehen Jahr für Jahr zurück. Es kommt der Krieg, und von da an ist es mit der alten Herrlichkeit vorbei. 1917 stirbt mit Friedrich Goetz der letzte Vertreter der Familie, die hundert Jahre lang die Geschicke des Nassauer Hofes bestimmt hat.

Franzosenzeit, Krieg und Neubeginn

Nach dem Krieg geht der Nassauer Hof in französischen Besitz über. Das Haus besuchen vor allem französische und alliierte Offiziere und deren Angehörige. Ein bedeutendes Ereignis jener Jahre ist das Treffen des deutschen Reichsministers für Wiederaufbau, Walther Rathenau, mit seinem französischen Amtskollegen Loucheur im Nassauer Hof. Dort wird am 7. Oktober 1921 das „Wiesbadener Abkommen“ geschlossen, nach dem Reparationen statt in Goldmark in Arbeitsleistungen und Warenlieferungen bezahlt werden können.

Die Werbebroschüren jener Jahre lassen erkennen, daß das Haus jetzt um jeden Gast zu kämpfen hat. Alle Vorzüge werden herausgestellt: Modernste Einrichtungen für alle Arten medizinischer Bäder, Licht-, elektrische, Wechselstrom- und kohlensaure Bäder, Moor- und Dampfbäder, Kaltwasser- und elektrotherapeutische Behandlung etc. Es gibt nur Bäder in Einzelkabinen mit versenkten Wannen, in die man (wie schon in römischer Zeit) über eine Treppe hinunterschreitet, alles in Marmor – Bäder der Belle Epoque. Aufzüge fahren unmittelbar in die Bäderabteilung. Prächtige Gesellschafts- und Speiseräume, Konferenzräume und der 1864 von Philipp Hoffmann erbaute Marmorfestsaal sollen ein vermögendes Publikum ansprechen. Die Fronten der Zimmer nach Süden und Osten und die dadurch bedingte Sonnenlage werden als wesentlich für das Gelingen einer Kur angepriesen.

In der Inflationszeit kommt es zu bemerkenswerten Auswüchsen. Ein Schwede logiert sich ein und zahlt die Hotelrechnung für eine ganze Woche mit fünf Schwedischen Kronen. Nach heutigem Geld war das kaum ein Trinkgeld. Arbeitslose Engländer kommen nach Wiesbaden, um ihre geringe Unterstützung im Luxusmilieu des Nassauer Hofs zu verleben.[726]

Nach den Inflationsjahren tritt eine Wende ein, als der rheinische Großindustrielle Hugo Stinnes ein Auge auf das Grand-Hotel wirft. 1923 erwirbt er eine Option auf das Haus, den Kaufabschluß überlebt er nur um wenige Monate. Der „Nassauer Hof“ wird ab 1924 (neben dem Hamburger „Atlantic“ und dem Berliner „Esplanade“) von der Hugo Stinnes GmbH weitergeführt.

Nach dem Abzug der französischen Besatzung im Jahr 1930 findet im Marmorsaal unter der Schirmherrschaft des Reichspräsidenten von Hindenburg ein Festbankett statt. 1940 wird der Nassauer Hof Sitz der deutsch-französischen Waffenstillstandskommission. In der Bombennacht des 2. Februar 1945 brennt das Gebäude aus. Das gesamte „Innenleben“, der prachtvolle Marmorsaal, unschätzbare Antiquitäten sowie die gesamte Existenzgrundlage eines Nobelhotels, wie Hotelwäsche, Tafelsilber etc., gehen verloren. Nur die Mauern der Wilhelminischen Fassade bleiben erhalten. Beim Wiederaufbau nach dem Krieg zerstört man leider durch ökonomisch begründete bauliche Veränderungen einen Teil der Proportionen, die dem „Nassauer Hof“ einmal sein besonderes Gepräge gaben.

Das Badhaus „Zu den vier Jahreszeiten“

Völlig anders verläuft die Geschichte der „Vier Jahreszeiten“. Die Baugeschichte der Außenfassade des Hauses ist 1821 im wesentlichen abgeschlossen, sieht man von den Balkonen in der ersten Etage und den Portikus-Vorbauten ab, die in den sechziger Jahren des 19. Jahrhunderts unter Verwendung von Marmorsäulen aus der 1831 eingestürzten ersten Bonifatiuskirche errichtet werden.[727]

Dafür gibt es im Innern immer wieder Umbauten. Gesellschaftsräume werden dem neuesten Standard angepaßt, ebenso die Einrichtung der Appartements. Eines davon, mit einem besonders kostbar ausgestatteten Salon, zwei Zimmern und einem großen Privatbad, bleibt hohen, meist russischen und griechischen Fürstlichkeiten vorbehalten. In einer Fensterscheibe des Salons sollen Angehörige des russischen und griechischen Königshauses, darunter Zar Nikolaus nebst Gattin Alexandra, ihre Namen mit einem Diamantring verewigt haben (was der Verf. jedoch für eine Verwechslung mit dem unten geschilderten, durch eine Abbildung belegten Fenster des „Hotels du Parc & Bristol“ hält).[728] 1881 erhält das Badhaus als einziges Hotel die Erlaubnis, sich „Hotel und Kurhaus zu den vier Jahreszeiten“ zu nennen.

Die durchdachte Konzeption des äußerlich schlichten, in seiner klassizistischen Form vornehm wirkenden, im Innern durch äußerst geschmackvolle Einrichtung ausgezeichneten Hauses zeigt, wie zukunftsorientiert die Zaissche Grundidee war. Der Vorsprung, den es bereits bei der Eröffnung gegenüber allen anderen Badhäusern in Wiesbaden hatte, bleibt das ganze Jahrhundert hindurch erhalten. Es ist das exklusivste Haus am Platze.

Schon im ersten Jahr seines Bestehens logieren hier königliche Hoheiten, Prinzen und Exzellenzen. Viele weitere folgen. Kaiser Wilhelm I. steigt 1844 als Kronprinz hier ab. An den Fürsten Bismarck erinnert noch bis 1945 ein am Eingang des Hauses angebrachtes Messingschild: „Otto von Bismarck, nachmalig erster Kanzler des Deutschen Reiches, wohnte als Kgl. preußischer Gesandter beim Deutschen Bundestage in diesem Hause im Februar und August 1859.“ Kaiserin Elisabeth von Österreich („Sissi“) wählt das stilvolle Haus 1884 als Domizil, während sie den seinerzeit berühmten holländischen Masseur Metzger in der Sonnenberger Straße Nr. 68 konsultiert.[729] Zar Nikolaus von Rußland ist hier ebenso Gast wie Kaiser Wilhelm II., der allerdings nicht hier übernachtet. Er kommt nur, wenn er ein Thermalbad zu nehmen wünscht.

Die Hotels an der Wilhelmstraße

Auf unserem Bummel entlang der Hotel-Meile Wiesbadens könnte es reizen, einen kleinen Umweg zu den stillen Häusern des „Grünen Viertels“ zu machen. Dort sind, wie an den Hängen der Schönen Aussicht und an der Sonnenberger Straße, in den Jahren des Gäste-Booms kleinere Kurhotels, Appartementhäuser und Pensionen aus dem Boden geschossen. Wir lassen sie jedoch links liegen, es sind zu viele, und erwähnen nur das 1893 erbaute, zur ersten Kategorie zählende Kurhotel „Hohenzollern“ an der Ecke Park- und Paulinenstraße mit eigenem Thermalwasseranschluß,[730] später als Kaufmanns-Erholungsheim „sozialisiert“, und das „Quisisana“ an der Parkstraße, dessen Front zum Kurpark orientiert ist und das besonders ruhebedürftige Gäste anzieht. Von den zwei „britisch“ dreinschauenden Löwen, die damals den Eingang bewachen, verbringt einer heute seine alten Tage auf einem Kinderspielplatz in Sonnenberg. Sein Thermalwasser bezieht das Kurhotel aus der Quelle des eigens für diesen Zweck gekauften Badhauses „Zum Goldenen Roß“ in der Goldgasse Nr. 7.[731]

Kaiserbad

An der Wilhelmstraße reiht sich in der zweiten Hälfte des 19. Jahrhunderts Hotel an Hotel. An der Ecke Burgstraße liegt das „Kaiserbad“. Seine Anfänge reichen bis 1814 zurück. Herzog Friedrich August hat das Grundstück dem nassauischen Kriegsrat Geyer für seine Verdienste geschenkt.[732] In dem von ihm errichteten zweistöckigen Gebäude eröffnet seine Witwe das Privathotel „Zum Sächsischen Hof“ mit einem rückwärtigen Garten bis zur Herrnmühle. Zu seinen Gästen gehört unter anderen der französische Marschall Kellermann, der als Herzog von Valmy berühmt geworden ist.[733]

1872 wird das Haus, jetzt als „Kaiserbad“, wiedereröffnet. 1910 wird es gründlich renoviert, neu möbliert und mit einer Klimaanlage ausgestattet, wie man sie inzwischen auch in anderen Hotels unter der Bezeichnung „Vacuum-Reinigungs-Anlage für reine, gesunde Luft“ findet. Zum Hotelbetrieb mit 65 Betten gehört ein Badhaus mit „Mineral und Douche-Bädern, kalten und warmen Süßwasser-Bädern, einer hochgewölbten Badhalle, das Wasser von gleichmässiger und angenehmster Temperatur“. Die Bäder werden aus der Sternquelle, Webergasse Nr. 17, gespeist, von der man einen Anteil käuflich erworben hat.

Das im Erdgeschoß des Kaiserbads von dem Hoflieferanten G. A. Lehmann betriebene „Kaiser-Café“ ist im Wiesbaden der Vorkriegszeit als das etwas versnobte, bei der Stammkundschaft jedoch überaus beliebte „Café Lehmann“ bekannt. Unmittelbar daneben, in der Wilhelmstraße Nr. 46, lädt das 1878 gegründete Conditorei-Café Blum zum Verweilen ein. Beide Cafés präsentieren sich auf dem breiten Bürgersteig auch als Straßencafés, die bei schönem Wetter bis auf den letzten Platz besetzt sind. Café Blum und Café Lehmann gehören zur Kurstadt Wiesbaden wie das Café Kranzler zu Berlin.

Auch das „Blum“ profitiert von der Verbindung mit dem Privathotel „Britannia“ in den Obergeschossen des Hauses. Beide Gebäude überleben den Zweiten Weltkrieg nicht. Das „Kaiserbad“ wird vollständig zerstört, vom angrenzenden „Britannia/Blum“ bleiben Teile des Erdgeschosses in einem Zustand zurück, der eine spätere Wiedereröffnung, wenn auch nicht mehr im Glanz der Vorkriegsjahre, zuläßt. Der Versuch, das „Kaiser-Café“ in einem provisorisch hergerichteten Flachbau neu zu beleben, überdauert nicht die Zeit des beginnenden Wirtschaftswunders der Fünfziger Jahre.

Aachener Hof, Park/Bristol, Bellevue

In den Häusern der Wilhelmstraße Nr. 44, 42 und 40 befinden sich die Kurhotels „de Bruyn“, „Knoll“ und „Aachener Hof“. Der bereits in den dreißiger und vierziger Jah-

Hotel du Parc & Bristol. Fenster mit eingeritzten „Autogrammen" von Angehörigen des europäischen Hochadels

ren des 19. Jahrhunderts bestehende Aachener Hof ist deshalb von lokalgeschichtlichem Interesse, weil sein Besitzer, der Uhrmacher Georg Böhning, 1848 einer der Anführer der Wiesbadener Aufständischen war und ein Jahr später als Freischärler im Badischen erschossen wurde.[734]

Das in der Wilhelmstraße Nr. 34 als „Hotel Spehner" erstmals 1868 erwähnte, in den Gründerjahren im Stil eines italienischen Renaissance-Palazzos neu erbaute und in „Bristol" umbenannte Hotel wird mit dem benachbarten „Park-Hotel" zum „Hotel du Parc & Bristol" verbunden. In diesem Hotel gibt es ein Fenster mit historischen Autogrammen. Es ist in der damals in ganz Deutschland verbreiteten Illustrierten Zeitung „Berliner Leben" abgebildet. Dort heißt es: „Es wurde Brauch in diesem Hause, daß die fürstlichen Gäste mit Diamantstift ihre Namen auf einem Balkonfenster einzeichneten. Auch die, welche die Gäste des Hauses besuchten, sind dem Brauch gefolgt. So verewigten sich Kaiser Wilhelm II. und seine Gemahlin (Auguste) Victoria am 19.10.1896; einen Tag zuvor unterschrieben der russische Zar Nikolaus II., die Zarin Alexandra und zwei russische Großfürstinnen."[735] Auch König Christian IX. von Dänemark, der zwischen 1882 und 1905 vierundzwanzigmal zur Kur in Wiesbaden weilt, und sein Sohn Georg, König von Griechenland, gehören zu den Signierern, desgleichen Kaiserin Victoria, die sich nach dem Tod ihres Gemahls „Kaiserin Friedrich" nennt, Prinz Albrecht von Preußen und Prinzessin Margarethe von Hessen, die Schwester des Kaisers.

Bis zur Ecke Karl Glässing-Straße folgt zunächst das Hotel „Bellevue", das sich seit 1888 auch Badhaus nennen darf, da es eine Thermalquelle des im gleichen Jahr niedergelegten jüdischen Badhauses „Zum Stern", Ecke Weber- und Häfnergasse, erwerben und durch unterirdisch verlegte Bleiröhren zum „Bellevue" leiten kann. Mit dem 1906 begonnenen Neubau des benachbarten „Promenade-Hotels" (vorher „Hotel Dasch") bildet es ein schönes Beispiel des Wiesbadener Jugendstils, „der die zeitgenössische Ornamentik mit der älteren wilhelminischen Architektur verband".[736] Das Eckhaus Wilhelmstraße Nr. 28, früher „Schmidts Privat-Hotel", unterscheidet sich in seiner spätklassizistischen Zurückhaltung (leider der Balkone beraubt) heute noch deutlich von der Prunksucht der Hotelnachbarn.

Monopol-Metropol

Das „Monopol-Metropol" an der Ecke Luisenstraße und das Hotel „Victoria", das sich auf der gegenüberliegenden Seite bis zur Ecke Rheinstraße erstreckt, bilden den Abschluß der Wiesbadener „Hotelmeile". Das „Monopol-Metropol" entsteht 1906 durch Zusammenlegen des älteren Hotels „Monopol" (bis 1878 „Hotel du Nord") mit dem „Metropol", das durch eine wilhelminische Prunkfassade, an der die Stadtwappen von Berlin, München, Frankfurt und Wiesbaden den Anspruch des Namens dokumentieren, herausragt.

Im „Metropol" schmücken Marmortreppen, vergoldete Geländer und Säulen die große Eingangshalle. Hier lassen sich gern die englischen Gäste zum „Five o'clock tea" nieder. Der Wintergarten mit einer anmutigen Brunnengruppe ist beliebter Aufenthaltsort an Regentagen. „Unter der Kuppel standen korbgeflochtene Sessel zwischen hohen Palmen und luden zur Lektüre der Zeitungen des Kontinents ein." In dem im Rokokostil ausgestatteten Speisesaal können bis zu 200 Personen fürstlich tafeln. Das Hotel verfügt über 240 Betten in 160 Zimmern. Ein Thermalbad und 60 Privatbäder mit direkter Zuleitung vom Kochbrunnen[737] sorgen für das medizinische Wohl der Gäste. Im eleganten „Carlton"-Restaurant spielt ein Orchester, das die dort veranstalteten „Italienischen Nächte" musikalisch untermalt.

Hotel Düringer/Victoria

Am Ende der Wilhelmstraße (Ostseite) errichtet 1842 der Gastwirt Düringer, der bis dahin ein Gartenlokal an der Emser Straße betrieben hat, ein nach ihm benanntes

Hotel. Von der Nähe des Taunusbahnhofs verspricht er sich besonderen Zuspruch durch die mit der Bahn anreisenden Gäste.

1854 inseriert der Pächter, das Hotel sei in „großzügigem Stil gebaut, habe 70 Zimmer und Salons, einen geschmackvoll eingerichteten und von Zierpflanzen umrankten Glaspavillon, kalte und warme Bäder und einen Garten, in dem kleinere Speisen serviert werden". Das Hotel werde nicht nur von „hohen und höchsten Herrschaften" aufgesucht; es sei Austragungsort bedeutender Tagungen und eine „historische Stätte". Er spielt damit auf den Legitimistenkongreß an, der im August 1850 unter dem Vorsitz seiner königlichen Hoheit, des Herzogs von Bordeaux, hier stattgefunden hat.[738]

1857 wechselt das „Düringer" den Besitzer. Der neue Eigentümer gibt dem Hotel zu Ehren der englischen Königin den Namen „Hotel Victoria". Entlang der Wilhelmstraße errichtet er zusätzlich ein Badhaus und einen Saalbau. Das Thermalwasser wird aus der Adlerquelle bezogen.[739] In den Jahren seiner Spielleidenschaft wohnt hier Fjodor Dostojewski. In dem Roman „Der Spieler", den er 1866 schreibt, finden sich Hinweise auf das Hotel, etwa, wenn er schreibt: „Die Allee war so dunkel, daß man nicht die Hand vor Augen sehen konnte. Bis zum Hotel war es eine halbe Werst (...). Plötzlich, am Ende der Allee, strahlte auf einmal unser Hotel vor mir auf, von zahllosen Lichtern erleuchtet – Gott sei Dank, ich bin zu Hause!"[740] Es ist der Weg durch die Platanenallee der Wilhelmstraße zu dem „1/2 Werst" (etwa 500 Meter) von der Spielbank entfernten Hotel.

Wegen steigender Gästezahlen errichtet der Besitzer entlang der Rheinstraße einen weiteren Hoteltrakt. Die Erweiterungsbauten bringen ihn jedoch in finanzielle Schwierigkeiten; 1883 meldet er Konkurs an. Zwei Jahre später finden sich neue Käufer. Unter den Gebrüdern Schweißgut werden wieder beträchtliche Gewinne gemacht. Auf einer Postkarte schreibt ein Angestellter des Hauses am 1. Mai 1902, zehn Tage, bevor der Kaiser das neue Theaterfoyer einweiht, das Hotel sei „brechend voll".[741] Im Grunde ist es in jedem Jahr das Gleiche: wenn der Kaiser mit seinem Gefolge für einige Wochen nach Wiesbaden kommt, sind alle Hotels voll belegt. Kein Wunder, daß immer mehr und immer größere Hotels gebaut werden.

Der Kaiserhof

Der Höhepunkt des Hotelbaubooms um die Jahrhundertwende ist mit der Errichtung des Hotels „Kaiserhof" an der Frankfurter, Ecke Viktoriastraße erreicht. Der Anstoß kommt von außen. Als in Baden-Baden das monumentale Friedrichsbad eröffnet wird, will man in Wiesbaden dem etwas Gleichwertiges entgegensetzen. Ein zu diesem Zweck gegründetes privates Konsortium erteilt dem Frankfurter Architekten Louis Modrow 1889 den Auftrag, die ungewöhnliche Kombination von Luxushotel und öffentlichem Hallenschwimmbad zu schaffen. Nach einem Konkurs, die Initiatoren haben sich finanziell übernommen, ersteigert der Frankfurter Bauunternehmer Ph. Helfmann 1893 den Rohbau. Er überträgt die Fortführung des Projekts dem renommierten Berliner Architekten Ludwig Helm. Im März 1895 kann das Hotel eröffnet werden.[742]

Im Parterre bietet der auf einem 24.000 Quadratmeter großen Gelände im Stil der italienischen Frührenaissance erbaute Hotelpalast ein großes Vestibül und eine Reihe von prachtvollen Räumen: Musiksalon, Rauch- und Billardzimmer, Lesesaal, Konversationssalon, Restaurant und Speisesaal und einen prächtigen Wintergarten. Als Vorbilder der luxuriösen Innenraumgestaltung sollen die Schlösser in Würzburg, Brühl und Ansbach gedient haben. Das Haus besitzt mehr als 200 Zimmer, Appartements mit Bad, Ankleidezimmer und Salons. Alle Gästezimmer liegen nach außen und verfügen fast ausnahmslos über Balkone.

Zwei beheizbare Gänge verbinden das Hotel mit dem Augusta-Victoria-Bad. Es zählt zu den imponierendsten Bauten seiner Art in Deutschland und übertrifft an Größe, Ausstattung und Kurmittelangebot noch das Friedrichsbad in Baden-Baden. Das den Hotelgästen vorbehaltene Thermalbadehaus erhält das Thermalwasser aus der eigens zu diesem Zweck erworbenen, unter dem „Pariser Hof" in der Spiegelgasse entspringenden Quelle des ehemaligen Badhauses „Zum Sonnenberg". Von dort fließt es mit natürlichem Gefälle zu einem Sammelreservoir unter der Kreuzung Rheinstraße/Wilhelmstraße und wird dann zum Hotelbad gepumpt.[743] Der öffentlich zugängliche Teil dient der städtischen Bevölkerung als Hallenbad. Das Schwimmbadwasser kommt zum Teil aus der städtischen Wasserleitung, zum Teil aus einer auf der Erbenheimer Höhe gelegenen Quelle. Es wird in die Reservoirs in den Kuppeln des Badehauses gepumpt und von dort für den Badebetrieb entnommen.

Die Eröffnung des „Kaiserhofs" wird mit großem Pomp gefeiert. Dem Haus bleiben jedoch kaum zwei Jahrzehnte der ungestörten Entfaltung. Der Krieg von 1914–18 bringt den ersten Einbruch. Die Zeit zwischen den Weltkriegen ist längt nicht mehr von der ursprünglichen Großzügigkeit geprägt. Am 2. Februar 1945 werden Hotel und Bad zerstört. Die Amerikaner bauen an ihrer Stelle ein wegen der ungewöhnlichen Form des Grundrisses im Volksmund Stern-Hotel genanntes Appartementhaus zur Unterbringung von Besatzungsangehörigen.

Das Quellenviertel

Der Ursprung der Wiesbadener Badetradition liegt in den Badherbergen des späten Mittelalters. Sie entstanden ausnahmslos in unmittelbarem Zusammenhang mit, meistens in direkter Nachbarschaft zu einer in Privatbesitz befindlichen Sekundärquelle. Deren Wasserspiegel lag immer höher als die Badebecken, damit das Wasser mit natürlichem Gefälle zufließen konnte. Diese Art der Entstehung bedingte die unregelmäßige Anordnung der Badhäuser. Die Enge des Quellenviertels behinderte die Badhäuser in ihrer Entwicklung, so daß sie durchweg von bescheidener Größe waren.

Als nach 1800 der große Aufschwung des Badewesens einsetzt, fehlt ihnen der Platz und den Besitzern oft auch das Kapital, um mit den Grand-Hotels an der Peripherie des Bäderviertels mithalten zu können. So entstehen im Laufe des 19. Jahrhunderts an der Stelle der älteren Häuser kleinere Badehotels, die den Namen und die Tradition der Vorgänger fortführen und sich auf ein bürgerliches Publikum einrichten.

Die unterhalb von Kochbrunnen und Adlerquelle gehäuft vorkommenden „sekundären", d.h. überwiegend aus Überlaufwasser der Hauptbrunnen gespeisten Quellen versorgen die an der Weber-, Spiegel- und Häfnergasse liegenden Badhäuser „Weißes Roß", seit Mitte des 18. Jahrhunderts „Sonnenberg" (1890 niedergelegt), „Vogel(ge)sang" (seit Mitte des 18. Jahrhunderts „Zum Reichsapfel", 1869 eingegangen), „Kölnischer Hof" (1839), „Stern" (Neubau 1854/55, 1888 niedergelegt), „Zwei Lilien", „Zwei Böcke", „Zur Stege" (seit 1714 „Halber Mond"), „Rebhuhn" (nach 1830 „Pariser Hof"), „Zum Goldenen Kreuz" (bis Mitte des 18. Jahrhunderts „Zum Wilden Mann"), „Landsberg" (früher „Zum Schlüssel") und „Philippsburg".

Nach den Zerstörungen von 1945, die besonders dieses alte Quellenviertel betroffen haben, werden an vielen Stellen, vor allem im Bereich der unteren Webergasse, Mietshäuser der ersten Nachkriegsgeneration errichtet, die allein dem Zweck dienen, so schnell wie möglich Wohnraum für ausgebombte Wiesbadener zu schaffen. Die Grundstücke der nicht wiederaufgebauten Badehotels und benachbarten Geschäftshäuser, deren Angebote vor dem Krieg häufig auf die Kundschaft der Kurgäste eingestellt waren, werden nun häufig zu Teilen öffentlicher Straßen umgewidmet, so daß es nicht ganz leicht ist, sich heute noch ein Bild vom Vorkriegszustand des Bäderviertels zu machen.

Jüdische Badhäuser

Die Geschichte der jüdischen Badhäuser bedarf einer eigenen Betrachtung. Um sie gibt es nicht nur unter den christlichen, sondern auch unter den jüdischen Einwohnern der Stadt häufig Streitigkeiten, die einen ganz eigenen Aspekt des Badewesens deutlich machen. Für die Grafen, Fürsten und Herzöge von Nassau geht es in erster Linie darum, zahlungskräftige „Badjuden" als Kurgäste zu gewinnen. Frei nach der Maxime, „Pecunia non olet", Geld stinkt nicht, wollen sie sich die Einnahmen durch die ansonsten verächtlich behandelten Juden nicht entgehen lassen. Man legt Wert auf das Vorhandensein sauberer Judenbadhäuser, weil man fürchtet, daß bei „unordentlich geführten" Häusern „viele Frankfurter Juden lieber nach Ems reisen".[744]

Die ortsansässigen jüdischen Familien („Schutzjuden", weil sie nach Zahlung eines Schutzgeldes unter dem Schutz der Landesherrschaft in der Stadt wohnen dürfen) sind nicht daran interessiert, daß es mehr als ein jüdisches Badhaus gibt, da sie selbst während der Saison Zimmer an „Badjuden" privat vermieten. Für die jüdischen Haushalte ist es ein lohnender Nebenerwerb. Man muß diese Auseinandersetzungen berücksichtigen, um zu verstehen, warum es zu dem häufigen Wechsel im Status einiger Badhäuser kommt.

Schon 1573 wird im Badhaus „Zum Spiegel" eine Badestube für jüdische Badgäste eingerichtet.[745] Ludwig v. Hörnigk berichtet 1637, das Badhaus „Stern" sei „gemeiniglich der Juden oder Thalmutisten Bad". 1662 schreibt er, die „zweyen Böcke" würden „bey 8 Jahre her/nur von Juden gebraucht".[746] Schenck kennt 1758 zwei Judenbäder, den „Hirsch" neben der Adlerquelle (später „Zum Goldenen Brunnen") und das „Rebhuhn".[747] Der Besuch von Badjuden ist jedoch nicht groß genug, um die Existenz von zwei Judenbädern zu gewährleisten. Auch wird geklagt, daß reiche Juden, „wenngleich 20 Judenbadhäuser vorhanden wären, nicht in einem derselben wohnen", sondern in christlichen Badhäusern absteigen. Der „Hirsch" kann sich deshalb als zweites jüdisches Badhaus nicht halten. 1770 ist er wieder im Besitz eines christlichen Badwirts.

Zum Rebhuhn

Von besonderer Bedeutung ist die Geschichte des Badhauses „Zum Rebhuhn", das heute noch als „Pariser Hof" erhalten ist. Zum einen hat der „Pariser Hof" seine klassizistisch-biedermeierliche Fassade aus nassauischer Zeit bis heute bewahrt; zum anderen wird seit Jahren die Frage des Vorhandenseins eines jüdischen Reinigungsbades (Mikwe) im 1735 errichteten Anbau des Badhauses diskutiert. Diese (noch nicht endgültig entschiedene) Möglichkeit allein sichert der Geschichte des Badhauses besondere Aufmerksamkeit.

Das seit 1724 in jüdischem Besitz befindliche, 1830 abgerissene Badhaus „Zum Rebhuhn" hatte einen Vorläufer (nicht bekannten Namens), von dem Ludwig von Hörnigk berichtet, daß es „umb das Jahr Christi 1545 [beim großen Stadtbrand von 1547] gantz abgebrandt" sei.[748] Es wurde wahrscheinlich vor 1637 wieder aufgebaut, da Hörnigk 1637 an dieser Stelle das „Neue Bad" erwähnt, dessen 1625 neu gefaßter Brunnen „under einer Scheuer allein entspringt". Die Scheuer lag im Hof des Badhauses „Zum Spiegel".

Auf einen Widerspruch, der schon in Zusammenhang mit den Badbeschreibungen von Philipp Weber und Ludwig von Hörnigk erwähnt wurde, muß hier noch einmal hingewiesen werden. Weber setzt das „neue Bad", dessen unter einer Scheuer stehender Brunnen 1625 neu gefaßt wurde, mit dem „Bad zur Stegen" gleich, das aber in der Häfnergasse (Schellenbergpassage) lag.[749] Hörnigk gibt die gleiche Beschreibung vom „Neuen Bad" (mit dem 1625 neu gefaßten Brunnen), nennt aber keinen früheren Namen. Schenck ist bei der Zuordnung des „Neuen Bads" vorsichtig. Er schreibt, „wo aber solches gestanden habe, und ob es noch, unter einem anderen Nahmen, vorhanden, oder aber gantz und gar abgängig worden sey? das lässet sich nicht entscheiden.[750] Der Hinweis auf die Lage der Quelle unter einer Scheuer stützt die Vermutung, daß das „Neue Bad" der Vorläufer des Rebhuhns war.

Nach Renkhoff und Roth wurde (ohne Nennung der Quelle, aus der diese Überlieferung stammt,) der Name „Zum Rebhünkel" 1620 erstmals erwähnt.[751] In Webers und v. Hörnigks Liste der Badhäuser (1617/1636 und 1637/1662) fehlt er. Das unterhalb des Mühlgrabens der Firnselmühle gelegene Badhaus erscheint 1753 unter dem Namen „Zum Rebhuhn" in den Akten, als der Besitzer Jakob Samuel (Shmuel) die Thermalwasserzuleitung („Antauche") untersuchen läßt, die von der Scheune des Badhauses „Spiegel" durch den Hof des Rotgerbers Käßberger verläuft und nicht mehr genügend Wasser liefert. Beim Schürfen kommt unter der Scheune ein Sammelkasten

(Quellschacht) zum Vorschein, aus dessen Seitenwänden „reichlich Wasser" hervorquillt. Da die Spiegelwirtin Margarethe Schenck aus der Spiegelquelle am Kranzplatz genügend mit Wasser versorgt ist, überläßt sie Samuel die Quelle für 54 Gulden.[752] Er läßt sie neu fassen und den Zulauf zu seinem Badhaus gegen die Verunreinigungen des benachbarten Gerbereihofs absichern.

1732 verlegt die jüdische Gemeinde ihren Gebetsraum (Synagoge) aus der Metzgergasse (sie hieß 1620 „Judengasse") in das Badhaus „Rebhuhn".[753] 1735 entsteht der heute noch erhaltene Anbau. Ob seine Räume als Logierzimmer der Badegäste dienen, ob einer vielleicht als Raum für jüdische Gottesdienste benutzt wird, ist unbekannt. 1758 berichtet Schenck, daß vor dem Badhaus auf offener Straße der „Rebhünleins-Brunn" gestanden habe. Er sei aber „bey vorgenommener Veränderung der Gebäuden und Strassen daselbst verschüttet und verbauet worden".[754]

Im Keller des Anbaus, dessen Gewölbekeller ungewöhnlich ist, befindet sich eine quadratische Vertiefung, von der neuerdings vermutet wird, daß es sich um die Reste einer Mikwe, eines rituellen jüdischen Tauch- und Reinigungsbads gehandelt haben könnte.[755] Nach den rituellen Vorschriften muß ein solches Bad von „lebendigem Wasser" aus einer reinen Quelle gespeist werden, die nicht durch menschliche Eingriffe verunreinigt sein darf.[756] Das Thermalwasser war jedoch viel zu heiß. Es hätte in einem Abkühlbecken mehrere Stunden erkalten müssen, bevor ein Mensch eintauchen konnte. Ob das noch den strengen Vorschriften eines jüdischen Ritualbads entsprochen hätte, müssen Religionshistoriker klären. Vielleicht tragen die Befunde der zur Zeit stattfindenden Untersuchungen im Keller des Hauses zur Klärung bei.

Als der Rebhuhn-Wirt 1763 bei der Regierung eine Verfügung erwirkt, daß kein christliches Badhaus, aber auch kein jüdischer Privat-Haushalt während der Saison auswärtige jüdische Badegäste aufnehmen darf, kommt es zwischen dem Badwirt und den Mitgliedern der jüdischen Gemeinde zu Spannungen. Sie beklagen sich über die neue Verordnung, die „nicht den mindesten rechtlichen Grund" für sich habe,[757] und verweisen darauf, daß es viele Badjuden wegen der im „Rebhuhn" herrschenden Unsauberkeit und unordentlichen Haushaltung ablehnten, dort zu logieren. Dürften sie nicht mehr privat bei ihnen wohnen, gingen sie zum Baden nach Ems. Das verringere die herrschaftlichen Einkünfte an Leibzoll und Schutzgeld und schädige den „Nahrungsstand der ganzen Stadt". Trotzdem weist der Regierungspräsident die Klage ab.

Zum Halben Mond – Kölnischer Hof

Nachdem der Rebhuhnwirt durch weitere Eingaben an die Regierung lange Zeit auch die Zulassung eines zweiten Judenbadhauses verhindert hat, erhält der Jude Marx Sabel nach langem Hin und Her 1789 die Genehmigung, den „Halben Mond" in der Häfnergasse zu erwerben und als jüdisches Badhaus zu eröffnen. An der gleichen Stelle hat seit Anfang des 16. Jahrhunderts das Badhaus „Zur Stege" gestanden, das beim Stadtbrand von 1547 abgebrannt ist. Nach dem Wiederaufbau Mitte des 17. Jahrhunderts und einer Vergrößerung im Jahr 1714 hat es dann den Namen „Halber Mond" erhalten.

Da die Genehmigung des zweiten Judenbadhauses als besondere Gunst gilt, müssen beide Badhäuser nach einer Verfügung des Fürsten Karl Wilhelm außer zahlenden Gästen auch arme Juden (sogenannte Betteljuden) aufnehmen und ihnen Bad und Logis stellen.[758] Hintergrund dieser eigenartigen Verfügung ist, daß seit der Stiftung des Grafen Gerlach (1353) das Hospital (zugleich Armenbad) mittellose Kranke ohne Bezahlung aufnehmen muß, der Leiter des Hospitals sich jedoch mit Unterstützung des Idsteiner Konsistoriums weigert, auch jüdische Kranke aufzunehmen.

Trotz dieser Belastung, die später auf vier arme Juden in jedem der beiden Badhäuser für maximal vierzehn Tage gelockert wird, macht der Sohn Israel Sabel offenbar gute Geschäfte. 1839 gelingt es ihm, den benachbarten Garten zu erwerben und dort, mit Front zur Kleinen Burgstraße (An den Quellen Nr. 10), den „Kölnischen Hof" zu er-

Badhaus Pariser Hof mit seiner seit 150 Jahren fast unverändert erhaltenen Fassade

richten. 1846 geht der „Halbe Mond“ als jüdisches Badhaus ein. Der „Kölnische Hof“, der nun von der Kleinen Burgstraße bis fast zur Häfnergasse und Mühlgasse reicht, zählt später zu den beliebtesten bürgerlichen Häusern. Er geht im Feuersturm der Brandnacht des 2. Februar 1945 unter.

Pariser Hof

Das Prosperieren des „Halben Monds“ zwingt das konkurrierende Badhaus „Zum Rebhuhn“, sein Angebot zu verbessern. 1830 läßt der neue Besitzer, Isaak Jakob Hiffelsheimer, das Gebäude (außer dem Anbau) niederreißen und unter Einbeziehung von zwei Nachbargrundstücken an der Spiegelgasse neu errichten. Es erhält die heute noch erhaltene Fassade und wird in „Pariser Hof“ umbenannt. Hiffelsheimer hat sich jedoch finanziell übernommen. Er muß das Badhaus an den (christlichen) Weinhändler Freinsheimer verpachten.[759] Damit geht auch das „Rebhuhn“ als Judenbadhaus ein.

1837 verkauft Hiffelsheimer schließlich den mit großem Aufwand hergerichteten „Pariser Hof“ für 54.000 Gulden, zusätzlich 9.500 Gulden für die Ausstattung der 60 Fremdenzimmer, an den Hofrat Friedrich von Wagner. Der gibt ihm für kurze Zeit den Namen „Zum Erzherzog Karl“. Trotz aller Bemühungen bringt das Haus nie eine lohnende Rendite, so daß die Besitzer von nun an häufig wechseln.

Hiffelsheimer war wenige Jahre vorher, 1825, schon einmal gescheitert. Aus der Versteigerung des Badhauses „Zum Weißen Roß“ am Kranzplatz geht er mit 15.550 Gulden als Höchstbietender hervor, den Zuschlag erhält er aber nicht, als er angibt, neben der Badwirtschaft eine Gastwirtschaft für jüdische Glaubensgenossen mit koscherer Küche betreiben zu wollen. Dagegen erheben die benachbarten Badhausbesitzer lebhaften Einspruch. Sie geben vor, daß die kaum erst eingerichtete Trinkkur am Kochbrunnen „unter den Fenstern einer jüdischen Wirtschaft“ zu leiden haben würde. Der Einspruch hat Erfolg, die Regierung verweigert die Zustimmung. In einer neuen Versteigerung kommt der Nächstbietende für 13.620 Gulden zum Zug.[760]

Englischer Hof, Goldener Brunnen und Philippsburg

Mit der Aufwertung der jüdischen Badhäuser verschärft sich das Problem, wer die mittellosen jüdischen Badgäste aufzunehmen hat, zumal in der nassauischen Medizinalverordnung von 1818 die Vorschrift ausdrücklich übernommen wird, daß „jeder arme Kranke, wenn sein Leiden sich für das hiesige Bad eignet“, im Hospital (zugleich Armenbad) „freies Bad und Logis“ zu erhalten hat. Die Verwaltung des Hospitals verweigert aber die Aufnahme von Juden.

Das Konsistorium als Aufsichtsbehörde argumentiert, früher seien die Besitzer der Judenbadhäuser weniger abgeneigt gewesen, arme Juden aufzunehmen. Seit „in unsern Tagen“ auch bei den Juden der Wohlstand gestiegen sei und sie sich „unsern Sitten und Gebräuchen mehr genähert und mit denselben auch weit mehr Reinlichkeit angenommen“ hätten, verlangten sie ebensogut eingerichtete, reinliche Badehäuser und sähen es höchst ungern, sich mit schmutzigen und aussätzigen Betteljuden unter einem Dache zu finden.[761]

Als das „Rebhuhn“ 1830 als Judenbadhaus verschwindet, verpflichtet die Regierung den Juden Ludwig Götz, der 1832 den „Englischen Hof“ erworben hat, zur Aufnahme armer Badjuden. 1836/37 dehnt sie die Auflage auf die jüdischen Pächter der Badhäuser „Zum Goldenen Brunnen“ und „Philippsburg“ (Kleine Webergasse Nr. 4) aus.[762]

Erst 1861 beugt sich die Regierung dem zunehmenden Druck der liberaleren Gesellschaft und gestattet die Aufnahme von Juden in das (christlich geführte) Hospital. Das Ende des Herzogtums und der Übergang in preußische Verwaltung ändern die Lage. In Preußen haben deutsche und jüdische Bürger gleiche Rechte und Pflichten. Die „Ghettoisierung“ der jüdischen Badegäste, die für wohlhabende Juden schon lange nicht mehr galt, ist (fürs erste) vorbei.

Kur und Kurgäste

Statistik

Daß einige Badhäuser gegen Ende des 19. Jahrhunderts zu internationalen Grand-Hotels mit jeweils weit über 100 Betten aufsteigen, zeigt, daß die Nachfrage vorhanden ist. Ist die Stadt jahrhundertelang mit ca. 25 Badhäusern ausgekommen, verdreifacht sich die Zahl im Laufe des 19. Jahrhunderts. Von meist weniger als 20 Betten in Badhäusern alten Stils steigt das Angebot auf bis zu 250 Betten in den neuen Luxushotels. Dazu kommen kleinere Privathotels und Fremdenpensionen, die ihr spezielles Publikum haben.

Für das Jahr 1846 ergibt eine Auswertung der Kurlisten 14.030 Kurgäste und 20.487 Durchgereiste, zusammen 34.517 Personen. 1871 und 1872 zählt man je ca. 60.000 Besucher (bei weniger als 40.000 Einwohnern), 1883 rund 80.000 Fremde. 1893 sind es 102.000, weitere zehn Jahre später 153.000, darunter 23.640 Ausländer. Im letzten Friedensjahr 1913 besuchen 192.000 Gäste die Stadt, fast das Doppelte der Einwohnerschaft, darunter 40.000 Ausländer. Von ihnen sind 65.130 Kurgäste (mit einer Aufenthaltsdauer von mehr als fünf Tagen). Die durchschnittliche Aufenthaltsdauer beträgt 10,5 Tage, woraus die Statistiker eine Gesamtzahl von 2.025.370 Fremdübernachtungen errechnen, die sich auf ein Angebot von 5.000 bis 6.000 Betten verteilen.[763] Eine andere Statistik[764] ermöglicht einen Vergleich der Besucherzahlen von Wiesbaden, Baden-Baden und (dem damals als deutsches Heilbad anzusprechenden) Karlsbad. Danach ergibt sich eine Gesamtfrequenz (nach Kurlisten) für:

Jahr	Wiesbaden	Baden-Baden	Karlsbad
1860	25.438	46.842	9.291
1867	52.770	53.083	29.116
1880	72.531	47.682	43.987
1890	102.028	62.601	55.092
1900	135.811	72.129	73.576
1907	180.848	75.887	98.915

Der Anteil ausländischer Besucher nimmt zwischen 1867 bis 1907 in Wiesbaden von 40 % auf 18,6 % ab, in Baden-Baden von 60 % auf 27 %, in Karlsbad von 70,66 % auf 57,33 % (wobei die Karlsbader Zahlen dadurch untypisch sind, daß hier auch die Besucher aus dem Deutschen Reich als Ausländer gezählt werden). Der prozentuale Rückgang ausländischer Gäste in Wiesbaden ist jedoch nur relativ. Er ist dadurch bedingt, daß die Zahl deutscher Kurgäste und der sonstigen Besucher in preußischer Zeit unverhältnismäßig stark zunimmt.

Indikationen der Kur in Wiesbaden

Die Gäste, die mit hohen Erwartungen nach Wiesbaden kommen, wollen sowohl kuriert als auch unterhalten werden. Das Kurangebot wurde bei den Hinweisen auf Werbeschriften einiger Großhotels schon angesprochen. Wie aber verläuft eine solche Kur im Detail? Wer entscheidet sich wann, einen Kurort aufzusuchen? Bei welchen Indikationen ist Wiesbaden der Ort der Wahl?

Bei Philipp Weber (1617) und Ludwig v. Hörnigk (1662) glichen die aufgeführten Indikationen noch einer völlig unspezifischen Aufzählung zahlreicher menschlicher Gebrechen (sie sind im Abschnitt „Heilwirkungen der Badekur" im Kapitel „Badbeschreibungen des Wißbades im 17. Jahrhundert" aufgeführt). Bis zum Beginn des 19. Jahrhunderts hat sich an diesen Kurangeboten für Heilungsuchende nur wenig geändert, was zeigt, daß man jahrhundertelang kaum etwas über die eigentliche Wirkungsweise einer Badekur wußte.

Die Kur im Biedermeier

Im 19. Jahrhundert kommt der Umschwung, der das Kurbad vom Ruch eines Siechenbades befreit. Treffend drückt es der Wiesbadener Badearzt Dr. Peez aus, der feststellt, daß es „die Cur als Seelenreiz" sei, die der Badekur gegenüber der heimischen Behandlung eines Arztes „oft unerreichbare Vorzüge sichert". Zuhause verlasse den Gequälten oft aller Mut des Lebens, die Krankheit werde zur traurigen Gewohnheit. Komme der Patient aber zum Bade, sehe er mit einem Mal, daß Andre „von schwerer Leidensbürde, welche auch sie Jahre lang trugen, an einer Heilquelle befreit werden; ein glühender Hoffnungsfunke fällt in die schlafende, gebeugte Seele und erweckt sie aus ihrem lethargischen Schlummer. Er faßt mit der Hoffnung möglicher Genesung neuen Lebensmuth."[765]

An der Heilquelle angelangt, „wie spricht das freie, gesellige Leben das verwaiste Gemüthe an! Der Schwerleidende findet Theilnahme, wo er sich auch zeigt (...)", alle „treten mit offenem Sinn in diese neue fremde Welt". Menschen aus allen Ständen, die „Berührung oft sehr ausgezeichneter Individualitäten", erhöhen den Reiz der Geselligkeit. „Der frühe Morgen vereinigt die Curgäste auf Spaziergängen, am Brunnen. Hier theilt man seine Wünsche, seine Hoffnungen für den Erfolg der Cur mit." Es werden Pläne für den Tag besprochen, es bilden sich Gesellschaften für nahe und entfernte Ausflüge, „wie es den Kräften und Neigungen angemessen ist". Diese Wanderungen, dieser Aufenthalt im Freien, „tragen gewiß nicht wenig zum guten Erfolge der ganzen Cur bei".

Nun wird gebadet, und „gerne verweilt man in der milden Fluth, welcher die Erde von ihrer innern Lebenswärme mitteilt". Nach dem Bade gehört man sich meistens einige Stunden allein an, die Ruhe ist dann „doppelt einladend und genußreich". Man ordnet, was man gesehen und gehört hat, liest, schreibt oder wandert nach den Kolonnaden des Kursaals, „wo eine wohlbesetzte Harmonie von Blasinstrumenten die Reize des Morgens erhöht, bis die Tischzeit herankommt". Am Nachmittag werden die Pläne ausgeführt, die man am Morgen verabredet hat, und des Abends „wallt die tanzlustige Schaar zu Terpsichorens Tempel". Andere ziehen es vor, in einsamer Stille zu genießen. Schließlich stärkt, nach der Ermüdung des Tags, ein „erquickender Schlaf". So reicht „das vielfach verschlungene Leben" jedem dar, „was er bedarf, und sehr oft mehr, als er sucht", und „in den gelungensten Curen wird man selten den schönen Bund vermissen, welchen Heilquelle und Lebensweise, sich gegenseitig ergänzend, zum Wohle des Kranken schlossen".

Seit der Mitte des Jahrhunderts mehrt sich, außer der immer stärker in den Vordergrund tretenden Trinkkur, das Angebot neuer Kur-Varianten, die von der Beschaulichkeit der vorhergehenden Zeit Abschied nehmen. Man nutzt neuere Erkenntnisse der Kurmedizin, die jedoch noch weit entfernt sind vom apparativen Aufwand der darauffolgenden Zeit. Dusch-, Dampf- und Strahlbäder, Körpermassage, Inhalations- und Kaltwasserkuren bleiben ebenso im Rahmen der naturnahen Heilbehandlung wie Trauben-, Milch- und Molkekuren.

Neu sind „Terrainkuren":[766] Die Wege, deren Begehung eine genau dosierte gymnastische Einwirkung auf den kreislaufschwachen Organismus bewirken sollen, sind in vier Kategorien eingeteilt: 1. Ebene Wege über welliges Terrain; 2. Wege auf Höhen von geringer Steigung; 3. Längere Wege auf stärker ansteigende Höhen; 4. Steile, mühsam zu ersteigende Bergpfade, etwa der Anstieg zum Neroberg von der Talstation der seit 1889 verkehrenden Nerobergbahn. Sie sind mit bestimmten Farben (Rot, Blau, Violett, Orange) markiert. Ausgangspunkt ist die Trinkhalle am Kochbrunnen. Terrainwegekarten gibt es im Buchhandel.

Moderner klingt, was ein Wiesbadener Arzt, Sanitätsrath Dr. Emil Pfeiffer, 1890 an Bewegungstherapie in Verbindung mit der medizinisch geregelten Trinkkur anbietet.[767] Um der „Fettsucht" entgegenzutreten, empfiehlt er neben einer vor allem stärkemehlhaltige Stoffe meidenden Diät Tennisspielen, Radfahren, Schwimmen, Schlittschuhlaufen und Gymnastik (Hanteln, Turnen, Fechten). Die dabei erzeugte stärkere Umsetzung der Körperbestandteile werde bei gleichzeitigem Gebrauch der Trinkkur „nicht als Abschwächung des Körpers empfunden"; vielmehr werde durch die Hebung des Stoffwechsels „gerade eine vermehrte Lebensenergie erzeugt".

Medizinische Therapie

Nach 1870 erhält das Kurwesen deutlich eine neue Qualität. Bessere medizinische Kenntnisse und die Fortschritte der Balneologie ermöglichen einen gezielteren Einsatz des Kurangebots. Unter den Indikationen für Badekuren stehen an erster Stelle „alle Formen von rheumatischen und gichtigen Leiden, Ischias, Krankheiten des Nervensystems (Lähmungen und Neuralgien)", aber auch Folgezustände nach traumatischen Insulten, wie Knochenbrüchen, Verrenkungen und Quetschungen, sowie die Behandlung „einiger weiblicher Sexual-, Nieren- und Blasenkrankheiten". Trinkkuren eignen sich bei Erkrankungen der Atmungsorgane, Entzündungen des Rachens, Kehlkopfs und der Bronchien sowie zur Linderung bei akutem und chronischem Magenkatarrh.

Um die Jahrhundertwende installieren die mit den Badeärzten, Masseuren und medizinischen Bademeistern zusammenarbeitenden Badehotels immer aufwendigere Apparaturen. Die Annoncen in Tageszeitungen und Badeblättern, Hotelprospekten und städtischen Werbeschriften sind voll von Angeboten an Dusch-, Dunst-, Dampf-, Wild- und Freistand-, kohlensauren, elektrischen und Lichtbädern, was immer man darunter zu verstehen hat. Zur Wärme des Wassers kommen Inhalations- und Gurgelgeräte, pneumatische Apparate „in höchster technischer Vollkommenheit" und der gezielte Einsatz von Licht und Elektrizität, ein Schritt von den natürlichen zu eher künstlichen Reizen.

Die Winterkur

Einen großen Anteil an der Zunahme der Kurgastzahlen hat der Ausbau der Winterkuren. Neben den ihren wirtschaftlichen Vorteil erkennenden Badehotels sind es vor allem die Ärzte, die deren Vorteile herausstellen.[768] Ging es zu Beginn des 19. Jahrhunderts noch darum zu betonen, daß es beheizte Zimmer und Badekabinen gebe, daß Gänge und Treppen der Badhäuser (die früher wegen der permanenten Zugluft getadelt wurden) vor zugigen Winden wohl verschlossen seien,[769] entdeckt man nun die Vorteile Wiesbadens als heilklimatischem Kurort, dem wegen seines milden Klimas sogar die Bezeichnung eines „deutschen Nizza" gegeben wird.

Josef Rompel, der mit Hilfe der Statistik wirtschaftswissenschaftliche Analysen erstellt, nennt die wahren Beweggründe der Wiesbadener Kur-„Industrie" offen beim Namen. Er verweist auf die „eminenten wirtschaftlichen Vorteile" eines kontinuierlichen, Sommer wie Winter anhaltenden Betriebes der Kureinrichtungen mit allen positiven Folgen für die Badwirte, das Nahrungs- und Beherbungsgewerbe und die gesamte Geschäftswelt der Stadt. Zur Untermauerung der von den Medizinern angeführten heilklimatischen Faktoren verweist Rompel sogar auf die im Vergleich zu anderen Städten statistisch belegte geringere Mortalität in Wiesbaden. 1867 gab es 19,3 Todesfälle auf 1.000 Lebende (Mainz und Hamburg 30, Berlin 38), eine „natürliche Folge der günstigen klimatischen und hygienischen Verhältnisse", die den Badekurgästen einen Winteraufenthalt in Wiesbaden empfehlen. Den Erfolg dieser Bemühungen belegt der Statistiker ebenfalls mit Zahlen. Danach betrug die Zahl der Sommergäste 1871 knapp 38.000, der Wintergäste damals nur 11.755. Bis 1883 verbesserte sich das Verhältnis auf 43.445 zu 18.311; 1907 stehen 111.046 Sommergästen bereits 65.859 Winterkurgäste gegenüber.[770]

Das Kaiser-Friedrich-Bad

Der Neubau

1899 erwirbt die Stadt Wiesbaden das Bad- und Gasthaus „Zum Adler“ mit ausgedehnten Gartenanlagen, den benachbarten „Goldenen Brunnen“ und die zugehörigen Rechte an der Adlerquelle. Im oberen Teil des neu gewonnenen Terrains legt sie zur Entlastung der Langgasse die Coulinstraße als Verbindung vom Michelsberg zur Saal- und Webergasse an. Noch wichtiger ist, daß nun ein Platz und eine eigene Thermalquelle zur Verwirklichung eines repräsentativen städtischen Kurmittelhauses zur Verfügung stehen. Man hat es in den vorhergehenden Jahren zunehmend als Mangel empfunden, daß der Stadt, die „nach dem Ausspruch unseres Kaisers“ das „schönste Kurhaus der Welt“ besitzt, ein unter städtischer Verwaltung stehendes „Musterbadehaus“ fehlt.[771] Da sich die meisten Thermalquellen im Besitz von Badhäusern befinden, die Mehrzahl der Kurgäste jedoch in Kurhotels und Pensionen ohne eigene Thermalwasserversorgung wohnt, ist der Bau eines nach modernsten medizinischen und balneologischen Erkenntnissen eingerichteten öffentlichen Badehauses dringend erforderlich. Auch soll es die Tradition der römischen Thermen fortsetzen, deren eindrucksvolle Reste etwa zur gleichen Zeit ausgegraben werden.

Kaiser-Friedrich-Bad

Als Fehler erweist es sich, daß die Stadtväter das Grundstück an der Langgasse sofort weiterverkaufen, um einen Teil der aufgewendeten Gelder so schnell wie möglich zurückzugewinnen. Der Architekten- und Ingenieurverein Wiesbaden bemängelt, die Stadt habe dabei „eine der Bedeutung des Baues würdige Verbindung mit der Langgasse (...) außer Acht gelassen".[772] Der am Zugang zum geplanten Kurmittelhaus bald danach errichtete klotzige Neubau des Hotels „Continental" und die Eckbebauung an der Langgasse/Webergasse riegeln das Bauwerk von einer der Hauptadern des Fremdenverkehrs ab. Dem Architekten Pauly gelingt zwar eine ansprechende Eingangsfassade, ihre städtebauliche Wirkung wird jedoch durch die Öffnung zur abseits gelegenen Straßenkreuzung Coulinstraße-Webergasse/Saalgasse erheblich beeinträchtigt.

Das fertige Bauwerk kostet drei Millionen Goldmark. Es bedeckt eine Bodenfläche von 3.000 Quadratmetern. Die damals noch brodelnde Adlerquelle, die das Bad versorgt, tritt innerhalb des als Gartenanlage gestalteten Vorhofs in einem kleinen Tempel zutage. Ein hohes Schieferdach überragt die Fassadenfront, Muschelkalk und Tuffstein dienen als Baumaterial für die mit plastischem Schmuck gestalteten Außenflächen. Das Innere des Bads ist in Farbe und Dekor ein hervorragendes Beispiel des späten Jugendstils. Das künstlerische Niveau des keramischen Schmucks, der Marmorinkrustationen und stilvoll eingesetzten Majolika-Arbeiten beeindrucken noch heute.

Das Therapieprogramm

Das Therapieprogramm beruht auf der kombinierten Anwendung der natürlichen Heilfaktoren eines Thermalbades mit physikalischen Behandlungsmethoden. Die Einrichtung umfaßt auf drei Stockwerken fünfzig Einzelbäder mit unterschiedlicher Ausstattung, zur Hälfte mit Ruheräumen verbunden. Neben dem römisch-irischen Bad gibt es ein russisches Dampfbad, Thermalbäder für Schwerkranke und eine Moorabteilung. In der Herrenabteilung des ersten Obergeschosses befindet sich ein besonders reich ausgestattetes „Fürstenbad". Im zweiten Obergeschoß baden die Damen. Es gibt Bäder mit elektromedizinischen Therapieeinrichtungen und Inhalationen in Einzelzellen oder in Gemeinschaftsräumen.[773]

Um das 65 °C heiße Thermalwasser der Adlerquelle verwenden zu können, wird unter dem Vorplatz vor dem Haupteingang eine Behälteranlage gebaut, in die das Wasser mit natürlichem Gefälle fließt. Die Kühlung des Wassers erfolgt in einer aus Beton hergestellten Kammer, in der eine Reihe von kupfernen Röhren in Lamellenform so angeordnet sind, daß sie in das langsam durch den Behälter fließende Thermalwasser vollständig eintauchen. Das durch die Kupferröhren fließende kalte Süßwasser kühlt das Thermalwasser auf die für die Anwendung geeignete Temperatur von 30 °C ab. Das erwärmte Süßwasser wird in ein Reservoir im Dach des Bades gepumpt und von dort als warmes Brauchwasser verwendet.

Das Kaiser-Friedrich-Bad ist eine bemerkenswerte Einrichtung. Berichte aus der Zeit vor und nach dem Ersten Weltkrieg heben immer wieder hervor, daß die Benutzung auch für weniger bemittelte Kurgäste erschwinglich ist, weil die Stadt als Eigentümerin der Quelle und des Therapiezentrums die Preise entsprechend steuern kann. Normale Besucher erhalten Badekuren auf hohem technischem und medizinischem Niveau. Wohlhabende Badegäste, die in Kurhotels ohne eigene Bäder logieren, haben die Möglichkeit, sich in fürstlich hergerichteten Badeappartements jeden erdenklichen Luxus zu gönnen.

Zwei Kriege, die Zwischenkriegs- und die Nachkriegszeit bringen viele Veränderungen. Engpässe mancher Art, Geldmangel, Umwidmungen und Raumnot hinterlassen Spuren. Als Rheumaklinik steht das Kaiser-Friedrich-Bad wegen der nachlassenden Akzeptanz heute in Frage. Seine technischen Einrichtungen dienen in erster Linie als zentrale Sammelstelle für die Thermalwässer der wichtigsten Quellen. Von dort wird das Wasser an die Abnehmer weitergeleitet, von denen das Thermalschwimmbad am Aukamm das bedeutendste ist. Einem Teil des Wassers wird in einer Gegenstromanlage überschüssige Wärme entzogen und zur Beheizung des Bades verwendet.

---

695 Th. Schüler: Zur Geschichte der älteren Badhäuser Wiesbadens, Der Schützenhof, Alt-Nassau, Jg. 22, Nr. 12 u. 13. – Struck: Biedermeier, S. 75, 143, 171. – Funk: Architekt Wilhelm Bogler, S. 79ff.

696 Bogler: Schützenhof, S. 85–86 u. Blatt 10.

697 Rahlson: Öffentliche Gesundheitspflege, „Heilbäder" (Oberingenieur M. Frensch), S. 109–110.

698 Müller-Werth: Geschichte und Kommunalpolitik, S. 160.

699 Pagenstecher: Wiesbaden in med.-topograph. Beziehung, S. 118.

700 Ebhardt: Wiesbaden, S. 170.

701 Urban: Adlerbad, S. 4–9. – Büdingen: Adler.

702 Müller-Werth: Städtebauliche Gestaltung, S. 255–256.

703 HHStA: Abt. 137 Wsb. 65. – Renkhoff: Mittelalter, S. 247.

704 Th. Schüler: Geschichte der älteren Badhäuser. Die Blume, der rote Schild, der Salm, Wiesb. Tagblatt v. 23.3. u. 13.4.1913.

705 HHStA: Abt. 137 Wsb. 69. – Th. Schüler: Geschichte der älteren Badhäuser. Der Spiegel, Wiesb. Tagblatt v. 3.5., 10.5., 17.5. u. 24.5.1914. – Struck: Goethezeit, S. 67.

706 Czysz: Römerzeit, S. 91.

707 Czysz: Römerzeit, S. 100–101 u. Abb. 78.

708 Czysz: Römerzeit, S. 85–87 u. Anm. 331.

709 Th. Schüler: Geschichte der älteren Badhäuser. Der Rindsfuss, jetzt Englischer Hof, Wiesb. Tagblatt v. 8.2.1914. – Vollmer: Rindsfuß. – Kleineberg: George Barnard und Wiesbadener „Incidents".

710 Th. Schüler: Geschichte der älteren Badhäuser. Der schwarze Bock, Wiesb. Tagblatt v. 15.3.1914.

711 Wahrscheinlich war es der Aufenthalt des Jahres 1765, aus dem wir einen Brief an seine Schwester Cornelia besitzen. – Schwarz: Grand Hotel.

712 Vollmer: Pferdekur.
713 Th. Schüler: „Schwarzer Bock", S. 45.
714 Zusammenlegung der Thermalquellen „Zum Brühbrunnen" zur Dreililienquelle, Archiv Städt. Tiefbauamt Wiesbaden, XI, Abt. 8c, No. 5, Bd. 1/2. – Spielmann: Drei-Lilien-Quelle. – Baumgart-Buttersack: Schwarzer Bock.
715 A. Zimmer: Persönl. Mitteilung (aus Unterlagen des Hotels Schwarzer Bock).
716 Baumgart-Buttersack: Badhaus zur Rose, S. 27.
717 v. Rexroth: Goldene Bücher.
718 Vollmer: Auch Balzac und Paganini.
719 Vollmer: Milchkur.
720 Spielmann/Krake: Weichbild, S. 9 (Text zu Karte 1826).
721 Vollmer: Rindsfuß.
722 Grobecker: Chronik Nassauer Hof, S. 12.
723 Grobecker: Chronik Nassauer Hof, S. 21.
724 Grobecker: Chronik Nassauer Hof, S. 34.
725 Grobecker: Chronik Nassauer Hof, S. 44.
726 Grobecker: Chronik Nassauer Hof, S. 104.
727 Meuer: Geschichte der Weltkurstadt. Nass. Heimat v. 1.10.1925 (Nr. 19), S. 118.
728 Hinweise auf die mit einem Ringdiamant eingeritzten Namenszüge finden sich an verschiedenen Stellen, z.B. im Nassauer Volksblatt v. 10.4.1935 (Nr. 99), also zu einer Zeit, als das wahrscheinlich noch nachprüfbar war. Heute ist das nicht mehr möglich. Daß der Hochadel solche „Spielchen" getrieben hat, ist durch die Abbildung des Fensters (s. S. 331) im Park-Hotel dokumentiert.
729 v. Ompteda: Elisabeth von Österreich.
730 Archiv Städt. Tiefbauamt Wiesbaden, XI, Abt. 8c, Nr. 12.
731 Vollmer: Parkhaus statt „Hohenzollern".
732 Struck: Biedermeier, S. 87.
733 Vollmer: Autogramme auf Fensterscheiben.
734 Meuer: Geschichte der Weltkurstadt. Nass. Heimat v. 1.9.1925 (Nr. 17), S. 98.
735 Ein historisches Fenster. In: Berliner Leben, Sonderheft: Wiesbadener Festspiele 1902, Jg. 5, 1902, Heft 5 (mit Abb.).
736 Vollmer: Stolze Namen.
737 Archiv Städt. Tiefbauamt Wiesbaden, XI, Abt. 8c, Nr. 20.
738 Adressbuch der Stadt Wiesbaden 1854.
739 Archiv Städt. Tiefbauamt Wiesbaden, XI, Abt. 8c, Nr. 15.
740 Dostojewski: Der Spieler, S. 154–155.
741 Vollmer: Stolze Namen.
742 Zimmer, A.: Der „Kaiserhof" stellte alles in den Schatten, Wiesb.Tagblatt ? v.1.4.1995. – Siehe auch Hausprospekt „Hotel Kaiserhof Wiesbaden", Hess. Landesbibliothek Nr. Gk 9621.
743 Archiv Städt. Tiefbauamt Wiesbaden, XI, Abt. 8c, Nr. 14.
744 Th. Schüler: Zur Geschichte der älteren Badhäuser Wiesbadens, Alt-Nassau Jg. 20, Nr. 5, S. 18.
745 Renkhoff: Mittelalter, S. 249.
746 v. Hörnigk: Wißbad, 1. Aufl., S. 24. – Ders.: Wißbad, 2. Aufl., S. 20.
747 Schenck: Geschicht Beschreibung, S. 146, 148.

748 v. Hörnigk: Wißbad, 1. Aufl., S. 8.
749 Weber: Thermae Wisbadenses, S. 30–31.
750 Schenck: Geschicht-Beschreibung, S. 448–449.
751 Renkhoff: Mittelalter, S. 249. – Roth: Geschichte und historische Topographie, S. 523.
752 HHStA: Abt. 211, Nr. 14214, Bl. 115. – Th. Schüler: Zur Geschichte der älteren Badhäuser Wiesbadens, Alt-Nassau Jg. 20, Nr. 5, S. 17.
753 Otto: Juden, S. 130, 147.
754 Schenck: Geschicht-Beschreibung, S. 449.
755 Bembenek: Jüdisches Badhaus, S. 103, 117.
756 Martin: Deutsches Badewesen, S. 139.
757 Bembenek: Jüdisches Badhaus, S. 107.
758 Th. Schüler: Zur Geschichte der älteren Badhäuser Wiesbadens, Alt-Nassau Jg. 20, Nr. 6, S. 22.
759 Th. Schüler: Zur Geschichte der älteren Badhäuser Wiesbadens, Alt-Nassau Jg. 20, Nr. 6, S. 23.
760 HHStA: Abt. 210, 11562, Bl. 107ff. – Th. Schüler: Geschichte der älteren Badhäuser, Serie Wiesb. Tagblatt, Weißes Roß und Römerbad, 23.11.1913.
761 Rullmann: Wiesbaden u. s. Heilquellen, S. 49. – Struck: Goethezeit, S. 49.
762 Struck: Biedermeier, S. 144.
763 Müller-Werth: Geschichte und Kommunalpolitik, S. 118, 226. – Schürmann: Kur- und Fremdenverkehr, S. 78–79. – Die Entwicklung des Kur- und Fremdenverkehrs. In: Wiesbadener Tagblatt v. 17.11.1935.
764 Rompel: Wirtschaftliche Entwicklung von Wiesbaden, S.16, 21, 45, 50, 79.
765 Peez: Heilquellen, S. 367ff.
766 Mordhorst: Wiesbaden als Terrain-Curort.
767 Pfeiffer: Wiesbaden als Curort, S. 40.
768 Richter: Heilsamer Aufenthaltsort, Zuverlässigkeit von Winterkuren. – Peez: Ueber den Werth Wiesbadens. – Pagenstecher: Wiesbaden als Winterkurort. – Heyman: Mineralquellen und Winteraufenthalt.
769 Wetzler: Gesundbrunnen, Zweyter Teil, Neue Ausgabe, S. 87.
770 Pfeiffer: Wiesbaden als Curort, S. 83.
771 Friedländer: Kaiser-Friedrich-Bad, S. 1.
772 Jesberg: Kaiser-Friedrich-Bad, S. 133.
773 Friedländer: Kaiser-Friedrich-Bad, S. 4–55. – Zur Einweihung des Kaiser Friedrich Bades. Wiesbadener Bade-Blatt, 47. Jg., Nr. 88 v. 29.3.1913.

Prunkvolle Zeiten - Preußisches Staatstheater und neues Kurhaus

Das preußische Staatstheater

Theater als Teil der Kur

Dem Theater kommt in Wiesbaden bereits seit dem Beginn des 19. Jahrhunderts eine große Bedeutung zu: zum einen für die Befriedigung der Ansprüche des Hofes und der Gäste der Stadt, zum anderen aus Gründen der Repräsentation. Von der Eröffnung des alten Theaters im Jahr 1827 bis zum Ende der 1880er Jahre hat sich die Einwohnerzahl Wiesbadens verzehnfacht. Kurgäste und Besucher, deren Zahl mittlerweile jährlich weitaus größer als die der Einwohner ist, bedeuten ein großes Potential an Theaterbesuchern. An der Kasse des alten Hauses müssen oft Hunderte von Personen abgewiesen werden, weil das Platzangebot erschöpft ist.[774]

Wohin mit dem neuen Theater?

Bald ist es nicht mehr eine Frage, ob ein neues Theater gebaut, sondern vor allem, wo es stehen und wie es aussehen soll. Das alte Theater befindet sich zwischen Schloß, Kurhaus und Kochbrunnen in bevorzugter Lage. Der neue Bau muß den gleichen Anspruch erfüllen, soll aber die ausgewogenen Strukturen des Kurbezirks nicht beeinträchtigen. Die klassizistische Komposition von altem Kurhaus und Kolonnaden darf nicht angetastet werden. So schlägt schon der älteste, von Philipp Hoffmann 1860 auf Wunsch des Herzogs entwickelte Plan den später gewählten Platz hinter der neuen Kolonnade vor. Allerdings sieht er den Eingang für das Publikum vom Warmen Damm her vor.[775]

In der Diskussion kommen Befürchtungen auf, daß die als Ladenstraße mehr als heute genutzte Kolonnade in ihrer Funktion beeinträchtigt werden könnte; auch gehe ein zu großer Teil der Anlagen des Warmen Damms verloren. Aus der Bürgerschaft wird angeregt, das Theater im Mittelpunkt der nach Süden und Westen wachsenden Stadt zu bauen, etwa auf dem Gelände der Artilleriekaserne zwischen Kirchgasse, Rhein-, Schwalbacher und Luisenstraße. Es gibt Denkschriften und Vorschläge von Architekten, die sich für ein Theater auf dem Dernschen Gelände einsetzen.[776] Andere favorisieren einen Platz an der Wilhelmstraße, in der Achse der verlängerten Friedrichstraße.[777] 1887 beschließt der Gemeinderat überraschend einen bis dahin wenig beachteten Plan, das Theater auf dem hinteren Teil des Warmen Damms längs der Paulinenstraße, mit Front zum Kurhaus zu errichten.

Der Kaiser entscheidet

Es ist charakteristisch für diese Zeit, daß am Ende, trotz des Gemeinderatsbeschlusses, das Wort des Kaisers den Ausschlag gibt. Er entscheidet im Dezember 1889 persönlich die Debatte zugunsten des Anbaus hinter der neuen Kolonnade. Der Haupt-

Das Königliche Hoftheater hinter der neuen Kolonnade, Schauseite zum Warmen Damm (nach einer Photographie von Karl Schipper, Wiesbaden)

eingang muß jedoch so integriert werden, daß der Gesamteindruck der Säulenreihe nicht beeinträchtigt wird. Es ist der schon von Philipp Hoffmann 1860 vorgesehene Platz, allerdings mit einer um 180° gedrehten Längsachse. So entsteht das Kuriosum, daß die repräsentative Schaufront des Theaters zum Warmen Damm gerichtet ist und die herrschaftliche Auffahrt unter dem sechssäuligen Giebelportal nicht von den Kutschen der Theaterbesucher, sondern von Kulissenbauern und Bühnenarbeitern benutzt wird (Wiesbadener Kulissenarchitektur!).

Aus dem ausgeschriebenen Wettbewerb gehen die Wiener Architekten Fellner und Helmer als Gewinner hervor. Sie schaffen in nur zweijähriger Bauzeit ein Theater, das den pomphaften Neigungen des Kaisers entspricht. Die Monumentalität des Bauwerks verändert das Erscheinungsbild der Stadt an einer entscheidenden Stelle.[778] Fachleute bezeichnen das Äußere als „schlanke Hochrenaissance", bei den plastischen Zierformen trete ein „fröhlicher" Barockgeist hervor, der auch im Innern vorherrsche.[779]

Die feierliche Eröffnung findet am 16. Oktober 1894 statt. Wiesbadens Straßen verwandeln sich in eine Theaterszenerie, die die Stadt zu einer einzigen Bühne macht. Der Kaiser, als Hauptdarsteller, zieht in einem unvergleichlichen Triumphzug ein.[780]

Auf dem Weg vom Bahnhof zum königlichen Schloß wohnt er noch der Enthüllung des seinem Großvater Wilhelm I. gewidmeten Denkmals am Warmen Damm bei. Gegen 18 Uhr betritt er die Königliche Loge, wo er mit Fanfarenstößen und der Kaiserhymne begrüßt wird. Die Vorstellung beginnt mit einem Festspiel des neuen Intendanten Georg von Hülsen: Wisbadensia, an der heißen Quelle sitzend, spricht mit den Göttinnen des Schauspiels, der Musik und der Baukunst. Es folgt der zweite Akt der Wagner-Oper „Tannhäuser". Noch am gleichen Abend verläßt der Kaiser die Stadt wieder, von der vieltausendköpfigen Menge enthusiastisch gefeiert.

„Wiesbadener Festtage", Zeichnung von A. Wald (Deutsche Illustrierte Zeitung). Oben: Abfahrt des Kaisers; darunter: In der Königsloge des Hoftheaters; unten: Enthüllung des Kaiser Wilhelm(I.)-Denkmals in den Anlagen am Warmen Damm (16. Oktober 1894)

Maifestspiele

Derartige Spektakel steigern die Anziehungskraft Wiesbadens als Weltkurstadt. Die Person des Kaisers lockt immer größere Scharen von Kurgästen an. Eine nochmalige Steigerung bringen die 1896 erstmals veranstalteten „Kaiserfestspiele", wie man die Maifestspiele bis 1914 nennt. Das neue Theater bietet den prunkvollen Rahmen für höchste Ansprüche eines internationalen Publikums. Am Eröffnungsabend, in Gegenwart des Kaisers, wird Mozarts Oper „Die Zauberflöte" aufgeführt. Den Kern des weiteren Programms bilden Werke von Richard Wagner.

Christian Spielmann, der damalige Leiter des Wiesbadener Stadtarchivs, hebt unter den folgenden Maifestspielen, die nicht nur das Theater, sondern alle Aktivitäten von Hof, Theater und Kurverwaltung umfassen, das Jahr 1900 besonders hervor. Es stehe „unter einem ganz besonders günstigen Stern, wozu der längere Mai-Aufenthalt

Theater-Foyer, 1901/02 erbaut von Stadtbaumeister Felix Genzmer

S.M. des Kaisers und Königs wesentlich (beiträgt)".[781] Zu seinen Ehren wird eine Reihe von Festlichkeiten veranstaltet, die geeignet sind, „eine ungemein starke Zahl von Fremden unserer Bäderstadt zuzuführen". Es gibt eine Kaiserparade vor dem Kurhaus und den üblichen Blumenkorso um den Bowlinggreen. Da der Kaiser selbst mitfährt, beteiligen sich alle Fürstlichkeiten und angesehenen Persönlichkeiten mit ihren Equipagen. Auf der Blumenwiese findet zum ersten Mal ein internationales Tennisturnier mit feierlicher Preisverteilung statt.

Den Abschluß der Bemühungen, durch Niveauanhebung des neuen Theaters die Attraktivität der Stadt für Kurgäste und andere Besucher zu erhöhen, bildet die Errichtung eines Theaterfoyers, das in der ersten Bauphase nicht berücksichtigt war. 1901/02 erbaut der Stadtbaumeister Felix Genzmer im Winkel zwischen Kolonnade und östlichen Nebenräumen des Theaters einen barocken Foyerbau mit zweiläufiger Rampentreppe und reichem Interieur, der in seiner festlichen Eleganz „eine außergewöhnliche Architekturleistung des Späthistorismus" darstellt.[782]

Jahrmarkt der Eitelkeiten

Betrachtet man die Zeit um die Jahrhundertwende, so ist das Wiesbadener Kurleben im Frühjahr und Sommer eines jeden Jahres eine einzige Inszenierung, in der die Auftritte Kaiser Wilhelms II. (und der in seinem Gefolge anreisenden Vertreter des Hochadels, der Berliner Hofgesellschaft, arrivierter Künstler und Geldbarone der Großindustrie) den Ton angeben. Wenn dieser „Jet-Set" der Kaiserzeit im Frühjahr erscheint, putzt die Stadt sich heraus. Seit jeher haben diese Auftritte, die Ausritte des Kaisers ins Nerotal, der Blumenkorso oder eine Denkmalenthüllung, von Festspielen und Festbanketten gar nicht zu reden, nicht nur der Eitelkeit der Beteiligten geschmeichelt, sondern auch den Fremdenverkehr gefördert. Es ist sicher kein Zufall, daß Kurdirektor Hey'l ursprünglich vom Theater kam, wo er außer als Liebhaber auch in Heldenrollen auftrat. In seiner neuen Funktion kann er nun die ganze Stadt in ein den Neigungen des Kaisers entgegenkommendes riesiges Theater verwandeln.[783]

Wenn es Kaiser Wilhelm II. in dieser Hinsicht gewiß auf die Spitze getrieben hat, so gab es pompöse Auftritte regierender Herrscher zu allen Zeiten. Als theatralische Aufführung inszeniert war schließlich auch der Einzug des nassauischen Herzogspaars Adolf und Elisabeth von Nassau im Frühjahr 1844.[784] Die girlanden- und fahnengeschmückte Ehrenpforte an der Einmündung der Frankfurter in die Wilhelmstraße glich einem napoleonischen Triumphbogen, wenn auch nur aus Holz, Pappmaché und Papiergirlanden. Das Spalier zahlloser Ehrenabordnungen, das Defilee vor dem Schloß und der abendliche Fackelzug mit Serenade, die Festaufführung im Theater, der große Hofball mit Souper im Kurhaus waren Teil einer Festfolge, wie sie die herzogliche Residenzstadt kein zweites Mal erlebte.

Auch Kaiser Wilhelm I., ob seiner Bescheidenheit gern gerühmt, besuchte die Stadt zwar nicht so oft wie sein geliebtes (Bad) Ems, doch häufig genug. Ein Spektakel größten Ausmaßes war während seiner Regierungszeit die Einweihung des Niederwalddenkmals bei Rüdesheim. Der 28. September 1883 war in der an glanzvollen Tagen so reichen Geschichte der Weltkurstadt „einer der allerglänzendsten“, heißt es in den „Erinnerungen eines alten Wiesbadeners“.[785] Alle 22 deutschen Bundesfürsten oder deren Vertreter, die Bürgermeister der freien Hansestädte, Reichs- und Staatsminister, die Feldherren des deutsch-französischen Krieges, die höchsten Reichs- und Staatsbeamten versammelten sich in Wiesbaden, um sich von hier aus in Extrazügen nach Rüdesheim zu begeben.

Nach der Rückkehr vom Niederwald fuhren der Kaiser und alle Fürstlichkeiten unter dem Jubel der Einwohner und Fremden „durch die in eine via triumphalis umgewandelte Rhein-, Wilhelm- und Burgstraße zum Schlosse, allwo eine Galatafel stattfand“. Zu Ehren der fürstlichen Gäste wurde „die pomphaft mit Ehrenpforten, Fahnen und Wappen, Blumen und Girlanden geschmückte Stadt“ am Abend glänzend illuminiert. „Einen feenhaften Anblick“ bot der Platz zwischen Kursaal und Theater, wo die Namen der anwesenden deutschen Fürsten in Flammenschrift leuchteten, darüber im Giebel des Kurhauses die aus unzähligen Gasflammen zusammengestellte Siegesgöttin auf dem Viergespann.

Interessant ist die Unterbringung der damaligen Gäste. 1883 mußten noch viele der höchsten Fürstlichkeiten mit Privatquartieren vorliebnehmen. Prinz Wilhelm, der spätere Kaiser Wilhelm II., wohnte bei einer Frau von Maaßen in der Sonnenberger Straße Nr. 15, König Albert von Sachsen bei Herrn von Knoop an der Bierstadter Straße, Prinz Luitpold von Bayern in der Humboldtstraße Nr. 10, der Erbgroßherzog Bernhard von Sachsen-Meiningen und Erbprinzessin Charlotte, eine Schwester Kaiser Wilhelms II., bei der Prinzessin Elisabeth von Schaumburg-Lippe im Hainer Weg (heute Gustav-Freytag-Straße) Nr. 5. Die Liste der „Privatquartiere“ umfaßt an die zwanzig Häuser, in denen Prinzen, Fürsten und Großherzöge untergebracht waren. Nichtadeliges Publikum überschwemmte die Kurhotels.

Denkmalenthüllungen

Denkmalenthüllungen gestalten sich immer mehr zu spektakulären Ereignissen, besonders, wenn es um das Andenken deutscher Kaiser geht. Die Kurgäste fiebern schon Wochen vorher einem solchen Ereignis entgegen. So auch nach dem Tod des 99-Tage-Kaisers Friedrich III. Als Aufstellungsort des Denkmals hat seine Witwe, „Kaiserin Friedrich“, den Theaterplatz als den „allerbesten und vollkommensten Platz in Wiesbaden“ gewählt, – ohne Rücksicht darauf, daß dort schon das Friedrich Schiller-Denkmal steht. Schiller muß weichen.

Am 18. Oktober 1897 findet die feierliche Enthüllung des Denkmals statt.[786] Längs der Wilhelmstraße sind festlich hergerichtete Zelte aufgestellt, für die Tribünen müssen Eintrittskarten ausgegeben werden, eine unüberschaubare Menschenmenge findet sich ein. Während der Anfahrt der Majestäten ertönen Fanfaren „historischer“ Trompeter. Pathetische Deklamationen, großes Zeremoniell und Hymnen für Chor, Orchester und Posaunen vermitteln die Illusion, große Oper im Staatstheater zu erleben. Verdi und Wagner hätten ihre Freude gehabt. Der Platz heißt von da ab Kaiser-Friedrich-Platz.

Die Feier zu Ehren seines Vaters muß Kaiser Wilhelm II. tief beeindruckt haben. Noch am gleichen Tag übergibt er der Stadt als „Gnadengeschenk“ (Wortlaut des kaiserlichen Handschreibens) für ihren gegenwärtigen und für künftige Oberbürgermeister eine goldene, wie sich später herausstellen sollte, jedoch nur aus vergoldetem Silber gearbeitete, mit Saphiren, Amethysten und Rubinen besetzte Amtskette. Der römische Limes, für den sich der Kaiser in besonderem Maße interessiert, bildet das Motiv für die Gestaltung der Kette, die heute nur noch ein museales Dasein fristet.

Eine ähnliche, wenn auch längt nicht so großartige Inszenierung hatte drei Jahre vorher der Warme Damm erlebt. 1888 war Kaiser Wilhelm I. gestorben, dem man in Wiesbaden nicht vergessen hatte, daß er 1866, nach der Besetzung durch Preußen, den Nassauern versöhnlich gegenübergetreten war. Bis 1884 war er häufig in der Kurstadt zu Gast.

Kein Wunder, daß man in Wiesbaden, kaum daß er gestorben war, begann, Geld für ein Denkmal zu sammeln. Das Standbild wurde von dem Bildhauer J. Schilling geschaffen. Zur Einweihung am 16. Oktober 1894 fuhr der Enkel, Wilhelm II., unter Glockengeläut und dem Jubel tausender Menschen vom Taunusbahnhof durch ein Spalier der Wiesbadener Garnison zum Warmen Damm. Dort erwartete ihn das übliche Zeremoniell: Präsentiermarsch, Ehrenkompagnie, Senken der Fahnen, Hochrufe auf den Kaiser, Festreden. Dennoch war es, mehr als andere, ein Denkmal der Bürger Wiesbadens. Der Sockel trägt die Inschrift: „Wilhelm I. Die dankbare Stadt Wiesbaden“.[787]

Wiesbaden als „Pensionopolis“

Wenn bei dem Denkmal für Kaiser Wilhelm I. von den dankbaren Bürgern der Stadt Wiesbaden die Rede ist, darf ein kurzer Hinweis auf den in preußischer Zeit entscheidend veränderten Charakter der Stadt nicht fehlen. Der allgemeine Wohlstand beschränkt sich in diesen Jahren nicht nur auf die „besseren Kreise“ der städtischen Gesellschaft. Auch der einfache Bürger hat daran Anteil, da die vielfältigen Beschäftigungsmöglichkeiten in der Kur-, Fremdenverkehrs- und Unterhaltungsindustrie zwischen 1880 und 1910 gutes Geld unter die Leute bringen. Daß diese „goldenen Jahre“ zu einem nicht geringen Teil der Sympathie des Kaiserhauses für die Stadt zu verdanken sind, wird auch von dem Teil der Bevölkerung anerkannt, der nicht in den Festrausch der kaiserlichen Auftritte einbezogen ist.

Ein weiteres kommt hinzu. Wiesbaden ist keine Industriestadt und auch keine Handelsmetropole. Seine Vorzüge liegen in den hervorragenden Kureinrichtungen, den landschaftlichen Reizen und dem lebhaften gesellschaftlichen Leben. Zu den Beinamen „Weltkurstadt“ und „deutsches Nizza“ gesellt sich mehr und mehr der Ruf einer Stadt der Rentiers und Pensionäre, die von den Erträgen ihres meist nicht unbeträchtlichen Vermögens leben. Dr. Leo Katzenstein, ein Kurarzt jener Jahre, schreibt in einer von der Stadt Wiesbaden preisgekrönten Schrift: „Wiesbaden ist ein Pensionopolis im vollsten Sinne des Wortes.“ Hier leben (im Jahr 1908) „etwa 400 pensionierte Offiziere, unter diesen allein 60 Generäle, (...) etwa 250 beträgt die Zahl der hier wohnenden Millionäre. Wiesbaden ist die zweitreichste Stadt unseres Vaterlandes.“[788]

Das neue Kurhaus

Vorbereitungen

In die Zeit, als Wiesbaden seinen Höhepunkt als Weltkurstadt erlebt, fällt der Bau des neuen Kurhauses als zentrales Ereignis. Schon im Zusammenhang mit den Plänen für das neue Theater haben Überlegungen zu einem Neubau eine Rolle gespielt. Sie werden nach 1877 unter Kurdirektor Ferdinand Hey'l verstärkt fortgeführt. Nach seinem Tod (1897) tritt sein Nachfolger, Otto von Ebmeyer, mit einer Denkschrift „Die Wichtigkeit der Kurhausneubaufrage für Wiesbaden" an die Öffentlichkeit.[789] Er verweist auf die im Laufe der Jahre verschlissenen und rückständig gewordenen Einrichtungen des alten „Kuretablissements" und betont die Notwendigkeit einer baldigen Änderung. Angesichts der ständig steigenden Besucherzahlen ist der Abbruch des Zaisschen Hauses, von Kunsthistorikern bedauert, eine Notwendigkeit.

Auch hier ist die Standortfrage Gegenstand widersprüchlicher Vorstellungen.[790] Eine für die Vorbereitung des Neubaus eingesetzte Kommission stellt 1898, abweichend von bisherigen Plänen, den Antrag, das neue Kurhaus unter Beibehaltung des alten hinter diesem zu errichten und es während der Bauarbeiten weiter zu betreiben. In einem Kommissionsbericht der Stadtverordnetenversammlung wird sogar der Vorschlag gemacht, ein zweites Kurhaus, unter Erhaltung des alten, hinter dem Kurhausweiher zu bauen.

Hinter diesen Plänen verbirgt sich das Bemühen, das schwierige Problem zu lösen, wie die Zeit zwischen der Niederlegung des alten und der Fertigstellung des neuen Hauses zu überbrücken sei, ohne den Fremdenzustrom in dieser Zeit zu beeinträchtigen. Wenn man das neue Haus an der Stelle des alten errichtet, gibt es einen Bruch, der zu einem schweren Rückschlag für den Kurbetrieb führen muß. Als denkbare Lösung bietet sich die Verwendung des Paulinenschlößchens als Kurhausprovisorium an. Der endgültige Beschluß fällt, als im Jahr 1901 die städtischen Körperschaften dieser Lösung zustimmen. 1903 erhält der Münchener Professor Friedrich von Thiersch, einer der bedeutendsten Architekten Deutschlands in jener Zeit, den Auftrag zur Ausarbeitung der Pläne. Er legt sie noch im gleichen Jahr dem Kaiser vor, der sie im Prinzip genehmigt.

Das Bauwerk

Die Bauarbeiten beginnen im Januar 1905. Von der Architektur her bleibt das Äußere des Bauwerks im Rahmen der Zaisschen Formen, die es „vergröbernd monumentalisiert". Bei der Ausgestaltung der Räumlichkeiten vereinigt Thiersch „Historismen und gründerzeitlichen Pomp" zu äußerster Prachtentfaltung. Er verwendet weißen Marmor aus den Steinbrüchen von Carrara, grünen Serpentin und schwedischen Granit. Zur Bauausführung zieht er zahlreiche Bildhauer, Maler, Dekorateure und Kunsthandwerker, meist aus München, heran. Die Großzügigkeit des Architekten, der sich der Rückendeckung durch den Kaiser sicher sein kann, führt zu einer Steigerung der Baukosten von 3,15 auf 6 Millionen Goldmark.[791]

Das neue Kurhaus (erbaut 1904–07)

Von historischem Interesse ist der Kleine Konzertsaal (Christian Zais-Saal). Schon bei der Ausschreibung hat das preußische Kultusministerium in Berlin von Thiersch zur Auflage gemacht, einen Saal des neuen Kurhauses in engster Anlehnung an den alten Kursaal unter Verwendung der originalen Decken, Säulen usw. zu gestalten.[792] Auf diese Weise soll wenigstens formal die Tradition bewahrt und eine Kontinuität hergestellt werden, da der alte Kursaal als einer der schönsten Säle Deutschlands gilt.

1904 präsentiert der Architekt eine Lösung, mit der er den Zaisschen Saal von 1810 im neuen Haus weiterleben läßt. Er rekonstruiert ihn verkleinert und um 90° gegenüber der neuen Eingangshalle versetzt als Kleinen Konzertsaal. Er verwendet die Marmorsäulen des alten Saales. Sie werden lediglich maschinell abgedreht und neu poliert. Kapitelle und der umlaufende Fries mit den goldfarbenen Darstellungen des Vogels Greif werden originalgetreu nachgearbeitet. Die in Gold und Weiß kassettierte Decke schwingt von der Empore zum Oberlicht. Die wertvollen Empire-Kronleuchter bleiben ein Blickfang des Saales. An der Eingangswand, heute wenig beachtet, werden die Kopien der Marmorbüsten, rechts des Ares Borghese und links des Menelaos der Pasquino-Gruppe, aufgestellt. Sie gehören zu den nach antikem Vorbild geschaffenen

Büsten des alten Kurhauses. Von der Büste des Menelaos (links vom Eingang) hatte 1826 J. Philipp Zimmermann geschrieben: „Das Gesicht des Helden ist voll Adel und Grazie, und in dem stark hervortretenden Barte liegt jene hohe göttliche Kraft, wie sie uns Homer von diesem Heros in seiner Iliade geschildert; auch der reich gezierte Helm erhöht die Majestät dieses berühmten spartanischen Königs."[793]

Ärger im Muschelsaal

Die feierliche Einweihung ist auf den 11. Mai 1907 festgesetzt. Der Kaiser kommt einige Tage vorher zur Vorbesichtigung, Sie fällt zu seiner vollen Zufriedenheit aus. Ärger gibt es nur im Muschelsaal. Eine Zeitzeugin schreibt: „Hier gab es 'dicke Luft'. Majestät äußerten sich sehr ungehalten über die Plakatmalerei der Fresken des von ihm 'leidenschaftlich abgelehnten' Jugendstilmalers Fritz Erler." Thiersch muß eine Strafpredigt über sich ergehen lassen, daß er die Bildfolge des Münchener Malers „eingeschmuggelt" habe.[794] „Schade, daß er so wenig Blick für das Gute in der neueren Kunst hat", meint hinterher Friedrich von Thiersch bedauernd. Die farbenfrohen Jugendstilfresken („Jugend und Alter" und die vier Jahreszeiten) bleiben ebenso unbeachtet, wie die beiden Damen in den seitlichen Nischen, Kopien der Venus von Medici und der badenden Venus von Canova aus carrarischem Marmor, die ebenfalls aus dem alten Kurhaus in die neue Ära hinübergerettet wurden.

Die Tradition der zahlreichen Statuen aus Carraramarmor des alten Kurhauses, die bis auf die genannten Ausnahmen anscheinend verkauft worden sind, führen vier überlebensgroße Statuen in der Wandelhalle fort. Den Eingang zum Großen und Kleinen Konzertsaal (Friedrich von Thiersch- und Christian Zais-Saal) flankieren auf hohen Podesten Marmorkopien des Asklepios nach einem Bronzeoriginal aus der Mitte des 5. Jahrhunderts v. Chr., der Athena Lemnia nach einer Erzstatue des Phidias auf der Akropolis von Athen, des Apollon Barberini nach einem Werk aus der Schule des Phidias, Ende des 5. Jahrhunderts v. Chr., und der Eirene, Verkörperung der Göttin des Friedens, mit Plutosknaben, der Reichtum und Fülle symbolisiert, Kopie einer Erzstatue auf dem Markt von Athen aus dem 4. Jahrhundert v. Chr. Farbenprächtige Mosaiken römischer Gottheiten: Neptun, Diana, Venus und Apollo in den Zwickeln des zentralen Kuppelbaus erinnern an Thermen im alten Rom.

Nicht fehlen darf ein Bildnis des Kaisers selbst. Ein ungenannter Autor des Stuttgarter „Schwäbischen Kurier" wird darüber im Wiesbadener Tagblatt vom 12. Mai 1907 zitiert. Der Stuttgarter Akademieprofessor Robert Weise, dem der Kaiser persönlich Modell saß, habe ein Gemälde geschaffen, das „getrost unter den Siegen der lebendigen Kunst gebucht" werden dürfe. „Unter dem Säulenarchitrav eines Lustschlosses in antiken Formen ist der Kaiser stehend in weißer Kürassieruniform mit dem orangefarbenen Band des Schwarzen Adlerordens mit dem Marschallsstab in der Hand dargestellt. (...) Mit gesammelter Kraft, ernstem Pflicht- und Selbstbewußtsein" blicke er dem Betrachter entgegen, „eine Verkörperung des monarchischen Gedankens ohne Pose und Phrase (...)". Das Bild hat die Zeiten – und den Zweiten Weltkrieg – überstanden. Ebenso, in bescheidenem Kontrast, die zwei Säulen des Portikus von

1810 mit einem Stück des Architravs, die man 1907 zur Erinnerung an den Zaisschen „Cursaal" am Aufgang vom Nizzaplätzchen zum Hügel des früheren Eiskellers wieder aufgestellt hatte.

Die Einweihungsfestlichkeiten

Am Tag der Einweihung wogt in allen Anfahrtstraßen eine bunte Menge Menschen hinter dem Spalier der kranzgeschmückten und weißgekleideten Schulkinder. Zum Empfang trinkt der Kaiser, in der Uniform des 1. Leibhusaren-Regiments, aus dem von Wiesbadener Goldschmieden gestifteten Pokal 93er Neroberger, feinste Trockenbeerenauslese – „auf das Wohl der Stadt Wiesbaden und ihrer Bürger". Bei der Besichtigung des Hauses muß auf allerhöchsten Befehl der „anstößige" Muschelsaal gemieden werden. Die Majestäten mit Gefolge zwängen sich stattdessen durch den engen, niedrigen Gang hinter der Bühne des Großen Saals, wobei sich der Adjutant des Kaisers, körperlich ein Riese, böse den Kopf gestoßen haben soll.

Danach wirft die Hofgesellschaft einen Blick auf den umgestalteten Kurpark. Der Konzertplatz ist durch Zuschütten eines Weiherstreifens vergrößert und dafür der Teich im hinteren Teil des Parks erweitert worden.[795] Die kleine Brücke am Ende des Weihers hat man abgerissen, da sie nach Ansicht des Gartenbaudirektors Heinrich Zeininger „nicht mehr in das neue Landschaftsbild" passe.[796] An der Südseite des Konzertplatzes wird ein neuer Konzertpavillon errichtet. Schon seit 1905 bildet das pompöse Gustav-Freytag-Denkmal den Abschluß des Kurparks nach Osten. Zwei Jahre später kommt das weitaus bescheidenere Denkmal des Kurdirektors Ferdinand Hey'l hinzu. Der Park erhält eine neue, mit ihren geschwungenen Linien an Jugendstilformen erinnernde eiserne Einfriedung, die heute noch vorhanden ist.

Beim Galakonzert am Nachmittag kommt der Reporter des Wiesbadener Tagblatts ins Schwärmen: „Die bunten Uniformen, mit Orden besät, die dunklen, vielfach mit Dekorationen geschmückten Fracks, die Galakleidung der Damen mit dem blitzenden Schmuck und dem oft sehr vorteilhaft wirkenden 'Dekolté' (...), das alles gab ein Bild von köstlichem Reiz, ein Bild, wie es den Meister Menzel zu einer seiner farbenfreudigen Gouache-Interieurs begeistert hätte."[797] Der Kaiser läßt auf sich warten. Man schwitzt. Endlich erscheint das Kaiserpaar, die Kaiserin „in brillantbesetzter, fliederfarbener Seidenrobe mit einem prachtvollen Brillantendiadem". In ihrer Begleitung Großherzog und Großherzogin von Hessen, Prinz und Prinzessin von Schaumburg-Lippe, Prinz August Wilhelm von Preußen mit Prinzessin Alexandra von Schleswig-Holstein-Glücksburg-Sonderburg. Über der Fürstenloge schwebt ein von einer Krone gehaltener Baldachin aus reiner Seide, mit breiten Bordüren und Kronenfransen.

Nach „dreifachem enthusiastischem Hochruf" wird mit Webers Freischütz-Ouvertüre begonnen, „so echt deutsch in seiner Empfindung und Aussprache". Auf Händels Siegesgesang „Seht, er kommt mit Preis gekrönet", gesungen von dem durch Hofopernsängerinnen verstärkten Frauenchor des Cäcilien-Vereins und gestützt von der neuen Orgel, folgen Beethovens Dritte Leonoren-Ouvertüre und die Ouvertüre zu

Einweihung des neuen Kurhauses.
Ansprache des Oberbürgermeisters v. Ibell vor Kaiser Wilhelm

Wagners Tannhäuser. Dazwischen, echt deutsch, sind eingestreut „Der gute Kamerad", „Lore vor dem Tore" und Mendelssohns „Wem Gott will rechte Gunst erweisen". Mit dem „Huldigungsmarsch" von Richard Strauß ist das Konzert zu Ende.

Nachdenkliches

Der demonstrativ zur Schau gestellte Prunk des neuen Kurhauses und das Überschäumen eines geradezu barocken Lebensgefühls lassen den eigentlichen Bestimmungszweck der Kureinrichtungen, die Heilung menschlicher Gebrechen, fast vergessen. Von Krankheit, Kur und Genesung ist kaum noch die Rede. Folgerichtig weist das lateinische Spruchband im Fries des Großen Saals mehr auf den Stolz über das „In der Ära Kaiser Wilhelms II." erbaute neue Kurhaus hin als auf seinen eigentlichen Zweck, den man lediglich in dem Nebensatz „... UT RECREANTUR AEGROTANTES ..." („damit die Kranken geheilt werden") kurz erwähnt.

Schon im März 1906 war in der Zeitung Kritik angeklungen: „Daß das neue Kurhaus in seinem ganzen Zuschnitte auf nichts weiteres hinauskommt, als auf ein großes Restaurant, ist in vielen Zuschriften neuerdings erörtert worden. Daß aber für öffentliche Kurzwecke, d.h. für die Wiesbaden aufsuchenden Kranken, so gar nichts vorgesehen ist in all den projektierten Neugestaltungen, muß füglich befremden."[798]

Eine nur noch auf Steigerung bedachte Kur- und Fremdenverkehrsindustrie hat im Schlepptau der Prachtentfaltung des kaiserlichen Hofes die Sorge um den kranken Menschen zurückgedrängt. Die Tagespresse schreibt: „Auf dem königlichen Schloß weht die Kaiserstandarte. Kaiser Wilhelm II. weilt wieder einmal als hochwillkommener Gast in Wiesbadens Mauern. Und vor ihm und mit ihm sind Tausende und Abertausende von anderen Gästen bei uns eingekehrt (...). Ein Blick in die Hotels zeigt, daß die Wiesbadner Frühjahrssaison ihren Höhepunkt erreicht hat. Alle unsere schmucken, eleganten Fremdenhäuser sind überfüllt."[799]

Die Einwohner Wiesbadens sind zufrieden. Sind sie es wirklich? Gewiß, ein großer Teil der Bevölkerung profitiert vom Kur- und Bädergeschäft. Doch mit dem überzogenen Prunk der Kaiserzeit kommen mehr und mehr auch die Schattenseiten zum Vorschein. Den Abstand von arm und reich, den es auch „zu Kaisers Zeiten" gab, verdeckt für wenige Jahre ein theatralischer Hurrapatriotismus, der jedoch auf tönernen Füßen steht (wie das schnelle Ende der kaiserlichen Pracht gegen Ende des Ersten Weltkrieges sehr deutlich offenbaren sollte). An diese stille Not, die man nicht sehen will, soll hier nur erinnert werden, sie ist nicht Gegenstand des Buches.

---

774 Cyperrek: Prüfe Alles und wähle das Beste!, S. 3.

775 Müller-Werth: Städtebauliche Gestaltung, S. 246–253. – Vollmer: Nass. Hoftheater, S. 62.

776 Ewerbeck/Neumeister: Rathausbau-Concurrenz und Theaterneubau-Frage. – Lemcke: Rathausbau, S. 3ff.

777 Cyperrek: Prüfe Alles und wähle das Beste!, S. 13.

778 Bubner: Wiesbaden, Baudenkmale, S. 77.

779 Cyperrek: Prüfe Alles und wähle das Beste!, S. 27.

780 v. Hase: Wiesbaden, S. 144.

781 Spielmann: Kurhaus, S. 162.

782 Bubner: Wiesbaden, Baudenkmale, S. 79.

783 v. Hase: Wiesbaden, S. 143.

784 W. Schüler: Herzog und Hof, S. 69.

785 Die Anwesenheit der deutschen Bundesfürsten in Wiesbaden am Tage der Einweihung des Niederwalddenkmals. In: Rheinische Volkszeitung v. 20.9.1933 (Sammlung Gärtner; StadtAWi).

786 Baumgart-Buttersack: Kaiser Friedrich III., S. 14–15.

787 Baumgart-Buttersack: Kaiser im Park, S. 25–26. – Dies.: Historisches Monument, S. 16.

788 Katzenstein: Heilfaktoren, S. 57.

789 v. Ebmeyer: Kurhaus.

790 Flindt: Kurhaus-Neubau. – Müller-Werth: Städtebauliche Gestaltung, S. 250, 256. – Funk: Architekt Wilhelm Bogler, S. 29–35, behandelt den ursprünglichen Plan Boglers für einen Kurhaussaalbau hinter der Neuen Kolonnade, den Flindt später aufgriff und, modifiziert, als Kurhausprovisorium hinter der Alten Kolonnade errichtet sehen wollte.

791 v. Thiersch: Kurhaus, S. 12–14. – v. Hase: Wiesbaden, S. 146 – Baumgart-Buttersack: Weißer Marmor.

792 Müller-Werth: Städtebauliche Gestaltung, S. 256–257.

793 Zimmermann: Wiesbaden, S. 55. – Für die Neubestimmung der beiden Marmorbüsten habe ich Frau Dr. Elke Böhr, Wiesbaden, zu danken.

794 Fischer-Dyck: Kurhaus.

795 Dorn: Kurpark, S. 23.

796 Zeininger: Entstehung der Kuranlagen.

797 Die Einweihung des neuen Kurhauses. In: Wiesbadener Tagblatt v. 12.5.1907, Morgenausgabe.

798 E. Pfeiffer, in: Rheinischer Kurier v. 23.3.1906, zit. nach v. Hase: Wiesbaden, S. 147.

799 Müller-Werth: Geschichte und Kommunalpolitik, S. 114.

Quellen, Brunnen und die Kur im 20. Jahrhundert

Bestandsaufnahme

Primär- und Sekundärquellen

Wir kommen, zusammenfassend, noch einmal auf die Unterscheidung von Primär- und Sekundärquellen zurück. Das Thermalwasser der Wiesbadener Primärquellen steigt unmittelbar aus Spalten oder Spaltensystemen an der Grenzscheide zwischen dem Südrand des Rheinischen Schiefergebirges und dem im Tertiär abgesunkenen Oberrheingraben auf. Bis zur Sanierung nach dem Zweiten Weltkrieg strömte es in künstlich angelegte Quellfassungen (Tümpelfassungen). Diese Einfassungen saßen nicht unmittelbar auf den Zubringerspalten im Serizitgneis, sondern bildeten flache Becken in den darüberliegenden wasserdurchlässigen Bodenschichten.[800]

Sekundärquellen sind in ihrer ursprünglichen Form geschürfte „Kiesquellen", die zu Schachtbrunnen ausgebaut wurden, um den wenige Meter unter der Oberfläche fließenden Thermalgrundwasser-Strom zu fassen.[801] Nach vorherrschender Meinung erhalten sie ihr Wasser überwiegend aus dem Überlauf der Primärquellen, wobei eine Häufung solcher Quellen unterhalb des Kochbrunnens (in dem zur Wilhelmstraße abfallenden Gebiet südöstlich der Langgasse) und – weniger deutlich – unterhalb der Adlerquelle zu beobachten ist. Zusätzlich werden sie von Thermalwasser aus kleineren Spalten und Rissen im Grundgebirge gespeist, das sich im oberflächennahen Kies- und Lettenboden gleichmäßig verteilt.

Wie am Anfang dieses Buches näher ausgeführt, gibt es nach jüngeren Untersuchungen eine durchgängige, in Nord-60-65°-östlicher Richtung verlaufende Quellenspalte nicht. An keiner Stelle der Linie, die von Salmquelle/Kochbrunnen zur Adlerquelle und von dort zur Schützenhofquelle verläuft, ist man bei den häufig bis in den felsigen Untergrund reichenden Kanalbau- und Fundamentarbeiten auf schwellenartige Wasseraustritte gestoßen. Auch ein von der Schützenhofquelle zum Kaiser-Friedrich-Bad führender, trockener Tunnel spricht gegen eine durchgehende Quellenspalte. Dennoch dürfte die Hauptströmungsrichtung des Thermalgrundwasser-Stroms vom felsigen Untergrund des nach Osten verlängerten Schulbergs bestimmt werden, an dem sich das in großer Tiefe von Süden heranströmende Wasser staut, nach oben steigt, in Form von Primärquellen austritt und von dort der Neigung des Terrains zum Salzbach folgt.

Pariser-Hof-Quelle

Die Pariser-Hof-Quelle tritt seit Jahrhunderten unter einem Hintergebäude des Badhauses „Zum Spiegel" aus dem diluvialen Untergrund aus. Ihr Wasser floß früher aus Sammelkanälchen (Sickergalerie) in einen hölzernen, später gemauerten Brunnenschacht und wurde von dort mit natürlichem Gefälle in das Abkühlreservoir und schließlich in die Wannen des Pariser Hofs geleitet. Einiges spricht dafür, daß es sich hier um den 1637 von Ludwig v. Hörnigk erwähnten „vierdten Brunnen" handelt.[802]

Im Zusammenhang mit der Errichtung eines Autosilos am Kranzplatz wurde die Quelle 1957 neu gefaßt, die gemauerten Sickerkanäle durch geschlitzte Hagustarohre ersetzt und gegen eindringendes Oberflächenwasser abgedichtet.

Als während Bauarbeiten an den Fundamenten des Autosilos und später einer Tiefgarage für das Hotel „Rose“ das Wasser in den durch Spundwände gesicherten Baugruben wochenlang abgepumpt wurde, stiegen die Temperaturen auf maximal 70 °C. Das Wasser wurde durch das ununterbrochene Abpumpen offenbar bis zu den primären Quellspalten der Salmquelle abgesaugt.[803]

Eine Routineanalyse des Instituts Fresenius ergab 1983, lange nach Beendigung des Abpumpens, eine Temperatur der Quelle von 60,9 °C sowie einen Gehalt an gelösten Salzen von 8,386 mg/kg und 340 mg/kg an gelöster Kohlensäure. In den achtziger Jahren wurde die Quelle 3,5 Meter tief durch ein Filterrohr mit metallenem Brunnenkopf gesichert. 1990 betrug die Temperatur des Wassers, das nun endgültig wieder den Zustand einer vom Untergrundstrom gespeisten Sekundärquelle angenommen hatte, am Brunnenkopf 48,7 °C.[804]

Drei-Lilien-Quelle

Bevor wir uns dem Schicksal der Thermalquellen nach dem Krieg widmen, müssen wir noch auf die Drei-Lilien-Quelle eingehen. Sie wurde in den Jahren 1905 bis 1908 durch Zusammenlegen der Schachtbrunnen der Badhäuser „Goldene Kette“, „Weiße Lilien“ („Lilien“), „Vier Jahreszeiten“ und des städtischen Brühbrunnens an der Kleinen Webergasse geschaffen (die Quellen „k“, „l“, „m“ und „n“ des Winterschen Plans, s. S. 116). Die Temperatur aller vier Quellen lag 1880 bei 58–59 °C.[805]

Um die Rechte an diesen Quellen, die nach dem Prinzip kommunizierender Röhren untereinander in Beziehung standen, wurde seit jeher zwischen den Badwirten „mit harten Bandagen“ gestritten. Konnte doch die bloße Reinigung der Sohle eines Sammelkanals von Sinterablagerungen die Absenkung des Wasserspiegels der benachbarten Quelle und ein Nachlassen von deren Schüttung zur Folge haben. Einzelne Quellen wurden von mehr als einem Teilhaber genutzt, wobei jedem der Abnehmer genau definierte Mengen zustanden, die nicht mehr erfüllt wurden, wenn die Ergiebigkeit der Quelle nachließ. Dies löste regelmäßig Auseinandersetzungen zwischen den betroffenen Badwirten aus. Ähnliche Anlässe zu Streitigkeiten entstanden, wenn bei Kanalisations- und Bauarbeiten in der Umgebung der Boden aufgegraben und dabei eine Quelle beeinträchtigt wurde.[806]

Die Quelle der „Goldenen Kette“ („k“) lag an der Grundstücksgrenze des Badhauses zum Eckhaus Langgasse/Webergasse, die Quelle der „Weißen Lilie“ („l“) auf dem Grundstück Langgasse Nr. 53 (zwischen „Schwarzem Bock“ und „Goldener Kette“). Die Quelle „m“ auf dem Grundstück Kleine Webergasse Nr. 10 gehörte zum Badhaus „Vier Jahreszeiten“. Herzog Wilhelm hatte sie 1818 Christian Zais geschenkt. Die eher „diffuse“ Quelle „n“, die den Brühbrunnen versorgte, lag auf dem hinteren Teil des Grundstücks der „Goldenen Kette“. Hier liefen Sammel- und Ablaufkanäle so dicht nebeneinander her, daß ein Teil des Badewasserablaufs der „Goldenen Kette“ in den

Brühbrunnen gelangte. Über die heftigen Auseinandersetzungen bei der Erschließung einer Quelle für das Badhaus „Zu den vier Jahreszeiten“ und die Besitzverhältnise an der dabei von Christian Zais 1820 wiederentdeckten Quelle „m“ ist im Zusammenhang mit dem „Aufstand der Badwirte“ schon berichtet worden.[807]

Der „Schwarze Bock“ erwarb 1900 das Badhaus „Goldene Kette“ mit den Rechten an seiner Quelle, das dazwischenliegende Haßlersche Haus, Langgasse Nr. 53, auf dessen Gelände die Lilienquelle entsprang, und das Haus Kleine Webergasse Nr. 10, jedoch ohne die Rechte an der Quelle „m“. Damit lagen vier Quellen auf dem Gelände des „Schwarzen Bock“, die Rechte am Wasser dieser Quellen gehörten anteilig dem „Schwarzen Bock“, der „Weißen Lilie“, den „Vier Jahreszeiten“ und – wegen des Brühbrunnens – der Stadt.

In dieser Situation machten die Besitzer des „Bock“, Wilhelm und Karl Schäfer, den Vorschlag, die Quellen zu einer Quelle zu vereinigen und sie neu zu fassen. Gleichzeitig sollten dabei die Besitzverhältnisse vereinfacht und der hygienische Zustand verbessert werden.[808] Die Besitzer der beiden anderen Badhäuser wie auch die Stadtverwaltung erklärten sich einverstanden. Die Sammelstelle sollte an der Straßenseite des Hauses Kleine Webergasse Nr. 10 angelegt und die den Nutzungsberechtigten zustehenden Wasseranteile über Rohrleitungen zugeführt werden. Vertraglich wurde festgelegt, daß das Badhaus „Vier Jahreszeiten“ 34,6 %, die Stadtgemeinde Wiesbaden 24,7 %, der „Schwarze Bock“ 25,0 % und das Badhaus „Zu den Weißen Lilien“ 15,7 % erhalten sollten.

Die neue, in Granit gefaßte „Drei-Lilien-Quelle“ war 1908 fertiggestellt. Die Austrittstemperatur von 58,5 °C ensprach dem Mittel der vier Einzelquellen. Der Gewölberaum, erreichbar über eine gewundene Treppe von zwölf Stufen, war mit farbigen Majolikaplättchen ausgekleidet. In der Mitte befand sich eine Abflußröhre zur Entnahme für Trinkkuren, seitlich die Abläufe zu den berechtigten Badhäusern.

Leider entspricht der heutige (1999) Zustand der Quelle in der früheren Kleinen Webergasse, inzwischen um-

Drei-Lilien-Quelle

benannt in „An der Drei-Lilien-Quelle“, nicht mehr der Beschreibung von 1908. Ein Großteil der Majolikaplättchen und das Lilienwappen der Stadt sind zerstört, die rohe Mörtelwand liegt frei. Das Quellengewölbe ist verwahrlost, könnte aber restauriert werden.

Brühbrunnen und Bäckerbrunnen

Der Brühbrunnen in der Kleinen Webergasse diente ursprünglich zur Entnahme von Warmwasser (Brauchwasser) für Anwohner und benachbarte Badhäuser. Im 19. Jahrhundert entnahmen kleinere Abnehmer, Badhäuser ohne eigenen Brunnenanschluß und Pensionen, das Wasser zum Füllen von Wannenbädern. Es wurde am Brunnen in 50-Liter-Fässer abgefüllt und mit Fuhrwerken zu den Verbrauchern gebracht. Von

Bäckerbrunnen

dort erhielt auch das städtische Krankenhaus an der Schwalbacher Straße Thermalwasser für medizinische Bäder. Ärger gab es dabei immer wieder wegen des Lärms, den die Fuhrleute beim Abfüllen, Aufladen und Rangieren ihrer Pferdefuhrwerke machten.

Ein lebendiges Bild dieses Geschehens vermittelt die Abmahnung des Fuhrmanns Karl Kirchner durch die „Königliche Polizeidirektion“ vom 12. Juni 1907.[809] Es werde geklagt daß er am Brühbrunnen „zeitweise mehrere Wagen und Fässer in der Nähe der Füllstelle aufstellen lasse, so daß dadurch erhebliche Verkehrsstörungen in dem betreffenden Straßentheil verursacht worden“ seien. Außerdem lägen Beschwerden vor, daß mit dem Füllen der Fässer „Morgens in aller Frühe begonnen“ und „dasselbe in so geräuschvoller Weise“ ausgeführt werde, daß dadurch die Anwohner und „namentlich die in den benachbarten Badehäusern logirenden Badegäste in ihrer Ruhe gestört und erheblich belästigt“ würden.

Der Polizeidirektor Prinz von Ratibor verfügte daher, daß künftig nur noch ein Wagen zeitweise in der Nähe der Füllstelle so aufgestellt werden durfte, daß andere Fuhrwerke die Kleine Webergasse ungehindert passieren konnten. Während der Füllung eines Fasses durfte ein zweites leeres Faß auf der Füllstelle neben der Pumpe bereitgehalten werden, dagegen war das „Aufstellen oder Hinlegen weiterer Fässer auf der Straße untersagt, das gefüllte Faß (mußte) sofort wieder auf den Wagen geschafft werden“. Außerdem durfte mit dem Einfüllen „nicht vor 6 Uhr Morgens“ begonnen werden, und es war bei Ausführung der Arbeit „jeder Lärm durch lautes Rufen, sowie jedes unnütze Getöse durch Umherwerfen von Fässern“ zu vermeiden.

Der Bäckerbrunnen in der Grabenstraße diente außer dem Füllen von Fässern für innerstädtische Abnehmer auch zur Entnahme für Trinkkuren, was überwiegend Einheimische nutzten.[810] Der Name des Brunnens geht darauf zurück, daß in früheren Jahrhunderten die Bäcker hier warmes Wasser zum Anteigen des Mehls holten. Ursprünglich erhielt er sein Thermalwasser aus vier Quellen, die über mehrere Grundstücke an der Goldgasse verteilt waren. Ihr Wasser wurde durch Sammelkanäle, später in einer 90 Meter langen Zuleitung mit natürlichem Gefälle dem Bäckerbrunnen zugeführt. Hier floß es in einen eineinhalb Meter vertieft angelegten Raum mit zwei Auslaufstellen, einer für die Trinkkur, einer zum Füllen der Fässer. Zur Aufrechterhaltung der Ordnung setzte die Stadt einen Pächter ein, der für eine Jahrespacht von 600 Mark allein berechtigt war, das Wasser abzufüllen. „Infolge weiterer Steigerung der Nachfrage nach Thermal-Badewasser“ nahm auch hier der Verkehr an der „verhältnismäßig schmalen und verkehrsreichen Straße“ so zu, daß es immer häufiger zu Beschwerden von Anwohnern und Passanten kam.

1906 wurde ein Neubau errichtet, der diese „Unzuträglichkeiten“ mindern sollte. Das Thermalwasser gelangte nun über eine Verteilungskammer in einen unterirdischen Sammelbehälter von 76 Kubikmeter Inhalt. Von dort wurde es in zwei Behälter im Obergeschoß gepumpt und auf diesem Umweg der ebenerdigen Trinkstelle und den Entnahmestellen im Faßfüllhof zugeführt. Dort konnten an einer Hof-Umlaufstraße an drei Füllstellen mit je drei Zapfstellen drei Fuhrwerke gleichzeitig, ohne Behinderung des Verkehrs, ihre Fässer füllen.

Das Thermalwasser wurde nun gegen eine Gebühr von 5 Pfennigen je 50 Liter, also einer Mark für den Kubikmeter, abgegeben, so daß der Bezugspreis für ein Bad (200 bis 250 Liter) 20 bis 25 Pfennige betrug. Im Betriebsjahr 1907 wurden am Bäckerbrunnen rund 300.000 Fässer mit 50 Liter Inhalt, also 15.000 Kubikmeter Thermalwasser, abgegeben. Damit konnten „etwa 60.000 bis 70.000 Bäder gegeben werden". Die Abnahme war im Januar mit rund 6.300 Fässern am geringsten, im Mai mit rund 58.000 Fässern am höchsten (Tagesmaximum 2.700 Fässer). Zum Vergleich: Aus allen Thermalquellen der Stadt zusammen strömten täglich ca. 2.000.000 Liter Heilwasser aus, im Jahr also ca. 730.000 Kubikmeter. Das waren 14,6 Millionen 50-Liter-Fässer oder 3,0 bis 3,6 Millionen Bäder (ca. 10.000 bis 12.000 Bäder pro Tag).

In den dreißiger Jahren wurde der Bäckerbrunnen an ein Thermalwasser-Leitungssystem angeschlossen, das im Zusammenhang mit den Plänen zur Einrichtung einer Trinkhalle in der Brunnenkolonnade kreuz und quer durch das Bäderviertel verlegt wurde. Über dieses Leitungsnetz, in dem das Wasser von Kochbrunnen und Adlerquelle (später auch der Schützenhofquelle) durch ventilgesteuerte Abzweigungen in verschiedene Richtungen je nach Bedarf zu mehreren Abnahmestellen umgeleitet werden konnte, erhielt der Bäckerbrunnen das Rückflußwasser aus der 1937 eröffneten Trinkstelle in der Brunnenkolonnade, das trotz der langen Wegstrecke noch 50 °C heiß war.[811]

Die Zeit nach dem Ersten Weltkrieg

Besatzungszeit

Wiesbaden gehörte nach 1918 zum Besatzungsgebiet von Mainz. Ende 1920 gingen 17 Hotelbetriebe mit 1.335 Betten in ausländischen Besitz über. 14 Hotels und eine Pension waren beschlagnahmt, 11 Hotels für die Unterbringung der Militärverwaltung zweckentfremdet. Die Franzosen fühlten sich in Wiesbaden zunehmend wohl. 1922 besuchten viele ihrer Landsleute die Stadt, erstaunt „über die Schönheit dieser Kurstadt, die so malerisch auf den sieben Hügeln liegt, die sich um die Thermalquellen gruppieren" (Zitat General Mordacq, Befehlshaber des 30. französischen Armeekommandos).[812] In der Saison 1921 entwickelte sich eine Scheinblüte, ausgelöst durch den regen Ausländerbesuch aus valutastarken Ländern (und durch das in diesem Jahr gerühmte, besonders schöne Wetter). „Im Frühling 1921 war das ganze offizielle Paris nicht mehr in Paris, sondern in Wiesbaden," schrieb eine französische Zeitung. Man zählte 154.116 Fremde, im folgenden Jahr 168.923. Die Zahl der deutschen Besucher ging im Rechnungsjahr 1922/23 auf 60.011 (Vorjahr 81.498) zurück, die der Ausländer stieg von 72.618 auf 108.912 (eine Zunahme um fast 50 %).

Da die Hoteliers mit der sich beschleunigenden Inflation 1923 die Pensionspreise an die Dollarwährung anpaßten, aber auch, weil Engländer und Amerikaner unter dem Eindruck des Ruhrkampfs und der Unwägbarkeiten der Separatistenbewegung im Rheinland das französisch besetzte Wiesbaden mieden, war die Zeit der Scheinblüte schnell zu Ende. Der Kurbetrieb erholte sich danach nur langsam. 1927 zählte man wieder 157.000 Fremde bei 1.179.000 Übernachtungen, 1928 kamen 158.500 Fremde (1.143.000 Übernachtungen). Doch der Aufschwung war nicht von Dauer. Mit der 1929 einsetzenden internationalen Wirtschaftskrise wurde die Wiesbadener Kur von einem neuen Rückschlag betroffen, von dem sie sich lange nicht erholen konnte.

„Uralte Heilkraft, ewig junge Schönheit"

In den Jahren der nationalsozialistischen Herrschaft warb die Kurverwaltung mit dem Slogan „Uralte Heilkraft, ewig junge Schönheit". Dabei erntete die NS-Verwaltung viele Früchte, die in den Jahren davor gesät worden waren. Schon vor 1933 veranstaltete man Internationale Tennis-, Reit- und Automobil-Turniere („Rund um den Neroberg"); auf dem 1910 angelegten Flugplatz Mainz-Wiesbaden in Erbenheim, wo sich vor dem Ersten Weltkrieg die „high society" bei Pferderennen amüsiert hatte, strömten nun Einheimische und Fremde zusammen, um die Akrobatenstücke waghalsiger Kunstflieger zu bewundern.

In den Jahren 1932 bis 1934 entstanden die Reisinger- und die Herbertanlagen. 1934 wurde das Opelbad eröffnet. Der Gedanke, in Kurhausnähe eine Kochbrunnen-Trinkstelle zu eröffnen, kam auf, als die alte Anlage den Andrang von Kurgästen kaum noch bewältigen konnte. 1936 besuchten 139.218 Fremde die Stadt, darunter 38.331 Ausländer. Die Zahl der Übernachtungen betrug 929.349 oder 6,7 Übernachtungen pro Person bei über 6.000 Betten in Hotels und Pensionen.[813]

Die Brunnenkolonnade

Im Frühjahr 1937 wurde die seit Jahren geplante Kochbrunnen-Trinkstelle in der Brunnenkolonnade eröffnet. Mit ihr nahm die Stadt eine alte Tradition wieder auf. Im Westpavillon der Neuen Kolonnade an der Wilhelmstraße hatte es seit 1879 eine Trinkstelle gegeben, die ihr Wasser aus der Schützenhofquelle bezogen hatte.[814] Der neue Ausschank befand sich in einer halbkreisförmigen Rotunde, die eigens für diesen Zweck angebaut wurde. Die bis dahin zugige Wandelhalle wurde verglast, ein Café wurde eingerichtet, es gab Kurkonzerte, die Kurgäste konnten sich hier nun ebenso entspannt erholen wie in der Trinkhalle am Kochbrunnen. Zur Abrundung stellte man das Hygieia-Denkmal, das bis dahin im Hof des Museums, in einer Kiste verpackt, bessere Zeiten abgewartet hatte, an der westlichen Frontseite auf. Das Wasser für die neue Trinkstelle wurde durch eine in einem Erdschacht verlegte Porzellanrohrleitung von 65 mm Durchmesser vom Kochbrunnen durch die Taunus- und Wilhelmstraße zur Brunnenkolonnade geleitet.[815] Der Rücklauf erfolgte über das Brunnenkontor in der Spiegelgasse zum Bäckerbrunnen. Der Wärmeverlust war trotz des 1,5 Kilometer langen Weges gering. Das am Kochbrunnen über 65 °C heiße Wasser floß an der neuen Trinkstelle mit 60 °C aus dem Hahn.

Die im Krieg stark zerstörte Brunnenkolonnade wurde 1950/51 wieder aufgebaut. Versuche, den Kochbrunnenausschank wieder zu aktivieren, scheiterten jedoch trotz Instandsetzung der Thermalwasserleitung.

Die Sanierung der heißen Quellen nach 1945

Kriegsschäden

Der Fliegerangriff vom 2. Februar 1945 richtete im Wiesbadener Kurgebiet schwere Schäden an. Brandbomben trafen Kurhaus, Kolonnaden, Staatstheater und „Nassauer Hof", das Hotel „Vier Jahreszeiten" brannte bis auf die Grundmauern nieder. Am schlimmsten traf es das Quellenviertel mit seinen kleinen und mittelgroßen Badehotels. Hier waren die Zerstörungen so groß, daß nur ganz wenige Häuser erhalten blieben. In den Nachkriegsjahren hat man dann die alten Gäßchen entweder ganz aufgegeben (Kleine Burgstraße, einen Teil der Häfnergasse) oder sie zu breiten Straßenschneisen ausgebaut (Webergasse, Straße „An den Quellen", die ehemalige Große Burgstraße). Sie haben dadurch den Charme ihrer kleinstädtischen Strukturen vollständig verloren.

Was wurde aus den heißen Quellen? Obwohl sie ausnahmslos als Flachbrunnen gefaßt waren, blieben sowohl die Primär- als auch die Sekundärquellen unversehrt. Fachleute hatten befürchtet, daß die wasserundurchlässigen Letteschichten des Untergrunds durch die Erschütterungen der Bombeneinschläge Risse bekommen haben könnten. Messungen zeigten aber, daß der Thermalwasserspiegel, d.i. das Niveau der Obergrenze des Thermalgrundwassers, das für die Ergiebigkeit der Quellen verantwortlich ist, nicht beeinträchtigt war.

Dennoch setzten diese Ereignisse bei den verantwortlichen Gremien einen Denkprozeß in Gang, der zu der Erkenntnis führte, daß der damalige Zustand der Quellen nicht genügend Schutz gegen schädliche Eingriffe bot. Es wurde befürchtet, daß sich bei einem durch Sprengbomben (oder durch ein Erdbeben) verursachten Verschluß der Aufstiegswege das unter hohem Druck aus großer Tiefe aufsteigende Wasser neue Auswege schaffen würde und daß unkontrollierte Quellenaufbrüche zu kaum abschätzbaren Folgen führen könnten.

Hinzu kam, daß in den Jahren des Wiederaufbaus der starke Lastwagenverkehr nicht nur durch Erschütterungen des Untergrunds neue Gefahren mit sich brachte. Ein Militärparkplatz der Amerikaner auf dem Gelände der Anlagen am Kochbrunnen machte deutlich, welche Gefahren durch Benzin- und Ölverunreinigungen im Erdreich den flachen Tümpelfassungen der Quellen drohten. Undichte Heizöltanks im Bäderviertel bargen ein weiteres Gefährdungspotential. Daher entschlossen sich die Körperschaften der Stadt, die wichtigsten Quellen durch Tiefenbohrungen und Verrohrung der oberen Aufstiegswege dauerhaft zu schützen. Die von Prof. Dr. Franz Michels, Direktor des Hessischen Landesamtes für Bodenforschung, vorbereiteten und zwischen 1953 und 1969 ausgeführten Maßnahmen haben die Situation im Wiesbadener Quellenviertel von Grund auf verändert.[816]

Bohrung der Großen und Kleinen Adlerquelle

Die Arbeiten an der Großen Adlerquelle begannen 1953. Da unmittelbar neben der Quelle, an Stelle der im Krieg zerstörten Häuser Langgasse/Webergasse, ein Neubau errichtet werden sollte, war es notwendig, Tastbohrungen zur Untersuchung des Untergrunds durchzuführen. Eine solche Bohrung von etwa 10 Metern Tiefe wurde mitten im Quelltümpel auf dessen Sohle, 2,60 Meter unter dem Wasserspiegel (NN +118,66 m), angesetzt. Sie durchstieß einige Dezimeter festen Quellsinter (überwiegend Calciumcarbonat mit etwas Eisenhydroxid) und darunter bis etwa 5,50 Meter graugrüne Grobsande und Bachkies aus gerundetem Quarz und Quarzit und kleinen eckigen Stückchen Serizitgneis, gemischt mit anderen Taunusgesteinen. Sie waren im oberen Teil noch reichlich durch Quellsinter verbacken. Ab 5,80 Meter unter Wasserspiegel begann die Zone von anstehendem vordevonischem Serizitgneis, der von Quarz- und Schwefelkiestrümmern durchsetzt war.[817]

Zwei Beobachtungen waren wichtig. Der zusammengebackene Quellsinter behinderte den freien Aufstieg des Thermalwasser erheblich. Beim Durchstoßen dieser Schicht entstand ein Auftrieb von mehr als 2 Metern über Tag, verbunden mit einem Anstieg des Gehalts an freier Kohlensäure (CO_2), die für diesen Auftrieb mit verantwortlich war. Beim Aufsetzen geeigneter Düsen entstand eine springende Quelle. Diese an der Adlerquelle nicht weiter verfolgte Erscheinung führte später zu dem Entschluß, beim Kochbrunnen unter gleichen geologischen Bedingungen das Erbohren einer fontänenartig aufsteigenden Quelle (eines sogenannten „Springers") zu versuchen.

Der zweite wichtige Befund war die Entdeckung von altsteinzeitlichen Werkzeugen und Zahnresten jagdbarer Tiere in einer Schicht von 1,40 bis 1,70 Metern unter der Sohle der Adlerquelle.[818] Außer dem Nachweis der Anwesenheit von Menschen der Altsteinzeit (s. das Kapitel „Die ersten 'Kurgäste'") lieferte er den Beweis, daß es schon vor ca. 25.000 Jahren an dieser Stelle eine Thermalquelle gab.

Nach weiteren fachlichen Beratungen ließ die Stadt 1954 eine 115 Meter tiefe Bohrung in der Großen Adlerquelle niederbringen. Das Ergebnis, kurz zusammengefaßt, war: Der ab 5,80 Meter angebohrte Serizitgneis mit vielen Quarz- und Schwefelkiestrümmern setzte sich bis zur Sohle der Bohrung in 115,0 Meter Tiefe fort. Die begleitenden Analysen des Thermalwassers ergaben eine gleichbleibende Salzkonzentration bei einer maximalen Temperatur von 70 °C in 60,0 Metern Tiefe. Da Salzkonzentration und Temperatur unterhalb von 60,0 Metern geringfügig abnahmen, wurde das Bohrloch von –60,0 bis –115,0 Meter wieder verfüllt. Das obere Ende wurde 8,10 Meter tief, 2,30 Meter in den Serizitgneis hinein, mit Spezialzement abgedichtet.

Der Salzgehalt (gelöste feste Bestandteile) war der gleiche wie der des Kochbrunnens und der alten Adlerquelle. Der Kohlensäuregehalt der erbohrten Quelle war mit 500 mg/kg gegenüber der alten Fassung mehr als verdoppelt. Bei der Entnahme aus tieferen Teilen des Bohrlochs erhielt man klares Thermalwasser, da die Eisen(II)-Ionen unter Luftausschluß noch nicht zu dem die Trübung hervorrufenden Eisen(III)-oxidhydrat oxidiert waren.

Eine anschließend bis 10,70 Meter Tiefe unter Wasserspiegel niedergebrachte Bohrung in der Kleinen Adlerquelle traf die gleichen geologischen Schichten. Bei –6,00 Metern erreichte man angewitterten Serizitgneis, der auch hier von Schwefelkies und Quarztrümmern durchsetzt war. Die Bohrung wurde bis in den Serizitgneis durch Zementieren abgedichtet.

Die beiden Bohrungen ergaben eine auf 370 Liter/min erhöhte Schüttung, die jedoch nicht voll genutzt wird. In den Jahren nach der Neufassung wurden 200 Liter/min aus der Großen Adlerquelle für das Kaiser-Friedrich-Bad entnommen; 50 Liter/min aus der alten Tümpelfassung erhält der Bäckerbrunnen, dessen vier Kiesquellen im Zuge der Gesamtsanierung außer Betrieb genommen wurden. Der Überlauf fließt in die Kanalisation. 1958 hat man eine Gegenstromanlage installiert, bei der aus 14 Metern Tiefe abgepumptes Thermalwasser unter Druck Rohrschlangen mit kaltem Süßwasser umfließt. Das auf 60 °C erwärmte Süßwasser dient zur Heizung des Kaiser-Friedrich-Bads, das auf Badetemperatur abgekühlte Thermalwasser wird für die Bäder genutzt.

Kochbrunnen und Salmquelle

Die Planung der Bohrungen beim Kochbrunnen erforderte längere Vorbereitungen. Zum einen war die Frage: Erhaltung oder Abriß der Trinkhalle und des Quelltempels und endgültige Gestaltung der Kochbrunnenanlage noch nicht entschieden. Zum anderen mußten rechtliche Fragen geklärt werden, da außer der Stadt (6/9-Anteil) die Hotels „Schwarzer Bock“, „Rose“ und „Römerbad“ noch je 1/9 der Rechte am Thermalwasser des Kochbrunnens besaßen.

1965 konnte mit den Bohrungen begonnen werden. Nach einem Gutachten von Professor Michels sollten zuerst zwei Versuchsbohrungen und anschließend die eigentliche Hauptbohrung niedergebracht werden.[819] Auf Grund geologischer Überlegungen, die durch mehrere Voruntersuchungen erhärtet wurden,[820] wählte man als Platz für die Versuchsbohrung I eine Stelle 8 Meter nordöstlich der nicht genutzten Salmquelle, die etwa 40 Meter nordöstlich des Kochbrunnens liegt. Mit einer Schüttung von nur 4 Litern/min legte sie die Vermutung nahe, daß der Aufstieg des Thermalwassers durch breccienartige Ablagerungen stark behindert war. Diese breccienartigen Ablagerungen hatten die Quellspalten in geologischen Zeiträumen durch Mineralisation, d.h. Abscheidung von festen Bestandteilen, wie Schwefelkies, Kieselsäure, Schwerspat und Quellsinter zugesetzt („Selbstversiegelung“). Nach Durchbohrung dieser Schichten war ein starker Auftrieb zu erwarten, den man für einen aufsteigenden „Springer“ nutzen wollte.

Bei der Bohrung durchstieß man zuerst den üblichen Kultur- und Bauschutt der vergangenen Jahrhunderte, dann bis 8 Meter nacheiszeitliche und eiszeitliche Sand-, Kies- und Geröllschichten, die im Quellenviertel den Serizitgneis des Grundgebirges bedecken. Bei 8 bis 9 Metern erreichte man den Serizitgneis, der von wechselnden Mengen Quarz (SiO_2), Schwefelkies (Eisensulfid) und Schwerspat (Bariumsulfat) durchsetzt war. Hier hatten lösliche Schwefel-, Barium-, Eisen- und kieselsaure Verbindungen, die mit dem aufsteigenden Wasser in die Spalten und Risse des felsigen Serizitgneises gelangt waren, sich unter geeigneten geochemischen Bedingungen in fester Form abgeschieden.

Die auf 60 Meter geplante Bohrung wurde bei 47 Metern abgebrochen, da in dieser Tiefe die Erwartungen bereits „optimal erfüllt" waren. D.h., man hatte wasserführende, nicht durch unlösliche Salzabscheidungen verstopfte Klüfte und Spalten angeschnitten und so dem Wasser einen Ausweg nach oben geschaffen. Die Salzkonzentrationen bei 67,5 °C stimmten nach chemischen Analysen des Laboratoriums Fresenius mit denen des Kochbrunnenwassers überein. Die hygienische Beschaffenheit war einwandfrei. Der Gehalt an freier Kohlensäure (450–470 mg/Liter) übertraf den des Kochbrunnens fast um das Doppelte. Das neue Bohrloch lieferte 681 Liter/min, ohne die Schüttung des Kochbrunnens von 290 Litern/min zu beeinträchtigen. Springerversuche mit einer 13,9 mm-Düse ergaben eine Sprunghöhe von 2,40 Metern, etwa 1,50 Meter über dem Erdboden.

Die neue Quelle wurde in 47 bis 20 Metern Tiefe mit Hagusta-Filterrohr von 250 Millimetern Durchmesser ausgebaut und das darüberliegende, mit korrosionsfestem Zement seitlich abgedichtete Bohrloch mit einem Hagusta-Rohr (Stahl mit hitzeresistentem Innenbelag) versehen. Um einer Beeinträchtigung des Kochbrunnens bei der in nur 15 Metern Entfernung in nordöstlicher Richtung geplanten zweiten Versuchsbohrung vorzubeugen, wurde eine Anschlußleitung zu den Belieferungssträngen des Kochbrunnens gelegt. Sie hätte sofort einspringen können, hätte die Schüttung des Kochbrunnens während der Bohrung nachgelassen.

Im Januar 1966 begannen die Arbeiten an der neuen Bohrung (Versuchsbohrung III, 15 Meter nordöstlich der Mitte des Kochbrunnens und 26,5 Meter südwestlich Bohrung I). Der Untergrund ergab das gleiche Bild wie bei Bohrung I: 2,5 Meter Kultur- und Bauschutt; danach eine etwa 6 Meter dicke Schicht mit Sanden, Kiesen und Bachgeröllen der Eis- und Nacheiszeit, die der Schwarzbach im Verlauf von etwa einer Million Jahren von den Taunushängen herangeführt hatte. Bei –9,60 Metern begann der aus Serizitgneis bestehende felsige Untergrund, der wiederum an zahlreichen Stellen Quarz, Schwefelkies, doch nur wenig Schwerspat enthielt. Häufiger als in Bohrung I war der Fels von Spalten, Klüften und Hohlräumen (Thermalwasserwege) durchzogen. Schwefelkieskristalle und stalaktitenartige Bildungen dürften sich an den Wandungen dieser Klüfte gebildet haben.

Da die Thermalwasserschüttung bei –43 Metern 1.300 Liter/min erreichte und das Wasser in Salzkonzentration und Temperatur mit dem Kochbrunnenwasser der Tümpelfassung völlig übereinstimmte, brach man die Bohrung ab und verrohrte sie wie Bohrung I. Zur bestmöglichen Dichtung gegen Oberflächenwasser verwendete man zwischen 18 und 2,15 Metern unter Tage besonderen „Tiefbohrzement". Die Aufstiegsrohre beider Bohrungen münden in 2,20 Meter tiefe Brunnenkammern. Die Rohrenden wurden mit metallenen Bohrrohrköpfen versehen. Da sich bei maximaler Schüttung der Wasserstand im Kochbrunnentümpel und in der Adlerquelle um einige Zentimeter senkte und auch die Leistung der Bohrung I meßbar abnahm, drosselte man die Schüttung auf 325 Liter/min. Bei dieser Einstellung erreichte Bohrung I wieder die alte Leistung einschließlich des Überdrucks, der für den geplanten „Springer" notwendig war. Auch die Pegel von Kochbrunnen und Adlerquelle stiegen wieder auf ihre normale Höhe an.

Auf Grund dieser günstigen Ausgangslage stellten die Thermalkommission und die Verantwortlichen der Kurverwaltung eine neue Rechnung auf. Es zeigte sich, daß bei kontrollierter Schüttung der Bohrungen I und III von 1.000 Litern/min (= 1.440.000 Litern/Tag) mit den anderen Primärquellen zusammen die alte Tagesleistung aller Primär- und Sekundärquellen (2 Mio. Liter/Tag) erreicht und bei Bedarf noch übertroffen wurde. Damit konnte auf die ursprünglich geplante dritte Bohrung unmittelbar in der Kochbrunnenquelle verzichtet werden. Es war sogar möglich, die alte, flach gefaßte Tümpelfassung zu schließen und eine technische Entwicklung (die Vernetzung aller tiefgebohrten Quellen durch ein luftdicht abschließbares Rohrleitungssystem) in Gang zu setzen, die zum Zeitpunkt dieser Beschlüsse allerdings noch nicht ausgereift war. Als Endziel zeichnete sich ab, alle flach geschürften Thermalquellen zu schließen und die Badhäuser durch Leitungen aus einem zentralen Thermalwasserreservoir zu versorgen.

Pumpstation bei der Großen Adlerquelle

Kochbrunnenpavillon nach der Sanierung (und Zubetonierung) der Kochbrunnenquelle

Wahrscheinlich würde man heute die Tümpelfassung des Kochbrunnens, an der man das Wasser richtig „kochen" sah, nicht mehr unter der Erde verschwinden lassen. Damals war jedoch eine Zeit, in der wenig Interesse an der Bewahrung von „historischen" Einrichtungen bestand. Technische Neuerungen hatten Vorrang.

Später fand sich jedoch eine neue Verwendung für den Kochbrunnen. Sie wurde möglich, da trotz der hohen Entnahmen aus den Bohrungen I und III der alte Tümpel immer noch reichlich Wasser lieferte, das ungenutzt in die Kanalisation abfloß. Seit der Niederlegung des Badhauses „Römerbad" und dem Umbau des Palasthotels beheizt man den Wohnkomplex Weberhof-Palasthotel über eine Wärmeaustauschanlage. Das erforderliche heiße Wasser entnimmt man zum Teil dem alten Kochbrunnen, zum Teil dem Thermalwasserreservoir im Kaiser-Friedrich-Bad. Eine Aufbereitung (Entsalzung) des Thermalwassers erübrigt sich, da die Heizschlangen mit dem Wasser für die Rohrsysteme der Zentralheizung nach Art eines Tauchsieders in ein Becken mit Kochbrunnenwasser eingeführt werden.

Selbst für das dabei auf ca. 35 bis 30 °C abgekühlte Kochbrunnenwasser gibt es inzwischen eine Verwendung. Im Laufe der ersten Jahre zeigte sich, daß die aggressiven Dämpfe des 65 °C heißen Springers ähnlich wie saurer Regen die Oberfläche der

Steinfassade des Hotels „Rose“ angriffen und beschädigten. Man koppelte deshalb den Springer von der Bohrlochtherme ab, verlegte eine Leitung vom Beheizungsbecken des Palasthotels zum Springer und beschickt ihn seitdem über eine Pumpe mit dem durch den Entzug der Heizungswärme auf 35 bis 30 °C abgekühlten Kochbrunnenwasser. Die Temperatur der Dämpfe ist jetzt niedrig genug, daß die Fassade der „Rose“ nicht mehr angegriffen wird. Der Dampf ist immer noch so warm, daß die Wasserdampfwolke über dem Springer zu sehen ist und der Besucher den kleinen „Schwindel“ gar nicht merkt. Bei sommerlichen Temperaturen, bei denen die Heizwärme des Wassers nicht gebraucht wird, kühlt es auf seinem Umweg nur auf 45 bis 40 °C ab, so daß auch in der warmen Jahreszeit die Dampfbildung nicht ausbleibt.[821]

Die Schützenhofquelle

Die Schützenhofquelle unterscheidet sich von den beiden anderen Hauptquellen durch eine geringere Salzkonzentration und niedrigere Temperatur. Der Gehalt an gelösten Feststoffen beträgt 6,79 g/Liter (5,27 g/Liter Natriumchlorid), gegenüber etwa 8.52 g/Liter (6,77 g/Liter Natriumchlorid) im Kochbrunnen und in der Adlerquelle.[822] Die Temperatur fällt mit 49,1 °C deutlich gegenüber den ca. 67,5 °C der beiden anderen Quellen ab.

Dieses Verhalten hat geologische Ursachen, die durch die Bohrung im Bereich der Schützenhofquelle untersucht werden konnten. Schon im 17. Jahrhundert fielen den Beobachtern (Philipp Weber, Ludwig v. Hörnigk) die besonderen Eigenschaften der Schützenhofquelle auf, ohne daß sie die Ursache kannten. Das Wasser galt wegen des geringeren Salzgehalts als milder, für Badezwecke besser geeignet als das des „aggressiven“ Kochbrunnens. Bereits vor über hundert Jahren deutete man diese Eigenschaft als Folge des „Hinzutretens von etwas süssem Wasser“.[823]

Kaltes Süßwasser gelangt im Bereich eines in 10 bis 52 Metern Tiefe auftretenden mächtigen Quarzgangs im Serizitgneis in die Aufstiegsklüfte des Thermalwassers. Es vermindert die Mineralstoffkonzentration und kühlt das Thermalwasser ab. 1947 stieß man bei Sanierungsarbeiten an der Schützenhofquelle auf diesen Quarzgang, der in 4 bis 5 Metern Abstand westlich der Quelle vorbeizieht.[824]

Im Oktober 1969 nahm Professor Michels die geplante Tiefenbohrung in Angriff. Da er wenige Monate später verstarb, veröffentlichte ein Mitarbeiter die Ergebnisse.[825] Nach dieser Studie war die Bohrung ca. 2 Meter SSO der alten Quelle angesetzt.[826] Auf die 10 und 40 Meter südöstlich gelegenen Satelliten, Schützenhofbad- und Gemeindebadquelle, wurde wegen ihrer geringen Bedeutung keine Rücksicht genommen.

Während beim Kochbrunnen und an der Adlerquelle der vordevonische Serizitgneis ausschließlich von eiszeitlichen und nacheiszeitlichen Bildungen, Sanden, Kiesen und Bachgeröllen bedeckt ist, bestehen die oberen Schichten am Schützenhof aus strandnahen Bildungen eines untermiozänen Tertiärmeeres (Mainzer Becken), das hier vor ca. 30 Millionen Jahren von Süden her bis an den Südrand des Taunusgebirges heranreichte: aus Ton, Schlick, Sand, Kies, Geröll und tertiärem Sandstein. In 6,9 Metern

Tiefe beginnt stark mit Schwefelkies durchsetzter Serizitgneis, der bei –10 bis –52 Metern von massivem Gangquarz abgelöst wird. Häufig enthält er „viel Schwefelkies", an einigen Stellen „etwas Baryt" (Schwerspat). Die Schichten unterhalb der Zone des Gangquarzes entsprechen denen der Adlerquellen- und Kochbrunnenbohrung. Eine genaue mineralogische Interpretation dieser Befunde findet sich bei Kirnbauer.[827]

In 62,0 Metern Tiefe ergaben Pumpversuche 428 Liter/min Thermalwasser von 48,5 °C. Da die Schüttung in 115 Metern Tiefe auf ca.18 Liter/min zurückging, brach man die Bohrung bei –125 Metern ab. Man füllte das Bohrloch in der Tiefe mit kalkfreiem Sand und verschloß es zwischen –65 und –61,5 Metern mit einem Zementpfropf. Darüber wurde die Bohrung verrohrt und zum Brunnen ausgebaut. Die Analyse des Wassers ergab einen Gehalt an festen gelösten Bestandteilen von 6,631 g/Liter bei einer Temperatur von konstant 49 °C. Dieser Wert liegt im Bereich der Konzentrationen der alten Schützenhofquelle.

Nutzung der Thermalquellen

Seit Abschluß der Bohrungen sind alle Primärquellen (Salmquelle, Kochbrunnen, Große und Kleine Adlerquelle, Schützenhofquelle) durch Verrohrung und Zementierung weitgehend vor Verunreinigungen von außen geschützt. Zum Transport des Wassers war das überalterte Leitungssystem, das aus Freigefäll-Leitungen bestand, nicht mehr geeignet. Daher beschlossen die städtischen Körperschaften die Anwendung eines neuen Verfahrens zur „Förderung und Speicherung von Mineralwasser unter Luftausschluß".[828] Im Untergeschoß des Kaiser-Friedrich-Bades wurde eine Speicheranlage eingerichtet, in der man das Wasser aus den verrohrten Primärquellen, das durch neue Leitungen unter Luftabschluß (Stickstoffdruck) dorthingeleitet wird, sammelt. Von da wird ein Teil zur Nutzung im eigenen Haus entnommen,[829] der größere Teil wird durch ein Druckleitungsnetz in die Badehotels des Quellenviertels gepumpt.

Durch dieses System werden Sinterablagerungen vermieden, die bei der Oxidation von gelöstem zweiwertigem Eisen an der Luft zu unlöslichen Eisen(III)-Salzen entstehen. Einem Teil des Wassers, der für das Thermalbad im Aukamm so präpariert sein muß, daß es auch an der Luft keine Trübung bildet, wird in einer gesonderten Aufbereitungsstufe das Eisen ganz entzogen. Der Charakter des Thermalwassers bleibt dabei voll erhalten, da die übrigen gelösten Salze einschließlich des therapeutisch erwünschten Natriumchlorids (Kochsalz) im Wasser verbleiben. Abnehmer sind das in den siebziger Jahren gebaute Thermalschwimmbad und die Kurkliniken an der Leibnizstraße, denen durch eine doppelte Leitung sowohl klares als auch trübes Wasser geliefert werden kann. Das Rathaus[830] und die Wohnanlagen im ehemaligen Palasthotel und im Weberhof werden mit Hilfe der neuen Technik durch Thermalquellenwasser geheizt.

Anhang: Die Quellen 1991

Eine Aufstellung des städtischen Tiefbauamts von 1991 („nach Inbetriebnahme der Speicher- und Verteileranlage") gibt den gegenwärtigen Stand der Thermal- und Mineralquellen wie folgt wieder:[831]

Primärquellen:

Kochbrunnen, Bohrung III (Eigentümer: Stadt Wiesbaden 66,66 %; Römerbad GmbH, Schwarzer Bock, Hotel Rose, je 11,11 %. Ein 2/45tel Anteil der Stadt geht an die Bäder der Allianz in der Wilhelmstraße 8.)

Salmquelle, Bohrung I (Stadt Wiesbaden)

Große und Kleine Adlerquelle, Bohrungen (Stadt Wiesbaden)

Schützenhofquelle, Bohrung (Stadt Wiesbaden)

Pariser Hof-Quelle, oberflächennahe Bohrung (Privat)

Faulbrunnen, Bohrung (Stadt Wiesbaden)

Sekundärquellen:

Kochbrunnen, Tümpel (Stadt Wiesbaden)

Sonnenbergquelle, Spiegelgasse 9 (Stadt Wiesbaden; außer Betrieb)

Bäckerbrunnenquelle, Wagemannstraße/Goldgasse (Stadt Wiesbaden; außer Betrieb)

Quelle Goldgasse 1–3 (Stadt Wiesbaden; außer Betrieb)

Quelle Goldgasse 4 (Stadt Wiesbaden; außer Betrieb)

Sternquelle, Webergasse 21 (Stadt Wiesbaden; außer Betrieb)

Goldenes Kreuz-Quelle, Spiegelgasse 15 (Stadt Wiesbaden; außer Betrieb)

Goldenes Roß-Quelle, Goldgasse/Häfnergasse (Stadt Wiesbaden; außer Betrieb)

Quelle Grabenstraße 9 (Stadt Wiesbaden; außer Betrieb)

Römerquelle, Kranzplatz/Spiegelgasse (Stadt Wiesbaden; beseitigt)

Spiegelquelle, Kranzplatz 11 (Stadt Wiesbaden, Nassauer Hof; beseitigt)

Quelle Häfnergasse/Schellenbergpassage (Stadt Wiesbaden, Zwei Böcke, je 50 %; außer Betrieb)

Kölnischer Hof-Quelle, Drei-Lilien-Platz (Privatbesitz)

Zwei Böcke-Quelle, Webergasse/An der Dreililienquelle (Zwei Böcke)

Bärenquelle, Drei-Lilien-Platz (Hotel Zum Bären)

Goldener Brunnen-Quelle, Goldgasse 10–12 (Goldener Brunnen)

Drei Lilien-Quelle (Stadt Wiesbaden 75 %, Schwarzer Bock 25 %)

Goldene Kette-Quelle, Langgasse 45 (Schwarzer Bock)

Gemeindebadquelle (Stadt Wiesbaden; beseitigt)

Kranzquelle (Pumpquelle), Langgasse 56 (Stadt Wiesbaden; beseitigt)

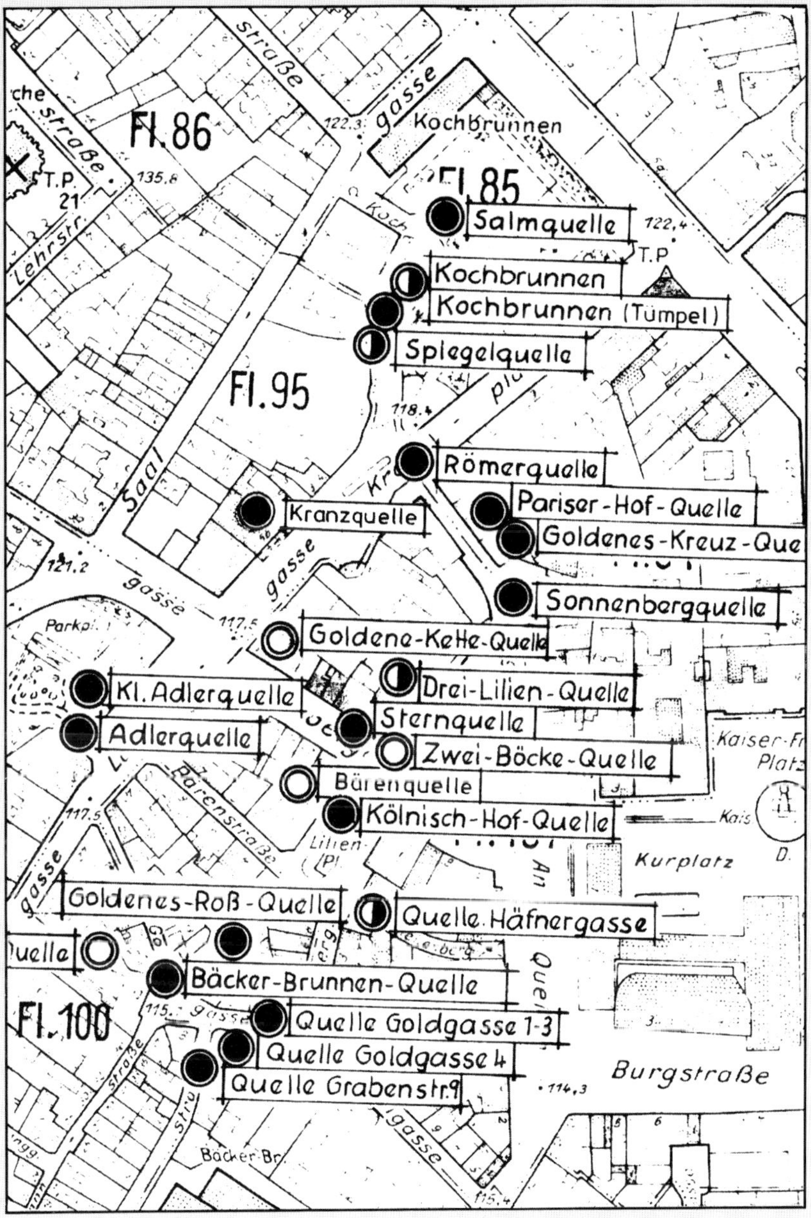

Situationsplan der Quellen des Bäderviertels, 1991

● *stadteigen,* ◎ *privat;* ◐ *teilw. stadteigen, teilw. privat*

800 R. Kampe: Gutachten vom 18. Juli 1949 über die Fassungen der Thermen von Wiesbaden, Archiv Städt. Tiefbauamt Wiesbaden, XI, Abt. 8c, Nr. 31/1.

801 Winter: Thermalquellen, S. 18. – Kirnbauer: Mineralisation, S. 79.

802 v. Hörnigk: Wißbad, 1. Aufl., S. 8.

803 Archiv Städt. Tiefbauamt Wiesbaden, XI, Abt. 8c, Nr. 38 und Tabelle „Aufstellung der Wiesbadener Thermal- und Mineralquellen, Stand 1991". Die dort vorgenommene – irrtümliche – Zuordnung der Pariser-Hof-Quelle als Primärquelle bezieht sich wohl auf die zeitweilig gemessenen Temperaturen bis 70 °C, die für eine Primärquelle zu sprechen schienen.

804 Institut Fresenius: „Kleine Mineralwasseranalyse" vom 17. Nov. 1983 und „Heilwasseranalyse" vom 10. Okt. 1990.

805 Kirnbauer: Mineralisation, S. 77, Tabelle 2.

806 Archiv Städt. Tiefbauamt Wiesbaden, XI, Abt. 8c, Nr. 5/1–4.

807 Wetzler: Gesundbrunnen, Zweyter Teil, Neue Ausgabe, S. 70.

808 Spielmann: Drei-Lilien-Quelle, S. 4. – H. Fresenius: Chemische Untersuchung Drei-Lilien-Quelle, S. 150–169.

809 Archiv Städt. Tiefbauamt Wiesbaden, XI, Abt. 8c, Nr. 5, Bd. 1/2: Zusammenlegung der Thermalquellen „Zum Brühbrunnen" zur Dreililienquelle.

810 Rahlson: Öffentliche Gesundheitspflege, S. 111–114.

811 Archiv Städt. Tiefbauamt, XI, Abt. 8c, Nr. 34.

812 Müller-Werth: Geschichte und Kommunalpolitik, S. 150–160.

813 Müller-Werth: Geschichte und Kommunalpolitik, S. 185–186.

814 Spielmann: Kurhaus, S. 156.

815 Archiv Städt. Tiefbauamt, Archiv, XI, Abt. 8c, Nr. 34, Bd. 1 u. 2.

816 Czysz: 140 Jahre Fresenius, 2. Teil, S. 141. – Ders.: Heiße Quellen, S. 13.

817 Michels: Wiesbadener Mineralquellen, S. 24f.

818 Michels: Geologie d. Wiesbadener Raumes, S. 1214f.

819 Michels: Wiesbadener Mineralquellen, S. 33f.

820 Michels: Zur Geologie der Wiesbadener Thermalquellen, S. 113f. – Michels/W. Fresenius: Lage, Geologie und Chemie d. Wiesbadener Heilquellen, S. 1–22. – Michels: Von der Wiesbadener Thermalquellenspalte, S. 37–49. – Michels: Die Wiesbadener Mineralquellen, Neue Beiträge, S. 17ff.

821 Städt. Tiefbauamt Wiesbaden, pers. Mittlg. K.-H. Boos.

822 L. Fresenius/R. Fresenius: Neuere Untersuchungen einiger Wiesbadener Quellen, S. 31 (alle neueren Analysen schwanken mit geringen Abweichungen um diese Werte, sind aber, da sie sich auf die Angabe von Ionen beziehen, hier nicht ohne komplizierte Umrechnungen zu übernehmen).

823 Winter: Thermalquellen, S. 16.

824 Michels: Die Wiesbadener Mineralquellen, Neue Beiträge, S. 23.

825 Michels/Thews: Die Thermalwasserbohrung Schützenhofquelle, S. 75–81.

826 Kirnbauer: Mineralisation, S. 47, Abb. 9. Die dort angegebenen Markierungen ergeben einen Abstand der Bohrung von der alten Schützenhofquelle von 18 m. Nach Kirnbauer (pers. Mittlg.) enthalten die Unterlagen verschiedener Bearbeiter widersprüchliche Angaben über die genaue Lage der einzelnen Schützenhofsatelliten.

827 Kirnbauer: Mineralisation, S. 46–51.

828 W. Fresenius/Kleinschmidt/Schneider: Sanierung d. Wiesbadener Thermen. – Riedle: Wiesbaden u. s. Thermalwasser.

829 Klotz: Thermalquellen, S. 179–180.

830 Riedle: Geothermische Nutzung, S. 250f.

831 Städt. Tiefbauamt Wiesbaden: Aufstellung der Wiesbadener Thermal- und Mineralquellen, Stand 1991.

Quellen- und Literaturverzeichnis

1. Archivalien und gedruckte Quellen

Hessische Landesbibliothek Wiesbaden:

Akte Hundeshagen II

Centralblatt der Bauverwaltung, Berlin, Jg. II (1882)

Hausprospekt Hotel Kaiserhof Wiesbaden

Sammlung von Urkunden, Druckschriften ... betr. concessionirte Spielbanken und Hazardspiele, Bd. 7 (Nassau II): Gesammelte Akten und Druckschriften betreffend Erbauung des Kurgesellschafts-Gebäudes zu Wiesbaden 1805–1814. Die von dem Wiesbadener Polizeirat August Höhn (1930–1902) angelegte Sammlung enthält Korrespondenzen, Gutachten und amtliche Stellungnahmen.

Hessisches Hauptstaatsarchiv Wiesbaden (HStA):

Abt. 18, Urk. 22 u. Urk. 71

Abt. 22, Urk. 1419, Urk. 1423, Urk. 1818

Abt. 47, Nr. 44, Nr. 46

Abt. 87, Nr. 25, Nr. 59, Nr. 69, Nr. 182a, Nr. 652

Abt. 121, Nr. 121

Abt. 131, III b 5, 2

Abt. 137, Urk. 39, Urk. 51, Urk. 68, Urk. 109, Urk. 125, Urk. 151, Urk. 167, Urk. 275, Urk. 283, Urk. 391, Urk. 461

Abt. 137, VIII c 3, X a 1, X c 15, XII c 8, XIVa 16

Abt. 137, Nr. 3001, Nr. 4000, Nr. 4005, Nr. 4006, Nr. 4008, Nr. 4011, Nr. 4240, Nr. 4244, Nr. 4245, Nr. 4246, Nr. 4611, Nr. 4830

Abt.137, Wsb. 31, Wsb. 47, Wsb. 60/1, Wsb. 63, Wsb. 64, Wsb. 65, Wsb. 69, Wsb. 70, Wsb. 73b, Wsb. 83, Wsb. 84, Wsb. 166

Abt. 210, Nr. 3538, Nr. 6093, Nr. 6094, Nr. 6095 b, Nr. 11562, Nr. 11582, Nr. 11583, Nr. 11854, Nr. 12415

Abt. 211, Nr. 8068 III, Nr. 14214, Nr. 14219, Nr. 14220, Nr. 14236, Nr. 14239

Abt. 212, Nr. 10986 I/II

Abt. 245, Nr. 99a

Abt. 246, Nr. 583, Nr. 597, Nr. 1118, Nr. 1137, Nr. 1168, Nr. 1169

Pfarrgemeinde St. Bonifatius, Archiv:

Verzeichnis der Proclamirten und Copulirten, 1846

Privatarchiv Czysz:

Originalakte des Militär-Bauamts vom 28. Dez. 1906 (inzwischen dem Hess. Hauptstaatsarchiv Wiesbaden übergeben, noch nicht verzeichnet)

Landesmuseum Wiesbaden, Sammlung Nassauischer Altertümer (SNA):
Nr. 50/13
Nr. 60b
P. Vigelius, „Generalplan von dem Gesellschaftshaus zu Wiesbaden und seinen Umgebungen 1808“
E. Ritterling, Handschriftliche Notizen zu den Ausgrabungen am Kranzplatz

Stadtarchiv Wiesbaden (StadtA Wi):
WI/1, Nr. 1 (Stadtbehältnisbuch), Bl. 59 (1566)
WI/1, Nr. 229
WI/1, Nr. 395 (Merkerbuch), fol. 6a; 9a; 10a; 12a; 12b
WI/1, Nr. 488
WI/1, Nr. 498
WI/1, Nr. 320 (BgmR 1524), Bl. 19
WI/1, Nr. 321 (BgmR 1546), Bl. 11, Bl. 22v
WI/1, Nr. 1027
Jochen Dollwet: Ahnenliste Christian Schlichter (unveröffentlicht)
K. Urban: Das Adlerbad und seine Geschichte. Maschinenschriftl. Manuskript, Sammlung Gärtner, 1939, Bl. 147–156 (S. 1–10) [Urban: Adlerbad]
K. Urban: Die Umwandlung des Kochbrunnengebietes in den letzten hundert Jahren. Handschr. Manuskript, Sammlung Gärtner 1939, Blatt 165–170 [Urban: Kochbrunnen]
Sammlung Gärtner
Zeitungsausschnittsammlung

Städt. Tiefbauamt Wiesbaden, Archiv:
XI, Abt. 8c, Nr. 5/1–4, Nr. 12, Nr. 14, Nr. 15, Nr. 20, Nr. 31/1, Nr. 34, Bd. 1 u. 2, Nr. 38
Pers. Mittlg. K.-H. Boos

Sonstiges:
Adressbuch der Stadt Wiesbaden 1854.
Regesta Imperii II.
Regesta Imperii V.

2. Zeitungen

Nassauische Heimat, Beilage zur Rheinischen Volkszeitung

Rheinische Volkszeitung

Wiesbadener Tagblatt

Nassauer Volksblatt

Wiesbadener Bade-Blatt

Rheinischer Kurier

Frankfurter Allgemeine Zeitung, Sonntagsblatt

Wiesbader Wochenblatt

3. Karten

Hess. Landesamt für Bodenforschung: Geologische Karte von Hessen 1:25.000, Wiesbaden 1971

4. Literatur

Agricola, Georg: De natura eorum quae effluunt ex terra. Basel 1546 [Agricola: De natura]

Agricola, Georg: De ortu et causis subterraneorum. Basel 1546 [Agricola: De ortu]

Allgemeine Deutsche Biographie, Band 27. Leipzig 1888 [ADB, Bd. 27]

Allgemeines Lexikon der bildenden Künstler, Bd. 12. Leipzig 1912 [Allg. Lexikon bild. Künstler, Bd. 12]

Ammiani Marcellini Rerum gestarum libri XXXI, Hamburg 1609. – Lat./dt.Fassung: Ammiani Marc. Römische Geschichte, Buch 29. Darmstadt 1978 [Ammian, Buch 29]

Andernach, Johann Günther v.: De balneis dialogus, 1 [Andernach: De balneis]

Barnard, George: [Views of] „The Brunnens of Nassau and The River Lahn". London, um 1840 [Barnard: Views of The Brunnens]

Baumgart-Buttersack, Gretel: 500 Jahre Schwarzer Bock 1486–1986. In: Wiesbadener Leben 12/1968, S. 32 [Baumgart-Buttersack: Schwarzer Bock]

Baumgart-Buttersack, Gretel: Alte Wiesbadener Badekultur. In: Wiesbadener Leben 7/1994, S. 4 [Baumgart-Buttersack: Badekultur]

Baumgart-Buttersack, Gretel: Ferdinand Hey'l (1830–1897). Kurdirektor in Wiesbaden. In: Wiesbadener Leben 1/1987, S. 27–28 [Baumgart-Buttersack: Ferdinand Hey'l]

Baumgart-Buttersack, Gretel: Historisches Monument – 100 Jahre Kaiser-Denkmal. In: Wiesbadener Leben 10/1994, S. 16 [Baumgart-Buttersack: Historisches Monument]

Baumgart-Buttersack, Gretel: Kaiser Friedrich III. Enge Beziehungen zu Wiesbaden. In: Wiesbadener Leben 2/1992, S. 14–15 [Baumgart-Buttersack: Kaiser Friedrich III.]

Baumgart-Buttersack, Gretel: Rund um den „Alten" und den „Neuen Geisberg". In: Wiesbadener Leben 9/1982, S. 16–17 [Baumgart-Buttersack: Geisberg]

Baumgart-Buttersack, Gretel: Schiller-Denkmal. In: Wiesbadener Leben 6/1995, S. 32 [Baumgart-Buttersack: Schiller-Denkmal]

Baumgart-Buttersack, Gretel: Vom alten „Badhaus zur Rose" zum internationalen Grand-Hotel. In: Wiesbadener Leben 4/1992, S. 25–27 [Baumgart-Buttersack: Badhaus zur Rose]

Baumgart-Buttersack, Gretel: Warum der Kaiser im Park am Warmen Damm steht. In: Wiesbadener Leben 10/1991, S. 25–26 [Baumgart-Buttersack: Kaiser im Park]

Baumgart-Buttersack, Gretel: Weißer Marmor aus Carrara. In: Wiesbadener Leben 12/1987, S. 4–5 [Baumgart-Buttersack: Weißer Marmor]

Bembenek, Lothar: Das jüdische Badhaus „Zum Rebhuhn" in Wiesbaden. In: Menora, Jahrbuch für deutsch-jüdische Geschichte 1992, S. 99–120 [Bembenek: Jüdisches Badhaus]

Beutler, Ernst (Hrsg.): Goethe – West-östlicher Divan. Wiesbaden 1948 [Beutler: Goethe, West-östl. Divan]

Bielschowsky, Albert: Goethe – Sein Leben und seine Werke, Bd. 2. München 1917 [Bielschowsky: Goethe]

Bitz, Matthias: Badewesen in Südwestdeutschland 1550 bis 1840. Idstein 1989 [Bitz: Badewesen]

Bleymehl-Eiler, Martina: Wiesbaden 1690–1866. Von der Nebenresidenz zur Haupt- und Residenzstadt. In: Kurt Andermann (Hrsg.): Residenzen. Aspekte hauptstädtischer Zentralität von der frühen Neuzeit bis zum Ende der Monarchie. Sigmaringen 1992 (Oberrheinische Studien, Bd. 10), S. 397–440 [Bleymehl-Eiler: Wiesbaden 1690–1866]

Bogler, Wilhelm: Der Schützenhof zu Wiesbaden, Festschrift zur Wanderversammlung des Verbandes dt. Architekten u. Ingenieure. Wiesbaden 1880 [Bogler: Schützenhof]

Boisserée, Sulpiz: Tagebücher, Bd. I, 1808–1828. Darmstadt 1978 [Boisserée: Tagebücher, Bd. I]

Boos, Heinrich: Quellen zur Geschichte der Stadt Worms, Bd. 3. Berlin 1893 [Boos: Worms]

Brödner, Erika: Die römischen Thermen und das antike Badewesen. Darmstadt 1983 [Brödner: Römische Thermen]

Bubner, Berthold: Christian Zais 1770–1820 in seiner Zeit. Wiesbaden 1993 [Bubner: Christian Zais]

Bubner. Berthold: Wiesbaden. Baudenkmale und Historische Stätten. Wiesbaden 1993 [Bubner: Wiesbaden, Baudenkmale]

Buchinger, Barbara: Die frühmittelalterlichen Grabfunde von Wiesbaden. Frankfurt am Main 1997 [Buchinger: Grabfunde]

Büdingen, Wolfgang: Der Adler zu Wiesbaden. Maschinenschriftliches Exposé von Oberst a.D. Büdingen [Büdingen: Adler]

Cohausen, August v.: Zur Topographie des alten Wiesbaden. Die Thermen. In: Nassauische Annalen 21 (1889), S. 9–13 [Cohausen: Topographie]

Cyperrek, Rudolf: Prüfe Alles und wähle das Beste! In: Rudolf Cyperrek, Otto Laux und Hans Peter Scholz: Geschichte eines Theatergebäudes 1860–1978. Wiesbaden 1978, S. 1–122 [Cyperrek: Prüfe Alles und wähle das Beste!]

Czysz, Walter: 140 Jahre Chemisches Laboratorium Fresenius Wiesbaden, 1. Teil, 1848–1945. In: Jahrbücher des Nassauischen Vereins für Naturkunde 110 (1988), S. 35–110 [Czysz: 140 Jahre Fresenius, 1. Teil]

Czysz, Walter: 140 Jahre Chemisches Laboratorium Fresenius, 2. Teil, 1945–1988. In: Jahrbücher des Nassauischen Vereins für Naturkunde 111 (1989), S. 95–195 [Czysz: 140 Jahre Fresenius, 2. Teil]

Czysz, Walter: Die Wiesbadener heißen Quellen von der Eiszeit bis zur Gegenwart. Teil 1: Geologie – Archäologie – Geschichte. Jahrbücher des Nassauischen Vereins für Naturkunde 116 (1995), S. 5–39 [Czysz: Heiße Quellen]

Czysz, Walter: Die Wiesbadener heißen Quellen von der Eiszeit bis zur Gegenwart. Teil 2: Der Kochbrunnen im 19. Jahrhundert. Jahrbücher des Nassauischen Vereins für Naturkunde 119 (1999), S. 5–38 [Czysz: Kochbrunnen]

Czysz, Walter: Heinrich Anton Leichtweiß, ein Bürgerleben im 18. Jahrhundert. 2. Aufl. Wiesbaden 1990 [Czysz: Heinrich Anton Leichtweiß]

Czysz, Walter: Sonnenberg, die Geschichte eines nassauischen Burgfleckens. Wiesbaden 1996 [Czysz: Sonnenberg]

Czysz, Walter: St. Bonifatius Wiesbaden. München u. Zürich 1992 [Czysz: St. Bonifatius]

Czysz, Walter: Wiesbaden in der Römerzeit. Stuttgart 1994 [Czysz: Römerzeit]

De Balneis omnia quae extant apud Graecos, Latinos et Arabas. L. Giuntas Erben, Venedig 1553 [De Balneis]

Demian, Johann Andreas: Handbuch der Geographie und Statistik des Herzogthums Nassau. Wiesbaden 1823 [Demian: Handbuch]

Dilich (Wilhelm Scheffer): Hessische Chronica. Cassel 1605 [Dilich: Hess. Chronica]

Dollwet, Jochen: Griechische oder Russische Kapelle? In: Wiesbadener Leben 1/1990, S. 28 [Dollwet: Griechische oder Russische Kapelle]

Dollwet, Jochen (Bearb.): „Wer an seinem Schöpfer sündiget...". Ludwig Friedrich Christoph Schmid über seinen Kuraufenthalt 1765 in Wiesbaden. Wiesbaden 1994 (Schriften des Stadtarchivs Wiesbaden, Bd. 3) [Dollwet: „Wer an seinem Schöpfer sündiget"]

Dollwet, Jochen und Thomas Weichel (Bearb.): Das Tagebuch des Friedrich Ludwig Burk. Aufzeichnungen eines Wiesbadener Bürgers und Bauern 1806–1866. 3. Aufl. Wiesbaden 1994 (Schriften des Stadtarchivs Wiesbaden, Bd. 2) [Dollwet/Weichel: Tagebuch Friedrich Ludwig Burk]

Döringer, Wilhelm: Der kleine Heimatführer. 10. Aufl. Wiesbaden 1977 [Döringer: Heimatführer]

Dorn, Hans: Kurpark Wiesbaden. Gartenpflegerisches Gutachten. Frankfurt am Main 1991 [Dorn: Kurpark]

Dostojewski, Fjodor M.: Der Spieler. Ausgabe Goldmann TB, München 1980 [Dostojewski: Der Spieler]

Dryander, Johann: Vom Eymsser Bade. Meintz 1535 [Dryander: Vom Eymsser Bade]

Ebhardt, Georg Heinrich: Geschichte und Beschreibung der Stadt Wiesbaden. Gießen 1817 [Ebhardt: Wiesbaden]

Ebmeyer, Otto v.: Das neue Kurhaus zu Wiesbaden. Denkschrift. Wiesbaden 1907 [v. Ebmeyer: Kurhaus]

Ein historisches Fenster. Berliner Leben, Sonderheft: Wiesbadener Festspiele 1902, 5. Jg. (1902), Heft 5 [Ein historisches Fenster]

Einhard: Die Übertragung und Wunder des Heiligen Marzellinus und Petrus. Darmstadt 1977 [Einhard: Übertragung und Wunder]

Einhard: Vita Karoli Magni. Stuttgart 1981 [Einhard: Vita Karoli Magni]

Erklärung des Grundrisses von dem neuen Kurhause in Wiesbaden zu den vier Jahreszeiten (mit Plan). L. Schellenberg, Wiesbaden 1820 [Grundriß Kurhaus]

Etschenreuter, Gallus: Aller heilsamen Bäder und Brunnen Naturkrafft, Tugendt und Würkung. Straßburg 1571 [Etschenreuter: Bäder und Brunnen]

Ewerbeck und Neumeister: Die Rathausbau-Concurrenz und die Theaterneubau-Frage in Wiesbaden. In: Centralblatt der Bauverwaltung, Berlin, 2. Jg. (1882), S. 388ff. [Rathausbau-Concurrenz und Theaterneubau-Frage]

Faber, Rolf: Die Englische Kirche in Wiesbaden. In: Wiesbadener Leben 7/1990, S. 30–31 [Faber: Englische Kirche]

Fill, K.: Die Herkunft des Kochbrunnenwassers. In: Nassauisches Volksblatt Nr. 49 v. 19.2.1935 [Fill: Herkunft des Kochbrunnenwassers].

Fischer-Dyck, Marianne: Das alte Theater am Herzog-Wilhelm-Platz. In: Wiesbadener Leben 2/1987, S. 10–11 [Fischer-Dyck: Altes Theater]

Fischer-Dyck, Marianne: Das Kurhaus feierte am 11. Mai 1907 Geburtstag. In: Wiesbadener Leben 12/1987, S. 6 [Fischer-Dyck: Kurhaus]

Fischer-Dyck, Marianne: Das Wiesbadener Eselscorps. In: Wiesbadener Leben 7/1984, S. 32 [Fischer-Dyck: Eselscorps]

Fischer-Dyck, Marianne: Die alte Kaiser-Wilhelm-Heilanstalt. In: Wiesbadener Leben 9/1985, S. 27 [Fischer-Dyck: Kaiser-Wilhelm-Heilanstalt]

Flindt, Wilhelm: Der Kurhaus-Neubau. Betrachtungen zur Beurtheilung und Lösung dieser Frage. Wiesbaden 1900 [Flindt: Kurhaus-Neubau]

Florschütz, Bruno: Fontes Mattiaci. Die Wiesbadener Thermen und ihre Beziehungen zum Vulkanismus. Wiesbaden 1894 [Florschütz: Fontes Mattiaci]

Floss, H.: Die Adlerquelle – Ein Fundplatz des mittleren Jungpaläolithikums im Stadtgebiet von Wiesbaden. In: Archäologisches Korrespondenzblatt 21 (1991), S. 187–191 [Floss: Adlerquelle]

Freies Deutsches Hochstift: Ungedruckte Briefe Goethes an J. I. von Gerning. Frankfurt a. M. 1897 [Freies Deutsches Hochstift: Briefe Goethes an Gerning]

Frese, Julius (Hrsg.): Goethe-Briefe aus Fritz Schlossers Nachlaß. Stuttgart 1877 [Frese: Goethe-Briefe aus Fritz Schlossers Nachlaß]

Fresenius, Heinrich: Chemische Untersuchung der Drei-Lilien-Quelle zu Wiesbaden. In: Jahrbücher des Nassauischen Vereins für Naturkunde 65 (1912), S. 150–169 [H. Fresenius: Chemische Untersuchung Drei-Lilien-Quelle]

Fresenius, Ludwig und Remigius Fresenius: Neuere Untersuchungen einiger Wiesbadener Quellen. In: Jahrbücher des Nassauischen Vereins für Naturkunde 83 (1936), S. 28–35 [L. Fresenius/R. Fresenius: Neuere Untersuchungen einiger Wiesbadener Quellen]

Fresenius, Remigius: Anleitung zur qualitativen Analyse. 1. Aufl. Bonn 1841 [R. Fresenius: Qualitative Analyse]

Fresenius, Remigius: Anleitung zur quantitativen chemischen Analyse. 1. Aufl. Braunschweig 1846 [R. Fresenius: Quantitative chemische Analyse]

Fresenius, Remigius: Chemische Untersuchung der wichtigsten Mineralwässer des Herzogthums Nassau. I: Der Kochbrunnen zu Wiesbaden. Wiesbaden 1850 [R. Fresenius: Chem. Untersuchung Kochbrunnen]

Fresenius, Wilhelm, Günter Kleinschmidt und Wilhelm Schneider: Sanierung der Wiesbadener Thermen unter Berücksichtigung des Schutzes der Quellen, der Unterbindung von Verockerungen etc. In: Heilbad u. Kurort 30 (1978), S. 207–209 [W. Fresenius/Kleinschmidt/Schneider: Sanierung d. Wiesbadener Thermen]

Fresenius, Wilhelm und Wilhelm Schneider: Über die Zusammensetzung des Sinters des Kochbrunnens in Wiesbaden. In: Heilbad u. Kurort 15 (1963), S. 166 [W. Fresenius/Schneider: Zusammensetzung Sinter d. Kochbrunnens]

Friedländer, Richard: Das städtische Kaiser Friedrich Bad in Wiesbaden. In: „Ärztliche Festschrift zur Eröffnung des städtischen Kaiser-Friedrich-Bades in Wiesbaden." Wiesbaden 1913, S. 1–55 [Friedländer: Kaiser-Friedrich-Bad]

Fritze, August und Friedrich Otto: Zwei Gedichte über Wiesbaden aus dem 15. Jahrhundert. In: Nassauische Annalen, Jg. 18 (1882/83), S. 143–144 [Fritze/Otto: Zwei Gedichte]

Leonharti Fuchsii Institutionum Medicinae Libri quinque. Basel 1605 [L. Fuchsii Institutionum Medicinae]

Fuhs, Burkhard: Mondäne Orte einer vornehmen Gesellschaft. Hildesheim 1992 [Fuhs: Mondäne Orte]

Funk, Renate Birgit: Der Wiesbadener Architekt Wilhelm Bogler. Die Schützenhofbebauung. Magisterarbeit, Frankfurt a.M. 1985 [Funk: Architekt Wilhelm Bogler]

Funk, Renate Birgit: Die Arbeiten des Wiesbadener Architekten Wilhelm Bogler. In: Nassauische Annalen, Jg. 99 (1988), S. 111–128 [Funk: Arbeiten d. Wiesb. Architekten Wilhelm Bogler]

Geiger, Ludwig (Hrsg.): Briefwechsel zwischen Goethe und Zelter, Bd. I. Leipzig 1906 [Geiger: Briefwechsel Goethe – Zelter]

Gerning, Johann Isaac v.: Die Heilquellen am Taunus. Episches Lehrgedicht in 4 Gesängen. Frankfurt 1813 [v. Gerning: Heilquellen am Taunus]

Gerning, Johann Isaac v.: Die Rheingegenden von Mainz bis Cölln. Wiesbaden 1819 [v. Gerning: Rheingegenden]

Gerning, Johann Isaac v.: Wiesbaden. In: Rheinisches Archiv 11 (1813), S. 168 [v. Gerning: Wiesbaden]

Glücklich, Christian: Die Geheimnisse des Grünen Tisches. Wiesbaden 1873 [Glücklich: Geheimnisse]

Glücklich, Christian: Vierzehn Jahre an der Spielbank. Erinnerungen eines Croupiers. Wiesbaden 1872 [Glücklich: Vierzehn Jahre Spielbank]

Goethe, Johann Wolfgang: Briefe. Hamburger Ausgabe, Band III, 1965 [Goethe: Briefe]

Goethe, Johann Wolfgang: Dichtung und Wahrheit II. Gesamtausgabe München (dtv) 1962/63, Bd. 23 [Goethe: Dichtung und Wahrheit II]

Goethe, Johann Wolfgang: Gesamtausgabe München (dtv) 1962/63, Bd. 29 [Goethe: Gesamtausgabe dtv 1962/63, Bd. 29]

Goethe, Johann Wolfgang: Gesamtausgabe München (dtv) 1962/63, Bd. 30 [Goethe: Gesamtausgabe dtv 1962/63, Bd. 30]

Goethe, Johann Wolfgang: Gesamtausgabe der Werke in zweiundzwanzig Bänden. Zweite Abteilung: Schriften. Bd. 12, Stuttgart (Cotta) 1957 [Goethe: Gesamtausgabe Cotta 1957, Bd. 12]

Goethe, Johann Wolfgang: West-östlicher Divan. Erstdruck 1819. Bibliothek Deutscher Klassiker (BDK), hrsg. v. H. Birus. Frankfurt am Main 1994 [Goethe: West-östlicher Divan]

Gräf, Hans Gerhard (Hrsg.): Goethes Briefwechsel mit seiner Frau, Bd. 1. Frankfurt a. M. 1916 [Gräf: Goethes Briefwechsel m. seiner Frau, Bd. 1]

Grobecker, Kurt: Chronik Hotel Nassauer Hof. Wiesbaden 1990 [Grobecker: Chronik Nassauer Hof]

Gübeli-Litscher, O.: Chemische Untersuchung von Mineralwässern. Innsbruck 1948 [Gübeli-Litscher: Mineralwässer]

Handel, Georg Theodor Christoph: Das Wissenswertheste vom uralten Matten- oder Wiesbade. Mainz 1799 („im siebenten Jahre der französischen Republik") [Handel: Das Wissenswertheste]

Harms, Juliane und Carter Kniffler: Goethe in Wiesbaden. In: Uralte Heilkraft, neues Leben. Wiesbaden 1949, S. 25–47 [Harms/Kniffler: Goethe in Wiesbaden]

Hartmann, Wilfried (Hrsg.): Deutsche Geschichte in Quellen und Darstellungen. Band 1: Frühes und hohes Mittelalter 750–1259. Stuttgart 1995 [Hartmann: Deutsche Geschichte, Bd. 1]

Hase, Ulrike v.: Wiesbaden – Kur- und Residenzstadt. In: L. Grote (Hrsg.): Die deutsche Stadt im 19. Jahrhundert. München 1974, S. 129–147 [v. Hase: Wiesbaden]

[Head, Francis]: Bubbles from the Brunnens of Nassau. London 1833 (Übersetzung: W. Czysz) [Head: Bubbles]

Heiler, Carl: Das Wiesbadener Thermalbad für Pferde. In: Nassauische Heimatblätter, Jg. 34 (1933), S. 43–50 [Heiler: Thermalbad für Pferde]

Hellmund, Egidius Günther: Kurtze Nachricht und Ordnung von dem neu erbauten Armenbade zu Wiesbaden. Wiesbaden 1738 [Hellmund: Kurtze Nachricht und Ordnung von dem neu erbauten Armenbade]

Hellmund, Egidius Günther: Kurtze Species Facti In Sachen des Armen-BaadHausses zu Wißbaden gegen einige widerstrebende Baad-Wirthe daselbst. Wiesbaden 1733 [Hellmund: Kurtze Species Facti In Sachen des Armen-BaadHausses]

Hellmund, Egidius Günther: Nachricht von dem neuen Armenbade zu Wiesbaden. Wiesbaden 1735–1737 [Hellmund: Nachricht v. d. neuen Armenbade]

Hellmund, Egidius Günther: Thermographia paraenetica: Oder nützliches Baad-Buch, Teil 1 und 2. Wiesbaden 1731/33 [Hellmund: Thermographia paraenetica/Nützliches Baad-Buch]

Henrici, Paul: Die Wiesbadener Badekur in alter Zeit. In: Nassauische Heimatblätter, Jg. 39 (1929), S. 83–90 [Henrici: Wiesbadener Badekur]

Herzogtum Nassau 1806–1866. Politik, Wirtschaft, Kultur. Ausstellungskatalog. Wiesbaden 1981 [Herzogtum Nassau]

Hey'l, Ferdinand: Wiesbaden und seine Cur-Interessen, Veröffentlicht von dem Cur-Verein der Stadt Wiesbaden. Wiesbaden 1866, S. 1–16 [Hey'l: Wiesbaden u. s. Cur-Interessen]

Hey'l, Ferdinand: Wiesbaden und seine Umgebungen. Ein zuverlässiger Führer durch die Curstadt und ihre Umgebung. 1. Aufl. Wiesbaden 1866 [Hey'l: Wiesbaden u. s. Umgebungen]

Heymach, Ferdinand: Charlotte von Stein in Wiesbaden u. Ems. In: Mitteilungen des Vereins für Nassauische Altertumskunde, Jg. 15 (1911/12), S. 22–24 [Heymach: Charlotte von Stein]

Heymann, Carl: Mineralquellen und Winteraufenthalt in Wiesbaden. Wiesbaden 1875 [Heyman: Mineralquellen und Winteraufenthalt]

Hildebrand, Alexander: Weibliche Revolte mit aller möglichen Konsequenz. Johanna Schopenhauer aus Schwalbach am 16. Juli 1816. In: Wiesbadener Leben 3/1993, S. 14–16, und 2/1994, S. 31–32 [Hildebrand: Weibliche Revolte]

Hildebrand, Alexander: Zwischen Wandertruppen und Bürgerkommission 1765–1857. In: Alexander Hildebrand, Eva Christina Vollmer und Karl Heinz Roland: Theater in Wiesbaden 1765–1978. Wiesbaden 1978, S. 1–45 [Hildebrand: Zwischen Wandertruppen u. Bürgerkommission]

Hildner, Heinz: Wiesbadener Wohnbauten der klassizistischen Zeit. Wiesbaden 1931 [Hildner: Wiesbadener Wohnbauten]

Hintz, Ernst und Leo Grünhut: Chemische und physikalisch-chemische Untersuchungen des Kochbrunnens zu Wiesbaden. Nebst Untersuchungen über dessen Radioaktivität. In: Jahrbücher des Nassauischen Vereins für Naturkunde Jg. 60 (1907), S. 29–72 [Hintz/Grünhut: Chemische und physikalisch-chemische Untersuchungen]

Holländer, Stefan: Die Schützenhof-Apotheke. Wiesbaden, o. J. [Holländer: Schützenhof-Apotheke]

Hörnigk, Ludwig v.: Langen-Schwalbacher Saurbrunnen und Bäder/Sampt deren Eygenschafft und rechtem Gebrauch. 1. Aufl. Franckfurt am Mayn 1632 [v. Hörnigk: Langen-Schwalbacher Saurbrunnen, 1. Aufl.]

Hörnigk, Ludwig v.: Langen-Schwalbacher Saurbrunnen und Bäder/Samt deren Eygenschafft und rechtem Gebrauch. 2. Aufl. Mayntz 1658 [v. Hörnigk: Langen-Schwalbacher Saurbrunnen, 2. Aufl.]

Hörnigk, Ludwig v.: Wißbad, Sampt seiner wunderlichen Eigenschafft, 1. Aufl. Franckfurt am Mayn 1637 [v. Hörnigk: Wißbad, 1. Aufl.]

Hörnigk, Ludwig v.: Wißbad, Sampt seiner wunderlichen Eigenschafft. 2. Aufl. Franckfurt 1662 [v. Hörnigk: Wißbad, 2. Aufl.]

Horstius, Johann Daniel: Kurtze Beschreibung der Sauer-Brunnen zu Langen-Schwalbach... / Kurtze Beschreibung des Wißbades. Franckfurt 1659 [Horstius: Sauer-Brunnen zu Langen-Schwalbach]

Hufeland, Christoph Wilhelm: Praktische Uebersicht der vorzüglichsten Heilquellen Teutschlands nach eignen Erfahrungen. Berlin 1815 [Hufeland: Vorzügl. Heilquellen Teutschlands]

Huyskens, Albert: Quellenstudien zur Geschichte der hl. Elisabeth, Landgräfin von Thüringen. Marburg 1908 [Huyskens: Hl. Elisabeth]

Jacobi, Ludwig Conrad: Anatomia hydrologica des von Gott so reichlich gesegneten und gebenedeyeten, wie auch weltberühmten Wißbades. Mayntz 1687 [Jacobi: Anatomia hydrologica]

Jesberg, Paulgerd: Kaiser-Friedrich-Bad. In: Neues Bauen in Wiesbaden 1900–1914, Ausstellungskatalog 1984, S. 133–146 [Jesberg: Kaiser-Friedrich-Bad]

Jüngken, Johann Helffrich: Kurtzgefaste Beschreibung Der Uhralten weit-berühmten Bädern zu Wißbaden. 1. Aufl. o.O. 1702; 2. Aufl. Nürnberg 1703 [Jüngken: Kurtzgefaste Beschreibung d. Uhralten weit-berühmten Bädern, 1. bzw. 2. Aufl.]

Jüngcken, Johann Helffrich: Kurtzgefaste Neue Beschreibung Der Uhralten Hochgepriesenen Warmen Bädern zu Wißbaden. Herborn 1715 [Jüngcken: Kurtzgefaste Neue Beschreibung d. Uhralten Hoch-gepriesenen Warmen Bädern; zur unterschiedlichen Namensschreibung s. S. 109, Fn. 180]

Kallmorgen, Wilhelm: Siebenhundert Jahre Heilkunde in Frankfurt am Main. Frankfurt am Main 1936 [Kallmorgen: Siebenhundert Jahre Heilkunde]

Kappus, Christian: Johannes de Laspée 1783–1825. In: Nassauische Lebensbilder, Bd. 1. Wiesbaden 1940, S. 97–103 [Kappus: Johannes de Laspée]

Kastner, Karl Wilhelm Gottlob: Archiv für die gesammte Naturkunde. Nürnberg 1828–29 [Kastner: Archiv f. d. gesammte Naturkunde]

Katzenstein, Leo: Wiesbaden und seine Heilfaktoren. Wiesbaden 1908 [Katzenstein: Heilfaktoren]

Kirchner, Anton: Ansichten von Frankfurt am Main, der umliegenden Gegend und den benachbarten Heilquellen, Band 2. Frankfurt a. M. 1818 [Kirchner: Ansichten von Frankfurt am Main]

Kirnbauer, Thomas: Die Mineralisation der Wiesbadener Thermalquellen, Jahrbücher des Nassauischen Vereins für Naturkunde 118 (1997), S. 5–90 [Kirnbauer: Mineralisation]

Kleineberg, Günther: George Barnard und die „Brunnens of Nassau“ um 1845. In: Wiesbadener Leben 7/1991, S. 25–27; 8/1991, S. 25–27; 9/1991, S. 12–14; 10/1991, S. 13–16; 11/1991, S. 13–16, u. 12/1991, S. 11–14 [Kleineberg: George Barnard u. d. „Brunnens of Nassau“]

Kleineberg, Günther: George Barnard und Wiesbadener „Incidents“ (Nebensachen) um 1842. Wiesbadener Leben 10/1991, S. 13–16 [Kleineberg: George Barnard und Wiesbadener „Incidents“]

Kleineberg, Günther: Nicolaus Person und der „Wisenbrun zu Wisbad", Wiesbadener Leben 11/1978, S. 7–10 [Kleineberg: Nicolaus Person]

Kleineberg, Günther: Wiesbaden im Bild. Graphik von 1600–1840. Ausstellungskatalog des Museums Wiesbaden, 13. Wiesbaden 1978 [Kleineberg: Wiesbaden im Bild 13]

Kleineberg, Günther: Wiesbaden im Bild 1840–1870. Ausstellungskatalog des Museums Wiesbaden, 15. Wiesbaden 1979 [Kleineberg: Wiesbaden im Bild 15]

Kleineberg, Günther: Wiesbadener Museumsschätze. Künstler in Wiesbaden (1), Wiesbadener Leben 6/1978, S. 7–10 [Kleineberg: Museumsschätze]

Klotz, Emil: Wiesbadener Thermalquellen, Naturbrunnen 1, 1959, S. 179–180 [Klotz: Thermalquellen]

Klötzer, Wolfgang (Hrsg.): Frankfurter Biographie, Bd. 1. Frankfurt a. M. 1994 [Klötzer: Frankfurter Biographie, Bd. 1]

Kopp, Klaus: Die Nerobergbahn. Wiesbadens Drahtseil-Zahnstangenbahn aus dem Dreikaiserjahr 1888. Wiesbaden 1988 [Kopp: Nerobergbahn]

Kopp, Klaus: Wasser von Taunus, Rhein und Ried. Aus zwei Jahrtausenden Wiesbadener Wasserversorgung.Wiesbaden 1986 [Kopp: Wasser]

Kussmaul, Horst: Isotopenuntersuchungen an Mineralquellen im Bereich der Taunusrandverwerfung. Taunusstein 1988 (unveröffentlicht) [Kussmaul: Isotopenuntersuchungen]

Lade, Dr.: Philippine Lade. In: Wiesbadener Tagblatt v. 20.5.1932 [Lade: Philippine Lade]

Landt-Lemmel, H.: Die Kaisersäule am Warmen Damm. Wiesbadener Leben 3/1990, S. 26 [Landt-Lemmel: Kaisersäule]

Lavrin, Janko: Fjodor M. Dostojewski. Hamburg 1987 [Lavrin: Fjodor M. Dostojewski]

Lehr, Friedrich: Versuch einer kurzen Beschreibung von Wiesbaden und seiner warmen Mineralquellen. Darmstadt 1799 [Lehr: Versuch einer kurzen Beschreibung]

Leicher, G.: Der „Adler" sah auch berühmte Zeitgenossen wie Goethe und den Preußenkönig als Gäste. In: Wiesbadener Tagblatt v. 9.5.1996, S. 15 [Leicher: Der „Adler" sah berühmte Zeitgenossen]

Lemcke, Johannes: Der Rathausbau in seiner Beziehung zur Theater-Neubau-Frage. Wiesbaden 1883 [Lemcke: Rathausbau]

Lexikon der Antike, der „Kleine Pauly", Bd. 2. München 1979 [Lexikon der Antike, Bd. 2]

Lundorff, Michael Caspar: Wißbadisches Wiesenbrünnlein. 2 Teile, Franckfurt u. Darmstadt 1610, 1611 [Lundorff: Wißbadisches Wiesenbrünnlein]

Lütkemeier, Sabine: Die Grundwasserzirkulation im Schelderwald (Hessen) unter Berücksichtigung möglicher Verschmutzungen durch Deponien. Diss. Berlin 1975 [Lütkemeier: Grundwasserzirkulation]

Malten, Heinrich Mr.: Wiesbaden und seine Umgebung. Darmstadt/Wiesbaden 1842 [Malten: Wiesbaden u. s. Umgebung]

Martialis, Marcus Valerius: Epigrammata, Liber XIV, Nr. 26, 27; ed. Grimma 1842, Bd. 2 [Martialis: Epigrammata]

Martin, Alfred: Deutsches Badewesen in vergangenen Tagen. Jena 1906 [Martin: Deutsches Badewesen]

Melchior, Eberhard: Anatomia Hydrologica Thermarum Wisbadensium – Das ist: Ausführlicher/genauer Ursprünglicher Bericht und Cuhr-Buch von Krafft und Würckung der Welt-bekandten und von Gott gesegneten heylsamen Bäder zu Wißbaden. Mayntz 1697 [Melchior: Anatomia Hydrologica Thermarum Wisbadensium]

Mercator, Gerhard: Atlas minor, 2. Aufl. Amsterdam 1607 [Mercator: Atlas minor]

Merian, Matthaeus: Topographia Hassiae et Regionum Vicinarum. 2. Aufl. Franckfurt am Mayn 1655 [Merian: Topographia Hassiae]

Merveilleux, David François de: Amusements des Eaux de Schwalbach Oder Zeitvertreibe Bey den Wassern zu Schwalbach, Denen Bädern zu Wisbaden, und dem Schlangenbade. Lüttich 1739 [de Merveilleux: Amusements des Eaux de Schwalbach]

Meuer, A. H.: Aus der Geschichte der Weltkurstadt Wiesbaden. In: Nassauische Heimat, Beilage zur Rheinischen Volkszeitung v. 1.9.1925 (Nr. 17), S. 98, u. 1.10.1925 (Nr. 19), S. 118 [Meuer: Geschichte der Weltkurstadt]

Meuer, A. H.: Goethes Ausflug auf den Spitzenstein und Nürnberger Hof. In: Rhein. Volkszeitung v. 8.3.1932 [Meuer: Goethes Ausflug]

Michels, Franz: Die Wiesbadener Mineralquellen (Neue Beiträge zur Klärung ihrer geologischen Position.). In: Jahrbücher des Nassauischen Vereins für Naturkunde 98 (1966), S. 17–54 [Michels: Die Wiesbadener Mineralquellen, Neue Beiträge]

Michels, Franz: Von der Wiesbadener Thermalquellenspalte. In: Jahrbücher des Nassauischen Vereins für Naturkunde 97 (1964), S. 37–40 [Michels: Von der Wiesbadener Thermalquellenspalte]

Michels, Franz: Zur Geologie der Wiesbadener Thermalquellen. In: Zeitschrift der deutschen geologischen Gesellschaft, Jg. 106 (1954), S. 113–117 [Michels: Zur Geologie d. Wiesbadener Thermalquellen]

Michels, Franz: Zur Geologie des Wiesbadener Raumes und seiner Heilquellen. In: Ärztliche Mitteilungen, Jg. 46 (1961), S. 1214–1220 [Michels: Zur Geologie d. Wiesbadener Raumes]

Michels, Franz und Wilhelm Fresenius: Lage, Geologie und Chemie der Wiesbadener Heilquellen. Rund um den Kochbrunnen. Wiesbaden 1958 [Michels/W. Fresenius: Lage, Geologie und Chemie d. Wiesbadener Heilquellen]

Michels, Franz und Joe Dietrich Thews: Die Thermalwasserbohrung Schützenhofquelle in Wiesbaden. In: Jahrbücher des Nassauischen Vereins für Naturkunde 101 (1971), S. 75–81 [Michels/Thews: Die Thermalwasserbohrung Schützenhofquelle]

Moerchel, Joachim: Die nassauischen Badeärzte in ihrer wissenschaftlichen und praktischen Tätigkeit 1816–1866. Frankfurt am Main 1977 [Moerchel: Nassauische Badeärzte]

Mordhorst, Carl: Wiesbaden als Terrain-Curort zur Behandlung von Herz- und Lungenkrankheiten, Bleichsucht, Fettsucht etc. Wiesbaden 1886 [Mordhorst: Wiesbaden als Terrain-Curort]

Mueller, B.: Die Geschichte der Englischen Kirche Saint Augustine of Canterbury in Wiesbaden. In: Wiesbadener Leben 11/1985, S. 32 [Mueller: Englische Kirche Saint Augustine]

Müller-Werth, Herbert: Geschichte und Kommunalpolitik der Stadt Wiesbaden. Unter besonderer Berücksichtigung der letzten 150 Jahre. Wiesbaden 1963 [Müller-Werth: Geschichte und Kommunalpolitik]

Müller-Werth, Herbert: Zur städtebaulichen Gestaltung Wiesbadens in der zweiten Hälfte des 19. Jahrhunderts. In: Nassauische Annalen, Jg. 70 (1959), S. 243–258 [Müller-Werth: Städtebauliche Gestaltung]

Münster, Sebastian: Cosmographey: das ist/Bschreibung Aller Länder/Herrschaften und fürnemesten Stetten des ganzen Erdbodens. Basel, Auflage 1599 [Münster: Cosmographey]

Neubaur, F.: Die Bäume des Warmen-Damm-Parks in Wiesbaden. In: Jahrbücher des Nassauischen Vereins für Naturkunde Jg. 100 (1969), S. 134–143 [Neubaur: Bäume des Warmen-Damm-Parks]

Neue Deutsche Biographie, Band 9, Berlin 1972 [NDB, Bd. 9]

Niedenthal, Erhard: 225 Jahre Spielbank Wiesbaden. Wiesbaden 1996 [Niedenthal: 225 Jahre Spielbank]

Ompteda, R. v.: Elisabeth von Österreich und Eugenie von Frankreich in Wiesbaden. In: Wiesbadener Tagblatt v. 14.5.1937 [v. Ompteda: Elisabeth von Österreich]

Otto, Friedrich: Das Merkerbuch der Stadt Wiesbaden. Wiesbaden 1882 [Otto: Merkerbuch]

Otto, Friedrich: Die Juden zu Wiesbaden. In: Nassauische Annalen, Jg. 23 (1891), S. 129–148 [Otto: Juden]

Otto, Friedrich: Ein Zinsregister der Mauritiuskirche zu Wiesbaden. In: Mitteilungen des Vereins für Nassauische Altertumskunde und Geschichtsforschung, Jg. 6 (1902/03), Sp. 74–83 [Otto: Zinsregister]

Otto, Friedrich: Geschichte der Stadt Wiesbaden. Wiesbaden 1877 [Otto: Geschichte Wiesbaden]

Otto, Friedrich: Goethe in Nassau. In: Nassauische Annalen, Jg. 27 (1895), S. 66–188 [Otto: Goethe in Nassau]

Pagenstecher, Arnold: Wiesbaden als Winterkurort und Winteraufenthalt. Wiesbaden 1867 [Pagenstecher: Wiesbaden als Winterkurort]

Pagenstecher, Arnold: Wiesbaden in medizinisch-topographischer Beziehung... Mit einem Situationsplan der warmen Quellen. Wiesbaden 1870 [Pagenstecher: Wiesbaden in med.-topograph. Beziehung]

Paracelsus: (Dottoris Aureoli Theophrasti) schreiben von den warmen oder Wildbäderen. Basel, um 1525 (Ausgabe Adam von Bodenstein, Basel 1576) [Paracelsus: Von den warmen oder Wildbäderen]

Pasquay, Peter: Gründliche Abhandlung von dem Gehalt und denen Eigenschaften der Gemeinen Wassern überhaupt. Franckfurt am Mayn 1748 [Pasquay: Gehalt und Eigenschaften d. Gemeinen Wassern]

Peez, August Heinrich: Ueber den Werth Wiesbadens und einiger anderer Curorte Deutschlands in Bezug auf Winter-Curen und als Winteraufenthalt für Kranke und Schwächliche. Wiesbaden 1840 [Peez: Ueber den Werth Wiesbadens]

Peez, August Heinrich: Wiesbadens Heilquellen. 1. Aufl., Gießen 1823 [Peez: Heilquellen, 1. Aufl.]

Peez, August Heinrich: Wiesbaden und seine Heilquellen. 2., verbess. Aufl., Gießen 1831 [Peez: Heilquellen, 2. Aufl.]

Person, Nikolaus: Symbolica in Thermas et acidulas reflexio. Mainz o.J. (1690–1700) [Person: Symbolica in Thermas]

Pfeiffer, August: Die Apothekenverhältnisse im vormaligen Herzogtum Nassau. In: Nassauische Annalen, Jg. 44 (1916/17), S. 69–106 [Pfeiffer: Apothekenverhältnisse]

Pfeiffer, Emil: Wiesbaden als Curort. Wiesbaden, 4. Aufl. 1893 [Pfeiffer: Wiesbaden als Curort]

Plath, Konrad: Zur Geschichte Wiesbadens und seines Badewesens im dreizehnten Jahrhundert. In: Mitteilungen des Vereins für Nassauische Altertumskunde und Geschichtsforschung, Jg. 12 (1908/09), S. 52–58 und S. 74–75 [Plath: Geschichte Wiesbadens]

Plinii Caecilii Secundi (C.) Epistularum libri decem, Liber VI, Nr. XVI. – Lat.-/dt. Fassung: C. Plinius Sec. (d. J.): Briefe, Buch VI, Nr. XVI. Tusculum-Ausgabe, 6. Aufl. Zürich u. München 1990, S. 326–333 [Plinius: Briefe, Buch VI]

Plinii Secundi Veronensis (C.) Historiae naturalis libri XXXVII, ab Alexandro Benedicto Veronense emend. Venetiis 1507, Blatt 231. – Lat./dt.Fass.: Plinius Sec., C. (d. Ä.): Naturgeschichte, Buch 31 (Tusculum-Ausgabe, Zürich u. München 1994) [C. Plinius Sec. (d. Ä.): Naturgeschichte]

Podehl, Wolfgang: Brunnen und Bäder. In: Herzogtum Nassau 1806–1866. Politik, Wirtschaft, Kultur. Ausstellungskatalog. Wiesbaden 1981, S. 221–245 [Podehl: Brunnen und Bäder]

Rahlson, Hellmut (Hrsg.): Die öffentliche Gesundheitspflege Wiesbadens. Wiesbaden 1908 [Rahlson: Öffentliche Gesundheitspflege]

Rauch, Johann Gerhard und Johannes Speth: Neue Beschreibung der uralten Brunnen und Bäder zu Wißbaden. 1. Aufl. Wiesbaden 1737 [Rauch/Speth: Neue Beschreibung d. uralten Brunnen, 1. Aufl.]

Rauch, Johann Gerhard und Johannes Speth: Neue Beschreibung der uralten Brunnen und Bäder zu Wißbaden. 4. Aufl., Idstein 1761 [Rauch/Speth: Neue Beschreibung d. uralten Brunnen, 4. Aufl.]

Renkhoff, Otto: Nassauische Biographie. 2. Aufl. Wiesbaden 1992 [Renkhoff: Nassauische Biographie]

Renkhoff, Otto: Wiesbaden im Mittelalter. Wiesbaden 1980 [Renkhoff: Mittelalter]

Rensch, Renate: Das Hotel Rose. In: Wiesbadener Leben 6/1984, S. 31–32 [Rensch: Hotel Rose]

Reuter, Karl: Römische Ansiedlungen in der Umgebung von Wiesbaden. In: Nassauische Annalen, Jg. 5 (1876), Heft 3, S. 5–27 [Reuter: Römische Ansiedlungen]

Rexroth, Franz v.: Goldene Bücher eines Hotels, Hotel Rose Almanach, Heft 1. Wiesbaden 1959 [v. Rexroth: Goldene Bücher]

Richter, Gustav Heinrich: Wiesbaden als heilsamer Aufenthaltsort für Schwache und Kranke aus dem Norden Europa's und als Kurort für jede Jahreszeit, Bielefeld 1839 [Richter: Heilsamer Aufenthaltsort für jede Jahreszeit]

Richter, Gustav Heinrich: Wiesbaden als heilsamer Aufenthaltsort für Schwache und Kranke (...) mit besonderer Bezugnahme auf die Zuverlässigkeit von Winterkuren. Elberfeld 1839 [Richter: Heilsamer Aufenthaltsort, Zuverlässigkeit von Winterkuren]

Richter, Gustav Heinrich: Wiesbaden nebst seinen Heilquellen und Umgebungen. Berlin 1838 [Richter: Wiesbaden nebst seinen Heilquellen]

Riedle, Klaus: Geothermische Nutzung des hochmineralisierten Wiesbadener Thermalwassers für die Grundlastwärmedeckung des Rathauses und angeschlossener Baulichkeiten. In: Gesundheits-Ingenieur 112 (1991), S. 250–256 [Riedle: Geothermische Nutzung]

Riedle, Klaus: Wiesbaden und seine Thermalwasser. In: Baukultur, 1983, Heft 2, S. 62–65 [Riedle: Wiesbaden u. s. Thermalwasser]

Ritter, Georg Heinrich: Bemerkungen über die Badekur in Wiesbaden im Sommer 1797. In: Hufelands Journal, Bd. VII, 3 (1799), S. 64–93, Bd. IX, 4 (1803), S. 153, und Bd. XX, 3 (1805), S. 116–160 [Ritter: Bemerkungen über die Badekur]

Ritter, Georg Heinrich: Denkwürdigkeiten der Stadt Wiesbaden und der benachbarten Gegend in vorzüglicher Hinsicht ihrer sämtlichen Mineralquellen, 1. Teil. Mainz 1800 [Ritter: Denkwürdigkeiten der Stadt Wiesbaden]

Ritter, Georg Heinrich: Die chemische Analyse der Wiesbader Mineralquellen. Annalen der Societät für die gesammte Mineralogie zu Jena I, 1802 [Ritter: Chemische Analyse der Wiesbader Mineralquellen]

Rompel, Josef: Die wirtschaftliche und finanzielle Entwicklung von Wiesbaden als Fremdenstadt seit Beginn der preußischen Herrschaft von 1867 bis 1907. Wiesbaden 1910 [Rompel: Wirtschaftliche Entwicklung von Wiesbaden]

Roth, Ferdinand Wilhelm Emil: Geschichte und historische Topographie der Stadt Wiesbaden im Mittelalter und in der Neuzeit. Wiesbaden 1883 [Roth: Geschichte und historische Topographie]

Rullmann, Georg Christoph Wilhelm: Wiesbaden und seine Heilquellen. Wiesbaden 1823 [Rullmann: Wiesbaden u. s. Heilquellen]

Russ, Sigrid: Kulturdenkmäler in Hessen. Wiesbaden II – Die Villengebiete. 2. Aufl. Braunschweig/Wiesbaden 1996 [Russ: Kulturdenkmäler in Hessen, Wiesb. II]

Sandberger, Guido: Wiesbaden und seine Thermen. Eine allgemein-verständliche Schilderung nach eignen langjährigen Untersuchungen. Wiesbaden 1861 [Sandberger: Wiesbaden und seine Thermen]

Schaefer, Albert: Goethe in Wiesbaden 1814 und 1815. Wiesbaden 1965 [Schaefer: Goethe]

Schaefer, Albert: Wiesbaden. Von der Römersiedlung zur Landeshauptstadt. Frankfurt a. M. 1969 [Schaefer: Wiesbaden]

Schalk, Heinrich: Carl Maria von Webers Beziehungen zu Wiesbaden. In: Nassauische Annalen, Jg. 13 (1774), S. 359–360 [Schalk: Carl Maria von Weber]

Schaller, Christian: Flüchtige Bemerkungen auf einer Reise von Nürnberg über Würzburg, Frankfurt, Mainz und Koblenz und die Bäder am Taunus. Nürnberg 1826 [Schaller: Flüchtige Bemerkungen]

Schenck, Gottfried Anton: Geschicht-Beschreibung der Stadt Wißbaden. Franckfurt 1758 [Schenck: Geschicht-Beschreibung]

Schenck, Gottfried Anton: Memorabilia Urbis Wisbadenae – Oder: Merckwürdigkeiten Der Stadt Wißbaden. Franckfurt am Mayn 1732/39 [Schenck: Memorabilia]

Schoppa, Helmut: Aquae Mattiacae – Wiesbadens römische und alamannisch-merowingische Vergangenheit. Wiesbaden 1974 [Schoppa: Aquae Mattiacae]

Schüler, Theodor: Die Einführung der Trinkkur am Kochbrunnen. In: Wiesbadener Tagblatt v. 26.10.1913 [Th. Schüler: Einführung der Trinkkur]

Schüler, Theodor: Die in den „Schwarzen Bock" aufgegangene „Goldene Kette". In: Alt-Nassau, Jg. 23 (1919), Nr. 12, S. 45–46 [Th. Schüler: „Schwarzer Bock"]

Schüler, Theodor: Die vormalige reformierte Kirche zu Wiesbaden. In: Alt-Nassau, Jg. 5 (1901), Nr. 6, S. 21–22 [Th. Schüler: Reformierte Kirche]

Schüler, Theodor: Kur und Spiel zu Wiesbaden im 18. Jahrhundert. In: Wiesbadener Tagblatt v. 8., 15. u. 29.6.1913 [Th. Schüler: Kur und Spiel]

Schüler, Theodor: Kurverhältnissse und Anstellung eines Badekommissars zu Wiesbaden vor hundert Jahren. In: Alt-Nassau, Jg. 23 (1917), S. 13–15 [Th. Schüler: Kurverhältnisse und Anstellung eines Badekommissars]

Schüler, Theodor: Orts- und Kurverhältnisse zu Wiesbaden im Jahre 1806. In: WiesbadenerTagblatt v. 22.12.1912 [Th. Schüler: Orts- und Kurverhältnisse]

Schüler, Theodor: Wiesbaden in seinen kleinstädtischen Verhältnissen. In: Alt-nassauischer Kalender 1919, S. 26–31 [Th. Schüler: Wiesbaden in seinen kleinstädt. Verhältnissen]

Schüler, Theodor: Wiesbadens Kurverhältnisse vor 70 Jahren. In: Alt-Nassau, Jg. 4 (1900), Nr. 10, S. 37–38 [Th. Schüler: Wiesbadens Kurverhältnisse v. 70 Jahren]

Schüler, Theodor: Zur Geschichte der älteren Badhäuser Wiesbadens. Das „Rebhuhn" und die „Stege", der spätere „Halbe Mond". In: Alt-Nassau, Jg. 20 (1916), Nr. 5, S. 17–19, u. Nr. 6, S. 21–23 [Th. Schüler: Zur Geschichte der älteren Badhäuser Wiesbadens. Rebhuhn und Stege, Alt-Nassau 20]

Schüler, Theodor: Zur Geschichte der älteren Badhäuser Wiesbadens. Der Schützenhof. In: Alt-Nassau, Jg. 22 (1918), Nr. 12, S. 45–47, u. Nr. 13, S. 49–50 [Th. Schüler: Zur Geschichte der älteren Badhäuser Wiesbadens. Der Schützenhof, Alt-Nassau, 22]

Schüler, Theodor: Zur Geschichte der älteren Badhäuser Wiesbadens. Die Rose, in: Wiesbadener Tagblatt v. 7.2.1913 [Th. Schüler: Geschichte der älteren Badhäuser. Die Rose, Wiesb. Tagblatt v. 7.2.1913]

Schüler, Theodor: Zur Geschichte der älteren Badhäuser Wiesbadens. Die Blume, der rote Schild, der Salm, in: Wiesbadener Tagblatt v. 23.3. u. 13.4.1913 [Th. Schüler: Geschichte der älteren Badhäuser. Die Blume, der rote Schild, der Salm, Wiesb. Tagblatt v. 23.3. u. 13.4.1913]

Schüler, Theodor: Zur Geschichte der älteren Badhäuser Wiesbadens. Der weiße Schwan und der goldene Engel, in: Wiesbadener Tagblatt v. 24.8. u. 7.9.1913 [Th. Schüler: Geschichte der älteren Badhäuser. Der weiße Schwan, der goldene Engel, Wiesb. Tagblatt v. 24.8. u. 7.9.1913]

Schüler, Theodor: Zur Geschichte der älteren Badhäuser Wiesbadens. Der Rindsfuss, jetzt Englischer Hof, in: Wiesbadener Tagblatt v. 8.2.1914 [Th. Schüler: Geschichte der älteren Badhäuser. Der Rindsfuss, Wiesb. Tagblatt v. 8.2. 1914]

Schüler, Theodor: Zur Geschichte der älteren Badhäuser Wiesbadens. Der Spiegel, in: Wiesbadener Tagblatt v. 3.5., 10.5., 17.5. und 24.5.1914 [Th. Schüler: Geschichte der älteren Badhäuser. Der Spiegel, Wiesb. Tagblatt v. 3.5., 10.5., 17.5. u. 24.5.1914]

Schüler, Winfried: Das wilhelminische Wiesbaden. Modellstadt einer Freizeit- und Dienstleistungsgesellschaft? In: Nassauische Annalen, Jg. 99 (1988), S. 89–110 [W. Schüler: Wilhelminisches Wiesbaden]

Schüler, Winfried: Der Herzog und sein Hof. In: Herzogtum Nassau 1806–1866. Politik, Wirtschaft, Kultur. Ausstellungskatalog. Wiesbaden 1981, S. 53–73 [W. Schüler: Herzog und Hof]

Schürmann, Heinz: Kur- und Fremdenverkehr in Wiesbaden. Bedeutungs- und Konzeptionswandel im Spiegel städtebaulicher Entwicklung. In: G. Meyer: Das Rhein-Main-Gebiet – Aktuelle Strukturen und Entwicklungsprobleme. Mainz 1995, S. 73–84 [Schürmann: Kur- und Fremdenverkehr]

Schwarz, E.: Das Grand Hotel im alten Badhaus. In: Frankfurter Allgemeine Zeitung, Sonntagsblatt v. 27.5.1990 [Schwarz: Grand Hotel]

Schweitzer, Katharina: Die Heilbäder Nassau's. Eine Reise durch die Quellenthäler des Taunus. Wiesbaden 1858 [Schweitzer: Heilbäder Nassau's]

Schwitzgebel, Helmut: Richard Wagner in Wiesbaden. Begleitheft und Katalog zur Austellung in der Hessischen Landesbibliothek 1983–84 [Schwitzgebel: Richard Wagner]

Sebald, Eduard: Das alte Kurhaus von Christian Zais. In: Neues Bauen in Wiesbaden 1900–1914. Wiesbaden 1984, S. 97–108 [Sebald: Das alte Kurhaus von Christian Zais]

Sebald, Eduard: Das Kurhaus, ein Bautyp des 19. Jahrhunderts am Beispiel des Wiesbadener Kurhauses von Christian Zais. In: Nassauische Annalen, Jg. 97 (1986), S. 113–133 [Sebald: Das Kurhaus, ein Bautyp des 19. Jahrhunderts]

Spielmann, Christian: Das Kurhaus zu Wiesbaden 1808–1904. Wiesbaden 1904 [Spielmann: Kurhaus]

Spielmann, Christian: Die Drei-Lilien-Quelle. Geschichte einer Wiesbadener Thermalquelle. Wiesbaden 1908 [Spielmann: Drei-Lilien-Quelle]

Spielmann, Christian: Die früheren Lokalverhältnisse am Kochbrunnen. In: Alt-Nassau 1901 (Jg. 5), Nr. 1, S. 1–2 [Spielmann: Lokalverhältnisse am Kochbrunnen]

Spielmann, Christian: Georg August, Fürst zu Nassau-Idstein, 1677–1721. In: Nass. Annalen Jg. 24 (1892), S. 25–80 [Spielmann: Georg August]

Spielmann, Christian: Geschichte von Nassau, Bd. 3. Wiesbaden 1912 [Spielmann: Nassau, Bd. 3]

Spielmann, Christian, und J. Krake: Atlas „Die Entwicklung des Weichbildes der Stadt Wiesbaden seit dem Ende des 18. Jahrhunderts". Frankfurt a. M. o. J. (photomechan. Nachdruck der Originalausgabe von 1912) [Spielmann/Krake: Weichbild]

Stein, B.: Wiesbadener Pferdebahn. In: Wiesbadener Tagblatt v. 25.8.1937 [Stein: Wiesbadener Pferdebahn]

Steudel, Johannes: Geschichte der Bäder und Klimaheilkunde. In: W. Amelung u. A. Evers (Hrsg.): Handbuch der Bäder- und Klimaheilkunde. Stuttgart 1962, S. 1–18 [Steudel: Bäder und Klimaheilkunde]

Stifft, Christian Ernst: Geognostische Beschreibung des Herzogthums Nassau in besonderer Beziehung auf die Mineralquellen dieses Landes. Wiesbaden 1831 [Stifft: Geognostische Beschreibung]

Streitberg, Wilhelm: Der Name Wiesbaden. In: Nassauische Annalen, Jg. 26 (1884), S. 131–134 [Streitberg: Wiesbaden]

Struck, Wolf-Heino: Christian Zais an seinen Sohn Wilhelm – der Architekt des Klassizismus zu Wiesbaden in seiner Familie. In: Nassauische Annalen, Jg. 92 (1981), S. 75–91 [Struck: Christian Zais]

Struck, Wolf-Heino: Die Gründung des Herzogtums Nassau. In: Herzogtum Nassau 1806–1866. Politik, Wirtschaft, Kultur. Ausstellungskatalog. Wiesbaden 1981, S. 1–17 [Struck: Gründung des Herzogtums Nassau]

Struck, Wolf-Heino: Wiesbaden im Biedermeier. Wiesbaden 1981 (Geschichte der Stadt Wiesbaden, Bd. 5) [Struck: Biedermeier]

Struck, Wolf-Heino: Wiesbaden in der Goethezeit. Wiesbaden 1979 (Geschichte der Stadt Wiesbaden, Bd. 4) [Struck: Goethezeit]

Tabernaemontanus, Jakob Theodor: New Wasserschatz/Das ist Von allen heylsamen Metallischen Mineralischen Bädern und Wassern. Franckfurt am Mayn 1581 [Tabernaemontanus: New Wasserschatz]

Thiersch, Friedrich v.: Das neue Kurhaus zu Wiesbaden. Wiesbaden 1907 [v. Thiersch: Kurhaus]

Thomae, Carl: Physikalische und geognostische Bemerkungen über die warmen Quellen zu Wiesbaden. In: Medicinisches Jahrbuch des Herzogtums Nassau, Bd. 1, 1843, Heft 2, S. 211–247 [C. Thomae: Physikalische u. geognostische Bemerkungen]

Thomä, Hans: Wiesbaden in Reiseberichten: Carl Julius Weber. In: Wiesbadener Leben 7/1984, S. 30 [H. Thomä: Wiesbaden in Reiseberichten]

Urban, K.: Die Langgasse, die älteste Bäderstraße Wiesbadens. Der Schützenhof und seine Geschichte. In: Wiesbadener Tagblatt vom 13.5., 27.5., 24.6., 8.7. u. 4.8.1939 [Urban: Schützenhof]

Urban, K.: Die bauliche Einkapselung und Isolierung des Kochbrunnens. In: Wiesbadener Tagblatt v. 30./31.1.1937 [Urban: Bauliche Einkapselung]

Vitruvius, M.: De architectura libri decem, Argentoratum 1543. – Lat./dt.Fass.: Vitruv: Über die Architektur. Darmstadt 1991, Achtes Buch, III, 1, 4, 12 (S. 369, 371, 377) [Vitruv: Architektur]

Vogler, Johann Karl Wilhelm: Die Quellen zu Wiesbaden. Wiesbaden 1848 [Vogler: Quellen zu Wiesbaden]

Vollmer, Eva Christina: Auch Balzac und Paganini betteten sich gern auf Rosen. In: Wiesbadener Tagblatt v. 15.5.1996 [Vollmer: Auch Balzac und Paganini]

Vollmer, Eva Christina: Autogramme auf Fensterscheiben. Ungewöhnlicher Brauch im Hotel du parc & Bristol. In: Wiesbadener Tagblatt v. 24.5.1996 [Vollmer: Autogramme auf Fensterscheiben]

Vollmer, Eva Christina: Der „Rindsfuß" macht Karriere. In: Wiesbadener Tagblatt v. 30.5.1996 [Vollmer: Rindsfuß]

Vollmer, Eva Christina: Parkhaus statt „Hohenzollern". In: Wiesbadener Tagblatt v. 29.5.1996 [Vollmer: Parkhaus statt „Hohenzollern"]

Vollmer, Eva Christina: Stolze Namen an der unteren Wilhelmstraße. In: Wiesbadener Tagblatt v. 23.5.1996 [Vollmer: Stolze Namen]

Vollmer, Eva Christina: Vom nassauischen Hoftheater zum Berliner Kaiserstil (1852–1903). In: A. Hildebrand, E. C. Vollmer, H. H. Roland: Theater in Wiesbaden 1765–1978. Wiesbaden 1978, S. 46–76 [Vollmer: Nass. Hoftheater]

Vollmer, Eva Christina: Zur Milchkur in die Taunusstraße. In: Wiesbadener Tagblatt v. 28.5.1996 [Vollmer: Milchkur]

Vollmer, Eva Christina: Zur Pferdekur in den „Schwarzen Bock". In: Wiesbadener Tagblatt v. 30.5.1996 [Vollmer: Pferdekur]

Wagner, Wilhelm: Wanderwege von kochsalzhaltigen Wässern im nördlichen Mainzer Becken und an seinen Rändern. In: Jahrbücher des Nassauischen Vereins für Naturkunde 99 (1968), S. 27–42 [Wagner: Wanderwege]

Weber, Philipp: Thermae Wisbadenses, Das ist Eygentliche Beschreibung deß Wißbades. Franckfurt 1636 [Weber: Thermae Wisbadenses]

Weber, Philipp: Thermarum Wisbadensium descriptio. Oppenheim 1617 [Weber: Thermarum Wisbadensium descriptio]

Weichel, Thomas: Die Bürger von Wiesbaden. Von der Landstadt zur „Weltkurstadt" 1786–1914. München 1997 [Weichel: Bürger]

Weiler, Clemens: Die Gruppe der Hygieia in Wiesbaden. Ein Denkmal der Spätromantik. In: Nassauische Heimatblätter, 49. Jg. (1959), S. 82–86 [Weiler: Gruppe der Hygieia]

Weiler, Clemens: Johann Christian Zais 1770-1820. In: Nassauische Lebensbilder, Bd. 5. Wiesbaden 1955, S. 132–147 [Weiler: Johann Christian Zais]

Wetzler, Johann Evangelist: Ueber Gesundbrunnen und Heilbäder insbesondere, oder Nachrichten über die vorzüglichsten Gesundbrunnen und Heilbäder in der nördlichen Schweiz, in Schwaben, in den Rhein- und Maingegenden, und in Franken. Erster Theil. Mainz 1819 [Wetzler: Gesundbrunnen, Erster Theil]

Wetzler, Johann Evangelist: Ueber Gesundbrunnen und Heilbäder insbesondere, oder Nachrichten über die vorzüglichsten Gesundbrunnen und Heilbäder in der nördlichen Schweiz, in Schwaben, in den Rhein- und Maingegenden, und in Franken. Zweyter Theil. Mainz 1819 [Wetzler: Gesundbrunnen, Zweyter Theil]

Wetzler, Johann Evangelist: Ueber Gesundbrunnen und Heilbäder, Zweyter Theil, Neue Ausgabe. Zusätze und Verbesserungen zu den 2 Bdn. der neueren Ausgabe des Werkes „Ueber Gesundbrunnen und Bäder" für die Besitzer der ersten Ausgabe. Mainz 1822 (diese „Zusätze..." sind als Anhang in die 2. Auflage, 1822, eingebunden) [Wetzler: Gesundbrunnen, Zweyter Teil, Neue Ausgabe]

Will, Cornelius: Henricus de Hassia über das Wiesbadener Badeleben im 14. Jahrhundert. In: Nassauische Annalen, Jg. 13 (1874), S. 344–349 [Will: Henricus de Hassia]

Winter, Ernst: Die Thermalquellen Wiesbadens in technischer Beziehung. München 1880 [Winter: Thermalquellen]

Zais, Wilhelm: Patriotische Wünsche eines Wiesbadeners für das Gedeihen und Fortblühen dieses Kurorts. Nebst einem Anhange von Dr. Wetzler. Wiesbaden 1843 [Zais: Patriotische Wünsche]

Zais, Wilhelm: Plan zu einer zusammenhängenden Anlage von Wiesbadens Umgebung mit Bezeichnung der schönsten Aussichten, Spaziergänge und Parthien, zugleich ein Wegweiser für Fremde. Wiesbaden 1844 [Zais: Plan zu einer zusammenhängenden Anlage]

Zedler, Gottfried: Die Wiesbadener Kurliste. In: Mitteilungen des Vereins für Nassauische Altertumskunde, Jg. 4 (1900/01), Sp. 74–87 [Zedler: Kurliste]

Zeininger, H.: Die Entstehung der Wiesbadener Kuranlagen. In: Wiesbadener Tagblatt v. 31.5.1934 [Zeininger: Entstehung der Kuranlagen]

Zimmer, A.: Der „Kaiserhof" stellte alles in den Schatten. In: Wiesbadener Tagblatt v. 1.4.1995 [Zimmer: Kaiserhof]

Zimmermann, J. Philipp: Wiesbaden mit seinen Umgebungen. Wiesbaden 1826 [Zimmermann: Wiesbaden]

Zur Einweihung des Kaiser Friedrich Bades. Wiesbadener Bade-Blatt, 47. Jg., Nr. 88 v. 29.3.1913 [Zur Einweihung des Kaiser Friedrich Bades]

Zweig, Stefan: Balzac, eine Biographie. Frankfurt am Main 1986 [Zweig: Balzac]

Der Autor dankt dem Hessischen Ministerium für Wissenschaft und Kunst für finanzielle Unterstützung bei der Herstellung des Bildmaterials.

Schriften des Stadtarchivs Wiesbaden

Hrsg. vom Magistrat der Landeshauptstadt Wiesbaden - Stadtarchiv -

Bd. 1:
Thomas Weichel: „Wenn dann der Kaiser nicht mehr kommt...". Kommunalpolitik und Arbeiterbewegung in Wiesbaden 1890–1914. Wiesbaden 1991.

Bd. 2:
Jochen Dollwet und Thomas Weichel (Bearb.): Das Tagebuch des Friedrich Ludwig Burk. Aufzeichnungen eines Wiesbadener Bürgers und Bauern 1806–1866. 3. Aufl. Wiesbaden 1994.

Bd. 3:
Jochen Dollwet (Bearb.): „Wer an seinem Schöpfer sündiget...". Ludwig Friedrich Christoph Schmid über seinen Kuraufenthalt 1765 in Wiesbaden. Wiesbaden 1994.

Bd. 4:
Heike Glaser: Demokratischer Neubeginn in Wiesbaden. Aspekte des sozialen, wirtschaftlichen und politischen Wiederaufbaus nach 1945. 2. Aufl. Wiesbaden 1995.

Bd. 5:
Peter Joachim Riedle (Hrsg.): Wiesbaden und der 20. Juli 1944. Beiträge von Gerhard Beier, Lothar Bembenek, Rolf Faber, Peter M. Kaiser und Axel Ulrich. Wiesbaden 1996.

Bd. 6:
Ursula Brunn-Steiner: Der Volksbildungsverein Wiesbaden. Bibliothekarische Bildungsarbeit im Kaiserreich und in der Weimarer Zeit. Wiesbaden 1997.